# 特別支援学校学習指導要領解説
## 各教科等編（小学部・中学部）

平成30年3月

文部科学省

# まえがき

　文部科学省では，平成29年4月28日に学校教育法施行規則の一部改正と特別支援学校の幼稚部教育要領，小学部・中学部学習指導要領の改訂を行った。新特別支援学校学習指導要領等は，幼稚園，小学校，中学校の新学習指導要領等の実施時期に合わせて，幼稚部については平成30年度から，小学部については平成32年度から，中学部については平成33年度から，全面的に実施することとし，平成30年度から一部を移行措置として先行して実施することとしている。

　今回の改訂は，平成28年12月の中央教育審議会答申を踏まえ，

① 　教育基本法，学校教育法などを踏まえ，これまでの我が国の学校教育の実績や蓄積を生かし，子供たちが未来社会を切り拓くための資質・能力を一層確実に育成することを目指すこと。その際，子供たちに求められる資質・能力とは何かを社会と共有し，連携する「社会に開かれた教育課程」を重視すること。

② 　知識及び技能の習得と思考力，判断力，表現力等の育成のバランスを重視する平成20年改訂の学習指導要領等の枠組みや教育内容を維持した上で，知識の理解の質を更に高め，確かな学力を育成すること。

③ 　先行する特別教科化など道徳教育の充実や体験活動の重視，体育・健康に関する指導の充実により，豊かな心や健やかな体を育成すること。

を基本的なねらいとして行った。

　本書は，大綱的な基準である学習指導要領の記述の意味や解釈などの詳細について説明するために，文部科学省が作成するものであり，特別支援学校小学部・中学部学習指導要領の各教科等について，その改善の趣旨や内容を解説している。

　各学校においては，本書を御活用いただき，学習指導要領等についての理解を深め，創意工夫を生かした特色ある教育課程を編成・実施されるようお願いしたい。

　本書は，編集協力者の協力を得て編集した。本書の作成に御協力くださった各位に対し，心から感謝の意を表する次第である。

　平成30年3月

　　　　　　　　　　　　　　　　　　　　文部科学省初等中等教育局長

　　　　　　　　　　　　　　　　　　　　　　　　　髙　橋　道　和

## 目次

- 第1章 教育課程の基準の改善の趣旨 ………… 1
- 第2章 教育課程の基準，教育課程の編成及び実施 … 1
- 第3章 視覚障害者，聴覚障害者，肢体不自由者又は病弱者である児童生徒に対する教育を行う特別支援学校の各教科 ………… 2
  - 第1 各教科の目標及び内容等 ………… 2
  - 第2 視覚障害者である児童生徒に対する教育を行う特別支援学校 ………… 3
    1. 的確な概念形成と言葉の活用 ………… 3
    2. 点字等の読み書きの指導 ………… 4
    3. 指導内容の精選等 ………… 5
    4. コンピュータ等の情報機器や教材等の活用 ………… 5
    5. 見通しをもった学習活動の展開 ………… 7
  - 第3 聴覚障害者である児童生徒に対する教育を行う特別支援学校 ………… 7
    1. 学習の基盤となる言語概念の形成と思考力の育成 ………… 7
    2. 読書に親しみ書いて表現する態度の育成 ………… 8
    3. 言葉等による意思の相互伝達 ………… 9
    4. 保有する聴覚の活用 ………… 10
    5. 指導内容の精選等 ………… 10
    6. 教材・教具やコンピュータ等の活用 ………… 11
  - 第4 肢体不自由者である児童生徒に対する教育を行う特別支援学校 ………… 11
    1. 「思考力，判断力，表現力等」の育成 ………… 11
    2. 指導内容の設定等 ………… 12
    3. 姿勢や認知の特性に応じた指導の工夫 ………… 13
    4. 補助具や補助的手段，コンピュータ等の活用 ………… 14
    5. 自立活動の時間における指導との関連 ………… 15
  - 第5 病弱者である児童生徒に対する教育を行う特別支援学校 ………… 15
    1. 指導内容の精選等 ………… 15
    2. 自立活動の時間における指導との関連 ………… 16
    3. 体験的な活動における指導方法の工夫 ………… 17

4　補助用具や補助的手段，コンピュータ等の
　　　　活用 …………………………………………… 18
　　　5　負担過重とならない学習活動 ……………… 18
　　　6　病状の変化に応じた指導上の配慮 ………… 19
● 第4章　知的障害者である児童生徒に対する教育を
　　　　行う特別支援学校の各教科 ………………… 20
　● 第1節　知的障害者である児童生徒に対する教育
　　　　　を行う特別支援学校の各教科等の基本的な
　　　　　考え方 ………………………………………… 20
　　　1　知的障害について …………………………… 20
　　　2　中央教育審議会答申における各教科等の
　　　　改訂の方針 …………………………………… 21
　　　3　各教科等の改訂の要点 ……………………… 22
　　　4　各教科等の構成と履修 ……………………… 22
　　　5　段階の考え方 ………………………………… 23
　● 第2節　知的障害者である児童生徒に対する教育
　　　　　を行う特別支援学校における指導の特徴に
　　　　　ついて ………………………………………… 26
　　　1　知的障害のある児童生徒の学習上の特性等
　　　　 ………………………………………………… 26
　　　2　知的障害のある児童生徒の教育的対応の
　　　　基本 …………………………………………… 27
　　　3　指導の形態について ………………………… 28
　　　4　指導内容の設定と授業時数の配当 ………… 35
　　　5　学習評価について …………………………… 35
　● 第3節　各教科等に係る具体的な改善事項 ……… 37
　　　1　各教科等の目標の示し方 …………………… 37
　　　2　各教科等の内容の改訂について …………… 38
　　　3　指導計画の作成と内容の取扱い …………… 38
　　　4　各教科等に係る総則における共通的事項の
　　　　改訂 …………………………………………… 39
　● 第4節　小学部の各教科 …………………………… 40
　　● 第1　生活科 ……………………………………… 40
　　　1　生活科の改訂の要点 ………………………… 40
　　　2　生活科の目標及び内容 ……………………… 41
　　　3　各段階の目標及び内容 ……………………… 43
　　　4　指導計画の作成と内容の取扱い …………… 71
　　● 第2　国語科 ……………………………………… 76
　　　1　国語科の改訂の要点 ………………………… 76
　　　2　国語科の目標 ………………………………… 79

　　　　3　各段階の目標及び内容 …………………… 81
　　　　4　指導計画の作成と内容の取扱い ………… 99
　●　第3　算数科 ……………………………………… 104
　　　　1　算数科の改訂の要点 …………………… 104
　　　　2　算数科の目標 …………………………… 106
　　　　3　各段階の目標及び内容 ………………… 109
　　　　4　指導計画の作成と内容の取扱い ……… 135
　●　第4　音楽科 ……………………………………… 140
　　　　1　音楽科の改訂の要点 …………………… 140
　　　　2　音楽科の目標 …………………………… 142
　　　　3　各段階の目標及び内容 ………………… 145
　　　　4　指導計画の作成と内容の取扱い ……… 172
　●　第5　図画工作科 ………………………………… 185
　　　　1　図画工作科の改訂の要点 ……………… 185
　　　　2　図画工作科の目標 ……………………… 186
　　　　3　各段階の目標及び内容 ………………… 191
　　　　4　指導計画の作成と内容の取扱い ……… 208
　●　第6　体育科 ……………………………………… 217
　　　　1　体育科の改訂の要点 …………………… 217
　　　　2　体育科の目標 …………………………… 218
　　　　3　各段階の目標及び内容 ………………… 221
　　　　4　指導計画の作成と内容の取扱い ……… 244
　●　第7　小学部における指導計画の作成と各教科
　　　　　全体にわたる内容の取扱い …………… 248
　第5節　中学部の各教科 ………………………………… 255
　●　第1　国語科 ……………………………………… 255
　　　　1　国語科の改訂の要点 …………………… 255
　　　　2　国語科の目標 …………………………… 257
　　　　3　各段階の目標及び内容 ………………… 259
　　　　4　指導計画の作成と内容の取扱い ……… 274
　●　第2　社会科 ……………………………………… 278
　　　　1　社会科の改訂の要点 …………………… 278
　　　　2　社会科の目標 …………………………… 279
　　　　3　各段階の目標及び内容 ………………… 281
　　　　4　指導計画の作成と内容の取扱い ……… 298
　●　第3　数学科 ……………………………………… 304
　　　　1　数学科の改訂の要点 …………………… 304
　　　　2　数学科の目標 …………………………… 306
　　　　3　各段階の目標及び内容 ………………… 306
　　　　4　指導計画の作成と内容の取扱い ……… 329

- 第4　理科 …………………………………… 331
  - 1　理科の改訂の要点 ………………………… 331
  - 2　理科の目標 ………………………………… 332
  - 3　各段階の目標及び内容 …………………… 338
  - 4　指導計画の作成と内容の取扱い ………… 360
- 第5　音楽科 ………………………………… 364
  - 1　音楽科の改訂の要点 ……………………… 364
  - 2　音楽科の目標 ……………………………… 366
  - 3　各段階の目標及び内容 …………………… 369
  - 4　指導計画の作成と内容の取扱い ………… 392
- 第6　美術科 ………………………………… 406
  - 1　美術科の改訂の要点 ……………………… 406
  - 2　美術科の目標 ……………………………… 407
  - 3　各段階の目標及び内容 …………………… 414
  - 4　指導計画の作成と内容の取扱い ………… 429
- 第7　保健体育科 …………………………… 436
  - 1　保健体育科の改訂の要点 ………………… 436
  - 2　保健体育科の目標 ………………………… 437
  - 3　各段階の目標及び内容 …………………… 440
  - 4　指導計画の作成と内容の取扱い ………… 463
- 第8　職業・家庭科 ………………………… 468
  - 1　職業・家庭科の改訂の要点 ……………… 468
  - 2　職業・家庭科の目標 ……………………… 469
  - 3　各段階の目標及び内容 …………………… 471
  - 4　指導計画の作成と内容の取扱い ………… 497
- 第9　外国語科 ……………………………… 502
  - 1　外国語科の改訂の要点 …………………… 502
  - 2　外国語科の目標及び内容 ………………… 503
  - 3　指導計画の作成と内容の取扱い ………… 518
- 第10　中学部における指導計画の作成と各教科全体にわたる内容の取扱い ……………… 522

● 第5章　特別の教科　道徳 ……………………… 524
● 第6章　外国語活動 ……………………………… 526
- 第1款　視覚障害者，聴覚障害者，肢体不自由者又は病弱者である児童に対する教育を行う特別支援学校 ……………………………… 526
- 第2款　知的障害者である児童に対する教育を行う特別支援学校 …………………………… 527
  - 1　外国語活動新設の趣旨 …………………… 527
  - 2　外国語活動の目標及び内容 ……………… 529

　　　　　　　3　指導計画の作成と内容の取扱い ………… 538
● 第7章　総合的な学習の時間 ……………………… 546
● 第8章　特別活動 …………………………………… 548
　　　　● 目標・内容の一覧　生活 ……………… 550
　　　　●　　　　　　　　　国語 ……………… 554
　　　　●　　　　　　　　　社会 ……………… 560
　　　　●　　　　　　　　　算数，数学 ………… 564
　　　　●　　　　　　　　　理科 ……………… 584
　　　　●　　　　　　　　　音楽 ……………… 588
　　　　●　　　　　　　　　図画工作，美術 …… 594
　　　　●　　　　　　　　　体育，保健体育 …… 598
　　　　●　　　　　　　　　職業・家庭 ………… 604
　　　　●　　　　　　　　　外国語活動，外国語… 608
● 付録 ………………………………………………… 611
　● 付録1：参考法令
　　　　　　　教育基本法 ………………………… 612
　　　　　　　学校教育法（抄）…………………… 615
　　　　　　　学校教育法施行規則（抄）………… 617
　　　　　　　学校教育法施行規則の一部を改正す
　　　　　　　る省令 ……………………………… 621
　　　　　　　学校教育法施行規則の一部を改正す
　　　　　　　る省令の一部を改正する省令 ……… 624
　● 付録2：地方教育行政の組織及び運営に関する法律(抄)… 626
　● 付録3：特別支援学校小学部・中学部学習指導要領… 629
　● 付録4：小学校学習指導要領，中学校学習指導
　　　　　　要領における障害のある幼児児童生徒
　　　　　　の指導に関する規定（抜粋）
　　　　　　　小学校学習指導要領解説総則編の抜粋… 641
　　　　　　　中学校学習指導要領解説総則編の抜粋… 647

# 第1章　教育課程の基準の改善の趣旨

　教育課程の基準の改訂の趣旨については，特別支援学校教育要領・学習指導要領解説総則編（幼稚部・小学部・中学部）の第1編の第1章を参照するものとする。

# 第2章　教育課程の基準，教育課程の編成及び実施

　教育課程の基準，教育課程の編成及び実施については，特別支援学校教育要領・学習指導要領解説総則編（幼稚部・小学部・中学部）の第3編の第1章及び第2章を参照するものとする。

# 第3章 視覚障害者，聴覚障害者，肢体不自由者又は病弱者である児童生徒に対する教育を行う特別支援学校の各教科

## ● 第1 各教科の目標及び内容等

**（第2章第1節第1款）**

> 第1節　小学部
> 第1款　視覚障害者，聴覚障害者，肢体不自由者又は病弱者である児童に対する教育を行う特別支援学校
> 　各教科の目標，各学年の目標及び内容並びに指導計画の作成と内容の取扱いについては，小学校学習指導要領第2章に示すものに準ずるものとする。
> 　指導計画の作成と各学年にわたる内容の取扱いに当たっては，児童の障害の状態や特性及び心身の発達の段階等を十分考慮するとともに，特に次の事項に配慮するものとする。

**（第2章第2節第1款）**

> 第2節　中学部
> 第1款　視覚障害者，聴覚障害者，肢体不自由者又は病弱者である生徒に対する教育を行う特別支援学校
> 　各教科の目標，各学年，各分野又は各言語の目標及び内容並びに指導計画の作成と内容の取扱いについては，中学校学習指導要領第2章に示すものに準ずるものとする。
> 　指導計画の作成と内容の取扱いに当たっては，生徒の障害の状態や特性及び心身の発達の段階等を十分考慮するとともに，第2章第1節第1款において特に示している事項に配慮するものとする。

　視覚障害者，聴覚障害者，肢体不自由者又は病弱者である児童に対する教育を行う特別支援学校の小学部の各教科の目標，各学年の目標及び内容並びに指導計画の作成と内容の取扱いについては，従前，小学校学習指導要領第2章に示されているものに準ずることとしている。同様に，中学部の各教科の目標，各学年，各分野又は各言語の目標及び内容並びに指導計画の作成と内容の取扱いについても，中学校学習指導要領第2章に示されているものに準ずることとしている。ここでいう「準ずる」とは，原則として同一ということを意味している。しかしながら，指導計画の作成と内容の取扱いについては，小学校又は中学校の学習指導要領に準ずるのみならず，児童生徒の障害の状態や特性及び心身の発達の段階等

を十分考慮しなければならない。

このようなことから，各教科の指導に当たっては，小学校又は中学校の学習指導要領解説のそれぞれの教科の説明に加え，本章に示す視覚障害者，聴覚障害者，肢体不自由者又は病弱者である児童生徒に対する教育を行う特別支援学校ごとに必要とされる指導上の配慮事項についての説明も十分に踏まえた上で，適切に指導する必要がある。

今回の改訂では，視覚障害者，聴覚障害者，肢体不自由者又は病弱者である児童生徒に対する教育を行う特別支援学校ごとに必要とされる指導上の配慮事項について，それぞれの学校に在籍する児童生徒の実態を考慮して見直しを行った。これらは，各教科全般にわたる指導上の特色あるしかも基本的な配慮事項であるが，これらがそれぞれの学校における配慮事項のすべてであるというわけではないことに留意する必要がある。

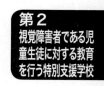

先に示した特別支援学校小学部・中学部学習指導要領第2章第2節第1款における「各分野」とは，中学校学習指導要領第2章に示す，社会科の〔地理的分野〕，〔歴史的分野〕及び〔公民的分野〕，理科の〔第1分野〕及び〔第2分野〕，保健体育科の〔体育分野〕及び〔保健分野〕，技術・家庭科の〔技術分野〕及び〔家庭分野〕を指しており，「各言語」とは，外国語科の「英語」及び「その他の外国語」を指している。

なお，第2章第1節第1款の1から4までに特に示している事項は，中学部においても適用されることになっているので，この点に留意することが必要である。

## ● 第2　視覚障害者である児童生徒に対する教育を行う特別支援学校

### 1　的確な概念形成と言葉の活用（第2章第1節第1款の1の(1)）

> 1　視覚障害者である児童に対する教育を行う特別支援学校
> (1) 児童が聴覚，触覚及び保有する視覚などを十分に活用して，具体的な事物・事象や動作と言葉とを結び付けて，的確な概念の形成を図り，言葉を正しく理解し活用できるようにすること。

視覚障害のある児童生徒は，視覚による情報収集の困難から，限られた情報や経験の範囲で概念が形成されたり，理解が一面的だったりすることがある。例えば，「手を振る」と言う言葉を知っていても，状況に応じた動作ができないなどである。

的確な概念を形成するためには，児童生徒が聴覚，触覚及び保有する視覚などを十分に活用して，事物・事象や動作と言葉とを対応できるようにする指導が大

切である。その際，観察や実験，操作活動などを通じた直接体験によって具体的なイメージを形づくったり，見学・調査などの体験的な学習などによって経験の拡充を図ったりすることが必要である。また，教師が適時に言葉で説明を加えたり，児童生徒が理解を深める過程で，自ら確認できる情報を用意したりすることも大切である。さらに，他者の考えを聞く，必要な情報を調べる，読書をするなどにより，多くの語彙や多様な表現に触れられるようにすることも重要である。

このようにして，児童生徒が保有する感覚を活用して事物などをとらえることができるよう配慮することで，的確な概念の形成を図り，言葉を正しく表現したり，言葉で説明したりできるようにすることが重要である。

## 2　点字等の読み書きの指導（第2章第1節第1款の1の(2)）

> (2) 児童の視覚障害の状態等に応じて，点字又は普通の文字の読み書きを系統的に指導し，習熟させること。なお，点字を常用して学習する児童に対しても，漢字・漢語の理解を促すため，児童の発達の段階等に応じて適切な指導が行われるようにすること。

視覚障害のある児童生徒が，普通の文字と点字のどちらを常用するかは大切な問題であり，原則的には視力や視野の程度，眼疾患の状態，学習効率，本人の希望や意欲などの観点から総合的に判断することになる。

普通の文字の指導については，漢字を部首に分解し，基本漢字を徹底して指導するなど漢字の読み書きの指導が重要である。また，教科書等の縦書き・横書きなどのレイアウトに慣れ親しんだり，視覚補助具を活用して速く読み書きができるようにしたりすることなどが大切である。

点字を常用する児童生徒には，点字表記法の系統的な指導が必要である。また，点字の読み書きを速くする指導も大切である。さらに，六点漢字や漢点字のように漢字の音訓，偏と旁などを手掛かりとした点字による漢字表記の工夫があるように，漢字の字義や漢語の指導は，日本語の文章を正しく理解し，表現するために重要である。したがって，漢字の音訓と意味，熟語の読みと意味と含まれる漢字などのつながりを理解し，適切に表現できるように，児童生徒に応じて指導することが大切である。コンピュータ等の情報機器を活用することも考慮して，音声化された漢字や漢語の説明の理解も含めた指導が必要である。

なお，漢字の字義の理解には，漢字の字形についての指導も有効である。凸図を活用するなどして，基本的な漢字の部首や構造を中心に指導することになるが，自分の名前に使われている漢字など，生活で関わる身近な漢字に触れたりしておくこともよい。

## 3 指導内容の精選等（第2章第1節第1款の1の(3)）

> (3) 児童の視覚障害の状態等に応じて，指導内容を適切に精選し，基礎的・基本的な事項から着実に習得できるよう指導すること。

　児童生徒の視覚障害の状態等に応じて行う指導内容の精選の一つには，基礎的・基本的な事項に重点を置いた指導がある。視覚障害のある児童生徒は，動いているものや遠くにあるものなどを視覚や触覚により直接経験することが難しいことから，学習内容の理解が不十分になることがある。そこで，各教科の内容の本質や法則性を具体的に把握できるよう，基礎的・基本的な事項に重点を置き，指導内容を適切に精選することが大切である。例えば，「体育」等で球技を取り扱う場合，視覚的模倣や空間的な把握が困難なことから，ルールの説明や基本的動作を習得する内容に精選して指導を十分に行うことが考えられる。

　また，理解できた法則を他にあてはめたり，発展・応用の内容につなげたりできるよう，指導内容のつながりや順序に配慮することも必要である。例えば，「理科」で太陽などの天体の動きを取り扱う場合，まず，日なたと日陰で感じられる温度の違いから太陽や日光の存在と方向があることに気付く。次に，光の強弱を音の高低に変換する感光器を使った観察により太陽の動きを知り，モデル実験等により実際の動きを理解する。さらに，観察が困難な月や星の動きを太陽の動きの理解から類推するように指導することなどが考えられる。

　視覚障害のある児童生徒は，初めての内容を理解することには時間を要することがあるが，その内容の本質の理解や基礎的・基本的な事項の習得が十分であれば，それをもとに予測し，演繹的に推論したり，考えを深めたりすることが可能になる。そこで，今回の改訂では，まずは基礎的・基本的事項から積み上げて指導することが重要であることから「基礎的・基本的な事項から着実に習得できるように指導する」と示した。

　なお，指導の工夫や配慮により履修が可能であるにもかかわらず，見えないことなどを理由に各教科の内容を安易に取り扱わないことは，指導内容の精選にはあたらないことに留意が必要である。

## 4 コンピュータ等の情報機器や教材等の活用（第2章第1節第1款の1の(4)）

> (4) 視覚補助具やコンピュータ等の情報機器，触覚教材，拡大教材及び音声教材等各種教材の効果的な活用を通して，児童が容易に情報を収集・整理し，主体的な学習ができるようにするなど，児童の視覚障害の状態等を考慮した指導方法を工夫すること。

視覚を活用した学習が困難な児童生徒は，聴覚や触覚から情報を得て学習する。そこで，音声教材や触覚教材を活用したり，モデル実験を行ったりするなど，視覚的な情報を聴覚や触覚で把握できるように指導内容・方法を工夫することが大切である。その際，聴覚や触覚は，視覚に比べると詳細な情報を得ることが難しいことに留意する必要がある。特に触覚については，情報収集のポイントを明確にし，部分的，継続的に得られる情報を総合して，まず全体像を大まかに把握し，続いて全体と部分との関連のもとに対象物を詳しく理解する観察方法などを身に付ける必要がある。また，感光器のほかに，音声図書等を再生する機器，ボールペンの筆跡が浮き上がる表面作図器，触読用物差し，触読用三角定規等，視覚障害者用そろばん，音声温度計，音声電圧計や音声電流計など聴覚や触覚を活用できる学習用具の活用により，児童生徒が主体的に学習できるようにすることも必要である。

弱視の児童生徒の見え方は様々であり，視力のほかに，視野，色覚，眼振や羞明などに影響を受ける。指導の効果を高めるために，適切なサイズの文字や図表の拡大教材を用意したり，各種の弱視レンズ，拡大読書器などの視覚補助具を活用したり，机や書見台，照明器具等を工夫して見やすい環境を整えたりすることが大切である。その際，保有する視覚の活用と併せて，他の感覚の活用も考える必要がある。

なお，授業で使う教材等や様々な方法で得た情報を分かりやすいように整理しておくことも重要である。例えば，ノートや点字用紙等への記録とその管理などが適切にできるようにしたり，教材や学習用具を置く場所を決めておくなど自ら学習環境を整えたりすることが考えられる。

また，コンピュータ等の情報機器等を学習に活用する際，情報入手の困難を補い，学習に必要な情報を得るだけではなく，得た情報を適切に分類したり，記録したりするなどして，児童生徒が問題解決的な学習等に主体的に取り組めるようにすることも大切である。

今回の改訂においては，児童生徒が主体的な学習をできるようにするために，視覚補助具やコンピュータ等の情報機器，各種教材のどれもが重要であること，それらの効果的な活用により情報を収集・整理することも大切であることから，「視覚補助具やコンピュータ等の情報機器，触覚教材，拡大教材及び音声教材等各種教材の効果的な活用を通して，児童生徒が容易に情報を収集・整理し，主体的な学習ができるようにする」とした。

## 5 見通しをもった学習活動の展開（第2章第1節第1款の1の(5)）

> （5）児童が場の状況や活動の過程等を的確に把握できるよう配慮することで，空間や時間の概念を養い，見通しをもって意欲的な学習活動を展開できるようにすること。

　視覚障害のある児童生徒は，空間や時間の概念の形成が十分でないために，周囲の状況や事象の変化の理解に困難が生じる場合がある。例えば，「家庭科」で使用する道具や材料が教室内のどこにあり，どの学習過程で使うかなど学習全体の様子や流れがつかめず，学習活動がよく理解できないなどである。そのような場合，位置や時間経過などを把握できるようにする配慮が必要である。この例であれば，使用する道具や材料が，どこに置いてあり，授業展開に伴って自分がどのように動いて，道具や材料を使えばよいのかが事前に理解できると，見通しをもって安心して学習を進められるようになる。

　このような空間の概念を養うには，地図や図形の系統的な指導により概念形成を図ったり，自分を基準とした位置関係などを把握したりできるように指導を重ねる必要がある。例えば，位置関係を把握するために，位置を時計の文字盤になぞらえる「クロックポジション」という方法などがある。同様に，時間の概念を養うには，授業の流れや活動の手順を説明する時間を設定する，活動の最初から最後までを通して体験できるようにする，友達の活動状況など周囲の状況を説明するなどがある。

　今回の改訂では，教師の支援や工夫により，児童生徒が場の状況や活動の過程等を，的確に把握できるよう配慮された学習を重ねることが，空間や時間の概念を養うことにもつながることから，「場の状況や活動の過程等を的確に把握できるよう配慮することで，空間や時間の概念を養い」と示した。

## ● 第3　聴覚障害者である児童生徒に対する教育を行う特別支援学校

### 1　学習の基盤となる言語概念の形成と思考力の育成（第2章第1節第1款の2の(1)）

> 2　聴覚障害者である児童に対する教育を行う特別支援学校
> （1）体験的な活動を通して，学習の基盤となる語句などについて的確な言語概念の形成を図り，児童の発達に応じた思考力の育成に努めること。

　聴覚障害者である児童生徒に対する教育を行う特別支援学校における言語に関する指導については，自立活動の指導の比重が大きいが，その基本は，児童生徒

の学校生活全般にわたって,留意して指導を行う必要がある。

このことは,特別支援学校小学部・中学部学習指導要領第1章総則第2節2の(4)において,各教科,道徳科,外国語活動,総合的な学習の時間及び特別活動と密接な関連を保ち,自立活動の指導を行うことと示されている。したがって,国語科を中心として学校生活の多くを占める各教科の指導においても,言語の指導は格段の配慮を必要としていると言える。

単元などのまとまりの中で,例えば,児童生徒が学習の目当てを自覚して課題に取り組んだり,自分の学習を振り返り新たに分かったことや次回に生かせる解決方法をまとめたり,話合いや書かれた文章などとの対峙を通して自分の考えを深めたりするなど,児童の主体的・対話的で深い学びの実現に向けた授業改善が求められている。これらの学習活動を支える言語概念の形成を図るとともに,児童の発達に応じた言語による思考力を育成することが重要である。そこで,今回の改訂では,「学習の基盤となる語句などについて」を加え,各教科において形成すべき言語概念の対象を明確に示した。また,「語句など」とは,語句,文,文章などを示している。

このような言語の指導に際して最も重要なことは,それぞれの児童生徒が,日常生活の中で,指導しようとする言葉にかかわる具体的な体験をどの程度有しているかということである。特に,言葉の意味を理解したり,それによって的確な言語概念を形成したり,その指導の過程において言語による思考力を高めたりするためには,具体的経験をいかに言葉で表現し理解できるようにするかが極めて大切なことである。

したがって,各教科の指導に当たっては,常に,その基本となる言葉で考える指導に留意し,一人一人の障害の状態や発達の段階等に応じた指導を工夫する必要がある。

## 2　読書に親しみ書いて表現する態度の育成（第2章第1節第1款の2の(2)）

> (2) 児童の言語発達の程度に応じて,主体的に読書に親しんだり,書いて表現したりする態度を養うよう工夫すること。

聴覚障害のある児童生徒は,聴覚を通した情報の獲得が困難であることが多いことから,書かれた文字等を通して情報を収集したり,理解したりすることが必要となる。こうしたことから,聴覚障害者である児童生徒に対する教育を行う特別支援学校においては,様々な機会を通じて,児童生徒の読書活動の活発化を促すことが,それぞれの全人的な育成を図る上で極めて重要なこととなる。

一般的に,話し言葉によるコミュニケーションは,直接体験を主とする内容が

多いとすれば，読書による経験は，間接的な内容が多いということができる。読書は，この間接経験を通じて，児童生徒が視野を広げ，知識を習得し，社会性や人間性を養う上で重要な活動である。

指導に当たっては，児童生徒が読んで分かり，「面白い」という実感をもち，「また読みたい」というような読書に対する意欲や態度が養われるようにすることが必要である。したがって，ときには，児童生徒がどのような読み方をしているか，果たして読んでいる内容が理解されているのかなどの観点から，適宜，質問をしたり，気付いたことを文などで表現する機会を設けたりするなどして，児童生徒の読書や書くことに対する意欲や興味・関心を的確に把握し，更に児童生徒が自ら読書に親しみ，書いて表現する態度を養うよう配慮することが大切である。

## 3　言葉等による意思の相互伝達（第2章第1節第1款の2の(3)）

> (3) 児童の聴覚障害の状態等に応じて，音声，文字，手話，指文字等を適切に活用して，発表や児童同士の話し合いなどの学習活動を積極的に取り入れ，的確な意思の相互伝達が行われるよう指導方法を工夫すること。

児童生徒の聴覚障害の状態や興味・関心，教育歴等の実態は多様である。したがって，各教科の指導に当たっては，指導目標の達成や指導内容の確実な習得を目指して，それぞれの児童生徒の実態に応じ，教師とのコミュニケーションが円滑かつ活発に行われることが必要である。そこで，今回の改訂では，「児童の聴覚障害の状態等に応じて，音声，文字，手話，指文字等を適切に活用して」という表現に改めた。

また，各教科の指導においては，話合い活動を中心に授業が展開され，そのことを通して，学習内容の理解が図られることから，意思の相互伝達が円滑かつ的確に行われ，それが全体として一層活発化されることが特に望まれる。

このため，児童生徒の障害の状態や発達の段階等に応じて，多様な方法（聴覚活用，読話，発音・発語，文字，キュード・スピーチ，指文字，手話など）を適切に選択・活用することが大切である。その際，小学部や中学部のそれぞれの教育の目標を踏まえるとともに，それぞれの方法が有している機能を理解し，さらに，一人一人の児童生徒の実態を十分に考慮して，適切な選択と活用に努める必要がある。

## 4　保有する聴覚の活用（第2章第1節第1款の2の(4)）

> (4) 児童の聴覚障害の状態等に応じて，補聴器や人工内耳等の利用により，児童の保有する聴覚を最大限に活用し，効果的な学習活動が展開できるようにすること。

　医療や科学技術の進歩等に応じて，聴覚補償機器等の性能は向上している。特に，近年，人工内耳の手術が普及し，特別支援学校に在籍する人工内耳装用者数も増加している。この結果，在籍する児童生徒の聞こえの程度や聞こえ方は，より一層多様化しており，個に応じた適切な指導や配慮が求められる。

　そこで，今回の改訂では，「児童の聴覚障害の状態等に応じて」を加えるとともに，従前の「補聴器等」を「補聴器や人工内耳等」と改めた。児童生徒一人一人の保有する聴覚を最大限に活用することは，聴覚障害者である児童生徒に対する教育を行う特別支援学校の教育全般にわたって重要なことであるが，各教科の指導においても，このことは特に配慮すべきことである。

　このため，定期的な聴力測定の実施や一人一人の児童生徒の補聴器の適切なフィッティングの状態などについては，これまで以上に留意するとともに，例えば，補聴器が適切に作動しているかどうかという観点から，授業の開始時に，教師が一人一人の児童生徒の補聴器を用いて，実際に音声を聞いてみるなどの方法で点検を行うなどの配慮が欠かせないことである。ここで，「補聴器や人工内耳等」とあるのは，児童生徒の聴覚活用という点では，必ずしも補聴器や人工内耳に限らず，例えば，水泳等の補聴器を装用できない場合の指導においては，教師の声を直に聞かせるようにすることなども含んでいることを意味している。

## 5　指導内容の精選等（第2章第1節第1款の2の(5)）

> (5) 児童の言語概念や読み書きの力などに応じて，指導内容を適切に精選し，基礎的・基本的な事項に重点を置くなど指導を工夫すること。

　今回の改訂においては，児童生徒の「生きる力」を明確にした資質・能力の三つの柱で各教科の目標及び内容が整理された。これを踏まえ，従前重視されてきた，それぞれの発達の段階における基礎的・基本的な知識・技能の確実な習得を図ることがより一層求められる。

　各教科の指導計画の作成に当たっては，児童生徒の個別の指導計画に基づき，一人一人の聴覚障害の状態等を的確に把握し，児童生徒に即した指導内容を適切に精選し，指導に生かすようにすることが必要である。その際の重要な観点とし

ては，児童生徒が「分かる」ことに支えられて，主体的に学習が進められるよう基礎的・基本的な事項に重点を置いたり，興味・関心のある事項を優先的に取り上げたりするなど，工夫して指導するよう努めることが大切である。

### 6　教材・教具やコンピュータ等の活用（第2章第1節第1款の2の(6)）

> (6) 視覚的に情報を獲得しやすい教材・教具やその活用方法等を工夫するとともに，コンピュータ等の情報機器などを有効に活用し，指導の効果を高めるようにすること。

聴覚に障害のある児童生徒の指導に当たっては，可能な限り，視覚的に情報が獲得しやすいような種々の教材・教具や楽しみながら取り組めるようなソフトウェアを使用できるコンピュータ等の情報機器を用意し，これらを有効に活用するような工夫が必要である。

特に，各教科の内容に即した各種の教材・教具を用いて指導する際には，児童生徒に何をどのように考えさせるかについて留意することが大切である。障害の状態や興味・関心等に応じて，発問の方法や表現に配慮したり，板書等を通じて児童生徒が授業の展開を自ら振り返ることができるようなまとめ方を工夫したりすることが重要である。

また，聴覚障害の児童生徒に対しては，視覚等を有効に活用するため，視聴覚教材や教育機器，コンピュータ等の情報機器や障害の状態に対応した周辺機器を適切に使用することによって，指導の効果を高めることが大切である。その場合でも，視覚的に得た情報に基づいて，発問や板書を工夫するなどして児童生徒の話合い活動を重視し，視覚的な情報を言語によって，十分噛み砕き，教科内容の的確な理解を促すよう配慮することが大切である。

## ●第4　肢体不自由者である児童生徒に対する教育を行う特別支援学校

### 1　「思考力，判断力，表現力等」の育成（第2章第1節第1款の3の(1)）

> 3　肢体不自由者である児童に対する教育を行う特別支援学校
> (1) 体験的な活動を通して言語概念等の形成を的確に図り，児童の障害の状態や発達の段階に応じた思考力，判断力，表現力等の育成に努めること。

肢体不自由のある児童生徒は，身体の動きに困難があることから，様々なこと

を体験する機会が不足したまま，言葉や知識を習得していることが少なくない。そのため，言葉を知っていても意味の理解が不十分であったり，概念が不確かなまま用語や数字を使ったりすることがある。また，脳性疾患等の児童生徒には，視覚的な情報や複数の情報の処理を苦手とするなどの認知の特性により，知識の習得や言語，数量などの基礎的な概念の形成に偏りが生じている場合がある。このような知識や言語概念等の不確かさは，各教科の学びを深める活動全般に影響することから，今回の改訂においては，従前の「考えたことや感じたことを表現する力の育成に努めること。」と示していた規定を，「児童の障害の状態や発達の段階に応じた思考力，判断力，表現力等の育成に努めること。」に改め，思考力等の育成の充実をより一層求めることにした。

　各教科の指導に当たっては，具体物を見る，触れる，数えるなどの活動や，実物を観察する，測る，施設等を利用するなどの体験的な活動を効果的に取り入れ，感じたことや気付いたこと，特徴などを言語化し，言葉の意味付けや言語概念等の形成を的確に図る学習が大切になる。そのような学習を基盤にして知識や技能の着実な習得を図りながら，児童生徒の障害の状態や発達の段階に応じた思考力，判断力，表現力等を育成し，学びを深めていくことが重要である。

## 2　指導内容の設定等（第2章第1節第1款の3の(2)）

> (2) 児童の身体の動きの状態や認知の特性，各教科の内容の習得状況等を考慮して，指導内容を適切に設定し，重点を置く事項に時間を多く配当するなど計画的に指導すること。

　肢体不自由者である児童生徒に対する教育を行う特別支援学校においては，児童生徒が身体の動きやコミュニケーションの状態等から学習に時間がかかること，自立活動の時間があること，療育施設等において治療や機能訓練等を受ける場合があることなどから，授業時間が制約されるため，指導内容を適切に設定することが求められる。

　指導内容の設定に当たって，従前は「児童の身体の動きの状態や生活経験の程度等を考慮して」としていたが，今回の改訂では，脳性疾患等の児童生徒にみられる認知の特性や学習内容の習得状況などを踏まえる必要があることから，「児童の身体の動きの状態や認知の特性，各教科の内容の習得状況等を考慮して」に改めた。

　また，指導内容を適切に設定する観点として，従前は「基礎的・基本的な事項に重点を置くなどして指導すること。」と示していた規定を，「重点を置く事項に時間を多く配当するなど計画的に指導すること。」に改めた。今回の改訂におい

ては,「重点を置く事項」には時間を多く配当する必要がある一方で,時間的制約の関係から時間を多く配当できない事項も生じることを踏まえ,指導内容の取扱いに軽重をつけ,計画的に指導することが大切であることを示すこととした。「重点を置く事項」とは,例えば,面積の学習で量概念の形成を図るため,立方体の積み木を並べて長さ(連続量)を丹念に確認することや,説明文の学習で文の全体構成を把握させるため,段落要旨や段落相互の関係を丁寧に確認することなどが挙げられる。このような学習効果を高めるために必要な事項には,時間を多く配当して丁寧に指導し,別の事項については必要最小限の時間で指導するなど配当時間の調整が必要となる。そのため,各教科の目標と指導内容との関連を十分に研究し,各教科の内容の系統性や基礎的・基本的な事項を確認した上で,重点の置き方,指導の順序,まとめ方,時間配分を工夫して,指導の効果を高めるための指導計画を作成することが重要である。

なお,従前まで「指導内容を適切に精選し」としていた規定を,「指導内容を適切に設定し」に改めた。今回の改訂においては,肢体不自由のある児童生徒が,様々な事情により授業時間が制約されることを理由にして,履修が可能である各教科の内容であるにもかかわらず,取り扱わなくてよいとするような誤った解釈を避けることを意図したものである。

## 3 姿勢や認知の特性に応じた指導の工夫(第2章第1節第1款の3の(3))

> (3) 児童の学習時の姿勢や認知の特性等に応じて,指導方法を工夫すること。

各教科において,肢体不自由のある児童生徒が,効果的に学習をするためには,学習時の姿勢や認知の特性等に配慮して,指導方法を工夫する必要がある。

肢体不自由のある児童生徒が,学習活動に応じて適切な姿勢を保持できるようにすることは,疲労しにくいだけでなく,身体の操作等も行いやすくなり,学習を効果的に進めることができる。例えば,文字を書く,定規やコンパスを用いる,粘土で作品を作るときなどには,体幹が安定し上肢が自由に動かせることが大切である。また,よい姿勢を保持することは,学習内容を理解する点からも重要である。例えば,上下,前後,左右の方向や遠近等の概念は,自分の身体が基点となって形成されるものであるから,安定した姿勢を保つことにより,こうした概念を基礎とする学習内容の理解が深まることになる。したがって,学習活動に応じて適切な姿勢がとれるように,いすや机の位置及び高さなどを調整することについて,児童生徒の意見を聞きながら工夫するとともに,児童生徒自らがよい姿勢を保つことに注意を向けるよう日ごろから指導することが大切である。

一方,肢体不自由のある児童生徒の認知の特性に応じて指導を工夫することも

重要である。脳性疾患等の児童生徒には，視覚的な情報や複合的な情報を処理することを苦手とし，提示された文字や図の正確な把握，それらの書き写し，資料の読み取りなどに困難がある場合がある。こうした場合には，文字や図の特徴について言葉で説明を加えたり，読み取りやすい書体を用いたり，注視すべき所を指示したりすることなどが考えられる。また，地図や統計グラフのように多数の情報が盛り込まれている資料を用いる場合は，着目させたい情報だけを取り出して指導した後，他の情報と関連付けたり比較したりするなど，指導の手順を工夫することなども考えられる。このように児童生徒の認知の特性を把握し，各教科を通じて指導方法を工夫することが求められる。

## 4　補助具や補助的手段，コンピュータ等の活用（第2章第1節第1款の3の(4)）

> (4) 児童の身体の動きや意思の表出の状態等に応じて，適切な補助具や補助的手段を工夫するとともに，コンピュータ等の情報機器などを有効に活用し，指導の効果を高めるようにすること。

　身体の動きや意思の表出の状態等により，歩行や筆記などが困難な児童生徒や，話し言葉が不自由な児童生徒などに対して，補助具や補助的手段を工夫するとともに，コンピュータ等の情報機器などを有効に活用して指導の効果を高めることが必要である。

　ここで述べている補助具の例として，歩行の困難な児童生徒については，つえ，車いす，歩行器などが挙げられる。また，筆記等の動作が困難な児童生徒については，筆記用自助具や筆記等を代替するコンピュータ等の情報機器及び児童生徒の身体の動きの状態に対応した入出力機器，滑り止めシートなどが挙げられる。補助的手段の例としては，身振り，コミュニケーションボードの活用などが挙げられる。

　近年の情報通信ネットワークを含めた情報機器の進歩は目覚ましく，今後さらに学習での様々な活用が想定されることから，情報機器に関する知見を広く収集し，学習への効果的な活用の仕方を工夫することが求められる。なお，補助具や補助的手段の使用は，児童生徒の身体の動きや意思の表出の状態，またそれらの改善の見通しに基づいて慎重に判断し，自立活動の指導との関連を図りながら，適切に活用することが大切である。また，補助具や補助的手段の使用が，合理的配慮として認められる場合は，そのことを個別の教育支援計画や個別の指導計画に明記するなどして，適切な学習環境を保障することが求められる。

## 5　自立活動の時間における指導との関連（第2章第1節第1款の3の(5)）

> （5）各教科の指導に当たっては，特に自立活動の時間における指導との密接な関連を保ち，学習効果を一層高めるようにすること。

　肢体不自由のある児童生徒は，身体の動きやコミュニケーションの状態，認知の特性等により，各教科の様々な学習活動が困難になることが少なくないことから，それらの困難を改善・克服するように指導することが必要であり，特に自立活動の時間における指導と密接な関連を図り，学習効果を高めるよう配慮しなければならない。

　このことについて，従前は，音楽，図画工作，美術，技術，家庭，技術・家庭，体育，保健体育などの教科の内容を念頭に置き，「身体の動きやコミュニケーション等に関する内容の指導」の際に配慮を求めていたが，今回の改訂では，どの教科の指導においても自立活動の時間における指導と密接な関連を図る必要があることから，「各教科の指導」で配慮を求めることとした。

　学習効果を高めるためには，児童生徒一人一人の学習上の困難について，指導に当たる教師間で共通理解を図り，一貫した指導を組織的に行う必要がある。また，学習上の困難に対し，児童生徒自身が自分に合った改善・克服の仕方を身に付け，対処できるように指導していくことも大切である。なお，各教科において，自立活動の時間における指導と密接な関連を図る場合においても，児童生徒の身体の動きやコミュニケーション等の困難の改善に重点が置かれ過ぎることによって，各教科の目標を逸脱してしまうことのないよう留意することが必要である。

## ● 第5　病弱者である児童生徒に対する教育を行う特別支援学校

### 1　指導内容の精選等（第2章第1節第1款の4の(1)）

> 4　病弱者である児童に対する教育を行う特別支援学校
> （1）個々の児童の学習状況や病気の状態，授業時数の制約等に応じて，指導内容を適切に精選し，基礎的・基本的な事項に重点を置くとともに，指導内容の連続性に配慮した工夫を行ったり，各教科等相互の関連を図ったりして，効果的な学習活動が展開できるようにすること。

　病弱者である児童生徒は入院や治療，体調不良等のため学習時間の制約や学習できない期間（学習の空白）などがあるため学びが定着せず，学習が遅れることがある。また，活動の制限等により学習の基礎となる体験が不足するため，理解

が難しい場合がある。さらに，病気の状態等も個々に異なっているので，各教科の指導計画の作成に当たっては，個々の児童生徒の学習の状況を把握するとともに病気の状態や学習時間の制約，発達の段階や特性等も考慮する必要がある。

　各教科の内容に関する事項は，特に示す場合を除き取り扱う必要がある。しかし，具体的な指導内容は児童生徒の実態等を踏まえて決定するものなので，学習時間の制約等がある場合には，基礎的・基本的な事項を習得させる視点から指導内容を精選するなど，効果的に指導する必要がある。また，各教科の目標や内容との関連性を検討し不必要な重複を避ける，各教科を合わせて指導する，教科横断的な指導を行うなど，他教科と関連させて指導することも大切である。

　例えば，理科で水溶液を取り扱う際に算数科での割合と関連させて指導したり，社会科で地名を取り扱う際に国語科での漢字の読み書きと関連させて指導したりするなど，学習時間の制約等の状況に応じて指導を工夫することが重要である。

　各教科の内容は，前学年までに学習したことを基盤にしているが，病弱者である児童生徒の中には，前籍校と教科書や学習進度が違ったり学習の空白があったりするため，学習した事項が断片的になる，学習していない，学習が定着していないといったことがある。

　そのため，前籍校との連携を密にするとともに，各教科の学年間での指導内容の繋がりや指導の連続性にも配慮して指導計画を作成する必要がある。その際，重要な指導内容が欠落しないよう配慮するとともに，入院期間や病状等を勘案して，指導の時期や方法，時間配分なども考慮して指導計画を作成することが重要である。

## 2　自立活動の時間における指導との関連（第2章第1節第1款の4の(2)）

> （2）健康状態の維持や管理，改善に関する内容の指導に当たっては，自己理解を深めながら学びに向かう力を高めるために，自立活動における指導との密接な関連を保ち，学習効果を一層高めるようにすること。

　「健康状態の維持」とは，例えば，小児がん等の児童生徒が寛解時に感染症等にかかって状態が悪くならないようにするため，マスクをする，人混みをさける，疲れた時は無理をせず休養をとる等の予防的対応により，現在の健康状態を保ち続けることを意味する。また，予防的観点から健康観察や管理の重要性が増している。例えば，アレルギー疾患の児童生徒が生活や服薬の管理を主体的に行うことで，体調を把握し，維持・改善に向けて取り組めるようにする必要がある。

　そのため特に，小学部における体育科の「心の健康」，「病気の予防」，家庭科の「栄養を考えた食事」及び中学部における保健体育科の「健康な生活と疾病の

予防」,「心身の機能の発達と心の健康」,技術・家庭科の「衣食住の生活」等の心身の活動にかかわる内容については,自立活動における「病気の状態の理解と生活管理に関すること」,「健康状態の維持・改善に関すること」及び「情緒の安定に関すること」などの事項との関連を図り,自立活動の時間における指導と相補い合いながら学習効果を一層高めるようにすることが大切である。

## 3　体験的な活動における指導方法の工夫(第2章第1節第1款の4の(3))

> (3) 体験的な活動を伴う内容の指導に当たっては,児童の病気の状態や学習環境に応じて,間接体験や疑似体験,仮想体験等を取り入れるなど,指導方法を工夫し,効果的な学習活動が展開できるようにすること。

　病弱の児童生徒は,治療のため身体活動が制限されていたり,運動・動作の障害があったりするので,各教科や特別活動等での体験的な活動を伴う内容については,病気の状態や学習環境等により実施が困難なことがある。そのため,このような内容の指導に当たっては,児童生徒が活動できるように指導内容を検討するとともに,指導方法を工夫して,効果的に学習が展開できるようにする必要がある。

　例えば,食物アレルギーの児童生徒が調理実習を行う場合には,アレルギーを引き起こす材料を別の材料に替えたり,それに応じた調理方法に変更したりする。また,外出できない児童生徒が植物の観察を行う場合には,ベランダや窓辺に植物やプランターを置いて観察させたりするなど,できる限り,児童生徒が実際に見て体験し,興味・関心をもって学習できるように工夫することが重要である。

　また,知らない場所へ行くことに強い不安を感じる児童生徒が社会見学をする場合には,例えば,仮想的な世界を,あたかも現実世界のように体感できるVR(Virtual Reality)の技術を使った機器を活用して見学先を事前に仮想体験するなどして,不安を軽減してから見学することで,積極的に参加できるようにすることも大切である。

　しかし,病気の状態等によっては,どのように指導方法を工夫しても直接的な体験ができない場合があるので,その際は,例えば,火気を使用する実験ではWebサイトでの実験の様子を見て間接体験をする,又はタブレット端末で実験シミュレーションアプリを操作することにより疑似体験をする,社会科で地域調査をする際にテレビ会議システム等を活用して地域の人から話を聞くなどの間接的な体験をする,体育科では体感型アプリ等を利用してスポーツの疑似体験を行うなど,指導方法を工夫して,学習効果を高めるようにすることが大切である。

## 4 補助用具や補助的手段，コンピュータ等の活用（第2章第1節第1款の4の(4)）

> (4) 児童の身体活動の制限や認知の特性，学習環境等に応じて，教材・教具や入力支援機器等の補助用具を工夫するとともに，コンピュータ等の情報機器などを有効に活用し，指導の効果を高めるようにすること。

　身体活動が制限されている児童生徒や，高次脳機能障害や小児がんの晩期合併症などにより認知上の特性がある児童生徒の指導に当たっては，実態に応じて教材・教具や入力支援機器等の補助用具を工夫し，例えば，運動・動作の障害がある児童生徒がスイッチや視線入力装置，音声出力会話補助装置などの入出力支援機器や電動車いす等の補助用具を活用したり，本を読むことが困難な児童生徒がタブレット端末等の拡大機能や読み上げ機能を使ったりして，学習が効果的に行えるようすることが重要である。また病気のため教室に登校できない場合には，病室内で指導する教師と教室で指導する教師とが連携を取りながら，テレビ会議システムにより病室内でも授業を受けることができるようにするなどして，学習できる機会を確保するために情報機器を活用することも大切である。
　その際，タブレット端末等の情報機器を使って教室の具体物をインターネットで遠隔操作できる場面を設けるなど，療養中でも，可能な限り主体的・対話的な活動ができるよう工夫することが重要である。

## 5 負担過重とならない学習活動（第2章第1節第1款の4の(5)）

> (5) 児童の病気の状態等を考慮し，学習活動が負担過重となる又は必要以上に制限することがないようにすること。

　児童生徒の病気は，心身症，精神疾患，小児がん，アレルギー疾患，心臓疾患など多様であり，軽い症状から重篤な症状まで様々である。個々の児童生徒の病気の特性を理解し日々の病状の変化等を十分に考慮した上で，学習活動が負担過重にならないようにする必要がある。例えば，活動量が制限されている児童生徒に，重い荷物を運ばせて健康状態を悪化させるといったことがないようにすることが重要である。ただし，可能な活動はできるだけ実施できるように学校生活管理指導表などを活用して，適切に配慮をすることが必要であり，必要以上に制限しないことが重要である。
　これらの点を例示すると以下のとおりである。
　① 心身症や精神疾患の児童生徒は，日内変動が激しいため，常に病気の状態を把握し，例えば過度なストレスを与えないなど，適切に対応する。

② 筋ジストロフィーの児童生徒は，衝突や転倒による骨折の防止等に留意する。

③ アレルギー疾患の児童生徒については，アレルゲン（抗原）となる物質を把握し，日々の対応や緊急時の対応を定め，校内で情報を共有する。

④ 糖尿病や心臓疾患の児童生徒については，活動の量と活動の時間，及び休憩時間を適切に定めること。運動や学校行事を計画する際は，学校生活管理指導表を活用して，できる活動を保護者と一緒に考える。

## 6　病状の変化に応じた指導上の配慮（第2章第1節第1款の4の(6)）

> (6) 病気のため，姿勢の保持や長時間の学習活動が困難な児童については，姿勢の変換や適切な休養の確保などに留意すること。

　病気の状態の変化や治療方法，生活規制（生活管理）等は，個々の病気により異なる。進行性疾患は病状が日々変化し，急性疾患は入院初期・中期・後期で治療方法等が変わることがある。慢性疾患は健康状態の維持・改善のため常に生活管理が必要である。病気の状態等に応じて弾力的に対応できるようにするためには，医療との連携により日々更新される情報を入手するとともに，適宜，健康観察を行い，病状や体調の変化を見逃さないようにする必要がある。

　例えば，座り続けることが難しくても，授業を受けるために無理をして座り続ける児童生徒がいるので，適宜，声をかけて，自ら休憩を取らせたり，姿勢を交換させたりすることが必要である。そのことにより，体調の変化に気付かせ，自ら休憩を求める等の自己管理ができるようにすることが重要である。

# 第4章　知的障害である児童生徒に対する教育を行う特別支援学校の各教科

## 第1節　知的障害者である児童生徒に対する教育を行う特別支援学校の各教科等の基本的な考え方

### 1　知的障害について

　知的障害者である児童生徒に対する教育を行う場合は，下記のような知的障害の特徴を理解しておく必要がある。

　知的障害とは，知的機能の発達に明らかな遅れと，適応行動の困難性を伴う状態が，発達期に起こるものを言う。

　「知的機能の発達に明らかな遅れ」がある状態とは，認知や言語などに関わる精神機能のうち，情緒面とは区別される知的面に，同年齢の児童生徒と比較して平均的水準より有意な遅れが明らかな状態である。

　「適応行動の困難性」とは，他人との意思の疎通，日常生活や社会生活，安全，仕事，余暇利用などについて，その年齢段階に標準的に要求されるまでには至っていないことであり，適応行動の習得や習熟に困難があるために，実際の生活において支障をきたしている状態である。

　「伴う状態」とは，「知的機能の発達に明らかな遅れ」と「適応行動の困難性」の両方が同時に存在する状態を意味している。知的機能の発達の遅れの原因は，概括的に言えば，中枢神経系の機能障害であり，適応行動の困難性の背景は，周囲の要求水準の問題などの心理的，社会的，環境的要因等が関係している。

　「発達期に起こる」とは，この障害の多くは，胎児期，出生時及び出生後の比較的早期に起こることを表している。発達期の規定の仕方は，必ずしも一定しないが，成長期（おおむね18歳）までとすることが一般的である。

　適応行動の面では，次のような困難さが生じやすい。

　〇概念的スキルの困難性

　　言語発達：言語理解，言語表出能力など

　　学習技能：読字，書字，計算，推論など

　〇社会的スキルの困難性

　　対人スキル：友達関係など

　　社会的行動：社会的ルールの理解，集団行動など

　〇実用的スキルの困難性

　　日常生活習慣行動：食事，排泄，衣服の着脱，清潔行動など

　　ライフスキル：買い物，乗り物の利用，公共機関の利用など

運動機能：協調運動，運動動作技能，持久力など

　このような知的障害の特徴及び適応行動の困難さ等を踏まえ，知的障害者である児童生徒に対する教育を行う特別支援学校の小学部及び中学部の各教科等については，学校教育法施行規則第126条第2項及び第127条第2項において，その種類を規定している。

　そして，発達期における知的機能の障害を踏まえ，児童生徒が自立し社会参加するために必要な「知識及び技能」，「思考力，判断力，表現力等」，「学びに向かう力，人間性等」を身に付けることを重視し，特別支援学校学習指導要領において，各教科等の目標と内容等を示している。

第1節　知の各教科

## 2　中央教育審議会答申における各教科等の改訂の方針

　中央教育審議会答申において示された知的障害者である児童生徒に対する教育を行う特別支援学校の各教科等の改訂に向けた主な方針は，次のとおりである。

○小学校等の各学校段階のすべての教科等において育成を目指す資質・能力の三つの柱に基づき，各教科の目標や内容が整理されたことを踏まえ，知的障害者である児童生徒のための各教科の目標や内容について，小学校等の各教科の目標や内容との連続性・関連性を整理することが必要であること。

○小・中学部及び高等部の各段階において，育成を目指す資質・能力を明確にすることで計画的な指導が行われるよう，教科の目標に基づき，各段階の目標を示すこと。

○各学部間での円滑な接続を図るため，現行では1つの段階で示されている中学部について，新たに2つの段階を設けるとともに，各段階間の系統性の視点から内容の充実を図ること。

○小学校等の各教科の内容の改善を参考に，社会の変化に対応した知的障害者である児童生徒に対する教育を行う特別支援学校の各教科の内容や構成の充実を図ること。

○小学校における外国語教育の充実を踏まえ，小学部において，児童の実態等を考慮のうえ，外国語に親しんだり，外国の言語や文化について体験的に理解や関心を深めたりするため，教育課程に外国語活動の内容を加えることができるようにすることが適当であること。

○障害の程度や学習状況等の個人差が大きいことを踏まえ，既に当該各部の各教科における段階の目標を達成しているなど，特に必要な場合には，個別の指導計画に基づき，当該各部に相当する学校段階までの小学校等の学習指導要領の各教科の目標・内容等を参考に指導できるようすることが適当であること。

これらの方針に基づき知的障害者である児童生徒に対する教育を行う特別支援学校の各教科及び外国語活動（本節において以下,「各教科等」という。）の改善・充実を図っている。

## 3　各教科等の改訂の要点

各教科等の改訂の要点は次のとおりである。
○育成を目指す資質・能力の三つの柱に基づき，各教科等の目標や内容を構造的に示した。その際，小学校及び中学校の各教科等の目標や内容等との連続性や関連性を整理した。
○各段階における育成を目指す資質・能力を明確にするため，段階ごとの目標を新設した。
○各段階間の円滑な接続を図るため，各段階の内容のつながりを整理し，段階間で系統性のある内容を設定した。更に，小学部，中学部及び高等部の内容のつながりを充実させるために，中学部に新たに段階を設けて，「1段階」及び「2段階」を設定した。
○社会の変化に対応した内容の充実を図るため，例えば，国語科における日常生活に必要な国語のきまり，算数科，数学科における生活や学習への活用，社会科における社会参加や生活を支える制度，職業・家庭科における働くことの意義，家庭生活における消費と環境などを充実した。
○小学部において，児童や学校の実態を考慮し，必要に応じて外国語活動を設けることができるよう規定した。（特別支援学校学習指導要領第1章第3節の3の(1)のカ参照）
○小学部の児童のうち小学部の3段階に示す各教科又は外国語活動の内容を習得し目標を達成している者，また，中学部の生徒のうち中学部の2段階に示す各教科の内容を習得し目標を達成している者については，児童生徒が就学する学部に相当する学校段階までの小学校学習指導要領等における各教科等の目標及び内容の一部を取り入れることができるよう規定した。（特別支援学校小学部・中学部学習指導要領第1章第8節の2参照）

## 4　各教科等の構成と履修

小学部の各教科は，生活，国語，算数，音楽，図画工作及び体育の6教科で構成されており，それらを第1学年から第6学年を通して履修することになっている。なお，今回の改訂において外国語活動は，児童や学校の実態を考慮の上，小学部3学年以上に，必要に応じて設けることができることを新たに示した。

小学部における生活科は，昭和46年4月1日施行の養護学校小学部・中学部学習指導要領において小学部に示された教科であり，小学校の低学年に生活科が設けられた平成元年以前から位置付いている教科である。本解説第4章第1節の1に示すとおり，児童に対し，基本的な生活習慣の確立に関すること，遊び，役割，手伝い，きまりなどを含む生活に関することを学習の対象とし，自立への基礎を体系的に学べるように，内容を構成した教科である。また，小学部の教科には，社会科，理科，家庭科が設けられていないが，児童の具体的な生活に関する学習の中で社会や自然等に直接関わったり，気付いたりすることができるように，それらの教科の内容を生活科に包含している特徴がある。

　中学部の各教科については，国語，社会，数学，理科，音楽，美術，保健体育及び職業・家庭の8教科に外国語科を加えることができ，それらを第1学年から第3学年を通じて履修することになっている。外国語科は，生徒や学校の実態を考慮し，各学校の判断により必要に応じて設けることができる教科である。このほか，その他特に必要な教科を学校の判断により設けることができる。

　各教科等について，各学校が指導計画を作成する際には，個々の児童生徒の知的障害の状態，生活年齢，学習状況や経験等を踏まえながら，特別支援学校小学部・中学部学習指導要領第1章第3節の3の(3)のアに示すとおり，各教科の目標の系統性や内容の関連及び各教科間の関連性を踏まえ，児童生徒の実態等に即した指導内容を選択・組織し，具体的な指導内容を設定する必要がある。

## 5　段階の考え方

　学年ではなく，段階別に内容を示している理由は，本解説第4章第1節の1に示すとおり，発達期における知的機能の障害が，同一学年であっても，個人差が大きく，学力や学習状況も異なるからである。そのため，段階を設けて示すことにより，個々の児童生徒の実態等に即して，各教科の内容を精選して，効果的な指導ができるようにしている。

　従前の各教科は，小学部の各教科であれば，各教科の目標の下に，3つの段階の内容が示されていた。中学部の教科は，段階はなく，教科の目標の下に，内容が示されていた。

　今回の改訂では，各段階における育成を目指す資質・能力を明確にすることから，段階ごとの目標を新設し，小学部は3つの段階，中学部は新たに段階を新設し2つの段階により目標を示している。

　知的障害者である児童生徒に対する教育を行う特別支援学校には，学校教育法施行令第22条の3に規定する「一　知的発達の遅滞があり，他人との意思疎通が困難で日常生活を営むのに頻繁に援助を必要とする程度のもの」，「二　知的発達の

遅滞の程度が前号に掲げる程度に達しないもののうち，社会生活への適応が著しく困難なもの」で，当該市町村の教育委員会により，その者の障害の状態，その者の教育上必要な支援の内容等を総合的に判断して，特別支援学校に就学させることが適当であると認める児童生徒が在学している。

　こうした児童生徒の知的機能の障害の状態と適応行動の困難性等を踏まえ，各教科の各段階は，基本的には，知的発達，身体発育，運動発達，生活行動，社会性，職業能力，情緒面での発達等の状態を考慮して目標を定め，小学部1段階から中学部2段階にわたり構成している。

　各段階の内容は，各段階の目標を達成するために必要な内容として，児童生徒の生活年齢を基盤とし，知的能力や適応能力及び概念的な能力等を考慮しながら段階毎に配列している。児童生徒の成長とともに，生活したり，学習したりする場やその範囲が広がっていくことや，それらのことと関連して，児童生徒が，注意を向けたり興味や関心をもったりする段階から，具体的な事物について知り，物の特性の理解や目的をもった遊びや行動ができる段階，場面や順序などの様子に気付き教師や友達と一緒に行動したりすることから，多様な人との関わりをもてるようにしていく段階などを念頭に置き，より深い理解や学習へと発展し，学習や生活を質的に高めていくことのできる段階の構成としている。

　○各段階の構成
　【小学部　1段階】
　　主として知的障害の程度は，比較的重く，他人との意思の疎通に困難があり，日常生活を営むのにほぼ常時援助が必要である者を対象とした内容を示している。
　　この段階では，知的発達が極めて未分化であり，認知面での発達も十分でないことや，生活経験の積み重ねが少ないことなどから，主として教師の直接的な援助を受けながら，児童が体験し，事物に気付き注意を向けたり，関心や興味をもったりすることや，基本的な行動の一つ一つを着実に身に付けたりすることをねらいとする内容を示している。
　【小学部　2段階】
　　知的障害の程度は，1段階ほどではないが，他人との意思の疎通に困難があり，日常生活を営むのに頻繁に援助を必要とする者を対象とした内容を示している。
　　この段階では，1段階を踏まえ，主として教師からの言葉掛けによる援助を受けながら，教師が示した動作や動きを模倣したりするなどして，目的をもった遊びや行動をとったり，児童が基本的な行動を身に付けることをねらいとする内容を示している。

【小学部　3段階】

　知的障害の程度は，他人との意思の疎通や日常生活を営む際に困難さが見られる。適宜援助を必要とする者を対象とした内容を示している。

　この段階では，2段階を踏まえ，主として児童が自ら場面や順序などの様子に気付いたり，主体的に活動に取り組んだりしながら，社会生活につながる行動を身に付けることをねらいとする内容を示している。

【中学部　1段階】

　小学部3段階を踏まえ，生活年齢に応じながら，主として経験の積み重ねを重視するとともに，他人との意思の疎通や日常生活への適応に困難が大きい生徒にも配慮した内容を示している。

　この段階では，主として生徒が自ら主体的に活動に取り組み，経験したことを活用したり，順番を考えたりして，日常生活や社会生活の基礎を育てることをねらいとする内容を示している。

【中学部　2段階】

　中学部1段階を踏まえ，生徒の日常生活や社会生活及び将来の職業生活の基礎を育てることをねらいとする内容を示している。

　この段階では，主として生徒が自ら主体的に活動に取り組み，目的に応じて選択したり，処理したりするなど工夫し，将来の職業生活を見据えた力を身に付けられるようにしていくことをねらいとする内容を示している。

## 第2節 知的障害者である児童生徒に対する教育を行う特別支援学校における指導の特徴について

### 1 知的障害のある児童生徒の学習上の特性等

　知的障害のある児童生徒の学習上の特性としては，学習によって得た知識や技能が断片的になりやすく，実際の生活の場面の中で生かすことが難しいことが挙げられる。そのため，実際の生活場面に即しながら，繰り返して学習することにより，必要な知識や技能等を身に付けられるようにする継続的，段階的な指導が重要となる。児童生徒が一度身に付けた知識や技能等は，着実に実行されることが多い。

　また，成功経験が少ないことなどにより，主体的に活動に取り組む意欲が十分に育っていないことが多い。そのため，学習の過程では，児童生徒が頑張っているところやできたところを細かく認めたり，称賛したりすることで，児童生徒の自信や主体的に取り組む意欲を育むことが重要となる。

　更に，抽象的な内容の指導よりも，実際的な生活場面の中で，具体的に思考や判断，表現できるようにする指導が効果的である。

　これらの教育的対応に加え，教材・教具，補助用具やジグ等を含めた学習環境の効果的な設定をはじめとして，児童生徒への関わり方の一貫性や継続性の確保などの教育的対応や在籍する児童生徒に対する周囲の理解などの環境的条件も整え，知的障害のある児童生徒の学習活動への主体的な参加や経験の拡大を促していくことも大切である。そうすることにより，例えば，卒業後の就労等の進路先では，物事にひたむきに取り組む態度や誠実さといった学びに向かう力や人間性が十分発揮されやすい。また，近年では，タブレット端末等の情報機器等を有効に活用することにより，児童生徒のもつ能力や可能性が更に引き出され，様々に学習活動が発展し，豊かな進路選択の可能性が広がることで，自立と社会参加が促進されていくことなどがある。

　児童生徒の多様な学びの可能性を引き出すためには，学校だけでなく，児童生徒に関わる家族や支援者，家庭等での様子など児童生徒を取り巻く環境や周囲の理解なども視野に入れた児童生徒の確実な実態把握が必要である。特に，知的障害の程度が極めて重度である場合は，本来もっている能力を十分に把握できない場合があるため，より詳細な実態把握が必要である。また，視覚障害，聴覚障害，肢体不自由や病弱など，他の障害を併せ有することも多いので，より一層のきめ細かな配慮が必要となる。

## 2 知的障害のある児童生徒の教育的対応の基本

知的障害のある児童生徒の学習上の特性等を踏まえ，学習環境面を含めた児童生徒一人一人の確実な実態把握に基づき，次のような教育的対応を基本とすることが重要である。

(1) 特別支援学校小学部・中学部学習指導要領第１章第３節の３の(1)のク及び(3)のアの(オ)に示すとおり，児童生徒の知的障害の状態，生活年齢，学習状況や経験等を考慮して教育的ニーズを的確に捉え，育成を目指す資質・能力を明確にし，指導目標を設定するとともに，指導内容のより一層の具体化を図る。

(2) 望ましい社会参加を目指し，日常生活や社会生活に生きて働く知識及び技能，習慣や学びに向かう力が身に付くよう指導する。

(3) 職業教育を重視し，将来の職業生活に必要な基礎的な知識や技能，態度及び人間性等が育つよう指導する。その際に，多様な進路や将来の生活について関わりのある指導内容を組織する。

(4) 生活の課題に沿った多様な生活経験を通して，日々の生活の質が高まるよう指導するとともに，よりよく生活を工夫していこうとする意欲が育つよう指導する。

(5) 自発的な活動を大切にし，主体的な活動を促すようにしながら，課題を解決しようとする思考力，判断力，表現力等を育むよう指導する。

(6) 児童生徒が，自ら見通しをもって主体的に行動できるよう，日課や学習環境などを分かりやすくし，規則的でまとまりのある学校生活が送れるようにする。

(7) 生活に結びついた具体的な活動を学習活動の中心に据え，実際的な状況下で指導するとともに，できる限り児童生徒の成功経験を豊富にする。

(8) 児童生徒の興味や関心，得意な面に着目し，教材・教具，補助用具やジグ等を工夫するとともに，目的が達成しやすいように，段階的な指導を行うなどして，児童生徒の学習活動への意欲が育つよう指導する。

(9) 児童生徒一人一人が集団において役割が得られるよう工夫し，その活動を遂行できるようにするとともに，活動後には充実感や達成感，自己肯定感が得られるように指導する。

(10) 児童生徒一人一人の発達の側面に着目し，意欲や意思，情緒の不安定さなどの課題に応じるとともに，児童生徒の生活年齢に即した指導を徹底する。

知的障害者である児童生徒に対する教育を行う特別支援学校においては，児童生徒の知的障害の状態等に即した指導を進めるため，各教科，道徳科，外国語活動，総合的な学習の時間（小学部を除く。），特別活動及び自立活動（以下，「各教科等」という。）それぞれに，各教科等の時間を設けて指導を行う場合と，それら（ただし，中学部における総合的な学習の時間は含まない。）を合わせて指導を行う場合がある。

いずれの場合においても，カリキュラム・マネジメントの視点から，児童生徒一人一人の教育的ニーズに応じた指導目標及び指導内容等を設定し，指導を行うことが重要である。

各学校においては，児童生徒の知的障害の状態，生活年齢，学習状況や経験等に応じた指導が適切に行われるよう指導計画を作成し，指導を行う必要がある。

## ● 3 指導の形態について

### (1) 教科別に指導を行う場合

知的障害者である児童生徒に対する教育を行う特別支援学校においては，特別支援学校小学部・中学部学習指導要領に示す知的障害者である児童生徒に対する教育を行う特別支援学校の各教科をもとに各教科の内容の指導を行うこととなるが，教科ごとの時間を設けて指導を行う場合は，「教科別の指導」と呼ばれている。

指導を行う教科やその授業時数の定め方は，対象となる児童生徒の実態によっても異なる。したがって，教科別の指導を計画するに当たっては，教科別の指導で扱う内容について，一人一人の児童生徒の実態に合わせて，個別的に選択・組織しなければならないことが多い。その場合，一人一人の児童生徒の興味や関心，生活年齢，学習状況や経験等を十分に考慮することが大切である。

また，指導に当たっては，特別支援学校小学部・中学部学習指導要領第2章第1節第2款及び第2章第2節第2款における各教科の目標及び段階の目標を踏まえ，児童生徒に対しどのような資質・能力の育成を目指すのかを明確にしながら，指導を創意工夫する必要がある。その際，生活に即した活動を十分に取り入れつつ学んでいることの目的や意義が理解できるよう段階的に指導する必要がある。

教科別の指導を一斉授業の形態で進める際，児童生徒の個人差が大きい場合もあるので，それぞれの教科の特質や指導内容に応じて更に小集団を編成し個別的な手立てを講じるなどして，個に応じた指導を徹底する必要がある。

更に，個別の指導計画の作成に当たっては，他の教科，道徳科，外国語活動，総合的な学習の時間（小学部を除く。），特別活動及び自立活動との関連，また，

各教科等を合わせて指導を行う場合との関連を図るとともに，児童生徒が習得したことを適切に評価できるように計画する必要がある。

### (2) 道徳科，外国語活動，特別活動，自立活動の時間を設けて指導を行う場合

従前は「領域別に指導を行う場合」と示していたが，特別の教科　道徳（道徳科）が位置付いたことや小学部において，児童や学校の実態に考慮して外国語活動を設けることができるようにしたことから，このような示し方をしている。

道徳科，外国語活動，特別活動，自立活動の時間を設けて指導を行う際には，次のことに留意する必要がある。また，中学部では総合的な学習の時間を設けて指導を行うこととなる。

#### ア　特別の教科　道徳

道徳科の指導に当たっては，個々の児童生徒の興味や関心，生活に結び付いた具体的な題材を設定し，実際的な活動を取り入れたり，視聴覚機器を活用したりするなどの一層の工夫を行い，児童生徒の生活や学習の文脈を十分に踏まえた上で，道徳的実践力を身に付けるよう指導することが大切である。（本解説第5章特別の教科　道徳参照）

#### イ　外国語活動

外国語活動の指導に当たっては，特別支援学校学習指導要領第4章第2款の3の(2)のイに示すとおり，第3学年以降の児童を対象とし，国語科の3段階の目標及び内容との関連を図ることが大切である。その際，個々の児童の興味や関心，生活に結び付いた具体的な題材を設定し，児童の発達の段階に考慮した内容を工夫するなどしていくことが大切である。（本解説第6章外国語活動参照）

#### ウ　特別活動

特別活動の指導に当たっては，個々の児童生徒の実態，特に学習上の特性等を十分に考慮し，適切に創意工夫する必要がある。

特別活動の指導を計画するに当たっては，各教科，道徳科，外国語活動（中学部を除く。），自立活動及び総合的な学習の時間（小学部を除く。）との関連を図るとともに，障害のある人と障害のない人が共に生きる社会の実現に向けて小・中学校の児童生徒等及び地域の人々と活動を共にする機会を積極的に設けるよう配慮することが大切である。（本解説第8章特別活動参照）

**エ　自立活動**

　知的障害のある児童生徒は，全般的な知的発達の程度や適応行動の状態に比較して，言語，運動，動作，情緒等の特定の分野に，顕著な発達の遅れや特に配慮を必要とする様々な状態が知的障害に随伴して見られる。

　顕著な発達の遅れや特に配慮を必要とする様々な知的障害に随伴する状態とは，例えば，言語面では，発音が明瞭でなかったり，言葉と言葉を滑らかにつないで話すことが難しかったりすること，運動動作面では，走り方がぎこちなく，安定した姿勢が維持できないことや衣服のボタンかけやはさみなどの道具の使用が難しいこと，情緒面では，失敗経験が積み重なり，自信がもてず絶えず不安が多いことなどである。また，てんかんや心臓疾患なども，随伴する状態等として挙げられる。

　このような状態等に応じて，各教科の指導などのほかに，自立活動の内容の指導が必要である。

　知的障害のある児童生徒の自立活動の考え方は，他の障害を有する場合の考え方と同じである。自立活動の指導は，個別の指導計画に基づいて，学習上の特性等を踏まえながら指導を進める必要がある。特に，自立活動の時間の指導では，個々の児童生徒の知的障害の状態等を十分考慮し，個人あるいは小集団で指導を行うなど，指導目標及び指導内容に即して効果的な指導を進めるようにすることが大切である。（特別支援学校教育要領・学習指導要領解説自立活動編（幼稚部・小学部・中学部）第3章2の(4)参照）

### (3) 各教科等を合わせて指導を行う場合

　各教科等を合わせて指導を行う場合とは，各教科，道徳科，特別活動，自立活動及び小学部においては外国語活動の一部又は全部を合わせて指導を行うことをいう。各教科等を合わせて指導を行う際には，各教科等で育成を目指す資質・能力を明確にした上で，特別支援学校小学部・中学部学習指導要領第1章第4節の1の(1)に留意しながら，効果的に実施していくことができるようにカリキュラム・マネジメントの視点に基づいて計画（Plan）-実施（Do）-評価（Check）-改善（Action）していくことが必要である。知的障害者である児童生徒に対する教育を行う特別支援学校においては，児童生徒の学校での生活を基盤として，学習や生活の流れに即して学んでいくことが効果的であることから，従前から，日常生活の指導，遊びの指導，生活単元学習，作業学習などとして実践されてきており，それらは「各教科等を合わせた指導」と呼ばれている。

　各教科等を合わせて指導を行うことに係る法的な根拠は，学校教育法施行規則第130条第2項に，特別支援学校において「知的障害者である児童若しくは生徒又は複数の種類の障害を併せ有する児童若しくは生徒を教育する場合にお

いて特に必要があるときは，各教科，道徳科，外国語活動，特別活動及び自立活動の全部又は一部について，合わせて授業を行うことができる」とされていることである。

なお，中学部においては，総合的な学習の時間を適切に設けて指導をすることに留意する必要がある。

各学校において，各教科等を合わせて指導を行う際は，児童生徒の知的障害の状態，生活年齢，学習状況や経験等に即し，次に示す事項を参考とすることが有効である。また，各教科等を合わせて指導を行う場合においても，各教科等の目標を達成していくことになり，育成を目指す資質・能力を明確にして指導計画を立てることが重要となる。

## 【各教科等を合わせた指導の特徴と留意点】
### ア 日常生活の指導

日常生活の指導は，児童生徒の日常生活が充実し，高まるように日常生活の諸活動について，知的障害の状態，生活年齢，学習状況や経験等を踏まえながら計画的に指導するものである。

日常生活の指導は，生活科を中心として，特別活動の〔学級活動〕など広範囲に，各教科等の内容が扱われる。それらは，例えば，衣服の着脱，洗面，手洗い，排泄，食事，清潔など基本的生活習慣の内容や，あいさつ，言葉遣い，礼儀作法，時間を守ること，きまりを守ることなどの日常生活や社会生活において，習慣的に繰り返される，必要で基本的な内容である。

日常生活の指導に当たっては，以下のような点を考慮することが重要である。

(ア) 日常生活や学習の自然な流れに沿い，その活動を実際的で必然性のある状況下で取り組むことにより，生活や学習の文脈に即した学習ができるようにすること。

(イ) 毎日反復して行い，望ましい生活習慣の形成を図るものであり，繰り返しながら取り組むことにより習慣化していく指導の段階を経て，発展的な内容を取り扱うようにすること。

(ウ) できつつあることや意欲的な面を考慮し，適切な支援を行うとともに，生活上の目標を達成していくために，学習状況等に応じて課題を細分化して段階的な指導ができるものであること。

(エ) 指導場面や集団の大きさなど，活動の特徴を踏まえ，個々の実態に即した効果的な指導ができるよう計画されていること。

(オ) 学校と家庭等とが連携を図り，児童生徒が学校で取り組んでいること，また家庭等でこれまで取り組んできたことなどの双方向で学習状況等を共

有し，指導の充実を図るようにすること。

### イ　遊びの指導

遊びの指導は，主に小学部段階において，遊びを学習活動の中心に据えて取り組み，身体活動を活発にし，仲間とのかかわりを促し，意欲的な活動を育み，心身の発達を促していくものである。

特に小学部の就学直後をはじめとする低学年においては，幼稚部等における学習との関連性や発展性を考慮する上でも効果的な指導の形態となる場合がみられ，義務教育段階を円滑にスタートさせる上でも計画的に位置付ける工夫が考えられる。

遊びの指導では，生活科の内容をはじめ，体育科など各教科等に関わる広範囲の内容が扱われ，場や遊具等が限定されることなく，児童が比較的自由に取り組むものから，期間や時間設定，題材や集団構成などに一定の条件を設定し活動するといった比較的制約性が高い遊びまで連続的に設定される。

また，遊びの指導の成果を各教科別の指導につながるようにすることや，諸活動に向き合う意欲，学習面，生活面の基盤となるよう，計画的な指導を行うことが大切である。

(ア) 児童の意欲的な活動を育めるようにすること。その際，児童が，主体的に遊ぼうとする環境を設定すること。
(イ) 教師と児童，児童同士の関わりを促すことができるよう，場の設定，教師の対応，遊具等を工夫し，計画的に実施すること。
(ウ) 身体活動が活発に展開できる遊びや室内での遊びなど児童の興味や関心に合わせて適切に環境を設定すること。
(エ) 遊びをできる限り制限することなく，児童の健康面や衛生面に配慮しつつ，安全に遊べる場や遊具を設定すること。
(オ) 自ら遊びに取り組むことが難しい児童には，遊びを促したり，遊びに誘ったりして，いろいろな遊びが経験できるよう配慮し，遊びの楽しさを味わえるようにしていくこと。

### ウ　生活単元学習

生活単元学習は，児童生徒が生活上の目標を達成したり，課題を解決したりするために，一連の活動を組織的・体系的に経験することによって，自立や社会参加のために必要な事柄を実際的・総合的に学習するものである。

生活単元学習では，広範囲に各教科等の目標や内容が扱われる。

生活単元学習の指導では，児童生徒の学習活動は，実際の生活上の目標や課題に沿って指導目標や指導内容を組織されることが大切である。

また，小学部において，児童の知的障害の状態等に応じ，遊びを取り入れたり，作業的な指導内容を取り入れたりして，生活単元学習を展開している学校がある。どちらの場合でも，個々の児童生徒の自立と社会参加を視野に入れ，個別の指導計画に基づき，計画・実施することが大切である。

　生活単元学習の指導計画の作成に当たっては，以下のような点を考慮することが重要である。

(ア) 単元は，実際の生活から発展し，児童生徒の知的障害の状態や生活年齢等及び興味や関心を踏まえたものであり，個人差の大きい集団にも適合するものであること。

(イ) 単元は，必要な知識や技能の習得とともに，思考力，判断力，表現力等や学びに向かう力，人間性等の育成を図るものであり，生活上の望ましい態度や習慣が形成され，身に付けた指導内容が現在や将来の生活に生かされるようにすること。

(ウ) 単元は，児童生徒が指導目標への意識や期待をもち，見通しをもって，単元の活動に意欲的に取り組むものであり，目標意識や課題意識，課題の解決への意欲等を育む活動をも含んだものであること。

(エ) 単元は，一人一人の児童生徒が力を発揮し，主体的に取り組むとともに，学習活動の中で様々な役割を担い，集団全体で単元の活動に協働して取り組めるものであること。

(オ) 単元は，各単元における児童生徒の指導目標を達成するための課題の解決に必要かつ十分な活動で組織され，その一連の単元の活動は，児童生徒の自然な生活としてのまとまりのあるものであること。

(カ) 単元は，各教科等に係る見方・考え方を生かしたり，働かせたりすることのできる内容を含む活動で組織され，児童生徒がいろいろな単元を通して，多種多様な意義のある経験ができるよう計画されていること。

　生活単元学習の指導を計画するに当たっては，一つの単元が，2，3日で終わる場合もあれば，1学期間など長期にわたる場合もあるため，年間における単元の配置，各単元の構成や展開について組織的・体系的に検討し，評価・改善する必要がある。

### エ　作業学習

　作業学習は，作業活動を学習活動の中心にしながら，児童生徒の働く意欲を培い，将来の職業生活や社会自立に必要な事柄を総合的に学習するものである。

　とりわけ，作業学習の成果を直接，児童生徒の将来の進路等に直結させることよりも，児童生徒の働く意欲を培いながら，将来の職業生活や社会自立

に向けて基盤となる資質・能力を育むことができるようにしていくことが重要である。

　作業学習の指導は，中学部では職業・家庭科の目標及び内容が中心となるほか，高等部では職業科，家庭科及び情報科の目標及び内容や，主として専門学科において開設される各教科の目標及び内容を中心とした学習へとつながるものである。なお，小学部の段階では，生活科の目標及び内容を中心として作業学習を行うことも考えられるが，児童の生活年齢や発達の段階等を踏まえれば，学習に意欲的に取り組むことや，集団への参加が円滑にできるようにしていくことが重要となることから，生活単元学習の中で，道具の準備や後片付け，必要な道具の使い方など，作業学習につながる基礎的な内容を含みながら単元を構成することが効果的である。

　作業学習で取り扱われる作業活動の種類は，農耕，園芸，紙工，木工，縫製，織物，金工，窯業，セメント加工，印刷，調理，食品加工，クリーニングなどのほか，事務，販売，清掃，接客なども含み多種多様である。作業活動の種類は，生徒が自立と社会参加を果たしていく社会の動向なども踏まえ，地域や産業界との連携を図りながら，学校として検討していくことが大切である。

　作業学習の指導に当たっては，以下のような点を考慮することが重要である。

(ア) 児童生徒にとって教育的価値の高い作業活動等を含み，それらの活動に取り組む意義や価値に触れ，喜びや完成の成就感が味わえること。
(イ) 地域性に立脚した特色をもつとともに，社会の変化やニーズ等にも対応した永続性や教育的価値のある作業種を選定すること。
(ウ) 個々の児童生徒の実態に応じた教育的ニーズを分析した上で，段階的な指導ができるものであること。
(エ) 知的障害の状態等が多様な児童生徒が，相互の役割等を意識しながら協働して取り組める作業活動を含んでいること。
(オ) 作業内容や作業場所が安全で衛生的，健康的であり，作業量や作業の形態，実習時間及び期間などに適切な配慮がなされていること。
(カ) 作業製品等の利用価値が高く，生産から消費への流れと社会的貢献などが理解されやすいものであること。

　中学部の職業・家庭科に示す「産業現場等における実習」（一般に「現場実習」や「職場実習」とも呼ばれている。）を，他の教科等と合わせて実施する場合は，作業学習として位置付けられる。その場合，「産業現場等における実習」については，現実的な条件下で，生徒の職業適性等を明らかにし，職業生活な

いしは社会生活への適応性を養うことを意図するとともに，働くことに関心をもつことや，働くことの良さに気付くことなど，将来の職業生活を見据えて基盤となる力を伸長できるように実施していくことに留意したい。更に，各教科等の目標や広範な内容が包含されていることに留意する必要がある。

「産業現場等における実習」は，これまでも企業等の協力により実施され，大きな成果が見られるが，実施に当たっては，保護者，事業所及び公共職業安定所（ハローワーク）などの関係機関等との密接な連携を図り，綿密な計画を立て，評価・改善することが大切である。また，実習中の巡回指導についても適切に計画し，生徒の状況を把握するなど柔軟に対応する必要がある。

## 4 指導内容の設定と授業時数の配当

特別支援学校小学部・中学部学習指導要領第1章第3節の3の(3)のアの(ｵ)には，各教科等を合わせて指導を行う場合には，授業時数を適切に定めることが示されている。各教科等を合わせて指導を行う場合において，取り扱われる教科等の内容を基に，児童生徒の知的障害の状態や経験等に応じて，具体的に指導内容を設定し，指導内容に適した時数を配当するようにすることが大切である。

指導に要する授業時数をあらかじめ算定し，関連する教科等を教科等別に指導する場合の授業時数の合計と概ね一致するように計画する必要がある（特別支援学校小学部・中学部学習指導要領第1章第3節の3の(2)のア及び特別支援学校教育要領・学習指導要領解説総則編（幼稚部・小学部・中学部）第3編第2章第3節の3の(2)の①）。

## 5 学習評価について

児童生徒一人一人の学習状況を多角的に評価するため，各教科の目標に準拠した評価の観点による学習評価を行うことが重要である。一つの授業や単元，年間を通して，児童生徒がどのように学ぶことができたのかや，成長したのかを見定めるものが学習評価である。

また，学習評価は児童生徒にとって，自分の成長を実感し学習に対する意欲を高める上で有効であり，教師にとって，授業計画や単元計画，年間指導計画等を見直し改善する上でも，効果的に活用していくことが重要である。

このような評価は教師が相互に情報を交換し合いながら適時，適切に評価に関する情報を積み上げ，組織的・体系的に取り組んでいくことが重要である。

なお，教科別の指導を行う場合や各教科等を合わせて指導を行う場合においても，各教科の目標に準拠した評価の観点による学習評価を行うことが必要である。

(特別支援学校学習指導要領第 1 章第 4 節の 3 及び特別支援学校教育要領・学習指導要領解説総則編（幼稚部・小学部・中学部）第 3 編第 2 章第 4 節の 3）

**第 4 章**
知的障害である児童生徒に対する教育を行う特別支援学校の各教科

# 第3節　各教科等に係る具体的な改善事項

　知的障害者である児童生徒に対する教育を行う特別支援学校の各教科等の改訂の要点は次のとおりである。

○ 知的障害者である児童生徒に対する教育を行う特別支援学校の各教科の目標や内容について，小学校等との各教科等の目標や内容の連続性・関連性を整理し，充実・改善を図ったこと。

○ 小・中学部の各段階において，育成を目指す資質・能力を明確にすることで計画的な指導が行われるよう，教科の目標に基づき，各段階の目標を示したこと。

○ 各学部間での円滑な接続を図るため，中学部について，新たに２段階を設けるとともに，各段階間の内容の系統性の充実を図ったこと。

## 1　各教科等の目標の示し方

　今回の改訂では，高等部卒業時までに育成を目指す資質・能力を明確にしたうえで，小学部，中学部段階における教科の目標について育成を目指す資質・能力の三つの柱（「知識及び技能」，「思考力，判断力，表現力等」，「学びに向かう力，人間性等」）で構造的に示した。
　小学部国語の場合，教科の目標は次のとおりである。

【小学部　国語科の例】

---
１　目　標
　言葉による見方・考え方を働かせ，言語活動を通して，国語で理解し表現する資質・能力を次のとおり育成することを目指す。
　(1) 日常生活に必要な国語について，その特質を理解し使うことができるようにする。
　(2) 日常生活における人との関わりの中で伝え合う力を身に付け，思考力や想像力を養う。
　(3) 言葉で伝え合うよさを感じるとともに，言語感覚を養い，国語を大切にしてその能力の向上を図る態度を養う。

---

　はじめに，国語科で育成を目指す資質・能力である「国語で理解し表現する資質・能力」であることを示し，その後に，三つの柱で目標を示している。(1)は「知識及び技能」，(2)は「思考力，判断力，表現力等」，(3)は「学びに向かう力，人間性等」である。これを踏まえ，段階ごとに，三つの柱に即し段階の目標を示している。

知的障害のある児童の場合，障害の程度や発達の状態等により，日常生活に密着した，関連のある話し言葉の意味や表す内容について気付き，理解したり，相手に伝えたい内容について，言葉を使って表現したり，そのために必要な言葉の使い方を理解し，使おうとする資質・能力を育むことを目標としている。

このように，各教科の目標は，知的障害のある児童生徒の学習上の特性や生活との関連の視点を踏まえて改訂している。

## 2 各教科等の内容の改訂について

今回の改訂では，目標と同様に育成を目指す資質・能力の三つの柱に沿った整理を踏まえ，各教科等の内容を構造的に示した。

また，知的障害のある児童生徒の実態が多様であることから，知的障害のある児童生徒の学びの連続性を確保するため，小学校等の各教科等との内容構成を概ね同じにしたり，各段階の目標の系統性や内容の連続性について小学校等の内容を参考に充実したり，関連を分かりやすくし目標及び内容の系統性を整理した。

内容として取り扱う範囲は，従前の特別支援学校小・中学部学習指導要領及び同解説で示されている内容に概ね基づくものとしている。

その上で，コンピュータや情報通信ネットワーク等の児童生徒を取り巻く生活環境の変化や主権者として求められる資質・能力など社会の変化に対応して充実が必要な内容及び小学校等の各教科の内容との連続性の観点から特に必要な内容については，新たに取り入れて内容の充実を図っている。

## 3 指導計画の作成と内容の取扱い

全教科に共通する内容の取扱いは，従前の通り，小学部は特別支援学校小学部・中学部学習指導要領第2章第1節第2款の第2「指導計画の作成と各教科全体にわたる内容の取扱い」(中学部は第2章第2節第2款の第2)において示している。

今回の改訂では，特別支援学校学習指導要領第2章第1節第2款第1及び第2章第2節第2款第1に示した各教科においても，指導計画の作成と内容の取扱いについて，新たに示した。ここでは，各教科における指導計画の作成に当たって配慮する事項と内容の取扱い上配慮する事項を示している。各教科の配慮事項に留意しながら，知的障害のある児童生徒の学習上の特性を踏まえ，育成を目指す資質・能力が育まれるように指導計画を作成していくことが必要である。

## 4　各教科等に係る総則における共通的事項の改訂

　今回の改訂において，知的障害者である児童生徒に対する教育を行う特別支援学校の各教科等の取扱いについて，新たに示した事項は次のとおりである。各教科の取扱いに関して共通となる事項であるので留意が必要である。

○内容等の取扱い

　知的障害者である児童に対する教育を行う特別支援学校の小学部において，外国語活動については，児童や学校の実態を考慮し，必要に応じて設けることができることを示した。（特別支援学校小学部・中学部学習指導要領第1章第3節の3の(1)のカ）

　各教科の指導に当たっては，各教科の各段階に示す内容を基に，児童又は生徒の知的障害の状態や経験等に応じて，具体的に指導内容を設定するものとし，その際，小学部は6年間，中学部は3年間を見通して計画的に指導することを示した。（特別支援学校学習指導要領第1章第3節の3の(1)のク）

○指導計画の作成等に当たっての配慮事項

　各教科，道徳科，外国語活動，特別活動及び自立活動の一部又は全部を合わせて指導を行う場合，各教科，道徳科，外国語活動，特別活動及び自立活動に示す内容を基に，児童又は生徒の知的障害の状態や経験等に応じて，具体的に指導内容を設定することを示した。また，各教科等の内容の一部又は全部を合わせて指導を行う場合には，授業時数を適切に定めることを示した。（特別支援学校小学部・中学部学習指導要領第1章第3節の3の(3)のアの(オ)）

○重複障害者等に関する教育課程の取扱い

　知的障害者である児童に対する教育を行う特別支援学校の小学部に就学する児童のうち，小学部の3段階に示す各教科又は外国語活動の内容を習得し目標を達成している者については，小学校学習指導要領第2章に示す各教科及び第4章に示す外国語活動の目標及び内容の一部を取り入れることができるものとした。

　また，知的障害者である生徒に対する教育を行う特別支援学校の中学部の2段階に示す各教科の内容を習得し目標を達成している者については，中学校学習指導要領第2章に示す各教科の目標及び内容並びに小学校学習指導要領第2章に示す各教科及び第4章に示す外国語活動の目標及び内容の一部を取り入れることができるものとした。（特別支援学校小学部・中学部学習指導要領第1章第8節の2）

第3節
各教科等に係る具体的な改善事項

# 第4節　小学部の各教科

## ● 第1　生活科

### 1　生活科の改訂の要点
#### (1) 目標の改訂の要点

目標は，従前の「自立的な生活をするための基礎的能力と態度」から，「自立し生活を豊かにしていくための資質・能力」と改めた。児童が生活に必要な基本的な知識や技能及び態度を，生活経験を積み重ねて着実に身に付けていくことが基本にあり，更に自らの生活を豊かにしていこうとする資質・能力とすることを明確にした。各段階の目標は，教科の目標を実現していくための具体的な指導の目標を，児童の発達の段階を踏まえて，育成を目指す三つの柱から示している。

#### (2) 内容の改訂の要点

内容は，従前の「基本的生活習慣」，「健康・安全」，「遊び」，「交際」，「役割」，「手伝い・仕事」，「きまり」，「日課・予定」，「金銭」，「自然」，「社会の仕組み」，「公共施設」について，小学部体育科との内容，中学部社会科及び理科との内容のつながりを踏まえて整理した。従前の「健康・安全」の「健康」に関する内容は小学部体育科に位置付けたため「安全」とした。「交際」及び「金銭」は内容を具体的に分かりやすくすることから「人との関わり」及び「金銭の扱い」と改めた。「社会の仕組み」と「公共施設」は，一つにして「社会の仕組みと公共施設」と改めた。「自然」は，中学部理科との内容のつながりを踏まえて，「生命・自然」とし，「ものの仕組みと働き」を新設した。また，各内容の関連性を踏まえて，「基本的生活習慣」，「安全」，「日課・予定」は基本的生活習慣に関する内容，「遊び」，「人との関わり」，「役割」，「手伝い・仕事」，「金銭の扱い」は，生活や家庭に関する内容，「きまり」，「社会の仕組みと公共施設」，「生命・自然」，「ものの仕組みと働き」は，社会及び理科に関する内容として，表記の順番を入れ替えるなどの充実を図った。

内容は，(ｱ)思考力，判断力，表現力等，(ｲ)知識及び技能の柱から示している。

#### (3) 指導計画の作成と内容の取扱いの要点

指導計画の作成に当たっては，各教科等との関連を図り，指導の効果を高めるようにするとともに，中学部の社会科，理科及び職業・家庭科の学習を見据え，系統的・発展的に指導することを示している。

内容の取扱いについては，日々の日課に即して，実際的な指導をしていくことや具体的な活動や体験を通して多様な学習活動を行うことなどについて示してい

る。

## 2　生活科の目標及び内容
### (1) 生活科の目標

> 1　目　標
> 　具体的な活動や体験を通して，生活に関わる見方・考え方を生かし，自立し生活を豊かにしていくための資質・能力を次のとおり育成することを目指す。
> 　(1) 活動や体験の過程において，自分自身，身近な人々，社会及び自然の特徴やよさ，それらの関わり等に気付くとともに，生活に必要な習慣や技能を身に付けるようにする。
> 　(2) 自分自身や身の回りの生活のことや，身近な人々，社会及び自然と自分との関わりについて理解し，考えたことを表現することができるようにする。
> 　(3) 自分のことに取り組んだり，身近な人々，社会及び自然に自ら働きかけ，意欲や自信をもって学んだり，生活を豊かにしようとしたりする態度を養う。

　「具体的な活動や体験を通して」とは，児童が，健康で安全な生活をするために，日々の生活において，見る，聞く，触れる，作る，探す，育てる，遊ぶなど対象に直接働きかける学習活動であり，そうした活動の楽しさやそこで気付いたことなどを自分なりに表現する学習活動である。直接働きかけるということは，児童が身近な人々，社会及び自然に一方的に働きかけるのではなく，それらが児童に働き返してくるという，双方向性のある活動が行われることを意味し，これらの学習活動を通して，資質・能力が育成されることを示している。
　「生活に関わる見方・考え方を生かし」とは，身近な人々，社会及び自然を自分との関わりで捉え，よりよい生活に向けて思いや願いを実現しようとすることである。生活に関わる見方は，生活を捉える視点であり，生活における人々，社会及び自然などの対象と自分がどのように関わっているのかという視点である。また，生活に関わる考え方とは，自分の生活において思いや願いを実現していくという学習過程の中にある思考であり，自分自身や自分の生活について考えることやそのための方法である。具体的な活動を行う中で，生活を自分との関わりで捉え，よりよい生活に向けて思いや願いを実現しようとするようになり，そこで

は，「思考」や「表現」が繰り返し行われ，自立し生活を豊かにしていくための資質・能力が育成される。

「自立し生活を豊かにしていく」とは，生活科の学びを実生活に生かし，よりよい生活を創造していくことである。それは，実生活において，まだできないことやしたことがないことに自ら取り組み，自分でできることが増えたり活動の範囲が広がったりして自分自身が成長していくことである。このような児童の姿の実現に向けて資質・能力を育成することを示している。

(1)は知識及び技能としての資質・能力として示したものである。「自分自身，身近な人々，社会及び自然の特徴やよさ，それらの関わり等に気付く」とは，具体的な活動や体験，伝え合いや振り返りの中で，自分自身，身近な人々，社会及び自然がもっている固有な特徴や本質的な価値，それぞれの関係や関連に気付くことである。特に生活科においては自分自身についての気付きを大切にしている。「身近な人々」とは，家庭，学校及び近隣の人のことであり，児童にとって実際に関わる人を指している。「社会及び自然の特徴」とは，家庭や学校の近隣の地域，様々な人々との関わり，公共施設等の利用，登下校等で触れる動植物や河川などの自然，太陽や月などの天体，気候，季節の変化等のことを指している。

「気付く」とは児童一人一人に自分自身，身近な人々，社会及び自然の特徴やよさ，それらの関わり等についての気付きが生まれるということである。

(2)は「思考力，判断力，表現力等」としての資質・能力を示している。「身の回りの生活」とは，児童が日々の生活を過ごしていくために必要な事柄であり，具体的には食事，排泄，清潔等のことを指している。「身近な人々，社会及び自然と自分との関わりについて理解する」とは，身近な人々，社会及び自然などの対象を自分と切り離すのではなく，自分とどのような関係があるのかを意識しながら対象のもつ特徴や価値を見いだすことである。「考えたことを表現する」とは自分自身や自分の生活について考え，それらを何らかの方法で表現することである。

(3)は学びに向かう力，人間性等としての資質・能力を示している。「身近な人々，社会及び自然に自ら働きかける」とは，児童が思いや願いに基づいて，身近な人々，社会及び自然に，自分から接近し何らかの行為を行うことである。自分から働きかけることにより，満足感や達成感などのやり遂げたという気持ちを強く味わうことができる。こうした自分自身の姿，変容や成長を捉え，自分自身についてのイメージを深めたり，自分のよさや可能性に気付いたりしていくことが大切である。「意欲や自信をもって学んだり」とは，学校や家庭，地域において意欲や自信をもって学んだり生活を豊かにしたりすることが繰り返されることによって，それが安定的な態度として養われることである。ここでいう「意欲」とは，自らの思いや願いを明確にして，進んで学んだり生活を豊かにしたりした

いという気持ちである。また,「自信」とは,思いや願いの実現に向けて自分は学んだり生活を豊かにしたりしていくことができると信じることである。この意欲や自信が,自らの学びを次の活動やこれからの生活に生かしたり新たなことに挑戦したりしようとする姿を生み出していくのである。

なお,生活科の目標は小学部の終わりまでに身に付ける資質・能力を示している。しかしながら,児童の実態によっては,途中の段階で終了することもある。その場合にも,生活年齢を踏まえ指導内容を設定することが大切である。

### (2) 生活科の内容

内容は,「ア基本的生活習慣」,「イ安全」,「ウ日課・予定」,「エ遊び」,「オ人との関わり」,「カ役割」,「キ手伝い・仕事」,「ク金銭の扱い」,「ケきまり」,「コ社会の仕組みと公共施設」,「サ生命・自然」,「シものの仕組みと働き」の12の内容から構成されている。この構成は,1段階から3段階まで共通しており,段階を積み重ねて学習していくことができるように示している。

各内容の関連性を踏まえ,「ア基本的生活習慣」,「イ安全」,「ウ日課・予定」は,主に基本的な生活習慣に関する内容,「エ遊び」,「オ人との関わり」,「カ役割」,「キ手伝い・仕事」,「ク金銭の扱い」は,主に生活や家庭に関する内容,「ケきまり」,「コ社会の仕組みと公共施設」は中学部における社会,「サ生命・自然」,「シものの仕組みと働き」は,中学部における理科につながる内容としている。

生活科の内容は,自ら考えて,判断し,表現等をしていく中で,知識や技能を身に付けていくことを重視し,(ｱ)思考力,判断力,表現力等,(ｲ)知識及び技能の柱から示している。

## 3 各段階の目標及び内容
### (1) 1段階の目標と内容
#### ア 目標

○1段階
(1) 目標
　ア 活動や体験の過程において,自分自身,身近な人々,社会及び自然の特徴に関心をもつとともに,身の回りの生活において必要な基本的な習慣や技能を身に付けるようにする。
　イ 自分自身や身の回りの生活のことや,身近な人々,社会及び自然と自分との関わりについて関心をもち,感じたことを伝えようとする。
　ウ 自分のことに取り組もうとしたり,身近な人々,社会及び自然に関心をもち,意欲をもって学んだり,生活に生かそうとしたりする態度

　　　　を養う。

　1段階では，様々な学習活動を教師と一緒に行うことを基本としている。
　アの「関心をもつ」とは，家庭生活や学校生活等を過ごしていく中で人の存在，社会の仕組み，自然の存在に関心を示すことである。そうした中で，自分の身の回りの生活において必要とされる基本的な知識及び技能を身に付けることが大切である。
　イの「感じたことを伝えようとする」とは，児童自身が身の回りの生活のことや，身近な人々や社会及び自然に関わる中で関心を示したことを多様な方法で表現することである。
　ウの「自分のことに取り組もうとしたり」とは，家庭生活や学校生活等を過ごしていく中で自分に必要なことを自ら取り組もうとすることである。それと同時に，家庭，学校，近隣の人々，学校生活，社会生活及び自然に自分から進んで関わろうとする中で学んだことを，生活に生かそうとする態度を育てることが大切である。

イ　内容

> （2）内　容
> 　ア　基本的生活習慣
> 　　食事や用便等の生活習慣に関わる初歩的な学習活動を通して，次の事項を身に付けることができるよう指導する。
> 　（ア）簡単な身辺処理に気付き，教師と一緒に行おうとすること。
> 　（イ）簡単な身辺処理に関する初歩的な知識や技能を身に付けること。

　「食事や用便等の生活習慣」とは，食事や用便のほか，寝起き，清潔に保つこと，身の回りの整理，身なりを整えることを主とする生活習慣に関する指導のことである。
　1段階では，「初歩的な学習活動」として，2段階以降につなげるようにしている。「初歩的な」とは，食事や用便に関わる生活の基盤となる事柄であり，簡単な身辺処理に教師と一緒に取り組み，基本的な方法や一連の流れに気付くことにより，生活に必要な動作や習慣を身に付け，自ら健康な生活を作り出すための基盤となる力につながるものである。家庭等との連携を図り，継続した指導が大切である。
【食事】：食事前の手洗いや配膳，食後の片付けをすることなどの指導内容がある。食事の流れや基本的な行動の方法に気付くことが大切である。

【用便】：尿意や便意を伝えようとすること，用便の手順に沿って用を足すこと，用便後は手を洗うことなどの指導内容がある。用便の手順に気付き，教師と一緒に行おうとしたり，伝えようとしたりすることが大切である。

【寝起き】：一人で就寝することに不安をもたないように，着替えを援助するなどして，気持ちをリラックスできるように配慮することが大切である。

【清潔】：洗面や歯磨きをする，タオルで拭こうとすることが大切である。

【身の回りの整理】：持ち物の整理，自分の衣服や靴など自分の使った物の整理や，決められた場所に置くことに気付くことが大切である。

【身なり】：簡単な衣服の着脱や，長靴等の身に付け方に気付くことが大切である。

> イ　安全
> 　危ないことや危険な場所等における安全に関わる初歩的な学習活動を通して，次の事項を身に付けることができるよう指導する。
> (ｱ) 身の回りの安全に気付き，教師と一緒に安全な生活に取り組もうとすること。
> (ｲ) 安全に関わる初歩的な知識や技能を身に付けること。

「危ないことや危険な場所等の安全に関わる初歩的な学習活動」とは，身の回りの危険な遊び方や場所，遊具などに気付くことを主とする安全に関する指導のことである。

1段階では，教師と一緒に様々な活動を体験し，危ない遊び方や場所について気付くことが大切である。安全についての構えを身に付け，状況に応じて安全な行動をとるための基盤となる力につなげることが重要である。また，日常の実際的な生活の中できめ細かく指導するとともに，交通安全や災害時の行動に関する意識を高めることが大切である。

【危険防止】：危険な場所について知るとともに，身の回りにある小さな玩具や硬貨などを決して口に入れないこと，階段や段差などに注意して歩くことなどの指導内容がある。自分の身を守る適切な行動に気付くことが大切である。

【交通安全】：信号や標識に従うことや道路を横断することなどの指導内容がある。教師と一緒に体験し，安全に通行しようとすることが大切である。

【避難訓練】：教師と一緒に避難する，指示に従って避難するなどの指導内容がある。教師と手を繋いだりして，適切な行動ができることが大切である。

【防災】：災害や事故について知る，地域の施設設備について知るなどの指導内容がある。教師と一緒に活動することで，危険な場所などがあることに気付くことが大切である。

> ウ　日課・予定
> 　日課に沿って教師と共にする学習活動を通して，次の事項を身に付けることができるよう指導する。
> 　(ｱ)　身の回りの簡単な日課に気付き，教師と一緒に日課に沿って行動しようとすること。
> 　(ｲ)　簡単な日課について，関心をもつこと。

「日課・予定」については，1段階では「日課」の観点から示し，2段階と3段階では「日課・予定」の観点から示している。「日課」とは，学校生活で行われる毎日決められた授業等であり，「予定」とは，将来，学校生活等で行われる事柄である。指導に当たっては，児童が見通しをもって主体的に活動することが大切である。なお，「日課・予定」に関する指導では，算数科の内容と関連を図り時間や時刻を具体的な場面で取り入れたり，家庭と連携したりして，日常生活に生かせることが大切である。

1段階では，教師と一緒に日課に沿って行動することにより，身の回りの簡単な日課に関心をもつことが大切である。教師からの言葉掛けや誘いを繰り返しながらも，児童が自分の生活に見通しをもてることで，次にすべきことに気付き，自ら活動に向かおうとする意欲につなげることが大切である。

【日課】：教師と同じような行動を教師からの言葉掛けを聞いたり，手をとってもらったりしながら，それらに従って一緒に行動することにより，簡単な日課に気付き，行動しようとすることが大切である。

予定については，2段階から位置付けている。

> エ　遊び
> 　自分で好きな遊びをすることなどに関わる学習活動を通して，次の事項を身に付けることができるよう指導する。
> 　(ｱ)　身の回りの遊びに気付き，教師や友達と同じ場所で遊ぼうとすること。
> 　(ｲ)　身の回りの遊びや遊び方について関心をもつこと。

「自分で好きな遊びをすることなどに関わる学習活動」とは，一人で好きなことをしたり友達と関わり合いながら遊んだりすることを主とする遊びに関する指導のことである。

1段階では，周囲に好奇心をもったり身の回りの遊びなどに関心をもったりできることが大切である。これらは，児童の関心の幅を広げ，主体的に周囲に働きかけようとする力の基盤となるものである。

【いろいろな遊び】：自分の好きな遊びをすること，教師とごっこ遊びをするこ

と，遊具を使って遊ぶことなどの指導内容がある。教師の働き掛けを受け入れ，まねをするなどして遊んだり，安定した気持ちで十分に身体を動かして遊んだりすることが大切である。

【遊具の後片付け】：教師と一緒に遊具を片付けること，自分から片付けること，などの指導内容があり，準備から後片付けまでを一連の活動として捉えて指導することが生活態度を育てる上で大切である。

---

オ　人との関わり

　小さな集団での学習活動を通して，次の事項を身に付けることができるよう指導する。

(ア) 教師や身の回りの人に気付き，教師と一緒に簡単な挨拶などをしようとすること。

(イ) 身の回りの人との関わり方に関心をもつこと。

---

「小さな集団」とは，自分自身のことも含め，担任教師や同じ学級の児童など，学校生活において関わりの深い少人数による集団のことである。

1段階では，自分自身のことや身の回りにいる人の存在に気付き，挨拶などの初歩的な関わりを経験することによって，人との関わりをもつことに対する関心や意欲を高めていくことが大切である。

【自分自身と家族】：自分自身や家族のことが分かること，簡単な紹介をすることなどの指導内容がある。例えば，自分の名前を呼ばれたときに身振り，表情，挙手や発声などにより返答することが大切である。

【身近な人との関わり】：担任教師や友達，親戚，隣人などの名前を覚えたり，挨拶をしたりすること，見聞きしたことについて会話を楽しむことなどの指導内容がある。身近な教師の名前を覚えたり，親しい友達と手をつないだり，ごく簡単な要求を表現したりすることが大切である。この段階では，表情，身振り，動作，絵カードなどの多様な方法により，活発なコミュニケーションを行おうとすることやお辞儀をしたり，手を振ったり，握手したりして挨拶することなどが大切である。

【電話や来客の取次ぎ】：電話の取次ぎや来客への対応を適切に行うことなどの指導内容がある。1段階では，人の来訪や電話がかかってきたことに気付き，関心をもつことが大切である。

【気持ちを伝える応対】：気持ちを表す言葉があることが分かり，自分なりに表現することや，それらを含めた挨拶などを習慣にすることなどの指導内容がある。それぞれの場面に応じて教師に促され「ありがとう」や「ごめんなさい」などの気持ちを表す経験を積み重ねることが大切である。

> カ　役割
> 　　学級等の集団における役割などに関わる学習活動を通して，次の事項を身に付けることができるよう指導する。
> 　(ｱ)　身の回りの集団に気付き，教師と一緒に参加しようとすること。
> 　(ｲ)　集団の中での役割に関心をもつこと。

「役割などに関わる学習活動」とは，学習活動に取り組む基盤として，集団に対する児童の気付きを促したり，集団活動への関心・意欲を高めたりする学習活動を含むものである。

1段階では，学級集団等を基盤としながら，集団を構成する児童の人数や年齢幅を徐々に広げていくことが大切である。また，様々な集団活動に参加する中で，教師と一緒に簡単な役割を果たす経験を積み重ねることが大切である。

【集団の参加や集団内での役割】：いろいろな行事に参加すること，集団の中で自分の役割を果たすことなどの指導内容がある。児童が学級・学年・異年齢集団など，人数や年齢幅が異なる集団に参加し，友達を知り，一緒に活動する経験を通して，集団の中で活動することに慣れることが大切である。

【地域の行事への参加】：地域の行事に参加すること，そこで自分の役割を果たすこと，地域の行事を楽しむことなどの指導内容がある。この段階では，学校外の集団活動に参加する際には，特に，安全に留意したり，無理のない参加を心掛けたりする必要がある。

【共同での作業と役割分担】：簡単な作業を共同で行うこと，作業において分担された個人の役割を果たすことなどの指導内容がある。その際には，楽しい雰囲気の中で共同作業ができるよう配慮することが大切である。

> キ　手伝い・仕事
> 　　教師と一緒に印刷物を配ることや身の回りの簡単な手伝いなどに関わる学習活動を通して，次の事項を身に付けることができるよう指導する。
> 　(ｱ)　身の回りの簡単な手伝いや仕事を教師と一緒にしようとすること。
> 　(ｲ)　簡単な手伝いや仕事に関心をもつこと。

「身の回りの簡単な手伝いや仕事」とは，様々な場面において取り組む，自分自身に関することや人の役に立つ活動のことである。

1段階では，学校における自然な生活の流れに即して，多様な機会を捉え，簡単な手伝いや仕事を経験し，徐々に慣れたり，習慣化したりすることが大切である。

【手伝い】：物を配ったり届けたりすること，伝言を届けること，作業を手伝うことなどの指導内容がある。手伝いの意味が十分に理解できない児童にとっても，徐々に手伝うことの喜びが味わえることが大切である。

【整理整頓】：自分の所持品の整理をすること，友達や学級の物の整理をすること，不要物の選別と不要物を捨てることなどの指導内容がある。その際，自他の学習用具等の区別ができるようにし，個々の児童が，自分のロッカーやかばんなどに用具を収納できることが大切である。

【戸締まり】：窓や扉の開閉をしながらその意味を知ること，教室等に鍵を掛けたり，開けたりすること，自分で判断し，窓の開閉や鍵の開け閉めをすることなどの指導内容がある。扉や窓の開閉を繰り返しながら，扉や窓の開閉に慣れることが大切である。

【掃除】：自分の出したごみを拾うこと，身の回りにあるごみを拾って捨てること，掃除道具を使って簡単な掃除をすること，任された場所の掃除をすることなどの指導内容がある。その際，児童がけがをしないように安全に留意するとともに，大きなごみをごみ箱に入れるような簡単なことを習慣にしていくことなどが大切である。

【後片付け】：手伝いや仕事が終わったら，道具や材料などの片付けを行うこと，仕事が終了したことを教師に報告することなどの指導内容がある。1段階では，自分が使用した道具等を運ぶなど，徐々に慣れることが大切である。

> ク　金銭の扱い
> 　　簡単な買い物や金銭を大切に扱うことなどに関わる学習活動を通して，次の事項を身に付けることができるよう指導する。
> （ア）身の回りの生活の中で，教師と一緒に金銭を扱おうとすること。
> （イ）金銭の扱い方などに関心をもつこと。

「金銭の扱い」は，生活の中で児童が金銭を活用するための実務的な指導内容で構成されている。これらの指導内容は，中学部職業・家庭科における「消費生活・環境」の指導内容につながっていくことに留意する必要がある。指導に当たっては，実際の金銭を使用するとともに，算数科の内容との関連を図りながら，単に金銭の取扱いだけに終わることなく，その価値や意味にも触れることが大切である。また，家庭等と連携しながら指導を進めることが大切である。

1段階では，買い物などの経験を通して，金銭を扱うことへの意欲や関心を高めていくことが大切である。

【金銭の扱い】：金銭を大切に扱うこと，代金を支払うこと，硬貨や紙幣の種類を知ること，種類ごとに分類したり数えたりすること，金銭を無駄遣いしないこ

と，もらった金銭を保管すること，金銭の遣い道を考えること，遣い道に従って遣うことなどの指導内容がある。簡単な買い物をするなどして，金銭を取り扱う方法を知ることが大切である。

【買い物】：買い物をすること，物の買い方を知ること，決まった額の買い物をすること，目的に合う買い物をすることなどの指導内容がある。品物を選んでレジまで持っていく，店の人に金銭を渡す，品物を袋に入れるなどの体験をすることが大切である。

【自動販売機等の利用】：教師と一緒に自動販売機を使うこと，身近にある自動販売機の種類を知り利用することなどの指導内容がある。自動販売機に金銭を入れ，商品を選んでボタンを押し，品物を取り出すことに慣れることが大切である。

> ケ　きまり
>   学校生活の簡単なきまりに関わる学習活動を通して，次の事項を身に付けることができるよう指導する。
>   (ｱ) 身の回りの簡単なきまりに従って教師と一緒に行動しようとすること。
>   (ｲ) 簡単なきまりについて関心をもつこと。

「学校生活の簡単なきまり」とは，共同生活を円滑にするために決められた約束ごとである。

1段階では，生活の流れに即して，教師と一緒にきまりを守って行動する経験を重ねていくことで，徐々に慣れたり，習慣化したりすることが大切である。

【自分の物と他人の物の区別】：自他の物を区別すること，他人の物を無断で持ち出さないこと，他人に借りた物は必ず返すことなどの指導内容がある。自他の物を区別することが大切である。その際，自他の物の区別が付くよう，持ち物や道具に色や模様の付いたシールをはったり，記号や名前を付けたりするなどの配慮が大切である。

【学校のきまり】：学校生活におけるきまりを知って守ること，きまりの意義を知り，自発的にきまりを守ることなどの指導内容がある。

教師からの言葉掛けや様々な合図などを聞いて，学校生活の簡単なきまりを行動しながら知ることが大切である。例えば，決まった場所で靴を履き替えることや，廊下は静かに歩くことなどが挙げられる。

【日常生活のきまり】：日常生活における簡単なきまりを知って守ること，きまりを守りながら進んで施設等を利用することなどの指導内容がある。例えば，道路を歩くときや横断歩道を渡るとき，乗り物や公共施設を利用するときなど，きまりを守って行動することが大切である。

> コ　社会の仕組みと公共施設
>   自分の家族や近隣に関心をもつこと及び公園等の公共施設に関わる学習活動を通して，次の事項を身に付けることができるよう指導する。
> (ｱ) 身の回りにある社会の仕組みや公共施設に気付き，それを教師と一緒にみんなに伝えようとすること。
> (ｲ) 身の回りの社会の仕組みや公共施設の使い方などについて関心をもつこと。

　1段階では，体験活動を通して見たこと，感じたことなどを教師と一緒に伝える経験を重ねることによって，身の回りにある社会の仕組みや公共施設について主体的に関わろうとする意欲や態度を育てていくことが大切である。

【家族・親戚・近所の人】：家族や親戚の様子に関心をもつこと，身近な地域に興味や関心をもち，自分との関わりに気付き，それらの働きを知ることなどの指導内容がある。自分の父母，兄弟姉妹，祖父母が分かり，家族と気持ちを安定させて生活することが大切である。また，隣近所の人などに関心をもつことが大切である。

【学校】：教室の場所や用途に関心をもつこと，学校で働く人に興味や関心をもち，自分との関わりに気付き，それらの働きを知ることなどの指導内容がある。校内探検などを通して，自分の学級や音楽室，図書室などに関心をもち，その場所や名称を知ることが大切である。また，担任の先生や保健の先生など，自分に身近な先生が分かり，気持ちを安定させて生活することも大切である。

【いろいろな店】：店の種類が分かること，店の名前を言うこと，それぞれの店で売っている品物が分かることなどの指導内容がある。近隣や通学路にある店に関心をもてるようにすることが大切である。

【社会の様子】：自分が住んでいる地域の自然や街の様子に関心をもつこと，自分が住んでいる地域の自然や街の様子の特徴が分かること，自分の住んでいる地域の名称，住所が分かること，地域や社会の出来事に興味や関心をもつことなどの指導内容がある。自分が住む近所には商店，公園，学校，駅などがあることに気付き，それらに関心をもつことが大切である。

【公共施設の利用】：公共施設を利用する，公共施設の名前を言う，公共施設の場所が分かる，公共施設の役割が分かるなどの指導内容がある。児童にとって身近な公園や図書館，駅などの公共施設を安全に利用しながら，その役割に気付くようにすることが大切である。

【交通機関の利用】：交通機関の名称や利用方法，目的地まで行くための交通機関を知ることなどの指導内容がある。電車やバスなどを利用し，乗降時には，様々

な方法で料金を支払うなどを体験することが大切である。

> サ　生命・自然
> 　教師と一緒に公園や野山などの自然に触れることや生き物に興味や関心をもつことなどに関わる学習活動を通して，次の事項を身に付けることができるよう指導する。
> (ア)　身の回りにある生命や自然に気付き，それを教師と一緒にみんなに伝えようとすること。
> (イ)　身の回りの生命や自然について関心をもつこと。

「生命・自然」は，生き物といった生命に関する内容と，公園や野山などの自然に関する内容で構成されている。

　1段階では，体験活動を通して見たこと，感じたことなどを教師と一緒に伝える経験を重ねることによって，身の回りにある生命や自然について主体的に関わろうとする意欲や態度を育てていくことが大切である。

【自然との触れ合い】：身近な自然の中で遊ぶこと，自然を利用した遊びをすること，校外学習などの際に自然に親しむことなどの指導内容がある。公園，川，野山，海などで楽しく遊び，自然の事物や事象に触れ，生き物などに興味や関心をもつことが大切である。

【動物の飼育・植物の栽培】：身近に生息する小動物や草花を探したり様子を観察したり，触れたりして，それらに関心をもつこと，世話をしたり，育てたりして，成長や変化に気付くことなどの指導内容がある。飼育している身近な動物や栽培している植物に興味をもったりすることが大切である。

【季節の変化と生活】：天気や空の様子に関心をもつこと，四季の特徴や天気の移り変わりに気付くこと，地域の行事と季節の関係について知ることなどの指導内容がある。晴れや雨などの天候の変化に気付くことが大切である。

> シ　ものの仕組みと働き
> 　身の回りの生活の中で，物の重さに気付くことなどに関わる学習活動を通して，次の事項を身に付けることができるよう指導する。
> (ア)　身の回りにあるものの仕組みや働きに気付き，それを教師と一緒にみんなに伝えようとすること。
> (イ)　身の回りにあるものの仕組みや働きについて関心をもつこと。

「ものの仕組みや働き」とは，物の形や重さといった物の性質に関する内容と，風やゴムの働きといったエネルギーの見方に関わる内容で構成されている。指導

に当たっては、ものづくりや体感をもとにした活動を通して、児童が見えないものの仕組みや働きに関心をもてることが大切である。

1段階では、児童が身の回りにあるものの仕組みや働きを感覚的に捉え、見たこと、感じたことなどを教師と一緒に伝える経験を重ねることによって、物の性質やエネルギーなどの見えないものの仕組みや働きについて関心を高めていくことが大切である。

【物と重さ】：物の重さに関心をもつこと、物には重いものと軽いものがあることに気付くこと、物は形が変わっても重さは変わらないことに気付くことなどの指導内容がある。物の重さに関心をもつことが大切である。例えば、容器に入れた水の量の違いにより、「重い・軽い」という感覚を経験することなど、児童が実感できるように学習を進めていくことが大切である。

【風やゴムの力の働き】：風やゴムの力によって物が動く様子に関心をもつこと、風やゴムの力は、物を動かすことができることに気付くこと、風やゴムの大きさを変えると、物が動く様子も変わることに気付くことなどの指導内容がある。風やゴムの力によって物が動く様子に関心をもつことが大切である。例えば、紙コップロケットといったゴムの力を利用した簡単なおもちゃなどが挙げられる。

## (2) 2段階の目標と内容

○2段階
(1) 目　標
　ア　活動や体験の過程において、自分自身、身近な人々、社会及び自然の特徴や変化に気付くとともに、身近な生活において必要な習慣や技能を身に付けるようにする。
　イ　自分自身や身の回りの生活のことや、身近な人々、社会及び自然と自分との関わりについて気付き、感じたことを表現しようとする。
　ウ　自分のことに取り組もうとしたり、身近な人々、社会及び自然に自ら働きかけようとしたり、意欲や自信をもって学んだり、生活に生かそうとしたりする態度を養う。

2段階では、主に教師の援助を求めながらもできる限り自分の力で生活に生かしてくことを目指している。

アの「変化に気付く」とは、1段階では、家庭生活や学校生活等を過ごしていく中で、身近な人や社会の仕組み、自然の存在に関心をもつことであったが、2段階では、その関心をもったものが、環境によって変化することに気付くということであり、同時に必要な知識・技能として習得していくことが大切である。

イの「感じたことを表現しようとする」とは，1段階では，様々な関わりに関心をもち，感じたことを伝えようとすることであったが，2段階では，様々な関わりに自分で気付き，様々な方法で伝える力のことである。この力を育成するためには，生活を自分自身のこととして捉え考えたり，工夫したりすることが必要である。

ウの「自ら働きかけよう」とは，1段階では，様々な関わりに関心をもち，自ら取り組もうする態度を育成することが中心であったが，2段階では，自ら様々な対象に働きかけようとすることである。また，意欲だけでなく，自信をもち，生活に生かそうとする態度を育てることも大切である。

> (2) 内　容
> ア　基本的生活習慣
> 　食事，用便，清潔等の基本的生活習慣に関わる学習活動を通して，次の事項を身に付けることができるよう指導する。
> (ア) 必要な身辺処理が分かり，身近な生活に役立てようとすること。
> (イ) 身近な生活に必要な身辺処理に関する基礎的な知識や技能を身に付けること。

「食事，用便，清潔等の基本的生活習慣に関わる学習活動」とは1段階で示した内容に加え，日常の様々な機会に行う基本的な生活習慣となる事柄である。

2段階では，活動の一連の流れが分かるようになることにより，身近な生活の中で次第に自ら取り組もうとする意欲や態度につなげることが大切である。

【食事】：食事中は立ち歩かない，こぼさず食べるなど，食事のマナーや態度について分かるようになることが大切である。

【用便】：男女の便所を区別する，鍵をかけることなど，一連の流れと共に基本的な方法や態度を身に付けることが大切である。

【寝起き】：定時に寝起きする，寝床の準備や片付けをすることなどの規則正しい生活を意識することが大切である。

【清潔】：汚れた衣服を着替えるなどの身体各部や衣服の汚れが理解できることが大切である。

【身の回りの整理】：ハンガーに掛けるなどの整理の仕方や収納場所や収納の方法などが分かることが大切である。

【身なり】：衣服の前後や裏表が分かる，着脱後の簡単な確認をするなど，身なりについて自分で気付くことが大切である。

> イ　安全

> 遊具や器具の使い方，避難訓練等の基本的な安全や防災に関わる学習活動を通して，次の事項を身に付けることができるよう指導する。
> (ｱ) 身近な生活の安全に関心をもち，教師の援助を求めながら，安全な生活に取り組もうとすること。
> (ｲ) 安全や防災に関わる基礎的な知識や技能を身に付けること。

「遊具や器具の使い方，避難訓練等の基本的な安全や防災に関わる学習活動」とは，安全な遊具や器具の扱い方を知ることや教師の指示により行動することなどの安全や防災に関する指導のことである。今回の改訂において，火事や地震など日頃から関心を喚起し意識を高めることが必要であることから「防災」を追記した。

2段階では，道具の扱い方や安全や防災に関わる言葉の意味や，安全について分かるようになることにより，安全に気を付けて行動しようとする意欲や態度につなげることが大切である。

【危険防止】：安全な遊び方や遊具・器具の使い方を知ることなど，身近な生活の安全に関心をもつことが大切である。

【交通安全】：自動車や自転車などに気を付ける，歩行者用の信号や踏切の警報器の意味を知るなど，安全な歩行の仕方が分かり，安全への習慣を身に付けることが大切である。

【避難訓練】：「火事」，「地震」，「避難」などの言葉の意味を理解したり，避難時に友達と一緒に適切に行動しようとしたりすることが大切である。

【防災】：危険な場所に気付くとともに，身近にある安全な場所を知ることなどの指導内容がある。教師や友達と一緒に行動し，安全に生活する意識を高めることが大切である。

> ウ 日課・予定
> 絵や写真カードなどを手掛かりにして，見通しをもち主体的に取り組むことなどに関わる学習活動を通して，次の事項を身に付けることができるよう指導する。
> (ｱ) 身近な日課・予定が分かり，教師の援助を求めながら，日課に沿って行動しようとすること。
> (ｲ) 身近な日課・予定について知ること。

「見通しをもち主体的に取り組むことなどに関わる学習活動」とは，次に何をするのかが分かり，できるだけ一人で日課に沿って行動するなどを主とする指導のことである。

2段階では，身近な日課や予定が分かり，次第に見通しをもって行動できるようになることにより，自分の気持ちを調整しようとする意欲や態度を高めていくことが大切である。

【日課・予定】：教師の言葉掛けを聞いたり，次の行動を絵や写真で示したカード等を見たりして，次に何をするのかが分かり，できるだけ一人で日課に沿って行動できることが大切である。予定については，下校後は何をするのか，また，明日の予定などを取り扱うことで，児童が身近な予定が分かり，見通しをもって過ごすことができるようになることが大切である。

---

エ　遊び

教師や友達と簡単な遊びをすることなどに関わる学習活動を通して，次の事項を身に付けることができるよう指導する。

(ｱ)　身近な遊びの中で，教師や友達と簡単なきまりのある遊びをしたり，遊びを工夫しようとしたりすること。

(ｲ)　簡単なきまりのある遊びについて知ること。

---

「教師や友達と簡単な遊びをすることなどに関わる学習活動」とは，教師や友達と簡単なごっこ遊びや簡単なきまりのある遊びに関する指導のことである。

2段階では，教師や友達と一緒に関わりを楽しみながら簡単なきまりのある遊びをすることにより，周囲に働き掛けたり判断したりする力を身に付けていくことが大切である。

【いろいろな遊び】：教師や友達と，鬼ごっこなどの簡単なルールのある遊びや大きく身体活動ができる遊具を活用した遊びをしたりするなどの指導内容がある。遊びの場や遊具を友達と共有したり，簡単なルールのある遊びを一緒にしたりすることにより，関わりを広げていくことが大切である。

【遊具の後片付け】：自分で使った遊具を片付ける，友達と一緒に大きな物を協力しながら運び収納できるなどの指導内容がある。

---

オ　人との関わり

身近な人と接することなどに関わる学習活動を通して，次の事項を身に付けることができるよう指導する。

(ｱ)　身近な人を知り，教師の援助を求めながら挨拶や話などをしようとすること。

(ｲ)　身近な人との接し方などについて知ること。

---

2段階では，家族のことが分かり，簡単な紹介をすることなど，児童の身近な

生活に即して，関わりの対象を徐々に広げていくことが大切である。

　また，教師の援助を求めながらも，自分から挨拶や意思を伝達することなどより主体的に関わりをもとうとする態度や，場面に応じて適切に関わることのできる力を育てていくことが大切である。

【自分自身と家族】：家族の名前が分かり紹介したり，家族の名前を尋ねられたときに応じたりすることなどが大切である。

【身近な人との関わり】：担任教師や友達の名前を言ったり，自分から「おはようございます」，「さようなら」などの挨拶をしたりすることなどが大切である。また，教師等に見聞きしたことや遊んだことを話すことなども大切である。

【電話や来客の取次ぎ】：人の来訪を伝えたり，電話の取次ぎをしたりすることが大切であり，初歩的な伝言の経験を積み重ねることが必要である。

【気持ちを伝える応対】：適切な場面で「ありがとう」や「ごめんなさい」などをできるだけ言葉で言うことが大切である。

---

カ　役割

　学級や学年，異年齢の集団等における役割に関わる学習活動を通して，次の事項を身に付けることができるよう指導する。

（ア）身近な集団活動に参加し，簡単な係活動をしようとすること。

（イ）簡単な係活動などの役割について知ること。

---

「簡単な係活動」とは，集団活動において，児童が受け持った役割のことである。役割を果たす経験を積み重ねることにより，集団活動では様々な役割があること，役割を果たすことにより集団活動が円滑になること等に児童が気付くことが大切である。

　2段階では，教師の援助を求めながら，友達と一緒に活動に取り組んだり，協力して役割を果たしたりすることが大切である。

【集団の参加や集団内での役割】：集団活動で簡単な係活動を果たすことが大切である。

【地域の行事への参加】：地域の行事に参加し，簡単な買い物をしたり，地域の人たちと一緒に活動したりすることなどが大切である。

【共同での作業と役割分担】：友達と一緒に作業に取り組む際には互いに協力して楽しく作業に取り組めることが大切である。2段階では，様々な集団の中で簡単な役割を果たしたり，友達と協力して活動や作業に取り組んだりすることにより，周囲から感謝される経験を通して，役割を果たすよろこびや意欲等を高めていくことが大切である。

> キ　手伝い・仕事
>   　人の役に立つことのできる手伝いや仕事に関わる学習活動を通して，次の事項を身に付けることができるよう指導する。
>   (ｱ)　教師の援助を求めながら身近で簡単な手伝いや仕事をしようとすること。
>   (ｲ)　簡単な手伝いや仕事について知ること。

2段階では，生活における手伝いや仕事の大切さに児童が気付き，教師の援助を求めながらも，自分から進んで取り組もうとすることが重要である。また，自分自身に関することだけではなく，友達や学級に関することにも関心を広げ，進んで人の役に立とうとする意欲を高めることが大切である。

【手伝い】：できるだけ自分で，印刷物を配ることや教室へ教材の運搬の手伝いをすること，また，簡単な道具や器具を教師と一緒に使用して，作業の手伝いをすることなどが大切である。その際，安全に留意するとともに，個々の児童に応じた手伝いを設定し，手伝いをすることへの意欲がもてることが大切である。

【整理整頓】：できるだけ自分で机やロッカーなどの中を整理することのほか，友達が使った物や学級の備品についても整理することが大切である。

【戸締まり】：扉や窓の開閉と同時に施錠方法を知り，どのようなときに開け，どのようなときに閉めるのかを理解することが大切である。

【掃除】：掃除用具の名称や使い方が分かり，できるだけ一人で，簡単な掃除をすることなどが大切である。

【後片付け】：使用した道具の片付けをすることが大切である。その際には，友達からの言葉掛けでも片付けることができるよう配慮すること，友達と協力しながら片付けることについて配慮することなどが大切である。

> ク　金銭の扱い
>   　金銭の価値に気付くことや金銭を扱うことなどに関わる学習活動を通して，次の事項を身に付けることができるよう指導する。
>   (ｱ)　身近な生活の中で，教師に援助を求めながら買い物をし，金銭の大切さや必要性について気付くこと。
>   (ｲ)　金銭の扱い方などを知ること。

2段階では，教師に援助を求めながらも，できるだけ自分で買い物などをしたり，保管したりしながら，金銭を大切に扱おうとする態度等を身に付けていくことが大切である。

買い物は，児童にとっては想像以上に緊張感を伴うものである。そのため，心理的な抵抗をできるだけ除き，買い物の楽しさを味わうことができることが大切である。

【金銭の扱い】：児童が実際に金銭を支払い，金銭の価値を徐々に理解することが大切である。また，お年玉やお小遣いなど，自分の金銭を財布や貯金箱に大切に保管することやその使い方を知ることが大切である。

【買い物】：できるだけ自分で買い物をし，「これ，ください」など，買い物に必要な言葉を使うこと，決まった額の買い物をすること，商店などで品物を選んで買うことなどが大切である。

【自動販売機の利用】：できるだけ一人で自動販売機に金銭を入れ，商品を選んでボタンを押し，品物を取り出すことで，およその使い方を知り，徐々に一人で操作できることが大切である。

---

ケ　きまり
　順番を守ることや信号を守って横断することなど，簡単なきまりやマナーに関わる学習活動を通して，次の事項を身に付けることができるよう指導する。
(ア) 身近で簡単なきまりやマナーに気付き，それらを守って行動しようとすること。
(イ) 簡単なきまりやマナーについて知ること。

---

「身近なマナー」とは，共同生活において周りが不快に感じないような行為や振る舞いのことである。

２段階では，教師の援助を受けながらも，児童がきまりやマナーを守って行動する経験を重ねることによって，共同生活にはきまりやマナーがあることに気付き，それを守って行動しようとする意欲や態度を育てていくことが大切である。

【自分の物と他人の物の区別】：他人の物や学校の物品を無断で持ち出さないことなどが大切である。

【学校のきまり】：学校生活では，廊下の右側通行，靴を履き替える場所，登校時刻や下校時刻など様々なきまりがあることに気付くとともに，それを守ることが大切である。

【日常生活のきまり】：信号を守って横断する，停留所や駅などでは並んで順番を待つ，順番を守って乗り物の乗降をする，決められた場所で遊ぶなどが挙げられる。

【マナー】：正しい姿勢で食事をする，食事中は席に座っている，口に食物が入っているときは話さないなど，身近な生活におけるマナーを，実際に守れることが

大切である。

> コ　社会の仕組みと公共施設
> 　自分の住む地域のことや図書館や児童館等の公共施設に関わる学習活動を通して，次の事項を身に付けることができるよう指導する。
> (ｱ)　教師の援助を求めながら身近な社会の仕組みや公共施設に気付き，それらを表現しようとすること。
> (ｲ)　身近な社会の仕組みや公共施設の使い方などを知ること。

　2段階では，実際に行った公共施設や交通機関の場所や名称，およその働きなどについて，教師に援助を求めながらも，自分なりの方法で伝える経験を重ねることで，身近な社会の仕組みや公共施設の使い方などの知識や技能を身に付けていくことが大切である。主な学習活動として，絵や文字，写真などを使って地図上に表現する地域マップづくりなどが挙げられる。

【家族・親戚・近所の人】：家族がそれぞれ役割をもっていることに気付くことや，身近な地域で働く人などに対して関心を広げていくことが大切である。

【学校】：学校にある教室の名称や主な用途が分かるとともに，学校で働く様々な人に関心をもつことが大切である。

【いろいろな店】：教師と一緒に買い物に行き，いろいろな種類の店やそこで販売している商品に関心をもつことが大切である。

【社会の様子】：自分が住む町の公共施設やいろいろな商店，河川や山，公園などの様子に関心をもち，およその名称などを知るとともに，自分の生活との関連について知ることが大切である。

【公共施設の利用】：図書館，体育館，児童館などの身近な公共施設を適切に利用し，そのおよその働きが分かることなどが大切である。

【交通機関の利用】：電車やバスなどを利用し，切符を購入したり料金を支払ったりすることなどに慣れるとともに，いろいろな交通機関があることを知ることが大切である。

> サ　生命・自然
> 　小動物等を飼育し生き物への興味・関心をもつことや天候の変化，季節の特徴に関心をもつことなどに関わる学習活動を通して，次の事項を身に付けることができるよう指導する。
> (ｱ)　身近な生命や自然の特徴や変化が分かり，それらを表現しようとすること。
> (ｲ)　身近な生命や自然について知ること。

「生命や自然の特徴や変化が分かり」とは，例えば，児童が，植物の色や形，生き物がいるところや食べ物などに意識的に着目し，その変化を捉えることができることである。

2段階では，教師の援助をもとめながら，例えば，飼育や栽培等を通して，生命や自然の特徴や変化が分かるとともに，感じたこと，気付いたことなどを自分なりの方法で伝える経験を重ねることによって，命あるものの存在を知ることが大切である。

【自然との触れ合い】：自然の事物や事象に触れ，自然がその姿を変えることが分かったり，動物の動きなどに興味をもったりすることなどが大切である。

【動物の飼育・植物の栽培】：小動物を飼育し，生き物への興味や関心をもつことが大切である。また，飼育動物のために，校庭の草を刈ったり，給食室に野菜くずをもらいに行ったりすることなども，自分で育てるという実感をもつ上で大切である。

【季節の変化と生活】：天候の変化や，太陽，月，星などと昼夜との関わりに関心をもつこと，冬は寒く夏は暑いなどの季節の特徴に関心をもつことが大切である。

> シ ものの仕組みと働き
>   身近な生活の中で，ものの仕組みなどに関わる学習活動を通して，次の事項を身に付けることができるよう指導する。
>   (ア) 身近にあるものの仕組みや働きが分かり，それらを表現しようとすること。
>   (イ) 身近にあるものの仕組みや働きについて知ること。

2段階では，児童が身近にあるものの仕組みや働きを意識的に捉え，感じたこと，気付いたことなどを，自分なりの方法で伝えることによって，物の性質やエネルギーなどの目には見えないものの仕組みや働きの存在を知ることが大切である。

【物と重さ】：物には重いものと軽いものがあることに気付くことが大切である。例えば，天秤，ばね秤，台秤といった道具を活用することで，児童が「重い・軽い」を視覚的に分かるよう工夫することが大切である。

【風やゴムの力の働き】：風やゴムの力は，物を動かすことができることに気付くことが大切である。例えば，色紙や色テープを使って風によって起こる空気の流れを視覚化するなど，児童が風やゴムの働きに着目できるよう工夫することが大切である。

## (1) 3段階の目標と内容

> ○3段階
> (1) 目　標
> 　ア　活動や体験の過程において，自分自身，身近な人々，社会及び自然の特徴やよさ，それらの関わりに気付くとともに，生活に必要な習慣や技能を身に付けるようにする。
> 　イ　自分自身や身の回りの生活のことや，身近な人々，社会及び自然と自分との関わりについて理解し，考えたことを表現することができるようにする。
> 　ウ　自分のことに取り組んだり，身近な人々，社会及び自然に自ら働きかけ，意欲や自信をもって学んだり，生活を豊かにしようとしたりする態度を養う。

　この3段階では，主にできる限り自分の力で生活に生かしていくことを目指している。なお，3段階に示されている目標は，生活科の目標と同じ構成になっており，目標については，小学校の「生活」「社会」「理科」，中学部の「社会」「理科」「職業・家庭」と関連性をもたせていることに留意する必要がある。

　アは，2段階では，様々な対象が変化することに気付き，それらを身近な生活に生かす知識・技能が大切であったが，3段階では，様々な対象のよさやそれらが様々な関わりをすることに気付き，その気付きをこれから想定される生活も含めた知識及び技能の習得することを意味している。

　イは，2段階では，様々な関わりに気付き，その感じたことを様々な方法で伝えることが大切であったが，3段階では，様々な対象が関わることを理解し，その中で考え，工夫したことを表現することが大切である。

　ウは，2段階では，様々な対象に働きかけようとしたり，生活に生かそうとしたりする態度を育成することが大切であったが，3段階では，様々な対象に現在習得している知識等を活用するなど意図的に働きかけ，今の生活をさらによりよくしていこうとする態度を育成することが大切である。

> (2) 内　容
> 　ア　基本的生活習慣
> 　　身の回りの整理や身なりなどの基本的生活習慣や日常生活に役立つことに関わる学習活動を通して，次の事項を身に付けることができるよう指導する。
> 　(ｱ)　必要な身辺処理や集団での基本的生活習慣が分かり，日常生活に役

>   　　　立てようとすること。
>   　（イ）日常生活に必要な身辺処理等に関する知識や技能を身に付けること。

　「身の回りの整理や身なりなどの基本的生活習慣や日常生活に役立つことに関わる学習活動」とは，2段階で示した内容に加え，持ち物の整理や身だしなみなどの社会生活を送る上で重要な事柄である。

　3段階においては，一連の活動に自分から取り組み，自信につなげていくことにより，生活を豊かにしようとする意欲や態度を高めることが大切である。日常的に行い習慣化し自分の家や学校外でもできるようになることを目指していくことが重要である。

【食事】：一人で食事することとともに，準備や片付けなど，一連の活動を友達と協力して行うことが大切である。

【用便】：トイレにおけるいろいろな種類の鍵の使用法を知る，援助がなくても自分で用を足すことができることが大切である。

【寝起き】：自分で寝床を準備したり片付けたりするなど，一人でできることを増やすことが大切である。

【清潔】：簡単な洗濯をする，入浴時に身体各部の洗い方やふき方が分かるなど，自分から清潔を意識して活動に取り組むことが大切である。

【身の回りの整理】：靴や衣服などの整理をすることや，かばんや文具などの収納場所や収納方法が分かり整理整頓を行おうとすることが大切である。

【身なり】：そで口や襟もと，すそを整えるなどの身だしなみを整えようとすることが大切である。

> 　イ　安全
> 　　　交通安全や避難訓練等の安全や防災に関わる学習活動を通して，次の事項を身に付けることができるよう指導する。
> 　（ア）日常生活の安全や防災に関心をもち，安全な生活をするよう心がけること。
> 　（イ）安全や防災に関わる知識や技能を身に付けること。

　「安全や防災に関わる学習活動」とは，信号や標識を理解すること，適切な行動の必要性を知ることの安全と防災に関わる指導のことである。

　3段階では，行動範囲の広がりに応じて，自分から安全に留意したり，集団として行動したりすることにより，安全についての理解を深め，自ら安全に生活する意識を高めていくことが大切である。

【危険防止】：自分で気を付けながら，安全に器具等を扱う，危険な場所や状況

を知らせ自分から回避するなど,適切な対応ができることが大切である。

【交通安全】：左右を確認して渡ったり,標識を理解したりするなどの指導内容を正しく身に付け,自分で気を付けながら安全に過ごせることが大切である。

【避難訓練】：教師の指示を適切に理解し,適切な行動の必要性が分かることが大切である。

【防災】：土砂崩れや河川の増水,地震や火事などの災害に気付き,その場の状況をとらえて行動できることや,地域の避難場所が分かり移動するなど,安全な場所や人々との接し方を身に付けることなどの指導内容がある。緊急時に適切な行動がとれるように,日頃から安全や防災についての意識と高めていくことが大切である。

---

ウ　日課・予定

一週間程度の予定,学校行事や家庭の予定などに関わる学習活動を通して,次の事項を身に付けることができるよう指導する。

(ア) 日常生活の日課・予定が分かり,およその予定を考えながら,見通しをもって行動しようとすること。

(イ) 日課や身近な予定を立てるために必要な知識や技能を身に付けること。

---

「日常生活の日課・予定が分かり」とは,日常生活のおよその予定が分かり,行動しようとすることである。

3段階では,日常生活におけるおよその日課・予定が分かることにより,一人で行動できることを増やして自信につなげていくことが大切である。見通しをもって行動できるようになることで,自ら主体的に生活しようという意欲や態度を高めていくことが大切である。

【日課・予定】：一週間程度の予定が分かり,カレンダーや予定表を見て学校行事や家庭の予定などに従って行動すること,都合により予定が変更する場合に対応できることが大切である。

---

エ　遊び

日常生活の中での遊びに関わる学習活動を通して,次の事項を身に付けることができるよう指導する。

(ア) 日常生活の遊びで,友達と関わりをもち,きまりを守ったり,遊びを工夫し発展させたりして,仲良く遊ぼうとすること。

(イ) きまりのある遊びや友達と仲良く遊ぶことなどの知識や技能を身に付けること。

「友達と関わりをもち，きまりを守ったり」とは，友達と一緒にルールのある遊びを楽しんだり，共通の関心をもつ友達と一緒に楽しんだりする中で，約束や役割を分かって遊ぶことができるようにする指導のことである。

3段階では，友達と協力したりきまりを守ったりして遊ぶことにより，充実感をもてることが大切である。自分で工夫したり考えたりする経験を通して，友達と主体的に関わりをもとうとする意欲や態度につなげることが重要である。

【いろいろな遊び】：順番を守ったり交代をしたりするなどの約束や，勝ち負け，役割などが分かること，友達と一緒にルールのある遊びを楽しむことなどの指導内容がある。この段階では，自分から準備や後片付けをしたりすることや，共通の関心をもつ友達と一緒に楽しんだりすることも大切である。

【遊具の後片付け】：収納方法や収集場所が分かり，自分から進んで遊具を片付けることが大切である。

---

オ　人との関わり
　　身近なことを教師や友達と話すことなどに関わる学習活動を通して，次の事項を身に付けることができるよう指導する。
(ア) 身近な人と自分との関わりが分かり，一人で簡単な応対などをしようとすること。
(イ) 身近な人との簡単な応対などをするための知識や技能を身に付けること。

---

3段階では，児童の人間関係や行動範囲がさらに広がることから，多くの人たちとの関わりの中で，様々な人の名前を覚えたり，挨拶をしたりすること，見聞きしたことについて会話を楽しむことが大切である。

また，困っている友達を手伝ったり，友達との約束を守ったりすることや，交際という観点から身近な人に手紙を出すことなどの指導も大切である。

【自分自身と家族】：自分自身や家族について，仕事や兄弟姉妹関係などにも触れて簡単に話したり，紹介したりすることなどが大切である。

【身近な人との関わり】：簡単な日常の挨拶や，見聞きしたことや遊んだことを教師や友達と話し合うことなどが大切である。さらに，学校の出来事を家庭等で話したり，家庭等での会話を学校で話したりすることなどが大切である。

【電話や来客の取次ぎ】：電話や来客時には「はい，○○です」，「今替わります」，「○○先生，電話です」，「○○先生にお客様です」などを言って，適切に取次ぎをすることが大切である。また，校内に設置してある電話を活用し，児童が率先して取り次ぐことができることなども大切である。

【気持ちを伝える応対】：多くの人たちと接するようになったときにも，御礼や

謝罪などの気持ちを相手に理解してもらえるよう，気持ちをこめて言えることが大切である。

> カ　役割
> 　様々な集団や地域での役割に関わる学習活動を通して，次の事項を身に付けることができるよう指導する。
> (ｱ) 様々な集団活動に進んで参加し，簡単な役割を果たそうとすること。
> (ｲ) 集団の中での簡単な役割を果たすための知識や技能を身に付けること。

　3段階では，家庭や地域での役割等，学校生活以外の場においても，児童が集団活動に参加する機会を広げ，様々な人と一緒に，協力しながら自分の役割を果たすことが大切である。また，役割を果たすことの意義等を知り，主体的に取り組んでいくことが大切である。
　【集団の参加や集団内での役割】：児童が積極的に様々な集団活動に参加し，活動の準備や活動における役割を主体的に果たしていくことが大切である。特に，集団活動では，様々な役割があることを知り，他の係を意識しながら活動の見通しをもって，自分の役割を果たすことが大切である。
　【地域の行事への参加】：友達と一緒に行事に参加し，主体的に地域の行事の催物などを楽しんだり，地域の人たちと協力して，行事の準備や後片付けをしたりすることなどが大切である。
　【共同での作業と役割分担】：作業分担や役割が分かり，自分から取り組んだり，役割を果たしたりすることが大切である。個々の児童の力が発揮できるよう，繰り返して活動に取り組める作業の機会などを用意することも大切である。

> キ　手伝い・仕事
> 　自分から調理や製作などの様々な手伝いをすることや学級の備品等の整理などに関わる学習活動を通して，次の事項を身に付けることができるよう指導する。
> (ｱ) 日常生活の手伝いや仕事を進んでしようとすること。
> (ｲ) 手伝いや仕事をするための知識や技能を身に付けること。

　3段階では，手伝いや仕事に一人で，または友達等と協力して安全に遂行するために必要な知識や技能を身に付けることが大切である。また，児童が自分から進んで手伝いや仕事をするため，多様な場面や活動を設定し，家庭での生活等でも取り組めるよう，機会を広げていくことが大切である。
　【手伝い】：児童が様々な活動の手伝いをする際，担任以外の教師とも連絡を取

り合い，適切な指導が行われるよう，協力体制を心掛けておくことが大切である。また，この段階では，道具や器具に慣れるとともに，それらを大切に扱いながら安全に仕事の手伝いをすることが大切である。

【整理整頓】：自分の所持品だけでなく，友達の使った物や学級の備品の整理を行うことが大切である。その際には，整理整頓された教室等の気持ちよさが実感できるような工夫が大切である。

【戸締まり】：窓の開閉や鍵の開け閉めが，いつ，どのようなときに必要なのかを理解することが大切である。窓をどのくらい開けたり，閉めたりするのかなどが分かるには，日頃の積み重ねが特に大切である。そのため，児童に開閉の意味やタイミングなどを話しながら，手伝う機会を日常的につくって習慣化することが大切である。

【掃除】：教室内の掃除に加え，分担された場所の掃除をすることが大切である。その際には，それぞれの場所に適した掃除の方法や手順，用具の使い方などを身に付けることが大切である。

【後片付け】：手伝いや仕事の終了時に報告をしたり，自分から所定の場所に道具等を片付けたりすることが大切である。その際には，片付けをすることは，集団生活における大切なルールであることに気付くことが大切である。

---

ク　金銭の扱い
　　価格に応じて必要な貨幣を組み合わせるなどの金銭に関わる学習活動を通して，次の事項を身に付けることができるよう指導する。
(ア) 日常生活の中で，金銭の価値が分かり扱いに慣れること。
(イ) 金銭の扱い方などの知識や技能を身に付けること。

---

3段階では，児童が金銭の価値を理解し，大切に扱うこと，工夫して活用しようとすること等が大切である。また，例えば，買い物をするためには，金銭の受け渡しのみならず，人とのやり取りやおつり，レシートの取扱い等，様々な技能を身に付けていくことが必要であることから，一連の活動に取り組むことにより，自信をもって自分で取り組めることが大切である。

【金銭の扱い】：日常生活では，金銭が必要なことが分かり，金銭の種類ごとに分類して数えたり，必要に応じて両替をしたりすることに慣れることが大切である。また，無駄遣いをしないことや遣い道を考えて遣うこと，必要に応じて銀行などを活用することも考えられる。

【買い物】：自分で目的に応じた買い物をすることが大切である。「幾らですか」，「○個ください」などの買い物に必要な言葉を使うこと，簡単なおつりのある買い物をすること，値札を見て買い物をすること，商店などでレジの場所が分かり，

代金を支払うことなどが大切である。

【自動販売機の利用】：簡単な自動販売機などを自分で利用することが大切である。

> ケ　きまり
> 　学校のきまりや公共の場でのマナー等に関わる学習活動を通して，次の事項を身に付けることができるよう指導する。
> (ｱ) 日常生活の簡単なきまりやマナーが分かり，それらを守って行動しようとすること。
> (ｲ) 簡単なきまりやマナーに関する知識や技能を身に付けること。

「日常生活の簡単なきまりやマナーが分かり」とは，きまりやマナーは，共同生活を成り立たせていくことや地域において安全に生活する上で大切なことであるということが分かることである。

3段階では，きまりやマナーの意味を理解し，それらを守って主体的に行動しようとする意欲や態度を育てていくことが大切である。また，この段階では，中学部社会科「ア社会参加ときまり」の内容との接続を踏まえて指導することが大切である。

【自分の物と他人の物の区別】：物を適切な方法で貸し借りすることなどが挙げられる。また，落とし物を拾ったときは，教師に届けたり，持ち主を探して手渡したりすることも大切である。

【学校のきまり】：必要に応じて簡単なきまりを相談してつくることなどが大切である。

【日常生活のきまり】：公園や図書館などの公共施設や，電車やバスなどの公共機関を利用する際のきまりを守るなどが挙げられる。また，例えば，校内や通学路などに設けられている火災報知機や消火器等の非常用設備について，それぞれの役割を理解することや普段はそれらに触れないこと，非常時における使用法について，およそを理解できるように指導することが大切である。

【マナー】：バスや電車，病院や図書館などでは静かに行動したり過ごしたりするなど，公共の場でのマナーについて指導するとともに，その理由も分かり実際にマナーを守ることが大切である。

> コ　社会の仕組みと公共施設
> 　自分の地域や周辺の地理などの社会の様子，警察署や消防署などの公共施設に関わる学習活動を通して，次の事項を身に付けることができるよう指導する。

> (ｱ) 日常生活に関わりのある社会の仕組みや公共施設が分かり，それらを表現すること。
> (ｲ) 日常生活に関わりのある社会の仕組みや公共施設などを知ったり，活用したりすること。

「自分の地域や周辺の地理などの社会の様子」とは，身近な地域の特色ある地形，土地利用の様子，交通の様子，主な公共施設などの場所と働き，そこで働く人の様子のことなどである。

3段階では，例えば，調べ学習等を通して，公共施設等の名称やその特徴を知るとともに，それらが社会で果たしている役割や働きについても関心を高めることが大切である。また，児童が必要に応じて公共施設や交通機関などを活用できる力を育てていくことも大切である。この段階では，中学部社会科「イ公共施設と制度」，「ウ地域の安全」，「エ産業と生活」の内容との関連を踏まえて指導することが大切である。

【家族・親戚・近所の人】：家族や親戚，近所の人々の名前を言ったり，家族の職業や身近に見られる職業が分かったりすることが大切である。

【学校】：学校で働く人と自分との関わりに気付き，それらの働きを知ることが大切である。例えば，学校で働く人の職業名と果たしているおよその役割が分かることなどが挙げられる。

【いろいろな店】：いろいろな店の種類が分かり，それぞれの店の名称やそこで扱っている商品の名前が言えることなどが大切である。この段階では，商品はどこで生産されたのか，どこから運ばれたのかなどを調べ，工場や農家などへの関心を高めることも大切である。

【社会の様子】：自分の住む地域や隣接する市町村の名称が分かること，自分が住んでいる地域や周辺の地域の田畑，大きな河川，港湾，商業地や工業地，住宅地などのおよそが分かることが挙げられる。また，地域で見られる産業にも関心を深め，その働きを知ることが大切である。また，テレビや新聞，インターネット等で身近な社会の出来事を知り，関心をもつとともに，国民の祝日に関しても，そのおよその意味を分かることが大切である。

【公共施設の利用】：警察署，消防署などを実際に訪問したり，見学したりして，社会の一員としての利用の仕方を知るとともに，およその仕事の様子が分かることが大切である。

【交通機関の利用】：日常的に利用している電車やバスなどの切符を自動券売機などで買うことや，電車やバスを一人で利用して通学に慣れたり，目的地までそれらを確実に利用できたりすることが大切である。

また，交通機関が遅延した際の対応方法や校外学習時の目的地までの交通機関

を知ることも大切である。

> サ　生命・自然
>   身近にいる昆虫，魚，小鳥の飼育や草花などの栽培及び四季の変化や天体の動きなどに関わる学習活動を通して，次の事項を身に付けることができるよう指導する。
> (ｱ) 日常生活に関わりのある生命や自然の特徴や変化が分かり，それらを表現すること。
> (ｲ) 日常生活に関わりのある生命や自然について関心をもって調べること。

　3段階では，日常で関わりのある生命や自然の特徴や変化について，児童が自分なりの考えをもつこと，そして，比べる，分類する，といった多様な学習活動を通して，気付いたこと，分かったことなどを表現する力を育てていくことが大切である。指導に当たっては，児童の気付きを促すために，タブレット端末等の情報機器を効果的に活用するといった工夫が大切である。また，この段階では，中学部理科「A生命」，「B地球・自然」の内容との関連を踏まえて指導することが大切である。

【自然との触れ合い】：草木，木の実，落ち葉などを集めたり，形や色などの特徴をつかんだり，植物の変化を捉えたりすることなどが大切である。また，自然の事象として天候の変化などについて学習することも大切である。

【動物の飼育・植物の栽培】：身近にいる昆虫，魚，小鳥の飼育や草花などを栽培しながら関心を深めることが大切である。動物を飼育する場合は外敵の防止や気温の変化などに十分配慮し，飼育環境を整えること，植物を栽培する場合は，発芽，開花，結実といった一連の成長の様子が分かるような種類を選び，長期にわたる観察を行うことが大切である。また，適時，除草したり，肥料を施したりすることも大切である。

【季節の変化と生活】：天気予報や台風などの情報に関心をもつこと，太陽の出没の方角や月の満ち欠けなどを観察すること，四季の変化に関心をもつことなどが大切である。また，季節と行事の関係に関心をもつことも大切である。

> シ　ものの仕組みや働き
>   日常生活の中で，ものの仕組みなどに関わる学習活動を通して，次の事項を身に付けることができるよう指導する。
> (ｱ) 日常生活の中で，ものの仕組みや働きが分かり，それらを表現すること。
> (ｲ) ものの仕組みや働きに関して関心をもって調べること。

3段階では，日常場面で見られるものの仕組みや働きについて，自分なりの考えをもつこと，そして，比べる，試す，といった多様な学習活動を通して，気付いたこと，分かったことなどを表現する力を育てていくことが大切である。
　また，この段階では，中学部「理科」C物質・エネルギーの内容との関連を踏まえて指導することが大切である。

【物と重さ】：物は形が変わっても重さは変わらないことに気付くことが大切である。例えば，粘土などの身の回りにあるものを広げたり，丸めたりするなどして形を変え，手ごたえなどの体感をもとにしながら重さの違いを調べることなどが挙げられる。

【風やゴムの力の働き】：風やゴムの大きさを変えると，物が動く様子も変わることに気付くことが大切である。例えば，ウィンドカーといった風の力を利用したおもちゃづくりなどが挙げられる。

## 4　指導計画の作成と内容の取扱い
### (1) 指導計画作成上の配慮事項

> 3　指導計画の作成と内容の取扱い
> (1) 指導計画の作成に当たっては，次の事項に配慮するものとする。
> 　ア　年間や，単元など内容や時間のまとまりを見通して，その中で育む資質・能力の育成に向けて，児童の主体的・対話的で深い学びの実現を図るようにすること。その際，児童が具体的な場面で実際的な活動を通して，自分と身近な社会や自然との関わりについての関心を深められるようにすること。
> 　イ　各教科等との関連を図り，指導の効果を高めるようにするとともに，中学部の社会科，理科及び職業・家庭科の学習を見据え，系統的・発展的に指導できるようにすること。
> 　ウ　2の各段階の内容のサについては，動物や植物への関わり方が深まるよう継続的な飼育，栽培を行うなど工夫すること。
> 　エ　入学当初においては，幼児期における遊びを通した総合的な学びから他教科等における学習に円滑に移行し，主体的に自己を発揮しながら，より自覚的な学びに向かうことが可能となるようにすること。
> 　オ　自分自身の生活や成長を振り返る活動を通して，自分でできるようになったこと，役割が増えたことなどが分かるとともに，これまでの生活や成長を支えてくれた人々への感謝の気持ちと，これからの意欲的な取り組みにより，さらに成長できるようにすること。

アについて，生活科の指導計画の作成に当たり，児童の主体的・対話的で深い学びの実現を目指した授業改善を進めることとし，生活科の特質に応じて，効果的な学習が展開できるように配慮すべき内容を示したものである。

生活科の指導に当たっては，目標にしている，(1)「知識及び技能」が習得されること，(2)「思考力，判断力，表現力等」を育成すること，(3)「学びに向かう力，人間性等」を涵養することの三つが偏りなく実現されるよう，単元など内容や時間のまとまりを見通しながら，主体的・対話的で深い学びの実現に向けた授業改善を行うことが重要である。

児童に生活科を通して「知識及び技能」や「思考力，判断力，表現力等」の育成を目指す授業改善を行うことはこれまでも多くの実践が重ねられてきている。そのような着実に取り組まれてきた実践を否定し，全く異なる指導方法を導入しなければならないと捉えるのではなく，児童や学校の実態，指導の内容に応じ，「主体的な学び」，「対話的な学び」，「深い学び」の視点から授業改善を図ることが重要である。

主体的・対話的で深い学びは，必ずしも１単位時間の授業の中ですべてが実現されるものではない。単元（題材）など内容や時間のまとまりの中で，例えば，主体的に学習に取り組めるよう学習の見通しを立てたり学習したことを振り返ったりして自身の学びや変容を自覚できる場面をどこに設定するか，対話によって自分の考えなどを広げたり深めたりする場面をどこに設定するか，学びの深まりをつくりだすために，児童が考える場面と教師が教える場面とをどのように組み立てるか，といった視点で授業改善を進めることが求められる。また，児童や学校の実態に応じ，多様な学習活動を組み合わせて授業を組み立てていくことが重要であり，単元（題材）のまとまりを見通した学習を行うに当たり基礎となる知識及び技能の習得に課題が見られる場合には，それを身に付けるために，児童の主体性を引き出すなどの工夫を重ね，確実な習得を図ることが必要である。

主体的・対話的で深い学びの実現に向けた授業改善を進めるに当たり，特に「深い学び」の視点に関して，各教科等の学びの深まりの鍵となるのが「見方・考え方」である。各教科等の特質に応じた物事を捉える視点や考え方である「見方・考え方」を，習得・活用・探究という学びの過程の中で働かせることを通じて，より質の高い深い学びにつなげることが重要である。

生活科の教科目標で示された「自立し生活を豊かにしていくための資質・能力」は，一つ一つの単元や年間を通した授業の積み重ねによって総合的に育成されていく。したがって，「年間」という文言が付け加えられているのは，生活科の特質による固有なものである。

その際，これまでと同様に具体的な活動や体験を行う中で，身近な人々，社会及び自然を自分との関わりで捉え，よりよい生活に向けて思いや願いを実現しよ

うとするという身近な生活に関わる見方・考え方を生かした学習が行われる。

こうした生活科の固有な学びの中では，自分と地域の人々，社会及び自然との関わりが具体的に把握できるような学習活動の充実が一層求められる。

自分と地域の人々，社会及び自然との関わりが具体的に把握できるような学習活動とは，自分も地域の人々，社会及び自然の中で生活している者の一人であり，よりよい生活者になることを願って生活している者として，地域の人々，社会及び自然などを捉えることである。そのためには，実際に地域の人と関わったり，地域の施設を利用したり，地域の自然に触れたりするなどの直接関わる活動や体験を行うことが欠かせない。

例えば，公共施設を利用する活動では，地域の公共施設に行き，そこで行われていることに参加したり，そこで指導してくれる人に出会ったりして，自分と公共施設との関わりを具体的に把握できるようにする。そうした活動がきっかけとなり，家庭の協力も得ながら，公共施設を日常的に利用できるようになることが望まれる。自分との関わりが具体的に把握できるような学習活動を行うに当たっては，児童が身近な環境に興味や関心をもち，それらに直接働きかけようとしたり，そこから返ってくることを受け止めたり，更に工夫するなどして新たに働きかけができるような学習活動を行うことが大切である。

アの「児童が具体的な場面で実際的な活動を通して」とは，児童がその場に行き，その場の環境に身を置き，そこでの事実や実物に触れる活動ができるようにすることである。それは，活動や体験を通して学ぶという生活科の本質に根ざしたものであり，一層重視することが望まれる。しかし，今日の社会情勢の中で校外活動を行うに当たっては，交通や活動場所に対する安全，自然災害に対する安全，見知らぬ人への対応，緊急の連絡方法などについて十分配慮する必要がある。児童の安全を見守ってもらうために，保護者や地域の人々の理解と協力を得ることも欠かせない。

また，内容「オ人との関わり」，「カ役割」，「コ社会の仕組みと公共施設」と他の内容との関連を図った単元を構成することにより，それぞれの内容が補い合い支え合って成果を上げることが考えられる。例えば，児童が地域を探索する活動では，地域の特徴やそこで働く人などに目を向け，多くのことに気付けるようにする。その中でも，児童が興味や関心をもったことについて，教師に質問することや，さらに発展して地域の方に詳しく聞いてみたりして，新しい情報や事柄について，実体験しながら知識としていく。また，新たに知った情報や事柄を，まとめて，友達や保護者，地域の方々などに発表してみることなどをとおして，新しい事を知ることの楽しさを実感したり，身近な人々と関わる楽しさを感じたり，地域の人々と交流しようとしていく態度が育まれていくことが期待される。

イについて，生活科の目標及び内容については，他の教科の目標及び内容と関

連させて，各教科等を合わせて指導を行うことなど効果的な指導の形態を工夫していく必要があることを示したものである。

　例えば，体育を行う場合，体操服への着脱や，体育終了後のうがいや手洗いなど，前者は生活科の「ア基本的生活習慣」で示されている内容であり，後者は健康な生活を維持していくことなど体育科「G保健」の内容と関連させながら，児童の生活や学習の文脈に即して指導計画をたてていくことが必要である。

　また，小学部の生活科については，中学部の社会科，理科，職業・家庭科の内容に系統性をもたせていることから，中学部を見通した指導計画を作成していくことが重要である。

　ウについて，一時的・単発的な動植物との関わりにとどまるのではなく，長期にわたる飼育・栽培を行うことで，成長や変化，生命の尊さや育て方など様々なことに気付くことを意味していることを示したものである。

　エについては，幼稚園教育要領等において「幼児期の終わりまでに育ってほしい姿」がまとめられ，幼児期の遊びや生活を通じて育まれる自立心や協同性，思考力の芽生えなどの大切さについて，共通理解が図られるようになり，幼児期の教育と小学校教育との円滑な接続を図るための手掛かりが示された。小学校へ入学した児童が安心して学校生活を送るとともに，主体的に自分のよさを発揮できる学習活動が必要である。特に低学年においては，自分のよさを発揮できることを中心とした計画が必要である。

　幼児期における遊びを通した総合的な学びは，幼児の自発的な活動である遊びや生活の中で，感性を働かせてよさや美しさを感じ取ったり，不思議さに気付いたり，できるようになったことなどを使いながら，試したり，いろいろな方法を工夫したりすることなどを通じて育まれるものである。それらを生活科を中心とした学習において発揮できるようにし，児童の思いや願いをきっかけとして始まる学びが自然に他教科等の学習へとつながっていくよう計画することが必要である。

　オについては，自分自身の生活を単に体験するだけでなく，振り返る学習活動が必要である。その振り返りの際に何のためにこの活動をしたのか，何ができたか，何を工夫したか，どう生かすことができたかなど児童自身が理解できることが必要である。そのことを通して人々に感謝の気持ちをもち，さらに主体的な生活を行うことができるような計画が必要である。また，道徳科などとの関連を図ることが大切である。

### (2) 内容の取扱いについての配慮事項

> (2) 2の各段階の内容の取扱いについては，次の事項に配慮するものとする。

> ア　具体的な活動や体験を行うに当たっては，日々の日課に即して，実際的な指導ができるようにすること。
> イ　身近な人々，社会及び自然に関する活動の楽しさを味わうとともに，それらを通して気付いたことや楽しかったことなどについて，多様な方法により表現し，考えることができるようにすること。
> ウ　具体的な活動や体験を通して気付いたことを基に考えることができるようにするため，見付ける，比べる，たとえる，試す，見通す，工夫するなどの多様な学習活動を行うようにすること。
> エ　2の各段階の内容のクは，算数科との関連を図りながら，実際的な指導ができるようにすること。
> オ　具体的な活動や体験を行うに当たっては，身近な幼児，高齢者など多様な人々と触れ合うことができるようにすること。

　アについて，生活科の内容は生活を豊かにしていく具体的な学習活動を取りあげているが，それが日々の日課の流れに沿って行われることが大切である。そのためには，児童それぞれにどういう指導内容がどういう場面で必要であるか整理しておく必要があることを示したものである。

　イについて，生活科は，児童が見る，聞く，触れる，作る，探す，育てる，遊ぶなどの身体を通して直接働きかける体験の楽しさを味わうことや，活動や体験したことを表現し，考えることができることを重視している。そうした中で，熱中し没頭したこと，思わぬ発見をしたこと，成功したことなどの喜びを様々な方法で人に伝える活動を設定し，自分の気付きを深めることが大切である。

　ウについて，生活科の学習活動が体験だけで終わるのではなく，その気付きの質を高め，それを基に考えることができるようにするための多様な学習活動を行うことが大切である。その学習活動を充実させることにより深い学びを実現することが期待される。気付きとは，対象に対する一人一人の認識であり，児童の主体的な活動によって生まれるものである。そこには知的な側面だけではなく，情意的な側面も含まれる。また，気付きは次の自発的な活動を誘発するものとなる。したがって，活動を繰り返したり対象との関わりを深めたりする活動や体験の充実こそが，気付きの質を高めていくことにつながる。そのために「見付ける，比べる，たとえる，試す，見通す，工夫するなどの多様な学習活動」を行うことが重要である。このことは，児童の気付きは教師が行う単元構成や学習環境の設定，学習指導によって高まることを意味しており，今まで以上に意図的・計画的・組織的な授業づくりが求められる。

　エについて，具体的な金額の計算等については算数科で取り扱うことになる。そのため実態に応じて具体的な指導内容を設定することになり，算数科との関連

を図りながら指導を進めていく必要があることを示したものである。

オについて，児童が自立し生活を豊かにしていくためには，地域の様々な人々と関わることが必要であることを示したものである。しかし，少子化・高齢化などの影響もあって，人と人とのつながりが希薄化しており，この傾向は一層強まっている。このような現状と課題を踏まえ，児童が身近で多様な人々と触れ合う機会をつくることはますます重要である。ここでの多様な人々とは，学校生活や家庭生活を支えていてくれる人々，近所の人々に加え，幼児や高齢者等も含めることが大切である。また，多様な人々に触れ合う活動については，日常的に関われる人との活動を基本にする。また，具体的な活動や体験をする中で触れ合うことができるようにするものであり，多様な人々について，それだけを取り出して指導したり単元を構成したりするものではなく，様々な機会を捉えて指導していくことが大切である。

## ● 第2　国語科

### 1　国語科の改訂の要点

言葉は児童の学習活動を支える重要な役割を果たすものであり，すべての教科等における資質・能力の育成や学習の基盤となるものである。このため，小学部の国語科においては，これまでも「日常生活に必要な国語を理解し，伝え合う力を養うとともに，それらを表現する力と態度を育てる」ことを目標としてきたところである。

また，知的障害者である児童の学習上の特性や国語の獲得に関する発達の状態等を踏まえ，小学部では，児童の日常生活に身近な題材や児童が興味・関心を示す題材を用い，具体的な場面における言語活動を通して日常生活に必要な国語を確実に身に付けていくことが大切である。

このため，今回の改訂では，本解説第4章第3節の1及び2で述べるよう育成を目指す資質・能力の三つの柱に基づき，目標及び内容について以下の改善を行った。

### (1) 目標の構成の改善

国語科において育成を目指す資質・能力を「国語で理解し表現する資質・能力」と規定するとともに，「知識及び技能」，「思考力，判断力，表現力等」，「学びに向かう力，人間性等」の三つの柱で整理した。また，このような資質・能力を育成するためには，児童が「言葉による見方・考え方」を働かせることが必要であることを示している。

また，今回の改訂では，児童の実態に応じた指導が充実するよう各段階の目標

を新たに設定し，教科の目標と同様に，「知識及び技能」，「思考力，判断力，表現力等」，「学びに向かう力，人間性等」の三つの柱で整理した。

### (2) 内容の構成の改善

三つの柱に沿った資質・能力の整理を踏まえ，従前，「聞くこと・話すこと」，「書くこと」，「読むこと」の3領域で構成していた内容を，〔知識及び技能〕及び〔思考力，判断力，表現力等〕に構成し直した。

〔知識及び技能〕及び〔思考力，判断力，表現力等〕の構成は，以下のとおりである。

〔知識及び技能〕
(1) 言葉の特徴や使い方に関する事項
(2) 情報の扱い方に関する事項※
(3) 我が国の言語文化に関する事項
　　　　　　　　　　　※(2)は，小学部3段階から設定

〔思考力，判断力，表現力等〕
A 聞くこと・話すこと
B 書くこと
C 読むこと

「知識及び技能」と「思考力，判断力，表現力等」は，国語で理解し表現する上で共に必要となる資質・能力である。したがって，国語で理解し表現する際には，聞くこと・話すこと，書くこと，読むことの「思考力，判断力，表現力等」のみならず，言葉の特徴や使い方，情報の扱い方，我が国の言語文化に関する「知識及び技能」が必要となる。

この〔知識及び技能〕に示されている言葉の特徴や使い方などの「知識及び技能」は，個別の事実的な知識や一定の手順のことのみを指しているのではない。国語で理解したり表現したりする様々な場面の中で生きて働く「知識及び技能」として身に付けるために，思考・判断し表現することを通じて育成を図ることが求められるなど，「知識及び技能」と「思考力，判断力，表現力等」は，相互に関連し合いながら育成される必要がある。

こうした「知識及び技能」と「思考力，判断力，表現力等」の育成において大きな原動力となるのが「学びに向かう力，人間性等」である。「学びに向かう力，人間性等」については，教科及び段階の目標においてまとめて示し，指導事項のまとまりごとに示すことはしていない。教科及び段階の目標において挙げられている態度等を養うことにより，「知識及び技能」と「思考力，判断力，表現力等」

の育成が一層充実することが期待される。

なお，〔知識及び技能〕の「(2)情報の扱い方に関する事項」については，小学部の3段階から設けている。これは，1段階及び2段階で学習する内容を身に付けた後に，(2)を扱うことが適当であることを考慮したものである。

また，〔思考力，判断力，表現力等〕の領域について，小学校の国語科では，「A話すこと・聞くこと」としているが，小学部の国語科では，「A聞くこと・話すこと」としている。これは，知的障害のある児童が国語を獲得する過程をより重視していることから，「聞くこと」を先に位置付けているものである。

### (3) 内容の改善・充実

今回の改訂では，育成を目指す資質・能力の三つの柱で目標を整理したことを踏まえ，日常生活に必要な国語を確実に身に付けていくことができるよう，これまでの国語科の内容や解説等に示された事項について，その系統性を整理して示した。

まず，〔知識及び技能〕について「(1)言葉の特徴や使い方に関する事項」では，「言葉の働き」，「話し言葉と書き言葉」，「語彙」，「文や文章」，「言葉遣い」，「音読」に関する内容を整理し，系統的に示した。「(2)情報の扱い方に関する事項」では，「情報と情報との関係」，「情報の整理」の二つの系統で構成し，小学部3段階から示した。「(3)我が国の言語文化に関する事項」では，「伝統的な言語文化」，「書写」，「読書」に関する内容を整理し，系統的に示した。

次に，〔思考力・判断力・表現力等〕については，三つの領域における学習過程に沿って内容を構成した。「A聞くこと・話すこと」では，「話題の設定」，「内容の把握」，「内容の検討」，「構成の検討」，「表現」，「話合い」を示した。「B書くこと」では，「題材の設定」，「情報の収集」，「内容の検討」，「構成の検討」，「記述」，「推敲」，「共有」を示した。「C読むこと」では，「構造と内容の把握」，「考えの形成」を示した。ここに示す学習過程は指導の順序性を示すものではないため，(ｱ)から(ｴ)までの指導事項を必ずしも順番に指導する必要はない。

なお，〔知識及び技能〕及び〔思考力，判断力，表現力等〕に示す各内容は，知的障害のある児童の国語の獲得に関する発達の状態等を踏まえ，1段階及び2段階では扱っていないものがある。また，各段階の内容は，児童の日常生活に関連のある場面や言語活動，行動と併せて示している。このため，知的障害のある児童の国語科では，小学校国語科のように言語活動例を示していない。国語科の目標が達成されるよう，教師が児童の実態に応じた場面や言語活動を創意工夫して設定し，授業改善を図ることが重要である。

## 2 国語科の目標

> 1 目　標
> 　言葉による見方・考え方を働かせ，言語活動を通して，国語で理解し表現する資質・能力を次のとおり育成することを目指す。
> 　(1) 日常生活に必要な国語について，その特質を理解し使うことができるようにする。
> 　(2) 日常生活における人との関わりの中で伝え合う力を身に付け，思考力や想像力を養う。
> 　(3) 言葉で伝え合うよさを感じるとともに，言語感覚を養い，国語を大切にしてその能力の向上を図る態度を養う。

　教科の目標では，まず，国語科において育成を目指す資質・能力を国語で理解し表現する資質・能力とし，国語科が国語で理解し表現する言語能力を育成する教科であることを示している。

　今回の改訂において示す「国語で理解し表現する資質・能力」とは，国語で表現された内容や事柄を理解する資質・能力，国語を使って内容や事柄を表現する資質・能力であるが，そのために必要となる国語の使い方を理解する資質・能力，国語を使う資質・能力を含んだものである。知的障害のある児童の場合，障害の程度や発達の状態等により，話し言葉を獲得すること自体が国語科の主な学習内容になる場合がある。このような場合においても，日常生活に関連のある話し言葉の意味や表す内容を理解したり，相手に伝えたい内容や事柄を言葉を使って表現したり，そのために必要な言葉の使い方を理解し使うといった資質・能力を育むことを目標としている。

　「言葉による見方・考え方を働かせ」るとは，児童が学習の中で，対象と言葉，言葉と言葉の関係を，言葉の意味，働き，使い方等に着目して捉えたり問い直したりして，言葉への自覚を高めることであると考えられる。様々な事象の内容を自然科学や社会科学等の視点から理解することを直接の学習目的としない国語科においては，言葉を通じた理解や表現及びそこで用いられる言葉そのものを学習対象としている。このため，「言葉による見方・考え方」を働かせることが，国語科において育成を目指す資質・能力をよりよく身に付けることにつながることとなる。

　また，言語能力を育成する中心的な役割を担う国語科においては，言語活動を通して資質・能力を育成する。言語活動を通して，国語で理解し表現する資質・能力を育成するとしているのは，この考え方を示したものである。

　今回の改訂では，他教科等と同様に，国語科において育成を目指す資質・能力

を「知識及び技能」,「思考力,判断力,表現力等」,「学びに向かう力,人間性等」に三つの柱で整理し、それぞれに整理された目標を(1),(2),(3)に位置付けている。

(1)は,「知識及び技能」に関する目標を示したものである。日常生活において必要な国語の特質について理解し,それを使うことができるようにすることを示している。具体的には,内容の〔知識及び技能〕に示されている言葉の特徴や使い方,話や文章に含まれている情報の扱い方（※小学部では3段階から設定）,我が国の言語文化に関する「知識及び技能」のことである。

(2)は,「思考力,判断力,表現力等」に関する目標を示したものである。日常生活における人と人との関わりの中で,思いや考えを伝え合う力を身に付け,思考力や想像力を養うことを示しているものである。具体的には,内容の〔思考力,判断力,表現力等〕に示されている「A聞くこと・話すこと」,「B書くこと」,「C読むこと」に関する「思考力,判断力,表現力等」のことである。

「伝え合う力を身に付け」るとは,身近で関わりのある大人や学校の友達などの人間と人間との関係の中で,言葉を通して理解したり表現したりする力を身に付けることである。「思考力や想像力を養う」とは,具体的な活動や場面の中で,徐々に言葉を使って出来事の順番や原因と結果の関係を考えるなどの思考する力や,内容や様子を思い浮かべるなどの想像する力を養うことである。

(3)は,「学びに向かう力,人間性等」に関する目標を示したものである。言葉で伝え合うよさを感じるとともに,言語感覚を養い,国語を大切にしてその能力の向上を図る態度を養うことを示している。

「言葉で伝え合うよさ」には,言葉によって自分の思いや考えをもち,伝え,共感を得ることができること,言葉によって自分の要求を伝え実現することができることなどがある。こうしたことをよさとして,具体的な活動や場面の中で実感することを示している。

「言語感覚」とは,言語で理解したり表現したりする際の正誤・適否・美醜などについての感覚のことである。聞いたり話したり書いたり読んだりする具体的な言語活動の中で,相手,目的や意図,場面や状況などに応じて,どのような言葉を選んで表現するのが適切であるかを直観的に判断したり,話や文章を理解する場合に,そこで使われている言葉が醸し出す味わいを感覚的に捉えたりすることができることである。

言語感覚を養うことは,一人一人の児童の言語活動を充実させ,自分なりのものの見方や考え方を形成することに役立つ。こうした言語感覚の育成には,多様な場面や状況における学習の積み重ねや,読み聞かせを含む継続的な読書などが必要であり,そのためには,国語科の学習を他教科等の学習や学校の教育活動全体と関連させていくカリキュラム・マネジメント上の工夫も大切である。さらに,

児童を取り巻く言語環境を整備することも,言語感覚の育成に極めて重要である。
　「国語を大切にしてその能力の向上を図る態度を養う」ことを求めているのは,我が国の歴史の中で育まれてきた国語が,人間としての知的な活動や文化的な活動の中枢をなし,一人一人の自己形成,社会生活の向上,文化の創造と継承などに欠かせないからである。国語を大切にして,国語に対する関心を高め,聞いたり話したり書いたり読んだりすることが,児童一人一人の言語能力を更に向上させていく。その中で,国語を大切にして,国語そのものを一層優れたものに向上させていこうとする意識や態度も育っていくのである。

## 3　各段階の目標及び内容
### (1)　1段階の目標と内容
**ア　目標**

> ○1段階
> 　(1)　目　標
> 　　ア　日常生活に必要な身近な言葉が分かり使うようになるとともに,いろいろな言葉や我が国の言語文化に触れることができるようにする。
> 　　イ　言葉をイメージしたり,言葉による関わりを受け止めたりする力を養い,日常生活における人との関わりの中で伝え合い,自分の思いをもつことができるようにする。
> 　　ウ　言葉で表すことやそのよさを感じるとともに,言葉を使おうとする態度を養う。

〈1段階の児童の姿〉
　1段階の児童は,身近な人や興味や関心のある物事との関わりを繰り返しながら,その場面で用いる言葉が存在することや,言葉を使うことで相手の反応に変化があることに気付き始める段階である。
　このため,国語科の指導においては,日常生活で繰り返される出来事や児童の興味・関心のある事柄,人との関わりなどを通して,言葉を用いて,思い描いた事物や事柄を相手と共有し,自分の思いを身近な人に伝えるために必要な国語を身に付けることが大切である。

〈1段階の目標〉
① 知識及び技能のア
　「日常生活に必要な身近な言葉」とは,例えば,児童の生活に身近な人や事物の名前,睡眠,食事,着替え,移動などに関わる日常生活で繰り返し行う動作や

状態，感情を表す言葉など，日常生活で実際に周りの人たちと話したり聞いたりするときに用いる馴染み深い言葉のことである。

「いろいろな言葉」に触れるとは児童が獲得している個々の言い方だけでなく，同じような結果をもたらす複数の言い方があることに気付き，事物の名前や動作，状態，感情などを表す新たな言葉を聞いたり，模倣して話してみたりすることを示している。

② 思考力，判断力，表現力等のイ

「言葉をイメージしたり，言葉による関わりを受け止めたりする」とは，人との関わりの中で，自分の思いや要求を言葉で表すために必要な言葉を思い浮かべたり，言葉による関わりに意識を向けたりすることを示している。

「日常生活における人との関わりの中で伝え合い，自分の思いをもつことができるようにする」とは，日常生活において興味や関心のある人との関わりを繰り返し，応じたり断ったりするなどしながら，自分の思いをもつことを示している。

③ 学びに向かう力，人間性等のウ

「言葉で表すことやそのよさを感じる」とは，発語等によって，意思を伝えられることや自分の思いが達成されたことに喜びを感じることである。

「言葉を使おうとする態度」とは，自分の思いや要求，イメージした事物や事柄を表す言葉を探そうと考えこんだり，相手に届くように声の大きさを変えたり言葉を繰り返したり言い方を変えたりして，伝えようとする態度を示している。1段階では，発語を促し，話をしようとしたり，意思を伝えようとしたりする意欲を育てることが大切であり，児童が学習を通して十分な満足感を味わえるようにすることが重要である。

### イ 内容

〔知識及び技能〕

> (2) 内　容
>
> 〔知識及び技能〕
>
> ア　言葉の特徴や使い方に関する次の事項を身に付けることができるよう指導する。
>
> 　(ｱ) 身近な人の話し掛けに慣れ，言葉が事物の内容を表していることを感じること。
>
> 　(ｲ) 言葉のもつ音やリズムに触れたり，言葉が表す事物やイメージに触れたりすること。
>
> イ　我が国の言語文化に関する次の事項を身に付けることができるよう指導する。

(ｱ) 昔話などについて，読み聞かせを聞くなどして親しむこと。
(ｲ) 遊びを通して，言葉のもつ楽しさに触れること。
(ｳ) 書くことに関する次の事項を理解し使うこと。
㋐ いろいろな筆記具に触れ，書くことを知ること。
㋑ 筆記具の持ち方や，正しい姿勢で書くことを知ること。
(ｴ) 読み聞かせに注目し，いろいろな絵本などに興味をもつこと。

**① 言葉の特徴や使い方に関する事項のア**

(ｱ)は，言語が共通にもつ言葉の働きの気付きにつながる事項である。

「身近な人の話し掛けに慣れ」とは，児童が日常生活で繰り返される出来事や興味や関心のある事柄について，教師など身近な大人や兄弟，友達からの話し掛けに耳を傾け，人との関わりの中で言葉が用いられていることに注意を向けることを示している。

「言葉が事物の内容を表していることを感じる」とは，児童が教師などとのやり取りを繰り返す中で言葉と事物とが徐々に一致してきたり，自分なりの表現を繰り返す中で要求が相手に伝わり，心地よい感情をもったりすることを示している。

1段階の児童の指導においては，日常生活や遊びの中で教師の話し掛けに振り向いたり応じたりすることを十分経験した上で，相手に対して音声模倣などによる発声や発語によって自分なりの表現ができるようにすることが大切である。

(ｲ)は，音節や語句の理解につながる事項である。「言葉のもつ音やリズムに触れたり」とは，身近な人との関わりの中で様々な言葉を聞いたり，音声の高低や抑揚などの違いによる意味の違いに触れたりすることである。

教師や友達と一緒に声を出す，手を叩いて体感するなどして，言葉のもつ音やリズムに意識を向けたり，気付いたりしやすくするような関わり方を工夫することも大切である。

「言葉が表す事物やイメージに触れたりする」とは，実際の事物などを見たり触ったりして実感をもたせながら，言葉と事物とを結び付けていくことや，絵などを用いて生活経験からいろいろなことを想起したり，それらを言葉と結び付けて表現したりしていくことを示している。児童が，身近な人との関わりの中で，何かを思い描いたり，それを表現したりすることで心地よい感情をしっかりと味わい，表現したい気持ちを育てることが大切な時期であるため，児童の自由な表現を受け止め，それらを少しずつ言葉で表現してくような関わり方が重要である。

**② 我が国の言語文化に関する事項のイ**

(ｱ)は，児童が伝統的な言語文化の側面からも言葉に触れ，感じたり楽しんだりすることを重視している。「昔話など」は，我が国に古くから伝わる物語のほか，

わらべ歌や言葉遊びなどを指しており，これらの独特の語り口調や言い回しに含まれる言葉の響きやリズムを感じたり，物語の一場面を簡単な言葉で唱えたり，動作化したりして，親しむことを示している。

(イ)の「言葉のもつ楽しさ」とは，呼びかけに対する応答遊び，音まね・声まね遊び（擬声語や擬態語等を使った遊び）など，声や言葉を使った遊びや関わりなどを通して，節を付けて歌ったり動作化したりするなどして，言葉の響きやリズムを体感したり，楽しんだりすることを示している。

(ウ)は，書くこと（書写）に関する事項である。

㋐の「いろいろな筆記具」とは，児童が身近に手にすることができるクレヨン，チョーク，筆，はけ，鉛筆，ボールペン，水性・油性ペンなどを指している。「書くことを知る」とは，筆記具を用いることで，線などが書けることに気付いたり，書いたものに何らかの意味付けをしたりするなど，文字表記へつながる気付きを示している。

㋑は，1段階の児童が，今後，文字を書く学習を行う基礎として，書いて表現することへの興味・関心を高めながら，書くことに親しみ，運筆への基本動作を身に付けていくことを意図している。

学習の初期の段階では，楽しい雰囲気の中で活動することが大切である。児童が書くことに慣れるのに合わせて，椅子に座って上体を落ち着けることなど書くことへの構えに細かい段階を含んだ，書く際の正しい姿勢や正しい筆記具の持ち方に習熟していくようにすることが望ましい。

(エ)の「読み聞かせに注目し」とは，教師が提示した絵本などに対して，絵に注目したり，時には，教師と一緒に絵本に出てくる言葉や擬声語などを声に出したりすることを表している。段階の初期では，絵本よりも教師の声や動作などへの関心が中心になることも考えられる。教師との関わりを楽しみながら，少しずつ絵本の中の絵，繰り返される効果音や台詞（せりふ）に注意が向けられるよう，指導を工夫することも大切である。

「いろいろな絵本など」には，絵本以外に，紙芝居やペープサート，写真やビデオなどの映像教材などが含まれる。1段階の児童にとって，児童が経験している生活上の出来事を題材にしたものや，物語の展開が簡単なもの，同じことが繰り返されるものは，書かれている内容がイメージしやすく，興味をもちやすいものと考えられる。

〔思考力・判断力・表現力等〕
A　聞くこと・話すこと

〔思考力，判断力，表現力等〕

> A 聞くこと・話すこと
> 　聞くこと・話すことに関する次の事項を身に付けることができるよう指導する。
> 　ア　教師の話や読み聞かせに応じ，音声を模倣したり，表情や身振り，簡単な話し言葉などで表現したりすること。
> 　イ　身近な人からの話し掛けに注目したり，応じて答えたりすること。
> 　ウ　伝えたいことを思い浮かべ，身振りや音声などで表すこと。

　アは，教師が話し掛ける場面の状況や絵本の挿絵などを手掛かりに，内容を大まかに把握し，応答することを示している。

　イは，児童が，家族や友達など身近な人から話し掛けられた状況を受け止め，関心をもって話し手を見たり，音声で模倣したり，返事をしたり，簡単な言葉で表現したりすることを示している。

　ウは，話題について，表情や身振り，音声で，模倣したり応答したりすることを示している。例えば，遠足の写真から楽しいと思ったことを一つ選ぶなど，手掛かりを用いて思い浮かべ，指さしで伝えたり話したりすることなどが考えられる。

　1段階の児童が話す言葉は，単語の一部であったり，明確ではなかったりすることもあることから，教師は，応答したことを賞賛するとともに，周囲の状況や前後の関係から児童が伝えようとしていることを推察し言ってみせるなどしてその言葉を児童が聞けるようにすることが重要である。

## B　書くこと

> B　書くこと
> 　書くことに関する次の事項を身に付けることができるよう指導する。
> 　ア　身近な人との関わりや出来事について，伝えたいことを思い浮かべたり，選んだりすること。
> 　イ　文字に興味をもち，書こうとすること。

　アの「伝えたいことを思い浮かべたり，選んだりする」とは，児童が見聞きしたことや感じたことなどを具体物や絵，写真などを手掛かりにして想起したり，相手に伝えたいことを考えたりすることである。例えば，自分が経験した事柄を絵や写真などから選んで指さしをしたり，その時の気持ちを動作等で表現したりすることなどが考えられる。

　イの「文字に興味をもち」とは，伝え合う手段として文字があることに気付き，

教師が文字を書く様子を見ようとしたり，身の回りにある様々な文字に対して指さしをしたりすることである。「書こうとする」とは，教師等が文字を書く様子を模倣して，自分なりの書き方で文字に見立てた形を書くことである。この時，児童が，鉛筆，クレヨン，ボールペン，水性・油性ペン，筆，はけ，チョークなど，様々な筆記具に触れ，形になっていなくても書くことを十分楽しめるような指導内容を設定することが重要である。また，聞いたり話したり読んだりすることと関連付けて，児童が文字に見立てて書いた形と事物や事柄などとを対応させるなど，児童が，自分の考えや気持ちを「伝えるために書いている」という経験を積み重ねることができるようにすることで，文字を書いて表現しようとする気持ちを伸ばすようにすることが大切である。

### C 読むこと

> C 読むこと
>   読むことに関する次の事項を身に付けることができるよう指導する。
> ア 教師と一緒に絵本などを見て，示された身近な事物や生き物などに気付き，注目すること。
> イ 絵本などを見て，知っている事物や出来事などを指さしなどで表現すること。
> ウ 絵や矢印などの記号で表された意味に応じ，行動すること。
> エ 絵本などを見て，次の場面を楽しみにしたり，登場人物の動きなどを模倣したりすること。

アは，絵本のほか，紙芝居を読んでもらったり，写真や絵，映像などを見たりすることで，身近にある事物や事柄，生き物などが表現されていることに気付き，注目することを示している。これは，内容を把握する力の素地となるものである。

イの「指さしなどで表現する」とは，絵本などを読んでもらったり，写真などの事物の名前などを読んでもらったりした際に，その対象に指さしをしたり，視線や意識を向けたりすることを示している。

ウの「絵や矢印などの記号」とは，場所や動作を表す絵や写真，日常生活で見かけるシンボルマーク，「○」，「×」，「→」といった簡単な記号を示している。「意味に応じ，行動する」とは，絵や記号などの表す意味を感覚的に識別し，自分の思いや要求を表すために選択したり，意味に従って行動したりすることである。例えば，場所を表す絵から自分の行きたい場所を一つ選んだり，「×」という記号を見て自分の行動を抑制したりすることなどが考えられる。

エは，展開が簡単な話の絵本などを見聞きし，言葉のもつ音やリズム，イメー

ジを感じ取り，それらから次の場面を期待したり，言葉のもつ音やリズム，言葉が表す動作を楽しみながら模倣したりすることを示している。このように言葉によって，イメージを膨らませることは，考えを形成することにつながるものである。

### (2) 2段階の目標と内容
### ア　目標

> ○2段階
> (1) 目　標
> 　ア　日常生活に必要な身近な言葉を身に付けるとともに，いろいろな言葉や我が国の言語文化に触れることができるようにする。
> 　イ　言葉が表す事柄を想起したり受け止めたりする力を養い，日常生活における人との関わりの中で伝え合い，自分の思いをもつことができるようにする。
> 　ウ　言葉がもつよさを感じるとともに，読み聞かせに親しみ，言葉でのやり取りを聞いたり伝えたりしようとする態度を養う。

〈2段階の児童の姿〉

　2段階の児童は，身近な人や興味や関心のある物事との関わりを繰り返しながら，身近な人からの話し掛けを聞いたり，真似をしたりすることを通して，言葉で物事や思いなどを意味付けたり表現したりするなどして，言葉でのやり取りができてくる段階である。

　このため，国語科の指導においては，児童が日常生活の中で触れたり見聞きしたりする物事や出来事について表す言葉を繰り返し聞かせたり，遊びや関わりなど児童の興味や関心に応じて言葉で表現したりすることを通して，身近な人とのやり取りを深め，興味や関心を更に広げていくために必要な国語を身に付けることが大切である。

〈2段階の目標〉

① 　知識及び技能のア

「日常生活に必要な身近な言葉」とは，日常生活の中での教師などの話し言葉や簡単な指示などのことである。さらに，児童が，見聞きしたり体験したりしたことを表現する簡単な言葉や，相手に伝える言葉を示している。

② 　思考力，判断力，表現力等のイ

「言葉が表す事柄を想起したり受け止めたりする力」とは，その言葉が表して

いる事物や事柄の意味を，児童が，体験に裏付けられたイメージと一致させたり，思い浮かべたり，自分なりに考えたりしようとすることを指している。

「自分の思いをもつこと」とは，日常生活における人との関わりの中で伝え合い，自分の思いをもつことを示している。

### ③ 学びに向かう力，人間性等のウ

児童は，1段階で身に付けた「言葉で表すことやそのよさ」を基にして，言葉を用いたやり取りを繰り返すことで，身近な人と話題が共有しやすくなったり，自分の思いや要求がより伝わりやすくなったりすることを経験する。「言葉がもつよさを感じる」とは，児童がこうした経験を通して言葉によって自分の思いをもつこと，言葉から様々なことを感じたり，感じとったことを言葉にすることで心を豊かにすること，言葉を通じて人との関わりや自分の身近な人について理解を深めることなどがある。

「読み聞かせに親しみ」とは，児童が興味や関心を向けて，絵本の内容に関連のある言葉や物語の簡単な展開を聞いたり，動作で表したりするなどして楽しみ，言葉を増やしたり，文字や記号に関心を向けたりすることを示している。2段階の指導においては，絵本に書かれた文字に関心をもったり，読もうとしたりする意欲につなげられるようにすることが大切である。

「言葉でのやり取りを聞いたり，伝えたりしようとする態度」とは，児童が身近な人との関わりの中で，身の回りの事物や事象，気持ちなどを表した言葉を聞いたり，真似をして言葉で表現したりして，いろいろなことが言葉で表せることを知り，自分なりに表現してみようとする態度を示している。

### イ 内容
〔知識及び技能〕

> (2) 内　容
> 〔知識及び技能〕
>   ア　言葉の特徴や使い方に関する次の事項を身に付けることができるよう指導する。
>   (ｱ) 身近な人の話し掛けや会話などの話し言葉に慣れ，言葉が，気持ちや要求を表していることを感じること。
>   (ｲ) 日常生活でよく使われている平仮名を読むこと。
>   (ｳ) 身近な人との会話を通して，物の名前や動作など，いろいろな言葉の種類に触れること。

> イ 我が国の言語文化に関する次の事項を身に付けることができるよう指導する。
> 　(ｱ) 昔話や童謡の歌詞などの読み聞かせを聞いたり，言葉などを模倣したりするなどして，言葉の響きやリズムに親しむこと。
> 　(ｲ) 遊びややり取りを通して，言葉による表現に親しむこと。
> 　(ｳ) 書くことに関する次の事項を理解し使うこと。
> 　　㋐ いろいろな筆記具を用いて，書くことに親しむこと。
> 　　㋑ 写し書きやなぞり書きなどにより，筆記具の正しい持ち方や書くときの正しい姿勢など，書写の基本を身に付けること。
> 　(ｴ) 読み聞かせに親しんだり，文字を拾い読みしたりして，いろいろな絵本や図鑑などに興味をもつこと。

### ① 言葉の特徴や使い方に関する事項のア

(ｱ)は，言語が共通にもつ言葉の働きの気付きにつながる事項である。「話し言葉に慣れ」とは，児童が，生活の中で関わる様々な人の話し言葉，テレビやラジオなどの媒体を通した音声の口調や速度に聞き慣れることを示している。「言葉が，気持ちや要求を表していることを感じる」とは，身近な人との関わりから，言葉を用いることで，自分が感じた気持ちや要求などが相手に伝わることを感じることである。児童と教師，児童同士が関わり合う中で生じる感情や要求，挨拶や質問などの言葉を重視し，その言葉を繰り返して印象付けたり，言葉の表す意味と行動などとを結び付けたりして，言葉の働きの気付きにつながるような指導が重要である。

(ｲ)は，文字や表記に関する事項である。「日常生活でよく使われている平仮名」とは，児童が，日常の学校生活の中で見たり使ったり触ったりしている，身近な事物や事象を表す平仮名を指している。例えば，自分や友達の名前や絵本などに出てくる動物等の名前を表す平仮名から扱うことが考えられる。

また，この段階の初期の指導においては，平仮名の文字や平仮名で表された語に関心をもち，音節があることへの気付きにつながるよう，語のまとまりとして読むことができるように指導することが大切である。

(ｳ)は，語彙に関する事項である。児童は，身近な人との会話を通したやり取りを深める中で，物の名前や動作などいろいろな種類の言葉を聞いたり，自分でも話したりするようになる。2段階の指導においては，徐々に場面や状況に応じて，事物の名前だけでなく，動詞や形容詞なども加えて，教師が話し掛けるなど，児童が聞いたり使ったりする言葉を自然に増やしていくことが重要である。

### ② 我が国の言語文化に関する事項のイ

(ｱ)は，昔話を基にした本や文章，童謡の歌詞などの読み聞かせを聞いたり，

昔話の語り始めの一部を真似したりするなどして，言葉の響きやリズムに親しむことを示している。

(イ)は，わらべ歌遊びなど，節を付けたり動きを併せて行う遊びややり取りの中で，言葉によるいろいろな表現に触れたり，自分でも表現したりすることなどを経験し，言葉による表現に親しむことを示している。

(ウ)は，書くこと（書写）に関する事項である。

㋐の「いろいろな筆記具を用いて」とは，黒板や画用紙などに，チョークや鉛筆，フェルトペン，クレヨンなど，いろいろな筆記具を用いて線を楽しく書くことを表している。

㋑の「書写の基本」とは，写し書きやなぞり書きなどにより，文字の形を意識したり，正しい書写の姿勢や筆記具の正しい持ち方を理解して，書く時に必要なことを体験的に理解することを指している。

この段階の指導においては，児童が興味や関心をもって取り組むことができるよう，いろいろな線の運筆や書く線の始点と終点を分かりやすくして，遊びながら書くことに取り組めるように配慮する。そうした中で運筆に親しみ，平仮名の書写に関する興味や関心を育てることも大切である。

文字を書くことの指導については，手指の機能について児童の実態を把握しておくことが大切である。また，筆記具，マス目の大きさ，手本との距離等に配慮し，「上から下へ」，「左から右へ」，「横から縦へ」など筆順を言語化するなどして，児童自身が文字の形を確かめながら書写できるような工夫をすることが大切である。

(エ)は，読書に関する事項である。「いろいろな絵本や図鑑など」とは，絵本や図鑑以外にも，掛図などの資料を含んでいる。絵や写真に添えられている文字からも情報が得られることに気付き，読んでもらったり，拾い読みをしたりするなどして言葉を増やしていくことなども重要である。

〔思考力，判断力，表現力等〕
A　聞くこと・話すこと

> 〔思考力，判断力，表現力等〕
> A　聞くこと・話すこと
> 　聞くこと・話すことに関する次の事項を身に付けることができるよう指導する。
> 　ア　身近な人の話に慣れ，簡単な事柄と語句などを結び付けたり，語句などから事柄を思い浮かべたりすること。
> 　イ　簡単な指示や説明を聞き，その指示等に応じた行動をすること。

ウ　体験したことなどについて，伝えたいことを考えること。
　　エ　挨拶をしたり，簡単な台詞(せりふ)などを表現したりすること。

　ア「簡単な事柄と語句などを結び付けたり，語句などから事柄を思い浮かべたりする」とは，日常生活の中で身近な人と言葉を用いたやり取りを繰り返す中で，児童が，経験したことなどについて頭の中にイメージしたことと知っている言葉とを照合したり当てはめたりして，言葉を考えることを示している。また，言葉を聞いて，その意味や言葉から自分なりに連想されるイメージを思い浮かべることを示している。

　このことは，語彙を豊かにするだけでなく，言葉を介して，相手の伝えたいことを考えたり，相手に伝えたりするということにつながるため，言葉としての正確さだけでなく，児童の中に浮かんだイメージそのものを大切にし，事柄や思いがいろいろな言葉で表せることなどを実感することが大切である。

　イの「簡単な指示や説明」とは，「図書室に絵本を返す。」，「荷物を出してから，カバンをしまう。」など，3語から4語で構成する文による指示や説明のことを示している。「指示等に応じて行動する」ためには，教師の働き掛ける意図を理解して，それに応じて行動するという点の理解も重要なため，言葉としてどのように理解しているか，行動としてどのように表そうとしているかなどの視点で児童が思考したり，判断したりすることが大切である。

　ウの「伝えたいことを考える」とは，児童が相手に伝えたいことを思い浮かべ，自分の知っている言葉に当てはめようとしたり，表そうとしたりすることを示している。指導においては，映像や写真などを手掛かりにして体験したことを思い出したり，思い浮かべた事柄や思いなどを言葉と一致させたりしやすくする工夫が考えられる。児童が自分の伝えたいことを考え表現するだけでなく，友達の表現を聞いて，「同じだね」，「違うね」などと比べることで，少しずつ相手の考えにも関心が向けられるようにしていくことも大切である。

　エは，挨拶などの日常生活や遊びに必要な言葉のやり取りを繰り返したり，物語などの一場面を取り上げて，登場人物として台詞(せりふ)を言ったりする中で，言葉や表現に慣れ，身に付けていくことを示している。

## B　書くこと

　B　書くこと
　　書くことに関する次の事項を身に付けることができるよう指導する。
　　ア　経験したことのうち身近なことについて，写真などを手掛かりにして，伝えたいことを思い浮かべたり，選んだりすること。

> イ　自分の名前や物の名前を文字で表すことができることを知り，簡単な平仮名をなぞったり，書いたりすること。

　アの「伝えたいことを思い浮かべたり，選んだりする」とは，児童が経験したことの中から楽しかったことなどの伝えたいことを，具体物や絵，写真などを手掛かりにしながら，経験したことを想起したり，具体的な言葉を用いて考えたり，表そうとしたりすることを示している。

　イの「自分の名前やものの名前を文字で表すことができることを知」るとは，児童が，事柄を表したり，伝えたりするために，決まった文字の組み合わせがあることを知り，具体物や絵，写真などと単語や文字カードとを一致させられるようになることを示している。

　また，「簡単な平仮名をなぞったり，書いたりする」とは，児童が表したい平仮名を形作るために，見本となる文字をなぞったり，書けるようになった文字をマスのなかに書いたりして表すことを示している。

　文字を書くためには，文字を書くことへの興味・関心を育てつつ，筆記具の正しい持ち方を知ったり，運筆など筆記具の扱いに慣れて，いろいろな線を書いたりすることができるようになるような活動を十分行っておくことが大切である。

### C　読むこと

> C　読むこと
> 　読むことに関する次の事項を身に付けることができるよう指導する。
> ア　教師と一緒に絵本などを見て，登場するものや動作などを思い浮かべること。
> イ　教師と一緒に絵本などを見て，時間の経過などの大体を捉えること。
> ウ　日常生活でよく使われている表示などの特徴に気付き，読もうとしたり，表された意味に応じた行動をしたりすること。
> エ　絵本などを見て，好きな場面を伝えたり，言葉などを模倣したりすること。

　アの「登場するものや動作などを思い浮かべる」とは，児童がよく親しんでいる絵本の絵や題名などを見て，どんな登場人物が出てくるかを考えたり，場面の様子や登場人物の行動などについてイメージしたことを言葉や動作で表そうとしたりすることを示している。

　イの「時間の経過などの大体を捉える」とは，例えば，二つの場面の絵を見比べて，登場人物の様子や行動などの違いに気付いたり，話の内容を読み取ったり

することを示している。その際，児童が登場人物や場面の様子の違いを捉えやすくする手掛がかりとなる時間の経過を表す言葉として，「はじめ」や「さいご」，「はじめに○○，次に○○」といった言葉を添えるような指導の工夫が考えられる。

ウの「表示などの特徴に気付き読もうと」することや，「表された意味に応じた行動をしたりする」こととは，校内や登下校などで見かけるシンボルマークや標識などに示されている図柄や色などの特徴に気付き，図柄のイメージやそれが置かれている場所などと結び付けて表している意味を考えたり，表された意味に沿った行動をしたりすることを示している。児童がシンボルマークや標識などの意味を考えようとしている際に，児童の知っている言葉を添えたり，児童と一緒に表している内容の動作をしたりするなどして，表示に意味があることを言葉と合わせて知らせるような指導の工夫が考えられる。

エの「好きな場面を伝えたり，言葉などを模倣したりする」とは，児童が，絵本の読み聞かせや自分自身の経験などから，好きな場面を考えて教師や友達に伝えたり，好きな言葉などを模倣したりすることである。

### (3) 3段階の目標と内容
**ア 目標**

> ○3段階
> (1) 目 標
> ア 日常生活に必要な国語の知識や技能を身に付けるとともに，我が国の言語文化に触れ，親しむことができるようにする。
> イ 出来事の順序を思い出す力や感じたり想像したりする力を養い，日常生活における人との関わりの中で伝え合う力を身に付け，思い付いたり考えたりすることができるようにする。
> ウ 言葉がもつよさを感じるとともに，図書に親しみ，思いや考えを伝えたり受け止めたりしようとする態度を養う。

〈3段階の児童の姿〉

3段階の児童は，身近な人や興味・関心のある物事との関わりを繰り返しながら，言葉を用いて，自分の思いや気持ちを伝えるだけでなく，自分のイメージや思いを具体化したり，相手とそれらを共有したりして，新たな語彙を獲得したり，相手に伝わるように表現を工夫したりする段階である。

このため，国語科の指導においては，経験したことを話したり，共感をもって聞いたり，相手に分かるよう工夫して伝えたりすることを通して，児童が言葉によって考えを深め，相手の話を受け止めていくために必要な国語を身に付けるこ

とが大切である。

〈3段階の目標〉
① 知識及び技能のア

「日常生活に必要な国語の知識や技能を身に付ける」とは，児童が，日常生活の中で必要とされる言葉を理解したり使ったりすることができるようになることを示している。

② 思考力，判断力，表現力等のイ

「思い付いたり考えたりする」とは，経験したことを言葉を用いて振り返ったり，感じたことを言葉を用いて表したりする活動を通して，人との関わりの中で，自分の思いを言葉で表したり考えたりすることを示している。

③ 学びに向かう力，人間性等のウ

「図書に親しみ」とは，児童が，絵本や図鑑に関心を向けて，例えば，内容を共有しようと周りの人に動作で示したり，書いてある言葉を声に出して読み上げたりするようにしていくために示している。

「思いや考えを伝えたり受け止めたりしようとする態度」とは，言葉を使ったやり取りを楽しみ，自分の思いや考えを伝えようとしたり，相手の言葉に関心をもち，自分が知りたいと思うことや相手が伝えようとすることを落とさずに聞こうとしたりする態度を示している。3段階では，言葉を用いて，自分のイメージや思いを具体化したり相手と共有したりして，新しい語彙や表現方法の獲得の意欲を育てることが重要であり，一人一人の児童の興味や関心，日常生活や学習の経験に即した内容の工夫が大切である。

イ　内容
〔知識及び技能〕

> （2）内　容
> 〔知識及び技能〕
> 　ア　言葉の特徴や使い方に関する次の事項を身に付けることができるよう指導する。
> 　　(ｱ)　身近な人との会話や読み聞かせを通して，言葉には物事の内容を表す働きがあることに気付くこと。
> 　　(ｲ)　姿勢や口形に気を付けて話すこと。
> 　　(ｳ)　日常生活でよく使う促音，長音などが含まれた語句，平仮名，片仮名，漢字の正しい読み方を知ること。
> 　　(ｴ)　言葉には，意味による語句のまとまりがあることに気付くこと。

　　　　(ｵ) 文の中における主語と述語との関係や助詞の使い方により，意味が変わることを知ること。
　　　　(ｶ) 正しい姿勢で音読すること。
　　イ　話や文章の中に含まれている情報の扱い方に関する次の事項を身に付けることができるよう指導する。
　　　　(ｱ) 物事の始めと終わりなど，情報と情報との関係について理解すること。
　　　　(ｲ) 図書を用いた調べ方を理解し使うこと。
　　ウ　我が国の言語文化に関する次の事項を身に付けることができるよう指導する。
　　　　(ｱ) 昔話や神話・伝承などの読み聞かせを聞き，言葉の響きやリズムに親しむこと。
　　　　(ｲ) 出来事や経験したことを伝え合う体験を通して，いろいろな語句や文の表現に触れること。
　　　　(ｳ) 書くことに関する次の事項を理解し使うこと。
　　　　　㋐　目的に合った筆記具を選び，書くこと。
　　　　　㋑　姿勢や筆記具の持ち方を正しくし，平仮名や片仮名の文字の形に注意しながら丁寧に書くこと。
　　　　(ｴ) 読み聞かせなどに親しみ，いろいろな絵本や図鑑があることを知ること。

① **言葉の特徴や使い方に関する事項のア**

　(ｱ)は，1段階，2段階において学習してきた，言葉が，事物の内容，気持ちや要求を表していることを感じることを踏まえ，物事の内容を表す言葉の働きに気付くことを示している。

　(ｲ)は，発声をしやすくしたり明瞭な発音をしたりする基礎として，背筋を伸ばし，声を十分出しながら落ち着いた気持ちで話すことや，正しい発音のために，唇や舌などを適切に使うことを示している。

　(ｳ)は，絵本や易しい読み物，わらべ歌，テレビやコンピュータの画面に出てくる促音，長音等の含まれた語句や短い文，平仮名，片仮名，簡単な漢字などを取り扱うことを示している。

　(ｴ)の「意味による語句のまとまり」とは，ある語句を中心として，同義語や類義語，対義語など，その語句と様々な意味関係にある語句が集まって構成している集合である。例えば，動物や果物の名前を表す語句，色や形を表す語句などは，相互に関係のある語句として一つのまとまりを構成している。児童の興味・関心や生活，使う場面に即して，使用する語句の量や範囲を広げながら，語句相

互の意味関係を理解することで，児童が，自分の語彙を豊かにしていくことが重要である。

　(オ)は，文の構成に関して理解を図る内容を示している。指導に当たっては，例えば，具体的な場面や挿絵を用いて，2語から3語で構成する文を題材に，主語や助詞が変わることで表す状況が変化することを理解することなどが考えられる。

　(カ)において，「正しい姿勢で」としているのは，「姿勢」が，相手に対する印象などに加え，発声をしやすくしたり明瞭な発音をしたりする基礎となるからである。「音読」には，自分が理解しているかどうかを確かめる働きや自分が理解したことを表出する働きなどがある。児童の集中や体力に配慮しつつ，正しい姿勢を体感させると共に，明瞭な発音で文章を読むこと，ひとまとまりの語や文として読むこと，言葉の響きやリズムなどに注意して読むことなどが重要である。

② 情報の扱い方に関する事項のイ

　(ア)は，言葉が物事の内容を示し，他者と共有することができることを知る上で，物事を時間や手順に沿って順序立てて捉えることが必要であるため，設定した。

　(イ)は，目的をもって図書資料を読むために，図書を用いた調べ方を理解し，調べることを示している。

③ 我が国の言語文化に関する事項のウ

　(ア)は，児童が伝統的な言語文化としての古典に出合い，親しんでいく始まりとして，昔話や神話・伝承などの読み聞かせを聞くなどして，真似をしたり，簡単な劇や音読を発表し合ったりして，言葉の響きやリズムに親しむことを示している。「昔話」は，「むかしむかし，あるところに」などの言葉で語り始められる空想的な物語であり，特定又は不特定の人物について描かれる。「神話・伝承」は，一般的には特定の人や場所，自然，出来事などと結び付けられ，伝説的に語られている物語である。

　(イ)は，教師や友達などと出来事や経験について伝え合う活動を通して，同じ出来事や経験を自分とは異なる表現の仕方で伝えているなど，教師や友達などが使ういろいろな語句や表現に触れることを示している。

　(ウ)は，書くこと（書写）に関する事項である。

　㋐は，書いたものを読む相手，書き表す素材やマス，行の大きさ，書く量などに合った筆記具を教師の助言の下に選び，文字や記号，それらを補う図や絵を書くことを示している。

　㋑は，伝えたいことがはっきりと伝わるように書く力を児童にもたせる上で基礎となるものである。

　(エ)は，読書を通して，様々な知識や情報を得たり，自分の考えを広げたりすることのできる力の育成を目指し，図書資料には様々な種類があることを知るこ

とを示している。教師が，児童が読み聞かせられた絵本や図鑑を自ら手にとり，読書の幅を広げられるように，読書環境を整えることが重要である。

**〔思考力，判断力，表現力等〕**
**A　聞くこと・話すこと**

> 〔思考力，判断力，表現力等〕
> A　聞くこと・話すこと
> 　聞くこと・話すことに関する次の事項を身に付けることができるよう指導する。
> ア　絵本の読み聞かせなどを通して，出来事など話の大体を聞き取ること。
> イ　経験したことを思い浮かべ，伝えたいことを考えること。
> ウ　見聞きしたことなどのあらましや自分の気持ちなどについて思い付いたり，考えたりすること。
> エ　挨拶や電話の受け答えなど，決まった言い方を使うこと。
> オ　相手に伝わるよう，発音や声の大きさに気を付けること。
> カ　相手の話に関心をもち，自分の思いや考えを相手に伝えたり，相手の思いや考えを受け止めたりすること。

　アの「出来事など話の大体を聞き取ること」とは，児童が読み聞かせなどを通して，出来事の内容の大体を理解することを示している。
　イは，絵や写真などを手掛がかりに，経験したことを振り返り，伝えたいことを検討することを示している。
　ウは，見聞きしたことなどのおおよそやその際の自分の気持ちなどについて当てはまる言葉を探したり，話す順番などについて検討したりすることを示している。
　エは，相手への伝わりやすさを意識して，話すことの基礎となるものである。
　オは，正しい姿勢で音読をするなどの活動を通して，明瞭に発音することに加え，相手との距離や場面に応じて声の大きさに気を付けて話すことを示しており，指導に当たっては，例えば，相手の感想を受けて，児童が適切な話し方を身に付けていく活動などが考えられる。
　カは，相手の話に関心をもち，話のおおよそを捉え，感じたことを述べたり，相手の話を受け止めたりすることを示している。

### B 書くこと

> B 書くこと
> 　書くことに関する次の事項を身に付けることができるよう指導する。
> ア　身近で見聞きしたり，経験したりしたことについて書きたいことを見付け，その題材に必要な事柄を集めること。
> イ　見聞きしたり，経験したりしたことから，伝えたい事柄の順序を考えること。
> ウ　見聞きしたり，経験したりしたことについて，簡単な語句や短い文を書くこと。
> エ　書いた語句や文を読み，間違いを正すこと。
> オ　文などに対して感じたことを伝えること。

　アの「その題材に必要な事柄を集める」ためには，書くために必要な事柄を思い出したり想像したりして，ノートやカードに書き出したり，言葉を補う写真や絵などの資料を集めたりすることが重要である。

　イの「伝えたい事柄の順序を考えること」とは，経験した順序や説明する際の具体的な内容の順序など事柄の順番に沿って簡単な構成を考えることを示しており，その上で，文章の始めから終わりまでを，内容のまとまりごとに，「始め－中－終わり」などの構成に沿って配置していくことが大切である。

　ウの「簡単な語句や短い文を書くこと」とは，児童が取り上げた対象や自分の思いを文字として書き表すことを示しており，書くことによって取り上げた対象や自分の思いを伝えたり，思い返したりすることができる楽しさを実感させることが大切である。

　エは，事柄の順序，語と語や文と文との続き方，長音，拗音，促音，撥音などの表記，助詞の使い方などを意識しながら，「B書くこと」の各学習過程を踏まえ，書いた語句や文を読み返し，教師の指導を受けながら，正しいものに書き直すことを示している。

　オは，書かれたものに対して分からないことについて質問をしたり，感想を述べたりすることを示しており，中学部1段階の「文章に関する感想をもつ」ことにつながる。

### C 読むこと

> C 読むこと
> 　読むことに関する次の事項を身に付けることができるよう指導する。

> ア　絵本や易しい読み物などを読み，挿絵と結び付けて登場人物の行動や場面の様子などを想像すること。
> イ　絵本や易しい読み物などを読み，時間的な順序など内容の大体を捉えること。
> ウ　日常生活で必要な語句や文，看板などを読み，必要な物を選んだり行動したりすること。
> エ　登場人物になったつもりで，音読したり演じたりすること。

　アは，三つから十くらいの場面や段落で構成された読み物について，挿絵を手掛かりに，登場人物の行動や場面の様子などを想像することを求めている。登場人物の表情や気持ち，場面の様子から時間的経過や場面の前後関係に気付くことができるように，教師の助言が必要である。

　イは，全体に何が書かれているかを大づかみに把握することを求めている。指導に当たっては，例えば，挿絵を並び替える，簡単な小見出しを付けるなどの活動などが考えられる。

　ウは，児童の家庭や学校，地域での生活に必要とされるきまりや立て札，標識に書かれた言葉に沿った行動をすることを求めている。児童の実態や生活環境に応じたものを選んで指導することが望ましく，文字の読み方のみにこだわらず，どこにあるものなのか，全体の文字，記号，絵が何を表しているのかなど，具体的な活動を通して学習することが重要である。

　エは，音読したり演じたりすることにより，読みの世界を広げることを求めている。指導に当たっては，例えば，自分の経験と結び付けて，想像を広げたり，理解を深めたりすることができるよう教師が働き掛けることなどが考えられる。

## 4　指導計画の作成と内容の取扱い
### (1) 指導計画作成上の配慮事項

> 3　指導計画の作成と内容の取扱い
> (1) 指導計画の作成に当たっては，次の事項に配慮するものとする。
> 　ア　単元など内容や時間のまとまりを見通して，その中で育む資質・能力の育成に向けて，児童の主体的・対話的で深い学びの実現を図るようにすること。その際，言葉による見方・考え方を働かせ，言語活動を通して，言葉の特徴や使い方などを身に付け自分の思いや考えを深める学習の充実を図ること。
> 　イ　2の各段階の内容の〔知識及び技能〕に示す事項については，〔思考力，判断力，表現力等〕に示す事項の指導を通して指導することを

　　　　　基本とすること。
　　ウ　2の各段階の内容の〔思考力，判断力，表現力等〕の「A聞くこと・話すこと」に関する指導に配当する授業時数は，児童の言語発達の状態を考慮し，適切に定めること。また，音声言語のための教材を積極的に活用するなどして，指導の効果を高めるよう工夫すること。
　　エ　2の各段階の内容の〔思考力，判断力，表現力等〕の「B書くこと」に関する指導に配当する授業時数は，児童の運動の能力や手先の器用さなどを考慮し，適切に定めること。また，書き表す内容や方法については，個に応じて適切に選択すること。
　　オ　2の各段階の内容の〔思考力，判断力，表現力等〕の「C読むこと」に関する指導に配当する授業時数は，児童の言語発達の状態を考慮し，適切に定めること。また，身近な題材を中心に段階的に様々な題材や文章に触れる機会を設けること。

　アの事項は，国語科の指導計画の作成に当たり，児童の主体的・対話的で深い学びの実現を目指した授業改善を進めることとし，国語科の特質に応じて，効果的な学習が展開できるように配慮すべき内容を示したものである。

　国語科の指導に当たっては，(1)「知識及び技能」が習得されること，(2)「思考力，判断力，表現力等」を育成すること，(3)「学びに向かう力，人間性等」を涵養することが偏りなく実現されるよう，単元など内容や時間のまとまりを見通しながら，主体的・対話的で深い学びの実現に向けた授業改善を行うことが重要である。

　児童に国語科の指導を通して「知識及び技能」や「思考力，判断力，表現力等」の育成を目指す授業改善を行うことはこれまでも多くの実践が重ねられてきている。そのような着実に取り組まれてきた実践を否定し，全く異なる指導方法を導入しなければならないと捉えるのではなく，児童や学校の実態，指導の内容に応じ，「主体的な学び」，「対話的な学び」，「深い学び」の視点から授業改善を図ることが重要である。

　主体的・対話的で深い学びは，必ずしも1単位時間の授業の中ですべてが実現されるものではない。単元など内容や時間のまとまりの中で，例えば，主体的に学習に取り組めるよう学習の見通しを立てたり学習したことを振り返ったりして自身の学びや変容を自覚できる場面をどこに設定するか，対話によって自分の考えなどを広げたり深めたりする場面をどこに設定するか，学びの深まりをつくりだすために，児童が考える場面と教師が教える場面をどのように組み立てるか，といった視点で授業改善を進めることが求められる。また，児童や学校の実態に応じ，多様な学習活動を組み合わせて授業を組み立てていくことが重要であり，

単元のまとまりを見通した学習を行うに当たり基礎となる知識及び技能の習得に課題が見られる場合には，それを身に付けるために，児童の主体性を引き出すなどの工夫を重ね，確実な習得を図ることが必要である。

　主体的・対話的で深い学びの実現に向けた授業改善を進めるに当たり，特に「深い学び」の視点に関して，各教科等の学びの深まりの鍵となるのが「見方・考え方」である。各教科等の特質に応じた物事を捉える視点や考え方である「見方・考え方」を，習得・活用・探究という学びの過程の中で働かせることを通じて，より質の高い深い学びにつなげることが重要である。

　国語科は，様々な事物，経験，思い，考え等をどのように言葉で理解し，どのように言葉で表現するか，という言葉を通じた理解や表現及びそこで用いられる言葉そのものを学習対象としている。言葉による見方・考え方を働かせるとは，児童が学習の中で，対象と言葉，言葉と言葉との関係を，言葉の意味，働き，使い方等に着目して捉えたり問い直したりして，言葉への自覚を高めることであると考えられる。この「対象と言葉，言葉と言葉との関係を，言葉の意味，働き，使い方等に着目して捉えたり問い直したり」するとは，言葉で表される話や文章を，意味や働き，使い方などの言葉の様々な側面から総合的に思考・判断し，理解したり表現したりすること，また，その理解や表現について，改めて言葉に着目して吟味することを示したものと言える。

　なお，このことは，話や文章を理解したり表現したりする際に必要となるものであるため，これまでも国語科の授業実践の中で，児童が言葉に着目して学習に取り組むことにより「知識及び技能」や「思考力，判断力，表現力等」が身に付くよう，授業改善の創意工夫が図られてきたところである。

　国語科において授業改善を進めるに当たっては，言葉の特徴や使い方などの「知識及び技能」や，自分の思いや考えを深めるための「思考力，判断力，表現力等」といった指導事項に示す資質・能力を育成するため，これまでも国語科の授業実践の中で取り組まれてきたように，児童が言葉に着目し，言葉に対して自覚的になるよう，学習指導の創意工夫を図ることが期待される。

　イの事項は，〔知識及び技能〕に示す事項は〔思考力，判断力，表現力等〕に示す事項の指導を通して行うことを基本とすることを示している。特に，知的障害のある児童の学習上の特性を踏まえると，言葉の特徴やきまりなど，特定の〔知識及び技能〕の事項を取り上げて指導した場合，身に付けた事項が断片的であったり，生活に生かされなかったりすることが考えられる。このため，〔知識及び技能〕に示す事項は，児童の実態等に応じて具体的な場面や言語活動を設定し，〔思考力，判断力，表現力等〕に示す事項の指導を通して行うことが必要である。

　ウ，エ，オの各事項では，２の各段階の内容について，〔思考力，判断力，表現力等〕の「Ａ聞くこと・話すこと」，「Ｂ書くこと」，「Ｃ読むこと」の指導に配

当する授業時数を，児童の言葉の発達や運動の能力を考慮し，適切に定めることを示している。また，選定された指導内容を適切に組み合わせて，児童の学習上の特性等を考慮しながら，単元等としてまとめて取り上げ，「A聞くこと・話すこと」，「B書くこと」，「C読むこと」に関する指導について，指導計画に適切に位置付けることが重要である。その際，児童が身に付けた国語の資質・能力を生かして，実際に言葉で考えたり，伝えたりすることを通して，言語能力を高めていけるよう，偏りがないように取り上げ，6年間を見通して系統化した効果的な指導がなされるよう計画を立てていくことが大切である。

### (2) 内容の取扱いについての配慮事項

> (2) 2の各段階の内容の取扱いについては，次の事項に配慮するものとする。
> 　ア　2の各段階の内容のうち，文字に関する事項については，次のとおり取り扱うこと。
> 　　(ア) 平仮名及び片仮名を読み，書くとともに，片仮名で書く語の種類を知り，文や文章の中で使うことができるよう指導を工夫すること。
> 　　(イ) 日常生活や他教科等で必要な漢字を読み，文や文章の中で使うなど，適切に指導内容を設定し，指導すること。
> 　　(ウ) 平仮名，片仮名の読み書きが身に付き，字形を取ることができるなどの児童の学習状況に応じて，ローマ字を取り扱うこともできること。
> 　イ　2の内容の指導に当たっては，学校図書館などを目的をもって計画的に利用し，児童が図書に親しむことができるよう配慮すること。
> 　ウ　教材については，次の事項に留意すること。
> 　　(ア) 児童の障害の状態や特性及び心身の発達の段階等に応じ，興味・関心のある題材や生活に関連する身近な題材を中心に扱いながら，徐々に様々な種類や形式の文，文章に触れる機会を設けること。その際，児童が自分の考えや気持ちを伝える活動を重視すること。
> 　　(イ) 読み物教材は，場面の切り替えや筋の移り変わりが捉えやすい題材を選ぶようにすること。

　アは，文字に関する事項についての配慮事項を示したものである。
　(ア)は，日常生活に必要な基礎的な平仮名及び片仮名の読み書きと使い方が身に付くようにすることを示している。平仮名の読み書きについては，学習の基礎となるものであり，児童の知的障害の状態や認知の特性等に考慮しながら，3段階では，その全部の読み書きができるようにすることが望ましい。
　「片仮名で書く語の種類を知り，文や文章の中で使うこと」とは，児童が，擬

声語や擬態語，外国の地名や人名，外来語など片仮名で書く語がどのような種類の語であるかを知り，実際に文や文章の中で片仮名を使うことを示している。日常生活の中で，例えば，学習用具（ノート，クレヨン）や給食の献立（パン，カレー）などを用いて片仮名の表記に慣れたり，日記など児童が繰り返し文を書いたりする機会を意図的に設定する工夫などが考えられる。その際，日常生活で見聞きする言葉について，教室内の掲示物など国語科以外の生活と関連付けた指導を工夫することで，より効果を高めることが考えられる。

(ｲ)の「日常生活や他教科等で必要な漢字」には，名前や曜日，漢数字，簡単な漢字などが挙げられる。これらの漢字を文や文章の中で使うようにし，平仮名，片仮名，漢字を使い分けることが，文や文章の読みやすさや意味の通りやすさにつながることに気付かせるようにする。この場合，児童の学習負担に十分配慮し，児童の情報の取入れ方や処理の仕方，記憶の仕方について観察し，特性に応じた学び方で指導することに留意する。

(ｳ)は，ローマ字の取扱いを示している。ローマ字表記が添えられた案内板やパンフレットを見たり，コンピュータを使ったりする機会が増えるなど，ローマ字は児童の生活に身近なものになっている。このため，児童の学習状況に応じてローマ字表記を取り扱うことができることを示している。この際，日本語の音が子音と母音の組み合わせで成り立っていることの気付きにつながるよう，身の回りで用いられている店や菓子などの名称などを見本にするなど，参考となる事例と関連付けて読むことができるようにする配慮が重要である。また，書くことについて，配慮が必要な児童については，例えば，書字のための枠の大きさを工夫したり，コンピュータでの入力を取り入れたりした指導の工夫も考えられる。

イは，学校図書館などの活用に関する配慮事項を示したものである。2の内容の指導に当たっては，学校図書館などを利用する目的を明確にした上で計画的に利用することが必要である。小学部では，児童の日常生活における活動範囲を考慮して，より身近な学校図書館の利用を中心にし，児童が読書に親しんだり，図書から情報を得たりすることができるようにすることが大切である。

ウは，教材の取扱いについての留意事項を示している。

(ｱ)は，国語科で扱う題材や教材について，児童の興味や関心のあるものから日常生活に関連するものまで，徐々に様々な種類や形式の文や文章を取り扱うことを示している。その場合，題材や教材を扱う中で，児童が自分の考えや気持ちを伝える活動を重視し，読む必然性をもたせるようにすることが大切である。

(ｲ)では，読み物教材として望ましいものとして，場面の移り変わりや物語の展開が捉えやすい題材を選ぶことを示している。読み聞かせの楽しさや面白さを味わうことを重視しながら，徐々に興味や関心の幅を広げていくことができるよう意図的な教材の選択や図書環境の設定等が大切になる。

## ● 第3 算数科

### 1　算数科の改訂の要点
#### (1) 目標の改訂の要点

　各学部段階を通じて，実社会との関わりを意識した数学的活動の充実等を図っており，小学部算数科の目標についても，「知識及び技能」，「思考力，判断力，表現力等」，「学びに向かう力，人間性等」の三つの柱で整理して示した。また，このような資質・能力を育成するためには，児童が「数学的な見方・考え方」を働かせて，数学的活動に取り組めるようにする必要があることを示した。

　なお，「見方・考え方」とは，児童が各教科等の特質に応じた物事を捉える視点や考え方のことである。

　また，児童の数量的な感覚を豊かにするために，生活の中で数量にかかわる具体的・体験的な活動などに重点を置いて指導に当たる重要性があることについては，基本的にはこれまでの理念を引き継いでいる。

#### (2) 内容の改訂の要点
##### ① 内容の構成及び配列の改善の方向性

　算数科の内容については，指導事項のまとまりごとに，児童が身に付けることが期待される資質・能力を三つの柱に沿って示すことにしつつ，特に「学びに向かう力，人間性等」については，指導事項のまとまりごとに内容を示すことはせず，教科の目標及び各段階の目標において，全体としてまとめて示した。

　知識及び技能や思考力，判断力，表現力等については，特に思考力，判断力，表現力等がこれまで十分に示されていなかったことから，これを追加するとともに，知識及び技能と思考力，判断力，表現力等とに分けて記述することとした。また，思考力，判断力，表現力等については主なものを記述するとともに，「数学的な見方・考え方」の数学的な見方に関連するものを，例えば，「～に注目して」「～に着目して」などという文言により記述した。

　さらに，指導事項のそれぞれのまとまりについて，数学的な見方・考え方や育成を目指す資質・能力に基づき，中学部数学科や小学校算数科との連続性や関連性を整理し内容の系統性を見直し，領域を全体的に整理し直した。結果として1段階は「A数量の基礎」，「B数と計算」，「C図形」，及び「D測定」の四つの領域とした。2段階と3段階は「A数と計算」，「B図形」，「C測定」，及び「Dデータの活用」の四つの領域とした。

　なお，従前の1段階の「A数量の基礎，数と計算」のうち，数量の基礎には，数と計算以外の領域の基礎となる内容も含まれており，それらの内容の系統性な

ども考慮し，1段階に「A数量の基礎」を単独の領域として位置付けて示すこととした。

また，各段階には，児童が，日常生活や身の回りの数学の事象から問題を見いだし，主体的に取り組むようにするために，〔数学的活動〕を新たに設けた。

② **指導内容の充実**

引き続き，数や式，表，グラフといった数学的な表現を用いて，筋道を立てて考え表現することを重視し，内容を充実した。

また，金銭の価値に親しむことについては，内容の取扱いで触れることとした。

### (3) 指導計画の作成と内容の取扱いの要点

「3指導計画の作成と内容の取扱い」を新たに設け，「指導計画作成上の配慮事項」，「内容の取扱いについての配慮事項」，「数学的活動の指導に当たっての配慮事項」によって構成した。

「指導計画作成上の配慮事項」では，単元など内容や時間のまとまりを見通して，その中で育むべき資質・能力の育成に向けて，数学的活動を通して，児童の主体的・対話的で深い学びの実現を図ることについて示した。また，段階間の指導内容を円滑に接続するための計画的な指導を行うことや各領域間の関連を図ることについて示した。

「内容の取扱いについての配慮事項」では，思考力，判断力，表現力等を育成するため，具体物，図，言葉，数，式，表，グラフなどを用いて考えたり，説明したり，互いに自分の考えを表現し伝え合ったりするなどの学習活動を積極的に取り入れることや各領域で取り扱う内容の基礎的な事項との関連に配慮することについて示した。

「数学的活動の指導に当たっての配慮事項」では，数学的活動が基礎的・基本的な知識及び技能を確実に身に付けたり，思考力，判断力，表現力等を高めたり，算数を学ぶことの楽しさを実感したりするために，重要な役割を果たすものであることから，各段階の内容に示す事項については，児童が数学的活動を行う中で指導するようにすることとした。数学的活動の一層の充実に伴い，その指導の配慮事項として，数学的活動を楽しめるようにするとともに，算数を生活に活用することなどについて実感する機会を設けることについて示した。

## 2 算数科の目標

> 1 目　標
> 　数学的な見方・考え方を働かせ，数学的活動を通して，数学的に考える資質・能力を次のとおり育成することを目指す。

> (1) 数量や図形などについての基礎的・基本的な概念や性質などに気付き理解するとともに，日常の事象を数量や図形に注目して処理する技能を身に付けるようにする。
> (2) 日常の事象の中から数量や図形を直感的に捉える力，基礎的・基本的な数量や図形の性質などに気付き感じ取る力，数学的な表現を用いて事象を簡潔・明瞭・的確に表したり柔軟に表したりする力を養う。
> (3) 数学的活動の楽しさに気付き，関心や興味をもち，学習したことを結び付けてよりよく問題を解決しようとする態度，算数で学んだことを学習や生活に活用しようとする態度を養う。

小学部算数科においては，数量や図形などについての基礎的・基本的な知識及び技能を確実に習得し，これらを活用して問題を解決するために必要な数学的な思考力，判断力，表現力等を育むとともに，算数で学んだことを他の学習や生活に活用しようとするなど，数学的に考える資質・能力を育成することを目指す。

今回の改訂では，目標の冒頭に「数学的な見方・考え方を働かせ，数学的活動を通して，数学的に考える資質・能力を育成することを目指す」こととし，三つの柱の資質・能力に合わせて，(1)では知識及び技能に関する目標，(2)では思考力，判断力，表現力等に関する目標，(3)では学びに向かう力，人間性等に関する目標を示した。小学部，中学部及び小・中学校でも同様な示し方としている。

この三つの柱の資質・能力は，相互に関連をもちながら全体として達成されるべきであることに配慮する必要がある。ここでは大きく六つに分けて説明する。

① 「数学的な見方・考え方を働かせ」について

数学的に考える資質・能力を育成するための基本的な考え方は，数学的な見方・考え方を働かせ，数学的活動を通して，算数・数学の学習指導を行うことである。

「数学的な見方・考え方」については，小学部算数科において育成を目指す資質・能力の三つの柱を明確にしたことに合わせて，以下のように位置付けと意味を整理している点に配慮する必要がある。

今回，「数学的な見方・考え方」を，数学的に考える資質・能力の三つの柱である「知識及び技能」，「思考力，判断力，表現力等」及び「学びに向かう力，人間性等」のすべてに働かせることとしている。「数学的な見方・考え方」は，算数の学習において，どのような視点で物事を捉え，どのような考え方で思考していくのかという，物事の特徴や本質を捉える視点や，思考の進め方や方向性を意味しており，算数の学習を創造していく上で欠くことができない。また，「数学的な見方・考え方」は，算数の学習の中で働かせるだけではなく，現在そして将来の生活においても重要な働きをする。算数の学びの中で鍛えられた見方・考え

方を働かせながら，世の中の様々な物事を理解し，思考し，よりよい社会や自らの人生を創り出していくことが期待される。

「数学的な見方」は，事象を数量や図形及びそれらの関係についての概念等に着目してその特徴や本質を捉えることであると考えられ，また，「数学的な考え方」は，目的に応じて数，式，図，表，グラフ等を活用し，根拠を基に筋道を立てて考え，問題解決の過程を振り返るなどして既習の知識及び技能等を関連付けながら統合的・発展的に考えることであると考えられる。こうしたことから，算数科における「数学的な見方・考え方」とは，「事象を数量や図形及びそれらの関係などに着目して捉え，根拠を基に筋道を立てて考え，統合的・発展的に考えること」と整理することができる。この「数学的な見方・考え方」は，新しい課題に当面した児童が，その課題を自らの問題として捉え，既習事項を結びつけて解決し，新しい概念を形成していく中で育成される。そして，児童一人一人が目的意識をもって問題解決に取り組む算数の学習を重ねることを通して，更に豊かで確かな「数学的な見方・考え方」へと成長していく。

② 「数学的活動を通して」について

数学的活動とは，「事象を数理的に捉えて，算数の問題を見いだし，問題を自立的・協働的に解決する過程を遂行すること」である。数学的活動においては，単に問題を解決するのみならず，問題解決の結果や過程を振り返って，結果を捉え直したり，新たな問題を見いだしたりして，統合的・発展的に考察を進めていくことが大切である。この問題解決に当たる様々な局面で，数学的な見方・考え方が働き，解決していく過程を通して数学的に考える資質・能力の育成を図ることができる。

このような数学的活動は，小学部における教育，中学部における教育，高等部における教育を通じて，資質・能力の育成を目指して行う活動である。そこで，従来の算数的活動については，これを数学的活動として捉え直し，目標に「数学的活動を通して，数学的に考える資質・能力を育成することを目指す」と示すことにした。

③ 「数学的に考える資質・能力を育成すること」について

「数学的に考える資質・能力」とは，算数科の教科目標に示された三つの柱で整理された算数・数学教育で育成を目指す力のことである。これらの資質・能力は，「数学的な見方・考え方」を働かせた数学的活動によって育成されるもので，算数の学習はもとより，他教科等の学習や日常生活等での問題解決に生きて働くものである。また，育成された資質・能力は「数学的な見方・考え方」の成長にも大きな影響を与えるものである。

以下の④から⑥で，算数科で育成を目指す資質・能力の三つの柱についてそれぞれ解説する。

④ 「数量や図形などについての基礎的・基本的な概念や性質などに気付き理解するとともに，日常の事象を数量や図形に注目して処理する技能を身に付けるようにする。」

算数の学習で児童が身に付ける基礎的・基本的な概念や性質は，学習や生活の基盤となり欠くことができないものである。それらは他の教科等における学習，あるいは日常の生活においても，様々な活動の基となるものである。また，これから先の算数や中学部以降の数学の学習へと発展させていくための基にもなる。したがって，基礎的・基本的な概念や性質についての気付きや理解に裏付けられた知識及び技能が，日常の事象を数理的に捉え処理して問題を解決することに役立てられるようにすることが大切である。必要な知識及び技能を身に付けることで終わるのではなく，その身に付ける過程を通して数学的な見方・考え方を育てることも大切にしたい。

⑤ 「日常の事象の中から数量や図形を直感的に捉える力，基礎的・基本的な数量や図形の性質などに気付き感じ取る力，数学的な表現を用いて事象を簡潔・明瞭・的確に表したり柔軟に表したりする力を養う。」

数学的に表現することは，事象を数理的に捉えていく過程で，観察し，見いだした数量や図形の性質などを表したり，考えたことの結果や判断などについての理由を明らかにして筋道立てて説明したり，既習の算数を活用する手順について順序よく説明したりする場面で必要となる。数学的な表現を用いることで，事象をより簡潔，明瞭かつ的確に表現することが可能となり，考えを組み立てたり，新たな事柄に気付いたりすることができるようになる。

数学的な表現を柔軟に用いることで，互いに自分の思いや考えを共通の場で伝え合うことができるようになるので，数学的な表現の質が高まり，算数の学習も充実する。

⑥ 「数学的活動の楽しさに気付き，関心や興味をもち，学習したことを結び付けてよりよく問題を解決しようとする態度，算数で学んだことを学習や生活に活用しようとする態度を養う。」

「数学的活動の楽しさに気付き，関心や興味をもち，」とは，主として算数科における態度及び情意面に関わる目標を述べている。「数学的活動の楽しさに気付き，」とは，例えば，算数を日常生活の事象と結び付ける活動，具体物を扱った操作的・作業的な活動，実際の数や量の大きさを実測するなどの体験的な活動等を通して，児童が活動の楽しさを味わうことである。

「算数で学んだことを学習や生活に活用しようとする態度」とは，算数の学習で身に付けた資質・能力を学習や生活の中で用いようとする姿のことである。ここでいう「学習や生活」の「学習」については，他教科等の学習はもとより，これから先の算数や数学の学習の中で用いることを含めて考えることが大切であ

る。また,「生活」には,家庭や学校での生活,地域社会での生活はもとより,将来の社会生活も含められる。「活用」については,既習の内容を活用して新しい算数の知識及び技能などを生み出すことを含んでいる。

　これらを実現していくためには,算数で学んだことについて活用する機会を意図的に設定したり,活用を重視した創造的な学習展開を用意したりする必要がある。児童自らが数学的な見方・考え方を働かせて,筋道を立てて考えたり,統合的・発展的に考えたりする学習が期待される。

## 3　各段階の目標及び内容
### (1)　1段階の目標と内容
**ア　目標**

> ○1段階
> 
> (1)　目　標
> 
> 　A　数量の基礎
> 
> 　ア　身の回りのものに気付き,対応させたり,組み合わせたりすることなどについての技能を身に付けるようにする。
> 
> 　イ　身の回りにあるもの同士を対応させたり,組み合わせたりするなど,数量に関心をもって関わる力を養う。
> 
> 　ウ　数量や図形に気付き,算数の学習に関心をもって取り組もうとする態度を養う。

　1段階の「数量の基礎」では,具体物の「ある」「ない」が分かり,具体物を指差したり,つかもうとしたりするなど,具体物を対象として捉えることについて指導する。また,対象として捉えた具体物について,対応させたり,形,色,大きさなどの属性で見分けたりすることについて指導する。用途や目的等に着目しての仲間集めについては,2段階の「データの活用」で扱うこととする。

　事物を対象として捉えられることが算数・数学科のもっとも基礎となる。「数量の基礎」では,事物を対象と捉えることから始まっている。このことは,数量や図形に関する初歩的な内容であり,「数と計算」,「図形」,「測定」,「データの活用」,のそれぞれの学習内容を理解する上で,基盤となる素地的な学習活動としてのねらいがある。

> 　B　数と計算
> 
> 　ア　ものの有無や3までの数的要素に気付き,身の回りのものの数に関心をもって関わることについての技能を身に付けるようにする。

> イ　身の回りのものの有無や数的要素に注目し，数を直感的に捉えたり，数を用いて表現したりする力を養う。
> ウ　数量に気付き，算数の学習に関心をもって取り組もうとする態度を養う。

　1段階の「数と計算」では，ものの数を数える素地を養うことをねらいとし，具体物の量を数で表すことを体験的に気付くことができるよう，3までの範囲のものの数を捉えることや，5までの範囲で数を唱えることについて指導する。

　この段階のものの数の捉え方は，視覚や触覚等の直感によるものであることに留意し，経験を重ねながら体得できるよう，日常生活場面でも数に触れる機会を取り入れたり，算数の他領域や他教科との関連を図って指導したりしながら数への関心をもつことができるようにし，2段階のものの数を数える活動につなげていくようにする。

> C　図形
> ア　身の回りのものの上下や前後，形の違いに気付き，違いに応じて関わることについての技能を身に付けるようにする。
> イ　身の回りのものの形に注目し，同じ形を捉えたり，形の違いを捉えたりする力を養う。
> ウ　図形に気付き，算数の学習に関心をもって取り組もうとする態度を養う。

　1段階の「図形」では，身の回りにあるものの形についての基礎的な概念を養うことをねらいとし，身の回りのものには上下や前後，形に違いがあることを体験的に気付くことができるよう指導する。この段階では，日常生活で目にするものの形に興味をもって，形の弁別ができ，同じ形を見つけたり，形の違いを見分けたりすることを2段階の分類につなげていけるようにする。

> D　測定
> ア　身の回りにあるものの量の大きさに気付き，量の違いについての感覚を養うとともに，量に関わることについての技能を身に付けるようにする。
> イ　身の回りにあるものの大きさや長さなどの量の違いに注目し，量の大きさにより区別する力を養う。
> ウ　数量や図形に気付き，算数の学習に関心をもって取り組もうとする態度を養う。

1段階の「測定」では，量の大きさについての基礎的な概念を養い，大きい・小さい，多い・少ないなどの違いに体験的に気付くことができるよう，量の大きさを区別することについて指導する。

　量の大きさを区別することとは，大きさの異なる同種の具体物について，大きい・小さい，多い・少ないのいずれであるかを児童が決めることである。

　1段階，2段階における量とは，大きさや長さなどの量ではあるが，量の属性について十分に理解していないこの段階の児童にとっては，まだ数値化することのできない量であるため，量の区別の仕方は視覚等の感覚による判断となる。

　こうした量に対する理解が数量概念の始まりとなり，量を区別する経験を豊かにもつことによって，2段階の目標である二つの量の大きさを比べることへと発展していく。

### イ　内容

> （2）内　容
> 
> 　A　数量の基礎
> 　　ア　具体物に関わる数学的活動を通して，次の事項を身に付けることができるよう指導する。
> 　　　(ア)　次のような知識及び技能を身に付けること。
> 　　　　㋐　具体物に気付いて指を差したり，つかもうとしたり，目で追ったりすること。
> 　　　　㋑　目の前で隠されたものを探したり，身近にあるものや人の名を聞いて指を差したりすること。
> 　　　(イ)　次のような思考力，判断力，表現力等を身に付けること。
> 　　　　㋐　対象物に注意を向け，対象物の存在に注目し，諸感覚を協応させながら捉えること。

○　**具体物の有無に関すること**

　具体物の「ある」，「ない」が分かり，指を差したり，つかもうとしたりする活動から始まり，対象物としての存在に気付き，やがて目の前で隠されたものを探したり，身近にあるものや人の名前を聞いて指を差したりなど特定のものに着目することができるようにする。

　また，こうした活動を通して，事物を視線をはじめとする動作と触覚等の感覚とを協応させながら，働きかける対象として捉えることができるようにする。

　「具体物に気付いて指を差したり，つかもうとしたり，目で追ったりすること。」

とは，混沌としたものの中から，注視することによって特定の事物を取り出せることである。「目の前で隠されたものを探したり，」とは，ものは見えていなくても存在し続けることを理解し，目の前で隠されたものを探すなどの行動のことである。「身近にあるものや人の名を聞いて指を差したりすること。」とは，ものの名称を聞き，そのものを見る，指を差す，触れる，取り上げる等のことである。

> A　数量の基礎
> 　イ　ものとものとを対応させることに関わる数学的活動を通して，次の事項を身に付けることができるよう指導する。
> 　　(ア) 次のような知識及び技能を身に付けること。
> 　　　㋐　ものとものとを対応させて配ること。
> 　　　㋑　分割した絵カードを組み合わせること。
> 　　　㋒　関連の深い絵カードを組み合わせること。
> 　　(イ) 次のような思考力，判断力，表現力等を身に付けること。
> 　　　㋐　ものとものとを関連付けることに注意を向け，ものの属性に注目し，仲間であることを判断したり，表現したりすること。

○　**ものとものとを対応させること**

　ものとものとの対応については，例えば，盆や皿などを一人に一つずつ配るなど具体物を操作しながら一つのものに他の一つのものを対応していく活動から始まり，やがて，例えば，分割した自動車や動物の絵カードを組み合わせたり，キリンとゾウ，ミカンとバナナなど，関連の深い絵カードを組み合わせたりなど半具体物を使用して対応することができるようにする。

　こうした活動を通して，様々な刺激の中から，ものとものとを関連付けるために必要な情報を取り出し，仲間であることを判断したり，表現したりすることができるようにする。

　特に，1段階「A数量の基礎」の指導では，具体物に触れて直接操作するなど，自分の身体を使って活動していく中で，正しく操作できたら音や光が出る教具を活用したり，教師が大きな動作を加えて賞賛したりするなど，視覚や聴覚，触覚など児童が有する様々な感覚に働きかけることが重要である。

> B　数と計算
> 　ア　数えることの基礎に関わる数学的活動を通して，次の事項を身に付けることができるよう指導する。
> 　　(ア) 次のような知識及び技能を身に付けること。
> 　　　㋐　ものの有無に気付くこと。

　　　　㋑　目の前のものを，1個，2個，たくさんで表すこと。
　　　　㋒　5までの範囲で数唱をすること。
　　　　㋓　3までの範囲で具体物を取ること。
　　　　㋔　対応させてものを配ること。
　　　　㋕　形や色，位置が変わっても，数は変わらないことについて気付くこと。
　　　(イ)　次のような思考力，判断力，表現力等を身に付けること。
　　　　㋐　数詞とものとの関係に注目し，数のまとまりや数え方に気付き，それらを学習や生活で生かすこと。

○　**数えることの基礎**

　具体物を対象として捉え，「ある」，「ない」が分かることについては，「数量の基礎」の内容として取り上げている。ここでは，漠然と一つとして捉えているものの量を個数に着目し，「ある」，「ない」に気付いて表現する活動（例えば，お皿に入っているたくさんのビー玉を1個ずつ別の容器に入れていき，ビー玉の数が減少して，お皿の中にビー玉がなくなることに気付くこと。）から始まり，やがて，具体物を集めたり並べたりしながら，具体物の数を1個，2個，たくさんで表現することができるようにする。また，学習や生活の場面で数唱を聞く経験を通して，数の唱え方に関心をもち，5までの範囲で数を唱えること（4は「し」と唱えることを基本とし，「よん」の読み方は，2段階において学習する。）や，3までの数の範囲の中で，問われた数の具体物を取ったり，対応させて物を配ったりする活動を通して，ものの数を数える素地を養う。さらに，りんごの「3個」も積み木の「3個」も同じ「3」で表すことや，3個のりんごの置き方を変えても「3」という数は変わらないということについても気付くことができるようにする。

　また，こうした活動を通して，数のまとまりや数え方に気付き，数詞とものとの関係について関心をもつことができるようにする。

　1段階は，数の学習の入口であり，出合いでもある。数への関心や好奇心をもって2段階の学習へ向かうことができるように，知識及び技能の習得については，直感的に数を捉えることができる「3までの範囲」として扱うこととした。

　　C　図形
　　ア　ものの類別や分類・整理に関わる数学的活動を通して，次の事項を身に付けることができるよう指導する。
　　　(ア)　次のような知識及び技能を身に付けること。
　　　　㋐　具体物に注目して指を差したり，つかもうとしたり，目で追った

　　　　りすること。
　　イ　形を観点に区別すること。
　　ウ　形が同じものを選ぶこと。
　　エ　似ている二つのものを結び付けること。
　　オ　関連の深い一対のものや絵カードを組み合わせること。
　　カ　同じもの同士の集合づくりをすること。
　(イ)　次のような思考力，判断力，表現力等を身に付けること。
　　ア　対象物に注意を向け，対象物の存在に気付き，諸感覚を協応させながら具体物を捉えること。
　　イ　ものの属性に着目し，様々な情報から同質なものや類似したものに気付き，日常生活の中で関心をもつこと。
　　ウ　ものとものとの関係に注意を向け，ものの属性に気付き，関心をもって対応しながら，表現する仕方を見つけ出し，日常生活で生かすこと。

○　**ものの類別や分類・整理**

　具体物に気付いて指を差したり，つかもうとしたり，目で追ったりすることは，「数量の基礎」でも内容として取り上げているが，ここでは図形領域として2段階の分類につなげていく意図をもって指導する。

　形に着目して区別したり，同じ形として認識して選んだりする活動から始まり，やがて，似ている形のものを結びつけて捉えることができるようにする。また，形の違いに気付くためには，ものに直接触れたり，いろいろな方向から見たりするなど，触覚をはじめとして様々な感覚についての体験を重ねることに配慮することが大切である。

　例えば，玩具の中から興味のあるものを取り出すことや，身近なものを利用したスタンプ遊びや型抜きなどを通して形に関心をもち，さらに形に着目して，「おなじ」，「ちがう」で区別したり，似ているものを集めたりすることができるようにしていく。

　D　測定
　ア　身の回りにある具体物のもつ大きさに関わる数学的活動を通して，次の事項を身に付けることができるよう指導する。
　(ア)　次のような知識及び技能を身に付けること。
　　ア　大きさや長さなどを，基準に対して同じか違うかによって区別すること。
　　イ　ある・ない，大きい・小さい，多い・少ない，などの用語に注目

して表現すること。
(ｲ) 次のような思考力，判断力，表現力等を身に付けること。
㋐ 大小や多少等で区別することに関心をもち，量の大きさを表す用語に注目して表現すること。

○ **身の回りにある具体物のもつ大きさ**

遊びや生活の中にあって，児童が「わあ，大きい」，「わあ，多い」などと実感できるような極端に大きい，多いなどの事実に関わったり，それらを視覚等の感覚によって大きい，多いと判断したりする活動から始まり，やがて，大きさの異なる同種の二つの具体物について，それらを大きい・小さい，多い・少ないのいずれであるかを判断して区別することができるようにする。この判断は，一方を大きいとしたら，他方は小さいとするということの理解であり，教師にとっては比較しているように観察できるが，児童にとっては二つの具体物を大きいと小さいに分けているということである。

また，こうした活動を通して，量の大きさの違いを感じ取ったり，その違いによって二つの量を区別することができることに気付いたりして，身の回りの具体物のもつ量の大きさに関心をもって二つの量を大きい・小さい，多い・少ないなどの用語を用いて区別することができるようにする。この段階の児童においては，大きい方を「小さい」，小さい方を「大きい」と表現することもあるが，二つの具体物を大きいと小さいにそれぞれ分けられたこと，そして，用語を用いて表現したことを漸次一般化として認めていくことが肝要である。そうした上で，興味や関心があり，児童が生活経験などをとおして「大きい」と認識していると思われるもの（例えば，航空機や大型トラック，東京タワーなど）の動画や画像，イラスト，マークなどを用いて，児童が納得して用語を受け入れられるよう十分に配慮しながら，正しい用語の用い方に関する指導を行っていく。

### ウ　数学的活動

〔数学的活動〕
ア　内容の「Ａ数量の基礎」，「Ｂ数と計算」，「Ｃ図形」及び「Ｄ測定」に示す学習については，次のような数学的活動に取り組むものとする。
(ｱ) 身の回りの事象を観察したり，具体物を操作したりして，数量や形に関わる活動
(ｲ) 日常生活の問題を取り上げたり算数の問題を具体物などを用いて解決したりして，結果を確かめる活動

「身の回りの事象を観察したり，具体物を操作したりして，数量や図形に関わる活動」とは，見たり，触れたりするなど視覚や触覚等で判断する経験をもつことやそのことを表現する活動，また，具体的，実際的，行動的に対象に働きかける活動のことである。

「日常生活の問題を取り上げたり算数の問題を具体物などを用いて解決したりして，結果を確かめる活動」とは，例えば，生活の中から，人に対応させて同数の具体物を配る課題を取り上げて，一対一に対応させることで全体に配ることができるというよさを味わったり，配りきったことについて手元に具体物がなくなったという事実で確かめたりすることによって，児童が成就感や達成感を味わうことのできる活動のことである。

### (2) 2段階の目標と内容
#### ア 目標

> ○2段階
> (1) 目　標
>   A　数と計算
>     ア　10までの数の概念や表し方について分かり，数についての感覚をもつとともに，ものと数との関係に関心をもって関わることについての技能を身に付けるようにする。
>     イ　日常生活の事象について，ものの数に着目し，具体物や図などを用いながら数の数え方を考え，表現する力を養う。
>     ウ　数量に関心をもち，算数で学んだことの楽しさやよさを感じながら興味をもって学ぶ態度を養う。

2段階の「数と計算」では，これまで直感的に捉えていたものの数を，ものと数詞とを対応させてものの個数を判断できるようにするとともに，10までの数の意味や表し方について指導する。

「数についての感覚」とは，ものの個数や順序，大小などについて数を用いて表したり，一つの数を合成・分解などにより構成的に見たりする感覚をもつことである。ここで育てる資質・能力は，数の概念理解の基礎となるものであり，3段階以降の数の概念理解や数の表し方などを考える上で生かされるものであるため，具体物を操作したり，指などを用いたりしながら十分に時間をかけて丁寧に指導をすることが大切である。

「算数で学んだことの楽しさやよさを感じ」るとは，日常生活の事象について数を用いて処理したり表現したりすることが便利であり，簡単であると感じなが

ら，学ぶ楽しさを実感できるようにすることである。児童の必要感に基づき，主体的に数を数えたり比べたりする活動を設定することが大切である。

---

B　図形
ア　身の回りのものの形に着目し，集めたり，分類したりすることを通して，図形の違いが分かるようにするための技能を身に付けるようにする。
イ　身の回りのものの形に関心をもち，分類したり，集めたりして，形の性質に気付く力を養う。
ウ　図形に関心をもち，算数で学んだことの楽しさやよさを感じながら興味をもって学ぶ態度を養う。

---

2段階の「図形」では，身の回りにあるものの形について指導し，形に着目して集めたり，分類したりすることを取り扱う。身の回りのものを様々な属性で，分類したり，集めたりする活動を通して，形という属性に気付くことで，図形に関心をもち，算数で学んだことを生かして，日常生活の中で身近なものの形に気付く楽しさを感じることができるように指導する。

「身の回りのものの形に着目し，集めたり，分類したりすることを通して，図形の違いが分かるようにするための技能」とは，児童の身の回りにある具体物の中から，色や大きさ，材質などを捨象し，ものの形のみに着目することができることをさす。

---

C　測定
ア　身の回りにある具体物の量の大きさに注目し，量の大きさの違いが分かるとともに，二つの量の大きさを比べることについての技能を身に付けるようにする。
イ　量に着目し，二つの量を比べる方法が分かり，一方を基準にして他方と比べる力を養う。
ウ　数量や図形に関心をもち，算数で学んだことの楽しさやよさを感じながら興味をもって学ぶ態度を養う。

---

2段階の「測定」では，これまでに大きい・小さい，多い・少ないと表現していた量の大きさについて，長さ，重さ，高さ，広さといった属性に注目して二つの量の大きさを比べることについて指導する。

二つの量の大きさを比べることとは，例えば，長さという属性で比べるときには，並べたものを見たときに出っ張っている方（部分的に余っている方）が「長い」であり，他方を「短い」と判断することである。ここでの比べ方は，二つの

量における違いのある部分に着目して，一方を長い，もう一方を短いと区別することであり，具体物の端をそろえて比べるなどの比較の仕方については３段階の目標としている。

> D　データの活用
> ア　身の回りのものや身近な出来事のつながりに関心をもち，それを簡単な絵や記号などを用いた表やグラフで表したり，読み取ったりする方法についての技能を身に付けるようにする。
> イ　身の回りのものや身近な出来事のつながりなどの共通の要素に着目し，簡単な表やグラフで表現する力を養う。
> ウ　数量や図形に関心をもち，算数で学んだことの楽しさやよさを感じながら興味をもって学ぶ態度を養う。

２段階の「データの活用」では，身近なものを形，色，大きさなどの属性に加え，用途や目的に着目して分類したものを，一対一の対応によって数の同等や多少の判断をしたり，簡単な絵や記号などを用いた表やグラフで表したりすることについて指導する。簡単な絵や記号を用いた表やグラフから同等や多少を読み取ったり，判断したりする内容は３段階で扱うこととする。

「共通の要素」とは，ものの形，色，大きさなどの属性に加え，２段階では用途や目的，機能などのことである。

## イ　内容

> (2)　内　容
> A　数と計算
> ア　10までの数の数え方や表し方，構成に関わる数学的活動を通して，次の事項を身に付けることができるよう指導する。
> (ア)　次のような知識及び技能を身に付けること。
> ㋐　ものとものとを対応させることによって，ものの個数を比べ，同等・多少が分かること。
> ㋑　ものの集まりと対応して，数詞が分かること。
> ㋒　ものの集まりや数詞と対応して数字が分かること。
> ㋓　個数を正しく数えたり書き表したりすること。
> ㋔　二つの数を比べて数の大小が分かること。
> ㋕　数の系列が分かり，順序や位置を表すのに数を用いること。
> ㋖　０の意味について分かること。

> (ク) 一つの数を二つの数に分けたり，二つの数を一つの数にまとめたりして表すこと。
> (ケ) 具体的な事物を加えたり，減らしたりしながら，集合数を一つの数と他の数と関係付けてみること。
> (コ) 10の補数が分かること。
> (イ) 次のような思考力，判断力，表現力等を身に付けること。
> (ア) 数詞と数字，ものとの関係に着目し，数の数え方や数の大きさの比べ方，表し方について考え，それらを学習や生活で興味をもって生かすこと。

## ○ 10までの数の数え方や表し方，構成

　視覚や触覚等の感覚を働かせながら，10までの範囲の数において，ものとものとを一対一に対応させるなどによってどちらが多いか，少ないか，同じかを判断して表現する活動から始まり，やがて，数えるものを移動させたり，指差しをしたりしながら，数詞とものとを対応させて個数を正しく数え，対応が完成した最後の数詞を集合数として表すことができるようにする。そして，雑然としたものを整理して数える，指差しをせずに目で追いながら数える，いろいろなものの中から仲間集めをして数える活動に発展させ，ものの個数を正しく数えたり書き表したりすることができるようにしていく。また，数の大小を比べる活動を通して数の系列が分かり，数を用いて順序や位置を表現することができるようにする。さらに，一つの数を合成や分解などにより構成的にみることもできるよう，具体物を操作しながら学んでいくようにする。

　また，こうした活動を通して，数詞と数字とものの数との関係が分かり，学習や生活の中において，数を数えたり，比べたり，表現したりすることに興味をもち，数を使うよさを感じられるようにする。

　「数の系列」とは，「1，2，3，4，5，…」というように，1から上昇方向に数が順に並んでいることをさす。順番や位置を調べる活動を通して順序数や集合数の違いが分かるようにする。

　「0の意味について分かること。」とは，例えば，輪投げなどのゲームにおいて得点がない場合や，手元の輪がなくなるなどの体験を通し，何も「ない」状態を「0」で表すことが分かるようにする。このとき，0がほかの数と同じ仲間としてみられるようにすることが大切である。

　数の構成に関わる活動とは，例えば，「3を1と2に分けたり，1と2を3にまとめたり等の合成や分解」，「5は3より2大きい等，集合数を一つの数と他の数と関係付けてみる」等のことである。「数の合成・分解」は，加法及び減法についての理解の素地として，「集合数を一つの数と他の数と関係付けてみること。」

は，加法及び減法の計算における繰り上がり，繰り下がりについての理解の素地として重要な内容である。具体物での操作を通して数の構成的，多面的な見方や表し方を学んでいくようにすることが大切である。

---

B　図形
ア　ものの分類に関わる数学的活動を通して，次の事項を身に付けることができるよう指導する。
(ｱ)　次のような知識及び技能を身に付けること。
㋐　色や形，大きさに着目して分類すること。
㋑　身近なものを目的，用途及び機能に着目して分類すること。
(ｲ)　次のような思考力，判断力，表現力等を身に付けること。
㋐　ものを色や形，大きさ，目的，用途及び機能に着目し，共通点や相違点について考えて，分類する方法を日常生活で生かすこと。
イ　身の回りにあるものの形に関わる数学的活動を通して，次の事項を身に付けることができるよう指導する。
(ｱ)　次のような知識及び技能を身に付けること。
㋐　身の回りにあるものの形に関心をもち，丸や三角，四角という名称を知ること。
㋑　縦や横の線，十字，△や□をかくこと。
㋒　大きさや色など属性の異なるものであっても形の属性に着目して，分類したり，集めたりすること。
(ｲ)　次のような思考力，判断力，表現力等を身に付けること。
㋐　身の回りにあるものの形に関心を向け，丸や三角，四角を考えながら分けたり，集めたりすること。

---

○　**ものの分類，身の回りにあるものの形**

　身の回りにあるものを色や形，大きさで分類する活動から始まり，同じものでも違う要素に着目して分類すると違う仲間分けができることに気付き，やがて，身近なものを用途，目的及び機能に着目して分類することができるようにする。

　例えば，皿やコップ，スプーン，フォークなど普段使っている食器類を，「ものを食べるときに使うもの」，「ものを飲むときに使うもの」で分けたり，「食べ物をのせるために使うもの」，「飲み物や汁物を入れるために使うもの」で分けたりすることである。

　また，こうした活動を通して，身の回りにあるものの形に関心をもち，丸，三角，四角という名称を知って，色や大きさ，材質など属性の異なるものであっても，形のみに着目して「丸の仲間」，「三角の仲間」，「四角の仲間」で分類するこ

とができるようにする。
　ここで言う丸や三角，四角での分類は，身の回りにある具体物をおよそ丸や三角，四角として捉えることを意味し，例えば，時計，皿，サンドイッチ，標識，本，ノート等の実物を丸や三角や四角に分けることをさす。このときは個々の辺の長さや角の大きさについては重視せず全体で形を捉えるため，例えば楽器のトライアングルのように角が丸みを帯びていたり，一部が切れていたりする形も「三角の仲間」に含まれることになる。
　こうした活動を通して身の回りにあるものの形への興味を育て，色や大きさ，材質など属性が異なるものであっても，ものの形のみに着目して，形は同じであることに気付いて分けたり，集めたりすることができるようにする。また，縦や横の線，十字，△や□をかくことは，形を線で表すことで形の特徴に気付くことにつながり，さらに図形と文字を見分けることとして重要である。

---

C　測定
　ア　身の回りにある具体物の量の大きさに注目し，二つの量の大きさに関わる数学的活動を通して，次の事項を身に付けることができるよう指導する。
　　(ア)　次のような知識及び技能を身に付けること。
　　　㋐　長さ，重さ，高さ及び広さなどの量の大きさが分かること。
　　　㋑　二つの量の大きさについて，一方を基準にして相対的に比べること。
　　　㋒　長い・短い，重い・軽い，高い・低い及び広い・狭いなどの用語が分かること。
　　(イ)　次のような思考力，判断力，表現力等を身に付けること。
　　　㋐　長さ，重さ，高さ及び広さなどの量を，一方を基準にして比べることに関心をもったり，量の大きさを用語を用いて表現したりすること。

---

○　二つの量の大きさ
　遊びや生活の中にあって，児童が「わあ，長い」，「わあ，重い」，「わあ，高い」「わあ，広い」などと実感できるような極端に長い，重い，高い，広いなどの事実に関わり，視覚等の感覚によって長い，重い，高い，広いと判断する活動から始まり，やがて，世の中には長さ，重さ，高さ，広さといった属性があることを知ったり，属性に注目して二つの量を比べたりすることができるようにする。この段階の比べるとは，児童が具体物を観察し，長さなどの量の属性に注目して，一方を「長い」とした場合に他方を「短い」と決めることに対する理解であり，

対象の端をそろえて比べるなど，量の比べ方については3段階で取り扱う。また，こうした活動を通して，例えば，長さの場合であれば，二つの量を並べたときに出っ張った方が長いと判断することや一方を基準とした場合には他方が長くなったり，短くなったりするということに気付くようにし，長さ，重さ，高さ及び広さなどの量に関心をもって二つの量を相対的に比べ，その結果について長い・短い，重い・軽い，高い・低い及び広い・狭いなどの用語を用いて表現することができるようにする。用語の指導に当たっては，児童が長い方を「短い」，短い方を「長い」と表現することもあるので，二つの具体物の一方に対して長い，あるいは短いと判断できたこと，そして，用語を用いてそれらの関係を表現できたことを漸次一般化として認めていくようにする。そうした上で，興味・関心があり，児童が生活経験や体験をとおして「長い」と認識している具体物やイラスト，マークや文字カードなどを用いて，児童が納得して用語を受け入れられるよう十分に配慮しながら，正しい用語の用い方に関する指導を行っていく。

> D　データの活用
> 　ア　ものの分類に関わる数学的活動を通して，次の事項を身に付けることができるよう指導する。
> 　　(ｱ)　次のような知識及び技能を身に付けること。
> 　　　㋐　身近なものを目的，用途，機能に着目して分類すること。
> 　　(ｲ)　次のような思考力，判断力，表現力等を身に付けること。
> 　　　㋐　身近なものの色や形，大きさ，目的及び用途等に関心を向け，共通点や相違点を考えながら，興味をもって分類すること。

○　ものの分類

　生活の中にある具体物を色や形，大きさに加え，目的及び用途等に注目することから始まり，見た目だけではなく，質的な面にも注目することに気付き，やがて色や形，大きさに加えて目的及び用途等の属性の中から，共通点や相違点を見分けて分類できるようにする。

　また，こうした活動を通して，分類する上で，どのような属性に注目したらよいかについて，判断できるようにする。

> 　イ　同等と多少に関わる数学的活動を通して，次の事項を身に付けることができるよう指導する。
> 　　(ｱ)　次のような知識及び技能を身に付けること。
> 　　　㋐　ものとものとを対応させることによって，ものの同等や多少が分かること。

(イ) 次のような思考力，判断力，表現力等を身に付けること。

㋐ 身の回りにあるものの個数に着目して絵グラフなどに表し，多少を読み取って表現すること。

○ **同等と多少**

生活の中にある具体物を題材とし，例えば，コップと歯ブラシなど，「組になるもの」を結び付けながら一対一の対応をする活動から始まり，やがて対応の意味を理解したり，数の同等や多少を判断したりすることができるようにする。

また，こうした活動を通して，数が合わないことに気付き，「多い」「少ない」「同じ」という数の多少について関心をもつことができるようにする。

「多少を読み取って表現すること。」とは，数の多い，少ないを読み取ることであり，例えば，給食の配膳場面やプリントの配布などの生活の場面において「足りない」，「余っている」といった多少に加え，「同じ」といった同等についても扱うことである。

ウ ○×を用いた表に関わる数学的活動を通して，次の事項を身に付けることができるよう指導する。

(ア) 次のような知識及び技能を身に付けること。

㋐ 身の回りの出来事から○×を用いた簡単な表を作成すること。

㋑ 簡単な表で使用する○×の記号の意味が分かること。

(イ) 次のような思考力，判断力，表現力等を身に付けること。

㋐ 身の回りの出来事を捉え，○×を用いた簡単な表で表現すること。



○ **○×を用いた表**

○×を用いた表については，例えば，的当てゲームなどの活動の中で，当たったら○，当たらなかったら×など，活動を通して簡単な記号を用いた表を作成することから始まり，やがて記号の意味を理解したり，記入したり，使用したりすることができるようにする。

また，こうした活動を通して，○を横に並べ，当たった回数を比較したり，○の数を数えたりするなど同等と多少に関心をもつことができるようにする。

### ウ 数学的活動

〔数学的活動〕

ア 内容の「Ａ数と計算」，「Ｂ図形」，「Ｃ測定」及び「Ｄデータの活用」に示す学習については，次のような数学的活動に取り組むものとする。

> (ｱ) 身の回りの事象を観察したり，具体物を操作したりする活動
> (ｲ) 日常生活の問題を具体物などを用いて解決したり結果を確かめたりする活動
> (ｳ) 問題解決した過程や結果を，具体物などを用いて表現する活動

「身の回りの事象を観察したり，具体物を操作したりする活動」とは，1段階における見たり，触れたりするなど視覚や触覚等で判断する経験をもつことやそのことを表現すること。また，具体的に対象に働きかける活動の経験を基に，数量や図形に働きかける活動のことである。

「日常生活の問題を具体物などを用いて解決したり，結果を確かめたりする活動」とは，例えば，生活の中から，ものの個数を比べる課題を取り上げて，数えなくても一対一に対応付けることで多少を知ることができるというよさを味わったり，念頭で考えて得た結果が正しいことを一対一に対応付けることで確かめたりするなどして，児童が考えることの大切さに気付くことができるような活動のことである。

「問題解決した過程や結果を，具体物などを用いて表現する活動」とは，何が問題で，どのような解決策をとったかということを，具体物を操作することによって再現し，考えたことや解決の仕方について振り返る活動である。

## (3) 3段階の目標と内容
### ア 目標

> ○ 3段階
> (1) 目　標
>   A　数と計算
>     ア　100までの数の概念や表し方について理解し，数に対する感覚を豊かにするとともに，加法，減法の意味について理解し，これらの簡単な計算ができるようにすることについての技能を身に付けるようにする。
>     イ　日常の事象について，ものの数に着目し，具体物や図などを用いながら数の数え方や計算の仕方を考え，表現する力を養う。
>     ウ　数量の違いを理解し，算数で学んだことのよさや楽しさを感じながら学習や生活に活用しようとする態度を養う。

3段階の「数と計算」では，2段階で学習した10までのものの数の数え方や比べ方，表し方の内容を踏まえながら，徐々に数の範囲を広げていき，数のまと

まりに着目することのよさに気付くことができるように促しながら，100までの数の意味や表し方について指導する。また，和が20までの数の加法や20までの数の範囲の減法についても取り扱う。

　計算の学習については，形式的な計算の操作で終わるのではなく，計算が用いられる場面で生かすことができるようにすることが大切である。3段階では，算数の有用性などをより感じ取ることをねらいとし，2段階の「楽しさやよさ」から，「よさや楽しさ」と示している。

---

B　図形
　ア　身の回りのものの形の観察などの活動を通して，図形についての感覚を豊かにするとともに，ものについて，その形の合同，移動，位置，機能及び角の大きさの意味に関わる基礎的な知識を理解することなどについての技能を身に付けるようにする。
　イ　身の回りのものの形に着目し，ぴったり重なる形，移動，ものの位置及び機能的な特徴等について具体的に操作をして考える力を養う。
　ウ　図形や数量の違いを理解し，算数で学んだことのよさや楽しさを感じながら学習や生活に活用しようとする態度を養う。

---

　3段階の「図形」では，図形に対する理解の基礎となる経験を豊かにすることをねらいとして，ものの形を認めたり，形の特徴を捉えたりすることや角の大きさの意味について指導する。

　ものの形についての指導では，合同，移動，位置及び機能に関する基礎的な知識を取り扱う。2段階でおよそ丸，三角，四角と捉えていた段階から，その特徴に着目して，図形として理解することができるようにしていく。身の回りにある具体物など様々なものを観察して，ものの形を認識して，構成したりする活動など，具体的な操作を通して基本図形の特徴を捉えることができるようにすることが大切である。

　角の大きさの意味についての指導では，例えば，傾斜を作ると角ができ，斜面を上下させると角の大きさが変化するということを理解できるようにしていく。

---

C　測定
　ア　身の回りにある長さや体積などの量の単位と測定の意味について理解し，量の大きさについての感覚を豊かにするとともに，測定することなどについての技能を身に付けるようにする。
　イ　身の回りにある量の単位に着目し，目的に応じて量を比較したり，量の大小及び相等関係を表現したりする力を養う。

> ウ 数量や図形の違いを理解し，算数で学んだことのよさや楽しさを感じながら学習や生活に活用しようとする態度を養う。

3段階の「測定」では，属性に着目した二つの量の大きさの比べ方と，時刻の読み方や時間の単位について指導する。

二つの量の大きさの比べ方とは，例えば，長さ属性における比較では，二つの具体物の端をそろえて並べたり，任意単位の幾つ分かによって二つの量の違いを判断したりすることである。なお，普遍単位については中学部1段階の目標としている。

時刻の読み方とは，アナログ時計の短針と長針の読み方である。また，時間の単位とは，一日，午前，午後，時，分の関係についての理解のことである。

> D データの活用
> ア 身の回りにある事象を，簡単な絵や図を用いて整理したり，記号に置き換えて表したりしながら，読み取り方について理解することについての技能を身に付けるようにする。
> イ 身の回りの事象を，比較のために簡単な絵や図に置き換えて簡潔に表現したり，データ数を記号で表現したりして，考える力を養う。
> ウ 数量や図形の違いを理解し，算数で学んだことのよさや楽しさを感じながら学習や生活に活用しようとする態度を養う。

3段階の「データの活用」では，幾つかの種類のものを数える場面において，絵や図を利用して表し，数を数えたり，比較したりすること，データ数を記号で表し，数を数えたり，比較したりすることにより，同等や多少を読み取ったり，判断したりすることについて指導する。いろいろな事柄を整理したり簡単な記号で表したりすることを通して，表の意味や記号の意味を理解できるようにすることが必要である。

**イ 内容**

> (2) 内 容
>  A 数と計算
>   ア 100までの整数の表し方に関わる数学的活動を通して，次の事項を身に付けることができるよう指導する。
>    (ア) 次のような知識及び技能を身に付けること。
>     ㋐ 20までの数について，数詞を唱えたり，個数を数えたり書き

> 　　　　　表したり，数の大小を比べたりすること。
> 　　　㋑　100までの数について，数詞を唱えたり，個数を数えたり書き
> 　　　　　表したり，数の系列を理解したりすること。
> 　　　㋒　数える対象を2ずつや5ずつのまとまりで数えること。
> 　　　㋓　数を10のまとまりとして数えたり，10のまとまりと端数に分
> 　　　　　けて数えたり書き表したりすること。
> 　　　㋔　具体物を分配したり等分したりすること。
> 　　(イ)　次のような思考力，判断力，表現力等を身に付けること。
> 　　　㋐　数のまとまりに着目し，数の数え方や数の大きさの比べ方，表
> 　　　　　し方について考え，学習や生活で生かすこと。

## ○　100までの整数の表し方

　整数の表し方については，2段階で学習した10までの数の数え方や大小比較，数の構成的な見方や表し方等の既習事項を基にしながら，20までの数の数え方や表し方について考えたり，「個」，「人」，「本」，「冊」，「枚」などいわゆる助数詞を用いて表現したりする活動から始まり，徐々に数の範囲を広げていきながら，100までの数を正しく数えたり，数えた数を数字を用いて表したりすることができるようにする。ものの数を数える活動では，2ずつ，5ずつ，10ずつなど，幾つかずつにまとめて数えるよさに気付くようにする。また，2位数は10のまとまりと端数という数え方を基にして構成されていることを理解し，数の構成についての感覚を豊かにする。分配や等分については，日常生活で必要な場面を取り上げ，総数を一つずつなくなるまで分けて同じ数になるように分配したり，2等分や4等分，一つを等分したりする等，いろいろな経験をさせることに重点を置く。

　こうした活動を通して，数のまとまりに着目してものと数との関係を理解し，学習や生活の中で，ものの数を数え間違えずに手際よく数えたり比べたり，身の回りの数字を読んだり数字で表したりすることができるようにする。

　5ずつ数えることは，5とびで数えることにつながり，時刻を知るときに役立ち，10を単位とした見方は，金銭の理解につながるなど，算数の学習と日々の生活とを関連付け，児童が算数を学ぶよさを実感できるように指導することが大切である。また，適当な大きさずつにまとめて数えたり，分配や等分したりする学習は，中学部で学習する乗法や除法を考える際の素地となる。従って，例えば，8本の鉛筆を2本ずつや4本ずつなど同じ数ずつまとめたり，分けたりした操作を図や式などに整理して表すことで，一つの数を多面的に見ることができるようにすることが大切である。

> イ 整数の加法及び減法に関わる数学的活動を通して，次の事項を身に付けることができるよう指導する。
> 　(ｱ) 次のような知識及び技能を身に付けること。
> 　　㋐ 加法が用いられる合併や増加等の場合について理解すること。
> 　　㋑ 加法が用いられる場面を式に表したり，式を読み取ったりすること。
> 　　㋒ 1位数と1位数との加法の計算ができること。
> 　　㋓ 1位数と2位数との和が20までの加法の計算ができること。
> 　　㋔ 減法が用いられる求残や減少等の場合について理解すること。
> 　　㋕ 減法が用いられる場面を式に表したり，式を読み取ったりすること。
> 　　㋖ 20までの数の範囲で減法の計算ができること。
> 　(ｲ) 次のような思考力，判断力，表現力等を身に付けること。
> 　　㋐ 日常の事象における数量の関係に着目し，計算の意味や計算の仕方を見付け出したり，学習や生活で生かしたりすること。

## ○ 整数の加法及び減法

　整数の加法及び減法については，10までの数の合成・分解や一つの数を他の数と関係付けて見ることなどを深めながら，日常の具体的な場面を捉えられるように配慮し，その事象と意味が理解できるよう，具体物を操作する動きと用語（例えば，合わせて幾つ，みんなで幾つ，残りは幾つ，違いは幾つなど）を結び付けて活動することから始まり，やがて加法や減法が用いられる場面を次第に一般化して，加法や減法の意味を具体的に捉えることができるようにする。そして，加法が用いられる場合は，増加（増えると幾つ）や合併（合わせて幾つ），順序数を含む加法などで，二つの集合を合わせた集合の要素の個数を求める演算であり，減法が用いられる場合は，求残（残りは幾つ・幾つ減った）や求差（幾つ違う・幾つ足りない）などで，一つの集合を二つの集合に分けたときの一方の集合の要素の個数を求める演算であることを理解できるようにする。さらに，記号（＋－＝）を用いて場面を式に表したり，式を具体的場面に即して読み取ったり，式を読み取って具体物や絵図を用いて表したりすることができるようにする。

　和が10より大きい数になる加法は，「10とあと幾つ」という見方（例えば，8＋7の場合，加数の7を分けて（8＋2）＋5と考えたり，被加数の8を分けて5＋（3＋7）と考えたりし，10と5で15と計算する。）を活用して数を分解して足したり引いたりして計算できるようにする。13＋4のような繰り上がりのない加法や15－2のような繰り下がりのない減法についても扱い，中学部で扱う2位数についての加法及び減法の計算の仕方を考える学習につながるようにする。

　また，こうした活動を通して，数量の関係に着目し，計算を扱う具体的な場面

で，加法か減法かを判断して用いたり，計算の仕方を考えたりすることができるようにする。

> B　図形
> ア　身の回りにあるものの形に関わる数学的活動を通して，次の事項を身に付けることができるよう指導する。
> 　(ｱ)　次のような知識及び技能を身に付けること。
> 　　㋐　ものの形に着目し，身の回りにあるものの特徴を捉えること。
> 　　㋑　具体物を用いて形を作ったり分解したりすること。
> 　　㋒　前後，左右，上下など方向や位置に関する言葉を用いて，ものの位置を表すこと。
> 　(ｲ)　次のような思考力，判断力，表現力等を身に付けること。
> 　　㋐　身の回りにあるものから，いろいろな形を見付けたり，具体物を用いて形を作ったり分解したりすること。
> 　　㋑　身の回りにあるものの形を図形として捉えること。
> 　　㋒　身の回りにあるものの形の観察などをして，ものの形を認識したり，形の特徴を捉えたりすること。

○　身の回りにあるものの形

　3段階の図形では，身の回りにあるものの形の観察や構成などの活動を行い，ものの形を認め，形の特徴を捉えることができるようにする。

　「ものの形に着目し，身の回りにあるものの特徴を捉えること。」とは，児童の身の回りにある具体物の中から，色や大きさ，材質などを捨象し，ものの形のみに着目して捉えることである。例えば，タイルや敷石の敷き詰めなどの具体物の中から，丸，三角，四角を見付けて，三角や四角は丸と比べてかどがある，三角のかどは三つある，三角と四角を比べるとかどの個数が異なるといった形状の特徴を捉えることができることである。

　「具体物を用いて形を作ったり分解したりすること。」とは，身の回りの物や色板などを使って身の回りにある具体物の形を作ったり，作った形から逆に具体物を想像したりすることである。例えば，積み木や箱などの立体を用いて身の回りにある具体物を作ることや，色板などを組み合わせたり点を結んで身の回りにあるものの形を作ったりすることが考えられる。具体物を用いて形を分解したりするとは，身の回りにある立体や色板等を用いて作った形から，三角や四角などを見付けられるようにする。例えば，箱の側面の形を観察したり，その面を写し取った形と同じ形が身の回りのどこにあるかを見出したりすることを通して，箱の形の多くは四角で構成されていることを理解できるようにする。色板の形づくりで

は，四角は三角二枚で構成できること，真四角が二つで長四角が構成できることなどに児童が気付けるように配慮する。また，形を構成したり分解したりする活動では，ずらす，まわす，裏返すなどと図形を移動したり，ぴったり同じ形や大きさは違うが似ている形を作ったりするなどの活動を豊富にさせることが大切である。

「前後，左右，上下など方向や位置に関する言葉を用いて，ものの位置を表すこと。」とは，方向や位置について，児童が日常生活でどのように表現しているかを捉え，整理しながら，分かりやすく並んでいるものの位置に関して，前後，左右，上下などの言葉を正しく用いて，ものの位置を言い表すことができるようにすることである。方向や位置を表す言葉には，前後，左右，上下などの方向を表すものと，一番前や何番目，真ん中などの位置を表すものがある。これらを用いる際には一定のものを基準として表現する必要があることを児童が理解することが大切である。例えば，教室の中の二つのものの位置関係を表すために，「壁に掛かっている時計は時間割の上にある」や「自分から見て，黒板の左にテレビがある」というように表すことができるようにする。この学習では，実際に児童が一列に並ぶ体験や具体物を並べる活動を取り入れることで，方向や位置を実感的に捉えられるようにする。また，「右の入口」と「入口の右側」の違いなど，日常生活で用いられる言葉の用法を含めて，確実に理解できるようにすることが大切である。

---

イ　角の大きさに関わる数学的活動を通して，次の事項を身に付けることができるよう指導する。
(ア)　次のような知識及び技能を身に付けること。
　㋐　傾斜をつくると角ができることを理解すること。
(イ)　次のような思考力，判断力，表現力等を身に付けること。
　㋐　傾斜が変化したときの斜面と底面の作り出す開き具合について，大きい・小さいと表現すること。

---

○　角の大きさ

角の大きさの意味についての指導では，傾斜がきついと滑りやすい，上りにくいなどの経験を基に，傾斜をつくって物を転がしたり，滑らせたりするなどの活動から始まり，やがて斜面と底面によってできる形としての角を写し取ったり，写し取った角の大きさを比べたりすることができるようにする。例えば，斜面部分と底面部分に当たる二枚の板を連結し，それらの間に物を挟み込めば傾斜を変化させることができる。斜面にミニカーを置き，ミニカーが傾斜によって走り出すようにすれば，児童はミニカーを如何に走り出させようかと考えて斜面に働き

かけるようになる。斜面部分に溝を設けてビー玉が転がるようにすれば，傾斜を一層意識しやすくできるし，自分が作った傾斜によってビー玉の速さが決まることを視覚的にも捉えることができる。そうした後に，斜面と底面によってできた形としての角に，児童が紙粘土を詰めたり，紙に写し取ったりすれば，大きさとしての角を抽出することができる。抽出した大きさとしての角を重ねて比べるようにすれば，児童は角の大きさについても，大きい・小さいと判断できることを知る。

こうした活動を通して，角の大きさは変化させることができることに気付き，大きい・小さいなどの用語を使って角の大きさについて表現できるようにする。

---

C　測定
　ア　身の回りのものの量の単位と測定に関わる数学的活動を通して，次の事項を身に付けることができるよう指導する。
　　(ｱ)　次のような知識及び技能を身に付けること。
　　　㋐　長さ，広さ，かさなどの量を直接比べる方法について理解し，比較すること。
　　　㋑　身の回りにあるものの大きさを単位として，その幾つ分かで大きさを比較すること。
　　(ｲ)　次のような思考力，判断力，表現力等を身に付けること。
　　　㋐　身の回りのものの長さ，広さ及びかさについて，その単位に着目して大小を比較したり，表現したりすること。

---

○　**身の回りのものの量の単位と測定**

身の回りにある長さや体積などの属性に着目した二つの量の大きさの比べ方の指導では，直接比較による活動から始まり，やがて間接比較や任意単位の幾つ分かで比較するなどの比べ方を知ったり，説明したりすることができるようにする。

また，こうした活動を通して，例えば，長さの場合であれば，どのようにすれば二つの量を比べることができるかを気付けるようにし，身近な量に関心をもって二つの量を比べ，その結果を表現することができるようにする。

「長さ，広さ，かさなどの量を直接比べる方法について理解し，比較すること。」とは，例えば，二本の鉛筆の長さを比べるときに，一方の端をそろえて，他方の端の位置によって大小判断をして，長いと短いについて決めることである。また，一つしかない机の縦と横の長さの比較などでは，二つの長さを直接並べることができないので，机の縦と横の長さを紙テープに置き換えて，二本の鉛筆の長さを比べたやり方と同じ方法で比べることである。いずれの方法においても二つの長さを直接比べていることにはなるが，前者は比較する対象そのものを用いて比べ

る方法でこれを直接比較という。後者は比較する対象そのものを用いずに比べる方法でこれを間接比較という。直接比較や間接比較をすることは，具体物のもつ種々の属性の中から比べようとする量が何であるかということを明確にするので，比較を通して量の属性に対する理解が一層深まる。

「身の回りにあるものの大きさを単位として，その幾つ分かで大きさを比較すること。」とは，任意単位を用いて量を数値化して比較することであり，二つの量の大きさを，それと同じ属性の量の幾つ分かという数値に置き換えて比べることである。例えば，机の縦と横の長さを鉛筆の幾つ分かに置き換えて，それぞれの数値からどちらが幾つ分長いかと比べることである。

「身の回りのものの長さ，広さ及びかさについて，その単位に着目して大小を比較したり，表現したりすること。」とは，同じ数値であっても単位とする量の大きさを見ることで大小を考えることができることや，違う数値であっても単位の大きさによって同じ大きさがあるということの理解である。

> イ　時刻や時間に関わる数学的活動を通して，次の事項を身に付けることができるよう指導する。
> 　(ア)　次のような知識及び技能を身に付けること。
> 　　㋐　日常生活の中で時刻を読むこと。
> 　　㋑　時間の単位（日，午前，午後，時，分）について知り，それらの関係を理解すること。
> 　(イ)　次のような思考力，判断力，表現力等を身に付けること。
> 　　㋐　時刻の読み方を日常生活に生かして，時刻と生活とを結び付けて表現すること。

○　**時刻や時間**

　時刻の読み方や時間の単位についての指導では，正時を示すアナログ時計の短針と長針の位置を読み取る活動から始まり，やがて短針と長針を区別して捉えることや時は短針で決まること，分は長針で決まることを知ったり，時間の単位を大まかに捉えたりすることができるようにする。児童が時刻を読む際には，時は短針が入る扇形（おうぎがた）の領域で決まること（例えば，時計の文字盤として円形に配置された「1」，「2」と「中心」からできる扇形の中に短針が入っているときに「1時」と読み取ること。）分は長針が指す目盛りで決まること（例えば，時計にある60の目盛りにおいて，頂点から右回りで20番目にある点を長針が指しているときに「20分」と読み取ること。）を理解している必要がある。そのため，短針の働きの理解を促す際には，ルーレット型ゲームの経験などを生かすようにすると児童にとって分かりやすい。長針の働きに対する理解に当たっ

ては，指さしたところを見るなどの経験や習慣が素地となることから，こうしたことへの留意が必要である。短針と長針のいずれから指導するかについては，児童の生活経験や時計に対する興味や関心の程度を考慮して検討すべきであるので，日常生活との関連を大切にしながら指導に当たることが肝要である。

また，こうした活動を通して，例えば，日課表を読んだり，作ったりすることや，日常生活における時間についての計画を立てたり，生活時間の目安を作ったりすることなど，生活の中で時刻に関心をもち，時刻と生活を結び付けて考えたり，表現したりすることができるようにする。

---

D　データの活用
　ア　身の回りにある事象を簡単な絵や図，記号に置き換えることに関わる数学的活動を通して，次の事項を身に付けることができるよう指導する。
　　(ｱ)　次のような知識及び技能を身に付けること。
　　　㋐　ものとものとの対応やものの個数について，簡単な絵や図に表して整理したり，それらを読んだりすること。
　　　㋑　身の回りにあるデータを簡単な記号に置き換えて表し，比較して読み取ること。
　　(ｲ)　次のような思考力，判断力，表現力等を身に付けること。
　　　㋐　個数の把握や比較のために簡単な絵や図，記号に置き換えて簡潔に表現すること。

---

## ○　事象を簡単な絵や図，記号に置き換えること

身のまわりの事象について関心をもち，個数に着目して簡単な絵や図などに表し，整理することから始まり，やがて数が最も多いところや少ないところなどを読み取ることで特徴を捉えることができるようにする。また，学習や遊びなどの中から，例えば，毎日の天気調べ等の日常生活に関連する記録方法やボウリング遊び等のゲーム等の結果など，興味や関心を示しやすく，しかも記号に置き換えても不自然ではない，分かりやすい内容を取り上げ，簡単な記号を使用した表で表すことができるようにする。さらには，数を数えたり，比較したりすることにより，「〜より多い」，「〜より少ない」，「〜と同じ」といった多少や同等などを判断できるようにする。

また，こうした活動を通して，表の意味や記号の意味を理解し，表した表から数が最も多いところや少ないところなどの特徴を読み取ることができるようにする。

「ものとものとの対応やものの個数について，簡単な絵や図に表して整理したり，それらを読んだりすること。」とは，ものの個数を数えたり比べたりするとき，

例えば，あひる，ねこ，うさぎなどの幾つかの種類のものについて，種類ごとに分類したり，整頓して並べたりしながら数の大小を比べることである。

「身の回りにあるデータを簡単な記号に置き換えて表し，比較して読み取ること。」とは，例えば，ボウリング遊びの際に，それぞれが倒したピンの数をシールに置き換えて表にして多少を比べることである。

「個数の把握や比較のために簡単な絵や図，記号に置き換えて簡潔に表現すること。」とは，例えば，毎日の天気調べの際に，晴れマーク，曇りマーク，雨マーク等を種類ごとに並べ，整理することである。

指導に当たっては，記号を整理しまとめるうちに，整理された記号の「長さ」あるいは「高さ」により，事柄の多少を比較できるようにし，棒グラフへ発展させる基礎を養うようにする。

### ウ　数学的活動

> 〔数学的活動〕
> ア　内容の「Ａ数と計算」，「Ｂ図形」，「Ｃ測定」及び「Ｄデータの活用」に示す学習については，次のような数学的活動に取り組むものとする。
> 　(ア)　身の回りの事象を観察したり，具体物を操作したりして，算数に主体的に関わる活動
> 　(イ)　日常生活の事象から見いだした算数の問題を，具体物，絵図，式などを用いて解決し，結果を確かめる活動
> 　(ウ)　問題解決した過程や結果を，具体物や絵図，式などを用いて表現し，伝え合う活動

「身の回りの事象を観察したり，具体物を操作したりして，算数に主体的に関わる活動」とは，自分から数量や図形に直接働きかける活動である。

「日常生活の事象から見いだした算数の問題を，具体物，絵図，式などを用いて解決し，結果を確かめる活動」とは，問題状況を整理したり，問題の所在を明らかにしたりして解決の手掛かりを発見し，それを解決に役立て，その解決方法が正しかったことや修正の必要性について考える活動のことである。

「問題解決した過程や結果を，具体物や絵図，式などを用いて表現し，伝え合う活動」とは，２段階の具体物を操作することで行った活動を拡張し，絵図，式などによっても表すなどして再現し，考えたことや解決の仕方について振り返り，そのよさについて認め合う活動のことである。

## 4 指導計画の作成と内容の取扱い
### (1) 指導計画作成上の配慮事項

> 3 指導計画の作成と内容の取扱い
> (1) 指導計画の作成に当たっては，次の事項に配慮するものとする。
>   ア 単元など内容や時間のまとまりを見通して，その中で育むべき資質・能力の育成に向けて，数学的活動を通して，児童の主体的・対話的で深い学びの実現を図るようにすること。その際，数学的な見方・考え方を働かせながら，日常の事象を数理的に捉え，算数の問題を見いだし，問題を自立的，協働的に解決し，学習の過程を振り返り，概念を形成するなどの学習の充実を図ること。

 この事項は，算数科の指導計画の作成に当たり，児童の主体的・対話的で深い学びの実現を目指した授業改善を進めることとし，算数科の特質に応じて，効果的な学習が展開できるように配慮すべき内容を示したものである。
 算数科の指導に当たっては，(1)「知識及び技能」が習得されること，(2)「思考力，判断力，表現力等」を育成すること，(3)「学びに向かう力，人間性等」を涵養することが偏りなく実現されるよう，単元など内容や時間のまとまりを見通しながら，主体的・対話的で深い学びの実現に向けた授業改善を行うことが重要である。
 児童に算数科の指導を通して「知識及び技能」や「思考力，判断力，表現力等」の育成を目指す授業改善を行うことはこれまでも多くの実践が重ねられてきている。そのような着実に取り組まれてきた実践を否定し，全く異なる指導方法を導入しなければならないと捉えるのではなく，児童や学校の実態，指導の内容に応じ，「主体的な学び」，「対話的な学び」，「深い学び」の視点から授業改善を図ることが重要である。
 算数科では，児童自らが，問題の解決に向けて見通しをもち，粘り強く取り組み，問題解決の過程を振り返り，よりよく解決したり，新たな問いを見いだしたりするなどの「主体的な学び」を実現することが求められる。
 また，数学的な表現を柔軟に用いて表現し，それを用いて筋道を立てて説明し合うことで新しい考えを知ったりそれぞれの考えのよさや事柄の本質について話し合うことでよりよい考えを導き出したり高めたり，事柄の本質を明らかにしたりするなど，自らの考えや集団の考えを広げ深める「対話的な学び」を実現することが求められる。
 さらに，日常の事象や数学の事象について，「数学的な見方・考え方」を働かせ，数学的活動を通して，問題を解決するよりよい方法を見いだしたり，意味の理解

を深めたりするなど，新たな知識・技能を見いだしたり，それらと既習の知識と統合したりして思考や態度が変容する「深い学び」を実現することが求められる。

　主体的・対話的で深い学びは，必ずしも１単位時間の授業の中ですべてが実現されるものではない。単元など内容や時間のまとまりの中で，例えば，主体的に学習に取り組めるよう学習の見通しを立てたり学習したことを振り返ったりして自身の学びや変容を自覚できる場面をどこに設定するか，対話によって自分の考えなどを広げたり深めたりする場面をどこに設定するか，学びの深まりをつくりだすために，児童が考える場面と教師が教える場面をどのように組み立てるか，といった視点で授業改善を進めることが求められる。また，児童や学校の実態に応じ，多様な学習活動を組み合わせて授業を組み立てていくことが重要であり，単元のまとまりを見通した学習を行うに当たり基礎となる「知識及び技能」の習得に課題が見られる場合には，それを身に付けるために，児童の主体性を引き出すなどの工夫を重ね，確実な習得を図ることが必要である。

　主体的・対話的で深い学びの実現に向けた授業改善を進めるに当たり，特に「深い学び」の視点に関して，各教科等の学びの深まりの鍵となるのが「見方・考え方」である。各教科等の特質に応じた物事を捉える視点や考え方である「見方・考え方」を，習得・活用・探究という学びの過程の中で働かせることを通じて，より質の高い深い学びにつなげることが重要である。

　算数科では，数学的な見方・考え方を働かせながら，日常の事象を数理的に捉え，算数の問題を見いだし，問題を自立的，協働的に解決し，学習の過程を振り返り，概念を形成するなどの学習を指導計画に適切に位置付けることが大切である。このような学習は，算数科において全く新たな学習活動なのではなく，これまでも行われてきている活動であり，本事項は，このような学習活動の質を向上させることを意図するものである。

　また，数学的な見方・考え方が学習を通して成長していくものであることに配慮し，それぞれの学年の各領域で働く数学的な見方・考え方を明らかにしておくことも大切である。

> イ　数量や図形についての基礎的な能力の維持や向上を図るため，適宜練習の機会を設けて計画的に指導すること。また，段階間の指導内容を円滑に接続させるため，適切な反復による学習を進めるようにすること。

　「数量や図形についての基礎的な能力の維持や向上を図るため，適宜練習の機会を設けて計画的に指導すること。」とは，既習事項を，学習や生活の中で生きて働く力として活用する機会を意図的に設けて指導や支援に当たるということである。算数の学習の中で既習事項の定着を図るようにしたり，他の学習の中で既

習事項を活用する場面を設けたりすることができるように，各教科等の単元などの指導計画や年間指導計画等を確認したり，日常生活の中で既習事項を活用して取り組める係の仕事や役割を設けたりするなど積極的に配慮していくようにする。

また，「段階間の指導内容を円滑に接続させるため，適切な反復による学習を進めるようにすること。」とは，数学的な見方・考え方の発展が途切れてしまうことのないように，既習事項を使って解決可能な課題を適切に設定することを繰り返し行うということである。適切な課題の設定とは，課題に対してつまずきはあるが，少し努力すればそのつまずきを乗り越えられるような課題の設定を繰り返し行うということであり，単に同じ課題に取り組ませ続けることが反復ではないということに十分留意する必要がある。

> ウ　2の内容の「A数と計算（1段階はB）」，「B図形（1段階はC）」，「C測定（1段階はD）」及び「Dデータの活用（1段階はA「数量の基礎」）」の指導の間の関連を図ること。

算数の指導に当たっては，児童の数学的な見方・考え方を踏まえて，指導の順序性や数学的活動などについて検討することが大切である。算数の指導では，複数の領域の内容が関わりながら，学習指導が進められる。例えば，三角形の性質を考える際，児童は頂点や辺の数について考察する。この場合，3までの数理解が無ければ性質に対する十分な理解を得ることはできない。したがって，図形領域の学習に必要となる数理解はどの程度であればよいのかということや，実際に児童の計算領域における既習事項の習得状況はどうなのかということを把握するなどして，指導の順序性について検討する必要がある。そして，ある領域で指導した内容を，他の領域の内容の学習指導の場面で活用するなどして，複数の領域間の指導の関連を図る数学的活動を工夫することが大切になる。

なお，児童の障害の状況や経験等に応じて，各領域の内容を選定することを前提に，児童の興味・関心，学習活動の必要性なども考慮し，それぞれの児童の状態に応じて同一領域における異段階の内容の一部を組み合わせたり，他の領域の内容の一部と組み合わせたりするなどして，具体的に指導内容を設定する場合がある。具体的な指導内容をよりよく身に付けることができるような数学的活動についても検討することが大切になる。

また，算数科における各領域間の指導の関連を図ることはもちろんのこと，例えば，用語の理解にあっては国語科との関連，金銭の処理であれば算数科における数理解や生活科と関連があることから，各教科等を横断的に見て指導に当たることにも留意する。

### (2) 内容の取扱いについての配慮事項

> (2) 2の各段階の内容の取扱いについては,次の事項に配慮するものとする。

① 「ア思考力,判断力,表現力等を育成するため,各段階の内容の指導に当たっては,具体物,図,言葉,数,式,表,グラフなどを用いて考えたり,説明したり,互いに自分の考えを表現し伝え合ったりするなどの学習活動を積極的に取り入れるようにすること。」とは,図,数,式,表,グラフといった数学的な表現の方法について学ぶとともに,それらを活用する指導について工夫することである。

② 「イ『A数と計算(1段階はB)』の指導に当たっては,具体物などの教具を適宜用いて,数と計算についての意味の理解を深めるよう留意すること。」とは,児童が行動を通して具体物などの教具を扱うことによって,考えることの楽しさや大切さに気付くようにしていくということである。

③ 「ウ1段階の内容に示す事項については,次の(ア)から(ウ)までに留意するものとする。」とは,各領域間の関連を図って内容を取り扱うことや領域内での発展的な取扱いもするということである。

④ 「エ2段階の内容に示す事項については,次の(ア)から(ウ)までに留意するものとする。」とは,指導に当たって検討すべき観点のことである。

なお,「(ア)内容の『A数と計算』の指導に当たっては,次の㋐及び㋑についての金銭の価値に親しむことを取り扱うものとする。」については,児童の数理解に配慮し,生活科との関連を図りながら,金銭処理に関する指導を行うようにすることである。例えば,千円札1枚で買うことや百円硬貨1枚で買うことであり,これにより千円札と百円硬貨という金種を知ることができる。また,同じものを千円札1枚と百円硬貨1枚で買うことで,千円札1枚の方が百円硬貨1枚よりも多く買えるという事実から,様々な種類の貨幣のもつ価値を知ることができる。

⑤ オの「(ア)内容の『A数と計算』の指導に当たっては,次の㋐についての金銭の価値に親しむことを取り扱うものとする。」については,児童の数理解に配慮し,生活科との関連を図りながら,金銭処理に関する指導を行うようにすることである。ここでいう金銭処理とは,例えば,何枚かの百円硬貨で買えないときにもう1枚出して買うこと(「同等,多少」の理解のある児童であれば,同じ硬貨や紙幣を追加すること)や値段にちょうどのお金を用意して買うこと(数理解が10までの児童であれば,値段が374円のときに,3・7・4など数字の並びとして見ることや各桁に対応する金種を覚えて,百円硬貨を3枚,十円硬貨を7枚,一円硬貨を4枚用意すること),値段に

対して価値が少し大きいお金を出して商品とおつりを受け取ったりすること（数の大小理解のある児童であれば，値段が374円のときの400円や380円など，きりのよい代金を用意すること）などである。

また，「(ｳ) 内容の『Ｃ測定』の指導に当たっては，次の㋐から㋒までの基礎的な事項と関連付けながら取り上げること。」における㋒は，アナログ時計の長針と短針について，見かけの長さに注目して区別する段階から，それぞれの針の動く速さに着目して両者を区別できるようにする段階へと発展的に移行すること及びアナログ時計の時は短針が入っている扇形領域で決まることや分は長針が指す目盛で決まることに気付くことができるように活動を工夫するということである。

> (3) 数学的活動の指導に当たっては，次の事項に配慮するものとする。

① 「ア　数学的活動は，基礎的・基本的な知識及び技能を確実に身に付けたり，思考力，判断力，表現力等を高めたり，算数を学ぶことの楽しさを実感したりするために，重要な役割を果たすものであることから，２の内容の「Ａ数と計算（１段階はＢ）」，「Ｂ図形（１段階はＣ）」，「Ｃ測定（１段階はＤ）」及び「Ｄデータの活用（１段階はＡ「数量の基礎」）」に示す事項については，数学的活動を通して指導するようにすること。」とは，各領域に示すすべての事項において，数学的活動を通した指導を行う必要があるということである。

② 「イ　数学的活動を楽しめるようにするとともに，算数を生活に活用することなどについて実感する機会を設けること。」とは，算数を学ぶことの楽しさや意義を実感できるようにすることであり，児童が目的意識をもって主体的に取り組む意欲を生活の中に広げていくことである。そのためには，数学的活動を通して，児童が目的意識をもって主体的に取り組み，数に関わりのある様々な活動を行う必要があるということである。

## ● 第4　音楽科

### 1　音楽科の改訂の要点
#### (1) 目標の改訂の要点
① 教科の目標の改善

小学部段階における音楽科で育成を目指す資質・能力を「生活の中の音や音楽に興味や関心をもって関わる資質・能力」と規定し，「知識及び技能」，「思考力，判断力，表現力等」，「学びに向かう力，人間性等」について示した。また，資質・

能力の育成に当たっては，児童が「音楽的な見方・考え方」を働かせて，学習活動に取り組めるようにする必要があることを示した。このことによって，児童が教科としての音楽を学ぶ意味を明確にした。

② 段階の目標の新設

今回の改訂では，段階の目標を新設し，教科の目標の構造と合わせ，「(1)知識及び技能」，「(2)思考力，判断力，表現力等」，「(3)学びに向かう力，人間性等」の三つの柱で整理し，教科の目標と段階の目標との関係を明確にした。

## (2) 内容の改訂の要点

① 内容構成の改善

内容構成は，従前は「音楽遊び」，「鑑賞」，「身体表現」，「器楽」及び「歌唱」で構成されていた。今回の改訂では，中学部音楽科及び小学校音楽科とのつながりを踏まえて，「A表現」（「音楽遊び」，「歌唱」，「器楽」，「音楽づくり」，「身体表現」の五分野），「B鑑賞」の二つの領域及び〔共通事項〕で構成した。また，「A表現」，「B鑑賞」に示す各事項を，「A表現」では「知識」，「技能」，「思考力，判断力，表現力等」に，「B鑑賞」では「知識」，「思考力，判断力，表現力等」に新たに整理して示した。これによって，指導すべき内容が一層明確になるようにした。

② 学習内容，学習指導の改善・充実

ア 「知識」及び「技能」に関する指導内容の明確化

中央教育審議会答申において，「学習内容を，三つの柱に沿って見直す」とされたことを踏まえ，三つの柱の一つである「知識及び技能」について，次のように改訂した。

「知識」に関する指導内容については，「曲名や曲想と音楽のつくり」などに気付くことに関する具体的な内容を，音楽遊び，歌唱，器楽，音楽づくり，身体表現，鑑賞の領域や分野ごとに事項として示した。

「A表現」における「技能」に関する指導内容については，思いに合った表現などをするために必要となる具体的な内容を，音楽遊び，歌唱，器楽，音楽づくり，身体表現の分野ごとに事項として示した。このことによって，音楽科における「技能」は，「思考力，判断力，表現力等」の育成と関わらせて習得できるようにすべき内容であることを明確にした。

イ 〔共通事項〕の指導内容の新設

中央教育審議会答申において，「学習内容を，三つの柱に沿って見直す」とされたこと，「『見方・考え方』は，現行の学習指導要領において，小学校音楽科，中学校音楽科で示されている表現及び鑑賞に共通して働く資質・能力である〔共通事項〕とも深い関わりがある」とされたことなどを踏まえ，アの事項を「思考

力,判断力,表現力等」に関する資質・能力,イの事項を「知識」に関する資質・能力として示した。

### (3) 指導計画の作成と内容の取扱いの改訂の要点

① 指導計画の作成に当たっての配慮事項の新設

各段階の目標及び内容の〔共通事項〕は,「A表現」及び「B鑑賞」において共通に必要となる資質・能力として示した。そのことによって,指導計画の作成に当たっては,「A表現」及び「B鑑賞」の各領域及び分野における事項との関連を図り,十分な指導が行われるようにすることを配慮事項に明記した。

② 内容の取扱いについての配慮事項の新設

各段階の「A表現」及び「B鑑賞」において取り扱う教材選択の観点,言語活動の充実を図るための配慮事項などについて示している。

ア 言語活動の充実

中央教育審議会答申において,言語活動が「表現及び鑑賞を深めていく際に重要な活動である」とされたことを踏まえ,次のように改訂した。

教師や友達と協働しながら,音楽表現を楽しんだり曲や演奏を聴いてその楽しさを見いだしたりしていく学習の充実を図る観点から,児童の言語理解や発声・発語の状況等を考慮し,「音や音楽及び言葉によるコミュニケーションを図る指導を工夫すること」を「A表現」及び「B鑑賞」の指導に当たっての配慮事項として示した。

イ 「我が国や郷土の音楽」に関する学習の充実

中央教育審議会答申において,「我が国や郷土の伝統音楽に親しみ,よさを一層味わえるようにしていくこと」の「更なる充実が求められる」とされたことを踏まえ,我が国や郷土の音楽の指導に当たっての配慮事項として,「楽譜や音源等の示し方,伴奏の仕方,曲に合った歌い方や楽器の演奏の仕方などの指導方法について工夫すること」を配慮事項として示した。

### 2 音楽科の目標

> 1 目 標
> 
> 表現及び鑑賞の活動を通して,音楽的な見方・考え方を働かせ,生活の中の音や音楽に興味や関心をもって関わる資質・能力を次のとおり育成することを目指す。
> 　(1) 曲名や曲想と音楽のつくりについて気付くとともに,感じたことを音楽表現するために必要な技能を身に付けるようにする。
> 　(2) 感じたことを表現することや,曲や演奏の楽しさを見いだしなが

> ら，音や音楽の楽しさを味わって聴くことができるようにする。
> (3) 音や音楽に楽しく関わり，協働して音楽活動をする楽しさを感じるとともに，身の回りの様々な音楽に親しむ態度を養い，豊かな情操を培う。

　この目標は，小学部段階の教育における音楽科が担うべき役割とその目指すところを示したものである。従前は，教科の目標を総括目標として一文で示していたが，今回の改訂では，育成を目指す資質・能力別に整理し，生活の中の音や音楽に興味や関心をもって関わる資質・能力を育成することを目指し，その上で育成を目指す資質・能力として，(1)は「知識及び技能」の習得，(2)は「思考力，判断力，表現力等」の育成，(3)は「学びに向かう力，人間性等」の涵養に関する目標を示す構成としている。また，このような資質・能力を育成するためには，「音楽的な見方・考え方」を働かせることが必要であることを示している。

　冒頭に示した「表現及び鑑賞の活動を通して」とは，児童が音楽的な見方・考え方を働かせ，生活の中の音や音楽に興味や関心をもって関わる資質・能力を育成するためには，多様な音楽活動を幅広く体験することが大切であることを示したものである。

　児童の多様な音楽活動とは，音楽遊びをしたり，歌を歌ったり，楽器を演奏したり，音楽をつくったり，音楽を体の動きで表現をしたり，音や音楽を聴いたりすることなどである。学習指導要領では，このうち音楽遊び，歌唱，器楽，音楽づくり，身体表現を「表現」領域としてまとめ，「表現」と「鑑賞」の2領域で構成している。しかしながら，これらの活動はそれぞれが個々に行われるだけではなく，相互に関わり合っていることもある。

　「活動を通して」としているのは，多様な音楽活動を通して学習が行われることを前提としているからである。人々に長く親しまれている音楽など，様々な音楽を教材として扱い，児童一人一人の個性や興味・関心を生かした楽しい音楽活動を展開していくことの重要性を述べたものである。特に音楽科の学習が，児童の音楽活動と離れた個別の「知識」の習得や「技能」の機械的な訓練にならないようにすることが大切である。

　音楽的な見方・考え方とは，「音楽に対する感性を働かせ，音や音楽を，音楽を形づくっている要素とその働きの視点で捉え，自己のイメージや感情，生活や文化などと関連付けること」であると考えられる。

　「音楽に対する感性」とは，音楽的感受性と捉えることができる。また，音や音楽の美しさなどを感じ取るときの心の働きを意味している。児童が，音楽を形づくっている要素を聴き取り，それらの働きが生み出すよさや面白さ，美しさを感じ取ることを支えとして，自ら音や音楽を捉えていくとき，児童の音楽に対す

る感性が働く。音楽に対する感性を働かせることによって，音楽科の学習は成立し，その学習を積み重ねていくことによって音楽に対する感性が一層育まれていく。

「音や音楽を，音楽を形づくっている要素とその働きの視点で捉え」とは，音や音楽を捉える視点を示している。音や音楽は，鳴り響く音や音楽を対象として，音楽がどのように形づくられているか，また音楽をどのように感じ取るかを明らかにしていく過程において捉えることができる。音楽科の学習では，このように音や音楽を捉えることが必要である。その支えとなるのが，音色，リズム，速度，反復，呼びかけとこたえなどの音楽を形づくっている要素を聴き取ることと，それらの働きが生み出すよさや面白さ，美しさを感じ取ることである。

一方，音や音楽は，「自己のイメージや感情」，「生活」などとの関わりにおいても意味あるものとして存在している。したがって，音や音楽とそれらによって喚起される自己のイメージや感情との関わり，音や音楽と自分の生活との関わりについて考えることによって，表現領域では，自分なりの思いをもって歌ったり楽器を演奏したり音楽をつくったり身体表現したりする学習が，鑑賞領域では，楽しさを見いだし味わって聴く学習が，一層充実するのである。

このように，音楽的な見方・考え方は，音楽科の特質に応じた，物事を捉える視点や考え方であり，音楽科を学ぶ本質的な意義の中核をなすものである。

児童が自ら，音楽に対する感性を働かせ，音や音楽を，音楽を形づくっている要素とその働きの視点で捉え，捉えたことと自己のイメージや感情，捉えたことと生活などとを関連付けて考えているとき，音楽的な見方・考え方が働いている。音楽的な見方・考え方を働かせて学習をすることによって，児童の障害の状態や特性及び心身の発達の段階等に応じた，「知識及び技能」の習得，「思考力，判断力，表現力等」の育成，「学びに向かう力，人間性等」の涵養が実現していく。このことによって，生活の中の音や音楽に興味や関心をもって関わる資質・能力は育成されるのである。

なお，音楽的な見方・考え方は，音楽的な見方・考え方を働かせた学習を積み重ねることによって広がったり深まったりするなどして，その後の人生においても生きて働くものとなる。

「生活の中の音や音楽に興味や関心をもって関わる資質・能力」は，(1)，(2)及び(3)に示している。ここでは，音楽科の学習を通して育成を目指す資質・能力を，生活の中の音や音楽に興味や関心をもって関わる資質・能力と示すことによって，児童が教科としての音楽を学ぶ意味を明確にしている。

(1)は，「知識及び技能」の習得に関する目標を示したものである。

「曲名や曲想と音楽のつくりについて気付く」ことが「知識」の習得に関する目標，「感じたことを音楽表現するために必要な技能を身に付ける」ことが「技能」

の習得に関する目標である。「知識」の習得に関する目標は，表現領域及び鑑賞領域に共通するものであり，「技能」の習得に関する目標は，表現領域のみに該当するものである。

「曲名や曲想と音楽のつくりについて気付く」とは，音楽遊び，身体表現，器楽，歌唱，音楽づくり及び鑑賞の活動を通して，曲名が表わしている事物に気付き，身近な言葉で言い表したり，その曲の雰囲気や表情を感じ取ったり，音楽を形づくっている要素，歌詞について気付くことである。

「感じたことを音楽表現するために必要な技能」とは，表現及び鑑賞の領域で示している音楽遊び，歌唱，器楽，音楽づくり，身体表現，鑑賞における「技能」を指し，リズムに合わせて体を動かたり，楽器を鳴らして楽しんだり，声に出して口ずさんだり，立ち止まって聴いたりすることである。

(2)は，「思考力・判断力・表現力等」の育成に関する目標を示したものである。

「感じたことを表現する」ことは表現領域，「曲や演奏の楽しさを見いだしながら，音や音楽の楽しさを味わって聴く」ことは鑑賞領域に関する目標である。

「音や音楽の楽しさを味わって聴くこと」とは，音や音楽によって喚起されたイメージや感情を，音や音楽の表情や味わいや，音や音楽を形づくっている要素やその表れなどと関連させて，全体を味わって聴くことである。

(3)は，「学びに向かう力，人間性等」の涵養に関する目標を示したものである。

「音や音楽に楽しく関わる」とは，児童が主体的に表現や鑑賞の活動に取り組む楽しさを実感することである。このような音楽活動を進めるに当たって何よりも大切なことは，児童が楽しく音や音楽に関わり，音楽を学習する喜びを得るようにすることであり，音や音楽で情動が動かされるような体験を積み重ねることである。特に，発達段階が初期の児童には，快の体験であることや意味のある活動であることが大切である。その場の状況が理解できていることや様々な感覚や運動能力の活用ができていること，情動が動かされていること，教師や友達との関係において体験できていることが大切である。

「協働して音楽活動をする楽しさを感じる」とは，児童が教師と，音や音楽を通してのコミュニケーションを楽しんだり，友達と一緒に斉唱や合奏をする中で，複数の音が合わさることや，演奏を通して得られる一体感を味わったりすることである。

「身の回りの様々な音楽に親しむ態度を養う」とは，身の回りの様々な音楽，及び音楽活動に関心をもち，積極的に関わっていこうとする態度である。さらに，音楽の授業で様々な音楽に出会うようにする中で，音楽に親しみをもち，児童が自分の感じ方を大切にしながら，音楽に主体的に関わっていく態度も含むものである。このように，音楽に親しむ態度は，音楽科における学びに向かう力の要となるものである。したがって，音楽に親しむ態度を養うことは，生涯にわ

たって音楽に親しもうとするための基本的な力を養うことでもある。そのためには，児童にとって魅力のある教材を用意しておくことが大切である。

「豊かな情操を培う」とは，美しいものや優れたものに接して感動する情感豊かな心を育てることをいう。音楽によって養われる情操は，直接的には美的情操が最も深く関わっていると言われ，例えば音楽を聴いてこれを美しいと感じ，更に美しさを求めようとする柔らかな感性によって育てられる豊かな心のことである。

## 3　各段階の目標及び内容
### (1)「知識及び技能」の習得に関する目標

> 【1段階】
> 　ア　音や音楽に注意を向けて気付くとともに，関心を向け，音楽表現を楽しむために必要な身体表現，器楽，歌唱，音楽づくりにつながる技能を身に付けるようにする。
>
> 【2段階】
> 　ア　曲名や曲想と簡単な音楽のつくりについて気付くとともに，音楽表現を楽しむために必要な身体表現，器楽，歌唱，音楽づくりの技能を身に付けるようにする。
>
> 【3段階】
> 　ア　曲名や曲想と音楽のつくりについて気付くとともに，音楽表現を楽しむために必要な身体表現，器楽，歌唱，音楽づくりの技能を身に付けるようにする。

「知識及び技能」の習得に関する目標のうち，「知識」の習得については，表現領域及び鑑賞領域に関する目標を示している。また，児童の発達の段階に応じて，1段階は「音や音楽に注意を向けて気付く」こと，2段階及び3段階は「曲名や曲想と音楽のつくりについて気付く」ことを示している。このことは，どの段階においても，またどの領域や分野においても「知識」に関する学習の方向が同一であることを示している。その上で，児童の障害の状態や特性及び心身の発達の段階等や学習の系統性等を踏まえて，小学部段階では気付く，中学部段階では理解するとし，関わりについての学習が質的に高まっていくように示している。

「技能」の習得については，表現領域に関する目標を示している。児童の障害の状態や特性及び心身の発達の段階等や学習の系統性等を踏まえながら，1段階は音楽遊びの活動を通して，「音楽表現を楽しむために必要な」身体表現，器楽，歌唱，音楽づくりにつながる「技能」，2段階及び3段階は「音楽表現を楽しむ

ために必要な」身体表現，器楽，歌唱，音楽づくりの「技能」とし，それぞれの段階における「技能」の習得に関する学習が充実するように示している。

### (2)「思考力，判断力，表現力等」に関する目標

> 【1段階】
>   イ　音楽的な表現を楽しむことや，音や音楽に気付きながら関心や興味をもって聴くことができるようにする。
> 【2段階】
>   イ　音楽表現を工夫することや，表現することを通じて，音や音楽に興味をもって聴くことができるようにする。
> 【3段階】
>   イ　音楽表現に対する思いをもつことや，曲や演奏の楽しさを見いだしながら音楽を味わって聴くことができるようにする。

　「思考力，判断力，判断力等」の育成に関する目標では，表現領域と鑑賞領域に関する目標を示している。

　表現領域については，児童の障害の状態や特性及び心身の発達の段階等や学習の系統を踏まえて，1段階は「音楽的な表現を楽しむ」，2段階は「音楽表現を工夫する」，3段階は「音楽表現に対する思いをもつこと」とし，表現に対する思いが，質的に高まっていくように示している。このことは，どの段階においても，また，音楽遊び，歌唱，器楽，音楽づくり，身体表現のどの分野においても，表現領域に関する「思考力，判断力，表現力等」に関する学習の目指す方向が同一であることを示している。

　また，ここで鑑賞の対象を1段階及び2段階は「音や音楽」，3段階は「曲や演奏」としているのは，それぞれの段階において取り扱う教材の系統性を示している。なお，3段階において鑑賞の対象を曲だけではなく曲や演奏としているのは，同じ曲であっても，演奏形態や演奏の仕方が異なることで，表現に違いやよさが生まれるからである。

　さらに，音楽の鑑賞については，本来，音楽の全体にわたる美しさを享受することであり，その本質は，すべての段階において変わるものではない。その上で，児童の障害の状態や特性及び心身の発達の段階等や学習の系統性等を踏まえて，1段階は「音や音楽に気付きながら関心や興味をもって聴く」，2段階は「音や音楽に興味をもって聴く」，3段階は「曲や演奏の楽しさを見いだしながら音楽を味わって聴く」とし，音や音楽，曲や演奏のよさなどを見いだしていくことが，質的に高まっていくよう示している。

## (3)「学びに向かう力,人間性等」の涵養に関する目標

> 【1段階】
> ウ 音や音楽に気付いて,教師と一緒に音楽活動をする楽しさを感じるとともに,音楽経験を生かして生活を楽しいものにしようとする態度を養う。
>
> 【2段階】
> ウ 音や音楽に関わり,教師と一緒に音楽活動をする楽しさに興味をもちながら,音楽経験を生かして生活を明るく楽しいものにしようとする態度を養う。
>
> 【3段階】
> ウ 音や音楽に楽しく関わり,協働して音楽活動をする楽しさを感じながら,身の回りの様々な音楽に興味をもつとともに,音楽経験を生かして生活を明るく潤いのあるものにしようとする態度を養う。

「学びに向かう力,人間性等」の涵養に関する目標では,全段階とも,児童の障害の状態や特性及び心身の発達の段階等や学習の系統性等を踏まえて,自ら音や音楽に関わっていくことが重要であることを示している。このことは,冒頭に,1段階は「音や音楽に気付いて」,2段階は「音や音楽に関わり」,3段階は「音や音楽に楽しく関わり」とし,音や音楽への関わり方が質的に高まっていくように示している。

「協働して音楽活動をする楽しさ」についても,児童の障害の状態や特性及び心身の発達の段階等や学習の系統性等を踏まえて,1段階及び2段階は「教師と一緒に音楽活動をする楽しさ」,3段階は「協働して音楽活動をする楽しさ」と示している。協働して音楽活動をする楽しさとは,音や音楽及び言葉によるコミュニケーションを図りながら,教師や友達と音楽表現をしたり音楽を味わって聴いたりする楽しさなどである。その上で,児童の障害の状態や特性及び心身の発達の段階等や学習の系統性等を踏まえて,1段階は「楽しさを感じる」,2段階は「一緒に音楽活動をする楽しさに興味をもつ」,3段階は「協働する楽しさを感じる」とし,協働して音楽活動をする楽しさの感じ方が,質的に高まっていくように示している。

音楽経験を生活に生かそうとする態度を養うことについては,1段階は「音楽経験を生かして生活を楽しいものにしようとする態度」,2段階は「音楽経験を生かして生活を明るく楽しいものにしようとする態度」,3段階は「音楽経験を生かして生活を明るく潤いのあるものにしようとする態度」とし,児童が音楽科の学習で得た音楽経験を,学校生活や家庭での生活に生かすことによって,生活

は明るく潤いのあるものになっていくように示している。ここでは，児童が自ら音楽に関わり，協働する楽しさを感じながら，様々な音楽に親しむような音楽経験を生かして，生活の中にある様々な音や音楽を感じ，興味をもつようにし，生活の中で音楽に親しんでいく態度を育てることを求めている。

なお，各段階の内容に関しては，「イ内容」に示すとおりである。

### (4) 1段階の目標と内容
### ア　目標

> ○1段階
> (1) 目　標
> 　ア　音や音楽に注意を向けて気付くとともに，関心を向け，音楽表現を楽しむために必要な身体表現，器楽，歌唱，音楽づくりにつながる技能を身に付けるようにする。
> 　イ　音楽的な表現を楽しむことや，音や音楽に気付きながら関心や興味をもって聴くことができるようにする。
> 　ウ　音や音楽に気付いて，教師と一緒に音楽活動をする楽しさを感じるとともに，音楽経験を生かして生活を楽しいものにしようとする態度を養う。

今回の改訂では，ア「知識及び技能」の習得に関する目標，イ「思考力，判断力，表現力等」の育成に関する目標，ウ「学びに向かう力，人間性等」の涵養に関する目標を示している。

これらの目標を実現するためには，次の「イ内容」に示している資質・能力を，適切に関連付けながら育成することが重要である。

「音や音楽に注意を向けて気付くとともに，関心を向け，音楽表現を楽しむ」とは，児童が，教師の歌や楽器の演奏，ＣＤプレーヤーや電子機器から聞こえてくる音楽が流れている中で遊び，音や音楽に気付き，教師と一緒に身体部位を動かす，歩く，走る，止まる，打楽器の音を出す，声を出すなどの活動をすることである。

1段階において「教師と一緒に音楽活動をする楽しさを感じる」とは，教師と音や音楽を通してやり取りをすることによって，情緒の安定が図られたり，心が躍るような体験をしたりすることが含まれる。

「音楽経験を生かして生活を楽しむ態度を養う。」とは，児童が楽しい音楽経験を得られることを重視し，日々の生活の中に音楽活動を取り入れ，楽しい活動をできるようにしていくことである。

## イ 内容

> (2) 内　容
>   A　表　現
>     ア　音楽遊びの活動を通して，次の事項を身に付けることができるよう指導する。
>       (ｱ) 音や音楽遊びについての知識や技能を得たり生かしたりしながら，音や音楽を聴いて，自分なりに表そうとすること。
>       (ｲ) 表現する音や音楽に気付くこと。
>       (ｳ) 思いに合った表現をするために必要な次の㋐から㋒までの技能を身に付けること。
>         ㋐　音や音楽を感じて体を動かす技能
>         ㋑　音や音楽を感じて楽器の音を出す技能
>         ㋒　音や音楽を感じて声を出す技能

ここでは，1段階における音楽遊びに関する事項を示している。

「音楽遊び」とは，発達段階が初期の児童にとっての音楽活動として，歌唱，器楽，音楽づくり，身体表現の活動を通して育成を目指す資質・能力の基礎を培う重要な活動である。音や音楽は，この段階の児童にも比較的受け入れやすく，楽器の音に興味を示して触れたり，音を出したり，音楽が流れる中で，体を揺すったり，じっと動きを止めながら聴いたり，発声したりする姿が見られる。

「音楽遊び」と類似の事項として，2段階の音楽づくり分野の中で「音遊び」が示されているが，音楽的な約束事を決めて音で表現していく「音遊び」と遊びの中で自然に音や音楽に気付き自分なりに表現していく「音楽遊び」とは違う概念として用いていることに留意する必要がある。

1段階の音楽遊び分野では，2段階の歌唱，器楽，音楽づくり，身体表現，及び鑑賞の基礎となるような知識や技能，「思考力，判断力，表現力等」に関する資質・能力を育てていくことが指導のねらいとなる。これらのねらいを実現するためには，児童が音や音楽に気付くように教材や指導の手立てを工夫しながら，児童が表現する音や音楽に関心や興味を示し，自ら関わろうとする気持ちがもてるように指導することが必要である。

(ｱ)の事項は，音楽遊び分野における「思考力，判断力，表現力等」に関する資質・能力である，音や音楽遊びについての知識や技能を得たり生かしたりしながら，音や音楽を聴いて，自分なりに表そうとすることができるようにすることをねらいとしている。

音や音楽遊びについての知識や技能とは，(ｲ)及び(ｳ)に示すものである。

「知識や技能を得たり生かしたり」としているのは，音や音楽を聴いて，自分なりに表そうとするためには，その過程で新たな知識や技能を習得することと，これまでに習得した知識や技能を活用することの両方が必要となるからである。したがって，知識や技能を習得してから自分なりに表そうとするといった，一方向のみの指導にならないように留意する必要がある。

(イ)の事項は，音楽遊び分野における知識に関する資質・能力である，表現する音や音楽に気付くことができるようにすることをねらいとしている。

「表現する音や音楽に気付くこと」とは，児童が自分なりの表し方によって聴こえてくる音や音楽に気付くことを意味し，その後の表現につながるものである。

(ウ)の事項は，音楽遊び分野における技能に関する資質・能力である，思いに合った表現をするために必要な㋐から㋒までの技能を身に付けることができるようにすることをねらいとしている。

思いに合った表現をするために必要な技能としているのは，以下に示す㋐から㋒までの技能を，いずれも思いに合った音楽表現をするために必要なものとして位置付けているからである。

したがって，技能の指導に当たっては，学習の過程において，児童が表したい思いをもち，それを実現するために必要な(ウ)の事項の㋐から㋒までの技能を習得することへの気付きが図られるよう，事項(ア)と関連を図りながら，どの場面でどのような技能を習得できるようにするのかについて，意図的，計画的に指導を進めることが大切である。

(ウ)の事項にある㋐の「体を動かす」とは，音楽が流れる中で手足を動かしたり，全身を揺すったりする動きのことである。

㋑の「楽器の音を出す」とは，手足を使って楽器を鳴らしたり，ばちを使って音を出したりする動きのことである。

㋒の「音楽を感じて声を出す」とは，音楽が流れている中で，それに合わせて声を出したり，音楽が止まった時などに声を出したりすることである。

音楽遊びの活動に当たっては，児童のわずかな動きを見逃さずに，児童とのやりとりを楽しみながら受け止め返していくことが大切である。

---

B　鑑　賞
　ア　音楽遊びの活動を通して，次の事項を身に付けることができるよう指導する。
　　(ア)　音や音楽遊びについての知識や技能を得たり生かしたりしながら，音や音楽を聴いて，自分なりの楽しさを見付けようとすること。
　　(イ)　聴こえてくる音や音楽に気付くこと。

ここでは，1段階における鑑賞に関する事項を示している。

1段階の鑑賞の活動では，音や音楽を聴いて，自分なりの楽しさを見つける資質・能力を育てていくことをねらいとしている。

このねらいを実現するためには，児童が聴こえてくる音楽に気付くように，受け止めやすく分かりやすい音や音楽を用意し，音源を見えやすい位置に置いたり，児童と音源の距離に配慮したりすることが大切である。

(ア)の事項は，「鑑賞」領域における「思考力，判断力，表現力等」に関する資質・能力である，「自分なりの楽しさを見付けようとすること」ができるようにすることをねらいとしている。

「鑑賞についての知識」とは，(イ)に示すものである。「音や音楽に気付く」というのは，例えば，音が聴こえてきたと思うなど，音に反応できるということである。

## (5) 2段階の目標と内容
### ア 目標

> ○2段階
> (1) 目　標
> 　ア　曲名や曲想と簡単な音楽のつくりについて気付くとともに，音楽表現を楽しむために必要な身体表現，器楽，歌唱，音楽づくりの技能を身に付けるようにする。
> 　イ　音楽表現を工夫することや，表現することを通じて，音や音楽に興味をもって聴くことができるようにする。
> 　ウ　音や音楽に関わり，教師と一緒に音楽活動をする楽しさに興味をもちながら，音楽経験を生かして生活を明るく楽しいものにしようとする態度を養う。

今回の改訂では，ア「知識及び技能」の習得に関する目標，イ「思考力，判断力，表現力等」の育成に関する目標，ウ「学びに向かう力，人間性等」の涵養に関する目標を示している。

これらの目標を実現するためには，次の「イ内容」に示している資質・能力を，適切に関連付けながら育成することが重要である。

### イ 内容

> (2) 内　容

> A 表現
> ア 歌唱の活動を通して，次の事項を身に付けることができるよう指導する。
> 　(ｱ) 歌唱表現についての知識や技能を得たり生かしたりしながら，好きな歌ややさしい旋律の一部分を自分なりに歌いたいという思いをもつこと。
> 　(ｲ) 次の㋐及び㋑について気付くこと。
> 　　㋐ 曲の特徴的なリズムと旋律
> 　　㋑ 曲名や歌詞に使われている特徴的な言葉
> 　(ｳ) 思いに合った表現をするために必要な次の㋐から㋒までの技能を身に付けること。
> 　　㋐ 範唱を聴いて，曲の一部分を模唱する技能
> 　　㋑ 自分の歌声に注意を向けて歌う技能
> 　　㋒ 教師や友達と一緒に歌う技能

ここでは，2段階における歌唱に関する事項を示している。

2段階の歌唱表現では，身近ななじみのある曲ややさしい旋律，心の中にある好きな歌などを聴いてその一部分を歌ったり，抑揚をまねて声を出して表現したり，体でリズムを取って表現したりすることなどをねらいとしている。

(ｱ)の事項は，歌唱分野における「思考力，判断力，表現力等」に関する資質・能力である，好きな歌ややさしい旋律の一部分を自分なりに歌いたいという思いをもつことができるようにすることをねらいとしている。

「好きな歌ややさしい旋律の一部分」とは，好きな歌，なじみの歌，特徴的で分かりやすいところのある歌，旋律やその中の言葉の一部に繰り返しのある歌などの一部分である。

歌唱表現についての知識や技能とは，(ｲ)及び(ｳ)に示すものである。

(ｱ)の事項で「知識や技能を得たり生かしたり」としているのは，好きな歌ややさしい旋律の一部分を自分なりに歌いたいという思いをもつためには，その過程で新たな知識や技能を習得することと，これまでに習得した知識や技能を活用することの両方が必要となるからである。したがって，知識や技能を習得してから自分なりに表そうとするといった，一方向のみの指導にならないように留意する必要がある。

(ｲ)の事項は，歌唱分野における知識に関する資質・能力である，「㋐曲の特徴的なリズムと旋律」及び「㋑曲名や歌詞に使われている特徴的な言葉」について気付くことができるようにすることをねらいとしている。

㋐の「曲の特徴的なリズムと旋律」に気付くとは，例えば，歌詞に繰り返しが

あったり，歌詞の「音（おん）」が繰り返されてリズムとして分かりやすいものなどに気付いたりすることである。

㋑の「曲名や歌詞に使われている特徴的な言葉」に気付くとは，例えば，曲名に出てくる具体的な事物に気付いたり，「ぐるぐる」，「ギューギュー」などの擬声語や擬態語，繰り返しや抑揚の面白さのある言葉などに気付いたりすることである。

(ｳ)の事項は，歌唱分野における技能に関する資質・能力である，思いに合った表現をするために必要な㋐から㋒までの技能を身に付けることができるようにすることをねらいとしている。

思いに合った表現をするために必要な技能としているのは，以下に示す㋐から㋒までの技能を，いずれも思いに合った音楽表現をするために必要なものとして位置付けているからである。

したがって，技能の指導に当たっては，学習の過程において，児童が表したい思いをもち，それを実現するために必要な(ｳ)の事項の㋐から㋒までの技能を習得することへの気付きが図られるよう，事項(ｱ)と関連を図りながら，どの場面でどのような技能を習得できるようにするのかについて，意図的，計画的に指導を進めることが大切である。

㋐の「範唱を聴いて，曲の一部分を模唱する」とは，教師の歌声を聴いて，まねをしてみようと声を出したり，曲の歌詞に使われている言葉の一部分を歌ったり，曲の抑揚をまねて声を出したりすることである。

㋑の「自分の歌声に注意を向けて歌う」とは，声を出している自分に気付いて意図的に声を出したり，出した声を自分なりに聴いていたりすることである。なお，出す声の大きさや高さなどは，3段階の指導で取り扱っていく。

㋒の「教師や友達と一緒に歌う」とは，思いに合った表現をするために互いの歌声を聴いて，教師や友達と声を合わせて歌うことである。

イ　器楽の活動を通して，次の事項を身に付けることができるよう指導する。
(ｱ) 器楽表現についての知識や技能を得たり生かしたりしながら，身近な打楽器などに親しみ音を出そうとする思いをもつこと。
(ｲ) 次の㋐及び㋑について気付くこと。
㋐　拍や曲の特徴的なリズム
㋑　楽器の音色の違い
(ｳ) 思いに合った表現をするために必要な次の㋐から㋒までの技能を身に付けること。
㋐　範奏を聴き，模倣をして演奏する技能
㋑　身近な打楽器を演奏する技能

第４節
小学部の各教科

> ㋒　教師や友達と一緒に演奏する技能

　ここでは，２段階の器楽に関する事項を示している。
　２段階の器楽の活動では，身近な打楽器を中心として，教師や友達の演奏を見ながらまねたり，友達と一緒に音を出して表現したりすることなどをねらいとしている。
　(ｱ)の事項は，器楽分野における「思考力，判断力，表現力等」に関する資質・能力である，身近な打楽器などに親しみ音を出そうとする思いをもつことができるようにすることをねらいとしている。
　器楽表現についての知識や技能とは，(ｲ)及び(ｳ)に示すものである。
　(ｱ)の事項で「知識や技能を得たり生かしたり」としているのは，身近な打楽器などに親しみ音を出そうとする思いをもつためには，その過程で新たな知識や技能を習得することと，これまでに習得した知識や技能を活用することの両方が必要となるからである。したがって，知識や技能を習得してから自分なりに表そうとするといった，一方向のみの指導にならないように留意する必要がある。
　「音を出そうとする思いをもつ」とは，自分で楽器をたたいたり振ったりして，意図的に音を出してみようという気持ちをもつことである。
　「身近な打楽器など」とは，１段階で取り上げた打楽器に加えて，例えば，両手で操作するタンバリン，ウッドブロック，ギロなどの楽器や，音階や和音を鳴らすことができる木琴，キーボードなどの楽器のことである。
　(ｲ)の事項は，器楽分野における知識に関する資質・能力である，「㋐拍や曲の特徴的なリズム」及び「㋑楽器の音色の違い」に気付くことができるようにすることをねらいとしている。
　㋐の「拍や曲の特徴的なリズム」に気付くとは，その曲の特徴的なリズムを体で感じながら楽器の音を出そうとすることである。指導に当たっては，拍やリズムがあっているかどうかということよりも，その拍やリズムを感じて演奏を楽しんでいることを大切にしたい。また，拍をとるときには，小節の初めを意識するなど，気を付けるところを提示していくことも大切である。
　㋑の「楽器の音色の違い」に気付くとは，楽器によって音が違うことや，鳴らし方，たたき方等によって音が変わることなどに気付くことである。
　(ｳ)の事項は，器楽分野における技能に関する資質・能力である，思いに合った表現をするために必要な㋐から㋒までの技能を身に付けることができるようにすることをねらいとしている。
　「思いに合った表現をする」とは，例えば，合図に合わせて楽器を鳴らしたり，教師の演奏する様子を見たり演奏を聴いたりして，同じように音の強弱や鳴らし方などをやってみようと思って，演奏することである。

思いに合った表現をするために必要な技能としているのは，以下に示す㋐から㋒までの技能を，いずれも思いに合った音楽表現をするために必要なものとして位置付けているからである。

したがって，技能の指導に当たっては，学習の過程において，児童が表したい思いをもち，それを実現するために必要な(ウ)の事項の㋐から㋒までの技能を習得することへの気付きが図られるよう，事項(ｱ)と関連を図りながら，どの場面でどのような技能を習得できるようにするのかについて，意図的，計画的に指導を進めることが大切である。

㋐の「範奏を聴き，模倣して演奏する」とは，教師の範奏を見ることと聴くことを同時に行い，音の出し方を模倣して演奏することである。

㋑の「身近な打楽器を演奏する」とは，例えば，身近な打楽器を使って，楽器の持ち方や音の出し方がわかり，演奏することである。

㋒の「教師や友達と一緒に演奏する」とは，教師や友達の演奏を聴きながら，あるいは教師の合図を手掛かりに，それに合わせて一緒に演奏することである。

器楽の活動の指導に当たっては，拍や曲の特徴的なリズムや楽器の音色の違いが分かることを大切にしながら，例えば，教師や友達の演奏をまねしたい，一緒に音を出したいなどの思いがもてるよう指導する。その際，〔共通事項〕との関連を十分に図り，教師と一緒に楽しい器楽の活動を進めることが大切である。

---

ウ　音楽づくりの活動を通して，次の事項を身に付けることができるよう指導する。
　(ｱ) 音楽づくりについての知識や技能を得たり生かしたりしながら，次の㋐及び㋑をできるようにすること。
　　㋐　音遊びを通して，音の面白さに気付くこと。
　　㋑　音や音楽で表現することについて思いをもつこと。
　(ｲ) 次の㋐及び㋑について，それらが生み出す面白さなどに触れて気付くこと。
　　㋐　声や身の回りの様々な音の特徴
　　㋑　音のつなげ方の特徴
　(ｳ) 気付きを生かした表現や思いに合った表現をするために必要な次の㋐及び㋑の技能を身に付けること。
　　㋐　音を選んだりつなげたりして，表現する技能
　　㋑　教師や友達と一緒に簡単な音や音楽をつくる技能

---

ここでは，２段階の音楽づくりに関する事項を示している。

音楽づくりの活動は，児童が創造性を発揮しながら，自分にとって価値のある

音や音楽をつくるものである。2段階では，音を選んだりつなげたりして，音遊びをすること，教師や友達と一緒に簡単な音楽をつくることなどをねらいとする。

これらのねらいを実現するためには，声や身の回りの様々な音の特徴に気付いたり，音のつなげ方を体験したりすることを大切にしながら，音の面白さに気付き，自分から表現してみたいと思うように指導を工夫することが必要である。その際，(ｱ)，(ｲ)及び(ｳ)を適切に関連させて扱うとともに，〔共通事項〕との関連を十分に図った題材を構成することが大切である。

なお，音楽づくりの活動の中で，(ｱ)，(ｲ)及び(ｳ)の各事項の㋐は主に「音遊び」の活動を通して育成する資質・能力を示し，㋑は主に「音や音楽で表現する」活動を通して育成する資質・能力を示している。題材を構成する際は，各事項の㋐及び㋑の内容のまとまりや，㋐から㋑へのつながりを念頭に置くことも必要となる。

2段階の音楽づくりでは，音遊びや音を音楽にしていく活動を通して，児童が教師と友達と一緒に音楽をつくる楽しさを感じ取ることができるように指導を工夫することが大切である。

(ｱ)の事項は，音楽づくり分野における「思考力，判断力，表現力等」に関する資質・能力である，「㋐音遊びを通して，音の面白さに気付くこと」及び「㋑音や音楽で表現すること」について思いをもつことができるようにすることをねらいとしている。

音遊びとは，友達と関わりながら，声や身の回りの様々な音に親しみ，その場で様々な音を選んだりつなげたりして表現することである。

音遊びの例としては，リズムを模倣したり，言葉を唱えたり，そのリズムを打ったりする遊び，言葉の抑揚を短い旋律にして歌う遊び，身の回りの音や自分の体を使って出せる音などから気に入った音を見付けて表現する遊びなどが考えられる。

音楽づくりについての知識や技能とは，(ｲ)及び(ｳ)に示すものである。(ｲ)及び(ｳ)の㋐は主に「音遊び」の活動，㋑は主に「音や音楽をつくる」活動についての知識や技能を示している。

「知識や技能を得たり生かしたり」としているのは，音の面白さに気付いたり，音や音楽で表現することについて思いもったりするためには，その過程で新たな知識や技能を習得することと，これまでに習得した知識や技能を活用することの両方が必要となるからである。したがって，知識や技能を習得してから自分なりに表そうとするといった，一方向のみの指導にならないように留意する必要がある。

(ｱ)の事項の㋑に示している「音や音楽で表現することについて思いをもつ」とは，このような音楽をつくりたいといった考えをもつことである。

(イ)の事項は，音楽づくり分野における知識に関する資質・能力である，「㋐声や身の回りの様々な音の特徴」及び「㋑音のつなげ方の特徴」について，それらが生み出す面白さなどに気付くことができるようにすることをねらいとしている。

　(イ)の事項で「それらが生み出す面白さなどに触れて気付くこと」としているのは，音楽づくりの活動では，この音は面白い，このつなげ方は面白いといった，実感を伴った気付きを求めているからである。

　㋐の「声や身の回りの様々な音の特徴」の「声」とは，歌声だけでなく，ささやき声やため息のように，息を使った声，擬声語や擬態語なども含んでいる。また，「身の回りの音」とは，自然や生活の中で耳にする音，身近な楽器や身の回りのもので出せる音のことを意味している。

　㋑の「音のつなげ方の特徴」とは，音楽の仕組みを手掛かりにして，それぞれの音を関連付けながら一つのまとまりを形づくるようにしていくことである。

　活動の例として，わらべうたに使われている音を用いて，「よびかけ」と「こたえ」になるような短い旋律をつくる活動や，短いリズムをつくり，それを反復して簡単な音楽にする活動などが考えられる。

　(ウ)の事項では，音楽づくり分野における技能に関する資質・能力である，気付きを生かした表現や思いに合った表現をするために必要な㋐及び㋑の技能を身に付けることができるようにすることをねらいとしている。

　㋐の「音を選んだりつなげたりして，表現する」とは，例えば，あらかじめ決められたとおりに表現するのではなく，設定した条件に基づいて，その場で選んだりつなげたりして表現することである。

　㋑の「教師や友達と一緒に簡単な音や音楽をつくる」とは，教師や友達が発する声や音の特徴を注意深く聴きながら，音を簡単な音楽にしていくことである。

　技能の指導に当たっては，表したい思いをもち，それを実現するために必要な技能の習得が図られるよう，事項(ア)と関連を図りながら，意図的，計画的に指導を進めることが大切である。

---

　エ　身体表現の活動を通して，次の事項を身に付けることができるよう指導する。
　(ア)　身体表現についての知識や技能を得たり生かしたりしながら，簡単なリズムの特徴を感じ取り，体を動かすことについて思いをもつこと。
　(イ)　次の㋐及び㋑について気付くこと。
　　㋐　拍や曲の特徴的なリズム
　　㋑　曲名と動きとの関わり
　(ウ)　思いに合った動きで表現するために必要な次の㋐から㋒までの技能を身に付けること。

> ㋐ 示範を見て模倣したり，拍や特徴的なリズムを意識したりして手足や身体全体を動かす技能
> ㋑ 音や音楽を聴いて，手足や身体全体を自然に動かす技能
> ㋒ 教師や友達と一緒に体を動かす技能

　ここでは，２段階の身体表現に関する事項を示している。
　「身体表現」とは音やリズムを体全体で感じ取り，受け止めた思いを自発的に出てくる動きで表現することである。
　２段階の身体表現の活動では，リズムの働きが生み出す面白さを感じ取りながら，示範を見てまねしてみることや，教師や友達と一緒に身体表現することなどをねらいとしている。
　このねらいを実現するためには，拍や特徴的なリズムを意識することや，音や音楽を聴いて，手足や体全体を自然に動かすことに気付くことを大切にしながら，教師のまねをしたい，友達と一緒に動きたいという思いがもてるよう指導することが必要である。その際，〔共通事項〕との関連を十分に図り，教師と一緒に楽しく身体表現の活動を進めることが大切である。
　(ア)の事項は，身体表現分野における「思考力，判断力，表現力等」に関する資質・能力である，簡単なリズムの特徴を感じ取り，体を動かすことについて思いをもつことができるようにすることをねらいとしている。
　「身体表現についての知識や技能」とは，(イ)及び(ウ)に示すものである。
　「知識や技能を得たり生かしたり」としているのは，簡単なリズムを感じ取り，体を動かすことについて思いをもつためには，その過程で新たな知識や技能を習得することと，これまでに習得した知識や技能を活用することの両方が必要となるからである。したがって，知識や技能を習得してから自分なりに表そうとするといった，一方向のみの指導にならないように留意する必要がある。
　「体を動かすことについて思いをもつこと」とは，児童が教師の支援を受けながら，体を動かす経験をすることにより，部分的に自発的な動きを生み出すことができるようになることである。
　(イ)の事項は，身体表現分野における知識に関する資質・能力である，「㋐拍や曲の特徴的なリズム」及び「㋑曲名と動きとの関わり」に気付くことができるようにすることをねらいとしている。
　㋐の「拍や曲の特徴的なリズム」に気付くとは，例えば，覚えやすい特徴のあるリズムの曲を使用する場合に，繰り返し動くことで，そのリズムの特徴を身体で受け止めて気付くことである。
　㋑の「曲名と動きとの関わり」とは，例えば，「マーチ」，「タンゴ」，「ぞうさん」，「うさぎのダンス」といったそれぞれの曲に見られる特徴的なリズムや固有

名詞等から，例えば，ゆったりと歩く，リズミカルに跳ねるなどという動きの種類を想起することである。

 (ｳ)の事項は，身体表現分野における技能に関する資質・能力である，思いに合った動きで表現するために必要な㋐から㋒までの技能を身に付けることができるようにすることをねらいとしている。

 「思いに合った動きで表現する」とは，児童が，自分なりに楽しんで体を動かしたり，うれしそうな表情で表現したり，曲を自分なりに思い浮かべて，思わず体を動かしているような様子のことである。

 思いに合った表現をするために必要な技能としているのは，以下に示す㋐から㋒までの技能を，いずれも思いに合った音楽表現をするために必要なものとして位置付けているからである。

 したがって，技能の指導に当たっては，学習の過程において，児童が表したい思いをもち，それを実現するために必要な(ｳ)の事項の㋐から㋒までの技能を習得することへの気付きが図られるよう，事項(ｱ)と関連を図りながら，どの場面でどのような技能を習得できるようにするのかについて，意図的，計画的に指導を進めることが大切である。

 ㋐の「示範を見て模倣したり，拍や特徴的なリズムを意識したりして手足や身体全体を動かす」とは，例えば，はじめは示範をまねして動き，拍や特徴的なリズムを感じ取った動きで表現しながら，徐々に主体的に表現できるようにすることである。

 ㋑の「音や音楽を聴いて，手足や身体全体を自然に動かす」とは，例えば，音や音楽を聴いて感じた思いに合った手足の動きで表現したり，身体全体を使った動きで表現したりすることである。

 ㋒の「教師や友達と一緒に動かす」とは，例えば，近くにいる教師や友達と手をつないで，小さな動きから，揺れる動きを徐々に大きくしていくことで，動きの広がりによる豊かな表現にすることである。

 身体表現の活動の指導に当たっては，簡単なリズムの特徴を感じ取り，体を動かすことについて思いをもつことと，〔共通事項〕との関連を十分に図り，教師と一緒に楽しく身体表現の活動を進めることが大切である。

---

B　鑑　賞
ア　鑑賞の活動を通して，次の事項を身に付けることができるよう指導する。
　(ｱ)　鑑賞についての知識を得たり生かしたりしながら，身近な人の演奏を見たり，体の動きで表したりしながら聴くこと。
　(ｲ)　身近な人の演奏に触れて，好きな音色や楽器の音を見付けること。

ここでは，2段階の鑑賞に関する事項を示している。

2段階の鑑賞の活動では，音楽を聴いたり，演奏しているところを見たりする中で，感じたことを体で表現することなどをねらいとしている。

このねらいを実現するためには，身近な人の演奏を見たり，聴いたりする活動を通して，音楽に合わせて体を揺らしたり，声を出したりするなど，身近な人の演奏の楽しさに気付くことを大切にしながら，自分の好きな音色や音を見付けられるよう指導することが必要である。その際，〔共通事項〕との関連を十分に図り，教師と一緒に楽しい鑑賞の活動を進めることが大切である。

(ア)の事項は，「鑑賞」領域における「思考力，判断力，表現力等」に関する資質・能力である，身近な人の演奏を見たり，体の動きで表したりしながら聴くことをねらいとしている。

「鑑賞についての知識」とは，(イ)に示すものである。

「知識を得たり生かしたり」としているのは，身近な人の演奏を見たり，体の動きで表したりしながら聴くためには，その過程で新たな知識を習得することと，これまでに習得した知識を活用することの両方が必要となるからである。したがって，知識を習得してから身近な人の演奏を見たり，体の動きで表したりといった，一方向のみの指導にならないように留意する必要がある。

「体の動きで表したりしながら聴くこと」とは，好きな音楽の特徴を，体を揺らしたり，声を出したり，手を動かしたり，体を使って表すことである。

このような学習を実現するためには，(イ)と関連を図ることが重要となる。児童が学習の初期に抱いた，例えば，曲や演奏の部分的な楽しさなどの曲の印象を起点として，(ア)と(イ)との関連を図った学習を通して，曲全体を見通しながら，聴くようにすることが必要である。

(イ)の事項は，鑑賞領域における知識に関する資質・能力である，身近な人の演奏に触れて，好きな音色や楽器の音を見付けることができるようにすることをねらいとしている。

「好きな音色や楽器の音を見付けること」とは，身近な人の演奏や自分の生活に身近な音を聴く中で，好みの音色やフレーズを見付けることである。

鑑賞の活動の指導に当たっては，音楽に合わせて体を動かしたり，感じ取ったことや気付いたことを伝え合ったり，特徴的な部分を取り出して聴いたりするなど，効果的な手立てを工夫することが大切である。

### (6) 3段階の目標と内容
**ア　目標**

> ○3段階
> (1) 目　標
>   ア　曲名や曲想と音楽のつくりについて気付くとともに，音楽表現を楽しむために必要な身体表現，器楽，歌唱，音楽づくりの技能を身に付けるようにする。
>   イ　音楽表現に対する思いをもつことや，曲や演奏の楽しさを見いだしながら音楽を味わって聴くことができるようにする。
>   ウ　音や音楽に楽しく関わり，協働して音楽活動をする楽しさを感じながら，身の回りの様々な音楽に興味をもつとともに，音楽経験を生かして生活を明るく潤いのあるものにしようとする態度を養う。

　今回の改訂では，ア「知識及び技能」の習得に関する目標，イ「思考力，判断力，表現力等」の育成に関する目標，ウ「学びに向かう力，人間性等」の涵養に関する目標を示している。
　これらの目標を実現するためには，次の「イ内容」に示している資質・能力を，適切に関連付けながら育成することが重要である。

**イ　内容**

> (2) 内　容
>   A　表　現
>   ア　歌唱の活動を通して，次の事項を身に付けることができるよう指導する。
>   (ｱ) 歌唱表現についての知識や技能を得たり生かしたりしながら，歌唱表現に対する思いをもつこと。
>   (ｲ) 次の㋐及び㋑について気付くこと。
>     ㋐　曲の雰囲気と曲の速さや強弱との関わり
>     ㋑　曲名や歌詞に使われている言葉から受けるイメージと曲の雰囲気との関わり
>   (ｳ) 思いに合った歌い方で歌うために必要な次の㋐から㋒までの技能を身に付けること。
>     ㋐　範唱を聴いて歌ったり，歌詞やリズムを意識して歌ったりする技能

　　　　　④　自分の歌声の大きさや発音などに気を付けて歌う技能
　　　　　㋒　教師や友達と一緒に声を合わせて歌う技能

　ここでは，3段階の歌唱に関する事項を示している。
　3段階の歌唱の活動では，範唱を聴いたり，教師や友達と合わせて歌ったりする活動を通して，歌詞やリズムを意識したり，曲に合った速さや強弱を考えたり，自分の声の大きさなどに気を付けたりして表現したりすることなどをねらいとしている。
　このねらいを実現するためには，歌詞に使われている言葉からその名前や風景などイメージをふくらませたり，曲の雰囲気と速さや強弱の関係に気付いたりして，どのように歌いたいか考えて表現できるように指導することが必要である。その際，〔共通事項〕との関連を十分に図り，教師や友達と一緒に楽しい歌唱の活動を進めることが大切である。
　(ｱ)の事項は，歌唱分野における「思考力，判断力，表現力等」に関する資質・能力である，どのように歌うかについて思いをもつことができるようにすることをねらいとしている。
　歌唱表現についての知識や技能とは，(ｲ)及び(ｳ)に示すものである。
　「知識や技能を得たり生かしたり」としているのは，歌唱表現に対する思いをもつためには，その過程で新たな知識や技能を習得することと，これまでに習得した知識や技能を活用することの両方が必要となるからである。したがって，知識や技能を習得してから自分なりに表そうとするといった，一方向のみの指導にならないように留意する必要がある。
　(ｲ)の事項は，歌唱分野における知識に関する資質・能力である，「㋐曲の雰囲気と曲の速さや強弱との関わり」及び「④曲名や歌詞に使われている言葉から受けるイメージと曲の雰囲気との関わり」について気付くことができるようにすることをねらいとしている。
　④の「言葉から受けるイメージと曲の雰囲気との関わり」に気付くとは，その言葉に含まれている物の名前や風景などのイメージをふくらませ，感じたこととその曲の速度や強弱などとの関わりに気付くことである。
　(ｳ)の事項は，歌唱分野における技能に関する資質・能力である，思いに合った表現をするために必要な㋐から㋒までの技能を身に付けることができるようにすることをねらいとしている。
　「思いに合った歌い方で歌う」とは，自分なりに楽しんで声を出したり，うれしそうな表情で歌ったり，曲を自分なりに思い浮かべて，思わず声を出しているような様子などである。
　思いに合った表現をするために必要な技能としているのは，以下に示す㋐から

㋒までの技能を，いずれも思いに合った音楽表現をするために必要なものとして位置付けているからである。

　したがって，技能の指導に当たっては，学習の過程において，児童が表したい思いをもち，それを実現するために必要な(ｳ)の事項の㋐から㋒までの技能を習得することへの気付きが図られるよう，事項(ｱ)と関連を図りながら，どの場面でどのような技能を習得できるようにするのかについて，意図的，計画的に指導を進めることが大切である。

　㋐の「範唱を聴いて歌ったり，歌詞やリズムを意識して歌ったりする」とは，思いに合った表現をするために必要な範唱を聴いて歌ったり，歌詞やリズムを意識して歌うことである。

　なお，「範唱」は，教師による演奏をはじめ，音源や映像等の視聴覚教材の利用，専門家による演奏などが考えられる。

　㋑の「自分の歌声の大きさや発音などに気を付けて歌う」とは，例えば，「こう歌いたい」という思いをもちながら，それを実現するために，自分の歌声や発音などに注意を向けて歌うことである。

　㋒の「教師や友達と一緒に声を合わせて歌う」とは，思いに合った表現をするために必要な互いの歌声や伴奏を聴いて，教師や友達と声を合わせて歌うことである。

---

イ　器楽の活動を通して，次の事項を身に付けることができるよう指導する。
　(ｱ) 器楽表現についての知識や技能を得たり生かしたりしながら，器楽表現に対する思いをもつこと。
　(ｲ) 次の㋐及び㋑について気付くこと。
　　㋐　リズム，速度や強弱の違い
　　㋑　演奏の仕方による楽器の音色の違い
　(ｳ) 思いに合った表現をするために必要な次の㋐から㋒までの技能を身に付けること。
　　㋐　簡単な楽譜などを見てリズム演奏などをする技能
　　㋑　身近な打楽器や旋律楽器を使って演奏する技能
　　㋒　教師や友達の楽器の音を聴いて演奏する技能

---

　ここでは，3段階の器楽に関する事項を示している。

　3段階の器楽の活動では，身近な打楽器や旋律楽器を中心として，簡単な楽譜などを見て，リズム演奏や初歩的な合奏をすることなどをねらいとしている。

　このねらいを実現するためには，リズム，速度や強弱などを意識できることを大切にしながら，教師や友達の音と合わせてどのように演奏したいかという思い

がもてるよう指導することが必要である。その際，〔共通事項〕との関連を十分に図り，教師や友達と一緒に楽しい器楽の活動を進めることが大切である。

(ア)の事項は，器楽分野における「思考力，判断力，表現力等」に関する資質・能力である，器楽表現に対する思いをもつことができるようにすることをねらいとしている。

器楽表現についての知識や技能とは，(イ)及び(ウ)に示すものである。

「知識や技能を得たり生かしたり」としているのは，器楽表現に対する思いをもつためには，その過程で新たな知識や技能を習得することと，これまでに習得した知識や技能を活用することの両方が必要となるからである。したがって，知識や技能を習得してから自分なりに表そうとするといった，一方向のみの指導にならないように留意する必要がある。

(イ)の事項は，器楽分野における知識に関する資質・能力である，「㋐リズム，速度や強弱の違い」及び「㋑演奏の仕方による楽器の音色の違い」に気付くことができるようにすることをねらいとしている。

㋐の「リズム，速度や強弱の違い」に気付くとは，例えば，音の強弱の違いや速度の違いに気付いたり，♩♩（タンタン）と ♫♫（タタタタ）などのリズムの違いに気付いたりすることである。

㋑の「演奏の仕方による楽器の音色の違い」とは，例えば，そっと音を出したときと強く音を出した時の音色の違いに気付くことである。

(ウ)の事項は，器楽分野における技能に関する資質・能力である，思いに合った表現をするために必要な㋐から㋒までの技能を身に付けることができるようにすることをねらいとしている。

思いに合った表現をするために必要な技能としているのは，以下に示す㋐から㋒までの技能を，いずれも思いに合った音楽表現をするために必要なものとして位置付けているからである。

したがって，技能の指導に当たっては，学習の過程において，児童が表したい思いをもち，それを実現するために必要な(ウ)の事項の㋐から㋒までの技能を習得することへの気付きが図られるよう，事項(ア)と関連を図りながら，どの場面でどのような技能を習得できるようにするのかについて，意図的，計画的に指導を進めることが大切である。

㋐の「簡単な楽譜」とは，楽器の絵を順番に並べて書いた絵譜や「どみどみ」のように文字で音符，リズム，旋律，和音を描いた楽譜などのことである。

「簡単な楽譜などを見てリズム演奏などをする」とは，簡単な楽譜を用いて，見ることと演奏することを同時に行い，教師の演奏を模倣したり，合図に合わせたりしながら，さぐり弾きや部分奏，簡単な合奏などをすることである。また，

自由に演奏するだけでなく指揮や合図を見て，♩♩♩♩（タンタンタンタン）や♩𝄽♩𝄽（タンウンタンウン）などを意識して演奏することなども含まれている。

㋑の「身近な打楽器や旋律楽器」とは，２段階の打楽器に加えて，鍵盤楽器やリコーダーなどの旋律楽器や，単音グロッケンやハンドベルなどの一音一音が別々に出せる有音程の打楽器などのことである。

「身近な打楽器や旋律楽器を使って演奏する」とは，例えば，身近な打楽器や旋律楽器を使って，曲の一部を演奏すること，また，旋律楽器を打楽器のように演奏して，和声の一部を奏でることである。その際，楽器の固有の音色を意識した「打ち方」や「弾き方」などを身に付けるようにすることが大切である。

㋒の「教師や友達の楽器の音を聴いて演奏する」とは，自分の音だけではなく友達の音を聴きながら演奏することを意味している。

> ウ　音楽づくりの活動を通して，次の事項を身に付けることができるよう指導する。
> 　(ｱ)　音楽づくりについての知識や技能を得たり生かしたりしながら，次の㋐及び㋑をできるようにすること。
> 　　㋐　音遊びを通して，音の面白さに気付いたり，音楽づくりの発想を得たりすること。
> 　　㋑　どのように音を音楽にしていくかについて思いをもつこと。
> 　(ｲ)　次の㋐及び㋑について，それらが生み出す面白さなどと関わって気付くこと。
> 　　㋐　声や身の回りの様々な音の特徴
> 　　㋑　簡単なリズム・パターンの特徴
> 　(ｳ)　気付きや発想を生かした表現や，思いに合った表現をするために必要な次の㋐及び㋑の技能を身に付けること。
> 　　㋐　音を選んだりつなげたりして表現する技能
> 　　㋑　教師や友達と一緒に音楽の仕組みを用いて，簡単な音楽をつくる技能

ここでは，３段階の音楽づくりに関する事項を示している。

３段階では，音を選んだり，つないだりして簡単な音楽をつくることなどをねらいとしている。

このねらいを実現するためには，声や身の回りの様々な音の特徴や簡単なリズム・パターンの特徴が生み出す面白さに気付くことを大切にしながら，どのように音を音楽にしていくかについて思いをもてるように指導していくことが必要で

ある。その際，(ｱ)，(ｲ)及び(ｳ)を適切に関連させて扱うとともに，〔共通事項〕との関連を十分に図った題材を構成することが大切である。

なお，音楽づくりの活動の中で，(ｱ)，(ｲ)及び(ｳ)の各事項の㋐は主に「音遊び」の活動を通して育成する資質・能力を示し，㋑は主に「音を音楽にしていく」活動を通して育成する資質・能力を示している。題材を構成する際は，各事項の㋐及び㋑の内容のまとまりを念頭に置くことも必要となる。

3段階の音楽づくりでは，音遊びや音を音楽にしていく活動を通して，児童が教師と友達と一緒に楽しく音楽づくりの活動を感じ取ることができるように指導を工夫することが大切である。

(ｱ)の事項は，音楽づくり分野における「思考力，判断力，表現力等」に関する資質・能力である，「㋐音遊びを通して，音の面白さに気付いたり，音楽づくりの発想を得たりすること」及び「㋑どのように音を音楽にしていくかについて思いをもつこと」ができるようにすることをねらいとしている。

音楽づくりについての知識や技能とは，(ｲ)及び(ｳ)に示すものである。(ｲ)及び(ｳ)の㋐は主に「音遊び」の活動，㋑は主に「音楽をつくる」活動についての知識や技能を示している。

「知識や技能を得たり生かしたり」としているのは，音の面白さに気付いたり，音楽づくりの発想を得たりするためには，その過程で新たな知識や技能を習得することと，これまでに習得した知識や技能を活用することの両方が必要となるからである。したがって，知識や技能を習得してから自分なりに表そうとするといった，一方向のみの指導にならないように留意する必要がある。

㋐の「音楽づくりの発想を得たりする」とは，声や身の回りの様々な音を，その場で選んだりつなげたりする中で生まれる，「これらの音をこうしたら面白くなる」という考えをもつことである。

(ｲ)の事項は，音楽づくり分野における知識に関する資質・能力である，「㋐声や身の回りの様々な音の特徴」及び「㋑簡単なリズム・パターンの特徴」について，それが生み出す面白さなどに関わって気付くことができるようにすることをねらいとしている。

「簡単なリズム・パターン」とは，児童にとってわかりやすい，例えば，♩♩♩𝄽（タンタンタンウン），♩♫♩𝄽（タン・タタ・タン・ウン）のパターンのことである。

(ｳ)の事項は，音楽づくり分野における「技能」に関する資質・能力である，気付きや発想を生かした表現や，思いに合った表現をするために必要な次の㋐及び㋑までの「技能」を身に付けることができるようにすることをねらいとしている。

「気付きや発想を生かした表現」としているのは，音楽づくりの活動では，表

したい表現に対する実感を伴った気付きや思いを大切に引きだしたいからである。

「音楽の仕組みを用いて,簡単な音楽をつくる」とは,反復や呼びかけとこたえ,変化などの音楽の仕組みを使って,音を簡単な音楽にしていくことを意味している。例えば,呼びかけとこたえになるようなリズムや旋律をつくり,それを反復させたり変化させたりする活動,擬声語や擬態語など,ことばのリズムにのせて反復したり組み合わせたりすることである。

気付きや発想を生かした表現や,思いに合った表現をするために必要な技能としているのは,㋐の技能を,気付きを生かした表現をするために必要となるもの,㋑に示す技能を,思いに合った音楽表現をするために必要となるものとして位置付けているからである。

技能の指導に当たっては,児童が表したい思いをもち,それを実現するために必要な技能を習得すること必要性への気付きが図られるよう,事項(ｱ)と関連を図りながら,意図的,計画的に指導を進めることが大切である。

エ　身体表現の活動を通して,次の事項を身に付けることができるよう指導する。

(ｱ) 身体表現についての知識や技能を得たり生かしたりしながら,簡単なリズムや旋律の特徴,歌詞を感じ取り,体を動かすことについて思いをもつこと。

(ｲ) 次の㋐及び㋑の関わりについて気付くこと。

㋐　曲のリズム,速度,旋律

㋑　曲名,拍やリズムを表す言葉やかけ声,歌詞の一部

(ｳ) 思いに合った体の動きで表現するために必要な次の㋐から㋒までの技能を身に付けること。

㋐　示範を見たり,拍やリズム,旋律を意識したりして,身体表現をする技能

㋑　音や音楽を聴いて,様々な体の動きで表現する技能

㋒　教師や友達と一緒に体を使って表現する技能

ここでは,３段階の身体表現に関する事項を示している。

なお,身体表現とは,音やリズムを体全体で感じ取り,受け止めた思いを自発的に出てくる動きで表現することである。

３段階では,リズムを聴き取る力に加えて,旋律や歌詞の一部を聴いて,表現しようとする力を育てていくことなどをねらいとしている。また,示範を見てまねしてみることや,教師や友達と一緒に身体表現することなどもねらいとしている。

これらのねらいを実現するためには，3段階では，拍，リズム・パターン，旋律を意識することによって，手足や体全体が自然に動くことが分かるようにし，教師のまねをしたい，教師や友達と一緒に体を使って表現したいという思いがもてるよう指導することが必要となる。その際，〔共通事項〕との関連を十分に図り，教師や友達と一緒に楽しく身体表現の活動を進めることが大切である。

(ア)の事項は，身体表現分野における「思考力，判断力，表現力等」に関する資質・能力である，簡単なリズムや，旋律の特徴，歌詞を感じ取り，体を動かすことについて思いをもつことができるようにすることをねらいとしている。

「知識や技能を得たり生かしたり」としているのは，簡単なリズムや，旋律の特徴，歌詞を感じ取り，体を動かすことについて思いをもつためには，その過程で新たな知識や技能を習得することと，これまでに習得した知識や技能を活用することの両方が必要となるからである。したがって，知識や技能を習得してから自分なりに表そうとするといった，一方向のみの指導にならないように留意する必要がある。

「簡単なリズムや，旋律の特徴，歌詞を感じ取り，体を動かすことについて思いをもつこと」とは，簡単なリズムに合わせて，自発的に体を動かす経験をすることにより，旋律や歌詞にも意識を向けて，部分的に表現しようとする気持ちをもつことである。

「身体表現についての知識や技能」とは，(イ)及び(ウ)に示すものである。

「体を動かすことについて思いをもつこと」とは，児童が教師の支援を受けながら，体を動かす経験をすることにより，部分的に自発的な動きを生み出すことができるようになることである。

(イ)の事項は，身体表現分野における知識に関する資質・能力である，「㋐曲のリズム，速度，旋律」及び「㋑曲名，拍やリズムを表す言葉やかけ声，歌詞の一部」の関わりについて気付くことができるようにすることをねらいとしている。

㋐の「曲のリズム，速度，旋律」と㋑「曲名，拍やリズムを表す言葉やかけ声，歌詞の一部」との関わりに気付くとは，例えば，児童が，ある動物名が付いている曲名やその歌詞の一部に出てくる動きを表す言葉と，それらを表すリズムや速度，旋律のつながりに気付くことである。

(ウ)の事項は，身体表現分野における技能に関する資質・能力である，思いに合った動きで表現するために必要な㋐から㋒までの技能を身に付けることができるようにすることをねらいとしている。

「思いに合った体の動きで表現するため」とは，2段階で表現した動きから，よりふさわしいと思う動きで表現することを大事にしていくことである。

思いに合った表現をするために必要な技能としているのは，以下に示す㋐から㋒までの技能を，いずれも思いに合った音楽表現をするために必要なものとして

位置付けているからである。
　したがって，技能の指導に当たっては，学習の過程において，児童が表したい思いをもち，それを実現するために必要な(ｳ)の事項の㋐から㋒までの技能を習得することへの気付きが図られるよう，事項(ｱ)と関連を図りながら，どの場面でどのような技能を習得できるようにするのかについて，意図的，計画的に指導を進めることが大切である。
　㋐の「示範を見たり，拍やリズム，旋律を意識したりして，身体表現をする」とは，例えば，示範の表現を見ながら，自分が意識した拍やリズム，旋律を表現することである。
　㋑の「音や音楽を聴いて，様々な体の動きで表現する」とは，音や音楽を聴いて，例えば，拍は足踏みで表現し，旋律は腕の動きで表現することである。
　㋒の「教師や友達と一緒に体を使って表現する」とは，例えば，旋律やリズム，和音の響きといった音の厚みを，友達と一緒に感じながら表現することである。
　身体表現の活動の指導に当たっては，簡単なリズムの面白さなどを感じ取り，体を動かすことについて思いをもつこと，〔共通事項〕との関連を十分に図り，身体表現の活動を進めることが大切である。

> B　鑑賞
> 　ア　鑑賞の活動を通して，次の事項を身に付けることができるよう指導する。
> 　　(ｱ)　鑑賞についての知識を得たり生かしたりしながら，曲や演奏の楽しさを見いだして聴くこと。
> 　　(ｲ)　曲想や楽器の音色，リズムや速度，旋律の特徴に気付くこと。

　ここでは，３段階の鑑賞に関する事項を示している。
　３段階では，音楽を聴いたり演奏しているところを見たりする中で，その特徴に気付いたり，楽しさを味わったりすることなどをねらいとしている。
　このねらいを実現するためには，２段階での身近な人の演奏を見たり聴いたりすることに加え，リズムや速度，旋律などが親しみやすい曲を聴く活動を通して，楽器の音色の違い等，音楽を形づくっている要素や曲の面白さ，楽しさに気付きながら，様々な曲への関心の広がりがもてるよう指導する。その際，〔共通事項〕との関連を十分に図り，友達や教師と一緒に楽しく鑑賞の活動を進めることが大切である。
　(ｱ)の事項は,「鑑賞」領域にける「思考力，判断力，表現力等」に関する資質・能力である，曲や演奏の楽しさを見いだして聴くことができるようにすることをねらいとしている。

「鑑賞についての知識」とは，(イ)に示すものである。

「知識を得たり生かしたり」としているのは，曲や演奏の楽しさを見いだして聴くためには，その過程で新たな知識を習得することと，これまでに習得した知識を活用することの両方が必要となるからである。したがって，知識を習得してから曲や演奏の楽しさを見いだして聴くといった，一方向のみの指導にならないように留意する必要がある。

「楽しさを見出して聴くこと」とは，例えば，リズムや速度の面白さに気付き，自然と体が動いたり，自分の好きな部分を口ずさんだり，踊ったりしながら聴いたり，逆に自分の好きな曲に対し，動きを止めてじっと耳を傾けて聴くことである。

鑑賞についての「知識を得たり生かしたりする」としているのは，曲や演奏の楽しさを見いだして聴くためには，その過程で新たな知識を習得することと，これまでに習得した知識を活用することの両方が必要となるからである。したがって，知識を習得してから楽しさを見いだすといった，一方向のみの指導にならないようにする必要がある。

このような学習を実現するためには，(イ)と関連を図ることが重要となる。児童が学習の初期に抱いた，例えば，曲や演奏の部分的な楽しさなどの曲の印象を起点として，(ア)と(イ)との関連を図った学習を通して，曲全体を見通しながら，聴き深めていくようにすることが必要である。

(イ)の事項は，鑑賞領域における「知識」に関する資質・能力である，曲想や楽器の音色，リズムや速度，旋律の特徴に気付くことができるようにすることをねらいとしている。

曲想や楽器の音色，リズムやテンポ，旋律の特徴に気付くためには，手拍子などでリズムをまねしてみたり，旋律を歌ってみたりする中で，その面白さや違いを意識することが大切である。

---

〔共通事項〕
(1)「A表現」及び「B鑑賞」の指導を通して，次の事項を身に付けることができるよう指導する。
　ア　音楽を形づくっている要素を聴き取り，それらの働きが生み出すよさや面白さ，美しさを感じ取りながら，聴き取ったことと感じとったこととの関わりについて考えること。
　イ　絵譜や色を用いた音符，休符，記号や用語について，音楽における働きと関わらせて，その意味に触れること。

---

〔共通事項〕とは，表現及び鑑賞の学習において共通に必要となる資質・能力

を示したものである。1段階から3段階までの「A表現」及び「B鑑賞」の指導の過程において、各事項と併せて十分な指導が行われるよう工夫することが必要である。

アの事項は、音楽科における「思考力、判断力、表現力等」に関する資質・能力である、音楽を形づくっている要素の働きが生み出すよさや面白さ、美しさを感じ取りながら、聴き取り感じとったこととの関わりについて考えることができるようにすることをねらいとしている。

音楽を形づくっている要素とは、「3 指導計画の作成と内容の取扱い」(2)のコに示す「(ｱ)音楽を特徴付けている要素」及び「(ｲ)音楽の仕組み」である。児童の障害の状態や特性及び心身の発達の段階等や指導のねらいに応じて、適切に選択したり関連付けたりして指導することが求められる。

「聴き取ったことと感じ取ったこととの関わりについて考える」とは、感じ取ったことの理由を、音楽を形づくっている要素の働きに求めたり、音楽を形づくっている要素の働きがどのような面白さ、美しさを生み出しているかについて考えたりすることである。

例えば、「速度」であれば、速くなったのか、それとも遅くなったのかを聴き分けたり、「これは速度が速い」、「これは速度が遅い」と意識したりするなど、速度の特徴を客観的に聴き取るだけでなく、「だんだん忙しい感じになってきたのに、急にのんびりとした感じに変わったのは、速度がだんだん速くなった後に、急に速度が遅くなったから」と捉えるなど、速度の変化とその働きが生み出すよさや面白さ、美しさとの関係を考えることである。

指導に当たっては、児童が音や音楽と出会い、曲名や曲想と音楽のつくりとの関わりについて気付いたり、思いをもって表現したり、曲や演奏の楽しさを感じながら、音楽を味わって聴いたりするなどの学習において、聴いたことと感じたこととの関わりについて考えることを適切に位置付けることが大切である。

イの事項は、音楽科における知識に関する資質・能力である、絵譜や色を用いた音符、休符、記号や用語について、音楽における働きと関わらせて、その意味に触れることができるようにすることをねらいとしている。

音楽を形づくっている要素及びそれらに関わる絵譜や色を用いた音符、休符、記号や用語については、児童の発達の段階に合わせた理解を促しやすい色の付いた音符や色分けした絵譜などを活用しながら、知識を増やし生活の中でも活用できるようになることに配慮して指導することが大切である。

## 4 指導計画の作成と内容の取扱い
### (1) 指導計画作成上の配慮事項

音楽科の指導計画には、6年間を見通した指導計画、年間指導計画、各題材の

指導計画，各授業の指導計画などがある。これらの指導計画を作成する際は，それぞれの関連に配慮するとともに，評価の計画も含めて作成する必要がある。

> 3　指導計画の作成と内容の取扱い
> (1)　指導計画の作成に当たっては，次の事項に配慮するものとする。
> 　ア　題材など内容や時間のまとまりを見通して，その中で育む資質・能力の育成に向けて，児童の主体的・対話的で深い学びの実現を図るようにすること。その際，音楽的な見方・考え方を働かせ，他者と協働しながら，音楽表現を生み出したり音楽を聴いてそのよさなどを見いだしたりするなど，思考，判断し，表現する一連の過程を大切にした学習の充実を図ること。

　この事項は，音楽科の指導計画の作成に当たり，児童の主体的・対話的で深い学びの実現を目指した授業改善を進めることとし，音楽科の特質に応じて，効果的な学習が展開できるように配慮すべき内容を示したものである。

　音楽科の指導に当たっては，(1)「知識及び技能」が習得されること，(2)「思考力，判断力，表現力等」を育成すること，(3)「学びに向かう力，人間性等」を涵養することが偏りなく実現されるよう，題材など内容や時間のまとまりを見通しながら，主体的・対話的で深い学びの実現に向けた授業改善を行うことが重要である。

　児童に音楽科の指導を通して「知識及び技能」や「思考力，判断力，表現力等」の育成を目指す授業改善を行うことはこれまでも多くの実践が重ねられてきている。そのような着実に取り組まれてきた実践を否定し，全く異なる指導方法を導入しなければならないと捉えるのではなく，児童や学校の実態，指導の内容に応じ，「主体的な学び」，「対話的な学び」，「深い学び」の視点から授業改善を図ることが重要である。

　主体的・対話的で深い学びは，必ずしも１単位時間の授業の中ですべてが実現されるものではない。題材など内容や時間のまとまりの中で，例えば，主体的に学習に取り組めるよう学習の見通しを立てたり学習したことを振り返ったりして自身の学びや変容を自覚できる場面をどこに設定するか，対話によって自分の考えなどを広げたり深めたりする場面をどこに設定するか，学びの深まりをつくりだすために，児童が考える場面と教師が教える場面をどのように組み立てるか，といった視点で授業改善を進めることが求められる。また，児童や学校の実態に応じ，多様な学習活動を組み合わせて授業を組み立てていくことが重要であり，題材のまとまりを見通した学習を行うに当たり基礎となる知識及び技能の習得に課題が見られる場合には，それを身に付けるために，児童の主体性を引き出すな

どの工夫を重ね，確実な習得を図ることが必要である。

　主体的・対話的で深い学びの実現に向けた授業改善を進めるに当たり，特に「深い学び」の視点に関して，各教科等の学びの深まりの鍵となるのが「見方・考え方」である。各教科等の特質に応じた，物事を捉える視点や考え方である「見方・考え方」を，習得・活用・探究という学びの過程の中で働かせることを通じて，より質の高い深い学びにつなげることが重要である。

　音楽的な見方・考え方とは，「音楽に対する感性を働かせ，音や音楽を，音楽を形づくっている要素とその働きの視点で捉え，自己のイメージや感情，生活や文化などと関連付けること」であると考えられる。

　今回の改訂では，教科の目標において，音楽科の学習が，表現及び鑑賞の活動を通して，音楽的な見方・考え方を働かせた学習活動によって，「知識及び技能」，「思考力，判断力，表現力等」，「学びに向かう力，人間性等」に関する資質・能力の育成を目指すことを示している。なお，音楽的な見方・考え方については，「2 音楽科の目標」で説明しているとおりである。

　音楽的な見方・考え方は，音楽科における学びの深まりの鍵となるものであるが，児童が自分の力だけで音楽に対する感性を働かせたり，音や音楽を，音楽を形づくっている要素とその働きの視点で捉えたりすることが難しい場面もある。したがって，音楽科において児童の主体的・対話的で深い学びの実現に向けた授業改善を図るようにするためには，学習過程や学習活動において，音楽的な見方・考え方を働かせることができるよう，効果的な指導の手立てを工夫することが重要となる。

　他者と協働しながら，音楽表現を生み出したり音楽を聴いてそのよさなどを見いだしたりするなどと示しているのは，その過程において，気付いたことや感じ取ったことなどについて互いに交流し，音楽の構造について共有したり，感じ取ったことに共感したりするなどの学びが重要となるからである。客観的な理由や根拠を基に友達と交流し，自分の考えをもち，音楽表現や鑑賞の学習を深めていく過程に音楽科の学習としての意味がある。

　思考，判断し，表現する一連の過程とは，表現領域においては，〔共通事項〕の学習との関連を図り，知識や技能を得たり生かしたりしながら，音楽表現を工夫し，どのように表すかについて思いや意図をもち，実際に歌ったり楽器を演奏したり音楽をつくったりする過程である。また，鑑賞領域においては，〔共通事項〕の学習との関連を図り，知識を得たり生かしたりしながら，曲や演奏のよさなどを見いだし，言葉で表しながら交流するなどして音楽を味わって聴く過程である。

　イ　2の目標及び内容の「A表現」のアからエまで（1段階はア）の指導については，(ア)，(イ)及び(ウ)の各事項を，「B鑑賞」のアの指導については，

> (ｱ)及び(ｲ)の各事項を，適切に関連させて指導すること。

　この事項は，3の各段階の内容の指導に当たって配慮すべきことについて示したものである。
　音楽遊びの(ｳ)，歌唱の(ｲ)及び(ｳ)，器楽の(ｲ)及び(ｳ)，音楽づくりの(ｱ)，(ｲ)及び(ｳ)，身体表現の(ｲ)及び(ｳ)では，それぞれの育成を目指す資質・能力に対して複数の事項を示している。これらについては，指導のねらいなどに応じて，一つの題材の中で複数の事項のうち一つ以上を扱うようにする。

> オ　国歌「君が代」は，時期に応じて適切に指導すること。

　児童が，将来国際社会において尊敬され，信頼される日本人として成長するためには，国歌を尊重する態度を養うようにすることが大切である。
　国歌「君が代」は，入学式や卒業式等の様々な場面において，小学部は6学年間，中学部は3学年間を通じて歌われるものである。一方で，児童の障害の状態や特性及び心身の発達の段階等を踏まえる必要があることから，小学部における音楽科では，国歌「君が代」は，時期に応じて適切に指導することとし，国歌「君が代」の指導の趣旨を明確にしている。
　「時期に応じて適切に指導する」とは，児童の障害の状態や特性及び心身の発達の段階等を踏まえ，教師や友達が歌うのを聴いたり，楽器の演奏やＣＤ等による演奏を聴いたり，みんなと一緒に歌ったりするなど，親しみをもてるよう，個々の児童に即した指導の工夫を行うことを示している。
　国歌の指導に当たっては，国歌「君が代」は，日本国憲法の下において，日本国民の総意に基づき天皇を日本国及び日本国民統合の象徴とする我が国の末永い繁栄と平和を祈念した歌であることを踏まえることが必要である。

### (2) 内容の取扱いについての配慮事項

> (2)　2の各段階の内容の取扱いについては，次の事項に配慮するものとする。
> 　ア　各段階の指導に当たっては，音や音楽との一体感を味わえるようにするため，指導のねらいに即して体を動かす活動を取り入れるようにすること。

　この事項は，各段階の「Ａ表現」及び「Ｂ鑑賞」の指導に当たって，体を動かす活動を取り入れることについて示したものである。児童が体全体で音楽を感じ取ることを通して，音楽科の学習において大切となる想像力が育まれていくので

ある。このように，児童が音楽との一体感を味わうことができるようにするためには，児童が感じた印象のままに自然に体が動くことを基本として，動きを想起しやすいリズムや和音の進行を用いて意図的，計画的に体を動かす活動を取り入れることが大切である。

> イ 各段階の指導に当たっては，音や音楽及び言葉によるコミュニケーションを図る指導を工夫すること。その際，児童の言語理解や発声・発語の状況等を考慮し，必要に応じてコンピュータや教育機器も活用すること。

　この事項は，各段階の「A表現」及び「B鑑賞」の指導に当たって，必要に応じてコンピュータや教育機器を効果的に活用できるよう指導を工夫することについて示したものである。例えば，児童が自分たちの演奏を，ICレコーダーなどを活用して録音し記録することで，曲や演奏の楽しさに気付くようにすることや，音声ソフト等を活用することで，児童が無理なく，工夫してコミュニケーションを図ったり，音楽をつくったりすることができるようにすることが考えられる。また，音量の変化に応じて図形の大きさや振動の強さが変わったり，また楽器の音色の変化によって色が変わったりするなどのように，聴覚と視覚，聴覚と触覚など，児童が複数の感覚を関連付けて音楽を捉えていくことができるようにすることなどが考えられる。そのことが，学習を深めることに有効に働くよう，教師の活用の仕方，児童への活用のさせ方について工夫することなどが大切である。

> ウ 児童が学校内における音楽活動とのつながりを意識できるような機会を作るなど，児童や学校，地域の実態に応じ，生活や社会の中の音や音楽と主体的に関わっていくことができるよう配慮すること。

　この事項は，児童が生活や社会の中の音や音楽と主体的に関わっていくことができるようにするために配慮すべきことを示したものである。
　音楽科の教科目標には，「生活の中の音や音楽に興味や関心をもって関わる資質・能力」の育成を目指すことを示している。音楽科では，この目標を実現することによって，生活や社会の中の音や音楽と豊かに関わることのできる人を育てること，そのことによって心豊かな生活を営むことのできる人を育てること，ひいては，心豊かな生活を営むことのできる社会の実現に寄与することを目指している。
　したがって，音楽科の学習で学んだことやその際に行った音楽活動と，学校内外における様々な音楽活動とのつながりを児童が意識できるようにすることは，心豊かな生活を営むことのできる社会の実現に向けて，音楽科の果たす大切な役

割の一つである。
　学校内の音楽活動には，音楽の授業のみではなく，特別活動などにおける諸活動などにおいて，歌を歌ったり楽器を演奏したり音楽を聴いたりする活動も含まれる。
　学校外における音楽活動には，児童が自分たちの演奏を披露するだけではなく，音楽家や地域の方々によるコンサートなどの様々な音楽活動も含まれる。例えば，歌唱や器楽で扱った世代を超えて大切にされている日本のうた，地域で親しまれている歌を参加者と歌ったり演奏したりするなどの活動が考えられる。その際，音楽科の学習で扱った教材曲と公共施設などの学校外における音楽活動で扱った曲との関わりに興味をもてるようにすることが大切である。
　このように，児童が音楽科の学習内容と学校内外の音楽活動とのつながりを意識できるようにするためには，授業で学んだことを，音楽科の授業以外の場面で発表するなど，音楽科の授業以外の場面においても音楽に主体的に関わっていく機会を活用していくことが必要である。

> エ　合奏や合唱などの活動を通して和音のもつ表情を感じることができるようにすること。また，長調及び短調の曲においては，Ⅰ，Ⅳ，Ⅴ及びⅤ$_7$などの和音を中心に指導すること。

　この事項は，和音の取扱いについて示したものである。
　和音の取扱いについては，理論的な指導に偏ることがないよう，あくまでも音楽活動を進める中で，児童の音楽的な感覚に働きかけるとともに，合唱や合奏をはじめ，音楽づくり，鑑賞など，具体的な活動を通して指導することが必要である。例えば，音の重ね方をいろいろと工夫して表現したり，それらを互いに聴き合ったりして，和音のもつ表情や，その表情が変化するよさや美しさを味わうようにすることが考えられる。
　また，和音を「音楽の縦と横との関係」で捉えて，旋律にふさわしい和音の連結による音楽の響きを聴き取り，感覚的にその変化のよさや美しさを味わうようにすることが考えられる。これは和声に関する学習となる。その際，和音の響きと和音の連結によって生まれる和声に対する感覚の育成を，児童の障害の状態や特性及び心身の発達の段階等に応じて行うように配慮することが大切である。
　長調や短調による音楽を取り扱う場合には，その基本となるⅠ，Ⅳ，Ⅴ及びⅤ$_7$の和音を中心に指導し，学習の内容や教材，児童の経験などの実態に応じて，適宜，その他の和音も用いるように配慮することが必要である。

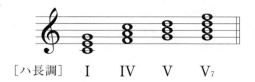 

[ハ長調] Ⅰ Ⅳ Ⅴ Ⅴ₇　　　　[イ短調] Ⅰ Ⅳ Ⅴ Ⅴ₇

> オ　我が国や郷土の音楽の指導に当たっては，そのよさなどを感じ取って表現したり鑑賞したりできるよう，楽譜や音源等の示し方，伴奏の仕方，曲に合った歌い方や楽器の演奏の仕方など指導方法について工夫すること。

　この事項は，我が国や郷土の音楽の指導に当たって，曲に合った歌い方や楽器の演奏の仕方などの指導方法を工夫することについて示したものである。
　曲に合った歌い方や楽器の演奏の仕方については，話し声を生かして歌えるようにすることや，口唱歌を活用することなどが考えられる。口唱歌とは，和楽器の伝承において用いられてきた学習方法で，リズムや旋律を「チン・トン・シャン」などの言葉に置き換えて唱えることである。また，例えば，仕事歌などでは，動作を入れて歌うことなども考えられる。

> カ　各段階の「Ａ表現」のアの歌唱の指導に当たっては，次のとおり取り扱うこと。
> 　(ｱ)　児童の実態や学習状況及び必要に応じて適宜，移動ド唱法を取り上げるようにすること。
> 　(ｲ)　成長に伴う声の変化に気付くことができるよう，変声期の児童に対して適切に配慮すること。

　(ｱ)の事項は，児童の実態を十分考慮しながら，学習のねらいなどに即して移動ド唱法を用いて指導することについて示したものである。階名とは，長音階の場合はド，短音階ではラをそれぞれの主音として，その調における相対的な位置を，ドレミファソラシを用いて示すものであり，階名唱とは階名を用いて歌うことである。階名唱を行う際，調によって五線譜上のドの位置が移動するため，移動ド唱法と呼ばれる。この唱法によって，音と音との関係を捉えるという相対的な音程感覚が身に付くようになる。
　(ｲ)の事項は，変声期前後の児童への指導の配慮について示したものである。学年が進むと，身体の成長に伴い，小学部においても変声期に入る児童がいる。そのため，変声期以前から，変声は成長の証であること，その時期や変化には個人差があることを指導し，児童が安心して歌えるように配慮しながら歌唱指導を進めていくことが大切である。

> キ 各段階の「A表現」のイ（1段階はア）の楽器については，次のとおり取り扱うこと。
> 　(ｱ) 各段階で取り上げる打楽器は，簡単に演奏できる楽器，木琴，鉄琴，和楽器，諸外国に伝わる様々な楽器を含めて，児童の実態や発達の段階を考慮して選択すること。
> 　(ｲ) 各段階で取り上げる身近な楽器は，様々な打楽器，鍵盤ハーモニカなどの中から児童の実態や発達の段階を考慮して選択すること。
> 　(ｳ) 3段階で取り上げる旋律楽器は，既習の楽器を含めて，鍵盤楽器などの中から児童の実態や発達の段階を考慮して選択すること。
> 　(ｴ) 合奏で扱う楽器については，リズム，旋律，和音などの各声部の演奏ができるよう，楽器の特性を生かして選択すること。

　この事項は，それぞれの段階で取り上げる楽器や合奏で取り上げる楽器の選択について示したものである。

　(ｱ)の事項は，打楽器の選択について示したものである。簡単に操作できる楽器とは，例えば，ツリーチャイム，カバサ，鈴等を振ったり，揺らしたり，こすったりして音を出すことを指している。

　(ｲ)の事項は，身近な楽器の選択について示したものである。様々な打楽器は，例えば，鈴，カスタネット，拍子木，タンブリンなど手に触れやすいものを指している。

　(ｳ)の事項は，旋律楽器の選択について示したものである。ここでは，視覚と聴覚との両面から音を確かめつつ児童にとって身近で扱いやすい楽器の中から，児童の実態に応じて選ぶようにすることが大切である。

　(ｴ)の事項は，合奏で扱う楽器の選択について示したものである。合奏の各声部には，主な旋律，副次的な旋律，和音，低音，リズム伴奏などがあり，それぞれ大切な役割を担っている。また，合奏で使う各種打楽器や旋律楽器には，それぞれの楽器の特性がある。ここでいう楽器の特性とは，音域，音色，音量，音の減衰の仕方，強弱表現の幅などである。

> ク　2段階及び3段階の「A表現」のウの音楽づくりの指導に当たっては，次のとおり取り扱うこと。
> 　(ｱ) 音遊びや即興的な表現では，リズムや旋律を模倣したり，身近なものから多様な音を探したりして，音楽づくりのための発想を得ることができるよう指導すること。
> 　(ｲ) どのような音楽を，どのようにしてつくるかなどについて，児童の実態に応じて具体的な例を示しながら指導すること。

> （ウ）つくった音楽については，指導のねらいに即し，必要に応じて記録できるようにすること。記録の仕方については，図や絵によるものなど，柔軟に指導すること。
> （エ）拍のないリズム，我が国の音楽に使われている音階や調性にとらわれない音階などを児童の実態に応じて取り上げるようにすること。

　この事項は，音楽づくりの指導の取扱いについて示したものである。
　(ア)の事項は，「音遊びや即興的な表現」の取扱いについて示したものである。「A表現」ウの(ア)，(イ)及び(ウ)の各事項のうち，㋐の内容を示している。多様な音とは，既製の楽器に拘らず，自分の体を叩いたり，音や床や壁を踏みしめたりして出る音などである。
　(イ)の事項は，どのような音楽を，どのようにしてつくるかについての取扱いについて示したものである。「A表現」ウの(ア)，(イ)及び(ウ)の各事項のうち，㋑の内容を示している。具体的な例としては，児童の目の前で実際に動いて見本を見せることや，つくる長さを図や絵にして，始まりと終わりを分かりやすくすることなどが考えられる。
　(ウ)の事項は，作品を記録する方法の指導について示したものである。つくった音楽を互いに共有し，思いを伝え合う上で，つくった音楽を記録することは大切である。そのため，児童の実態に応じて，例えば，自分が関わってつくった音楽のリズムや旋律，長さなどが分かりやすいような記録の方法の工夫が求められる。
　(エ)の事項は，児童の実態に応じて，多様な音楽表現から手掛かりを得て音楽をつくることについて示したものである。「拍のないリズム」とは，一定の間隔をもって刻まれる拍がないリズムのことである。また，「我が国の音楽に使われている音階」とは，例えば，わらべうたや民謡などに見られる音階のことである。「調性にとらわれない音階」とは，長音階や短音階以外の音階のことで，諸外国の様々な音階や全音音階などを含む。

> ケ　各段階の「B鑑賞」の指導に当たっては，気付いたり感じたりしたことを体の動きで表現したり，絵に描いたり，言葉で表現したりできるよう指導を工夫すること。

　この事項は，「B鑑賞」の指導の工夫について示したものである。
　児童が鑑賞の学習を深めるためには，音楽を聴いて感じ取ったことなどを絵や言葉などで顕在化することが必要である。絵や言葉などで表すことで，曲の特徴について気付いたり，曲や演奏のよさなどについて考えたりする学習が深まって

いくのである。児童が，気持ちなど想像したことや感じ取ったことを，体の動き，絵，図及び言葉で表すなどして教師や友達に伝えようとすることは，自分の考えを一層広げたり，他者の感じ方や考えのよさに気付いたりすることにもつながるものである。

> コ　2の目標及び内容の〔共通事項〕の(1)のアに示す「音楽を形づくっている要素」については，児童の発達の段階や指導のねらいに応じて，次の(ｱ)及び(ｲ)を適切に選択したり関連付けたりして必要に応じて指導すること。
> 　(ｱ) 音楽を特徴付けている要素
> 　　㋐　音色，リズム，速度，旋律，強弱，音の重なり，和音の響き，音階，調，拍，フレーズなど
> 　(ｲ) 音楽の仕組み
> 　　㋐　反復，呼びかけとこたえ，変化，音楽の縦と横との関係など

　この事項は，「2各段階の目標及び内容」の〔共通事項〕のうち「音楽を形づくっている要素」の取扱いについて示している。
(ｱ) 音楽を特徴付けている要素
　音色とは，声や楽器などから出すことができる様々な音の特徴である。音色についての学習では，身の回りの音，声や楽器の音色，歌い方や楽器の演奏の仕方による様々な音色などを扱うことが考えられる。
　リズムとは，音楽の時間的なまとまりをつくったり，音楽の時間を刻んだりするものである。小学部では，主に「リズム・パターン」を扱う。リズムについての学習では，音符や休符を組み合わせた様々なリズム・パターンや，言葉や身の回りの音に含まれているリズム・パターンなどを扱うことが考えられる。
　速度とは，基準となる拍が繰り返される速さのことである。速度についての学習は，速い曲，遅い曲などの曲全体の速度，「速くなる，遅くなる」などの速度の変化を扱うことが考えられる。
　旋律とは，音の連続的な高低の変化がリズムと組み合わされ，あるまとまった表現を生み出しているものである。旋律についての学習では，上行，下行，山型，谷型，一つの音に留まるなどの音の動き方や，順次進行，躍進進行などの音の連なり方を扱うことが考えられる。
　強弱とは，音量のように数値で表されるものや，曲の各部分で相対的に感じられるものである。音色などと関わって，力強い音，優しい音などの音の質感によって強弱が表されることもある。強弱についての学習では，音の強弱を表す「強く，少し強く，少し弱く，弱く」や，強弱の変化を表す「だんだん強く，だんだん弱

く」などを扱うことが考えられる。

　音の重なりとは，複数の音が同時に鳴り響いていることである。「音の重なり」についての学習では，複数の高さの音，複数の旋律やリズムに含まれる音が同時に鳴ることで生まれる響きなどを扱うことが考えられる。

　和音の響きとは，音の重なりのうち，長調や短調など主に調性のある音楽において音が重なることによって生まれる響きのことである。「和音の響き」についての学習では，長調や短調のⅠ，Ⅳ，Ⅴ及びⅤ₇を中心とした和音などを扱うことが考えられる。

　音階とは，ある音楽で用いられる基本的な音を高さの順に並べたものである。音階についての学習では，長調の音階（長音階），短調の音階（短音階）をはじめ，我が国の音楽に用いられる音階などを扱うことが考えられる。

　調とは，調性のことであり，音階で特定の音を中心に位置付けることで，それぞれの音楽の特徴を生み出すものである。調についての学習では，長調と短調との違い，また音楽づくりでは，調性にとらわれない音楽などを扱うことが考えられる。

　拍とは，音楽に合わせて手拍子をしたり歩いたりすることができるような，一定の間隔をもって刻まれるものである。なお，間隔に伸び縮みが生じることもある。拍に着目した場合，「拍のある音楽」と「拍のない音楽」との二つに分けることができる。

　フレーズとは，音楽の流れの中で，自然に区切られるまとまりを示している。フレーズについての学習では，歌詞の切れ目やブレス（息継ぎ）によって区切られるまとまり，数個の音やリズムからなる小さなまとまり，これらがいくつかつながった大きなまとまりなどを扱うことが考えられる。

(イ) 音楽の仕組み

　反復とは，リズムや旋律などが繰り返される仕組みである。反復についての学習では，リズムや旋律などが連続して繰り返される反復，A－B－A－C－Aの「A」などに見られる合間において繰り返される反復，A－B－Aの三部形式の「A」などに見られる再現による反復などを扱うことが考えられる。

　変化とは，音楽を形づくっている要素の表れ方や関わり合いが変わることによって起こるものである。変化についての学習では，リズムや旋律などが反復した後に異なるものが続く変化，リズムや旋律などが少しずつ変わる変化などを扱うことが考えられる。

　呼びかけとこたえとは，ある音のフレーズ，旋律に対して，一方の音やフレーズ，旋律がこたえるという，呼応する関係にあるものを示している。呼びかけとこたえについての学習では，ある呼びかけに対して模倣でこたえるもの，ある呼びかけに対して性格の異なった音やフレーズまたは旋律でこたえるもの，短く合

いの手を入れるもの，一人が呼びかけてそれに大勢がこたえるものなどを扱うことが考えられる。

音楽の縦と横との関係とは，音の重なり方を縦，音楽における時間的な流れを横と考え，その縦と横の織りなす関係を示している。音楽の縦と横の関係についての学習では，輪唱（カノン）のように同じ旋律がずれて重なったり，二つの異なる旋律が同時に重なったり，はじめは一つの旋律だったものが，途中から二つの旋律に分かれて重なったりするものなどを取り扱うことが考えられる。

> サ 〔共通事項〕の(1)のイに示す「音符，休符，記号や用語」については，児童の実態や学習状況を考慮して取り扱うこと。

この事項は，〔共通事項〕の(1)のイに示す音符，休符，記号や用語の取扱いについて示している。指導に当たっては，単にその名称やその意味を知ることだけではなく，表現及び鑑賞の様々な学習活動の中で，音楽における働きと関わらせて，実感を伴ってその意味を理解できるようにするとともに，表現及び鑑賞の各活動の中で，活用できるように取り扱うことができるように配慮することが大切である。

> シ 歌唱教材は，次に示すものを取り扱うこと。
> (ｱ) 児童の生活年齢及び発達の段階に応じた，日常の生活に関連した曲。
> (ｲ) 主となる歌唱教材については，(ｳ)の共通教材を含めて，人々に長く親しまれている音楽など，いろいろな種類の曲。
> (ｳ) 共通教材は，次に示すものとする。
> 
> 「うみ」　　　　　　（文部省唱歌）　林　柳波作詞　　井上武士作曲
> 「かたつむり」　　　（文部省唱歌）
> 「日のまる」　　　　（文部省唱歌）　高野辰之作詞　　岡野貞一作曲
> 「ひらいたひらいた」（わらべうた）
> 「かくれんぼ」　　　（文部省唱歌）　林　柳波作詞　　下総皖一作曲
> 「春がきた」　　　　（文部省唱歌）　高野辰之作詞　　岡野貞一作曲
> 「虫のこえ」　　　　（文部省唱歌）
> 「夕やけこやけ」　　　　　　　　　　中村雨紅作詞　　草川信作曲

この事項は，歌唱教材の取扱いについて示している。小学部で取り上げる主な歌唱教材は，「(ｱ)児童の生活年齢及び発達の段階に応じた，日常の生活に関連した曲」を踏まえ，(ｳ)の共通教材を含めて，児童が親しみやすい内容の歌詞やリズム，旋律をもつ教材を選ぶなど，児童の興味・関心に十分に配慮するととも

に，独唱，斉唱で歌う曲が対象となる。なお，共通教材については，児童の障害の状態や特性及び心身の発達の段階等を考慮しながら，各段階で1曲以上は選択して扱うものとする。

また，共通教材は，児童の知的能力や適応能力，及び概念的な能力等を考慮しながら小学校学習指導要領ともあわせて設定しており，6年間の指導の中で適切に取り扱うと同時に，交流及び共同学習や地域の行事に参加する場合にも，一緒に音楽活動ができる一助になることを想定している。

> ス　器楽教材は，次に示すものを取り扱うこと。
> （ア）児童の生活年齢及び発達の段階に応じた，指導のねらいとの関係において適切であり，身近で親しみのもてるもの。
> （イ）主となる器楽教材については，既習の歌唱教材を含め，主旋律に簡単なリズム伴奏を加えた曲。

この事項は，器楽教材を選択する場合の観点について示したものである。

主な器楽教材は，歌唱で学習した教材や親しみのある器楽曲の旋律に，打楽器などによる簡単なリズム伴奏や平易な低声部を加えた曲などが対象となる。器楽教材の選択に当たっては，主な旋律に加えるリズム伴奏が児童の実態に応じた平易なものであり，曲の雰囲気を感じ取りやすいものを主に取り上げるようにする。

> セ　音楽づくり教材は，次に示すものを取り扱うこと。
> （ア）児童の生活年齢及び発達の段階に応じた指導のねらいとの関係において適切であり，身近で親しみのもてるもの。

この事項は，音楽づくり教材を選択する場合の観点について示したものである。

例えば，コ（イ）㋐に示す，反復，呼びかけとこたえ，変化などの「音楽の仕組み」を用いながら，音素材として児童の生活に身近で親しみのもてる，音やフレーズ，楽器を扱ったり，音や音楽のつくりを絵やカードで視覚化して示しやすいものを扱ったりするなどの工夫が必要である。

> ソ　音や音楽の特徴を身体表現にするために適した教材は，次に示すものを取り扱うこと。
> （ア）主となる教材については，既習の歌唱教材や器楽教材を含め，音や音楽を聴いて体を動かすことができるものを中心に，児童の生活年齢及び発達の段階に応じた指導のねらいとの関係において適切であり，親しみのもてるもの。

この事項は，身体表現教材を選択する場合の観点について示したものである。
　児童が親しみやすい内容の歌詞やリズム，旋律をもつ教材を選ぶなど，児童の興味や関心に十分配慮するとともに，曲の雰囲気を感じ取りやすく，友達と一緒に表現する喜びを味わうことができる音や音楽を取り上げるようにすることが大切である。

> タ　鑑賞教材は，次に示すものを取り扱うこと。
> 　(ｱ)　主となる鑑賞教材については，既習の歌唱教材や器楽教材を含め，児童の生活年齢及び発達の段階に応じた，曲想を感じ取り，情景を思い浮かべやすい，いろいろな種類の曲。
> 　(ｲ)　音楽を形づくっている要素の働きを感じ取りやすく，聴く楽しさを感じやすい曲。
> 　(ｳ)　楽器の音色や人の声の表現の違いを聴き取りやすい，いろいろな演奏形態による曲。

　この事項は，鑑賞の学習で取り上げる教材を選択する場合の観点について示したものである。
　(ｱ)の事項は，児童がいろいろな種類の音楽に親しむようにし，児童の生活年齢及び発達の段階に応じて適切な教材を選択するための観点である。具体的は，身近に感じることができるわらべうたや遊びうた，リズム，拍，フレーズなどを聴き取りやすく自然に体を動かしたくなる音楽，身の回りの物や事象に関連し，情景を思い浮かべやすい曲などを教材として選択することが大切である。
　(ｲ)の事項は，音楽を形づくっている要素の働きが生み出すよさや面白さを感じ取りやすく，音楽を楽しむことができる教材を選択するための観点である。具体的には，親しみやすいリズムや旋律，リズムや旋律が反復する面白さを感じ取りやすいなど，感覚的にも親しみやすい曲を教材として選択することが大切である。
　(ｳ)の事項は，児童にとって親しみやすい，いろいろな演奏形態の音楽に接し，楽器の音色や人の声の特徴及び演奏の楽しさを感じ取ることができるような教材を選択するための観点である。具体的には，一つ一つの楽器の音色や人の声の特徴を聴き取りやすく，楽器の演奏の仕方や歌い方に興味や関心をもつことのできる曲などを教材として選択することが大切である。

## 第5 図画工作科

### 1 図画工作科の改訂の要点
#### (1) 目標の改訂の要点

　目標は，従前の「初歩的な造形活動によって，造形表現についての興味や関心をもち，表現の喜びを味わうようにする。」を改め，「表現及び鑑賞の活動を通して，造形的な見方・考え方を働かせ，生活や社会の中の形や色などと豊かに関わる資質・能力を次のとおり育成することを目指す。」として，次の三つの柱から整理して示している。

　「知識及び技能」として「(1) 形や色などの造形的な視点に気付き，表したいことに合わせて材料や用具を使い，表し方を工夫してつくることができるようにする。」，「思考力，判断力，表現力等」として「(2) 造形的なよさや美しさ，表したいことや表し方などについて考え，発想や構想をしたり，身の回りの作品などから自分の見方や感じ方を広げたりすることができるようにする。」，「学びに向かう力，人間性等」として「(3) つくりだす喜びを味わうとともに，感性を育み，楽しく豊かな生活を創造しようとする態度を養い，豊かな情操を培う。」に改めた。

　図画工作科で育成を目指す資質・能力である(1)から(3)は，相互に関連し合い，一体となって働く性質がある。目標の実現に当たっては，それぞれを相互に関連させながら資質・能力の育成を図る必要がある。

#### (2) 内容の改訂の要点

　内容は，従前の，「表現」，「材料・用具」，「鑑賞」の構成を，「A表現」，「B鑑賞」及び〔共通事項〕の構成に改めている。「A表現」と「B鑑賞」は，本来一体である内容の二つの側面として，図画工作科を大きく特徴付ける領域である。〔共通事項〕は，この二つの領域の活動において共通に必要となる資質・能力であり，指導事項として示している。今回の改訂では，「A表現」，「B鑑賞」及び〔共通事項〕とも，三つの柱に沿った資質・能力の整理を踏まえ，構成し直した。

#### (3) 指導計画の作成と内容の取扱いの要点

　指導計画の作成の配慮点として，児童の主体的・対話的で深い学びに向けた授業改善を行うことや他教科や特別活動等との関連を図り，総合的に活動することで，指導の効果を高めることなどを示している。

　内容の取扱いについては，造形活動において，材料や用具の安全な使い方について指導することや，活動場所を事前に点検するなどして，事故防止について徹

底すること，学校や地域の実態に応じて，校外に児童の作品を展示する機会を設けることなどを示している。

これらのことに留意しながら指導計画を作成していくことが重要である。

## 2 図画工作科の目標

> 1 目　標
> 　表現及び鑑賞の活動を通して，造形的な見方・考え方を働かせ，生活や社会の中の形や色などと豊かに関わる資質・能力を次のとおり育成することを目指す。
> (1) 形や色などの造形的な視点に気付き，表したいことに合わせて材料や用具を使い，表し方を工夫してつくることができるようにする。
> (2) 造形的なよさや美しさ，表したいことや表し方などについて考え，発想や構想をしたり，身の回りの作品などから自分の見方や感じ方を広げたりすることができるようにする。
> (3) つくりだす喜びを味わうとともに，感性を育み，楽しく豊かな生活を創造しようとする態度を養い，豊かな情操を培う。

### (1) 教科の目標について

　児童は，幼いころから，身近な人やものなどと関わり合いながら生きている。
　自分の感覚や行為を手掛かりに，周りの人や身近なもの，自然などの環境に，自分から働きかけたり働きかけられたりしながら成長していく。
　そのことを造形的な面から捉えると，次のような姿が見られる。例えば，初めは身近なものに触れ，その心地よさに浸っているが，地面や身近にある紙などに跡が残せることに気付き，線や形をかいてその形を意味付けする。それはやがて，表現の欲求と結び付き，自分の願いや思いを表すことの楽しさや喜びを味わうようになる姿である。また，初めは身近にある材料を手にして並べたり，つないだり，積んだりすることを楽しむなどしているが，次第にその形や色などに意味付けをし，手を働かせていろいろなものをつくることができることに気付く。それはやがて，表現の欲求と結びつき，意図的にものをつくるようになる姿もある。さらに，自分がつくりだした形や色などから新たなことを思い付いて試したり，自分の思いを絵に表しながら形や色などから新たなことを思い付いてかき加えていったりするなど，つくり，つくりかえ，つくる姿もある。
　そこでは，つくりだす喜びを味わうとともに，見たり感じたりする力，次にどのような形や色にするかを考える力，それを実現するために用具や表し方を工夫する力，一度つくったものを改めて見て，新たなものをつくりだそうとする力な

どが働いている。これは，児童の造形的な資質・能力が自然に発揮されている姿ともいえる。

教科の目標は，このような児童自身に本来備わっている資質・能力を一層伸ばし，表現及び鑑賞の活動を通して，造形的な見方・考え方を働かせ，生活や社会の中の形や色などと豊かに関わる資質・能力を育成することを目指す観点に立っている。

ここでは，図画工作科でどのようなことを学ぶのかを示すとともに，育成を目指す資質・能力を三つの柱で整理して示している。(1)は「知識及び技能」に関する目標を，(2)は「思考力，判断力，表現力等」に関する目標を，(3)は「学びに向かう力，人間性等」に関する目標を示している。

○ 「表現及び鑑賞の活動を通して」について

表現及び鑑賞の活動とは，図画工作科の学習活動のことであり，児童がこれらの活動を通して学ぶ教科であるということを示している。

図画工作科の学習は，児童が感じたことや想像したことなどを造形的に表す表現と，作品などからそのよさや美しさなどを感じ取ったり考えたりし，自分の見方や感じ方を深める鑑賞の二つの活動によって行われる。表現と鑑賞はそれぞれに独立して働くものではなく，互いに働きかけたり働きかけられたりしながら，一体的に補い合って高まっていく活動である。

「表現及び鑑賞の活動を通して」とは，児童一人一人が，表現や鑑賞の活動を行うことによって教科の目標を実現するという図画工作科の性格を表している。この活動を通して，造形的な見方・考え方を働かせ，生活や社会の中の形や色などと豊かに関わる資質・能力を育成することを目指すことを示している。

○ 「造形的な見方・考え方を働かせ」について

ここでは，どのような視点で物事を捉え，どのような考え方で思考していくのかという物事を捉える視点や考え方を，図画工作科の特質に応じて示している。

造形的な見方・考え方とは，「感性や想像力を働かせ，対象や事象を，形や色などの造形的な視点で捉え，自分のイメージをもちながら意味や価値をつくりだすこと」であると考えられる。

「感性や想像力を働かせ」とは，表現及び鑑賞の活動において，児童が感性や想像力を十分に働かせることを一層重視し，それを明確にするために示している。

「感性」は，様々な対象や事象を心に感じ取る働きであるとともに，知性と一体化して創造性を育む重要なものである。「想像力」は，すべての学習活動において，児童が思いを膨らませたり想像の世界を楽しんだりすることが重要であることから，感性とともに示している。

「対象や事象を，形や色などの造形的な視点で捉え」とは，材料や作品，出来事などを，形や色などの視点で捉えることである。「造形的な視点」は，図画工

作科ならではの視点であり，図画工作科で育成を目指す資質・能力を支えるものである。具体的には，「形や色など」，「形や色などの違い」，「形や色などの感じ」などであり，学習活動により様々な内容が考えられる。「自分のイメージをもちながら意味や価値をつくりだすこと」とは，児童が心の中に像をつくりだしたり，全体的な感じ，情景や姿を思い浮かべたりしながら，自分と対象や事象との関わりを深め，自分にとっての意味や価値をつくりだすことである。これは，活動や作品をつくりだすことは，自分にとっての意味や価値をつくりだすことであり，同時に，自分自身をもつくりだしていることであるという，図画工作科において大切にしていることも示している。

○ 「生活や社会の中の形や色などと豊かに関わる資質・能力」について

今回の改訂では，生活や社会の中の形や色などと豊かに関わることのできる児童の姿を思い描きながら，育成を目指す資質・能力を示した。
「生活や社会の中の形や色などと豊かに関わる資質・能力」とは，図画工作科の学習活動において，児童がつくりだす形や色，作品などや，家庭，地域，社会で出会う形や色，作品，造形，美術などと豊かに関わる資質・能力を示している。様々な場面において，形や色などと豊かに関わる資質・能力を働かせることが，楽しく豊かな生活を創造しようとすることなどにつながる。

## (2) 教科の目標(1)，(2)，(3)について

図画工作科で育成を目指す資質・能力である「知識及び技能」，「思考力，判断力，表現力等」，「学びに向かう力，人間性等」は，相互に関連し合い，一体となって働く性質がある。それぞれの資質・能力は児童が自分と向き合いながら，他者や社会，自然や環境などとの多様な関係の中で活動することによって育成される。

目標の実現に当たっては，それぞれを相互に関連させながら資質・能力の育成を図る必要がある。必ずしも，別々に分けて育成したり，「知識及び技能」を習得してから「思考力，判断力，表現力等」を身に付けるといった順序性をもって育成したりするものではないことに留意する必要がある。

### 教科の目標(1)

(1)は，「知識及び技能」に関する目標を示している。前半部分は，「知識」に関するものであり，後半部分は「技能」に関するものである。

○ 「形や色などの造形的な視点に気付き」について

ここでは，「知識及び技能」のうち，「知識」について示している。
「形や色などの造形的な視点に気付き」とは，日常の生活や社会の中で目にするあるいは出会うあらゆるものである「形や色など」，「形や色などの違い」「形や色などの感じ」などに気付くことである。これは，児童一人一人が感性などを働かせて様々なことを感じ取りながら考え，自分なりに理解したり，何かをつく

りだしたりするときなどに必要となるものである。

○ 「表したいことに合わせて材料や用具を使い，表し方を工夫してつくる」について

ここでは，「知識及び技能」のうち，「技能」について示している。

「材料や用具を使い」とは，手や体全体の感覚などを働かせ，材料や用具の特徴を生かしながら，材料を用いたり用具を使ったりすることである。図画工作科においては，自分の思いを生かした創造的な活動を楽しむ過程を通して，「技能」を育成することが重要である。

「表し方を工夫して」とは，造形遊びをする活動において造形的な活動やつくり方を工夫することや，絵や立体，工作に表す活動において表し方を工夫したり，表現方法をつくりだしたりすることなどである。これは，児童が，自分の思いを基に表し方などを工夫することを育むことを重視する意味で示している。

**教科の目標(2)**

(2)は，「思考力，判断力，表現力等」に関する目標を示している。図画工作科において育成する「思考力，判断力，表現力等」は，主に「A表現」を通して育成する「思考力，判断力，表現力等」と，「B鑑賞」を通して育成する「思考力，判断力，表現力等」とで構成される。

○ 「造形的なよさや美しさ，表したいことや表し方などについて考え」について

「造形的なよさや美しさ，表したいことや表し方など」とは，児童が対象や事象に関わり，「思考力，判断力，表現力等」を働かせる内容のことである。造形的なよさや美しさとは，表現したり鑑賞したりするときに生じた感情や気持ちなどの，よさや美しさ，面白さや楽しさなどのことである。「表したいこと」とは，自分の夢や願い，経験や体験したこと，伝えたいこと，動くものや飾るものなど児童が表したい，つくりたいと思うことである。「表し方など」とは，表し方や表現方法などのことである。

造形的なよさや美しさ，表したいこと，表し方などは，学習活動により様々な内容が考えられる。

○ 「発想や構想をし」について

ここでは，「A表現」を通して育成する「思考力，判断力，表現力等」について示している。「発想や構想をし」とは，自分にとって新しいものやことをつくりだすように発想や構想をすることである。形や色などを基に想像を膨らませる，造形的な活動や表したいことを思い付くなどの発想や，どのように活動したり表したりするかを考えるなどの構想をすることである。

○ 「身の回りの作品などから自分の見方や感じ方を広げたりすることができるようにする」について

ここでは，「B鑑賞」を通して育成する「思考力，判断力，表現力等」につい

て示している。

「身の回りの作品など」とは，自分たちの作品や身近な材料などのことであり，児童の身の回りにある鑑賞の対象を示している。

「自分の見方や感じ方を広げたりすることができるようにする」とは，作品をつくったり見たりするときに，よさや美しさなどを感じ取ったり考えたりし，自分の見方や感じ方を深め，自分なりに対象や事象を味わうことができるようにすることである。また，児童が自分なりに新しい見方や感じ方をつくりだすことも併せて示している。

### 教科の目標(3)

(3)は，「学びに向かう力，人間性等」に関する目標を示している。

○ 「つくりだす喜びを味わう」について

つくりだす喜びを味わうとは，感性を働かせながら作品などをつくったり見たりすることそのものが，児童にとって喜びであり，楽しみであることを示している。それは，児童の欲求を満たすとともに，自分の存在や成長を感じつつ，新しいものや未知の世界に向かう楽しさにつながる。また，友達や身近な社会との関わりによって，一層満足できるものになる。このようにして得られた喜びや楽しさは，形や色などに対する好奇心，材料や用具に対する関心やつくりだす活動に向かう意欲，楽しく豊かな生活を創造しようとする態度などの「学びに向かう力，人間性等」を支えるものとなる。

○ 「感性を育み」について

感性を育みとは，児童の感覚や感じ方を一層重視することを明確にするために示している。感性は，様々な対象や事象を心に感じ取る働きであるとともに，知性と一体化して創造性を育む重要なものである。表現及び鑑賞の活動においては，児童は視覚や触覚などの様々な感覚を働かせながら，自らの能動的な行為を通して，形や色，イメージなどを捉えている。学習の場，材料や用具，さらには人，時間，情報などといった児童を取り巻く環境のすべてが，感性を育んでいる。

また，感じるという受動的な面に加えて，感じ取って自己を形成していくこと，新しい意味や価値を創造していく能動的な面も含めて感性の働きである。

○ 「楽しく豊かな生活を創造しようとする態度を養い」について

楽しく豊かな生活を創造しようとする態度を養いとは，表現や鑑賞の活動を通して育成する態度について示している。一人一人の児童が，形や色などに能動的に関わり，夢や願いをもち，心楽しく豊かな生活を自らつくりだそうとする態度を養うことである。

○ 「豊かな情操を培う」について

ここでは，図画工作科の目指す姿を示している。情操とは，美しいものや優れたものに接して感動する，情感豊かな心をいい，情緒などに比べて更に複雑な感

情を指すものとされている。

　図画工作科によって培われる情操は，よさや美しさなどのよりよい価値に向かう傾向をもつ意思や心情と深く関わっている。それは，一時的なものではなく，持続的に働くものであり，教育によって高めることで，豊かな人間性等を育むことになる。

　図画工作科の学習は，自らの感性や想像力を働かせながら，資質・能力を発揮して表現や鑑賞の活動を行い，つくりだす喜びを味わうものである。このような過程は，その本来の性質に従い，おのずとよさや美しさを目指すことになる。それは，生活や社会に主体的に関わる態度を育成するとともに，伝統を継承し，文化や芸術を創造しようとする豊かな心を育成することにつながる。

　このように，図画工作科の学習を通して，よりよく生きようとする児童の情意の調和的な発達をねらいとして豊かな情操を培うと示している。

## 3　各段階の目標及び内容
### (1) 各段階の目標

　各段階の目標は，教科の目標を受け，児童の表現や鑑賞の特性を考慮し，その実現を図るための具体的な目標である。

　学校や児童の障害の状態や生活年齢に応じ，弾力的な指導を重視する観点から３段階で示している。各段階において，必要な経験などに配慮しながら，それぞれにふさわしい内容を選択して指導計画を作成し，目標の実現を目指すことになる。

　各段階の目標ア～ウは，教科の目標の(1)～(3)に対応して示している。

　アは，「知識及び技能」に関する目標であり，イは「思考力，判断力，表現力等」に関する目標であり，ウは「学びに向かう力，人間性等」に関する目標である。

　アとイの目標は互いに働き合うものである。ウの目標は，アとイの目標のそれぞれに関連するものである。また，目標の実現に当たっては，ア，イ，ウのそれぞれを相互に関連させながら児童の資質・能力の育成を図る必要がある。

### (2) 各段階の内容

　教科の目標及び各段階の目標を受けた内容は，「Ａ表現」と「Ｂ鑑賞」及び〔共通事項〕で構成している。「Ａ表現」と「Ｂ鑑賞」は，本来一体である内容の二つの側面として，図画工作科を大きく特徴付ける領域である。〔共通事項〕は，この二つの領域の活動において共通に必要となる資質・能力であり，指導事項として示している。

　○　「Ａ表現」及び「Ｂ鑑賞」について

　「Ａ表現」及び「Ｂ鑑賞」の項目は，それぞれ「活動を通して，次の事項を身

に付けることができるよう指導する」と示し，項目と事項の関係を明確にするとともに，「A表現」及び「B鑑賞」の活動を通して児童の資質・能力を育成することを示している。〔共通事項〕の項目については，「A表現」及び「B鑑賞」の具体的な指導の中で取り扱われることから，「指導を通して，次の事項を身に付けることができるよう指導する」と示している。

　また，学校や一人一人の児童の実態に応じ，様々な表現に対応した弾力的な指導を重視する観点から，内容を3段階に分けて示している。

　「A表現」は，児童が進んで形や色，材料などに関わりながら，つくったり表したりする造形活動を通して，「技能」，「思考力，判断力，表現力等」の育成を目指すものである。「B鑑賞」は，児童が自分の感覚や体験などを基に，身の回りにあるものや自分たちの作品などを見たり，自分の見方や感じ方を深めたりする鑑賞活動を通して，「思考力，判断力，表現力等」の育成を目指すものである。

○　〔共通事項〕について

　〔共通事項〕は，表現及び鑑賞の活動の中で，共通に必要となる資質・能力であり，「知識」，「思考力，判断力，表現力等」の育成を目指すものである。〔共通事項〕の共通とは，「A表現」と「B鑑賞」の2領域およびその項目，事項のすべてに共通するという意味である。「A表現」及び「B鑑賞」の指導においては，〔共通事項〕がどのような場面にも含まれている事項として捉え，指導や評価を具体化する必要がある。

　児童は，材料に触れて形の感じや質感を捉えたり，材料を見つめながら色の変化に気付いたりするなど，直観的に対象の特徴を捉え，理解している。同時に対象や自分の行為などに対して自分なりのイメージをもっている。そしてこれらを基に資質・能力を働かせて，具体的な活動を行っている。このような，形や色などの造形的な特徴を理解したり，イメージをもったりする資質・能力は，表現及び鑑賞の活動の基になるとともに，形や色などを活用したコミュニケーションの基盤となる。この内容を〔共通事項〕ア，イに整理して示している。

　1段階のアの(ｱ)は，「自分が感じたことや行ったことを通して，形や色などに気付くこと」を「知識」として示している。1段階のアの(ｲ)は，「形や色などを基に，自分のイメージをもつこと」を「思考力，判断力，表現力等」として示している。(ｱ)と(ｲ)は，(ｱ)から引き続いて(ｲ)が発揮されたり，(ｲ)を基に形や色などに気付いたりするなど，相互に関連し合う関係にある。

　またそれぞれは，形や色，イメージなどに関連する発達の特性に応じている。1段階では，自分の感じたことや行ったことを通して，形や色などに気付くとともに，自分のイメージをもつことを示している。2段階では，自分の感じたことや行ったことを通して，形や色の違いに気付くとともに，自分のイメージをもつことを示している。3段階では，自分の感覚や行為を通して，形や色などの感じ

に気付くとともに,それを基に自分のイメージをもつことを示している。

〔共通事項〕の指導に当たっては,色の名前や形の名前などをあらかじめ学習するのではなく,まず,児童が体験的に対象の形や色などに気付くようにすることが大切である。

また,〔共通事項〕は児童がふだんの生活で発揮している資質・能力であり,形や色などを活用してコミュニケーションを図る児童の姿としてあらわれることに配慮し,〔共通事項〕だけを題材にしたり,どの時間でも個別に取り上げて教えたりするなどの硬直的な指導とならないように,指導内容や方法を工夫して指導計画を具体化する必要がある。

## (3) 1段階の目標と内容
### ア 目標

> ○1段落
> (1) 目　標
> 　ア　形や色などに気付き,材料や用具を使おうとするようにする。
> 　イ　表したいことを思い付いたり,作品を見たりできるようにする。
> 　ウ　進んで表したり見たりする活動に取り組み,つくりだすことの楽しさに気付くとともに,形や色などに関わることにより楽しい生活を創造しようとする態度を養う。

1段階の目標のアは,「知識及び技能」に関する目標であり,「知識」については〔共通事項〕アの(ｱ),「技能」については,「A表現」のアの(ｲ)に対応している。

○ **「形や色などに気付き,材料や用具を使おうとする」について**

「形や色などに気付き」とは,「知識」について示している。発達の未分化な時期には,自然物や人工物など,身近にあるものへの関わり児童の心身の発達の状態によって,目で見る,手で触れる,力を加えて可塑性を楽しむといった遊びの展開や,かいたりつくったりするときに,手指や体の動きによって自然に出てきた形や色などに気付くことである。

「材料や用具を使おうとする」とは,「技能」について示している。身近にある砂や水,紙や木などの材料に対して,手や体全体を使って自発的に働きかけようとすることである。

1段階の目標のイは,「思考力,判断力,表現力等」に関する目標であり,「A表現」のア,「B鑑賞」のアに対応している。

○ 「表したいことを思い付いたり，作品を見たりできるようにする」について

「表したいことを思い付いたり」とは，児童自身の見たことや考えたこと，感じたこと，手指や体の動きによって自然に出てきた線，形や色などについて意味付けすることにより，自分の表したいことを思い付くことである。「作品を見たりできるようにする」とは，身近にあるものや，自分や友達の作品を見たりして，自分なりに対象に触れることができるようにすることである。

1段階の目標のウは，「学びに向かう力，人間性等」に関する目標を示している。

○ 「進んで表したり見たりする活動に取り組み」について

自ら興味や関心があることを様々な方法で表したり，身近にある物などを見たりする活動に取り組むことである。表したり見たりする活動は，一体となって楽しく活動することである。

○ 「つくりだすことの楽しさに気付く」について

「つくりだすことの楽しさに気付く」とは，自分の手や体全体を使って表現したりつくりだされたりしたものが，友達や教師とともに活動する中で意味付けられ，楽しいことであると気付くことである。

○ 「形や色などに関わることにより楽しい生活を創造しようとする態度を養う」について

「形や色などに関わること」とは，身近にある様々なものを触ったり見たりする中で，ものの形の違いや，いろいろな色などに触れることである。

1段階では，対象を見分けることや，造形的な何かについて，知りたい，あるいは面白いと思う気持ちの無意識の状態から意識化される過程である。興味や関心をもつ児童の身の回りの様々なものへの関わりを通して，発達の未分化な状態である段階から造形遊びなどをすることによって，形や色などに気付いたり，興味や関心をもったりする中で，表現及び鑑賞の楽しさを体感していくということを大切にする必要がある。

**イ 内容**

> (2) 内　容
> 　A　表　現
> 　　ア　線を引く，絵をかくなどの活動を通して，次の事項を身に付けることができるよう指導する。
> 　　(ｱ)　材料などから，表したいことを思い付くこと。
> 　　(ｲ)　身の回りの自然物などに触れながらかく，切る，ぬる，はるなどすること。

アの(ア)は,「思考力,判断力,表現力等」,(イ)は,「知識及び技能」のうち「技能」について示している。

(ア)の「材料などから,表したいことを思い付くこと」とは,造形遊びをする活動を通して,児童が自ら材料などに働きかけて感じた形や色,自分のイメージなどから造形的な活動を思い付くことを示している。児童は,小石の形や木の葉の色の面白さ,紙を破いたときの手応え,手の動きから生まれた形や色,材料と材料の組み合わせなどから様々なことを思い付き,更に新しい発想をする。

また,いろいろな素材に触れ,握ったり押したりして形を変えたり,つくったりして,素材の可塑性に興味や関心をもってかかわることを楽しむことなども考えられる。

材料は,その特徴と活動の可能性を考え,選ぶ必要がある。材料には,そのもの自体の形は変えにくいが,並べたりつないだりすることを思い付きやすいもの,ちぎったり丸めたりするなど,そのもの自体の形を変えることを思い付きやすいもの,触れた感じを十分に味わうことから活動を思い付きやすいものなどがある。材料の特徴によって活動の可能性が変わることを踏まえ,指導の工夫をすることが重要である。

(イ)の「身の回りの自然物などに触れながら」とは,児童の身の回りにある土,粘土,砂,小石,木の葉,小枝,木の実,貝殻,雪や氷,水といった自然物などの材料に触れて,形の感じや質感をとらえたり,材料を見つめながら色の変化に気付いたりすることである。手や体全体の感覚を働かせて,大きさや長さをつかむ感覚,形や色に対する児童の気持ちなどを大切にしながら,思いのままに発想し表現することを示している。

「かく,ぬる」などのかく遊びについては,地面や壁,机や廊下の床板,新聞紙などが画用紙代わりになることもある。用具は,手指そのものであったり,棒切れなどたまたま手にしているものがペンやクレヨンなどの用具に代わったりすることもある。

「切る,はる」などのつくる遊びについては,素材そのものに触れて楽しむような遊びから,つぶす,伸ばす,ちぎる,丸める,破る,接合する,積み上げる,崩す,並べる,穴を開けるなど,造形材料の可塑性に気付き,手や体全体を働かせてつくり,造形遊びの楽しさを味わうことのできる活動が展開できるようにする。

---

B 鑑賞
ア 身の回りにあるものや自分たちの作品などを鑑賞する活動を通して,次の事項を身に付けることができるよう指導する。
(ア) 身の回りにあるものなどを見ること。

アの(ｱ)は,「思考力,判断力,表現力等」について示している。

(ｱ)の「身の回りにあるもの」とは,自分たちの作品や身近な材料など,児童の目の前にある対象を示している。指導に当たっては,自分や友達の作品や造形活動で用いられる材料などを見たり触ったりしたときの素直な驚きや喜びを大切にし,児童の意欲や関心を重視しながら,それを広げたり確かめたりできるような工夫が必要である。また,児童の意欲や関心を重視するためには,日頃から児童の様子をよく見て,どのようなことに興味や関心をもっているのかを把握しておく必要がある。

---

〔共通事項〕
ア 「A表現」及び「B鑑賞」の指導を通して,次の事項を身に付けることができるよう指導する。
　(ｱ) 自分が感じたことや行ったことを通して,形や色などについて気付くこと。
　(ｲ) 形や色などを基に,自分のイメージをもつこと。

---

この内容は,1段階の目標のア,イ,ウを受けたものである。

〔共通事項〕は,表現及び鑑賞の活動の中で,共通に必要となる資質・能力であり,造形活動や鑑賞活動を豊かにするための指導事項として示している。

(ｱ)の事項は,「A表現」及び「B鑑賞」の指導を通して育成する「知識」について示している。

(ｱ)の「自分が感じたことや行ったこと」とは,紙や粘土などの材料や自分たちの作品などを捉えるときに,自分が見たり触ったりして感じたことや,並べたり,積んだりするなどの行った活動のことである。活動ではなく,行ったことと表記した理由は,並べたり,積んだりするなどの一つ一つの行ったことから形や色などを捉えることが重要となるためである。

「形や色などについて気付く」とは,このような感じたことや行ったことを通して,形,線,色,触った感じなどに気付くことである。「形や色など」とは,形,線,色,触った感じなど,表現及び鑑賞の学習活動や,扱う材料や用具などにより,様々な内容が考えられる。「気付く」とは,手や体全体の感覚や行為を働かせることによって,児童が形や色などに気付くことである。例えば,材料の大きさを自分の体と比べる,ふわふわした材料の感触を体中で味わうなどが考えられる。

児童が,形や色などを,「気付く」ということは,発想や構想をするときに,「形はどうしようか」,「色はどれにしようか」などと,形や色などに着目して活動するようになる。また,作品などを鑑賞するときや「技能」を働かせるときも,形

や色などに着目して活動するようになる。

(イ)の事項は,「A表現」及び「B鑑賞」の指導を通して育成する「思考力,判断力,表現力等」について示している。

(イ)の「形や色などを基に」とは,自分の感じたことや行ったことを通して捉えた,形,線,色,触った感じなどを基にすることである。

「自分のイメージをもつ」の「イメージ」とは,児童が心の中につくりだす像や全体的な感じ,又は,心に思い浮かべる情景や姿のことである。「自分のイメージをもつ」とは,社会や大人のもつ知識や習慣を受動的に理解することではなく,自分の感覚や行為とともにイメージをもつことである。

特に1段階では,自分の感情や行動などと一緒に得られるものである。例えば,自分の手の動きから生まれた線を「ぐんと伸びている」と感じたり,色が「ぱっと広がる」と感じたりする気持ちで使っているなどが考えられる。児童の活動の背景には,このような児童自身と一体になったイメージが働いており,児童はこれらを基に自分の活動を展開している。「自分のイメージをもつ」ことは,学習活動の様々な場面で働かせる「思考力,判断力,表現力等」である。

## (4) 2段階の目標と内容
### ア 目標

○2段階
(1) 目　標
　ア　形や色などの違いに気付き,表したいことを基に材料や用具を使い,表し方を工夫してつくるようにする。
　イ　表したいことを思い付いたり,作品などの面白さや楽しさを感じ取ったりすることができるようにする。
　ウ　進んで表現や鑑賞の活動に取り組み,つくりだす喜びを感じるとともに,形や色などに関わることにより楽しく豊かな生活を創造しようとする態度を養う。

2段階の目標のアは,「知識及び技能」に関する目標であり,「知識」については〔共通事項〕のアの(ア),「技能」については,「A表現」のアの(イ)に対応している。

○ **「形や色などの違いに気付き,表したいことを基に材料や用具を使い,表し方を工夫してつくる」について**

「形や色などの違いに気付き」とは,「知識」について示している。自然物や人工物などについて,目で見る,手で触れる,力を加えて可塑性を楽しむといった

遊びの中から，形や色の違いに気付き，形を見て「面白い」と思ったり，色をみて「この色が好き」などと自分の思いを広げたりすることである。「表したいことを基に材料や用具を使い，表し方を工夫してつくる」とは，「技能」について示している。「材料や用具を使い」とは，身近な材料を用いたり，扱いやすい用具を使ったりし，児童が充分に慣れることである。「表し方を工夫して」とは，材料を用いたり，用具を使ったりする中で感じたことを生かしながら表すことであり，児童が自分の思いで活動や表し方を工夫することを重視する意味で示している。そのために，身の回りにある材料や用具を自分から選んで使ったり，表した形や色などを意味付けて，意図的に形や色などをつくったり変形したりする造形活動へと展開していくようにする。

　2段階の目標のイは，「思考力，判断力，表現力等」に関する目標であり，「A表現」のア，「B鑑賞」のアに対応している。

○　「表したいことを思い付いたり，作品などの面白さや楽しさを感じ取ったり」について

　「表したいことを思い付いたり」とは，児童が土や粘土などの材料に体ごとかかわって楽しむことや，身近にあるいろいろな材料を並べること，積むこと，何かに見立てて遊んだりしながら，様々な材料に触れることにより，表したいことを思い付くことである。児童の表現したい表現となるようにすることが大切である。ここで「表したいこと」とは，児童の感情や経験から感じたことなどから，つくりたいと思うことや活動などに発展することである。

　「作品などの面白さや楽しさ」とは，作品などを表現したり鑑賞したりする時に生じた感情や気持ちのことであり，その子自身の考え方や感じ方を重視する意味で示している。面白い形，きれいな色などと教師が意味付けをすることで，面白さ，楽しさが体験とともに感じ取ることができることも大切である。

　2段階の目標のウは，「学びに向かう力，人間性等」に関する目標を示している。

○　「進んで表現や鑑賞の活動に取り組み」について

　「進んで表現や鑑賞の活動に取り組み」とは，形や色などに対して，教師がやりとりの中で，「面白い」「楽しい」と意味付けをすることで，進んで活動に取り組めるようにすることである。

○　「つくりだす喜びを感じる」について

　「つくりだす喜びを感じる」とは，感性を働かせながらつくったり，見たりするそのものが喜びと感じることを示している。それは，児童の欲求を満たすとともに，自分の存在を感じつつ，新しいものに向かう楽しさにつながる。このようにして得られた喜びや楽しさは，形や色などに対する好奇心，材料や用具に対する関心やつくりだす活動に向かう意欲などを支えるものとなる。

○ 「形や色などに関わることにより楽しく豊かな生活を創造しようとする態度を養う」について

「形や色などに関わること」とは，身の回りの物事と関わる際に，形や色などを視点に比べたり，児童自身が自分で選んだり，つくりだしたりすることである。「楽しく豊かな生活を創造しようとする態度を養う」とは，形や色などに自分から関わり，楽しい生活を自らつくりだそうとすることが，より児童自身の生活を豊かにし，主体的に生きていくことにつながることを示している。

### イ 内容

> (2) 内 容
> 　A　表 現
> 　　ア　身近な出来事や思ったことを基に絵をかく，粘土で形をつくるなどの活動を通して，次の事項を身に付けることができるよう指導する。
> 　　(ｱ)　材料や，感じたこと，想像したこと，見たことから表したいことを思い付くこと。
> 　　(ｲ)　身近な材料や用具を使い，かいたり，形をつくったりすること。

アの(ｱ)は，「思考力，判断力，表現力等」，(ｲ)は，「知識及び技能」のうち「技能」について示している。

(ｱ)の「材料や，感じたこと，想像したこと，見たこと」とは，表したいことの基になる自分のイメージについて示している。1段階で示した「材料など」に加え，体験したことから感じたこと，関心のあることから想像したこと，見たことが示されている。例えば，うれしかったこと，不思議に感じたこと，驚いたことなどが考えられる。

「表したいことを思い付くこと」とは，自分のイメージを基に，児童自身が表したいことを思い付いたり，見付けたりすることである。例えば，見たことや見えるものに加えて，感じ取ったことを表現する中で，児童が大きいと感じた動物はより大きく，赤いと感じた色はより赤く，小さなものや関心の低いものは表現の対象から除かれるなど，見て感じたことが児童自身の表したいこととしてまとまり，それが素朴な表現であっても確かな自己表現へとつなげることが大切である。児童が自分で表したいことを思い付いたり，見付けたりすることは，それを実現したいという強い思いにつながる。

(ｲ)の「身近な材料や用具」とは，造形遊びでかかわる身近な自然物（土，砂，石，粘土，草木など）や，人工の材料（紙，新聞紙，段ボール，布，ビニル袋やシート，包装紙，紙袋，縄やひも，空き箱，スチレンボード，プラスチックな

ど）があり，用具には，クレヨンやパス，水彩絵の具，カラーペンなどに加えて，のり，粘着剤，ステープラー，はさみ，へら，シャベルなどが挙げられる。

材料や用具は，造形活動に不可欠なものであり，材料の性質や用途が分かったり，いろいろな用具の使い方を習得したりすることが造形的表現を豊かにし，他の学習や日常の生活における課題解決に役立つことから，これを内容として取り上げている。

そのためには，材料や用具に関わる時間を十分にとることが必要である。児童が手や体全体の感覚などを働かせていろいろな材料に触れ，材料を扱う楽しさを味わい，「もっと使ってみたい」という関心や意欲をもつような機会を設定することが大切である。

「かいたり」とは，身近な人，動植物，自然，体験したことなどを題材にして，クレヨンやパス，水彩絵の具，カラーペンなどを使って表現することである。器物の型を押したり，スタンピングを連続して模様をつくったりすることなども含まれる。

「形をつくったりすること」とは，かくことと同様に，見たり感じたりしたことを簡単な形に表し，その形で表したものに意味付けをして表すことである。土，紙材，草木，アルミ箔，箱，空き缶などを用い，のり，粘着剤，ステープラー，はさみ，へら，シャベルなどを使って，表したい形をつくることが考えられる。意図に合う材料・用具の選択や，使い方の工夫とあいまって，それらの活動が豊かになることに留意する必要がある。

---

B　鑑　賞
ア　身の回りにあるものや自分たちの作品などを鑑賞する活動を通して，次の事項を身に付けることができるよう指導する。
(ｱ)　身近にあるものなどの形や色の面白さについて感じ取り，自分の見方や感じ方を広げること。

---

アの(ｱ)は，「思考力，判断力，表現力等」について示している。

(ｱ)の「身近にあるものなどの形や色の面白さについて感じ取り」とは，児童が身近にあるものを見つめたり，触ったり，手に取ったりすることを通して，その形を面白いと感じたり，心地よいと思ったりすることである。児童が対象に関わることによって生じた感情や気持ちを大切にし，自分なりに対象を味わうことを重視している。

児童は，自然に手を動かしながら材料の形を確かめたり，材料を並べたり，つないだり，積んだりしながら何かを思い付いたりしている。

特に，触って感じ取ったり考えたりすることは重要である。材料や触ってもよ

い作品などを鑑賞の対象として設定し，例えば，指先で触る，手のひらで包み込むように触る，抱きかかえるように触る，持ち上げるなど児童が様々に作品などを触ることができるようにすることも大切である。

「自分の見方や感じ方を広げること」とは，児童がもっている自分なりの見方や感じ方を基にしながら，新たに見たり触ったりした作品や材料などとの出会いの中で，それらに対する見方や感じ方を広げることである。児童が進んで見たり，触ったり，話したりするなど，自ら働きかける能動的な鑑賞活動を行うことで，この時期の児童が働かせている「思考力，判断力，表現力等」を一層伸ばすことになる。

---

〔共通事項〕
ア 「A表現」及び「B鑑賞」の指導を通して，次の事項を身に付けることができるよう指導する。
(ｱ) 自分が感じたことや行ったことを通して，形や色などの違いに気付くこと。
(ｲ) 形や色などを基に，自分のイメージをもつこと。

---

この内容は，2段階の目標のア，イ，ウを受けたものである。

〔共通事項〕は，表現及び鑑賞の活動の中で，共通に必要となる資質・能力であり，造形活動や鑑賞活動を豊かにするための指導事項として示している。

(ｱ)の事項は，「A表現」及び「B鑑賞」の指導を通して育成する「知識」について示している。

(ｱ)の「自分が感じたことや行ったことを通して」の「感じたこと」とは，砂や粘土，紙などの材料や自分たちの作品などを捉えるときの自分の視覚や触覚などの感覚，例えば，自分の好きなもの，見たことのあるもの，心地よいものなどに触れたときの自分なりの感覚のことである。また，「行ったこと」とは，並べたり積んだりするなどの行為や活動のことである。「形や色などの違い」とは，形や色などが似ているか，似ていないか，大きい，小さい，長い，短い，丸，三角，四角など大まかなまとまりで捉えたときの違いのことである。児童が学習を通して，それらを捉えるために，形や色などを比べて選ぶ，様々な材料に触れるなどの，多様な学習活動を設定し，楽しみながら児童が形や色などの違いに気付くようにすることが大切である。

(ｲ)の事項は，「A表現」及び「B鑑賞」の指導を通して育成する「思考力，判断力，表現力等」について示している。

(ｲ)の「形や色などを基に」とは，自分の感覚や行為を通して捉えた，形，線，色，触った感じなどを基にすることである。

「自分のイメージをもつ」の「イメージ」とは，児童が心の中につくりだす像や全体的な感じ，または，心に思い浮かべる情景や姿のことである。「自分のイメージをもつ」とは，社会や大人のもつ知識や習慣を受動的に理解することではなく，自分の感覚と行為と一体であるようなイメージをもつことである。2段階においても，イメージは自分の感情や行動などと一緒に得られることの多いものである。例えば，浮かんでいる雲を「わたあめみたい」と話したり，色水を混ぜて，「ジュースみたい」とつぶやいたりなど，偶然見つけた形から自分のイメージをもっている姿も見られる。児童の活動の背景には，このような児童自身と一体になったイメージが働いており，児童はこれらをもとに自分の活動を展開している。「自分のイメージをもつ」ことは，学習活動の様々な場面で働かせる「思考力，判断力，表現力等」である。

### (5) 3段階の目標と内容
#### ア　目標

> ○ 3段階
> 　(1) 目　標
> 　　ア　形や色などの造形的な視点に気付き，表したいことに合わせて材料や用具を使い，表し方を工夫してつくるようにする。
> 　　イ　造形的なよさや美しさ，表したいことや表し方などについて考え，発想や構想をしたり，身の回りの作品などから自分の見方や感じ方を広げたりすることができるようにする。
> 　　ウ　進んで表現や鑑賞の活動に取り組み，つくりだす喜びを味わうとともに，感性を育み，形や色などに関わることにより楽しく豊かな生活を創造しようとする態度を養う。

　3段階では，図画工作科の教科の目標を概ね達成できる段階である。
　3段階の目標のアは，「知識及び技能」に関する目標であり，「知識」については〔共通事項〕のアの(ｱ)，「技能」については，「A表現」のアの(ｲ)に対応している。

○ 「形や色などの造形的な視点に気付き，表したいことに合わせて材料や用具を使い，表し方を工夫してつくる」について

　「形や色などの造形的な視点に気付き」とは，日常の生活や社会の中で目にするあるいは出会うあらゆるものの形や色などやその感じ，形や色などの造形的な特徴などのことである。一人一人が感性などを働かせて様々なことを感じ取りながら考え，自分なりに理解したり，何かをつくりだしたりするときなど必要とな

る視点に自ら気付くことである。

「表したいことに合わせて材料や用具を使い」とは，児童が心に浮かんだ表したいことやつくりだしたいことに合わせて，材料を用いたり，用具を使ったりすることである。「表し方を工夫して」とは，児童自身が見たことや考えたこと，感じたことから表したいことを考え，材料や用具を選んで表すことができるようにすることである。

3段階の目標のイは，「思考力，判断力，表現力等」に関する目標であり，「A表現」のア，「B鑑賞」のアに対応している。

○ **「造形的なよさや美しさ，表したいことや表し方などについて考え」について**

「造形的なよさや美しさ」とは，作品などを表現したり鑑賞したりする時に生じた感情や気持ちのことであり，対象のよさに加えて，多くの人々が感じている美しさの感覚やそれにまつわるエピソードなどを含むものとして示している。

○ **「発想や構想をしたり」について**

「発想や構想をしたり」とは，材料の形や色などを基に児童が楽しく造形的な活動や表したいことを思い付くことや，どのように活動したり表したりするのか考えることである。児童の活動への意欲を大切にし，造形活動に自ら楽しめるようにしていくことが必要である。造形活動に思いきり楽しむことがそのまま資質・能力の育成につながる。また，「思考力，判断力，表現力等」を十分に働かせることにより豊かな造形活動を生み出していくことになる。

○ **「身の回りの作品などに対する自分の見方や感じ方を広げたりすることができるようにする」について**

「身の回りの作品など」とは，自分たちの作品や身近な材料のことである。

「自分の見方や感じ方を広げたりすることができるようにする」とは，作品をつくったり見たりするときなどに，面白さや楽しさなどを感じ取り，自分の見方や感じ方を広げ，自分なりに対象や事象を味わうことができるようにすることである。

3段階の目標のウは，「学びに向かう力，人間性等」に関する目標を示している。

○ **「進んで表現や鑑賞の活動に取り組み」について**

「進んで表現や鑑賞の活動に取り組み」とは，主体的に表現や鑑賞の活動に取り組めるようにすることである。

○ **「つくりだす喜びを味わう」について**

「つくりだす喜びを味わう」とは，作品などをつくったり，見たりすることそのものがつくりだす喜びになることを示している。同時に，つくりだす喜びを味わうことが，形や色などに関わり楽しい生活を創造しようとする態度を一層育てることになる。

○ 「感性を育み，形や色などに関わることにより楽しく豊かな生活を創造しようとする態度を養う」について

「感性を育み，形や色などに関わることにより楽しく豊かな生活を創造しようとする態度を養う」とは，児童の感覚や感じ方を大切に育んでいきながら，形や色などの視点に，比べたり，選んだり，つくりだしたりするなどして，夢や願いをもち，楽しく充実した豊かな生活を自らつくりだそうとする態度を養い，主体的に生きていくことについて示している。

> (2) 内 容
> 　A　表　現
> 　　ア　日常生活の出来事や思ったことを基に絵をかいたり，作品をつくったりする活動を通して，次の事項を身に付けることができるよう指導する。
> 　　(ｱ)　材料や，感じたこと，想像したこと，見たこと，思ったことから表したいことを思い付くこと。
> 　　(ｲ)　様々な材料や用具を使い，工夫して絵をかいたり，作品をつくったりすること。

アの(ｱ)は，「思考力，判断力，表現力等」，(ｲ)は，「知識及び技能」のうち「技能」について示している。

2段階のA表現では，表現された内容が見るものに伝わる段階であるのに対して，3段階では，形や色などを工夫して表したり，想像したことなどを表現するために，何を表したいのか明確にして，かいたりつくったりする積極的な造形活動となる。

主題は，児童の生活に結び付いた学校行事，社会の行事，自然現象の体験などの題材や，童話などの親しみのある話などの題材の中から児童自身が決めることが大事である。このような題材では，児童が共通した経験をすることから，共同でかいたり，つくったりすること，学校行事で使う飾りや用具を協力してつくることなども考えられる。

(ｱ)の「材料や，感じたこと，想像したこと，見たこと，思ったことから表したいことを思い付く」ためには，感じたこと，想像したこと，見たこと，思ったことを互いにつながりのあるものとして捉え，指導に生かすことが必要である。例えば，見たことから想像することもあれば，見たことから感じたことにつながることもある。見ながら表すことから始めたとしても，想像することへ広がり，形や色などが変わっていくことも考えられる。特に「見たこと」については，図画工作科の学習は，造形的な創造活動を目指していることを踏まえ，具体的なも

のの形や色などを単に再現することを強いるものではないということも留意する必要がある。

　題材や題材名を工夫することも必要である。例えば、表したいことを選ぶことができる題材、夢や願いを思い描くことができる題材などが考えられる。題材名も、表現する喜びを味わい、造形的な創造活動を楽しもうとする意欲がわくものにすることが大切である。

　感じたことや想像したこと等を工夫して絵にかいたり、つくったりする楽しさは、造形表現の意欲を高め、表現を豊かにすることになる。

　(イ)の「様々な材料や用具を使い、工夫して絵をかいたり、作品をつくったりすること」について、3段階で扱われる材料としては、児童を取り巻く自然環境、生活環境、学習環境にある造形材料となる様々な素材が考えられる。かいたり、つくったりする活動に介在する材料としては、身近にある土、砂、石、粘土、草木などの自然物や、紙、布、積み木、アルミ箔、空き缶、スチレンボード、針金、プラスチック、ゴムなどの人工物などが挙げられる。

　また、3段階で扱われる用具としては、2段階に例示したものに加え、かなづち、ペンチ、のこぎり、彫刻刀、くぎ、ねじ、接着剤など日常生活で扱われる簡易な木材加工用具、金属加工用具が挙げられる。

　表現に適した材料や用具の使用は、繰り返し経験することで、材料の性質が分かり、用具の使い方を習得するとともに、材料・用具の選択や使い方の工夫とあいまって、資質・能力が育まれることになる。

　また、材料や用具は、豊かな表現に欠くことのできないものであるから、表現に関する指導内容と一体で扱い、生活経験や発達によって異なる一人一人の表現能力を一層伸長できるよう、児童個々に必要な材料や用具を整えることが大切である。

　「工夫して絵をかいたり、作品をつくったりすること」とは、児童が自分の表したいことを基に技能を働かせることである。様々な材料を用いたり、用具を使ったりする中から感じたことを生かしながら表すことである。例えば、好きなものを絵に表すとき、クレヨンやパスの色を選び、表し方を工夫して表す、思い浮かべた花を紙で表すとき、紙の切り方を工夫して表す、乗ってみたい乗り物を表すとき、粘土を丸めたりひねりだしたりするなど工夫して表すことなどが考えられる。

---

B　鑑　賞
　ア　自分たちの作品や身の回りにある作品などを鑑賞する活動を通して、次の事項を身に付けることができるよう指導する。
　　(ｱ)　自分たちの作品や、日常生活の中にあるものなどの形や色、表し方

の面白さなどについて，感じ取り，自分の見方や感じ方を広げること。

　アの(ｱ)は，「思考力，判断力，表現力等」について示している。
　(ｱ)の「自分たちの作品や，日常生活の中にあるものなどの形や色，表し方の面白さなどについて，感じ取り」とは，自他の作品に題名や名前を付けて飾ったり，作品を見ながら表現した内容を説明したり聞いたりして，形や色，表し方の面白さなどについて感じ取ることである。
　「自分の見方や感じ方を広げること」とは，２段階と同様，児童がもっている自分なりの見方や感じ方を基にしながら，新たに３段階では，見たり触ったりした作品や材料などとの出会いの中で見方や感じ方を広げるということである。また，これまで見たり触ったりした経験がある作品や材料であっても，生活範囲の拡大や関心の広がり，回りの人との関わりなどの中で，これまでとは違った見方や感じ方ができるようになり，自分の見方や感じ方を広げることもある。
　指導に当たっては，児童が活動の中で鑑賞する機会をもつことができるようにすることも大切である。例えば，材料や用具の置き場を考慮し，材料や用具を取りに行ったり自分の場所に戻ってきたりする途中で鑑賞できるようにする。教室で活動する場合，席を班の形にして，互いの活動や作品が目に入るようにする。作品を保管する棚や机を，作品置き場としてだけでなく，児童が自分の作品や友達の作品を鑑賞する場とするなどが考えられる。

〔共通事項〕
　ア　「Ａ表現」及び「Ｂ鑑賞」の指導を通して，次の事項を身に付けることができるよう指導する。
　　(ｱ)　自分の感覚や行為を通して，形や色などの感じに気付くこと。
　　(ｲ)　形や色などの感じを基に，自分のイメージをもつこと。

　この内容は，３段階の目標のア，イ，ウを受けたものである。
　〔共通事項〕は，表現及び鑑賞の活動の中で，共通に必要となる資質・能力であり，造形活動や鑑賞活動を豊かにするための指導事項として示している。
　(ｱ)の事項は，「Ａ表現」及び「Ｂ鑑賞」の指導を通して育成する「知識」について示している。(ｱ)「自分の感覚や行為」とは，絵の具や板材などの材料や自分たちの作品などを捉えるときの，自分の視覚や触覚などの感覚，混ぜたり切ったりするなどの行為や活動のことである。
　「形や色などの感じに気付く」とは，このような感覚や行為を通して，形の感じ，色の感じ，それらの組合せによる感じ，色の明るさなどに気付くことを示している。例えば，形の柔らかさ，色の暖かさ，色の組合せによる優しい感じ，面と面

の重なりから生まれる前後の感じ，色の明るさによる感じの違い，質感など，学習活動，扱う材料や用具などにより，様々な内容が考えられる。具体的には，絵の具を混ぜたり水の量を考えたりすることで色の感じに気付くこと，様々な板材を組み合わせることで形を組み合わせた感じに気付くこと，様々な材料に触れ選ぶことで材料の質感に気付くことなどである。

　児童が，自分の感覚や行為を通して形や色などの感じに気付くこと，発想や構想をするときに，「形はどんな感じにしようか」，「色はどんな感じがいいだろう」，「この色とこの色を組み合わせるとどんな感じになるだろう」などと，形や色などの感じに着目して活動するようになる。また，鑑賞するときや，技能を働かせるときも，形や色などの感じに着目して活動するようになる。これらは，「知識」を活用して「思考力，判断力，表現力等」や「技能」を働かせているということである。

　さらに，図画工作科の学習だけではなく，学校や家庭などの他の場面でも，形や色などの感じに着目して関わるようになる。これらのことは，児童が対象や事象に主体的に関わるようになることであり，自分の世界を広げることにつながる。

　児童が知識を自分のものにするためには，感覚や行為はもとより，感じる，考える，つくる，表すなどの造形的な創造活動が欠かせない。このことから，図画工作科では，表現や鑑賞のすべてに係る〔共通事項〕に「知識」を位置付けている。

　(イ)の事項は，「A表現」及び「B鑑賞」の指導を通して育成する「思考力，判断力，表現力等」について示している。

　(イ)の「形や色などの感じを基に」とは，自分の感覚や行為を通して捉えた，形の感じ，色の感じ，それらの組合せによる感じ，色の明るさなどを基にすることである。視覚だけではなく体全体の感覚を働かせ，形や色などの感じを，もっとよく見てみる，もっと触れてみるなどして，自分の感覚や行為を通して形や色などの感じを捉えることが，自分のイメージをもつことにつながっていく。

　「自分のイメージをもつ」とは，大人から与えられた知識や，社会の習慣などを受動的に理解することではなく，自分の感覚や行為とともに，イメージをもつことである。イメージとは，児童が心の中につくりだす像や全体的な感じ，又は，心に思い浮かべる情景や姿などのことである。どちらも，生まれてからこれまでの経験と深く関わっており，児童は，そのときの感情や気持ちとともに，心の中に浮かび上がらせている。

　この段階では，形や色の感じ，自分の思いや経験など，様々な手掛かりを基にイメージをもつことを示している。例えば，「材料が白くてふわふわしていたから，ウサギを思い付いた」，「絵の具のにじんだ様子を生かして不思議な世界を表した」，「粘土をかき出して大きな穴を開けたら，穴の中に住む生き物を思い付いた」

など，イメージと形や色の感じとの関係が２段階よりも具体的になる。児童はそこから発想や構想を広げたり，話し合ったりするなど，表現や鑑賞の活動を展開することになる。

〔共通事項〕の指導に当たっては，教師から一方的に教えるのではなく，まず，児童が体験的に対象の形や色などの感じに気付くようにする必要がある。例えば，形や色などの感じが生まれるような水彩絵の具などの材料や用具を使ったり，様々な触り心地の材料を用意したりするなど，多様な学習活動を設定し，児童が形や色などの感じに興味や関心をもつようにすることである。このような活動を積み重ねることにより，表現したり鑑賞したりするときに形や色などの感じに着目し活動するようになる。

## 4 指導計画の作成と内容の取扱い
### (1) 指導計画作成上の配慮事項

> 3 指導計画の作成と内容の取扱い
> (1) 指導計画の作成に当たっては，次の事項に配慮するものとする。
> 　ア　題材など内容や時間のまとまりを見通して，その中で育む資質・能力の育成に向けて，児童の主体的・対話的で深い学びの実現を図るようにすること。その際，造形的な見方・考え方を働かせ，表現したり鑑賞したりする資質・能力を相互に関連させた学習の充実を図ること。
> 　イ　2の各段階の内容の「A表現」及び「B鑑賞」の指導に当たっては，相互の関連を図るようにすること。ただし，「B鑑賞」の指導に当たっては，指導の効果を高めるための必要がある場合には，児童や学校の実態に応じ，独立して行うようにすること。
> 　ウ　2の各段階の内容の〔共通事項〕は，表現及び鑑賞の学習において共通に必要となる資質・能力であり，「A表現」及び「B鑑賞」の各事項の指導と併せて，十分な指導が行われるよう工夫すること。
> 　エ　2の各段階の内容の「A表現」の指導に当たっては，適宜共同してつくりだす活動を取り上げるようにすること。
> 　オ　2の各段階の内容の「B鑑賞」に当たっては，感じたことや思ったことを周りの人と共有できる機会を設けるようにすること。
> 　カ　2の各段階の指導に当たっては，他教科や特別活動等との関連を図り，総合的に活動することで，指導の効果を高めるようにすること。

アについては，図画工作科の指導計画の作成に当たり，児童の主体的・対話的で深い学びの実現を目指した授業改善を進めることとし，図画工作科の特質に応

じて，効果的な学習が展開できるように配慮すべき内容を示したものである。

図画工作科の指導に当たっては，(1)「知識及び技能」が習得されること，(2)「思考力，判断力，表現力等」を育成すること，(3)「学びに向かう力，人間性等」を涵養することが偏りなく実現されるよう，題材など内容や時間のまとまりを見通しながら，主体的・対話的で深い学びの実現に向けた授業改善を行うことが重要である。

児童に図画工作科の指導を通して「知識及び技能」や「思考力，判断力，表現力等」の育成を目指す授業改善を行うことは，これまでも多くの実践が重ねられてきている。そのような着実に取り組まれてきた実践を否定し，全く異なる指導方法を導入しなければならないと捉えるのではなく，児童や学校の実態，指導の内容に応じ，「主体的な学び」，「対話的な学び」，「深い学び」の視点から授業改善を図ることが重要である。

主体的・対話的で深い学びは，必ずしも1単位時間の授業の中ですべてが実現されるものではない。題材など内容や時間のまとまりの中で，例えば，主体的に学習に取り組めるよう学習の見通しを立てたり学習したことを振り返ったりして自身の学びや変容を自覚できる場面をどこに設定するか，対話によって自分の考えなどを広げたり深めたりする場面をどこに設定するか，学びの深まりをつくりだすために，児童が考える場面と教師が教える場面をどのように組み立てるか，といった視点で授業改善を進めることが求められる。また，児童や学校の実態に応じ，多様な学習活動を組み合わせて授業を組み立てていくことが重要であり，題材のまとまりを見通した学習を行うに当たり基礎となる知識及び技能の習得に課題が見られる場合には，それを身に付けるために，児童の主体性を引き出すなどの工夫を重ね，確実な習得を図ることが必要である。

主体的・対話的で深い学びの実現に向けた授業改善を進めるに当たり，特に「深い学び」の視点に関して，各教科等の学びの深まりの鍵となるのが「見方・考え方」である。各教科等の特質に応じた物事を捉える視点や考え方である「見方・考え方」を，習得・活用・探究という学びの過程の中で働かせることを通じて，より質の高い深い学びにつなげることが重要である。

図画工作科における「主体的・対話的で深い学び」の実現に向けた授業改善のためには，表現及び鑑賞の活動を通して，児童一人一人が「造形的な見方・考え方」を働かせ，表現及び鑑賞に関する資質・能力を相互に関連させた学習が充実するようにすることが大切である。

「造形的な見方・考え方」とは，感性や想像力を働かせ，対象や事象を，形や色などの造形的な視点で捉え，自分のイメージをもちながら意味や価値をつくりだすことであると考えられ，その趣旨は「2 図画工作科の目標」で解説しているとおりである。

図画工作科で育成を目指す資質・能力である「知識及び技能」,「思考力,判断力,表現力等」,「学びに向かう力,人間性等」は,相互に関連し合い,一体となって働く性質がある。「主体的・対話的で深い学び」の実現に向けては,それぞれを相互に関連させながら資質・能力の育成を図る必要がある。必ずしも,別々に分けて育成したり,「知識及び技能」を習得してから「思考力,判断力,表現力等」を身に付けるといった順序性をもって育成したりするものではないことに留意し,指導することが重要である。その上で,自分の成長やよさ,可能性などに気付き,次の学習につなげられるようにすること,「この色で塗ってみたい」,「この形にしてみたい」,「この形や色でいいか」,「自分の表したいことは表せているか」など,児童の興味や関心,学習状況等に基づきながら自分の行為や活動を振り返り,感じたり,考えたりすることを大切にしつつ,互いの活動や作品を見合いながら考えたことを伝え合ったり感じたことや思ったことを話したりするなどの言語活動を一層充実すること,育成を目指す資質・能力を明確にし,つくり,つくりかえ,つくるという学習過程を重視することなどが大切である。

　イについては,表現と鑑賞とを関連付けて指導することを示すとともに,すべての学年の児童に,鑑賞を独立して扱うことができることを示している。

　「A表現」は,児童が進んで形や色,材料などに関わりながら,つくったり表したりする造形活動を通して,「技能」,「思考力,判断力,表現力等」を育成するものである。「B鑑賞」は,児童が自分の感覚や体験などを基に,身の回りの形や色などや自分たちの作品や親しみのある美術作品などを見たり,それについて話したりする鑑賞活動を通して,「思考力,判断力,表現力等」を育成するものである。「A表現」及び「B鑑賞」は,ともに児童の資質・能力を育成する二つの領域として構成している。

　表現と鑑賞は本来一体であり,相互に関連して働き合うことで児童の資質・能力を育成することができる。このことから「A表現」及び「B鑑賞」の指導については関連させて行うことを原則とすることを示している。例えば,一つの題材において,造形活動と鑑賞活動とが往還するような学習過程を設定し,児童が表現したことを,自身で味わったり,教師との関わりや友達と交流することにより,表現が深まったり,広がったりするようにするように配慮することが大切である。

　ただし,指導上の効果を高めるため必要がある場合には,児童の関心や実態を十分考慮した上で,すべての学年の児童に,鑑賞を独立して扱うことができる。その際,次の点に配慮する必要がある。

　一つは,児童がよさや美しさなどについて関心をもって感じ取ったり考えたりし,一人一人の感じ方や見方を深めることができるような内容であること。

　二つには,鑑賞する対象は発達の段階に応じて児童が関心や親しみのもてる作品などを選ぶようにすること。

三つには，児童が対象について感じたことなどを言葉にしようとしたり，教師や友達に伝えようとしたりするなど，言語活動を充実すること。

ウについては，表現及び鑑賞の各活動において〔共通事項〕に配慮した指導計画を作成する必要があることを示している。

〔共通事項〕は，表現及び鑑賞の各活動において，共通に必要となる資質・能力であり，児童の資質・能力の働きを具体的に捉え，育成するための視点となる事項である。その主な内容として，次の二つの事項を設定している。アは形や色などの造形的な特徴に関するものであり，「知識」に関する事項である。イは，イメージに関するものであり，「思考力，判断力，表現力等」に関する事項である。

〔共通事項〕は図画工作科のすべての学習に含まれている内容であり「A表現」及び「B鑑賞」の指導を通して，常に配慮しながら身に付けることができるよう指導する必要がある。また，〔共通事項〕の共通とは，「A表現」と「B鑑賞」の２領域及びその項目，事項にすべて共通するという意味である。さらに，中学部美術科においても〔共通事項〕を示しており，小学部図画工作科と中学部美術科において一貫して育てることに配慮する必要がある。

エについては，「A表現」の指導において，児童が友達と共に活動することを楽しむ傾向を生かし，適宜共同して製作する内容を取り入れることを示している。

共同して表現することは，様々な発想やアイデア，表し方などがあることを互いに気付き，表現や鑑賞を高め合うことにつながる。活動を設定する場合には，児童の実態を考慮するとともに，児童一人一人の発想や構想，技能などが友達との交流によって一層働くようにするすることが大切である。特に，決められた部分だけを受けもつだけで活動が終わらないように留意し，一人一人が共に活動に参加している実感がもてるように工夫することが重要である。例えば，完成までの過程で自分のつくったものがどのように作品になっていくのかを，体験できるような活動を取り入れていくなどである。

オについては，学習の中で，鑑賞の時間を設け，自他の作品や身の回りにある作品について意見を交換する場を設定することを示している。例えば，作品や作品を大きく映し出した映像を活用し，その作品に関する児童の素朴な感想等を引き出す，作品のもつ印象を言語化して共有するなどが考えられる。その際に教師は，児童たちの意見に耳を傾けたり，助言等を行ったりして児童のもつイメージの広がりや深まりを促していくことが大切である。

カについては，児童の学習上の特性や傾向を考慮し，他教科や特別活動等との関連を積極的に図り，総合的に活動することとを示したものである。例えば，育成を目指す資質・能力を明らかにした上で，図画工作科でつくったものを他教科等の時間に活用することや，他教科等における自然や社会などの経験を造形的な発想に生かすことなどである。

### (2) 内容の取扱いについての配慮事項

> (2) 2の各段階の内容の取扱いについては,次の事項に配慮するものとする。
> ア　造形活動においては,材料や用具の安全な使い方について指導するとともに活動場所を事前に点検するなどして,事故防止について徹底すること。
> イ　児童が個性を生かして活動することができるようにするため,学習活動や表現方法などに幅をもたせるようにすること。
> ウ　「A表現」の指導に当たっては,活動の全過程を通して児童が実現したい思いを大切にしながら活動できるようにし,自分のよさや可能性を見いだし,楽しく豊かな生活を創造しようとする態度を養うようにすること。
> エ　各活動において,互いのよさや個性などを認め尊重し合うようにすること。
> オ　土,木,紙などの身近な材料に親しんで造形活動などをすることや,はさみ,のりなど身近で扱いやすい用具等の扱い方を理解して使えるよう指導すること。
> カ　「A表現」及び「B鑑賞」の学習を通して学んだことが,生活や社会の中で生かせるよう指導することや,作品や用具等を大切に取り扱うことを指導すること。
> キ　コンピュータ,カメラなどの情報機器を利用することは,表現や鑑賞の活動で使う用具の一つとして扱うとともに,必要性を十分に検討して利用すること。
> ク　材料については,地域の身近にある材料なども取り上げ,指導すること。
> ケ　作品を校内の適切な場所に展示するなどし,日常の学校生活においてそれらを鑑賞することができるよう配慮すること。また,学校や地域の実態に応じて,校外に児童の作品を展示する機会を設けるなどすること。

アについては,造形活動で使用する材料や用具,活動場所については,事故防止に留意することが必要であるということを示している。

例えば,造形遊びでは,児童の興味や関心に基づく活動を重視するので,いろいろなものに関わる中で,これらをなめたり,かんだり,用具の持ち歩きなどをすることもあると予想される。そこで,身近な自然物や人工物,用具などの衛生や安全に十分注意することが大切である。表現に関する学習においては,用具を持った手を大きく回すなどの粗大な運動を伴う活動もあり得る。周囲の児童には

そうした行動を予測できないこともあるので，活動のスペースを十分確保したり，安全確保のための決まりを事前に指導したりすることが大切である。また，造形活動が活発になるほど，いろいろな性質をもつ材料を扱うことになるため，製作の過程で生ずる材料の切断面や破片などの取扱いに注意することが重要である。

材料や用具については，安全な使い方について指導することが重要である。その際，教師の一方的な説明だけではなく，実際に取り扱うなどして，児童が実感的に分かるようにすることが必要である。はさみなどの刃のある用具などでは事故が無いように配慮する必要がある。児童が経験したことのある材料や用具であっても安全な扱い方について確認するとともに，児童の実態に合う材料や用具を扱うよう配慮することが大切である。

また用具の保管に際しても鍵のかかる場所にしまうなどの配慮が必要である。

活動場所については，事前の点検が必要である。例えば，プールサイドでの活動や高い場所での活動が予想される場合には，水の量や濁り，足場の安定や手すりの高さなどを調べ，安全や衛生面の確認をする必要がある。

イについては，児童一人一人が自分の個性を生かしながら資質・能力を十分に働かせるために，多様な学習ができるようにすることを示している。

「学習活動や表現方法などに幅をもたせるようにする」とは，表現や鑑賞を幅広く捉え，児童が経験したことを基に，自分に適した表現方法や材料，用具などを選ぶことができるようにすることを示している。

指導に当たっては，育成を図る資質・能力を明らかにし，児童の表現や作品を幅広く捉えるとともに，一人一人の児童が，自分の思いで活動を進めることができるようにし，その児童らしい表現を励ますようにする必要がある。その際，個性は変容し得るものであることにも配慮することが必要である。

ウについては，「A表現」の指導に当たっての配慮事項を示している。児童が自分自身の実現したい思いを大切にしながら，発想をしたり，技能を働かせたりできるような指導をすることの重要性を示している。そして，その活動の中で，児童が自分のよさや可能性を見いだすようにすること，それが，楽しく豊かな生活を創造しようとする態度につながることを示している。

児童は，造形活動において，「こうしたい」という思いをもっている。それは，「大きなものをつくりたい」，「ここを赤くしたい」，「木でつくってみたい」という発想や構想に関することや「のこぎりを使ってつくりたい」，「ここを濃く塗りたい」など「技能」に関すること，さらに，「みんなでつくりたい」，「もっとつくりたい」など「学びに向かう力，人間性等」に関することもある。具体的には，児童がこのような思いをもっていることを強く心に留め，指導を工夫する必要がある。そのためには，児童の活動の様子をよく見たり，言葉に耳を傾けたりし，児童がどのような思いをもっているのか知ろうとすることが大切である。そ

して，活動の全過程を通して，それぞれの児童が自分の思いをもって活動できるような指導計画を作成することが必要である。

そのような指導の工夫をした学習活動の中で，児童は自分のよさや可能性を見いだしたり，自分自身で「こんなことができるようになった」と，成長を実感したりすることができる。さらに，自分のよさや可能性を見いだすことは，友達や他者のよさに気付くことにもつながる。それは，友達や他者から自分のよさを見いだしてもらうことでもある。造形活動を通して，互いの「よさや可能性」を見いだすことは，豊かな人間関係をつくりだすことである。そうした関係は，「楽しく豊かな生活」を創造することにつながることにもなる。

エについては，造形活動や鑑賞活動において，友達等とお互いのよさや個性などを認め尊重し合うようにすることの重要性を示している。

図画工作科の学習は，児童一人一人が表現や鑑賞の活動を通して，造形的な見方・考え方を働かせ，生活や社会の中の形や色などと豊かに関わる資質・能力を育成することを目指している。学習の過程では，一人一人のよさや個性が発揮されるだけではなく，友達等と交流し，認め尊重し合い，高め合うことが重要となる。そのためには，まず教師が日頃から一人一人の児童のよさや個性などを認め尊重することや，一人一人の児童のよさや個性が発揮できる題材を設定し，児童が自分のよさや個性が教師から大切にされていると実感するようにすることが重要である。その上で，児童が友達の作品や活動，言動にも目を向け，感じ方や考え方，表し方の工夫などには違いがあるということに気付き，そのどれもが，大切にされるべきものなのだということが分かるようにすることが重要である。

オについては，児童にとって身近で扱いやすく，数や量を集める場合にも入手しやすいものを取り扱い，その扱いに慣れることができるようにするということである。材料や用具は，それぞれの段階に適したものを使用することを基本としながら，必要に応じて当該段階より前の段階において，初歩的な形で取り上げ指導できることを示している。また，その後の段階でも繰り返し取り上げるようにし，材料や用具を使ったり生かしたりする経験を重ねながら，児童がそれらの適切な扱いに慣れるようにすることを示している。

1段階では，「土，木，紙」は，児童が興味や関心などをもち，体全体でかかわることもできる素材として示している。土には，山や田の土，砂場の砂，粘土など，児童に身近なものが考えられる。粘土には，土粘土，油粘土，紙粘土などのいろいろな種類が考えられる。1段階では，両手を十分に働かせ，感触や手ごたえを楽しめるような土粘土に親しむことが考えられる。木には，枝，根っこ，木片，おがくずなどがある。紙には，画用紙や厚紙，新聞紙や段ボール，大きな包装紙などの児童が扱いやすい材料が考えられる。「はさみ，のり」は切断や接着する用具として示している。接着する用具としては，粘着テープなども考えら

れる。その他にもペンやクレヨンは、描画材としては、用具であるが、形や色をもつ材料の一つとしても考えられることができる。

　２段階では、「水彩絵の具」は、児童が形や色を表すために適した用具として示している。色を重ねて塗ったり、混ぜたり、にじませたり、ぼかしたりして、いろいろな形や色をつくることができる。ペンやクレヨン、パスなどとの併用も容易である。筆などの水彩絵の具に関連する用具については、筆の弾力性を生かしてかく、刷毛や細い筆などの様々な種類を使う、パレットや絵の具皿を使うなど、児童がいろいろな扱い方を見付けるようにすることが大切である。なお、水彩絵の具に類するものとして、土や安全な色の粉などを使って絵の具をつくることも考えられる。

　３段階では、「のこぎり」は材料を切ったり削ったりする用具として示している。児童の手に合ったもので、材料や用途に合わせて適切な物を選ぶようにすることが重要である。のこぎりは、児童の扱いやすいもので、板材や厚手の段ボールなどを切る場合に使えるものとして示している。その他に木版や木の表面に模様を入れる時などに使う彫刻刀も考えられる。「金づち」は、釘を木切れに打ち込んで表現したり、板材と板材を釘でつないだりするときに使用する用具として示している。「針金」は、ペンチなどを用いて適切な長さに切って使ったり、材料同士をしばったりすることでいろいろな作品をつくることができる材料である。太い針金は、折り曲げたり、バランスをとれるようにしたりすることで、動く仕組みをつくることができる。アルミ針金のように柔らかいものは、布などの他の材料と併用するなどして、表現の幅を広げることができる。

　また、材料や用具は、豊かな表現に欠くことのできないものであることから、表現に関する指導内容と一体で扱い、生活経験や発達の段階によって異なる一人一人の表現に関する資質・能力を一層伸長できるよう、児童個々に必要な用具を整えることが大切である。

　指導に当たっては、材料や用具の準備について、児童のそれまでの経験に配慮するとともに、題材の内容や指導のねらいによって、種類や範囲、数量を変えるなどして、児童が基本的な扱い方に関心をもつようにする必要がある。また彫刻刀などを使用する際には、刃こぼれがないかを確認したり、彫りやすい板材を使ったりするなど、児童が安全に扱えるように配慮することも必要である。初めて扱う用具については、基本的な扱い方を踏まえた上で、用具を使うこと自体を楽しむようにすることが重要である。各段階で経験した用具については、その使い方に慣れるようにするとともに、簡単な手入れをしたり、それらを大切にしたりする習慣が身に付くようにすることが必要である。

　カについては、学習したことを生活や社会の中で生かせるように指導すること及び作品や用具等を大切に取り扱えるように指導することを示している。特に発

達の未分化な段階である児童には生活や社会の中での活動に自然とつながるようにすることが大切となる。また，かいたり，つくったりしてできた作品に愛着をもち，大事にしたり，使って楽しんだりすることも大切である。

キについては，情報機器の利用や，授業のねらいと照らし合わせて必要性を十分に検討して利用することについて示している。

コンピュータは，その特徴を生かして，何度でもやり直したり，色を変えたりするなど，様々に試しながら表現の可能性を広げていくことができる。また，鑑賞の活動においては，作品や作品に関する情報をインターネットから検索するなど，自らの見方や感じ方を深めていく手掛かりに活用することもできる。

カメラは，自分が発見した身近にある形や色などのよさや美しさや自分たちの活動を記録したり，撮影した写真を材料として表現に活用したりすることができる。

このような情報機器は様々な活動に活用できる機器である。実際にものに触れたり見たりすることは，児童にとって必要であることも踏まえ，学習のねらいに応じて必要性を十分に検討し活用することが大切である。

クについては，児童が地域社会を身近に感じ親しむためにも必要なものである。地域の地場産業や伝統工芸などを活用した造形活動を行い，地域の特色を上手く活用した活動が求められる。

ケについては，児童の楽しいアイデアや工夫などが見られる造形的な空間を校内につくることと，児童の造形活動の意味や価値を広く伝えることを望む内容である。

展示作品は，日々の学習の成果である作品や学校に永く残す作品，親しみのある美術作品，自分たちの表現の過程を記録した展示物などが考えられる。

展示の場所や方法については，掲示板だけでなく，踊り場の隅，壁やフェンス，廊下の上部の空間を生かすなどが考えられる。児童が，自分の作品に合った展示場所を見付けたり，児童の思いが伝わりやすいように展示の仕方を工夫したりする必要がある。その際，児童の見やすさや，耐久性や安全性に十分に配慮する必要がある。

また展示は，児童の作品を通して学校と保護者や地域の連携を深める効果もある。例えば，地域の公共的な施設などに児童の作品を展示したり，そこで作品の説明をしたりすることで，児童の造形活動の素晴らしさを広く伝えることができる。児童の作品の展示については，作品だけでなく，製作の過程を写真やビデオなどで記録したものを紹介したり，児童の感想，教師の解説なども合わせて提示したりすることにより，一層の効果を求めることができる。

児童の作品を校外に展示するためには，あらかじめ指導計画に位置付けるとともに，教職員の理解と家庭・地域の協力が必要である。そのためには，日常から

児童が造形活動を通してつくりだすことの意義についての理解を共有しておくことが必要である。例えば，学校通信等で図画工作科の学習の様子を紹介したり，保護者会で児童の活動の様子を紹介したりすることなどが考えられる。

## ● 第6 体育科

### 1 体育科の改訂の要点
#### (1) 目標の改訂の要点

目標は，従前の「適切な運動の経験を通して，健康の保持増進と体力の向上を図り，楽しく明るい生活を営む態度を育てる」から，小学校体育科の目標との連続性を踏まえ，心と体を一体として捉え，生涯にわたって心身の健康を保持増進し，豊かなスポーツライフを実現する資質・能力を重視する観点から，運動についての課題に気付き，その解決に向けた主体的・協働的な学習活動を通して，育成を目指す資質・能力の三つの柱である「知識及び技能」，「思考力，判断力，表現力等」，「学びに向かう力，人間性等」を育成することを目標として示した。

#### (2) 内容の改訂の要点

内容は，従前の1段階において「基本的な運動」，「運動遊び」，「きまり」，2段階及び3段階において「基本的な運動」，「いろいろな運動」，「きまり・安全」のそれぞれ3観点で構成していたが，今回の改訂では，小学校体育科の内容との連続性を踏まえて，六つの運動領域と一つの保健領域として示した。

| 1段階 | 2段階及び3段階 |
|---|---|
| A 体つくり運動遊び | A 体つくり運動 |
| B 器械・器具を使っての遊び | B 器械・器具を使っての運動 |
| C 走・跳の運動遊び | C 走・跳の運動 |
| D 水遊び | D 水の中での運動 |
| E ボール遊び | E ボールを使った運動やゲーム |
| F 表現遊び | F 表現運動 |
| G 保健 | G 保健 |

「保健」については，体育科において心と体を一体として捉えることを重視する観点から，従前生活科で示していた「健康・安全」のうち「健康管理」について，「保健」として体育科で示すこととした。

また，小学校体育科の内容と同様に，それぞれの領域において育成を目指す資質・能力を明確にする観点から「知識及び技能」，「思考力，判断力，表現力等」，「学びに向かう力，人間性等」の三つの柱で示している。

### (3) 指導計画の作成と内容の取扱いの要点

指導計画の作成については，体育科において育むべき資質・能力の育成を目指す観点から，主体的・対話的で深い学びの実現に向けた授業改善を図るようにすることや，6学年を見通した全体的な指導計画のもと，内容の領域を履修させること，他教科との関連など3項目を示している。

内容の取扱いについては，学校や地域の実態，児童の障害の状態，遊びや運動の経験，技能の程度などに応じた指導を工夫すること，体育科における指導をオリンピック・パラリンピックにつながるようにすることなど5項目を示している。

## 2 体育科の目標

> 1 目 標
>
> 　体育や保健の見方・考え方を働かせ，課題に気付き，その解決に向けた学習過程を通して，心と体を一体として捉え，生涯にわたって心身の健康を保持増進し，豊かなスポーツライフを実現するための資質・能力を次のとおり育成することを目指す。
> 　(1) 遊びや基本的な運動の行い方及び身近な生活における健康について知るとともに，基本的な動きや健康な生活に必要な事柄を身に付けるようにする。
> 　(2) 遊びや基本的な運動及び健康についての自分の課題に気付き，その解決に向けて自ら考え行動し，他者に伝える力を養う。
> 　(3) 遊びや基本的な運動に親しむことや健康の保持増進と体力の向上を目指し，楽しく明るい生活を営む態度を養う。

体育科の目標は，(1)から(3)の目標が相互に密接な関連をもちつつ，体育科の究極的な目標である，生涯にわたって心身の健康を保持増進し，豊かなスポーツライフを実現するための資質・能力を育成することを目指すことを示している。

「体育や保健の見方・考え方」の「体育の見方・考え方」については，生涯にわたる豊かなスポーツライフを実現する観点を踏まえ，「運動やスポーツを，その価値や特性に着目して，楽しさや喜びとともに体力の向上に果たす役割の視点から捉え，自分の適性等に応じた『する・みる・支える・知る』の多様な関わり方と関連付けること」としている。

「保健の見方・考え方」とは，疾病や傷害を防止するとともに，生活の質や生きがいを重視した健康に関する観点を踏まえ，「個人及び社会生活における課題や情報を，健康や安全に関する原則や概念に着目して捉え，疾病等のリスクの軽減や生活の質の向上，健康を支える環境づくりと関連付けること」としている。

体育科においては「見方・考え方」を働かせる学習過程を工夫することにより，体育科で育成を目指す資質・能力がより豊かになり，体育科の目標である「生涯にわたって心身の健康を保持増進し，豊かなスポーツライフを実現するための資質・能力」の育成につなげることを目指すものである。

　「課題に気付き，その解決に向けた学習過程」とは，遊びや運動，健康についての興味や関心を高め，遊びや運動，健康に関する課題に気付き，粘り強く意欲的に課題の解決に取り組むとともに，自らの学習活動を振り返りつつ，課題を見直したり，新たに気付いたりして，友達と共に思考を深め，よりよく課題を解決し，次の学びにつなげることができるようにすることを示している。課題に気付き，その解決に向けた学習過程においては，自分や友達が直面する課題を比較，分類，整理することや複数の解決方法を試し，その妥当性を評価し，他者との対話を通して，よりよい解決策を見出していく「主体的・対話的で深い学び」の実現に向けた授業改善が求められる。

　「心と体を一体として捉え」とは，児童の心身ともに健全な発達を促すためには，心と体を一体として捉えた指導が重要であり，障害の状態や特性及び心と体の発達の状態等を踏まえ，運動による心と体への効果，健康，特に心の健康が運動と密接に関連していることを理解することの大切さを示している。

　「生涯にわたって心身の健康を保持増進し，豊かなスポーツライフを実現するための資質・能力」とは，「知識及び技能」，「思考力，判断力，表現力等」，「学びに向かう力，人間性等」の三つを指している。

　これらの資質・能力を育成するためには，児童の障害の状態や特性及び心身の発達の段階，興味や関心等に応じて，運動の楽しさや喜びを味わい，自ら考えたり工夫したりしながら運動の課題を解決するなどの学習が重要である。このことにより，生涯にわたって運動やスポーツを日常生活に積極的に取り入れ，生活の重要な一部とすることを目指しているものである。また，児童が身近な生活における健康・安全に関心をもち，自ら考えたり，判断したりしながら，健康に関する課題を解決するなどの学習が重要である。このことにより，現在及び将来の生活において，健康に関する課題に対応して，保健の知識及び技能等を活用して，自分の健康を保持増進するために的確に思考し判断し，それらを表現することができるような資質・能力を育成することを目指している。そのため，健康に関する課題を解決するなどの学習を取り入れ，知識を身に付ける指導に偏ることなく，資質・能力の三つの柱をバランスよく育むことができる学習過程を工夫し，充実を図ることが大切である。なお，これらの資質・能力は，児童の障害の状態や特性及び心身の発達の段階等を踏まえて，次の事項が大切である。

・適切かつ意図的に指導されること。
・施設や気候条件への配慮，指導内容の選定，指導計画の作成，学習活動の展

開,学習評価などについて検討すること。
・遊びや運動,スポーツとの多様な関わり方ができるようにする観点から,遊びや運動,スポーツに対する興味や関心を高め,技能の指導に偏ることなく,「する・みる・支える」に「知る」を加え,資質・能力の三つの柱をバランスよく育むことができる学習過程を工夫し,充実を図ること。

(1)は「知識及び技能」であり,個別の事実的な知識のみを指すものではなく,それらが相互に関連付けられ,さらに社会の中で生きて働く知識となるものも含んでいる。体育科においては,この趣旨を踏まえ,運動の楽しさや喜びを味わったり,身近な生活で健康の保持増進をしたりするための基礎的・基本的な「知識及び技能」を踏まえて設定されている。生涯にわたって心身の健康を保持増進し,豊かなスポーツライフを実現するためには,遊びや運動,スポーツとの多様な関わり方を含めた行い方や身近な健康について理解することが必要になる。また,その学習が児童にとって有意味に行われることが必要となる。

「遊びや基本的な運動」とは,体つくり運動系,器械運動系,陸上運動系,水泳運動系,ボール運動系,表現運動系に示されている内容を指している。また,「身近な生活における健康」とは,保健の内容を指している。

(2)は「思考力,判断力,表現力等」であり,情報を捉えて多角的に精査したり,課題を見出し他者と協働しながら解決したり,自分の考えを形成し伝えあったり,思いや考えを基に創造したりするために必要な資質・能力である。自分の運動や健康についての課題に気付き,解決に向けて試行錯誤を重ねながら,自ら考え,「主体的・対話的で深い学び」の過程を繰り返すことにより,体育科の「見方・考え方」を育てることを重視するものである。

「他者に伝える力」とは,伝える相手や状況に応じた表現力を指しており,言葉だけではなく,表情や身振りなど多様な表現の仕方を含んでいる。

(3)は「学びに向かう力,人間性等」であり,主体的に学習に取り組む態度も含めた学びに向かう力や,自分の感情や行動を統制する能力,自らの思考の過程を客観的に捉える力など,いわゆる「メタ認知」に関するもの(学びに向かう力)と,多様性を尊重する態度や互いのよさを生かして協働する力,持続可能な社会づくりに向けた態度,リーダーシップやチームワーク,感性,優しさや思いやりなど(人間性等)から構成されている。

「健康の保持増進」とは,自分の健康の大切さに気付き,健康の保持増進や回復等に主体的に取り組み,健康で豊かな生活を営む態度の育成を重視する観点から,自分の健康に関心をもち,自分の健康に関する取組のよさを認める,自分の健康の保持増進や回復等のために主体的,協働的に活動する等の態度を育成する学びに向かう力,人間性等の資質や能力の基礎を育成することを示したものであ

る。

「体力の向上を目指し」とは，各種の運動を適切に行うことにより，その結果として体力の向上を図ることができるようにすることを示したものである。そのためには，障害の状態や特性及び心身の発達の段階等に応じて高める体力を重点化し，自分の体力や体の状態に応じた高め方を理解するとともに，学習したことを家庭で生かすなど，体力の向上を図るための実践力を身に付けることができるようにすることが必要である。また，体力は，人間の活動の源であり，健康の維持のほか意欲や気力といった精神面の充実にも大きく関わっており，「生きる力」の重要な要素であることを強調したものである。

「楽しく明るい生活を営む態度」とは，生涯にわたる豊かなスポーツライフを実現するための資質・能力，健康で安全な生活を営むための実践力及び健やかな心身を育てることによって，現在及び将来の生活を楽しく明るいものにすることである。また，自分の健康に関心をもち，健康の保持増進のために協力して活動すること，身近な健康や心身の発育・発達などを肯定的に捉えることなどの態度も含んでいる。

### 3 各段階の目標及び内容

各段階とも目標は，教科の目標を実現していくための具体的な指導目標を，児童の発達の段階を踏まえて，「知識及び技能」，「思考力，判断力，表現力等」，「学びに向かう力・人間性等」の三つの柱で示している。

各段階に共通する内容については，次に示すとおりである。

A 体つくり運動系

体つくり運動系の領域として，1段階を「体つくり運動遊び」，2段階及び3段階を「体つくり運動」としている。

これらの運動は，体を動かす楽しさや心地よさを味わい，運動を好きになるとともに，心と体の関係に気付いたり，友達と交流したりすることや，様々な体の基本的な動きを身に付けたり，体の動きを高めたりして，体力を高めるために行われる運動である。誰もが楽しめる手軽な運動，体つくり運動系以外の運動領域の基盤となる様々な体の基本的な動きを培う運動を行うことが大切である。

B 器械運動系

器械運動系の領域として，1段階を「器械・器具を使っての遊び」，2段階及び3段階を「器械・器具を使っての運動」としている。

この領域は，器械・器具を使って，支持，ぶら下がり，手足での移動，回転などの動きを行う運動であるとともに，自分の力にふさわしい動きを身に付ける喜びを味わうことのできる運動である。

指導に当たっては，器械・器具を使って運動に楽しく取り組み，様々な動きに取り組んだり，動き方を工夫したりできるように指導するとともに，いろいろな動きをたくさん経験することが大切である。

C　陸上運動系

　陸上運動系の領域として，1段階を「走・跳の運動遊び」，2段階及び3段階を「走・跳の運動」としている。

　この領域は，友達と競い合う楽しさや，調子よく走ったり跳んだりする心地よさを味わうことのできる運動である。

　指導に当たっては，走ったり跳んだりする動き自体の面白さや心地よさを引き出すことを基本にしながら，どの児童も競走（争）に勝つことができたり，意欲的に運動に取り組むことができたりするように，楽しい活動の仕方や場の工夫をすることが大切である。

D　水泳運動系

　水泳運動系の領域として，1段階を「水遊び」，2段階及び3段階を「水の中での運動」としている。

　この領域は，水の特性（浮力・水圧・抗力・揚力など）を生かし，水中を動き回ったり，潜ったり，浮いたりする心地よさを楽しむことができるようにする運動である。

　指導に当たっては，水に慣れ親しみながら，水に対する不安感を取り除く簡単な遊び方を工夫することで学習を進め，水の中での運動の楽しさや心地よさを味わうことができるようにすることが大切である。

　また，水泳の指導においては，特に，児童の健康状態や体調の把握，気温，水温や水深，水質などに十分注意を払うとともに，指導体制や監視体制の整備を十分に図ることが重要である。

E　ボール運動系

　ボール運動系の領域として，1段階を「ボール遊び」，2段階及び3段階を「ボールを使った運動やゲーム」としている。

　この領域は，競い合う楽しさに触れたり，友達と力を合わせてゲームをする楽しさや喜びを味わったりすることができる運動である。

　児童の発達の段階を踏まえ，実態に応じたボール操作で行え，ボール，その他の運動用具や設備，プレイ空間など児童が取り組み易いようにルールや形式を工夫し，意欲的にゲームを楽しむことができるようにすることが大切である。

　また，公正に行動しようとする態度，特に勝敗の結果について正しい態度や行動が取れるようにすることが大切である。

F　表現運動系

　表現運動系の領域として，1段階を「表現遊び」，2段階及び3段階を「表

現運動」としている。

　この領域は，自分の心身を解き放して，イメージやリズムの世界に没入してなりきって踊ったり，互いのよさを生かし合って友達と交流して踊ったりする楽しさや喜びを味わうことのできる運動である。

　指導に当たっては，児童にとって身近で関心が高く，具体的で特徴のある動きを多く含む題材や，弾んで踊れる軽快なリズムの音楽を取り上げるようにするとともに，リズムに乗って体を動かすことや，動きの模倣が得意であるなどの児童の特性を生かした学習指導の進め方を工夫することが大切である。

G　保健

　保健領域は，従前生活科で取り扱っていた「健康・安全」のうち「健康管理」について，体育科の保健として取り扱うこととし，新設された領域である。

　健康な生活については，自分の体調など健康を意識し，健康を維持するための基本的な技能，体調が悪いときやけがをしたときの他者に伝える方法や対応方法を身に付けること，自分の体の成長に興味をもつことなどが指導内容として挙げられる。

　指導に当たっては，生活科の各領域や日常生活の指導などと関連付けながら指導するとともに，日ごろから児童の健康状態について十分に把握しておき，その状態に応じて対応できるようにすることが大切である。

　なお，月経の指導について，個別指導を基本とするが，開始の時期や期間中の様子などに個人差があるので，各段階とも家庭等の協力を得て，生理用品一式を用意しておくとともに，不安感をもたないで初経を迎えられるようにすることが大切である。処置については生活科の用便，清潔，身なりの指導と関連させながら，初期の段階で個別に指導する必要がある。また，児童が，月経時に自分から女性教師に声をかけるよう指導することも大切である。

　各段階の領域において考えられる運動等の内容を【例示】として示しているが，児童の実態や学校施設の状況等に応じて工夫したり，【例示】に示されていない内容を取り入れたりすることができる。

　その際，各段階の目標を達成するために適切な内容であること，児童に過度の負担にならない内容であることに留意が必要である。

## (1) 1段階の目標と内容
### ア　目標

○1段階
　(1) 目　標
　　ア　教師と一緒に，楽しく体を動かすことができるようにするとともに，

> 健康な生活に必要な事柄ができるようにする。
> イ 体を動かすことの楽しさや心地よさを表現できるようにするとともに，健康な生活を営むために必要な事柄について教師に伝えることができるようにする。
> ウ 簡単な合図や指示に従って，楽しく運動をしようとしたり，健康に必要な事柄をしようとしたりする態度を養う。

アの「教師と一緒に」とは，将来にわたって主体的な活動を導くために，教師と楽しく体を動かすことである。また，手をつなぐ，体を支える，寄り添うなどの支援で，運動を行う際，児童が安心して体を動かすことができるように心がけることも重要である。

「楽しく体を動かすこと」とは，児童の興味や関心，生活経験に応じた運動など，易しい運動を繰り返すことによって，運動の楽しさや喜びを味わうことである。また，「豊かなスポーツライフを実現するための資質・能力」を踏まえ，生涯にわたって運動に親しみ，運動を実践していくための資質や能力を育てることにつながっているものである。

「健康な生活を営むために必要な事柄」とは，うがいなど，病気の予防に必要な動作や活動のことである。生活科の「基本的生活習慣」の指導などと関連性をもたせながら，指導していくことが重要である。

イの「楽しさや心地よさを表現できる」とは，楽しさや心地よさを一緒に活動している教師に，表情や身振り，アイコンタクト，もう一度の要求などで表現することである。

「教師に伝える」とは，うがいなどの健康管理に関する事柄ができるように，表情や身振り，アイコンタクトなどを使って援助を求めたり，実施の同意を求めたりすることである。

ウの「簡単な合図や指示」とは，笛や太鼓などの楽器や児童が理解できる簡単な言葉掛けや絵カードの活用などのことである。その合図や指示により楽しんで遊びながら，様々な運動をしたり，健康に必要な事柄をしたりすることが重要である。1段階では，特に，教師と一緒に活動しながら，簡単な合図や指示の理解を図ることが大切である。

イ 内容

> (2) 内 容
> A 体つくり運動遊び
> 体つくり運動遊びについて，次の事項を身に付けることができるよう

指導する。
　　ア　教師と一緒に，手足を動かしたり，歩いたりして楽しく体を動かすこと。
　　イ　手足を動かしたり，歩いたりして体を動かすことの楽しさや心地よさを表現すること。
　　ウ　簡単な合図や指示に従って，体つくり運動遊びをしようとすること。

　アの「手足を動かしたり，歩いたりして」とは，歩く，走るなどの動きを基本にして，未分化でやさしい運動から始め，転がる，はう，跳ぶ，またぐなどの運動を行うことである。
　さらに，「体つくり運動遊び」では，バランスを取る，座る，しゃがむ，階段の上り下りなどの日常生活の基本的な身体活動を繰り返し，十分に体験することが大切である。その際，手足を十分に伸ばしたり曲げたり，脚を前後左右に開いたり，腕を振ったり回したりするなど，簡単な手や脚の運動を取り入れることが大切である。
　【例示】
　　・しゃがんだり立ったり，その場跳びをしたり，転がったりするなどの運動遊びをすること。
　　・なわやテープの上を歩いたり，踏まないようにまたいで歩いたりするなどの運動遊びをすること。

　B　器械・器具を使っての遊び
　　器械・器具を使っての遊びについて，次の事項を身に付けることができるよう指導する。
　　ア　教師と一緒に，器械・器具を使って楽しく体を動かすこと。
　　イ　器械・器具を使って体を動かすことの楽しさや心地よさを表現すること。
　　ウ　簡単な合図や指示に従って，器械・器具を使っての遊びをしようとすること。

　アの「器械・器具を使って楽しく体を動かす」とは，トランポリンの上で揺れを楽しんだり，低い跳び箱で乗り下りしたり，またがったり，遊具にぶらさがったり，よじ登ったりして楽しく遊ぶことである。「器械・器具を使っての遊び」は，次の(ｱ)から(ｴ)までの運動遊びで構成されている。
　(ｱ) 固定施設を使った運動遊び
　　ジャングルジムやブランコ，トランポリンなどで，いろいろな動きを経験し

ながら遊ぶこと。
【例示】
○ジャングルジムを使った運動遊び
・ジャングルジムで登り下りやぶら下がりなどを経験しながら遊ぶこと。
○ブランコを使った運動遊び
・ブランコに乗って前後の揺れなどを経験しながら遊ぶこと。
○トランポリン
・トランポリンの上に乗り，上下の揺れなどを経験しながら遊ぶこと。
(イ) マットを使った運動遊び
マットに背中や腹などをつけて転がったり，移動したりして遊ぶこと。
【例示】
○横転がりなどいろいろな転がりなど
・マットの上に背中をつけ，いろいろな転がりをして遊ぶこと。
(ウ) 低鉄棒を使った運動遊び
低鉄棒を使ってぶら下がりなどをして遊ぶこと。
【例示】
○ぶら下がり
・ぶら下がりをして遊ぶこと。
(エ) 跳び箱を使った運動遊び
低い跳び箱を使ってよじ登ったり，跳び下りたりして遊ぶこと。
【例示】
○よじ登りや跳び下り
・よじ登ったり，低い位置から跳び下りたりして遊ぶこと。

---

C　走・跳の運動遊び
　走・跳の運動遊びについて，次の事項を身に付けることができるよう指導する。
　ア　教師と一緒に，走ったり，跳んだりして楽しく体を動かすこと。
　イ　走ったり，跳んだりして体を動かすことの楽しさや心地よさを表現すること。
　ウ　簡単な合図や指示に従って，走・跳の運動遊びをしようとすること。

---

アの「走ったり，跳んだり」とは，児童が安心して運動遊びができるように，向き合いながら両手で介助したり，手をつないだり，並んだりして一緒に歩く，走る，その場で跳ぶなどの運動遊びを行うことである。また，音楽を流したり，教師が言葉掛けをしたりすることで，児童が一人でも楽しみながらできる運動に

広げていくことが大切である。

【例示】
○走る運動遊び
- 教師が方向や速さを加減しながら，教師の言葉掛けのリズムに合わせて一定の時間や距離を一緒にゆっくり走ったり，早く走ったりすること。

○跳ぶ運動遊び
- 正面や横で教師が介助しながら，教師の合図や言葉掛けに合わせてその場で上方に両足や片足で跳んだり，前方に跳んだりすること。

---

D　水遊び

水遊びについて，次の事項を身に付けることができるよう指導する。
ア　教師と一緒に，水の特性を生かした簡単な水遊びを楽しくすること。
イ　水の中で体を動かすことの楽しさや心地よさを表現すること。
ウ　簡単な合図や指示に従って，水遊びをしようとすること。

---

アの「教師と一緒に」とは，水遊びにおいて段階の目標に示しているように主体的な活動を導くために，教師が手本を見せたり，手を取って一緒に活動をしながら，安心して水に触れたり，水に入ることができるようにすることである。

「水の特性を生かした簡単な水遊び」とは，浮力によって，ものが浮いたり，沈んだりしたり，水温の違いによって，温かい，冷たいと感じたりしながら，遊ぶことである。

1段階では，教師が関わり方を工夫しながら，水に対する不安感や抵抗感を軽減したり，感じさせたりしない工夫が大切である。また，プールでの活動においては，プールの大きさや深さに関係なく，水の中での事故に十分注意することが重要である。

【例示】
○水遊び
- プールの周りでじょうろを使って遊ぶこと。
- 個々の状態に適した浅い深さのプールの中で，遊具を浮かべたり沈めたりして遊ぶこと。
- 水をすくったりかけたりするなどして遊ぶこと。
- 水をすくって体の様々な部分にかけたり，様々な方向に飛ばしたり，友達や教師とかけ合ったりすること。

---

E　ボール遊び

ボール遊びについて，次の事項を身に付けることができるよう指導する。

> ア　教師と一緒に，ボールを使って楽しく体を動かすこと。
> イ　ボールを使って体を動かすことの楽しさや心地よさを表現すること。
> ウ　簡単な合図や指示に従って，ボール遊びをしようとすること。

アの「ボールを使って楽しく体を動かす」とは，教師と一緒にボールを転がす，投げる，蹴る，当てるなどをして楽しく遊ぶことである。児童の実態に応じてボールの代わりに風船やビーチボールを使用し，ボールのスピードや大きさを工夫することなどが大切である。

【例示】
○いろいろなボールを転がす，投げる，蹴る，捕るなどの遊び
・ボールを転がす，投げる，蹴ること。
・ボールを捕ったり，止めたりすること。
○ボールを転がしたり，投げたりしながら行う的当て遊び
・ボールを転がす，投げる，蹴るなどして，的に当てること。

> F　表現遊び
> 　表現遊びについて，次の事項を身に付けることができるよう指導する。
> ア　教師と一緒に，音楽の流れている場所で楽しく体を動かすこと。
> イ　音楽の流れている場所で体を動かすことの楽しさや心地よさを表現すること。
> ウ　簡単な合図や指示に従って，表現遊びをしようとすること。

アの「音楽の流れている場所で体を動かす」とは，音楽を感じながら自由に体を動かしたり，はねたり，跳んだりして体を動かすことである。この場合，音楽科の1段階の内容と関連を図ることが大切である。

【例示】
・音楽を感じながら，自由に体を動かすこと。
・音楽を感じながら，歩いたり，走ったりすること。
・音楽を感じながら，はねたり，跳んだりすること。

> G　保健
> 　健康な生活に必要な事柄について，次の事項を身に付けることができるよう指導する。
> ア　教師と一緒に，うがいなどの健康な生活に必要な事柄をすること。
> イ　健康な生活に必要な事柄に気付き，教師に伝えること。

1段階では，教師と一緒に健康な生活に必要な身辺の処理に関する知識及び技能を経験し，習慣化していくことが大切であり，次のような指導内容が挙げられる。

アの「健康な生活に必要な事柄をする」とは，教師と一緒に，「うがい」，「のど」，「せき」といった言葉に触れながら，うがいをしたり，うがいに関心をもったりすること，遊びのあとに「かお」，「むね」，「せなか」といった言葉に触れながら汗をぬぐったりすることがあげられる。また，家庭との連携を図り，帰宅時などに，手洗いの手順などとともに，手洗いを習慣とすることが大切である。

イの「健康な生活に必要な事柄に気付き，教師に伝える」とは，体調が悪いときやけがをしたときに，教師と一緒に保健室へ行くなどして保健室の雰囲気に慣れ，自らの変化に気付いて，教師にことばや表情，サイン，絵カードなどで伝えることであり，1段階では教師と一緒に，その方法を身に付けることができるように指導することが大切である。

## (2) 2段階の目標と内容
### ア 目標

○2段階
(1) 目　標
　ア　教師の支援を受けながら，楽しく基本的な運動ができるようにするとともに，健康な生活に必要な事柄ができるようにする。
　イ　基本的な運動に慣れ，その楽しさや感じたことを表現できるようにするとともに，健康な生活に向け，感じたことを他者に伝える力を養う。
　ウ　簡単なきまりを守り，友達とともに安全に楽しく運動をしようとしたり，健康に必要な事柄をしようとしたりする態度を養う。

アの「教師の支援を受けながら」とは，教師の関わり方を1段階の「教師と一緒に」から発展させ，見本となる教師の動きを見たり，部分的に動作を補助されたり，言葉掛けを聞いたりするなどして運動の仕方の支援を受けたり，順番や簡単なルールを教師と確認したりしながら運動に取り組むことである。少しずつ支援を減らし，一人で運動できるようになっていくことが大切である。

「基本的な運動」とは，各領域に示されている内容を指している。児童の興味や関心のある題材を取り入れたり，生活経験に即した題材を扱ったりすることが大切である。

イの「基本的な運動に慣れ」とは，歩く，走る，跳ぶなどの基本的な運動を含

む様々な動きや運動を経験し，自然に体を動かすことができるようになることである。

「楽しさや感じたことを表現できる」とは，基本的な運動を行う中でその楽しさや心地よく感じたことを，言葉や表情，ジェスチャーなどで，教師に知らせたり，友達に伝えたりすることができるようにすることである。例えば，音楽に合わせて活動することを楽しく感じ，笑顔で友達と活動するなどが考えられる。

「感じたことを他者に伝える力」とは，健康な生活に向け，言葉や表情，ジェスチャーなどで，教師に知らせたり，友達に伝えたりすることができるようにすることである。例えば，手が汚れたことを教師に伝えるなども考えられる。

ウの「簡単なきまり」とは，安全に運動をする上で必要な簡単な約束のことである。その約束を踏まえながら，友達と一緒に，けがをしないよう注意して活動し，また教師の支援を受けながら，1列に並んで歩く，合図に従って集合する，自分の位置に並ぶことなどを取り上げることも大切である。

「友達とともに安全に楽しく運動」とは，順番に運動したり，友達の活動を見たりする場面を作ったりして，友達と一緒に運動していることを意識できるようにすることである。また，簡単なきまりを守りながら，友達と一緒に，けがをしないよう注意して活動することも大切である。

### イ 内容

> (2) 内　容
> 　A　体つくり運動
> 　　体つくり運動について，次の事項を身に付けることができるよう指導する。
> 　ア　教師の支援を受けながら，楽しく基本的な体つくり運動をすること。
> 　イ　基本的な体つくり運動に慣れ，その楽しさや感じたことを表現すること。
> 　ウ　簡単なきまりを守り，友達とともに安全に楽しく，基本的な体つくり運動をしようとすること。

アの「基本的な体つくり運動」とは，「体ほぐしの運動」と「多様な動きをつくる運動」で構成され，体を動かす楽しさや心地よさを味わうとともに，体の基本的な動きを身に付けることをねらいとして行う運動のことである。

「体ほぐしの運動」では，手軽な運動を行い，体を動かす楽しさや心地よさを味わうことを通して，自分の心と体の変化に気付いたり，友達と関わり合ったりすることが大切である。

【例示】
- 伸び伸びとした動作で運動を行うこと。
- リズムに乗って運動を行うこと。
- 歩いたり走ったりする運動を行うこと。

「多様な動きをつくる運動遊び」では,体のバランスをとったり,体を移動したり,用具を操作したりするなどの運動を行うようにすることが大切である。

【例示】
- 片足を軸にして,右回り・左回りに回転すること。
- 片足立ちでバランスを保つ運動をすること。
- 大また小まったなどの歩き方をしたり,直線上を歩いたり,一列に並んで歩いたりすること。
- 大きな円を右回りや左回りに這ったり,歩いたり,走ったりすること。
- 無理のない速さで続けてかけ足をすること。
- 大きさや重さの異なるボールを両手でつかんで,持ち上げたり,下ろしたりすること。
- 長なわでの大波・小波をすること。
- なわを引きながら,力比べをすること。

> B 器械・器具を使っての運動
> 　器械・器具を使っての運動について,次の事項を身に付けることができるよう指導する。
> 　ア　教師の支援を受けながら,楽しく器械・器具を使っての基本的な運動をすること。
> 　イ　器械・器具を使っての基本的な運動に慣れ,その楽しさや感じたことを表現すること。
> 　ウ　簡単なきまりを守り,友達とともに安全に楽しく,器械・器具を使っての基本的な運動をしようとすること。

アの「器械・器具を使っての基本的な運動」とは,トランポリン,ジャンピングボード,低い平均台などを使った運動や,低鉄棒を使って跳び上がりや跳び下り,跳び箱を使ってまたぎ乗りやまたぎ下りをしたり,マットで様々な方向に転がりをしたりすることである。「器械・器具を使っての運動」は,次の(ア)から(エ)の基本的な運動で構成されている。

(ア) 固定施設を使った基本的な運動
　　ジャンピングボードやトランポリン,低い平均台などで,渡り歩きやはねる

などをすること。
【例示】
○ジャンピングボードやトランポリンを使った基本的な運動
・上下にはねるなどをすること。
○低い平均台を使った運動遊び
・渡り歩きや跳び下りなどをすること。

(イ) マットを使った基本的な運動

マットの上で，様々な方向に転がりをすること。
【例示】
○ゆりかご，前転がり，後ろ転がりなど
・マットに背中を順番に接触させるなどして，様々な方向に転がりをすること。

(ウ) 低鉄棒を使った基本的な運動

低鉄棒を使って，跳び上がりや跳び下りをすること。
【例示】
○跳び上がりや跳び下り
・跳び上がって支持したり，支持から跳び下りたりすること。

(エ) 跳び箱を使った基本的な運動

跳び箱を使って，またぎ乗りやまたぎ下りをすること。
【例示】
○またぎ乗りやまたぎ下り
・跳び箱に両手を着いてまたぎ乗ったり，またいだ姿勢で手を支点に体重を移動させてまたぎ下りたりすること。

---

C　走・跳の運動

走・跳の運動について，次の事項を身に付けることができるよう指導する。

ア　教師の支援を受けながら，楽しく走・跳の基本的な運動をすること。

イ　走・跳の基本的な運動に慣れ，その楽しさや感じたことを表現すること。

ウ　簡単なきまりを守り，友達とともに安全に楽しく，走・跳の基本的な運動をしようとすること。

---

アの「走・跳の基本的な運動」とは，スタートやフィニッシュ，走るレーンなどを設定するなどして，直線上を歩いたり，1列に並んで歩いたり，同じ調子でかけ足をしたり，緩やかなカーブを走ったり，低い障害物を跳び超えたり，折り

返しリレーをしたりすることなどの運動である。

2段階では，楽しみながら「走・跳の基本的な運動」に慣れていくことが大切である。

【例示】
　○走る運動
　　・30m程度のかけっこやトラックなど緩やかなカーブを蛇行して走ったり，教師の手拍子や言葉掛けに合わせ一定の速度で走ったりすること。
　　・折り返しのリレーなどで，教師や友達と手のひらを向けてタッチするなどをすること。
　○跳ぶ運動
　　・教師の言葉掛けなどでタイミングを計りながら，一人で片足や両足で連続して上方に跳んだり，前方に跳んだりすること。
　　・低い障害物などを使って，歩いたり走ったりしながらまたいだり，跳び越えたりすること。

---

D　水の中での運動
　水の中での運動について，次の事項を身に付けることができるよう指導する。
ア　教師の支援を受けながら，楽しく水の中での基本的な運動をすること。
イ　水の中での基本的な運動に慣れ，その楽しさや感じたことを表現すること。
ウ　簡単なきまりを守り，友達とともに安全に楽しく，水の中での基本的な運動をしようとすること。

---

アの「水の中での基本的な運動」とは，ひざくらいまでの水中を水の抵抗を感じながら歩いたり，走ったりして遊んだり，顔や頭を水の中に入れていろいろな遊びをしたりすることである。

水に対する抵抗がある場合には，シャワーを浴びたり，顎→口→鼻→目へと徐々に水につける部分を増やしたりするなどの配慮をすることが大切である。

【例示】
　○水につかっての水かけっこやまねっこ遊び
　　・水につかって様々な動物（アヒル，カニ，カエル，ワニなど）の真似をしながら，腰やひざを伸ばした一直線の姿勢になり手を使って歩いたりすること。
　　・自ら水を頭や顔にかけたり，お互いにかけあったりすること。
　　・教師の言葉掛けに合わせて，息を止めて顔や頭を水の中に入れたり，水

の中で目を開けたりすること。なお，水中で目を開ける指導を行った場合には，事後に適切な対処をすることも大切である。

ウの「簡単なきまり」では，水泳場の状態や運動の内容に合わせ，プールサイドを走らないことや順番を守るなど，安全の心得につながるよう指導することが大切である。

---

E　ボールを使った運動やゲーム
　ボールを使った運動やゲームについて，次の事項を身に付けることができるよう指導する。
ア　教師の支援を受けながら，楽しくボールを使った基本的な運動やゲームをすること。
イ　ボールを使った基本的な運動やゲームに慣れ，その楽しさや感じたことを表現すること。
ウ　簡単なきまりを守り，友達とともに安全に楽しく，ボールを使った基本的な運動やゲームをしようとすること。

---

アの「ボールを使った基本的な運動やゲーム」とは，簡単なボール操作でボールを投げたり，蹴ったりする「ボールを使った基本的な運動」と，簡単な規則で行われる「ボールを使ったゲーム」や「友達を追いかけたり逃げたりするゲーム」のことである。なお，「ボールを使った基本的な運動やゲーム」は，個人対個人や集団対集団で競い合う楽しさに触れることができる運動である。

【例示】
「ボールを使った基本的な運動」
○大小，弾む・弾まないなど，いろいろなボールで，つく，転がす，投げる，当てる，捕るなどの簡単なボール操作をする運動
・つく，転がす，投げる，当てる，捕る，打つ，蹴る，止めるなどの簡単なボール操作をすること。
○いろいろなボールを投げたり，捕ったりする運動
・先生や友達にボールを転がしたり，投げたり，先生や友達が転がしたり，投げたりしたボールを止めたり，捕ったりすること。
○いろいろなボールを蹴ったり，止めたりする運動や蹴り合い
・先生や友達とボールの蹴り合いをすること。
「ボールを使ったゲーム」
○ものやマークなどの的に向かってボールを投げたり蹴ったりする的当てのゲーム
・ねらったところにボールを転がしたり，投げたり，蹴ったりして的に当

てたり得点したりすること。
　○ボールを教師や友達に手渡したり投げたりするボール送りゲーム
　　　・先生や友達にボールを手渡したり投げたりしてゴールにボールを運ぶこと。
「友達を追いかけたり逃げたりするゲーム」
　○一人鬼，手つなぎ鬼，子増やし鬼
　　　・教師や友達など逃げる相手を追いかけてタッチすること。
　　　・鬼にタッチされないように，速く走ったり，急に曲がったり，身をかわしたりすること。
　　　・教師や友達と手をつないで鬼にタッチされないように走ったり，身をかわしたりすること。

---

F　表現運動
　　表現運動について，次の事項を身に付けることができるよう指導する。
ア　教師の支援を受けながら，音楽に合わせて楽しく表現運動をすること。
イ　基本的な表現運動に慣れ，その楽しさや感じたことを表現すること。
ウ　簡単なきまりを守り，友達とともに安全に楽しく，基本的な表現運動をしようとすること。

---

　アの「音楽に合わせて楽しく表現運動をする」とは，身近な動物や乗り物などの題材の特徴を捉え，そのものになりきって全身の動きで表現したり，簡単なリズム遊びをしたり，音楽に合わせて歩いたり，跳んだりすることである。
　指導に当たっては，児童にとって身近で関心が高く特徴のある具体的な動きを多く含む題材や，弾んで踊れるような軽快なリズムの曲や児童にとって身近で関心の高い曲を取り上げるようにすることが大切である。
　ウの「簡単なきまり」とは，音楽が始まったら動き始めたり，音楽が止まれば動きを止めたりすることなどのきまりのことである。
　【例示】
「題材と動き」
　○鳥，昆虫，恐竜，動物園の動物，飛行機，遊園地の乗り物，おもちゃなど，特徴が捉え易い動きを多く含む題材
　　　・身近な動物や車，飛行機などの乗り物等の真似をすること。
「リズムと動き」
　○軽快なリズムの曲や児童が日常的に親しんでいる曲
　　　・弾む，回る，ねじるなどの動きで自由に踊ること。
　　　・音楽やリズムに合わせて歩く，走る，弾む，回る，ねじるなどの運動を

すること。

> G 保健
> 　健康な生活に必要な事柄について，次の事項を身に付けることができるよう指導する。
> 　ア　教師の支援を受けながら，健康な生活に必要な事柄をすること。
> 　イ　健康な生活に必要な事柄に慣れ，感じたことを他者に伝えること。

　2段階では，教師の支援を受けながら自らの健康な生活に必要な事柄を自ら判断して行動したり，教師に伝えたりすることなどが挙げられる。

　アの「健康な生活に必要な事柄をする」とは，自らの体調について意識し，体調の悪いときやけがをして痛みを感じていることを教師等に知らせたり，手の汚れの状態を見て，手洗いができたりすることなどである。また，身体計測による体重や身長の変化に興味や関心をもつことも大切である。

　イの「健康な生活に必要な事柄に慣れ」とは，毎日の取組みの中でアの内容を簡単な言葉掛けや日課の流れに応じて自ら行えるようになることである。また，身体測定や各健康診断などの場の雰囲気，身体測定や各健康診断に必要な態度を身に付けることも大切である。

　「感じたことを他者に伝える」とは，朝の会で体調を言葉や絵カード，サインなどを利用して発表したり，教師等に痛い部位を伝えたりすることである。

## (3) 3段階の目標と内容
### ア　目標

> ○3段階
> （1）目　標
> 　ア　基本的な運動の楽しさを感じ，その行い方を知り，基本的な動きを身に付けるとともに，健康や身体の変化について知り，健康な生活ができるようにする。
> 　イ　基本的な運動の楽しみ方や健康な生活の仕方について工夫するとともに，考えたことや気付いたことなどを他者に伝える力を養う。
> 　ウ　きまりを守り，自分から友達と仲よく楽しく運動をしたり，場や用具の安全に気を付けたりしようとするとともに，自分から健康に必要な事柄をしようとする態度を養う。

　アの「行い方を知り」とは，教師や友達の動きを見たり，自分が行ったりして，

各種の運動の基本となる行い方や方法が分かることである。例えば，教師がボールを蹴りながらドリブルをする様子を見て，ドリブルのときに蹴る力の加減があることを知ることなども考えられる。

「基本的な動きを身に付ける」とは，走る，跳ぶなど様々な運動の基本的な動きを，場面や状況に合わせてできることである。

「健康や身体の変化」とは，身体測定の結果や年齢に伴う身体の変化と身近な事柄としての思春期における身体の変化などのことである。また，日常生活において，身体を清潔に保つこと，生活環境を健康的に整えることなども含まれる。

「健康な生活ができる」とは，自分の身体を洗うことなどの衛生面や，食欲の変化等の体調の管理などをできるようにすることである。治療や休養が必要である場合には，できるだけ一人で保健室を利用すること，また，病気やけがをしたときに簡単な手当を受けることなども含まれる。さらに，開始の時期や期間中の様子などに個人差はあるが，初経や月経，精通への対応も含まれる。

イの「工夫する」とは，これまで獲得した技能や技，知識を場面や状況に合わせて，自ら選択し活用したり，応用したりすることである。例えば，動き方や運動する場所，練習の仕方などを工夫することなどが考えられる。

「考えたことや気付いたことなどを他者に伝える力」とは，例えば，ボールゲームで簡単な作戦を考えて友達に伝えたり，友達がけがをしたときに教師に伝えたりするなどのことである。

ウの「きまり」とは，安全に運動する上で必要なきまりで，事故を防ぐための約束のほか，簡単なゲームのルールや用具等の準備，片付けにかかわるきまりなどである。例えば，マット運動をするときに，友達と一緒にマットを準備することや，前の友達が終わってから運動を始めるなどのきまりを守ることなどが考えられる。また，「きまり」の指導では，集合・整列をする，適切な間隔で1列から2列で整列する，自発的に用具等の準備や片付けをすることを取り上げることが大切である。

「友達と仲よく楽しく運動」とは，友達と仲よく協力して，事故のないよう約束やきまりをお互いに守って活動することである。

「場や用具の安全に気を付け」では，運動する場所の危険箇所を確認したり，用具等の使い方を知ったりすることで，けがなどの危険を未然に防ぐようにすることが大切である。

ウの「健康に必要な事柄」とは，体調が悪いときに休養したいこと教師に伝えたり，むし歯の予防のために歯磨きをしたりなどのことである。

イ 内容

> (2) 内　容
> 　A　体つくり運動
> 　　体つくり運動について，次の事項を身に付けることができるよう指導
> 　する。
> 　　ア　基本的な体つくり運動の楽しさを感じ，その行い方を知り，基本的
> 　　　な動きを身に付けること。
> 　　イ　基本的な体つくり運動の楽しみ方を工夫するとともに，考えたこと
> 　　　や気付いたことなどを他者に伝えること。
> 　　ウ　きまりを守り，自分から友達と仲よく楽しく基本的な体つくり運動
> 　　　をしたり，場や用具の安全に気を付けたりしようとすること。

　アの「基本的な体つくり運動」とは，「体ほぐしの運動」と「多様な動きをつくる運動」で構成されている。

　「体ほぐしの運動」では，手軽な運動を行い，体を動かす楽しさや心地よさを味わうことを通して，自分や友達の心と体の状態に気付いたり，友達と豊かに関わり合ったりすること。

　【例示】
　・伸び伸びとした動作で用具などを用いた運動を行うこと。
　・リズムに乗って弾むような動作で運動すること。
　・動作や人数などの条件を整えて，歩いたり走ったりする運動を行うこと。
　・伝承遊びや集団による運動を行うこと。

　「多様な動きをつくる運動」では，体のバランスをとったり，移動をしたり，用具を操作したり，力試しをしたりするとともに，それらを組み合わせる運動を行うこと。

　【例示】
　・後ろ歩き，横歩きなどいろいろな歩き方をしたり，リズムに合わせて行進したりすること。
　・立った姿勢からリズムよくはねながら，右回り・左回りに回転などをすること。
　・押し合いずもうで，重心を低くして相手を押したり，相手から押されないように踏ん張ったりすること。
　・友達と手をつないだり肩を組んだり背中を合わせたりして，立ったり座ったりすること。
　・横や後ろ，斜めに走ったり，曲線やジグザグなどの走路や細い走路を走っ

たりすること。
- 無理のない速さでかけ足を3～4分程度続けること。ただし，個々の児童の能力等に応じて適切な時間を設定することが大切である。
- ボールや棒など大きさや種類の異なる用具を片手や両手で投げたり，捕ったりすること。
- 短なわを揺らしたり，回旋したりしながら前や後ろの連続両足跳びをすること。
- 友達をおんぶしたり，おんぶして歩いたりすること。

> B 器械・器具を使っての運動
> 　器械・器具を使っての運動について，次の事項を身に付けることができるよう指導する。
> 　ア 器械・器具を使っての基本的な運動の楽しさを感じ，その行い方を知り，基本的な動きを身に付けること。
> 　イ 器械・器具を使っての基本的な運動の行い方を工夫するとともに，考えたことや気付いたことなどを他者に伝えること。
> 　ウ きまりを守り，自分から友達と仲よく楽しく器械・器具を使っての基本的な運動をしたり，場や器械・器具の安全に気を付けたりしようとすること。

　アの「器械・器具を使っての基本的な運動」は，平均台の上を歩いたり，マットで連続横転や前転をしたり，鉄棒にぶら下がって体を前後に振ったり，低鉄棒で前回り下りをしたり，跳び箱を使って跳び上がり跳び下りをしたりすることなどである。「器械・器具を使っての基本的な運動」は，次の(ｱ)から(ｴ)に示す運動で構成されている。

(ｱ) 固定施設を使った基本的な運動
　平均台などで，楽しく基本的な運動を経験し，自分の能力に適した動きや技能を身に付けること。
【例示】
　○平均台を使った運動
　　・細い平均台を前向きに歩いたり，後ろ向きに歩いたりすること。

(ｲ) マットを使った基本的な運動
　基本的な回転技などを楽しく経験し，自分の能力に適した動きや技能を身に付けること。
【例示】
　○連続横転がり

・手を上に上げ体をまっすぐ伸ばした状態でマットの上に寝転がり，連続してまっすぐ横転がりをすること。
○前転
・しゃがんだ姿勢から手で支えながら腰を上げ，体を丸めながら後頭部 - 背中 - 尻 - 足裏の順にマットに接して前方に回転し立ち上がること。

(ｳ) 鉄棒を使った基本的な運動

鉄棒を使い，ぶら下がって体を前後に振ったり，低鉄棒で前回り下りをしたりし，自分の能力に適した動きや技能を身に付けること。

【例示】
○ぶら下がって体を前後に振る
・鉄棒にぶら下がり，支持した状態から体を前後に振ること。
○低鉄棒で前回り下り
・低鉄棒に跳び上がり，前回り下りをすること。

(ｴ) 跳び箱を使った基本的な運動

跳び箱を使って，跳び上がりや跳び下りなど，自分の能力に適した動きや技能を身に付けること。

【例示】
○跳び乗り，跳び下り
・教師の支援を受けながら，両手を着いて跳び乗ったり，跳び下りたりすること。

---

C　走・跳の運動

走・跳の運動について，次の事項を身に付けることができるよう指導する。

ア　走・跳の基本的な運動の楽しさを感じ，その行い方を知り，基本的な動きを身に付けること。

イ　走・跳の基本的な運動の楽しみ方を工夫するとともに，考えたことや気付いたことなどを他者に伝えること。

ウ　きまりを守り，自分から友達と仲よく楽しく走・跳の基本的な運動をしたり，場や用具の安全に気を付けたりしようとすること。

---

アの「走・跳の基本的な運動」とは，走る，跳ぶの運動のいろいろな動きを通して，楽しさを感じながら，巧みな体の動かし方を身に付けていく運動のことである。

【例示】
○走る運動

- 3～4分程度の時間を一定の速さでゆっくり走ったり，30～50m程度の距離を全力で走ったり，ジグザグ，S字のレーン，リレーなどで走ること。

  その際，時間や距離の設定においては，個々の実態に応じて適切な距離や時間を設定することが大切である。

○跳ぶ運動
- ケンパー跳びで片足や両足で連続して前方に跳ぶこと。
- 輪や段ボールなどの低い障害物を使って，走る運動と合わせながら，助走をつけて，勢いよく跳び超えること。

---

D　水の中での運動

　水の中での運動について，次の事項を身に付けることができるよう指導する。

ア　水の中での基本的な運動の楽しさを感じ，その行い方を知り，基本的な動きを身に付けること。

イ　水の中での基本的な運動の楽しみ方を工夫するとともに，考えたことや気付いたことなどを他者に伝えること。

ウ　きまりを守り，自分から友達と仲よく楽しく水の中での基本的な運動をしたり，場や用具の安全に気を付けたりしようとすること。

---

アの「水の中での基本的な運動」とは，これまでの段階における内容を踏まえ，プールの中で，水の中で目を開いたり鼻から息を吐いたりして，浮き方，もぐり方に慣れたり，補助具などにつかまってばた足などをしたりすることである。

【例示】

○水中ゲーム
- ジャンケン，にらめっこ，石拾い，輪くぐりといった内容をとおし，もぐる，目を開ける，浮く，水中で息を吐くなどに慣れること。

○バブリングやボビング
- 大きく息を吸ってもぐり，水中で息を止めたり吐いたりすること。
- 息を止めてもぐり，口や鼻から少しずつ息を吐きながら水面まで跳び上がって息をまとめて吐いた後，空中ですぐに吸ってまたもぐること。
- 頭の上に手を挙げながら（膝を曲げて）もぐり，手をさげながら（膝を伸ばして）跳び上がる動きを繰り返すこと。

○ばた足やかえる足
- 壁や補助具につかまり，ももの付け根からのばた足や足の裏で水を押すかえる足をすること。

> E　ボールを使った運動やゲーム
>   ボールを使った運動やゲームについて，次の事項を身に付けることができるよう指導する。
>   ア　ボールを使った基本的な運動やゲームの楽しさを感じ，その行い方を知り，基本的な動きを身に付けること。
>   イ　ボールを使った基本的な運動やゲームの楽しみ方を工夫するとともに，考えたことや気付いたことなどを他者に伝えること。
>   ウ　きまりを守り，自分から友達と仲よく楽しくボールを使った基本的な運動やゲームをしたり，場や用具の安全に気を付けたりしようとすること。

アの「ボールを使った基本的な運動やゲーム」とは，2段階と同様の運動である。「基本的な動き」とは，ボールを投げる，転がす，捕る，打つ，止める，蹴る，ドリブル，シュートなどボールを操作する動きと逃げる，追いかけるなどの動きのことである。

【例示】

「ボールを使った基本的な運動」
○友達とのキャッチボール
○ボールを打つ
○友達と蹴ったり，止めたりするパスやシュート
○ボールを手や足でドリブル
　・友達と一緒にボールを投げる，捕る，ける，止めるなどの動きでキャッチボールやパスをしたり，ゴールに向かってシュートをしたりすること。
　・止まっているボールを手で打つこと。

「ボールを使ったゲーム」
○的当てゲームを発展したシュートゲーム
○ボールを転がしたり，投げたりする円形ドッジボール
○攻めがボールを手で打ったり蹴ったりして行うベースボール型ゲーム
　・ねらったところにボールを転がしたり，投げる，蹴るなどしてゴールにシュートをして得点したりすること。
　・一定の区域内で，相手が転がしたり，投げたりしたボールに当たらないように避けたり，逃げたりすること。
　・ボールを手で打ったり，蹴ったり，捕ったり，止めたりすること。
　・ボールが飛んだり，転がったりしてくるコースに入ること。

「友達を追いかけたり逃げたりするゲーム」

○しっぽ取りゲーム
・逃げる相手を追いかけて,しっぽ(マーク)を捕ったりすること。
・相手にしっぽ(マーク)を捕られないように,速く走ったり,急に曲がったり,身をかわしたりすること。

---

F 表現運動
　表現運動について,次の事項を身に付けることができるよう指導する。
ア　基本的な表現運動の楽しさを感じ,その行い方を知り,基本的な動きを身に付け,表現したり踊ったりすること。
イ　基本的な表現運動の楽しみ方を工夫するとともに,考えたことや気付いたことなどを他者に伝えること。
ウ　きまりを守り,自分から友達と仲よく楽しく表現運動をしたり,場や用具の安全に気を付けたりしようとすること。

---

　アの「基本的な表現運動」とは,身近な生活などの題材から主な特徴や感じを捉えて自由な表現をしたり,音楽やリズムに合わせて自由な表現をしたり,簡単な振り付けをしたダンスをしたりすることなどである。

【例示】
「題材と動き」
　○家事やスポーツなど身近な生活の中から特徴が捉え易く多様な感じの動きを含む題材
　　・衣服が洗濯で洗われたり,干されたりする様子を捉え,全身の動きで表現すること。
　○空,海,風など想像が広がる題材
　　・大空を自由に飛び回る様子や,海の中を深く潜ったり泳いだり波に揺られたりする様子,風に吹かれていろいろな動きをしながら舞う様子などを自由に表現すること。

「リズムと動き」
　○ロックやサンバなど弾んで踊れる軽快なリズムの曲
　　・リズムに乗って,スキップなどで弾む動きを中心に,ねじる,回る,移動するなどの動きを繰り返して踊ること。
　　・友達と手をつないだり,友達の真似をしたりして踊ること。
　　・友達と向かい合って手をつなぎ,スキップしながら回ったり,ねじったり,手を叩き合ったりして踊ること。

> G　保健
> 　健康な生活に必要な事柄について，次の事項を身に付けることができるよう指導する。
> 　ア　健康や身体の変化について知り，健康な生活に必要な事柄に関する基本的な知識や技能を身に付けること。
> 　イ　健康な生活に必要な事柄について工夫するとともに，考えたことや気付いたことなどを他者に伝えること。

　3段階では，自らの身体の変化に気付き，発信できることが大切であり，次のような指導内容が挙げられる。

　アの「健康や身体の変化について知り」とは，発熱や咳，排便の状態などについて自分から意識したり，治療や休養が必要である場合には，知らせることができたり，身体測定の結果や身体の変化などから，自分の身体の成長に関心をもち知ることである。また，個々の歯の状態に応じて，むし歯の予防についても触れていくことも大切である。

　イの「工夫する」とは，健康な生活に関わる事象から課題を見付け，健康な生活を実現するために解決の方法を考え，それを実践することである。

　イの「考えたことや気付いたことなどを他者に伝える」とは，自分や友達のけがや体調の変化を教師等に告げることなどである。また，病気やけがをしたときは，教師に伝え，落ち着いて簡単な手当を受けることができるようにすることが大切である。

## 4　指導計画の作成と内容の取扱い
### (1) 指導計画作成上の配慮事項

> 3　指導計画の作成と内容の取扱い
> (1) 指導計画の作成に当たっては，次の事項に配慮するものとする。
> 　ア　各段階の内容のまとまりを見通して，その中で育む資質・能力の育成に向けて，児童の主体的・対話的で深い学びの実現を図るようにすること。その際，体育や保健の見方・考え方を働かせ，遊びや運動，健康についての自己の課題に気付き，個々の児童の障害の状態等に応じて，その解決のための方法を選んだり工夫したりするような活動の充実を図ること。また，運動の楽しさや喜びを味わったり，健康の大切さを実感したりすることができるよう，留意すること。

　アは，体育科の指導計画の作成に当たり，児童の主体的・対話的で深い学びの

実現を目指した授業改善を進めることとし，体育科の特質に応じて，効果的な学習が展開できるように配慮すべき内容を示したものである。

体育科の指導に当たっては，(1)「知識及び技能」が習得されること，(2)「思考力，判断力，表現力等」を育成すること，(3)「学びに向かう力，人間性等」を涵養することが偏りなく実現されるよう，単元（題材）など内容や時間のまとまりを見通しながら，主体的・対話的で深い学びの実現に向けた授業改善を行うことが重要である。

児童に体育科の指導を通して「知識及び技能」や「思考力，判断力，表現力等」の育成を目指す授業改善を行うことはこれまでも多くの実践が重ねられてきている。そのような着実に取り組まれてきた実践を否定し，全く異なる指導方法を導入しなければならないと捉えるのではなく，児童や学校の実態，指導の内容に応じ，「主体的な学び」，「対話的な学び」，「深い学び」の視点から授業改善を図ることが重要である。

主体的・対話的で深い学びは，必ずしも１単位時間の授業の中ですべてが実現されるものではない。単元（題材）など内容や時間のまとまりの中で，例えば，主体的に学習に取り組めるよう学習の見通しを立てたり学習したことを振り返ったりして自身の学びや変容を自覚できる場面をどこに設定するか，対話によって自分の考えなどを広げたり深めたりする場面をどこに設定するか，学びの深まりをつくり出すために，児童が考える場面と教師が教える場面をどのように組み立てるか，といった視点で授業改善を進めることが求められる。また，児童や学校の実態に応じ，多様な学習活動を組み合わせて授業を組み立てていくことが重要であり，単元（題材）のまとまりを見通した学習を行うに当たり基礎となる知識及び技能の習得に課題が見られる場合には，それを身に付けるために，児童の主体性を引き出すなどの工夫を重ね，確実な習得を図ることが必要である。

主体的・対話的で深い学びの実現に向けた授業改善を進めるに当たり，特に「深い学び」の視点に関して，各教科等の学びの深まりの鍵となるのが「見方・考え方」である。各教科等の特質に応じた物事を捉える視点や考え方である「見方・考え方」を，習得・活用・探究という学びの過程の中で働かせることを通して，より質の高い深い学びにつなげることが重要である。

体育科においては，体育や保健の見方・考え方を働かせ，課題の解決を図るとともに，学習活動を通して運動の楽しさや喜びを味わったり健康の大切さを実感したりすることを重視することが大切である。

> イ 「A体つくり運動遊び」又は「A体つくり運動」及び「G保健」については，6学年間にわたって取り扱うこと。

「A体つくり運動遊び」又は「A体つくり運動」及び「G保健」については，第1学年から第6学年の各学年において指導することを示したものである。授業時数については，適切に定めるようにすること。

> ウ 「G保健」については，生活科の2の各段階に示す内容のアの「基本的生活習慣」やイの「安全」などとの関連を積極的に図り，指導の効果を高めるようにすること。

今回の改訂において，生活科の内容として示されていた「健康・安全」のうち，「健康管理」に関する内容を体育科の保健の領域で扱うことになった。保健の内容は，単元として独立して取り扱うことよりは，生活科の「基本的生活習慣」や「安全」などの観点と組み合わせたり，他の教科等との関連を積極的に図ったりしながら，総合的に指導することが重要であることを示したものである。

### (2) 内容の取扱いについての配慮事項

> (2) 2の各段階の内容の取扱いについては，次の事項に配慮するものとする。
> ア 学校や地域の実態を考慮するとともに，個々の児童の障害の状態等，遊びや運動の経験及び技能の程度などに応じた指導や児童自らが遊びや運動の課題の解決を目指す活動を行えるよう工夫すること。

「学校や地域の実態を考慮する」とは，各段階に示されている「イ内容」を踏まえて具体的な指導内容を設定する際，学校や地域などで特に行われている遊びや運動などを取り入れるようにしたり，地域の人材を活用したりすることなどが考えられる。

「個々の児童の障害の状態等，遊びや運動の経験及び技能の程度などに応じた指導」とは，同じ段階であっても個々の児童の障害の状態等，遊びや運動の経験及び技能の程度が多様であることを踏まえ，児童が興味や関心をもって，安心して安全に自ら取り組めるようにすることなどを示している。

「児童自らが遊びや運動の課題の解決を目指す活動」とは，各領域の内容を指導する際，例えば，教師の支援を受けながら，遊びや運動の楽しみ方などに気付くようにしたり，当該児童が達成可能な走る距離などの簡易な目標などを設定したりするなどして，児童が意欲的にその課題の解決を目指すことができる活動を工夫することを示している。

> イ 運動を苦手と感じている児童や，運動に意欲的に取り組まない児童への

指導を工夫すること。

　運動の経験や技能の程度の個人差が大きいことを踏まえた指導を工夫することを示したものである。児童の中には，運動に取り組みたくても，様々な理由から取り組めない者がいることにも留意することが大切である。

> ウ　「A体つくり運動遊び」及び「A体つくり運動」から「F表現遊び」及び「F表現運動」までと「G保健」との関連を図る指導を工夫すること。

　「体つくり運動遊び」を始めとする各運動領域の内容と，保健領域の内容とを関連させながら指導することを示したものである。

　例えば，運動をすると汗が出ることと，汗は病気予防の観点からタオルなどでふき取ることなど，運動と健康との関連について，実際の体験を通して具体的な考えがもてるよう配慮することで，日常生活で生かすことできるようにすることが考えられる。

　また，体育科におけるカリキュラム・マネジメントを実現する観点から，運動領域と保健領域とが関連する内容について，体育科の年間計画や個別の指導計画等に反映させることも大切である。

> エ　自然との関わりの深い雪遊び，氷上遊び，スキー，スケート，水辺活動などの指導については，児童の障害の状態等，学校や地域の実態等に応じて積極的に行うことに留意すること。

　諸条件の整っている学校に対して，自然との関わりの深い運動の指導を奨励していることを示したものである。その際，安全の確保に十分留意することが重要である。

> オ　オリンピック・パラリンピックなどとも関連させ，遊びや運動を「すること」，「知ること」，「見ること」，「応援すること」などにつながるようにすること。

　児童の障害の状態や特性及び発達の段階等に応じて，オリンピックやパラリンピックなどの試合を録画等で観戦したり，代表選手の話題にふれたりするなどして，オリンピックやパラリンピックなどに対する興味や関心をもてるようにするとともに，遊びや運動は「すること」だけではなく，「知ること」，「見ること,」「応援すること」など多様な親しみ方や関わり方があることにふれることができ

るようにすることを示している。

## 第7 小学部における指導計画の作成と各教科全体にわたる内容の取扱い（特別支援学校学習指導要領第2章第1節第2款第2）

　知的障害者である児童に対する教育を行う特別支援学校の各教科について，従前，各教科全体にわたって共通する指導計画の作成と内容の取扱いを示してきた。今回の改訂では，各教科の特質に応じた，指導計画の作成や内容の取扱いに配慮することができるよう各教科のそれぞれにも新設した。

　これを踏まえ，次に示す全体に共通する各教科の指導計画の作成と各教科全体にわたる内容の取扱いに留意していかなければならない。

> 第2　指導計画の作成と各教科全体にわたる内容の取扱い
> 1　指導計画の作成に当たっては，個々の児童の知的障害の状態，生活年齢，学習状況や経験等を考慮しながら，第1の各教科の目標及び内容を基に，6年間を見通して，全体的な指導計画に基づき具体的な指導目標や指導内容を設定するものとする。

　今回の改訂では，個に応じた指導をより一層充実するため，知的障害の状態や経験に加え，児童の生活年齢を踏まえたり，学習状況を的確に把握したりすることなど知的障害の状態をより一層明確にする観点から，「個々の児童の知的障害の状態や経験等」を，「個々の児童の知的障害の状態，生活年齢，学習状況や経験等」と改めた。

　小学部の児童は，知的障害の状態，入学前の生活経験の内容や経験の程度，興味や関心，対人関係の広がりや適応の状態等が一人一人異なっている。そこで，指導計画の作成に当たっては，これらを考慮しながら，一人一人の児童の知的障害の状態や生活年齢，学習状況，経験等に応じて，6年間を見通した全体的な指導計画に基づき，各教科に示された指導目標や指導内容を選定することが重要である。全体的な指導計画とは，各教科の内容に示されている項目について，6年間を見通しながら，指導内容を配列したものである。

　全体的な指導計画に基づき，児童の興味や関心，学習活動の必要性なども考慮し，それぞれの児童の状態に応じて，例えば，1段階の一部と2段階の一部の内容を選定し，それらを組み合わせるなどして具体的に指導内容を設定する必要がある。

　また，選定された指導内容を適切に組み合わせて，児童の学習上の特性等を考慮しながら，単元等としてまとめて取り上げ，配列することが重要である。その

際には,児童の実態等を考慮して,実際の生活に結び付くよう具体的な指導内容を組織し,指導計画を作成することが大切である。

> 2 個々の児童の実態に即して,教科別の指導を行うほか,必要に応じて各教科,道徳科,外国語活動,特別活動及び自立活動を合わせて指導を行うなど,効果的な指導方法を工夫するものとする。その際,各教科等において育成を目指す資質・能力を明らかにし,各教科等の内容間の関連を十分に図るよう配慮するものとする。

今回の改訂では,各教科等において育成を目指す資質・能力を明確にしたとともに,各教科等の指導内容の関連等に十分に配慮していくことが重要であることからこの項を新設した。

「個々の児童の実態に即して……効果的な指導方法を工夫」とは,個々の児童の知的障害の状態や生活年齢に加え,興味や関心,これまでの学習や経験してきた内容などを全体的に把握した上で,効果的な指導の形態を選択していくことである。指導の形態には,教科ごとの時間を設けて指導する「教科別の指導」や各教科,道徳科,外国語活動,特別活動及び自立活動を合わせて指導を行う「各教科等を合わせた指導」がある。(本解説第4章第2節の3参考)単元などの学習のまとまりをとおして,児童の学習成果が最大限に期待できる指導の形態を柔軟に考えられるようにすることが大切である。

例えば,算数の時間に金銭の数量的な扱いを学習した時期と同じくして,金銭の数量的な知識を生かして,実際の生活場面に即しながら学習することのできる単元について,生活単元学習として位置付けることなどが考えられる。

児童の実態とともに,学習集団の構成などを踏まえ,適切な指導の形態を選択し,カリキュラム・マネジメントを行っていくことが必要である。

> 3 個々の児童の実態に即して,生活に結び付いた効果的な指導を行うとともに,児童が見通しをもって,意欲をもち主体的に学習活動に取り組むことができるよう指導計画全体を通して配慮するものとする。

今回の改訂では,個々の児童が,意欲をもち,主体的に学習活動に取り組むことがより一層重要であることから「主体的」を加えて示した。また,教育活動全体にわたって生活に結び付いた効果的な指導を行っていくことが重要であることは従前とおりである。

このような生活に結び付いた効果的な指導を進めるためには,一人一人の児童の興味や関心,知的障害の状態,生活年齢,学習状況や生活経験等などに応じて

第4節
小学部の各教科

設定した指導内容が，日々の生活に結び付いた学習活動として展開されるように指導計画を作成する必要がある。その際に，児童の興味や関心を考慮しつつ，家庭生活，社会生活に即した活動を取り入れたり，生活に十分生かされるように継続的な取組にしたりするなど，指導方法を個々の児童に合わせて工夫することが大切である。

また，児童が見通しをもって，意欲をもち主体的に学習活動に取り組むことができるようにするためには，児童に分かりやすいように学習活動の予定を示したり，学習活動を一定期間，繰り返したりすることなどの工夫を行うとともに，充実感や達成感を味わうことで，様々な活動への意欲を高め，主体的に生活しようとする態度を身に付けられるようにすることが重要である。

更に，児童の様子を逐次把握したり，適切な師範を示したりすることができるように，教師と児童が共に活動するとともに，指導の過程において，事前の指導計画に沿わない場合も想定し，児童の学習状況に応じて柔軟に学習活動を修正したり，発展させたりする指導計画の工夫も大切である。

> 4 第1章総則の第2節の2の(2)に示す道徳教育の目標に基づき，道徳科などとの関連を考慮しながら，第3章特別の教科道徳に示す内容について，各教科の特質に応じて適切な指導をするものとする。

この項は，各教科の特質に応じて，道徳科に示す内容と関連付けて適切に指導する必要があることから新設した。

第1章総則第2節の2の(2)においては，「学校における道徳教育は，特別の教科である道徳（以下「道徳科」という。）を要として学校の教育活動全体を通じて行うものであり，道徳科はもとより，各教科，外国語活動，総合的な学習の時間，特別活動及び自立活動のそれぞれの特質に応じて，児童又は生徒の発達の段階を考慮して，適切な指導を行うこと」と規定されている。

知的障害者である児童に対する教育を行う特別支援学校の各教科でどのように道徳教育を行うかについては，特別支援学校学習指導要領第1章総則第7節に示すとおりであるが，内容の指導に当たっては，特別支援学校学習指導要領第3章特別の教科　道徳の3に留意し適切な指導を行う必要がある。

知的障害者である児童に対する教育を行う特別支援学校の各教科においては，各教科の特質に係る見方・考え方を働かせて，資質・能力を育成することを示している。

例えば，生活科では，「具体的な活動や体験を通して，生活に関わる見方・考え方を生かし，自立し生活を豊かにしていくための資質・能力」と示している。自立し生活を豊かにしていくための資質・能力を育むためには，基本的な生活習

慣の大切さに気付くようにしたり，自分でできることを自分でしようとする意欲をもてるようにしたりすることが重要である。このことは，道徳科［節度，節制］で示されている「健康や安全に気を付け，物や金銭を大切にし，身の回りを整え，わがままをしないで，規則正しい生活をすること。」や「自分でできることは自分でやり，安全に気を付け，よく考えて行動し，節度ある生活をすること。」と関連させて指導していくことが効果的である。

　各教科等を合わせて指導を行う場合においても，道徳科に示されている目標及び内容との関連を十分に考慮し，年間指導計画の作成などに際して，道徳教育の全体計画との関連，指導の内容及び時期等に配慮し，各教科と道徳科で示す目標及び内容と相互に関連させて指導の効果を高め合うようにすることが大切である。

> 5　児童の実態に即して学習環境を整えるなど，安全に留意するものとする。

　この項は，従前どおりである。

　児童の学校生活が充実するようにするためには，生活の基盤となる学級の教室や体験的な学習などを行う際の特別教室などの学習環境を整備していくことが重要である。学習環境とは，教室内の掲示物，活動場所の設定，自然の流れに沿った活動を組織すること，一日の日課や教材・教具なども含まれることに留意する必要がある。

　小学部においては，生活や学習の自然な流れに沿って，一連の活動に見通しをもって意欲的に取り組むことができるような活動を組織することが大切であり，そのための環境設定を工夫する必要がある。

　特に，心身の調和的な発達を促し，児童が安心して学習に取り組めるようにするためには安全な環境を整えることが重要である。その際，児童の障害の状態等を考慮し，児童が危険な場所や状況を把握したり，判断したり，予測したり，回避したりすることなどができるように安全に関する十分な指導を進めるとともに，教室の中の遊具や物品，校庭の遊具，通学路などの安全点検を十分に行うことが大切である。また，学習活動においても，物品の取扱いなどに留意することが必要である。

　併せて，児童によっては，健康や安全に関する理解が難しい場合も考えられることから，例えば，健康を害するものを口に入れることがないようにすることや異物を飲み込むことがないようにするなど，衛生や安全にも配慮した指導が大切である。

> 6　児童の実態に即して自立や社会参加に向けて経験が必要な事項を整理した上で，指導するよう配慮するものとする。

この項は，将来の自立と社会参加を見通した計画的な指導を小学部段階からより一層充実させていくことが重要であることから，新たに示した。

　児童の自立と社会参加に向けて，小学部6年間を見通しながら，小学部段階での学習を通して育成を目指す資質・能力を整理し，適宜，学習状況の評価を行いながら，繰り返し経験することで学習の定着を図ったり，経験の拡大を図ったりしていくことなど，計画‐実施‐評価‐改善のサイクルを踏まえて指導計画を適宜修正・加筆し，指導していくことが重要である。

　特に知的障害のある児童の学習上の特性として，学習によって得た知識や技能が断片的になりやすい側面があることを考慮し，どのような指導すべき事項をどのように学習として積み上げていくことで，育成を目指す資質・能力を育むことができるのか十分に検討したうえで，年間指導計画等に基づき，組織的に指導していくことが重要である。また，学年進行の際には，これまで学習している内容等を確実に引継ぎ，生活年齢に即した指導内容を計画できるようにすることが大切である。

> 7　学校と家庭等とが連携を図り，児童の学習過程について，相互に共有するとともに，児童が学習の成果を現在や将来の生活に生かすことができるよう配慮するものとする。

　今回の改訂では，従前の「家庭等との連携を図り，児童が学習の成果を実際の生活に生かす」ことについて，学校と家庭や関係機関等が双方向にやり取りをしながら，児童の学習成果のみならず，その過程を含めて，相互に情報を共有して連携していくことが重要であることから「児童の学習過程について，相互に共有するとともに，児童が学習の成果を現在や将来の生活に生かす」ことを示した。

　児童の基本的生活習慣の確立を図り，生活経験を広げていくためには，学校における指導内容・方法について家庭等との連携を図ることが重要である。その際に，学習した結果のみではなく，学習内容にどのように取り組み，どのようなことが身に付いたかなど，学習過程を含めて相互に共有することが大切である。

　学校で学習した内容については，家庭生活を含む日常生活の様々な場面で，学習した内容を深めたり，生活の範囲を広げたり，生活を高めたりすることにつながるよう指導することが重要である。例えば，個別の指導計画や個別の教育支援計画などを基にして，学校で身に付けたことを家庭等でも取り入れたり，地域において実際に活用したりできるよう，家庭等との連携や情報交換などを工夫することが大切である。その際，学校から家庭等への一方向でなく，家庭等で取り組んでいる内容を参考にして，学校での指導を充実させるなど，双方向の情報共有が大切である。

また，学習した内容を実際の生活で十分に生かすことができるようにするためには，実際の生活や学習場面に即して活動を設定し，その成果を適切に評価して，児童がより意欲的に取り組むことができるように，指導方法等を工夫することが大切である。

> 8　児童の知的障害の状態や学習状況，経験等に応じて，教材・教具や補助用具などを工夫するとともに，コンピュータや情報通信ネットワークを有効に活用し，指導の効果を高めるようにするものとする。

　今回の改訂では，従前の「児童の知的障害の状態や経験等に応じて，教材・教具や補助用具などを工夫するとともに，コンピュータ等の情報機器などを有効に活用」を「児童の知的障害の状態や学習状況，経験等に応じて，教材・教具や補助用具などを工夫するとともに，コンピュータや情報通信ネットワークを有効に活用」と改めた。

　また，知的障害のある児童に対する指導に当たっては，一人一人の児童の知的障害の状態や学習状況，経験，興味や関心などを踏まえるとともに，使いやすく効果的な教材・教具，補助用具などを用意したり，実生活への活用がしやすくなるように，できるだけ実際に使用する用具などを使ったりすることが重要である。

　言葉や文字による理解が難しい児童や，音声によるコミュニケーションが難しく伝えたいことを円滑に伝えられない場合でも，児童の学習状況やそれまでの経験等に応じた絵カードなどの教材やコミュニケーションを支援するための補助用具などを用意することで，児童の可能性が引き出されることがある。これらのことは，児童の言語環境を充実させることにもつながり計画的に取り組むことが重要である。

　補助用具などの活用に当たっては，活動を効果的に補助したり，児童のもっている力を十分に発揮したりすることができるようにするための工夫が重要である。

　補助用具とは，目的を遂行するために，支えとなる用具のことである。例えば，会話を補助するための音声出力装置や絵本を読みやすくするために読んでいるページが固定できるようにする用具などがある。また，ものさしの目盛りを読みとることが学習途中である場合でも，テープ等を必要な長さに切り取るために，長さの基準となる板材を使うことにより必要な長さを得れるようにする場合，基準となる板材が補助用具になる。また，補助用具などとは，加工等で活用されるジグなども含む。複数の板材に穴をあける際，穴をあける位置をガイドする役割を担うのがジグであるが，一人でできる状況を支える補助用具の一つとして加工場面だけでなく広義的に使われることがある。補助用具やジグを活用することによって，複雑な作業が容易になることもあり，児童が達成感を得られやすくなる。

第4節　小学部の各教科

また，自力で取り組むことを目的に補助用具などを取り外す場合は，段階的に進めるなどして，児童の負担を考慮することが大切である。
　更に，コンピュータや情報通信ネットワークを有効に活用して，児童の意思表示をより明確にしたり，数や文字を効果的に指導したりすることができることから，児童の知的障害の状態や経験等を考慮しつつ，適切な機器を選択して，各教科等の内容の指導において，効果的な活用が図られるようにすることが大切である。

# 第5節　中学部の各教科

## ● 第1　国語科

### 1　国語科の改訂の要点

　言葉は，生徒の学習活動を支える重要な役割を果たすものであり，すべての教科等における資質・能力の育成や学習の基盤となるものである。このため，中学部の国語科においては，小学部で培った力や態度を踏まえ，「日常生活に必要な国語についての理解を深め，伝え合う力を高めるとともに，それらを活用する能力と態度を育てる」ことを目標としてきたところである。

　また，小学部での学習の状況を踏まえ，中学部では，生徒の生活の広がりに応じて具体的な題材や，興味・関心，意欲を喚起する題材を用い，具体的な場面における言語活動を通して日常生活に必要な国語を確実に身に付けていくことが大切である。

　このため，今回の改訂では，本解説第4章第3節で述べるよう育成を目指す資質・能力の三つの柱に基づき，目標及び内容について以下の改善を行った。

### (1) 目標の構成の改善

　国語科において育成を目指す資質・能力を「国語で理解し表現する資質・能力」と規定するとともに，「知識及び技能」，「思考力，判断力，表現力等」，「学びに向かう力，人間性等」の三つの柱で整理した。また，このような資質・能力を育成するためには，生徒が「言葉による見方・考え方」を働かせることが必要であることを示している。

　また，今回の改訂では，生徒の実態に応じた指導が充実するよう各段階の目標を新たに設定し，教科の目標と同様に，「知識及び技能」，「思考力，判断力，表現力等」，「学びに向かう力，人間性等」の三つの柱で整理した。

### (2) 内容の構成の改善

　三つの柱に沿った資質・能力の整理を踏まえ，従前，「聞くこと・話すこと」，「書くこと」，「読むこと」の3領域で構成していた内容を，〔知識及び技能〕及び〔思考力，判断力，表現力等〕に構成し直した。

　〔知識及び技能〕及び〔思考力，判断力，表現力等〕の構成は，以下のとおりである。

　〔知識及び技能〕
　(1)言葉の特徴や使い方に関する事項

(2) 情報の扱い方に関する事項
　(3) 我が国の言語文化に関する事項

〔思考力，判断力・表現力等〕
　A　聞くこと・話すこと
　B　書くこと
　C　読むこと

　「知識及び技能」と「思考力，判断力，表現力等」は，国語で理解し表現する上で共に必要となる資質・能力である。したがって，国語で理解し表現する際には，聞くこと・話すこと，書くこと，読むことの「思考力，判断力，表現力等」のみならず，言葉の特徴や使い方，情報の扱い方，我が国の言語文化に関する「知識及び技能」が必要となる。

　この〔知識及び技能〕に示されている言葉の特徴や使い方などの「知識及び技能」は，個別の事実的な知識や一定の手順のことのみを指しているのではない。国語で理解したり表現したりする様々な場面の中で生きて働く「知識及び技能」として身に付けるために，思考・判断し表現することを通じて育成を図ることが求められるなど，「知識及び技能」と「思考力，判断力，表現力等」は，相互に関連し合いながら育成される必要がある。

　こうした「知識及び技能」と「思考力，判断力，表現力等」の育成において大きな原動力となるのが「学びに向かう力，人間性等」である。「学びに向かう力，人間性等」については，教科及び段階の目標においてまとめて示し，指導事項のまとまりごとに示すことはしていない。教科及び段階の目標において挙げられている態度等を養うことにより，「知識及び技能」と「思考力，判断力，表現力等」の育成が一層充実することが期待される。

　〔思考力，判断力，表現力等〕の領域について，小・中学校の国語科では，「A話すこと・聞くこと」としているが，中学部の国語科では，「A聞くこと・話すこと」としている。これは，知的障害のある生徒が国語を獲得する過程をより重視していることから，「聞くこと」を先に位置付けているものである。

## (3) 内容の改善・充実

　今回の改訂では，育成を目指す資質・能力の三つの柱で目標を整理したことを踏まえ，日常生活に必要な国語を確実に身に付けていくことができるよう，これまでの国語科の内容や解説等に示された事項について，その系統性を整理して示した。

　まず，〔知識及び技能〕について「ア言葉の特徴や使い方に関する事項」では，

「言葉の働き」,「話し言葉と書き言葉」,「語彙」,「文や文章」,「言葉遣い」,「音読」に関する内容を整理し，系統的に示した。「イ情報の扱い方に関する事項」では，「情報と情報との関係」,「情報の整理」の二つの系統で構成し，「情報の整理」は2段階から示した。「ウ我が国の言語文化に関する事項」では，「伝統的な言語文化」,「書写」,「読書」に関する内容を整理し，系統的に示した。

次に，〔思考力・判断力・表現力等〕については，三つの領域における学習過程に沿って内容を構成した。「A聞くこと・話すこと」では，「話題の設定」,「内容の把握」,「内容の検討」,「構成の検討」,「表現」,「話合い」を示した。「B書くこと」では，「題材の設定」,「情報の収集」,「内容の検討」,「構成の検討」,「記述」,「推敲」,「共有」を示した。「C読むこと」では，「構造と内容の把握」,「考えの形成」,「共有」を示した。ここに示す学習過程は指導の順序性を示すものではないため，(ｱ)から(ｴ)までの指導事項を必ずしも順番に指導する必要はない。

なお，〔知識及び技能〕及び〔思考力，判断力，表現力等〕に示す各段階の内容は，生徒の日常生活や社会生活に関連のある場面や言語活動，行動と併せて示している。このため，知的障害のある生徒の国語科では，小・中学校国語科のように言語活動例を示していない。なお，国語科の目標が達成されるよう，教師が生徒の実態に応じた場面や言語活動を創意工夫して設定し，授業改善を図ることが重要である。

## 2　国語科の目標

> 1　目　標
> 　言葉による見方・考え方を働かせ，言語活動を通して，国語で理解し表現する資質・能力を次のとおり育成することを目指す。
> (1) 日常生活や社会生活に必要な国語について，その特質を理解し適切に使うことができるようにする。
> (2) 日常生活や社会生活における人との関わりの中で伝え合う力を高め，思考力や想像力を養う。
> (3) 言葉がもつよさに気付くとともに，言語感覚を養い，国語を大切にしてその能力の向上を図る態度を養う。

教科の目標では，まず，国語科において育成を目指す資質・能力を国語で理解し表現する資質・能力とし，国語科が国語で理解し表現する言語能力を育成する教科であることを示している。

今回の改訂において示す「国語で理解し表現する資質・能力」とは，国語で表現された内容や事柄を理解する資質・能力，国語を使って内容や事柄を表現する

資質・能力であるが,そのために必要となる国語の使い方を理解する資質・能力,国語を使う資質・能力を含んだものである。

「言葉による見方・考え方を働かせ」るとは,生徒が学習の中で,対象と言葉,言葉と言葉との関係を,言葉の意味,働き,使い方等に着目して捉えたり問い直したりして,言葉への自覚を高めることであると考えられる。様々な事象の内容を自然科学や社会科学等の視点から理解することを直接の学習目的としない国語科においては,言葉を通じた理解や表現及びそこで用いられる言葉そのものを学習対象としている。このため,「言葉による見方・考え方」を働かせることが,国語科において育成を目指す資質・能力をよりよく身に付けることにつながることとなる。

また,言語能力を育成する中心的な役割を担う国語科においては,言語活動を通して資質・能力を育成する。言語活動を通して,国語で理解し表現する資質・能力を育成するとしているのは,この考え方を示したものである。

今回の改訂では,他教科等と同様に,国語科において育成を目指す資質・能力を「知識及び技能」,「思考力,判断力,表現力等」,「学びに向かう力,人間性等」に三つの柱で整理し,それぞれに整理された目標を(1),(2),(3)に位置付けている。

(1)は,「知識及び技能」に関する目標を示したものである。日常生活や社会生活において必要な国語の特質について理解し,それを適切に使うことができるようにすることを示している。具体的には,内容の〔知識及び技能〕に示されている言葉の特徴や使い方,話や文章に含まれている情報の扱い方,我が国の言語文化に関する「知識及び技能」のことである。

(2)は,「思考力,判断力,表現力等」に関する目標を示したものである。日常生活や社会生活における人と人との関わりの中で,思いや考えを伝え合う力を高め,思考力や想像力を養うことを示しているものである。具体的には,内容の〔思考力,判断力,表現力等〕に示されている「A聞くこと・話すこと」,「B書くこと」,「C読むこと」に関する「思考力,判断力,表現力等」のことである。

「伝え合う力を高め」るとは,身近で関わりのある人など人間と人間との関係の中で,互いの考えなどを尊重し,言語を通して理解したり表現したりする力を高めることである。「思考力や想像力を養う」とは,言語を手掛かりとしながら論理的に思考する力や豊かに想像する力を養うことである。知的障害のある生徒の場合,具体的な活動や場面の状況などを手掛かりとしながら,小学部までの学習を踏まえ,「思考力,判断力,表現力等」を育成することが求められる。

(3)は,「学びに向かう力,人間性等」に関する目標を示したものである。言葉がもつよさに気付くとともに,言語感覚を養い,国語を大切にしてその能力の向上を図る態度を養うことを示している。

「言葉がもつよさ」には，言葉によって自分の考えを形成したり新しい考えを生み出したりすること，言葉から様々なことを感じたり，感じたことを言葉にしたりすることで心を豊かにすることなどがある。こうしたことをよさとして認識することを示している。

「言語感覚」とは，言語で理解したり表現したりする際の正誤・適否・美醜などについての感覚のことである。聞いたり話したり書いたり読んだりする具体的な言語活動の中で，相手，目的や意図，場面や状況などに応じて，どのような言葉を選んで表現するのが適切であるかを直観的に判断したり，話や文章を理解する場合に，そこで使われている言葉が醸し出す味わいを感覚的に捉えたりすることができることである。

言語感覚を養うことは，一人一人の生徒の言語活動を充実させ，自分なりのものの見方や考え方を形成することに役立つ。こうした言語感覚の育成には，多様な場面や状況における学習の積み重ねや，継続的な読書などが必要であり，そのためには，国語科の学習を他教科等の学習や学校の教育活動全体と関連させていくカリキュラム・マネジメント上の工夫も大切である。さらに，生徒を取り巻く言語環境を整備することも，言語感覚の育成に極めて重要である。

「国語を大切にしてその能力の向上を図る態度を養う」ことを求めているのは，我が国の歴史の中で育まれてきた国語が，人間としての知的な活動や文化的な活動の中枢をなし，一人一人の自己形成，社会生活の向上，文化の創造と継承などに欠かせないからである。国語を大切にして，国語に対する関心を高め，聞いたり話したり書いたり読んだりすることが，生徒一人一人の言語能力を更に向上させていく。その中で，国語を大切にして，国語そのものを一層優れたものに向上させていこうとする意識や態度も育っていくのである。

## 3　各段階の目標及び内容
### (1) 1段階の目標と内容
### ア　目標

○1段階
(1) 目　標
　ア　日常生活や社会生活に必要な国語の知識や技能を身に付けるとともに，我が国の言語文化に親しむことができるようにする。
　イ　順序立てて考える力や感じたり想像したりする力を養い，日常生活や社会生活における人との関わりの中で伝え合う力を高め，自分の思いや考えをもつことができるようにする。
　ウ　言葉がもつよさに気付くとともに，図書に親しみ，国語で考えたり

> 伝え合ったりしようとする態度を養う。

〈1段階の生徒の姿〉

1段階の生徒は，身近な事物や人だけでなく，地域や社会における事物や人との関わりが増えてくる。このような生活を通して様々な言葉に触れることで，言葉には，事物の内容を表す働きや，経験したことを伝える働きがあることに気付いたり，知っている言葉や新たに獲得した言葉の使い方に気を付けることで，様々な事象や気持ちに関して多くの相手と伝え合うことができるようになることに気付いたりする段階である。

このため，国語科の指導においては，生徒の生活の広がりに伴う事物や人との関わりの中で，言葉で様々な情報を得たり人の思いや考えに触れたりする経験や，自分の思いや考えをまとめたり相手に分かりやすく伝えたりする経験を積み重ねることを通して，日常生活や社会生活に必要な国語を身に付けることが大切である。

〈1段階の目標〉

① **知識及び技能のア**

「社会生活に必要な国語の知識や技能を身に付ける」とは，1段階の生徒の生活の広がりに伴い，日常生活における身近な人や事物との関わりだけでなく，地域や社会における人や事物との関わりの中で必要とされる言葉を理解したり，適切に使ったりすることができるようになることを示している。

② **思考力，判断力，表現力等のイ**

「順序立てて考える力」を養うことで，見聞きした事柄などの順序を意識しながら大まかな内容を理解したり，自分の行動や経験を順序に沿って整理したりすることなどができるようになることを示している。

「感じたり想像したりする力」を養うことで，見聞きした言葉から具体的な事柄や心情などを思い浮かべることなどができるようになることを示している。

③ **学びに向かう力，人間性等のウ**

「図書に親しみ」とは，例えば易しい物語文や詩，紀行文などを読み，情景や場面の様子，登場人物の心情などを想像することを楽しむことで，読むことへの意欲を高め，情操を豊かにしていくために示している。

「国語で考えたり伝え合ったりしようとする態度」とは，言葉を使って自分の見聞きしたことや経験，考えなどを整理するなどして考えたり，様々な相手と事柄や考え，気持ちなどを共有するために伝え合ったりしようとすることを示している。

### イ　内容

**〔知識及び技能〕**

(2) 内　容

〔知識及び技能〕

ア　言葉の特徴や使い方に関する次の事項を身に付けることができるよう指導する。

(ア) 身近な大人や友達とのやり取りを通して，言葉には，事物の内容を表す働きや，経験したことを伝える働きがあることに気付くこと。

(イ) 発音や声の大きさに気を付けて話すこと。

(ウ) 長音，拗(よう)音，促音，撥(はつ)音，助詞の正しい読み方や書き方を知ること。

(エ) 言葉には，意味による語句のまとまりがあることを理解するとともに，話し方や書き方によって意味が異なる語句があることに気付くこと。

(オ) 主語と述語との関係や接続する語句の役割を理解すること。

(カ) 普通の言葉との違いに気を付けて，丁寧な言葉を使うこと。

(キ) 語のまとまりに気を付けて音読すること。

イ　話や文章に含まれている情報の扱い方に関する次の事項を身に付けることができるよう指導する。

(ア) 事柄の順序など，情報と情報との関係について理解すること。

ウ　我が国の言語文化に関する次の事項を身に付けることができるよう指導する。

(ア) 自然や季節の言葉を取り入れた俳句などを聞いたり作ったりして，言葉の響きやリズムに親しむこと。

(イ) 挨拶状などに書かれた語句や文を読んだり書いたりし，季節に応じた表現があることを知ること。

(ウ) 書くことに関する次の事項を取り扱うこと。

㋐　姿勢や筆記具の持ち方を正しくし，文字の形に注意しながら，丁寧に書くこと。

㋑　点画相互の接し方や交わり方，長短や方向などに注意して文字を書くこと。

(エ) 読書に親しみ，簡単な物語や，自然や季節などの美しさを表した詩や紀行文などがあることを知ること。

#### ①　言葉の特徴や使い方に関する事項のア

(ア)は，日常的に用いている言葉には，出来事や事物の内容を表す働きや，経

験したことを伝える働きがあることに気付くことを示している。

(イ)は，相手に内容を正確に伝えるために，発声や声量に注意しながら話すことを示している。また，姿勢や口形などに注意することも大切である。

(ウ)は，日常生活や社会生活で用いられる語句や文，文章を読んだり書いたりすることを通して，その規則性に気付き，身に付けていくことを示しており，助詞の「は」，「へ」及び「を」については，視写や聴写を取り入れた指導の中で，繰り返し使う機会を設けることが必要である。

(エ)は，小学部3段階の学習を基にして，語句相互の意味関係を理解し，語句には同義語や対義語，上位語・下位語，同音異義語，多義的な意味を表す語句などがあったり，「橋」と「箸」，「雨」と「飴（あめ）」など，同音でもアクセントによって意味が異なる場合があったりすることに気付くことを示している。

(オ)は，主語と述語の適切な係り受けを理解するとともに，前後の文節や文などをつなぐ働きをもつ語句の役割を理解することを示している。これらは，文の構成，文や文章のつながりや関係性に関して理解を図る内容を示したものである。

(カ)は，丁寧な言葉と普通の言葉を相手や場面に応じて使い分けることに気を付けて話すことを示している。話すときの言葉遣いは，相手との親疎や人数の多少，改まった場面かどうかなどに応じて使い分ける必要がある。1段階の生徒の生活の広がりに伴って，友達や教師，地域の人々など様々な人と関わるようになることから，実際に使うことを通して，使い方に慣れるようにすることが大切である。

(キ)においては，文や文章の内容を理解したり，相手が正しく聞き取ったりすることができるように，明瞭な発音で文章を読むこと，ひとまとまりの語や文として読むこと，言葉の響きやリズムなどに注意して読むことなどが重要となる。このことは，言葉のもつ意味を捉えることに役立つ。このとき，(イ)の「発音や声の大きさに気を付けて話す」ことと関連付けて指導することが重要である。また，生徒の実態に応じて繰り返し音読する機会を設けるとともに，自分の声を自分で聞きながら音読する習慣を身に付けたり，他の人に聞いてもらったりするなど，聞くということを意識できるようにすることも大切である。

② 情報の扱い方に関する事項のイ

イは，「情報と情報との関係」と「情報の整理」で内容を構成しているが，1段階では「情報と情報との関係」のみ扱うこととしている。

(ア)の「事柄の順序」の関係を理解するとは，複数の事柄などが一定の観点に基づいて順序付けられていることを認識することである。指導に当たっては，例えば，人の話を聞いたり文や文章を読んだりしたことを正しく捉えたり，自分が見聞きした事柄や経験を相手に分かりやすく伝えたりするために，「いつ」誰が何をしたなど，内容の時間的な順序に気を付けながら情報を整理することなどが

考えられる。

### ③ 我が国の言語文化に関する事項のウ

(ｱ)は，自然や季節の情景を表した言葉を用いた俳句などを聞いたり作ったりすることで，それらがもつ言葉の響きやリズムに親しむことを示している。その際，我が国には，言葉の響きやリズム，言葉が表す情景を楽しむ文化があることを知り，我が国の言語文化を理解しようとする態度につなげることができるようにすることが大切である。

(ｲ)は，年賀状や暑中見舞いといった年や季節の節目に交わす挨拶状で用いる語句や，時候の挨拶で用いる語句のように季節によって使い分ける語句があることや，その使い方を知ることを示している。

(ｳ)は，書くこと（書写）に関する事項である。

㋐については，１段階の生徒が，平仮名や片仮名だけでなく，自分や身近な人や物の名前，生活の中で見ることの多い漢字について書くことができるようになる時期であることを考慮して，書いた文字を自分や周りの人が読むことができるように，文字の形を整えて書けるようにすることが大切である。

㋑の「点画」とは，文字を構成する「横画，縦画，左払い，右払い，折れ，曲がり，そり，点」などのことであり，点画相互の位置関係，点画の長さや向きに関する点画相互の関係性などに注意して書くことを示している。

(ｴ)は，内容や記し方によって物語や詩，紀行文といった種類に分類できることを知ることを示している。このとき１段階の生徒にふさわしいいろいろな文章に接し，語句の意味などから文や文章が表している場面の情景や事柄の流れ，登場人物の心情などを読み取ることで情操を深めていけるようにすることが大切である。

## 〔思考力・判断力・表現力等〕

## A 聞くこと・話すこと

> 〔思考力，判断力，表現力等〕
> A 聞くこと・話すこと
> 聞くこと・話すことに関する次の事項を身に付けることができるよう指導する。
> ア 身近な人の話や簡単な放送などを聞き，聞いたことを書き留めたり分からないことを聞き返したりして，話の大体を捉えること。
> イ 話す事柄を思い浮かべ，伝えたいことを決めること。
> ウ 見聞きしたことや経験したこと，自分の意見などについて，内容の大体が伝わるように伝える順序等を考えること。

> エ　自己紹介や電話の受け答えなど，相手や目的に応じた話し方で話すこと。
> オ　相手の話に関心をもち，分かったことや感じたことを伝え合い，考えをもつこと。

アは，日常生活の中で，教師など周りの大人の説明や家族，友達の話，簡単な放送や録音などから，話の概略を聞き取り，指示や説明に応じることができるように，簡単なメモを取りながら聞いたり，分からないときは聞き返したりすることを示している。

イは，学校や家庭，地域における身近な出来事や自分が経験したことを想起し，その中から，興味や関心の度合い，伝えたい思いの強さを手掛かりにして，話したい，話し合いたいということを一つに決めることを示している。

ウの「内容の大体が伝わるように伝える順序等を考える」とは，見聞きしたり経験したりした事実や自分の気持ち，意見，人への伝言などを話すために，伝えたい事柄を順序立てて構成することを示している。

エは，自己紹介といった改まった場面で話す際や，電話を通して目前にいない相手に対して話す際に，丁寧な言葉を使うなど，話す相手や場面に応じた言葉遣いを考えて話すことを示している。

オは，相手の話の内容や話し方などについて興味や関心をもって聞き，話の大体の内容を整理したりまとめたりして分かったことや感じたことを伝え合い，伝え合ったことを通して，自分の考えや感想をもつことを示している。

## B　書くこと

> B　書くこと
> 　書くことに関する次の事項を身に付けることができるよう指導する。
> ア　見聞きしたことや経験したことの中から，伝えたい事柄を選び，書く内容を大まかにまとめること。
> イ　相手に伝わるように事柄の順序に沿って簡単な構成を考えること。
> ウ　文の構成，語句の使い方に気を付けて書くこと。
> エ　自分が書いたものを読み返し，間違いを正すこと。
> オ　文章に対する感想をもち，伝え合うこと。

アの「見聞きしたことや経験したことの中から，伝えたい事柄を選び」とは，生徒が，身近な生活の中で自分が行ったことや見聞きした出来事の中から，興味や関心に応じて伝えたいことを見いだし，決めることを示している。「書く内容

を大まかにまとめる」とは，書くために必要な事柄を思い出したり想像したりしてノートやカードに書き出すなどして，内容を整理することを示している。このとき，生徒一人一人の気持ちや経験を大切にして，書く内容を選ぶことができるようにすることが大切である。

イは，中学部では，より相手に伝わりやすく内容をまとめることをねらいとしている。「事柄の順序に沿って簡単な構成を考える」とは，集めた事柄の順序に沿いながら，文章の始めから終わりまでを，内容のまとまりごとに，幾つかに分けて配置していくことを意識することである。その際，文章には「始め－中－終わり」などの構成があることを意識できるようにすることが重要である。

ウは，小学部3段階の「簡単な語句や短い文を書く」ことを受け，語句を組み合わせて文にまとめることを示している。このとき，特に，語と語との続き方を考えて記述することができるようにすることが大切である。前後の語句のつながりを大切にし，一文の意味が明確になるように語と語の続き方を考えるとともに，離れたところにある語と語とのつながりについても考えることが大切である。

エは，設定した題材，事柄の順序，語と語との続き方，長音，拗音，促音，撥音などの表記，助詞の使い方などを意識しながら自分が書いた一文一文を丁寧に読み返し，間違いを正しく改めることを示している。このとき，間違いに気付いて正すことでよりよく伝わる文章になることを実感できるようにすることが大切である。

オは，書いた文章を互いに読み，感想を伝え合うことを示している。1段階では，順序の分かりやすさ，語と語との続き方などを観点として感想を伝え合い，感想を受けたり，友達の文章と比較したりすることを通して，文章を書いてきた過程を振り返ることができるようにすることが大切である。

## C 読むこと

C 読むこと
　読むことに関する次の事項を身に付けることができるよう指導する。
ア　簡単な文や文章を読み，情景や場面の様子，登場人物の心情などを想像すること。
イ　語や語句の意味を基に時間的な順序や事柄の順序など内容の大体を捉えること。
ウ　日常生活で必要な語句や文章などを読み，行動すること。
エ　文章を読んで分かったことを伝えたり，感想をもったりすること。

アの「簡単な文や文章」とは，簡単な物語や紀行文，詩，短い劇の脚本などの

ことであり，小学部で扱う絵本等より挿絵が少なくなり，文や文章が中心になることを示している。「情景や場面の様子，登場人物の心情などを想像する」とは，物語の展開に即して場面の様子が変化したり，中心となる登場人物の行動や心情が変化したりしていくことを把握し，その様子を豊かに想像しながら読むことを示している。

イは，時間を表す言葉や接続する語句などを正しく読み取ることで，文や文章の時間的な前後関係について大体を捉えながら読むことを示している。例えば，生活に必要な身近なものの使用法や簡単な料理法の説明書などを読み，大体の使い方や作り方を捉えることなどが考えられる。

ウは，学校や町，公共施設等で見かける，例えば，校内の各教室の名前，交通機関や乗り場の表示，安全や危険，指示を知らせる標識や案内板，いろいろな店の看板やポスター，広告などが表す意味を考え，行動することを示している。また，生活に必要な身近なものの使用法や簡単な料理法の説明書，納品書，請求書，領収書などを読む，興味のある新聞記事や雑誌などを読む，電子メール等を読むなどして，楽しく，潤いのある生活を送ることができるようにすることが大切である。

エは，読んだ文章の内容について相手に伝えるために，読み取った内容が適切か自分で再考するとともに，印象に残ったフレーズ等を選んだり，文章全体の印象や文章の内容に対する思いを自分なりの言葉で表現したりすることを示している。

## (2) 2段階の目標と内容
### ア 目標

> ○ 2段階
> (1) 目　標
> 　ア　日常生活や社会生活，職業生活に必要な国語の知識や技能を身に付けるとともに，我が国の言語文化に親しむことができるようにする。
> 　イ　筋道立てて考える力や豊かに感じたり想像したりする力を養い，日常生活や社会生活における人との関わりの中で伝え合う力を高め，自分の思いや考えをまとめることができるようにする。
> 　ウ　言葉がもつよさに気付くとともに，いろいろな図書に親しみ，国語を大切にして，思いや考えを伝え合おうとする態度を養う。

〈2段階の生徒の姿〉

2段階の生徒は，地域や社会における事物や人との関わりを広げ，繰り返しな

がら，様々な言葉に触れることで，言葉には，考えたことや思ったことを表す働きがあることに気付いたり，相手や目的に応じて工夫をしながら伝え合おうとしたりする段階である。

このため，国語科の指導においては，生徒の生活の広がりに伴う事物や人との関わりの中で，言葉を用いて伝えたいことを明確にして伝えたり，対話の経験を積み重ねたりすることを通して，高等部での職業教育などを意識しながら，将来の職業生活に必要な国語を身に付けることが大切である。

〈2段階の目標〉
① 知識及び技能のア
「日常生活や社会生活，職業生活に必要な国語の知識や技能を身に付ける」とは，生徒の言語能力の発達や生活経験や生活範囲の拡大を踏まえ，日常生活や社会生活における人や事物との関わりの中で必要とされる国語に加え，明るく豊かな職業生活や家庭生活を送るために，社会人や職業人として必要な言葉を理解したり，適切に使ったりすることができるようになることを示している。

② 思考力，判断力，表現力等のイ
「筋道立てて考える力」を養うことで，事柄の順序などに基づいて，相手に分かりやすく伝えられるように構成や内容などを考えることなどができるようになることを示している。

「日常生活や社会生活における人との関わりの中で伝え合う力を高め，」とは，人との関わりの中で，自分の伝えたい事柄や考え，気持ちなどを表現したり，相手が伝えたい事柄や考え，気持ちなどを受け止めたりすることを繰り返しながら伝え合う力を高めることを示している。

「自分の思いや考えをまとめることができるようにする」とは，自分の考えを形成し，まとめていくことを示している。

③ 学びに向かう力，人間性等のウ
「いろいろな図書に親しみ」とは，2段階の生徒には，情緒的な面の広がりが見られる傾向にあることから，年齢にふさわしいいろいろな文章に接し，情景や心情を読み取って情操を深めていくために示している。

「思いや考えを伝え合おうとする態度」とは，言葉を使ってどのように伝えるかを考えたり，いろいろな言葉の中からよりよい言葉を選び使ったりするなどして，思いや考えを伝え合おうとする態度を示している。

イ　内容
〔知識及び技能〕

>(2) 内　容
>〔知識及び技能〕
>　ア　言葉の特徴や使い方に関する次の事項を身に付けることができるよう指導する。
>　　(ｱ)　日常生活の中での周りの人とのやり取りを通して，言葉には，考えたことや思ったことを表す働きがあることに気付くこと。
>　　(ｲ)　発声や発音に気を付けたり，声の大きさを調節したりして話すこと。
>　　(ｳ)　長音，拗音，促音，撥音などの表記や助詞の使い方を理解し，文や文章の中で使うこと。
>　　(ｴ)　理解したり表現したりするために必要な語句の量を増し，使える範囲を広げること。
>　　(ｵ)　修飾と被修飾との関係，指示する語句の役割について理解すること。
>　　(ｶ)　敬体と常体があることを理解し，その違いに注意しながら書くこと。
>　　(ｷ)　内容の大体を意識しながら音読すること。
>　イ　話や文章の中に含まれている情報の扱い方に関する次の事項を身に付けることができるよう指導する。
>　　(ｱ)　考えとそれを支える理由など，情報と情報との関係について理解すること。
>　　(ｲ)　必要な語や語句の書き留め方や，比べ方などの情報の整理の仕方を理解し使うこと。
>　ウ　我が国の言語文化に関する次の事項を身に付けることができるよう指導する。
>　　(ｱ)　易しい文語調の短歌や俳句を音読したり暗唱したりするなどして，言葉の響きやリズムに親しむこと。
>　　(ｲ)　生活に身近なことわざなどを知り，使うことにより様々な表現に親しむこと。
>　　(ｳ)　書くことに関する次の事項を取り扱うこと。
>　　　㋐　点画の書き方や文字の形に注意しながら，筆順に従って丁寧に書くこと。
>　　　㋑　漢字や仮名の大きさ，配列に注意して書くこと。
>　　(ｴ)　幅広く読書に親しみ，本にはいろいろな種類があることを知ること。

① **言葉の特徴や使い方に関する事項のア**

(ｱ)は，1段階のアを受けて，日常的に用いている言葉には，思考や感情を表す働きがあるということに気付くことを示している。「考えたことや思ったことを表す働き」とは，思考や感情を表出する働きと他者に伝える働きの両方を含むものである。日常生活の中で周りの人と言葉を用いてやり取りすることで，自分の思いや考えをまとめたり，自分が考えたことや思ったことを周りの人に表現したり伝達したりする経験を重ねることが大切である。

(ｲ)は，話している内容が聞き手にはっきりと聞き取れるような発声や発音をしたり，音声が明瞭に聞こえる速さや相手に声が届く音量などに注意したりして話すことを示している。

(ｳ)は，1段階のイを受けて，各領域における学習を積み重ねることを通して，長音，拗音，促音，撥音などの表記や助詞を，文や文章の中で使うことを示している。

(ｴ)は，様子や行動，気持ちや性格を表す語句などを，様々な人との関わりの中で聞いたり話したり，文章の中で書いたり読んだりすることを通して，自分の語彙として身に付けていくことが重要である。指導に当たっては，例えば，聞いたり読んだりする際に新しい言葉に着目することや，話したり書いたりする際にいろいろな表現を使うようにすることが有効である。

(ｵ)は，修飾語がどこに係るのかという修飾と被修飾との関係を理解するとともに，物事を指し示す役割をもつ語句について理解することを示している。このことは，文や文章を理解する場合だけでなく，表現する場合にも重要である。

(ｶ)は，相手や目的を意識して表現する際などに，敬体と常体との違いについて注意しながら書くことを示している。敬体とは，文末が「です」，「ます」又は「でした」，「ました」などのようになる文体である。常体とは，文末が「である」，「だ」又は「であった」，「だった」などのようになる文体である。文章を記述する際には，相手や目的に応じて敬体と常体のいずれかを使用して書くことが多い。それを意識的に使い分けようとすることが大切である。そのため，文末の表現に注意して読むようにするとともに，生徒が使い慣れるようにしていくことが有効である。

(ｷ)は，一文一文などの表現だけでなく，文章全体として何が書かれているかを大づかみに捉えたり，登場人物の行動や気持ちの変化などを大筋で捉えたりしながら，音読することを示している。そのため，「いつ，どこで，だれが，なにを，どうした」をしっかりと押さえて，様子が分かるように工夫してゆっくり読ませるようにすることが有効である。また，声に出して読み，読んでいる声をしっかりと聞くという中から，内容の理解を深めることが考えられる。

② 情報の扱い方に関する事項のイ

(ｱ)は，情報と情報との関係に関する事項である。「理由」は，なぜそのような「考え」をもつのかを説明するものである。事物の説明や経験を相手に分かるように報告したり，それらを聞いて感想を述べたりする上で，考えとそれを支える理由を明確にすることが大切であるため，設定した。

(ｲ)は情報の整理に関する事項であり，2段階から設定している。「必要な語や語句の書き留め方」とは，情報を集めたり，発信したりする場合に落としてはいけない語や語句を選んで書き留めることである。また，「比べ方」については，自分の考えと相手の考えの同じところや違うところを見付け比べることなどを通して，得た情報を整理して活用することを意図して設定した。

③ 我が国の言語文化に関する事項のウ

(ｱ)は，短歌の五・七・五・七・七の三十一音，俳句の五・七・五の十七音のリズムから国語の美しい響きを感じ取りながら音読したり暗唱したりして，文語の調子に親しむ態度を育成するようにすることが重要である。「易しい」とは，意味内容が容易に理解できるということである。「文語調」とは，日常の話し言葉とは異なった特色をもつ言語体系で書かれた文章の調子のことである。教材としては，響きやリズムを体感できるような作品や親しみやすい作者の作品を選んだり，代表的な歌集などから内容の理解しやすい歌を選んだりすることが考えられる。

(ｲ)は，生活に身近なことわざなどの意味を知り，日常生活でも使うようにすることに関する内容を示している。「ことわざ」は，生活経験などにおいてありがちなことを述べたり，教訓を述べたりするものである。例えば，「塵も積もれば山となる」，「善は急げ」，「石橋を叩いて渡る」などがある。他にも，交通安全や火災予防など日常生活の中で目にすることの多い標語なども取り上げ，日常生活に生かせるようにすることが大切ある。

(ｳ)は，書くこと（書写）に関する事項である。

㋐の「点画」とは，文字を構成する「横画，縦画，左払い，右払い，折れ，曲がり，そり，点」などのことである。「文字の形」とは，点画の積み重ねによって形成される文字のおおよその形（概形）のことである。極端にゆがんだ形を生まないように，生徒には，文字のおおよその形を把握した上で書くように指導することが求められる。「筆順」とは，文字を書き進める際の合理的な順序が習慣化したもののことである。学校教育で指導する筆順は，「上から下へ」，「左から右へ」，「横から縦へ」といった原則として一般に通用している常識的なものである。

㋑の「漢字や仮名の大きさ」とは，漢字と漢字，漢字と仮名，仮名と仮名との相互のつり合いから生じる相対的な大きさのことである。画数の多い文字ほど大

きく書き，画数の少ない文字ほど小さく書くと，並べたときに読みやすい文字列になる。「配列に注意して」とは，行の中心や行と行との間，文字と文字との間がそろっているかなど文字列及び複数の文字列に注意してということである。読みやすい文や文章を書くには，一文字一文字を整えることに加え，文字の集まりという面から整えることが重要である。したがって，書き出しの位置を決めること，行の中心に文字の中心をそろえるように書くことなどが求められる。

　(エ)の「幅広く読書に親し」むとは，多様な本や文章があることを知り，読書する本や文章の種類，分野，活用の仕方など，自分の読書の幅を広げていくことである。「いろいろな種類」としては，例えば，物語，昔話，絵本，科学的な読み物，図鑑などが挙げられる。また，学校図書館などの施設の利用方法などを身に付けることも大切である。

**〔思考力，判断力，表現力等〕**
**A　聞くこと・話すこと**

> 〔思考力，判断力，表現力等〕
> A　聞くこと・話すこと
> 　聞くこと・話すことに関する次の事項を身に付けることができるよう指導する。
> 　ア　身近な人の話や放送などを聞きながら，聞いたことを簡単に書き留めたり，分からないときは聞き返したりして，内容の大体を捉えること。
> 　イ　相手や目的に応じて，自分の伝えたいことを明確にすること。
> 　ウ　見聞きしたことや経験したこと，自分の意見やその理由について，内容の大体が伝わるように伝える順序や伝え方を考えること。
> 　エ　相手に伝わるように発音や声の大きさ，速さに気を付けて話したり，必要な話し方を工夫したりすること。
> 　オ　物事を決めるために，簡単な役割や進め方に沿って話し合い，考えをまとめること。

　アは，1段階のアを受けて，話の内容や話し方に関心をもって聞き，話している事柄の順序や要点を書き留めたり，その書き留めたものを使いながら，分からない点や確かめたい点を質問したりして，内容の大体を理解することを示している。

　イは，生徒一人一人の興味や関心を大切にして話題を決め，具体的な相手や話す目的を意識して，伝えるために必要な事柄をまとめることを示している。「相手」は，身近な存在の人々に加え，異学年の生徒や地域の人々などへと広がってくる。

それに伴い,「目的」も多様になる。「目的」としては,例えば,説明や報告をする,知りたいことを聞く,互いの思いや考えを伝え合うなどが考えられる。伝えたい目的を明確にして話すよう指導することが大切になる。

ウの「伝える順序や伝え方を考えること」とは,1段階のウを受けて,話す内容を構成するときに,伝えたい事柄や考え,気持ちだけを話すのではなく,必要に応じて理由や事例を付け加えながら,相手に伝わるように話を構成するなどの伝える順序や伝え方の工夫をすることを示している。

エは,話す際に,相手により伝わるように,発声や声の大きさ,速さに注意することや,言葉の抑揚や強弱,間の取り方,相手を見る視線など,表現を工夫することを示している。指導においては,様々な場面で話すことを通して,繰り返し表現の工夫を行う場を設けることが有効である。また,自分や友達の発表の様子を録画し,観点に沿って振り返るなど,ICT機器を活用することも効果的である。

オの「簡単な役割」とは,司会者,提案者,参加者のそれぞれ役割のことである。「考えをまとめ」るためには,互いの考えの共通点や相違点などを確認しながら,話合いを進めることが重要である。話し合う言語活動は,他教科等においても取り入れられることが多いため,それらの活動との連携が求められる。

### B 書くこと

> B 書くこと
> 書くことに関する次の事項を身に付けることができるよう指導する。
> ア 相手や目的を意識して,見聞きしたことや経験したことの中から書くことを選び,伝えたいことを明確にすること。
> イ 書く内容の中心を決め,自分の考えと理由などとの関係を明確にして,文章の構成を考えること。
> ウ 事実と自分の考えとの違いなどが相手に伝わるように書き表し方を工夫すること。
> エ 文章を読み返す習慣を身に付け,間違いを正したり,語と語との続き方を確かめたりすること。
> オ 文章に対する感想を伝え合い,内容や表現のよいところを見付けること。

アの「相手や目的を意識して」とは,例えば,保護者や教師などの身近な大人や同学年・異学年の友達,地域の人々まで広がる多様な相手のうちの誰に対して,伝える,報告する,説明する,依頼する,案内するなど,どのような目的で書く

のかといったことを意識することを示している。書いた文章を相手がどのように受け止めるかについて考えさせたり，具体的な生活の中で必要となるものを取り上げるようにしたりすることが望ましい。さらに，「見聞きしたことや経験したことの中から書くことを選び，伝えたいことを明確にすること」とは，実際に見聞きしたことや経験したことを思い出し，それを手掛かりにして書く事柄を決め，情報を整理しながら伝えたいことを明確にしていくことを示している。

　イの「自分の考えと理由などとの関係を明確にして，文章の構成を考えること」とは，1段階のイを受けて，自分の考えが明確になるように段落相互の関係に注意するなどして文章を構成することを示している。段落には，改行によって示されるいくつかの文のまとまりである形式段落と，その形式段落のいくつかが意味のつながりの上でひとまとまりになった意味段落とがある。段落相互の関係としては，例えば，考えとそれを支える理由や，考えとそれを具体的に述べる事例といった関係などがある。

　ウは，事実を客観的に書くこととともに，その事実と自分の考えとの関係を十分捉えて書くことが重要である。また，事実と自分の考えとを明確に区別して書くためには，文末表現に注意することも重要である。

　エは，1段階のエを受けて，文章を読み返す習慣を付けることを示している。「間違いを正す」ためには，一文一文を丁寧に読み返していくことが求められる。その際，「語と語との続き方を確かめ」るとともに，〔知識及び技能〕のアの「(ｳ)長音，拗音，促音，撥音などの表記や助詞の使い方を理解し，文や文章の中で使うこと。」，「(ｵ)修飾と被修飾との関係，指示する語句の役割について理解すること。」，「(ｶ)敬体と常体があることを理解し，その違いに注意しながら書くこと」における表記の仕方や使い方などに注意することが重要である。

　オは，書いた文章を互いに読み，感想を伝え合うことを通して，自分の文章のよいところを見付けることを示している。

## C　読むこと

> C　読むこと
> 　読むことに関する次の事項を身に付けることができるよう指導する。
> 　ア　様々な読み物を読み，情景や場面の様子，登場人物の心情などを想像すること。
> 　イ　語と語や文と文との関係を基に，出来事の順序や気持ちの変化など内容の大体を捉えること。
> 　ウ　日常生活や社会生活，職業生活に必要な語句，文章，表示などの意味を読み取り，行動すること。

> エ 中心となる語句や文を明確にしながら読むこと。
> オ 読んで感じたことや分かったことを伝え合い，一人一人の感じ方などに違いがあることに気付くこと。

アの「様々な読み物」とは，物語や詩，短い劇の脚本，紀行文，記録や報道の文章などであり，文学的な文章か説明的な文章かを問わず，様々に取り上げて読むことを示している。

イは，語と語や文と文とのつながりを助詞や接続する語句に注意しながら読み，出来事の順序や，登場人物の気持ちの変化など，どのような事柄がどのように書かれているかを大まかに捉えることを示している。

ウは，1段階よりも生徒の生活範囲が更に拡大することを踏まえ設定している。指導においては，例えば，説明書を読むことによって，作品を作ったり調理したりすることができるように計画し，その作業を通して学習への興味や意欲が喚起できるようにすることが望ましい。作品などを作り上げる喜びを味わい，文章から必要な情報を読み取ることが作業につながっていることを実感することで，注意書きや説明書の内容を進んで生活に生かそうとする態度を身に付けることが期待できる。また，将来の社会生活や職業生活において，説明書の理解は必要であることから，実生活における様々な説明書などを取り上げて指導することが大切である。

エは，様々な情報の中から，中心となる言葉や文，情報を適切に選択しながら，内容を捉えることを示している。

オの「感じたことや分かったこと」とは，文章の構造と内容を把握することを通して，感じたり分かったりしたことである。これらは，同じ文章を読んでも，文章のどこに着目するか，どのような思考や感情，経験と結び付けて読むかによって，一人一人に違いが出てくるため，「一人一人の感じ方などに違いがあることに気付くこと」を求めている。

## 4 指導計画の作成と内容の取扱い
### (1) 指導計画作成上の配慮事項

> 3 指導計画の作成と内容の取扱い
> (1) 指導計画の作成に当たっては，次の事項に配慮するものとする。
> ア 単元など内容や時間のまとまりを見通して，その中で育む資質・能力の育成に向けて，生徒の主体的・対話的で深い学びの実現を図るようにすること。その際，言葉による見方・考え方を働かせ，言語活動を通して，言葉の特徴や使い方などを身に付け自分の思いや考えを深

　　　　める学習の充実を図ること。
　イ　2の各段階の内容の〔知識及び技能〕に示す事項については，〔思考力，判断力，表現力等〕に示す事項の指導を通して指導することを基本とすること。
　ウ　2の各段階の内容の〔思考力，判断力，表現力等〕の「A聞くこと・話すこと」に関する指導については，生活に必要な話し言葉を身に付け，活用できるよう指導すること。
　エ　2の各段階の内容の〔思考力，判断力，表現力等〕の「B書くこと」に関する指導については，筆記具を用いる技能の指導に偏ることなく，文章を書く場面を設けるよう工夫すること。
　オ　2の各段階の内容の〔思考力，判断力，表現力等〕の「C読むこと」に関する指導については，発達の段階に応じた様々な文章に接し，日常生活において読書活動を活発に行うようにするとともに，他教科等における読書の指導や学校図書館等における指導との関連を図るようにすること。

　アの事項は，国語科の指導計画の作成に当たり，生徒の主体的・対話的で深い学びの実現を目指した授業改善を進めることとし，国語科の特質に応じて，効果的な学習が展開できるように配慮すべき内容を示したものである。

　国語科の指導に当たっては，(1)「知識及び技能」が習得されること，(2)「思考力，判断力，表現力等」を育成すること，(3)「学びに向かう力，人間性等」を涵養することが偏りなく実現されるよう，単元など内容や時間のまとまりを見通しながら，主体的・対話的で深い学びの実現に向けた授業改善を行うことが重要である。

　生徒に国語科の指導を通して「知識及び技能」や「思考力，判断力，表現力等」の育成を目指す授業改善を行うことはこれまでも多くの実践が重ねられてきている。そのような着実に取り組まれてきた実践を否定し，全く異なる指導方法を導入しなければならないと捉えるのではなく，生徒や学校の実態，指導の内容に応じ，「主体的な学び」，「対話的な学び」，「深い学び」の視点から授業改善を図ることが重要である。

　主体的・対話的で深い学びは，必ずしも1単位時間の授業の中ですべてが実現されるものではない。単元など内容や時間のまとまりの中で，例えば，主体的に学習に取り組めるよう学習の見通しを立てたり学習したことを振り返ったりして自身の学びや変容を自覚できる場面をどこに設定するか，対話によって自分の考えなどを広げたり深めたりする場面をどこに設定するか，学びの深まりをつくりだすために，生徒が考える場面と教師が教える場面をどのように組み立てるか，

といった視点で授業改善を進めることが求められる。また、生徒や学校の実態に応じ、多様な学習活動を組み合わせて授業を組み立てていくことが重要であり、単元のまとまりを見通した学習を行うに当たり基礎となる知識及び技能の習得に課題が見られる場合には、それを身に付けるために、生徒の主体性を引き出すなどの工夫を重ね、確実な習得を図ることが必要である。

主体的・対話的で深い学びの実現に向けた授業改善を進めるに当たり、特に「深い学び」の視点に関して、各教科等の学びの深まりの鍵となるのが「見方・考え方」である。各教科等の特質に応じた物事を捉える視点や考え方である「見方・考え方」を、習得・活用・探究という学びの過程の中で働かせることを通じて、より質の高い深い学びにつなげることが重要である。

国語科は、様々な事物、経験、思い、考え等をどのように言葉で理解し、どのように言葉で表現するか、という言葉を通じた理解や表現及びそこで用いられる言葉そのものを学習対象としている。言葉による見方・考え方を働かせるとは、生徒が学習の中で、対象と言葉、言葉と言葉との関係を、言葉の意味、働き、使い方等に着目して捉えたり問い直したりして、言葉への自覚を高めることであると考えられる。この「対象と言葉、言葉と言葉との関係を、言葉の意味、働き、使い方等に着目して捉えたり問い直したり」するとは、言葉で表される話や文章を、意味や働き、使い方などの言葉の様々な側面から総合的に思考・判断し、理解したり表現したりすること、また、その理解や表現について、改めて言葉に着目して吟味することを示したものと言える。

なお、このことは、話や文章を理解したり表現したりする際に必要となるものであるため、これまでも国語科の授業実践の中で、生徒が言葉に着目して学習に取り組むことにより「知識及び技能」や「思考力、判断力、表現力等」が身に付くよう、授業改善の創意工夫が図られてきたところである。

国語科において授業改善を進めるに当たっては、言葉の特徴や使い方などの「知識及び技能」や、自分の思いや考えを深めるための「思考力、判断力、表現力等」といった指導事項に示す資質・能力を育成するため、これまでも国語科の授業実践の中で取り組まれてきたように、生徒が言葉に着目し、言葉に対して自覚的になるよう、学習指導の創意工夫を図ることが期待される。

イの事項は、〔知識及び技能〕に示す事項は〔思考力、判断力・表現力等〕に示す事項の指導を通して行うことを基本とすることを示している。特に、知的障害のある生徒の学習上の特性を踏まえると、言葉の特徴やきまりなど、特定の〔知識及び技能〕の事項を取り上げて指導した場合、身に付けた事項が断片的であったり、生活に生かされなかったりすることが考えられる。このため、〔知識及び技能〕に示す事項は、生徒の実態等に応じて具体的な場面や言語活動を設定し、〔思考力、判断力、表現力等〕に示す事項の指導を通して行うことが必要である。

ウ，エ，オの各事項では，２の各段階の内容について，〔思考力，判断力，表現力等〕の「Ａ聞くこと・話すこと」，「Ｂ読むこと」，「Ｃ書くこと」の指導に配当する授業時数を，生徒の言葉の発達や運動の能力を考慮し，適切に定めることを示している。また，選定された指導内容を適切に組み合わせて，生徒の学習上の特性等を考慮しながら，単元等としてまとめて取り上げ，「Ａ聞くこと・話すこと」，「Ｂ読むこと」，「Ｃ書くこと」に関する指導について，指導計画に適切に位置付けることが重要である。その際，生徒が身に付けた国語の資質・能力を生かして，実際に言葉で考えたり，伝えたりすることを通して，言語能力を高めていけるよう，偏りがないように取り上げ，３年間を見通して系統化した効果的な指導がなされるよう計画を立てていくことが大切である。

## (2) 内容の取扱いについての配慮事項

> (2) ２の各段階の内容の取扱いについては，次の事項に配慮するものとする。
> ア ２の各段階の内容のうち，文字に関する事項については，次のとおり取り扱うこと。
> (ｱ) 生活場面や関わる相手が多様になることに応じて，平仮名，片仮名，漢字に加えてローマ字などの文字を取り扱うようにすること。
> (ｲ) これまでに学習した句読点の使い方や長音，撥音などの表記について，中学部においても正しくより適切に用いることができるよう引き続き指導すること。
> イ ２の内容の指導に当たっては，学校図書館などを目的をもって計画的に利用しその機能の活用を図るようにすること。その際，本などの種類や配置，探し方について指導するなど，生徒が必要な本を選ぶことができるよう配慮すること。
> ウ 教材の取扱いについては，次の事項に留意すること。
> (ｱ) 生徒の障害の状態や特性及び心身の発達の段階等に応じ，興味・関心のある話題や身近な題材から，日常生活や社会生活及び職業生活に関連する題材まで，様々な種類や形式の文，文章を取り扱う機会を設けること。
> (ｲ) 読み物教材としては，登場人物の行動や言葉から心情を読み取りやすいものや，情景が思い浮かびやすいものを選ぶこと。また，生徒の生活範囲が広がり，生活する力が高まるような内容の教材を選ぶこと。

アは，文字に関する事項についての配慮事項を示したものである。
(ｱ)は，生徒の生活場面や関わる相手の広がりに応じ，小学部での学習状況を

踏まえながら，平仮名，片仮名，漢字に加えてローマ字などの文字を取り扱うことを示している。

(イ)は，小学部までに学習した表記について，中学部においても正しく，より適切に用いることができるよう継続して指導することを示している。文字を読んだり書いたりすることは，生徒の社会生活や職業生活の上で重要な資質・能力の一つであることから，国語科において計画的・意図的に取り扱うとともに，他教科等や学校の教育活動全体を通して取り扱うことが重要である。

イは，学校図書館などの活用に関する配慮事項を示したものである。2の内容の指導に当たっては，学校図書館などを利用する目的を明確にした上で計画的に利用し，これらの機能の活用を図ることが必要である。学校図書館などを利用する際には，生徒が必要な本や資料などを選ぶことができるよう，本などの種類や配置，探し方について指導することが重要である。

ウは，教材の取扱いについての留意事項を示している。

(ア)は，国語科で扱う題材や教材について，生徒の興味や関心のあるものから日常生活や社会生活，職業生活に関連するものまで，様々な種類や形式の文や文章を取り扱うことを示している。

(イ)では，読み物教材として望ましいものとして，心情が読み取りやすいものや情景が思い浮かびやすいもの，生徒の生活範囲が広がり，生活する力が高まるような内容のものを選ぶことが示されている。また，知的障害のある生徒の学習上の特性を踏まえ，生活や興味・関心を重視しながら，生徒の生活の広がりに応じて読み物の種類や形式を広げていくことの重要性を示している。このため，他教科等や学校生活で扱う読み物や掲示物などもこのような点に留意して検討することが重要である。

## ● 第2　社会科

### 1　社会科の改訂の要点
#### (1) 目標の改訂の要点

中学部社会科では，学校や地域などで充実した生活を送るために必要な技能を習得し，社会生活に必要な基礎的な能力と態度を身に付けることを目標としてきたところである。

今回の改訂においては，従前の目標の「社会生活に必要な基礎的な能力と態度」を，「自立し生活を豊かにするとともに，平和で民主的な国家及び社会の形成者に必要な公民としての資質・能力」と改め，生徒が社会との関わりを意識し，具体的な活動や体験を通して，地域社会の一員として生きていくための資質・能力の育成を目指すことを明確にした。

１段階は小学部生活科とのつながり，２段階は高等部社会科への連続性を考慮して設定されている。各段階の目標は，教科の目標を実現していくための具体的な指導の目標を，生徒の発達の段階を踏まえて，育成を目指す資質・能力の三つの柱から示している。

### (2) 内容の改訂の要点

内容は，より具体的な指導内容を設定できるよう６項目に再構成した。

従前の「集団生活ときまり」は，集団生活のルール等を学ぶことによって自立と社会参加を目指すことを明確にするため「社会参加ときまり」とした。「公共施設」は公共施設や公共物だけを示すのではなく，そこで提供される行政サービス等も含めて「公共施設と制度」と改め，小学部生活科の「社会の仕組みと公共施設」とのつながりを踏まえた。「社会の出来事」は，小学部生活科の「手伝い・仕事」を発展させ，生産や販売，消費生活等も含めた「産業と生活」とした。「地域の様子や社会の変化」は，身近な地域の地理的環境，歴史，伝統や文化に触れ，地域社会の一員としての自覚を養うために「我が国の地理や歴史」とした。「外国の様子」は従前のとおりである。新たに「地域の安全」を加え，地域安全・防災の観点を加えた。

内容は，㋐知識及び技能，㋑思考力，判断力，表現力等の柱から示している。

### (3) 指導計画の作成と内容の取扱いの要点

指導計画の作成に当たっては，各教科等との関連を図り，指導の効果を高めるようにするとともに，特に小学校生活科・社会科や特別支援学校小学部生活科の学習を踏まえ，系統的・発展的に指導できるように示している。

また，内容の取扱いについては，従前の「生徒にとって生活に即した分かりやすいものとなるようにできるだけ具体的な内容を取り上げる必要がある。」ことは引き続き踏襲するが，目標の達成に向けて，新たに内容を選択・実施する際の配慮事項などを示している。

## 2　社会科の目標

> １　目　標
>
> 　社会的な見方・考え方を働かせ，社会的事象について関心をもち，具体的に考えたり関連付けたりする活動を通して，自立し生活を豊かにするとともに，平和で民主的な国家及び社会の形成者に必要な公民としての資質・能力の基礎を次のとおり育成することを目指す。
>
> 　(1) 地域や我が国の国土の地理的環境，現代社会の仕組みや役割，地域

> や我が国の歴史や伝統と文化及び外国の様子について，具体的な活動や体験を通して理解するとともに，経験したことと関連付けて，調べまとめる技能を身に付けるようにする。
> (2) 社会的事象について，自分の生活と結び付けて具体的に考え，社会との関わりの中で，選択・判断したことを適切に表現する力を養う。
> (3) 社会に主体的に関わろうとする態度を養い，地域社会の一員として人々と共に生きていくことの大切さについての自覚を養う。

　中学部社会科の目標は，「社会的な見方・考え方を働かせ，社会的事象について関心をもち，具体的に考えたり関連付けたりする活動を通して，自立し生活を豊かにするとともに，平和で民主的な国家及び社会の形成者に必要な公民としての資質・能力の基礎を養う」という柱書部分と，「知識及び技能」，「思考力，判断力，表現力等」，「学びに向かう力，人間性等」の三つの柱に沿った資質・能力に関わる具体的な目標で構成されている。

　「社会的事象」とは，社会における物事や出来事をいう。

　「社会的な見方・考え方」は，社会的事象の意味や意義，特色や相互の関連を考えたり，社会に見られる課題を把握して，その解決に向けて社会への関わり方を選択・判断したりする際の「視点や方法（考え方）」であると考えられる。「社会的な見方・考え方を働かせ」ることは，視点や方法（考え方）を用いて，調べ，考え，表現して，理解したり，学んだことを社会生活に生かそうとしたりすることなどである。これらの学びは，思考力，判断力を育成することはもとより，得た知識を自分の生活と結び付けて具体的に考えて深く理解することや，社会に主体的に関わろうとする態度にも作用することが考えられるため，資質・能力全体に関わるものであるとして，目標の柱書部分に位置付けた。

　「自立し生活を豊かにする」とは，社会科の学びを実生活に生かし，円滑に社会参加を行い，生涯にわたって生活を豊かにしていくことである。

　「公民としての資質・能力の基礎」とは，「知識及び技能」，「思考力，判断力，表現力等」，「学びに向かう力，人間性等」の三つの柱に沿って整理した中学部社会科の目標(1)から(3)までに示す資質・能力のすべてが結び付いて育まれるものであり，地域社会や我が国における人々の社会生活の中で，自他の人格を尊重し合うこと，社会的義務や責任を果たそうとすること，社会生活の様々な場面で多面的に考えることなどの態度や能力を含むものである。

　(1)は「知識及び技能」としての資質・能力を示している。「調べまとめる技能」とは，観察・調査等の具体的な体験や，地図や地球儀，写真や動画，具体物等の資料を通して問題解決に必要な社会的事象に関する情報を集める技能，集めた情報を社会的な見方・考え方に沿って読み取る技能，読み取った情報を色分けや記

号・絵等で示したり，言葉や文字を使用したりして地図や年表，新聞やレポート等にまとめる技能であると考えられる。

(2)は「思考力，判断力，表現力等」としての資質・能力を示している。「選択・判断したことを適切に表現する力」とは，自分と社会との関連を考えながら選択したことや判断したことを説明する力や，その理由や根拠にも触れながら発表したり，目的や場面，状況等に応じて話し合ったりする力などである。その際，資料等を用いて図表などに表す表現力や，調べたことや理解したことの言語による表現力を育成することも併せて考えることが大切である。

(3)は「学びに向かう力，人間性等」としての資質・能力を示している。「社会に主体的に関わろうとする態度を養い」とは，社会に対して関心をもち，どのように関わっていくとより円滑で快適な生活が送れるかということに気付くことにより，地域社会の一員としての資質・能力の基礎を養うことである。

## 3　各段階の目標及び内容
### (1)　1段階の目標と内容
**ア　目標**

> ○1段階
> (1) 目　標
> 　日常生活に関わる社会的事象が分かり，地域社会の一員としての資質・能力の基礎を次のとおり育成することを目指す。
> 　ア　身近な地域や市区町村の地理的環境，地域の安全を守るための諸活動，地域の産業と消費生活の様子及び身近な地域の様子の移り変わり並びに社会生活に必要なきまり，公共施設の役割及び外国の様子について，具体的な活動や体験を通して，自分との関わりが分かるとともに，調べまとめる技能を身に付けるようにする。
> 　イ　社会的事象について，自分の生活や地域社会と関連付けて具体的に考えたことを表現する基礎的な力を養う。
> 　ウ　身近な社会に自ら関わろうとする意欲をもち，地域社会の中で生活することの大切さについての自覚を養う。

　1段階の目標の「日常生活に関わる社会的事象が分かり」とは，集団生活に関することや社会生活のきまり，公共施設の役割，制度の仕組み，地域の安全，仕事と生活，身近な産業，身近な地域や市の様子，身近な地域の移り変わり，世界の中の日本と国際交流等について，それらの概要や日常生活との関わりが具体的に分かることである。

アは,「知識及び技能」に関わる事項である。

「身近な地域や市区町村」とは,家庭,自分たちが通う学校,学校の回り,自分たちの住んでいる地域や市区町村など,主として自分たちが生活している範囲を指している。

「自分との関わりが分かる」とは,自分たちの市区町村を中心とした地域における地理的環境(公共施設の場所,地形・土地利用の様子など)や人々の生活(生産・販売の仕事など)の様子や移り変わり,人々の生活などに見られる諸課題を,自分との関わりで捉えるということであり,自分の生活がこれらの社会的事象と密接につながり,支えられていることが具体的に分かるということである。その際,身近な地域で見たことや聞いたことと自分の生活を結び付けることが難しい生徒の指導に当たっては,自分の生活との共通点に着目させ,地図や資料等を使ってより具体的に調べまとめることが大切である。

イは,「思考力,判断力,表現力等」に関わる事項である。

「関連付けて具体的に考えたことを表現する基礎的な力」とは,社会的事象を知識として得るだけではなく,その社会的事象が自分の生活や地域社会とどのように関わっているのかについて,具体的な活動や体験,資料から読み取って考えたことを報告したり,説明したりする力のことである。その際,自分で考えたことを意見として述べたり,相手や他者の立場を考えて話合いに参加したりするなど,主体的に社会参加するための素地を作ることが大切である。

ウは,「学びに向かう力,人間性等」に関わる事項である。

「身近な社会に自ら関わろうとする意欲」とは,対象となる社会的事象について,自分の生活と地域社会との関連を考えたり理解したりすることで,自分たちが通う学校の回りの地域や,自分たちの住んでいる地域や市区町村に対して関心をもち,円滑で快適な生活をしようとする意欲である。その際,自分も地域社会の一員であるという自覚をもつとともに,地域の発展のために周りの人と協力しようとする主体的な態度などを養うようにすることが大切である。

イ　内容

> (2) 内　容
>   ア　社会参加ときまり
>   (ｱ) 社会参加するために必要な集団生活に関わる学習活動を通して,次の事項を身に付けることができるよう指導する。
>   ㋐　学級や学校の中で,自分の意見を述べたり相手の意見を聞いたりするなど,集団生活の中での役割を果たすための知識や技能を身に付けること。

㋑　集団生活の中で何が必要かに気付き，自分の役割を考え，表現すること。

(ｲ) 社会生活に必要なきまりに関わる学習活動を通して，次の事項を身に付けることができるよう指導する。

㋐　家庭や学校でのきまりを知り，生活の中でそれを守ることの大切さが分かること。

㋑　社会生活ときまりとの関連を考え，表現すること。

アの「社会参加ときまり」は，小学部生活科の「カ役割」と「ケきまり」に関連するものである。従前の「集団生活」から，より社会に主体的に関わる資質・能力を育むために「社会参加」と改めた。

ここで扱う「きまり」は，家庭での約束事から身近なルールや規則，国家のきまりである法律等のことである。実際の指導に当たっては，将来の社会参加につなげるために，自分の役割を果たす価値やきまりを守る意義を，身近な家庭，学校，地域社会の中で，具体的な活動を通して気付かせ，自ら考えて行動できるようにすることが大切である。

自分の役割を果たす価値については，例えば，学級内の係活動は自分に任された果たすべき役割であり，それを遂行することは自分のためだけでなく，みんなの役に立つことや，節電やリサイクル等により地球環境にも良い影響を与えることなどを学ぶことが考えられる。また，きまりを守る意義については，例えば，信号に従って横断歩道を渡ることで，自分や周囲の安全が守られることに気付き，その意義を考えて行動できるようにすることなどが考えられる。

そのうち１段階は，集団生活において役割を果たすために，自分の考えを明確にする，相手の立場を考える，相手の助言を聞くなどの活動を通して，役割を果たすために必要な知識や技能を身に付けることができるようにする。また，身近な生活の中には様々なきまりがあることを知り，なぜきまりを守るのか，その意義に気付いた上で，きまりを守ることの大切さが分かるようにする。

(ｱ)㋐の「集団生活の中での役割」とは，例えば，学級や学校の中で，係や当番の仕事など，自分に割り当てられた役割のことである。実際の指導に当たっては，小学部生活科の「カ役割」の中の「集団での簡単な役割」を発展させ，自分の役割を果たすために他者の意見を聞くなどして，よりよい集団づくりに寄与する知識や技能を身に付けられるよう配慮することが大切である。

(ｲ)㋐の「家庭や学校でのきまり」とは，例えば，玄関で靴をそろえる，学校の時間割に沿って行動する，信号に従って道路を横断するなど，家庭や学校，通学路で，円滑な生活を送る上での基本的なルールや規則のことなどが考えられる。このようなきまりを知ることに加え，自分の生活や経験と関連付けて考えること

で，きまりを守るよさを実感し，きまりを守ろうという実践的な意欲や態度につなげていくことが大切である。

(イ)④の「社会生活ときまりとの関連」とは，学校や家庭など自分の身の回りにはきまりがあり，それを守ることで円滑な社会生活を送ることができるという，社会生活ときまりとの関わりのことである。

その際，なぜきまりが必要なのかについて，具体的な活動を通して自分の生活と関連付けながら考えていくことが大切である。例えば，通学路にある標識に触れ，どのような標識があるのか，なぜ標識があるのかなどの問いを設けて，調べたり，話し合ったりするなど，その意味を考える活動などが考えられる。

> イ　公共施設と制度
> (ｱ) 公共施設の役割に関わる学習活動を通して，次の事項を身に付けることができるよう指導する。
> 　㋐　身近な公共施設や公共物の役割が分かること。
> 　㋑　公共施設や公共物について調べ，それらの役割を考え，表現すること。
> (ｲ) 制度の仕組みに関わる学習活動を通して，次の事項を身に付けることができるよう指導する。
> 　㋐　身近な生活に関する制度が分かること。
> 　㋑　身近な生活に関する制度について調べ，自分との関わりを考え，表現すること。

イの「公共施設と制度」は，小学部生活科の「コ　社会の仕組みと公共施設」を発展させたものである。従前の「公共施設」を公共施設や公共物の役割について知るだけではなく，行政等が提供するサービス（以下，「行政サービス」という。）も含めて「公共施設と制度」と改めた。日常生活の中での公共施設の役割や行政サービスの内容や必要性，身近な生活に関わる制度や社会に関する基本的な制度について分かるようにする。その際，公共施設や制度が，自分や自分を含めた社会で暮らす人々にとって，円滑で快適な生活に役立っていることを理解できるようにすることが大切である。

そのうち１段階は，身近な公共施設や公共物の役割や身近な制度について分かり，自分の生活との関連について考えられるよう指導する。

(ｱ)㋐の「身近な公共施設や公共物の役割」の「身近な公共施設」とは，市（区）役所や町（村）役場（以下，「市役所」という。），学校，公園，公民館，コミュニティセンター，図書館，児童館，体育館，美術館，博物館，資料館，文化会館，消防署，警察署，交番，裁判所など，多くの市民が利用したり，市民のために活

動したりしている施設が考えられる。また，「公共物」とは，学校の共有備品，電車やバスなどの交通機関などの公共のための物を指し，このほかに，新聞，テレビ，ラジオ，インターネットなどがある。

実際の指導に当たっては，これらの公共施設について位置を地図で確認したり，施設についてインターネットを利用して調べたり，実際に見学や利用をしたりするなどして，その役割と名称と位置を一体的に結び付け，自分の生活との関連について考え，積極的に利用しようとする意識を育てることが大切である。

(ｲ)㋐の「身近な生活に関する制度」とは，自分たちの日常生活に関係する制度や行政サービスのことである。例えば，医療保険制度や障害者福祉に関する制度などが挙げられ，保険証を使った受診や，療育手帳や身体障害者手帳等を使って福祉的なサービスが受けられることなどである。

実際の指導に当たっては，例えば，病院の受診時には保険証を用いることで医療費負担が軽減されること，交通機関の利用や余暇活動の際の施設利用において療育手帳や身体障害者手帳等を用いることで割引が受けられることなど，具体的な生活場面での利用と結び付けて制度について知ることが考えられる。これらを通して，自分たちの生活を円滑かつ快適に送ることができることに気付き，今後の生活に生かしていくという意欲を育てることが大切である。

ウ　地域の安全

(ｱ) 地域の安全に関わる学習活動を通して，次の事項を身に付けることができるよう指導する。

㋐　地域の安全を守るため，関係機関が地域の人々と協力していることが分かること。

㋑　地域における災害や事故に対する施設・設備などの配置，緊急時への備えや対応などに着目して，関係機関や地域の人々の諸活動を捉え，そこに関わる人々の働きを考え，表現すること。

ウの「地域の安全」は，地域防災の観点から新設された内容である。小学部生活科の「イ安全」と関連するもので，小学部生活科の３段階では，「(ｲ)安全や防災に関わる知識や技能を身に付けること」を扱うこととしている。これを受け，身の回りの安全や防災は自分だけでなく，関係機関や地域の人々との協力で成り立っていることまで広げて指導する。

１段階で示す「地域」は，自分の住んでいる市区町村までの範囲のことである。小学部生活科で学んだ家庭，学校，通学路など身の回りの安全についての理解を基に，学習範囲を広げて示している。また，小学部生活科では自分自身の安全について学ぶが，中学部では，自分自身に加え，人々の安全を守るための関係機関

の役割とそこに従事している人々や地域の人々の工夫や努力について指導する。

(ｱ)㋐の「関係機関が地域の人々と協力していることが分かる」とは，火災については，消防署を中心に警察署，市役所，病院，放送局，学校，水・電気・ガスを供給している機関などが普段から施設・設備の整備や点検，訓練，広報活動などに取り組み，火災の予防に努めていることや地域の人々が消防署への通報，避難訓練の実施，地域の消防団による防災を呼びかける活動などの火災予防に協力していることなどを基に，地域の安全を守る働きについて理解することである。また，交通事故や犯罪などの事故や事件を防ぐことについては，警察署が中心となって，消防署，市役所，病院，放送局，地域の町内会や自治会，学校，ＰＴＡその他の関係の諸団体が協力，連携して交通安全運動や防犯活動を展開していることや，保護者による地域の巡回，「子ども110番の家」の設置など，地域の人々が事故防止や防犯に協力していることなどを基に，地域を守る働きについて理解することである。

さらに，地域の交番や駐在所の警察官が地域パトロールや道案内，住民の様々な相談を行っていることなどの身近な活動を取り上げ，それが自分や地域の安全につながっていることに気付き，安全に生活していこうとする意欲へとつなげていくことが大切である。

(ｱ)㋑の「災害や事故に対する施設・設備などの配置，緊急時への備えや対応などに着目」するとは，防災センターや備蓄倉庫，防災無線など災害に対する施設・設備の整備，救急車や消火栓など事故に対する施設・設備の設置，地域防災訓練の実施などの備えを調べることである。また，緊急時において，消防署や警察署などの関係機関が，緊急指令室等を中心にネットワークを活用して相互に連携するとともに，火災，交通事故，犯罪など緊急事態が発生した時には，状況に応じて迅速かつ確実に事態に対処していることや，近隣の消防署や警察署，市役所や病院，放送局，水・電気・ガスを供給している機関などが協力していること，消防団などの地域の人々が組織する諸団体が緊急事態に対処していることなどを調べることである。これらについて実際に見学したり，そこで働く人々に直接話を聞く機会を設けたり，写真や動画などの視覚的に分かりやすい資料を活用したりして，具体的，実感的に捉え，調べたことを図や表にまとめたり，地図を用いてハザードマップとしてまとめたりすることも考えられる。

さらに，自分が地域の一員であるという自覚につなげるために，防災リュックや非常食の用意，避難経路や避難場所の確認などの家庭との連携，地域防災訓練への参加など，地域との連携を図ることも大切である。

エ　産業と生活

(ｱ) 仕事と生活に関わる学習活動を通して，次の事項を身に付けることが

> 　　　　できるよう指導する。
> 　　㋐　生産の仕事は，地域の人々の生活と密接な関わりをもって行われて
> 　　　　いることが分かること。
> 　　㋑　仕事の種類や工程などに着目して，生産に携わっている人々の仕事
> 　　　　の様子を捉え，地域の人々の生活との関連を考え，表現すること。
> （ｲ）身近な産業と生活に関わる学習活動を通して，次の事項を身に付ける
> 　　ことができるよう指導する。
> 　　㋐　販売の仕事は，消費者のことを考え，工夫して行われていることが
> 　　　　分かること。
> 　　㋑　消費者の願いや他地域との関わりなどに着目して，販売の仕事に携
> 　　　　わっている人々の仕事の様子を捉え，それらの仕事に見られる工夫を
> 　　　　考え，表現すること。

　エの「産業と生活」は，小学部生活科の「キ手伝い・仕事」を発展させたものである。従前の「社会の出来事」を生産や販売，消費生活等も含めた「産業と社会」と改めた。身近な社会には，生産や販売，生活を支える事業に関する仕事があり，それらは自分たちの生活と関わりがあることについて指導する。

　産業は，生産，運輸，販売，消費に関する活動を指し，例えば，農業や漁業，林業，工業，物流，販売などがある。これらについて，身近な活動を実際に見学・調査したり，地図などの資料で調べたりして，興味・関心を高め，自分の生活との関わりについて考えられるようにすることが大切である。

　そのうち１段階は，生徒にとって身近な生産活動や販売活動などを取り上げ，その仕事や生産物，商品に注目し，人々の生活との関わりについて考えられるよう指導する。

　(ｱ)㋑の「仕事の種類や工程などに着目」するとは，例えば，市内にはどのような生産の仕事があるか，どのようにして生産されているかなどの問いを設けて，市内の生産の仕事の種類や仕事の進め方などを調べることである。

　実際の指導に当たっては，地域の実態に合わせて取り上げる仕事を選択し，学習が具体的に展開できるようにすることが大切である。例えば，農業に着目し，農家で営まれる仕事の種類や働く人の様子，苗作りや田植えから，収穫，脱穀までの米作りの過程を取り上げることなどが考えられる。

　その際，地形や気候などの自然条件との関わり，働く人の様子，機械や道具などの工夫や食の安全の確保のための努力などについて，仕事を実際に見学し，働く人の様子を観察したり，聞き取ったり，仕事の一部を体験したりして，まとめる活動も考えられる。

　これらの学習を通して，生産に関する仕事と自分たちの生活との関わりについ

て考えられるようにすることが大切である。

(ｲ)㋑の「消費者の願いや他地域との関わりなどに着目」するとは，販売の仕事に従事している人が，商品を購入する消費者の多様な願いを踏まえ，売り上げを高めるよう工夫していることや，外国を含めた商品の産地や仕入れ先などを調べることである。

実際の指導に当たっては，近隣の小売店やスーパーマーケットなどを見学して，働く人の様子や商品を具体的に観察したり，そこで働いている人から聞き取り調査をしたりするなどして，工夫していることや商品の生産地を調べまとめる活動を行い，販売する側の工夫と消費者の願いの関連付けを考えたり，他地域との結び付きを考えたりして，地域の販売に携わっている人々の様子を捉えることができるようにすることが大切である。なお，販売の仕事と自分たちの生活との関わりについて調べる際には，個人のプライバシーに十分配慮する必要がある。

オ　我が国の地理や歴史

(ｱ) 身近な地域や市区町村（以下第２章第２節第２款において「市」という。）の様子に関わる学習活動を通して，次の事項を身に付けることができるよう指導する。

㋐　身近な地域や自分たちの市の様子が分かること。

㋑　都道府県（以下第２章第２節第２款第１〔社会〕(2)内容において「県」という。）内における市の位置や市の地形，土地利用などに着目して，身近な地域や市の様子を捉え，場所による違いを考え，表現すること。

(ｲ) 身近な地域の移り変わりに関わる学習活動を通して，次の事項を身に付けることができるよう指導する。

㋐　身近な地域や自分たちの市の様子，人々の生活は，時間とともに移り変わってきたことを知ること。

㋑　交通や人口，生活の道具などの時期による違いに着目して，市や人々の生活の様子を捉え，それらの変化を考え，表現すること。



オの「我が国の地理や歴史」は，小学部生活科の「コ社会の仕組みと公共施設」の地理的な内容や社会の様子に関連するものである。従前の「地域の様子や社会の変化」から，伝統や文化に関する教育の充実の観点に基づき，「我が国の地理や歴史」と改めた。我が国の国土に関する地理的な事象，歴史や伝統と文化，それらと人々の生活との関連について，具体的な活動を通して気付き，考えられるように指導する。

そのうち１段階で示す「地域」は，自分の住んでいる市区町村までの範囲とする。地域の様子や移り変わりについて取り上げ，特徴的な違いに気付くことがで

きるようにする。

(ｱ)㋐の「身近な地域や自分たちの市の様子」とは，学校の回りの道路の広さ，道路沿いの建物の様子など身近な地域の様子から，県における市の位置，土地の高低や海岸沿いなどの地形，住宅・商店街・田畑・森林・港などの様子，駅前・大きな道路に面したところ・市街地の広がりなどの様子，学校・公園・図書館など多くの市民が利用している公共施設の場所，古くから残る建造物の分布などの市の様子のことである。

例えば，「自分たちの住んでいる町はどのような様子なのだろうか」という問いを設けて，予想を立てたり，それを実際に観察や調査をして具体的に確かめたり，視覚的に分かりやすい資料を基にそれぞれ比較したりすることで，特徴的な違いに気付くようにすることが考えられる。ここでは，学校の回りの地域の様子から，それに続けて市全体に広げていくようにする必要がある。

(ｲ)㋐の「時間とともに移り変わってきたこと」とは，身近な駅や鉄道路線・バスなどの交通や，公共施設・畑の広がり・住宅や商店・工場の分布などの様子が，時期によって異なり，徐々に変化してきたことである。例えば，鉄道や道路はどのように変わってきたか，生活の道具はどのように変化してきたかなどの問いを設けて，予想を立てたり，聞き取り調査をしたりして，その変化について話し合う学習が考えられる。

その際，生徒にとって身近で親しみのあるものや，形や大きさなど視覚的に比べやすいものなどを扱う工夫が必要である。

> カ　外国の様子
> 
> (ｱ) 世界の中の日本と国際交流に関わる学習活動を通して，次の事項を身に付けることができるよう指導する。
> 
> ㋐　文化や風習の特徴や違いを知ること。
> 
> ㋑　そこに暮らす人々の生活などに着目して，日本との違いを考え，表現すること。

カの「外国の様子」は，従前の「外国の様子」の内容を引き継いでいる。世界各国の生活習慣，文化，子供の生活，あいさつ，マナー，自然，産業，歴史的背景及び最近の文化やスポーツ等の出来事について取り上げ，異なる文化や習慣を知る。

そのうち１段階は，世界の国のうち１か国か２か国を選んで，生徒の生活に関係の深い題材を取り上げるようにする。

(ｱ)㋐の「文化や風習の特徴や違いを知る」とは，文化や風習の中でも特に衣服，料理，食事の習慣，住居，国民に親しまれている行事，学校生活や子供の遊び，

あいさつの仕方やマナー等，特徴的で具体的に分かりやすい事項について調べまとめ，日本と他の国の間の違いを知ることである。

例えば，給食に使われている食材や献立，年中行事の際の過ごし方，学校の授業の様子等を，日本の学校生活と比べて，相違点や類似点に気付くことができるようにする活動が考えられる。色や形など視覚的に特徴や違いが分かりやすい物や，味覚や触覚など生徒自身が実際に体感できる物などを教材として用意することが考えられる。

また，生徒の興味や特性に応じて，例えば，地図や地球儀，写真や動画等の視覚的に分かりやすい資料を活用したり，地域の外国人や留学生から聞き取り調査をしたり，実際に外国の伝統的な衣服を着たり，その国の言葉であいさつをしたりする活動などが考えられる。

学習の時期として，オリンピック・パラリンピック等のスポーツの国際大会や，地域における国際交流のイベント等との時期と関連させることも，生徒の興味や関心を高めるためには有効である。

### (2) 2段階の目標と内容
**ア　目標**

> ○2段階
> (1) 目　標
> 　日常生活に関わる社会的事象について理解し，地域社会の一員としての資質・能力の基礎を次のとおり育成することを目指す。
> 　ア　自分たちの都道府県の地理的環境の特色，地域の人々の健康と生活環境を支える役割，自然災害から地域の安全を守るための諸活動及び地域の伝統と文化並びに社会参加するためのきまり，社会に関する基本的な制度及び外国の様子について，具体的な活動や体験を通して，人々の生活との関連を踏まえて理解するとともに，調べまとめる技能を身に付けるようにする。
> 　イ　社会的事象について，自分の生活や地域社会と関連付けて具体的に考えたことを表現する力を養う。
> 　ウ　社会に自ら関わろうとする意欲をもち，地域社会の中で生活することの大切さについての自覚を養う。

2段階の目標の「日常生活に関わる社会的事象について理解し」とは，集団生活に関することや社会生活のきまり，公共施設の役割，制度の仕組み，地域の安全，県内の特色ある地域，生活を支える事業，県の様子，県内の伝統や文化，先

人の働きや出来事，文化遺産，世界の中の日本と国際交流等について，その概要と地域の人々の生活との関連を理解することである。

アの「人々の生活との関連を踏まえて理解する」とは，1段階で主に自分との関わりの中で社会的事象を捉えていたことを一歩進め，2段階では自分たちの都道府県の地理的環境の特色，地域の人々の健康と生活環境を支える公共施設の役割，自然災害から地域の安全を守るための諸活動，地域の伝統と文化並びに社会参加するためのきまり，社会に関する基本的な制度及び外国の様子について，地域の人々の生活との関連を考えることを通して，理解できるようにすることである。2段階で示す「地域」は，主に自分たちが生活している都道府県の範囲を示している。

イの「関連付けて具体的に考えたことを表現する力」とは，1段階で身に付けた「基礎的な力」を発展させ，自分が考えたことを，効果的に説明したり，話し合ったりする力のことである。効果的に説明するためには，具体的な事実を述べることにとどまらず，他者の主張に関連させたり，立場や根拠を明確にしたうえで意見を述べたりして，社会的事象の特色や意味などについて自分の考えをもつことを目指している。

ウの「社会に自ら関わろうとする意欲」とは，地域の人々の健康な生活や良好な生活環境，安全な社会を実現し，維持していくために，生徒一人一人が学んだことを生かして社会生活を送ろうとすることである。

### イ　内容

> (2) 内　容
> 　ア　社会参加ときまり
> 　　(ｱ) 社会参加するために必要な集団生活に関わる学習活動を通して，次の事項を身に付けることができるよう指導する。
> 　　　㋐　学級や学校の中で，意見を述べ合い，助け合い，協力しながら生活する必要性を理解し，そのための知識や技能を身に付けること。
> 　　　㋑　周囲の状況を判断し，集団生活の中での自分の役割と責任について考え，表現すること。
> 　　(ｲ) 社会生活に必要なきまりに関わる学習活動を通して，次の事項を身に付けることができるよう指導する。
> 　　　㋐　家庭や学校，地域社会でのきまりは，社会生活を送るために必要であることを理解すること。
> 　　　㋑　社会生活に必要なきまりの意義について考え，表現すること。

2段階は，よりよい集団生活のために，周囲の人と意見交換をしながら協力し合うことの必要性を理解したり，周囲の状況を捉え判断し，自分の役割とその責任について考えたりすることができるよう指導する。また，きまりについては，1段階のきまりの意義への気付きを基に，きまりの意義を考え，その必要性を理解した上で，きまりを守ることについて指導する。

(ｱ)④の「周囲の状況を判断し」とは，自分に与えられた役割を行うだけでなく，周囲の人の様子や時，場面などの状況を捉え，適切な行動を考え，自分がなすべきことを決定することである。例えば，困っている人がいたら声を掛ける，分からないことがあったら進んで人に尋ねる，教えてもらうなど適切な行動を考え，選択することなどが考えられる。

「集団生活の中での自分の役割と責任について考え」とは，集団生活の中での自分の役割を理解することに加え，役割を果たすことで責任が生じてくることを知り，それが社会参加への意欲や態度につながっていくことを，体験や活動を通して具体的に考えることである。

(ｲ)㋐の「家庭や学校，地域社会でのきまり」とは，1段階では，身の回りを中心とした社会でのきまりのことである。それを受けて，2段階では，自分が住む地域社会まで範囲を広げ，そこでのルールや規則，法を指している。例えば，スーパーマーケットのレジで順番に並ぶ，交通ルールを守るなどの身近なきまりのほか，社会参加に必要な法などである。社会参加に必要な法とは，例えば，運転免許に関する道路交通法や結婚に関する民法などが考えられる。その際，道路交通法の指導では標識を扱うなど，生徒が具体的に理解できるよう留意する。

(ｲ)④の「社会生活に必要なきまりの意義について考え」とは，1段階の「社会生活ときまりとの関連」の学習を踏まえ，きまりがなぜ必要か，きまりを守ることが円滑な社会生活を営むこととどう関係しているのかなどを考えることである。実際の指導に当たっては，自分の生活におけるきまりを確認し，その必要性について話し合う学習活動が考えられる。そのうえで，きまりを守ることが自分や周囲の人々の安心で安全な生活につながっていることを関連付けて，きまりの意義を考え，行動できるようにすることが大切である。

---

イ　公共施設と制度
(ｱ)　公共施設の役割に関わる学習活動を通して，次の事項を身に付けることができるよう指導する。
　㋐　自分の生活の中での公共施設や公共物の役割とその必要性を理解すること。
　④　公共施設や公共物の役割について調べ，生活の中での利用を考え，表現すること。

(ｲ) 制度の仕組みに関わる学習活動を通して，次の事項を身に付けることができるよう指導する。

㋐ 社会に関する基本的な制度について理解すること。

㋑ 社会に関する基本的な制度について調べ，それらの意味を考え，表現すること。

2段階は，公共施設や公共物の必要性について考え，利用に必要な知識や技能を身に付けられるよう指導する。また，社会に関する基本的な制度について理解し，制度を活用することで人々の生活が快適かつ円滑に営まれることに気付き，制度の意味や必要性について考えられるよう指導する。

(ｱ)㋑の「生活の中での利用を考え」とは，公共施設や公共物の役割について調べ，快適な社会生活を営むのに役立つことを理解し，現在や将来の自分の生活の中での利用について考えることである。

例えば，図書館や体育館，公民館などを余暇活動で利用するなど，生活の中での利用の機会を考えたり，利用方法をインターネットで調べたりするなど，利用のための知識や技能を身に付けられるようにすることが考えられる。

その際，施設や交通機関の利用の際の適切な方法について考えるとともに，それらを利用することにより，どのように快適な生活に結び付くかについても考えることが大切である。例えば，ＩＣカードや電子マネーは便利ではあるが，現金と同じ役割を果たすことから，その扱い方を理解した上で，活用について学ぶことが考えられる。

また，公共物である情報メディアについては，例えば，交通機関の利用の際に，乗車時刻や乗り換えについてインターネットで調べたり，気象情報について新聞やテレビ・ラジオ・インターネットで情報を得たりすることが考えられる。これらの情報を活用することにより，自分の生活が快適になったり，円滑になったりすることに気付くようにすることが大切である。

(ｲ)㋐の「社会に関する基本的な制度」とは，国民が社会生活を円滑に送るために国や地方公共団体が定めた制度や行政サービスのことである。例えば，租税，選挙，社会保障に関する制度などである。

ここでは，抽象的な学習とならないように，日常生活に関係している制度を取り扱い，それらを利用することで，自分の生活や社会全体が秩序ある快適な生活を送ることにつながるということを指導することが大切である。

実際の指導に当たっては，例えば，納税の機会や税金の使い道などについて，商品を購入する際には消費税も併せて支払っていること，内容の(ｱ)において取り上げた公共施設との関連を図り，体育館や図書館などの公共施設の建設，運営には税金が用いられていることなど身近な例を具体的に取り上げることが考えら

れる。その際，自分の生活とのつながりについて考えながら，租税の果たす役割について分かるようにすることが大切である。

また，選挙はものごとを決めるときの一つの方法であり，代表者を選び，人々の意見が反映されることなどを身近な地域社会での例を用いるなどして，特別活動等との関連を図るような工夫が大切である。

> ウ　地域の安全
> 　(ｱ)　地域の安全に関わる学習活動を通して，次の事項を身に付けることができるよう指導する。
> 　　㋐　地域の関係機関や人々は，過去に発生した地域の自然災害や事故に対し，様々な協力をして対処してきたことや，今後想定される災害に対し，様々な備えをしていることを理解すること。
> 　　㋑　過去に発生した地域の自然災害や事故，関係機関の協力などに着目して，危険から人々を守る活動と働きを考え，表現すること。

２段階では，「地域」を，１段階で学ぶ自分が住んでいる市に加え，自分の住んでいる県までを範囲とする。また，市や県が単独で活動しているのではなく，連携して地域の安全を守っていることを押さえ，様々な協力の下，災害に対する備えをしていることを指導する。

(ｱ)㋐の「今後想定される災害に対し，様々な備えをしていることを理解する」とは，土地や気候の特徴など地域の実態と，過去に地域で起きた災害を考慮し，地震災害，津波災害，風水害，火山災害，雪害などに対し，県や市，警察署や消防署，消防団などの関係機関や地域の人々が協力して，災害や事故を未然に防ぐ努力や備えをしていることを，具体的に調べる活動を通して理解することである。その際，地域の実態や生徒の関心などを考慮し，取り上げる災害を一つに絞り，重点的に指導することも考えられる。

また，「オ我が国の地理や歴史」との関連を図り，地形や地理的環境など地域の実態と災害との関係を取り上げるなどの工夫も考えられる。

(ｱ)㋑の「過去に発生した地域の自然災害や事故，関係機関の協力などに着目」するとは，例えば，県内で過去にどのような自然災害が発生したのか，どのような被害があったのか，今後想定される自然災害に対しどこでどのような備えをしているのかなどの問いを設けて，過去の災害や事故，関係機関の協力などを調べることである。そのようにして調べたことをもとに，それらの活動と人々の生活を関連付けて，災害から人々を守る活動について考え表現することが大切である。「関係機関の協力などに着目」するとは，自然災害が発生した際には，県庁や市役所はもとより警察署や消防署，自衛隊，気象庁などの機関が連携を図って，防

災情報の発信や避難態勢の確保などを行っていることを調べることである。このようにして地域の安全を守る活動や働きを捉え説明したり，そこに関わる人々の思いを考えたりすることが大切である。その際，関係機関が連携を図ることで，災害時に迅速で的確な対応が可能であることにも触れる必要がある。また，災害時に主体的な行動がとれるように，災害情報の獲得方法や，警察，消防への通報の仕方などを体験的に学ぶ活動を取り入れることで，自分と関係機関との関わり方を考えていくことも大切である。

実際の指導に当たっては，「イ 公共施設と制度」や他教科と関連を図りながら学習を進めていくことも有効である。

なお，実際に自然災害によって被災した地域や被災が想定される地域を取り上げる際には，そこに居住していた人々や，今も居住している人々がいることを念頭に，個人の置かれている状況やプライバシーなどに十分配慮する必要がある。

---

エ　産業と生活
(ｱ) 県内の特色ある地域に関わる学習活動を通して，次の事項を身に付けることができるよう指導する。
　㋐　地域では，人々が協力し，産業の発展に努めていることを理解すること。
　㋑　人々の活動や産業の歴史的背景などに着目して，地域の様子を捉え，それらの特色を考え，表現すること。
(ｲ) 生活を支える事業に関わる学習活動を通して，次の事項を身に付けることができるよう指導する。
　㋐　水道，電気及びガスなどの生活を支える事業は，安全で安定的に供給や処理できるよう実施されていることや，地域の人々の健康な生活の維持と向上に役立っていることを理解すること。
　㋑　供給や処理の仕組みや関係機関の協力などに着目して，水道，電気及びガスなどの生活を支える事業の様子を捉え，それらの事業が果たす役割を考え，表現すること。

---

2段階では，1段階で学ぶ身近な産業から発展し，県内の特色ある地域における産業を取り上げ，その特徴や従事する人々の働きについて考えられるように指導したり，生活を支える事業の内容や必要性について考えられるようにする。

(ｱ)㋐の「人々が協力し，産業の発展に努めていることを理解する」とは，地域の人々が互いに協力して，特色あるまちづくりや観光などの産業の発展に努めていることを理解することである。

伝統的な技術を生かした地場産業が盛んな地域，国際交流に取り組んでいる地

域，地域の資源を保護・活用している地域等の中から特色ある地域を選択し，名産品や特産物，産業に関わる人々のはたらきなどに着目して，特色ある地域の様子について理解できるようにすることが大切である。

その際に，例えば，地域の名産品や特産物を具体的に取り上げ，その特徴や原材料，工程，製造過程で用いられる道具などを観察するとともに，実際に製造する場面を見学したり，そこで働いている人から聞き取り調査をしたりして，生産物が起こった歴史的背景や，自然環境について調べまとめることが考えられる。

また，複数の地域の名産品，生産物等を比較してその違いに気付くことができるようにすることも大切である。

(イ)㋐の「水道，電気及びガスなどの生活を支える事業」とは，日常生活を送る上で欠かせない飲料水，電気，ガスを供給する事業や，ごみや下水などの廃棄物処理に関わる事業のことである。

これらについて，実際に浄水場や清掃工場などの施設を見学したり，聞き取りをしたりするなどして，供給や処理の仕組みや経路を実際に見て理解を深められるようにする。

その際，安全で安定的な供給や処理のための工夫，人々の協力などに着目し，それらが生活環境の維持と向上に役立っていることや，自分の生活と深く関わっていることについて考え，学校や家庭での水道や電気の節約やごみの分別などの資源を大切にするという意欲につなげていくことが大切である。

例えば，日々の生活で出されるごみについて，家庭や学校での分別，集積，収集，処理やリサイクルといった流れを追いながら，そこで働く人々の仕事や環境に配慮した処理のしかたなどに注目し，自分の生活における廃棄物処理事業の必要性と課題について話し合う活動が考えられる。

また，「イ公共施設と制度」や他の教科と関連させながら学習を進めていくことも有効である。



オ　我が国の地理や歴史

(ア) 身近な地域に関わる学習活動を通して，次の事項を身に付けることができるよう指導する。

㋐　自分たちの県の概要を理解すること。

㋑　我が国における自分たちの県の位置，県全体の地形などに着目して，県の様子を捉え，地理的環境の特色を考え，表現すること。

(イ) 県内の伝統や文化，先人の働きや出来事に関わる学習活動を通して，次の事項を身に付けることができるよう指導する。

㋐　県内の主な歴史を手掛かりに，先人の働きや出来事，文化遺産などを知ること。

㋑　歴史的背景や現在に至る経緯などに着目し，県内の文化財や年中行事の様子を捉え，それらの特色を考え，表現すること。

2段階では，1段階で学ぶ自分が住んでいる市に加え，自分の住んでいる都道府県までを範囲とする。

(ｱ)㋐の「県の概要」とは，我が国における自分たちの県の位置，県全体の地形や主な産業の分布，交通網や主な都市の位置，県内の特色ある地域の人々の生活や産業のことである。例えば，自分たちの県は日本のどこに位置しているか，どのような地形が見られるか，主な産業はどこに分布しているか，交通網はどのように広がっているかなどの問いを設けて調べ，それらを総合して県の地理的環境の特色を理解することが考えられる。

(ｲ)㋐の「県内の主な歴史を手掛かりに，先人の働きや出来事，文化遺産などを知る」とは，我が国や県の歴史の進展に大きな影響を与えた各時代の代表的な歴史的事象を取り上げ，先人の働きや出来事，文化遺産などを中心に歴史を学ぶことによって，今日の自分たちの生活は長い間の我が国の歴史や先人たちの働きの上に成り立っていることや，遠い祖先の生活が自分たちの生活と深くかかわっていることを知ることである。

「先人の働きや出来事」とは，我が国や県の開発・教育・医療・文化・産業などの発展に尽くした先人の働きや特徴的な出来事のことである。

「文化遺産」とは，国宝，重要文化財に指定されているものや，そのうち世界文化遺産に登録されているものなど人々の工夫や努力によって生み出され，保存・保護されてきた国家・社会の発展を象徴する優れた文化遺産のことである。例えば，地域の人々が県にある文化遺産を大切にしている理由を調べる活動を行った場合，その文化遺産ができた経緯や，どのようにしてこれまで守られてきたのか，文化遺産を生かした県の取り組み等について，ボランティアで携わる人にインタビューをしたり，視覚的に分かりやすい写真やグラフを見て気付いたことを話し合ったりする活動を通して，地域の人々との関わりについて考え表現することが考えられる。

カ　外国の様子

(ｱ) 世界の中の日本と国際交流に関わる学習活動を通して，次の事項を身に付けることができるよう指導する。

㋐　文化や風習の特徴や違いを理解すること。

㋑　人々の生活や習慣などに着目して，多様な文化について考え，表現すること。

(ｲ) 世界の様々な地域に関わる学習活動を通して，次の事項を身に付ける

　　　　ことができるよう指導する。
　　㋐　人々の生活の様子を大まかに理解すること。
　　㋑　世界の出来事などに着目して，それらの国の人々の生活の様子を捉
　　　え，交流することの大切さを考え，表現すること。

　2段階では，生徒の生活に関係の深い題材を中心に学習した1段階から発展し，日本と他の国との大まかな違いについて分かるように指導する。

　(ア)㋐の「人々の生活や習慣などに着目して，多様な文化について考え」とは，日本とは生活や習慣が違う国に着目して，なぜその生活や習慣が日本とは異なるのかを考えることである。そのことを通して，自然や気候，歴史的背景が国によって異なること，人々の生活や活動は地域の自然や気候，歴史的背景によっても規定されたり方向付けられたりすること，そこから世界には多様な文化が存在していることについて理解できるようにすることが大切である。

　例えば，砂漠の多い地域の生活は，日本と比べて生活や習慣の違いが特徴的に見られる。砂漠の多い地域の人々の生活にはどのような特色があるかなどの問いを設けて，砂漠の多い地域の自然の特色と，衣服，料理，食事の習慣，住居等を調べ，相違点や類似点を考えて，世界には多様な文化があることを理解することである。その際，視覚的に色や形，大きさなどが鮮明に分かりやすい資料を使用することが大切である。

　(イ)㋑の「世界の出来事」とは，ノーベル賞や国際的なスポーツ大会のような文化・スポーツに関すること，政治や経済等の出来事のことである。

　例えば，オリンピック・パラリンピック大会に参加している国や地域の特徴について具体的事例を通して，何か国か選んで調べまとめ，各国の人々がそれぞれの文化や伝統を大切にしながら生活していることを理解する学習内容が考えられる。その際，オリンピック・パラリンピック大会のように自分たちの日常生活でも外国との交流が盛んに行われていることや，外国と交流することの大切さについて理解できるようにする。

　これらの学習を通して異なる文化や習慣を理解し関心を深めるようにすることは，外国の人々の物事の捉え方や考え方を理解し，尊重することにつながると考えられる。

## 4　指導計画の作成と内容の取扱い
### (1) 指導計画作成上の配慮事項

　3　指導計画の作成と内容の取扱い
　　(1) 指導計画の作成に当たっては，次の事項に配慮するものとする。

> ア 単元など内容や時間のまとまりを見通して，その中で育む資質・能力の育成に向けて，生徒の主体的・対話的で深い学びの実現を図るようにすること。その際，生活に即した具体的で分かりやすい内容を取り上げ，社会的事象の見方・考え方を働かせ，事象の特色や意味などを考え，説明したり表現したりするなど，自ら意欲的に取り組むことのできる活動の充実を図ること。
> イ 各教科等との関連を図り，指導の効果を高めるようにするとともに，小学部の生活科の学習との関連を踏まえて，系統的・発展的に指導できるようにすること。
> ウ コンピュータや情報通信ネットワークなどを活用して，情報の収集やまとめなどを行うようにすること。

アは，中学部社会科の指導計画の作成に当たり，生徒の主体的・対話的で深い学びの実現を目指した授業改善を進めることとし，社会科の特質に応じて，効果的な学習が展開できるように配慮すべき内容を示したものである。

社会科の指導に当たっては，(1)「知識及び技能」が習得されること，(2)「思考力，判断力，表現力等」を育成すること，(3)「学びに向かう力，人間性等」を涵養することが偏りなく実現されるよう，単元など内容や時間のまとまりを見通しながら，主体的・対話的で深い学びの実現に向けた授業改善を行うことが重要である。

生徒に社会科の指導を通して「知識及び技能」や「思考力，判断力，表現力等」の育成を目指す授業改善を行うことはこれまでも多くの実践が重ねられてきている。そのような着実に取り組まれてきた実践を否定し，全く異なる指導方法を導入しなければならないと捉えるのではなく，生徒や学校の実態，指導の内容に応じ，「主体的な学び」，「対話的な学び」，「深い学び」の視点から授業改善を図ることが重要である。

主体的・対話的で深い学びは，必ずしも1単位時間の授業の中ですべてが実現されるものではない。単元など内容や時間のまとまりの中で，例えば，主体的に学習に取り組めるよう学習の見通しを立てたり学習したことを振り返ったりして自身の学びや変容を自覚できる場面をどこに設定するか，対話によって自分の考えなどを広げたり深めたりする場面をどこに設定するか，学びの深まりをつくりだすために，生徒が考える場面と教師が教える場面をどのように組み立てるか，といった視点で授業改善を進めることが求められる。また，生徒や学校の実態に応じ，多様な学習活動を組み合わせて授業を組み立てていくことが重要であり，単元のまとまりを見通した学習を行うに当たり基礎となる知識及び技能の習得に課題が見られる場合には，それを身に付けるために，生徒の主体性を引き出すな

どの工夫を重ね，確実な習得を図ることが必要である。

　主体的・対話的で深い学びの実現に向けた授業改善を進めるに当たり，特に「深い学び」の視点に関して，各教科等の学びの深まりの鍵となるのが「見方・考え方」である。各教科等の特質に応じた物事を捉える視点や考え方である「見方・考え方」を，習得・活用・探究という学びの過程の中で働かせることを通じて，より質の高い深い学びにつなげることが重要である。

　これらのことを踏まえて，社会科の指導計画を作成するに当たり，次の事項に配慮するようにする。

　主体的な学びの実現については，生徒が社会的事象から学習問題を見いだし，その解決への見通しをもって取り組むようにすることが求められる。そのためには，学習対象に対する関心を高め問題意識をもつようにするとともに，予想したり学習計画を立てたりして，追究・解決方法を検討すること，また，学習したことを振り返り，学習成果を吟味したり新たな問いを見いだしたりすること，さらに，学んだことを基に自らの生活を見つめたり社会参加に向けて生かしたりすることが必要である。

　対話的な学びの実現については，学習過程を通じた様々な場面で生徒相互の話合いや討論などの活動を一層充実させることが求められる。また，実社会で働く人々から話を聞いたりする活動についても今後一層の充実が求められる。

　「社会的事象の見方・考え方」は，社会的事象の特色や相互の関連，意味を考えたり，社会に見られる課題を把握して，その解決に向けて社会への関わり方を選択・判断したりする際の「視点や方法（考え方）」である。中学部社会科では，例えば，地域の安全に関わる事象であっても消防署等の関係機関の働きに着目すること，地理的環境に関わる事象であっても時間の経過に着目することなどが考えられる。

　また，時期や時間の経過，事象や人々の相互の関係などに着目するほかにも，視点は多様にあることに留意することが必要である。

　生徒が社会的事象の見方・考え方を働かせ，調べ考え表現する授業を実現するためには，教師の教材研究に基づく学習問題の設定や発問の構成，地図や年表，統計など各種資料の選定や効果的な活用，学んだ事象相互の関係を整理する活動などを工夫することが大切である。

　イの「系統的・発展的に指導できるようにする」とは，社会科と各教科等との関連を考慮して適切に指導し，学習したことが一層密接に結び付くようにすることである。さらに，関連させることでより指導の効果を高めるようにすることである。例えば，ごみ処理に関して，３Ｒ（リユース，リデュース，リサイクル）の学習と，職業・家庭科で扱う「Ｃ消費生活・環境」の「イ環境に配慮した生活」で学習するごみの分別と関連させるなど，教科等横断的に指導したり，小学部生

活科の遊具や器具の使い方，交通安全や避難訓練等の身の回りの安全の学習から，市や県など地域の安全の学習へと学習対象を広げて指導したり，自分の安全を守る自助の視点から，周囲の人々と助け合い協力し合って安全を守る共助の視点へと発展させたりしていくことが考えられる。

　指導計画の作成に当たっては，関連させる各教科等の特質に応じて教科間の相互の連携を図り，単元など内容や時間のまとまりを見通して，生徒の資質・能力の育成に必要な内容を組織的に配列することが大切である。また，各段階の内容については，学校ごとに創意工夫を加え，生徒の障害の状態や特性及び心身の発達の段階等並びに学校や地域の実態に応じて，系統的・発展的な指導が進められるよう指導内容を具体的に組織，配列する必要がある。

　ウの「コンピュータや情報通信ネットワークなどを活用して，情報の収集やまとめなどを行う」とは，生徒のもてる力を引き出すために，紙媒体や具体物だけでなく，映像や画像，地図などを活用したり，インターネットを活用したりして，実際的で具体的な活動を通して調べ学習を行うことである。様々な学習上の困難に対し，コンピュータや情報通信ネットワークなどを活用することで，学習意欲を引き出したり，注意や集中を高めたりと，機器の使用により，主体的に活動できるような設定が必要である。その際，障害特性を踏まえて活用することが大切である。

　指導計画の作成に当たっては，生徒が課題解決のために目的意識をもってコンピュータや情報通信ネットワークを利用するような学習を設定すること，生徒一人一人が自分の課題に応じてコンピュータを活用できるような環境と時間の確保，効果的に活用するための場面や活動を想定することなどが大切である。

## (2) 内容の取扱いについての配慮事項

> (2) 2の各段階の内容の取扱いについては，次の事項に配慮するものとする。
> 　ア　各学校においては，地域の実態を生かして，生徒が興味・関心をもって学習に取り組めるようにするとともに，観察や見学，聞き取りなどの調査活動を含む具体的な体験を伴う学習を通し，自分の生活と結び付けて考えたことをまとめることで知識が深まるようにすること。

　アの「観察や見学，聞き取りなどの調査活動を含む具体的な体験を伴う学習」では，知的障害のある生徒の特性として，学習によって得た知識や技能が断片的になりやすく，実際の生活の場面の中で生かすことが難しいことから，実際的・具体的な内容の指導が必要である。したがって，実際に観察したり，見学へ行ったり，人に会って話を聞いたりするなど，具体的な体験を通して興味や関心を高

め，活動から得られた具体的な情報をまとめることにより，深い理解につなげるようにすることが大切である。例えば，社会的事象について調べるために，実際に地域に出てそこで働く人の仕事の様子を観察する，公共施設を利用する，生産現場や販売の場所を見学しながらそこで働いている人にインタビューするなどの具体的な調査活動を取り入れることにより，調べたことをまとめながら生きた知識を身に付けることができる。その際，位置や空間的な広がりの視点や時期や時間の経過の視点，事象や人々の相互関係の視点から，それぞれの問いを設定して，社会的事象について調べて，その様子や現状などを捉えることが大切である。また，学習内容・活動に応じた振り返りの場面を設定し，生徒が伝えたいことを主体的に表現できるよう促すとともに，得た知識を自分の生活に結び付けて考えられるようにすることも大切である。

> イ　2の内容については，次の事項について配慮するものとする。
> 　(ｱ)　アについては，集団生活を送る上で必要とされる人との関わりやきまりを守ることについて理解できるようにするとともに，主体的に社会参加するための基礎的な力を養うこと。
> 　(ｲ)　イについては，身近な公共施設を取り上げ，その役割や利用できる制度を知ることで，よりよい社会生活を送ることができるようにすること。
> 　(ｳ)　ウについては，地域の実態に応じて，地震災害，津波災害，風水害，火山災害，雪害などの中から取り上げ，地域や自分自身の安全を守るために自分たちにできることなどを考えたり選択・判断したりできるようにすること。
> 　(ｴ)　エについては，身近な仕事を通して生産や販売について関心をもつこと。また，生活を支える事業について取り扱うことで，節水や節電の必要性を感じて取り組もうとすること。
> 　(ｵ)　オについては，地図の扱いに慣れるようにすること。また，主な文化財や年中行事の中から具体的事例を取り上げ，その特色が大まかに分かるようにすること。
> 　(ｶ)　カについては，我が国や諸外国には国旗があることを理解し，それを尊重する態度を養うようにすること。

　イは，2の内容の各項目について，配慮事項を示している。

　(ｱ)の「ア社会参加ときまり」における「主体的に社会参加するための基礎的な力を養う」では，小学部生活科で学んだ集団活動におけるきまりやマナーが分かり，集団の中での役割を理解することを基に，将来の社会参加に必要な基礎的な態度や技能を身に付けるためにどのような内容を選択するか，また自分から進

んで社会参加しようとする意欲を高めるためにはどのような内容や活動を設定するかを十分に吟味することが必要である。

(ｲ)の「イ公共施設と制度」の「よりよい社会生活を送ることができるようにすること」では，公共施設の役割や制度を理解し，実際にどのように活用するかが分かることである。そのためには，実際に見学や利用することで，生徒がより身近に感じ，自分の生活との関わりを考えて活用をイメージできるようにすることが大切である。生活上の困難がある場合，それらを活用してどのように改善するかが分かり，より快適で安定した生活をするために，積極的に利用しようとする意識を育てることが必要である。

(ｳ)の「ウ地域の安全」の「自分たちにできることなどを考えたり選択・判断したりできる」では，自分たちが住んでいる地域の実態に応じて具体的な災害を取り上げ，体験など具体的な活動を通して，周囲の人々が協力して安全を守っていることを学習する中で，自分自身を守るだけでなく，自分たちにできる自然災害への備えを選択・判断したりすることができるように指導することが大切である。

(ｴ)の「エ産業と生活」の「節水や節電の必要性を自ら感じて取り組もうとすること」とは，飲料水や電気をつくるために必要な資源には限りがあること，飲料水や電気，ガスなどの無駄な使い方を見直し，有効に活用することが大切であることに気付き，家庭や学校，公共施設などの自分の生活に関連する場所での節水や節電を意識して，自らも取り組もうとすることである。このような態度を育てるように配慮することが大切である。

(ｵ)の「オ我が国の地理や歴史」の「主な文化財や年中行事の中から具体的事例を取り上げ，その特色が大まかに分かるようにすること」とは，古くから地域に伝わる民族芸能などの文化財や，地域の祭りなどの年中行事について，これらの内容やいわれ，地域の人々がそれらを大切にしている願いや，保存し継承するための取組などを理解できるようにすることである。その際，地図や関係機関が作成した資料を活用して調べたり，直接観察したり，聞き取りなどの調査を行ったり，写真や動画等の具体的資料で調べたりして，気付いたことをまとめたり，簡単な言葉で表現したりする活動を行うようにすることが大切である。

なお，ここで取り上げる文化財や年中行事については，2段階の「エ産業と生活」において「人々の活動や産業の歴史的背景などに着目して，地域の様子を捉え，それらの特色を考え，表現すること」に取り上げられる「県内の特色ある地域の様子」の学習との違いに配慮する必要がある。

(ｶ)の「カ外国の様子」の「我が国や諸外国には国旗があることを理解し，それを尊重する態度を養うようにすること」とは，我が国や外国には国旗があること，いずれの国でも国旗を大切にしていること，及び我が国の国旗を尊重すると

ともに，外国の国旗を尊重する態度を養うようにすることであり，その指導が大切である。

## ● 第3 数学科

### 1 数学科の改訂の要点
#### (1) 目標の改訂の要点

各学部段階を通じて，実社会との関わりを意識した数学的活動の充実等を図っており，中学部数学科の目標についても，「知識及び技能」，「思考力，判断力，表現力等」，「学びに向かう力，人間性等」の三つの柱で整理して示した。また，このような資質・能力を育成するためには，生徒が「数学的な見方・考え方」を働かせて，数学的活動に取り組めるようにする必要があることを示した。

なお，「見方・考え方」とは，生徒が各教科等の特質に応じた物事を捉える視点や考え方のことである。

また，生徒の数量的な感覚を豊かにするために，生活の中で数量にかかわる具体的・体験的な活動などに重点を置いて指導に当たる重要性があることについては，基本的にはこれまでの理念を引き継いでいる。

#### (2) 内容の改訂の要点
##### ① 内容の構成及び配列の改善の方向性

数学科の内容については，指導事項のまとまりごとに，生徒が身に付けることが期待される資質・能力を三つの柱に沿って示すことにしつつ，特に「学びに向かう力，人間性等」については，教科の目標及び各段階の目標において全体として示すこととし，指導事項のまとまりごとに内容を示すことはしていない。

知識及び技能や思考力，判断力，表現力等については，特に思考力，判断力，表現力等がこれまで十分に示されていなかったことから，これを追加するとともに，知識及び技能と思考力，判断力，表現力等とに分けて記述することにした。また，思考力，判断力，表現力等については主なものを記述するとともに，「数学的な見方・考え方」の数学的な見方に関連するものを，例えば，「～に注目して」，「～に着目して」などという文言により記述した。

さらに，指導事項のそれぞれのまとまりについて，数学的な見方・考え方や育成を目指す資質・能力に基づき，小学部算数科や小学校算数科との連続性・関連性を整理し，内容の系統性を見直し，領域を全体的に整理し直した。結果として「A数と計算」，「B図形」，「C測定」，「C変化と関係」及び「Dデータの活用」の五つの領域とした。1段階は「A数と計算」，「B図形」，「C測定」及び「Dデータの活用」の四つの領域とし，2段階は「A数と計算」，「B図形」，「C変化と関

係」及び「Dデータの活用」の四つの領域としている。

なお，各段階には，生徒が，基礎的・基本的な知識及び技能を確実に身に付けたり，思考力，判断力，表現力等を高めたり，数学を学ぶことの楽しさを実感したりするための問題発見・解決の過程として〔数学的活動〕を新たに設けた。

② **指導内容の充実**

引き続き，数や式，表，グラフといった数学的な表現を用いて，筋道を立てて考え表現することを重視した。

また，現代の社会においては，多くの人が，様々なデータを手にすることができるようになってきており，データを読み取ったり，表現したりするような場面も多くみられるようになってきている。そのため，今回の改訂では，データの取扱いを充実させている。

## (3) 指導計画の作成と内容の取扱いの要点

「3指導計画の作成と内容の取扱い」を新たに設け，「指導計画作成上の配慮事項」，「内容の取扱いについての配慮事項」，「数学的活動の指導に当たっての配慮事項」によって構成した。

「指導計画作成上の配慮事項」では，小学部解説と同様，単元など内容や時間のまとまりを見通して，その中で育むべき資質・能力の育成に向けて，数学的活動を通して，生徒の主体的・対話的で深い学びの実現を図ることについて示した。また，段階間の指導内容を円滑に接続するための計画的な指導を行うことや各領域間の関連を図ることについて示した。

「内容の取扱いについての配慮事項」では，小学部解説と同様，思考力，判断力，表現力等を育成するため，具体物，図，言葉，数，式，表，グラフなどを用いて考えたり，説明したり，互いに自分の考えを表現し伝え合ったりするなどの学習活動を積極的に取り入れることや各領域で取り扱う内容の基礎的な事項との関連に配慮することについて示した。

「数学的活動の指導に当たっての配慮事項」では，小学部解説と同様，数学的活動が基礎的・基本的な知識及び技能を確実に身に付けたり，思考力，判断力，表現力等を高めたり，数学を学ぶことの楽しさを実感したりするために，重要な役割を果たすものであることから，各段階の内容に示す事項については，生徒が数学的活動を行う中で指導するようにすることとした。数学的活動の一層の充実に伴い，その指導の配慮事項として，数学的活動を楽しめるようにするとともに，数学を生活に活用することなどについて実感する機会を設けることについて示した。

## 2　数学科の目標

> 1　目　標
> 　数学的な見方・考え方を働かせ，数学的活動を通して，数学的に考える資質・能力を次のとおり育成することを目指す。
> 　(1) 数量や図形などについての基礎的・基本的な概念や性質などを理解し，事象を数理的に処理する技能を身に付けるようにする。
> 　(2) 日常の事象を数理的に捉え見通しをもち筋道を立てて考察する力，基礎的・基本的な数量や図形の性質などを見いだし統合的・発展的に考察する力，数学的な表現を用いて事象を簡潔・明瞭・的確に表現する力を養う。
> 　(3) 数学的活動の楽しさや数学のよさに気付き，学習を振り返ってよりよく問題を解決しようとする態度，数学で学んだことを生活や学習に活用しようとする態度を養う。

　中学部数学科では，小学部算数科の学習を踏まえて，引き続き具体物などを用いることを通して数学の学習に関心をもち，基礎的・基本的な概念や性質を理解するとともに，日常生活の事象を，数学的に捉え表現したり，処理したりすることを重視している。

## 3　各段階の目標及び内容
### (1) １段階の目標と内容
#### ア　目標

> ○１段階
> (1) 目　標
> 　A　数と計算
> 　ア　３位数程度の整数の概念について理解し，数に対する感覚を豊かにするとともに，加法，減法及び乗法の意味や性質について理解し，これらを計算することについての技能を身に付けるようにする。
> 　イ　数とその表現や数の関係に着目し，具体物や図などを用いて，数の表し方や計算の仕方などを筋道立てて考えたり，関連付けて考えたりする力を養う。
> 　ウ　数量に進んで関わり，数学的に表現・処理するとともに，数学で学んだことのよさに気付き，そのことを生活や学習に活用しようとする態度を養う。

1段階の「数と計算」では，小学部で学習した数のまとまりに着目した数の数え方や比べ方，表し方の内容を踏まえながら，数の範囲を3位数まで広げて，数の概念について理解を深めるとともに，数の乗法的な見方についても指導する。

また，1000についても扱い，十進位取り記数法の原理についての基礎的な理解を図ることができるようにする。

計算では，十を単位としてみる見方に着目して，2位数の加法及び減法の計算ができるようにし，計算機による数の表し方や加法及び減法の計算についても指導する。簡単な場合の3位数などの加法及び減法も取り扱い，2段階で学習する3位数や4位数の計算の仕方を考えることにつなげるようにする。また，乗法九九についても指導する。

中学部では，学習したことのよさを実感し，主体的に生活場面で活用していくことを期待し，「生活や学習に活用しようとする態度を養う」こととした。

---

B　図形

ア　三角形や四角形，箱の形などの基本的な図形について理解し，図形についての感覚を豊かにするとともに，図形を作図したり，構成したりすることなどについての技能を身に付けるようにする。

イ　三角形や四角形，箱の形などの基本的な図形を構成する要素に着目して，平面図形の特徴を捉えたり，身の回りの事象を図形の性質から関連付けて考えたりする力を養う。

ウ　図形に進んで関わり，数学的に表現・処理するとともに，数学で学んだことのよさに気付き，そのことを生活や学習に活用しようとする態度を養う。

---

1段階の「図形」では，図形を構成する辺や頂点の数に着目して，図形を弁別することを指導する。平面図形としては，正方形，長方形，直角三角形について指導する。図形を構成する要素として，直線，直角，頂点，辺及び面という用語について理解させ，用語を用いて図形の性質を表現することができるようにし，要素をもとにして実際に図形を構成したり，かいたり，基礎となる図形を構成する要素に着目し，それを基に考えていく態度を養う。

---

C　測定

ア　身の回りにある長さ，体積，重さ及び時間の単位と測定の意味について理解し，量の大きさについての感覚を豊かにするとともに，それらを測定することについての技能を身に付けるようにする。

イ　身の回りの事象を量に着目して捉え，量の単位を用いて的確に表現す

>   る力を養う。
>   ウ　数量や図形に進んで関わり，数学的に表現・処理するとともに，数学で学んだことのよさに気付き，そのことを生活や学習に活用しようとする態度を養う。

　1段階の「測定」では，長さやかさ，重さの単位と測り方及び時間の単位と時刻や時間の求め方について指導する。

　長さやかさ，重さの単位と測り方とは，普遍単位を基準にその幾つ分であるか，測定対象に応じた計器を用いて測定し，量を数値化したり，単位を選んだりすることである。

　時間の単位とは，秒について知り，分の単位との関係を理解することである。また，時刻や時間の求め方とは，ある時刻から一定時間前や後の時刻を求めたり，二つの時刻の間の時間を求めたりすることである。

>   D　データの活用
>   ア　身の回りにあるデータを分類整理して簡単な表やグラフに表したり，それらを問題解決において用いたりすることについての技能を身に付けるようにする。
>   イ　身の回りの事象を，データの特徴に着目して捉え，簡潔に表現したり，考察したりする力を養う。
>   ウ　データの活用に進んで関わり，数学的に表現・処理するとともに，数学で学んだことのよさに気付き，そのことを生活や学習に活用しようとする態度を養う。

　1段階の「データの活用」では，具体的な活動を通して，身の回りにある数量を分類整理し，それを簡単な表やグラフを用いて表したり，表やグラフから数が最も多い，少ないなどの特徴を読み取ったりすることについて指導する。

### イ　内容

>   (2)　内　容
>   A　数と計算
>   ア　整数の表し方に関わる数学的活動を通して，次の事項を身に付けることができるよう指導する。
>   　(ア)　次のような知識及び技能を身に付けること。
>   　　㋐　1000までの数をいくつかの同じまとまりに分割したうえで数え

　　　　　たり，分類して数えたりすること。
　　　　㋑　3位数の表し方について理解すること。
　　　　㋒　数を十や百を単位としてみるなど，数の相対的な大きさについて
　　　　　理解すること。
　　　　㋓　3位数の数系列，順序，大小について，数直線上の目盛りを読ん
　　　　　で理解したり，数を表したりすること。
　　　　㋔　一つの数をほかの数の積としてみるなど，ほかの数と関係付けて
　　　　　みること。
　　　(イ) 次のような思考力，判断力，表現力等を身に付けること。
　　　　㋐　数のまとまりに着目し，考察する範囲を広げながら数の大きさの
　　　　　比べ方や数え方を考え，日常生活で生かすこと。

## ○ 整数の表し方

　整数の表し方については，1000までのものの数を，小学部算数科で学習した幾つかずつにまとめて数える方法を活用し，手際よく正確に数える方法ついて考えを深めたり，色や形，位置，種類などに着目しながら分類して数えたりする活動から始まり，やがて，10ずつまとめて数え，それをさらに10のまとまりとして100と数える方法から，3位数を100のまとまり，10のまとまりの個数と端数として表すことができるようにし，十進位取り記数法の素地を養う。また，十，百を単位として数を捉え，例えば，硬貨などを用いながら，800円は「百円硬貨が8枚集まった数」とみたり「十円硬貨が80枚集まった数」とみたりし，数の相対的な大きさを捉えることによって，数の仕組みについての理解を深めることができるようにする。数の相対的な理解は，計算の見積もりに有効に働くものである。さらには，一つの数を分割した同じ数の集まりの幾つ分として捉え，一つの数をほかの数の積としてみることができるようにし，数についての理解を深めるとともに，数についての感覚を豊かにする。数直線についても扱い，「測定」領域のものさしの学習と関連させて理解を促しながら，数直線を用いて，数の大小や順序，系列についても理解することができるようにする。

　こうした活動を通して，数のまとまりと数え方，表し方の関係に着目することの有用さを感じ取り，数を用いる能力を伸ばして，日常生活の中で学習したことを生かすことができるようにする。

　　イ　整数の加法及び減法に関わる数学的活動を通して，次の事項を身に付け
　　　ることができるよう指導する。
　　　(ア) 次のような知識及び技能を身に付けること。
　　　　㋐　2位数の加法及び減法について理解し，その計算ができること。ま

　　　　　た，それらの筆算の仕方について知ること。
　　　　㋑　簡単な場合について３位数の加法及び減法の計算の仕方を知ること。
　　　　㋒　加法及び減法に関して成り立つ性質について理解すること。
　　　　㋓　計算機を使って，具体的な生活場面における簡単な加法及び減法の計算ができること。
　　　(イ)　次のような思考力，判断力，表現力等を身に付けること。
　　　　㋐　数量の関係に着目し，数を適用する範囲を広げ，計算に関して成り立つ性質や計算の仕方を見いだすとともに，日常生活で生かすこと。

○　**整数の加法及び減法**

　整数の加法及び減法については，２位数の加法及び減法を扱う実際の場面から計算の意味を理解し，小学部３段階で学習した計算の仕方を基にして，２位数の加法及び減法の計算の仕方を考えたり筆算を用いて処理したりする活動から始まり，やがて，簡単な場合について，３位数の加法及び減法の計算の仕方を考えることができるようにする。その際，具体物や図などを用いながら，十や百を単位とした位に着目して計算方法を考えたり，筆算に表したりすることを意識できるようにすることが大切である。簡単な場合とは，例えば，400＋200，400－200など，百を単位とした数の見方に関連させて，硬貨などを用いて４＋２，４－２を基に考える場合や，百の位へ繰り上がりがない加法（例えば，327＋5，327＋35）や百の位から繰り下がりがない減法（例えば，365－7，365－23，365－27）のことである。３位数の加法及び減法を指導することで，２段階で扱う３位数や４位数についての加法及び減法を考える際に，有効となる。また，加法の順序を変えて（例えば，17＋6，6＋17）結果を比べることや，加法の確かめに減法を用いたり減法の確かめに加法を用いたりして計算を確かめる活動を通して，加法や減法について成り立つ性質に着目できるようにする。計算機については，計算機を使用しながら数や計算についての理解を深めていくという観点と，計算能力を補う観点から活用できるようにする。

　また，こうした活動を通して，数を適用する範囲を広げ，教室や学校の中での具体的な場面を加法及び減法の式と結び付けて，言葉や絵，図などを用いて説明したり，計算したりすることができるようにし，日常生活の中で学習したことを生かすことができるようにする。

　　ウ　整数の乗法に関わる数学的活動を通して，次の事項を身に付けることができるよう指導する。
　　　(ア)　次のような知識及び技能を身に付けること。
　　　　㋐　乗法が用いられる場合や意味について知ること。

㋑　乗法が用いられる場面を式に表したり,式を読み取ったりすること。

㋒　乗法に関して成り立つ簡単な性質について理解すること。

㋓　乗法九九について知り，１位数と１位数との乗法の計算ができること。

(ｲ) 次のような思考力，判断力，表現力等を身に付けること。

㋐　数量の関係に着目し，計算に関して成り立つ性質や計算の仕方を見いだすとともに，日常生活で生かすこと。

### ○　整数の乗法

乗法については，小学部３段階で学習した幾つずつにまとめる数え方を発展させ，乗法が用いられる実際の場面を通して，累加（同じ数を何回も加える加法）としての乗法の意味（一つの大きさの何倍かに当たる大きさを求めること）を調べる活動から始まり，やがて，×の記号を用いながら乗法を用いる場面を式に表して乗法九九を構成したり，式を読み取ってその場面を図や具体物を用いて表したりすることができるようにする。また，乗数が１増えれば，積は被乗数分だけ増えるという性質について具体物を操作しながら気付くことができるようにする。そして，それを活用しながら，乗法九九を構成したり，計算に生かしたりして，乗法九九を身に付け，１位数同士の乗法の計算ができるようにする。式を読み取る指導に関しては，被乗数と乗数の順序に約束があることについて，具体物を用いながら気付くことができるようにすることが大切である。

また，こうした活動を通して，身の回りにある，同じ個数のものの集まりを数える場合に乗法九九を用いるよさを実感し，唱え方を記憶する必要感をもつとともに，数（一つ分の大きさ）と量（幾つ分）の関係に着目して乗法九九を日常生活の中で活用することができるようにする。

Ｂ　図形

ア　図形に関わる数学的活動を通して，次の事項を身に付けることができるよう指導する。

(ｱ) 次のような知識及び技能を身に付けること。

㋐　直線について知ること。

㋑　三角形や四角形について知ること。

㋒　正方形，長方形及び直角三角形について知ること。

㋓　正方形や長方形で捉えられる箱の形をしたものについて理解し，それらを構成したり，分解したりすること。

㋔　直角，頂点，辺及び面という用語を用いて図形の性質を表現すること。

> ㋕ 基本的な図形が分かり，その図形をかいたり，簡単な図表を作ったりすること。
> ㋖ 正方形，長方形及び直角三角形をかいたり，作ったり，それらを使って平面に敷き詰めたりすること。
> (イ) 次のような思考力，判断力，表現力等を身に付けること。
> ㋐ 図形を構成する要素に着目し，構成の仕方を考えるとともに，図形の性質を見いだし，身の回りのものの形を図形として捉えること。

○ 図形

　身の回りのものの中から，三角形，四角形，正方形，長方形，直角三角形の形をしたものを取り出してみる活動から始まり，やがて格子状に並んだ点を線でつないで正方形，長方形，直角三角形をかいたり，ひごを並べたり，紙を折ったり，色板を並べたりする活動を通して，体験的に図形を構成する要素を捉えることができるようにする。これまで三角，四角と捉えていた図形について，3本の直線で囲まれている形を三角形といい，4本の直線で囲まれている図形を四角形ということを約束する。また，身の回りから，かどの形が直角であるものを見付けたり，紙を折って直角を作ったりするなどの活動を行って，直角の意味を捉えられるようにする。

　直線については，図形について理解する上で基礎となる概念であるので，定規を使って直線を引くなどの活動を十分行って，技能を身に付けることができるように指導する。

　また，平面図形で構成する立体図形について理解する素地的な学習活動として箱の形について指導する。具体物の観察などを通して，頂点，辺，面という構成要素に着目させ，箱の形には正方形，長方形の形をした面があることに気付き，面と面の間に辺があり，辺が集まったところに頂点があることを体験的に気付くことができるようにする。例えば，6枚の長方形や正方形を貼り合わせて箱の形を構成したり，12本のひごを用いて箱の形を構成したりする。また，紙の箱を集めて，面を切り取ってみたり，切り取った形から箱を組み立てたりして，立体図形は平面図形によって構成されていることに気付くようにする。

> C 測定
> ア 量の単位と測定に関わる数学的活動を通して，次の事項を身に付けることができるよう指導する。
> (ア) 次のような知識及び技能を身に付けること。
> ㋐ 目盛の原点を対象の端に当てて測定すること。
> ㋑ 長さの単位［ミリメートル (mm)，センチメートル (cm)，メー

トル(m)，キロメートル（km)］や重さの単位［グラム(g)，キログラム（kg)］について知り，測定の意味を理解すること。

㋒　かさの単位［ミリリットル（mL)，デシリットル（dL)，リットル（L)］について知り，測定の意味を理解すること。

㋓　長さ，重さ及びかさについて，およその見当を付け，単位を選択したり，計器を用いて測定したりすること。

(ｲ) 次のような思考力，判断力，表現力等を身に付けること。

㋐　身の回りのものの特徴に着目し，目的に適した単位で量の大きさを表現したり，比べたりすること。

### ○　量の単位と測定

長さやかさ，重さの単位と測り方の指導では，小学部３段階における任意単位の幾つ分かで長さを数値化した経験を基に，普遍単位を基準に数値化する活動から始まり，やがてものさしの目盛りの原点を対象の端に当てること，リットルますに注いだ液体の上面と重なる目盛りや自動上皿ばかりの針が指している目盛りを見付けることなどを知り，計器を用いて測ったり，対象に応じた単位を選んだりすることができるようにする。

また，こうした活動を通して，普遍単位による測定の必要性に気付くとともに，計器を用いる目的やその働きについて捉えられるようにし，量を数値化することに関心をもって，計器の目盛りを読むことができるようにする。

「目盛の原点を対象の端に当てて測定すること」とは，測ろうとする量の始まりを見つけることである。例えば鉛筆の長さであれば，直接比較の見方・考え方を基に，一方の端に目盛りの原点を当てることである。これによって，終点となる他方の端の位置にある目盛りを読むということで測定ができる。

「長さの単位や重さの単位を知り，測定の意味を理解すること」「かさの単位について知り，測定の意味を理解すること」とは，普遍単位を基準に数値化することによって，目的に応じた単位で量の大きさを的確に表現したり，比べたりすることである。

「長さ，重さ及びかさについて，およその見当を付け，単位を選択したり，計器を用いて測定したりすること」とは，だいたいどれくらいの大きさになるのか見積もることや，測定する計器や方法について見通しをもつことである。これによって，目的に応じて計器や単位を選択したり，量の大きさを的確に測定したりできるようになる。

「身の回りのものの特徴に着目し，目的に適した単位で量の大きさを表現したり，比べたりすること」とは，測定する対象の大きさや形状に応じた単位や計器を適切に選んで測定し，量を数値化して比較することである。

> イ 時刻や時間に関わる数学的活動を通して，次の事項を身に付けることができるよう指導する。
> (ｱ) 次のような知識及び技能を身に付けること。
> ㋐ 時間の単位（秒）について知ること。
> ㋑ 日常生活に必要な時刻や時間を求めること。
> (ｲ) 次のような思考力，判断力，表現力等を身に付けること。
> ㋐ 時間の単位に着目し，簡単な時刻や時間の求め方を日常生活に生かすこと。

○ **時刻と時間**

時間の単位と時刻や時間の求め方の指導では，10秒程度の短い時間を測る活動や朝の会や給食の時間などの身近な生活場面の開始や終了時刻を模型時計で表す活動から始まり，やがて1分が60秒であるという関係を捉えるとともに，1時間後や前の時刻などを模型時計で表したり，時刻と時刻の間にある時間を，時計の文字盤の目盛りや数直線表示を手掛かりに求めたりすることができるようにする。

また，こうした活動を通して，短い時間にも単位があることに気付き，時間を長さと同じように量として捉え，絵図などを用いて時刻や時間を求めたり，説明したりできるようにし，生活の中で時刻や時間と生活を結び付けて考えたり，表現したりすることができるようにする。

> D データの活用
> ア 身の回りにあるデータを簡単な表やグラフで表したり，読み取ったりすることに関わる数学的活動を通して，次の事項を身に付けることができるよう指導する。
> (ｱ) 次のような知識及び技能を身に付けること。
> ㋐ 身の回りにある数量を簡単な表やグラフに表したり，読み取ったりすること。
> (ｲ) 次のような思考力，判断力，表現力等を身に付けること。
> ㋐ 身の回りの事象に関するデータを整理する観点に着目し，簡単な表やグラフを用いながら読み取ったり，考察したりすること。

○ **簡単な表やグラフで表したり，読み取ったりすること**

身の回りにある数量について，データを整理する観点を定め，分類整理する活動から始まり，やがて，簡単な表で表したり，簡単な記号を並べたグラフで表し

たりすることができるようにする。例えば，好きな遊び調べとしてクラスで実施したアンケート結果を整理した表やグラフから，一番人気がある遊び，次に人気がある遊び，またそれぞれの遊びの人数の違いなど様々な情報を読み取ることができるようにする。

こうした活動を通して，分類整理して数えたものを，表であればそれぞれを数値で表したり，グラフであれば○などの簡単な絵や記号を並べて表したりすることにより，数値に注目して比較したり，並べた絵や記号の長さに注目して比較したりするなど，視覚的に分かりやすくなることに気付き，次第に，最も多いなどの特徴を読み取るなど，表やグラフの読み取り方の基礎を培うとともに，有用性についても実感できるようにする。また，何を知りたいかによって，着目する観点を考えられるようにする。

「簡単な表やグラフ」の「簡単な表」とは，観点が一つの表である。また，「（簡単な）グラフ」とは，例えば，好きな遊び調べであれば，ある一つの遊びを選んだ人数を○の個数で表し，その○を並べたグラフのことである。「身の回りの事象に関するデータを整理する観点に着目し，簡単な表やグラフを用いながら読み取ったり，考察したりすること」とは，例えば，ゲームの結果を○×で表に表したり，○×で表した表から○の数を数えて数値で表したり，○だけを集めて並べて示した絵グラフを作成したりしながら，事柄の多少を比べることである。

### ウ　数学的活動

> 〔数学的活動〕
> ア　内容の「A数と計算」，「B図形」，「C測定」及び「Dデータの活用」に示す学習については，次のような数学的活動に取り組むものとする。
> (ｱ)　日常生活の事象から見いだした数学の問題を，具体物や図，式などを用いて解決し，結果を確かめたり，日常生活に生かしたりする活動
> (ｲ)　問題解決した過程や結果を，具体物や図，式などを用いて表現し伝え合う活動

「日常生活の事象から見いだした数学の問題を，具体物や図，式などを用いて解決し，結果を確かめたり，日常生活に生かしたりする活動」及び「問題解決した過程や結果を，具体物や図，式などを用いて表現し，伝え合う活動」とは，小学部解説の第4節の第3の3で示す内容に準ずる。

### (2) 2段階の目標と内容
### ア 目標

> ○2段階
> (1) 目　標
> 　A　数と計算
> 　　ア　整数の概念や性質について理解を深め，数に対する感覚を豊かにするとともに，加法，減法，乗法及び除法の意味や性質について理解し，それらの計算ができるようにする。また，小数及び分数の意味や表し方について知り，数量とその関係を表したり読み取ったりすることができるようにすることについての技能を身に付けるようにする。
> 　　イ　数を構成する単位に着目して，数の表し方やその数について考えたり，扱う数の範囲を広げ，計算の仕方を見いだし，筋道立てて考えたりするとともに，日常生活の問題場面を数量に着目して捉え，処理した結果を場面をもとに振り返り，解釈及び判断する力を養う。
> 　　ウ　数量に進んで関わり，数学的に表現・処理するとともに，数学で学んだことのよさを理解し，そのことを生活や学習に活用しようとする態度を養う。

　2段階の「数と計算」では，1段階で学習した十，百を単位とした数のまとまりに着目した学習を踏まえながら，数の範囲を4位数までに広げて，十進位取り記数法による数の表し方や数の相対的な大きさについて指導し，数の概念や性質の理解を深めることができるようにする。整数の計算では，1段階で学習した2位数の加法及び減法の計算を基にして，3位数や4位数の加法及び減法の計算の仕方を考えたり，1位数同士の乗法の計算の技能の習熟を図ったりする。また，乗法と関連付けながら，除数と商が共に1位数である除法などについて指導する。小数の意味や表し方については，$\frac{1}{10}$の位までを扱う。分数の意味や表し方については，$\frac{1}{2}$や$\frac{1}{4}$などの簡単な分数を扱い，これからの分数の理解のための基盤となる素地的な学習活動となるようにする。数量の関係を表す式については，式への関心を高めたり，数量を□などを用いて式に表したりすることについて指導する。

> 　B　図形
> 　　ア　二等辺三角形や正三角形などの基本的な図形や面積，角の大きさについて理解し，図形についての感覚を豊かにするとともに，図形を作図や構成したり，図形の面積や角の大きさを求めたりすることなどについて

>   の技能を身に付けるようにする。
>   イ　二等辺三角形や正三角形などの基本的な図形を構成する要素に着目して，平面図形の特徴を捉えたり，身の回りの事象を図形の性質から考察したりする力，図形を構成する要素に着目し，図形の計量について考察する力を養う。
>   ウ　図形や数量に進んで関わり，数学的に表現・処理するとともに，数学で学んだことのよさを理解し，そのことを生活や学習に活用しようとする態度を養う。

　２段階の「図形」では，図形を構成する要素の関係に着目し，辺の長さの相等や角の大きさの相等に着目して二等辺三角形，正三角形について知るとともに，角について知ることをねらいとしている。また，図形の面積の単位と測り方，図形の面積の求め方，角の単位と測り方について指導する。

　二等辺三角形，正三角形の特徴では，辺の長さに着目して図形を捉えることである。そして，図形を構成する活動や，定規やコンパスによる作図などを通して，平面図形の特徴を理解させ，身の回りの事象を図形の性質から考察することができるようにする。また，目的や場合に応じて，定規やコンパスを用いて作図する方法を生活や学習に活用できるようにする。

　面積の単位と測り方とは，対象に敷き詰めることのできる単位図形の個数で数値化したり，単位図形の大きさに着目して単位を選んだりすることである。

　図形の面積の求め方とは，長方形や正方形について，それらの面積を単位図形の何個分かで数値化して表すことや辺の長さを用いて計算で求めることである。

　角の大きさの単位と測り方とは，直角と度（°）について知り，角の大きさの大小を判断したり，分度器を用いて数値化したりすることである。

> C　変化と関係
>   ア　二つの数量の関係や変化の様子を表や式，グラフで表すことについて理解するとともに，二つの数量の関係を割合によって比べることについての技能を身に付けるようにする。
>   イ　伴って変わる二つの数量の関係に着目し，変化の特徴に気付き，二つの数量の関係を表や式，グラフを用いて考察したり，割合を用いて考察したりする力を養う。
>   ウ　数量に進んで関わり，数学的に表現・処理するとともに，数学で学んだことのよさを理解し，そのことを生活や学習に活用しようとする態度を養う。

2段階の「変化と関係」では，表や式の表し方と数量関係の比べ方について指導する。

表や式の表し方とは，伴って変わる二つの数量の関係を，表を用いて調べたり，□や○を用いて式に表したりすることである。グラフで表すことについては，二つの数量の関係を捉える際に，表を簡単な棒グラフで表すなどすることである。

数量関係の比べ方とは，割合について知り，その数値に着目して，ある二つの数量と別の二つの数量の関係について比べることである。

> D　データの活用
> ア　データを表や棒グラフ，折れ線グラフで表す表し方や読み取り方を理解し，それらを問題解決における用い方についての技能を身に付けるようにする。
> イ　身の回りの事象について整理されたデータの特徴に着目し，事象を簡潔に表現したり，適切に判断したりする力を養う。
> ウ　データの活用に進んで関わり，数学的に表現・処理するとともに，数学で学んだことのよさを理解し，そのことを生活や学習に活用しようとする態度を養う。

2段階の「データの活用」では，身の回りにある事象について，目的に応じて観点を決め，資料を分類整理して，これを表や棒グラフを用いて表したり，読み取ったりすることについて指導する。また，目的に応じ，二つの観点から物事を分類整理して，変化の様子について折れ線グラフを用いて表したり，読み取ったりすることについて指導する。グラフで表現するにあたっては，データの特徴に着目し，目的に応じて，棒グラフなのか，折れ線グラフなのかを判断するように指導する。

イ　内容

> (2)　内　容
>   A　数と計算
>   ア　整数の表し方に関わる数学的活動を通して，次の事項を身に付けることができるよう指導する。
>   (ｱ)　次のような知識及び技能を身に付けること。
>     ㋐　4位数までの十進位取り記数法による数の表し方及び数の大小や順序について，理解すること。
>     ㋑　10倍，100倍，$\frac{1}{10}$の大きさの数及びその表し方について知るこ

　　　　　　と。
　　　　　ウ　数を千を単位としてみるなど，数の相対的な大きさについて理
　　　　　　解を深めること。
　　　(イ) 次のような思考力，判断力，表現力等を身に付けること。
　　　　　ア　数のまとまりに着目し，考察する範囲を広げながら数の大きさ
　　　　　　の比べ方や数え方を考え，日常生活で生かすこと。

○　**整数の表し方**

　整数の表し方については，10000までの数について，十進位取り記数法による数の表し方や数の大小，順序などについて調べる活動から始まり，やがて，十進位取り記数法の特徴を基に，具体物を操作しながら，一つの数を10倍（10個集める），100倍（100個集める），$\frac{1}{10}$（等しく10個に分割）した大きさをつくると，その数字の並びは変わらないことや，対応する数字の単位の大きさは，それぞれ10倍，100倍，$\frac{1}{10}$した関係（例えば，23を10倍すると，十の位の2が百の位に，一の位の3が十の位にくるという関係）に着目することができるようにし，十進位取り記数法についての理解を深めることができるようにする。また，十，百，千を単位とした数の相対的な大きさの見方を活用して，数を捉えたり，数の大きさを比較したり，計算したりすることができるようにする。なお，大きさの比較については，等号不等号（＝＜＞）の用語についても扱う。

　こうした活動を通して，十進位取り記数法の特徴を活用した数の数え方や比べ方，表し方を日常生活に生かすことができるようにする。

　イ　整数の加法及び減法に関わる数学的活動を通して，次の事項を身に付け
　　ることができるよう指導する。
　　(ア) 次のような知識及び技能を身に付けること。
　　　　ア　3位数や4位数の加法及び減法の計算の仕方について理解し，計算
　　　　　ができること。また，それらの筆算についての仕方を知ること。
　　　　イ　加法及び減法に関して成り立つ性質を理解すること。
　　　　ウ　計算機を使って，具体的な生活場面における加法及び減法の計算が
　　　　　できること。
　　(イ) 次のような思考力，判断力，表現力等を身に付けること。
　　　　ア　数量の関係に着目し，数の適用範囲を広げ，計算に関して成り立つ
　　　　　性質や計算の仕方を見いだすとともに，日常生活で生かすこと。
　ウ　整数の乗法に関わる数学的活動を通して，次の事項を身に付けることが
　　できるよう指導する。
　　(ア) 次のような知識及び技能を身に付けること。

㋐　１位数と１位数との乗法の計算ができ，それを適切に用いること。
㋑　交換法則や分配法則といった乗法に関して成り立つ性質を理解すること。
(ｲ) 次のような思考力，判断力，表現力等を身に付けること。
㋐　数量の関係に着目し，計算に関して成り立つ性質や計算の仕方を見いだすとともに，日常生活で生かすこと。
エ　整数の除法に関わる数学的活動を通して，次の事項を身に付けることができるよう指導する。
(ｱ) 次のような知識及び技能を身に付けること。
㋐　除法が用いられる場合や意味について理解すること。
㋑　除法が用いられる場面を式に表したり，式を読み取ったりすること。
㋒　除法と乗法との関係について理解すること。
㋓　除数と商が共に１位数である除法の計算ができること。
㋔　余りについて知り，余りの求め方が分かること。
(ｲ) 次のような思考力，判断力，表現力等を身に付けること。
㋐　数量の関係に着目し，計算に関して成り立つ性質や計算の仕方を見いだすとともに，日常生活に生かすこと。

### ○　整数の加法及び減法，整数の乗法及び除法



整数の加法及び減法については，３位数や４位数について扱い，数学的活動は，１段階で示した活動に準ずる。整数の乗法については，長さやかさなどの量にも用いられることを理解し，乗法が用いられる場面を判断して適切に用いることができるようにする。また，乗数又は被乗数が０の場合の計算についても扱い，例えば，的当てで得点を競うゲームなどで，０点のところに３回入れば０×３，３点のところに一度も入らなければ３×０と表すことに気付き，答えが０であっても乗法の式に表して答えを求めることができることを実際の場面を通して理解できるようにする。さらには，具体物の操作や九九表などから調べる活動を通して，乗数が一つずつ増減したときの積が被乗数の大きさずつ増減する法則（例えば，５×（９＋１）＝５×９＋５）や交換法則（７×６＝６×７），分配法則（（８＋５）×６＝８×６＋５×６）を見出し，計算の確かめをしたり簡単な２位数と１位数との乗法の場面でも計算の仕方を考えて説明したりする際に生かすことができるようにする。整数の除法については，除数と商が１位数の場合の除法を扱い（例えば，８÷２や35÷５などの乗法九九を１回用いて商を求めることができる計算），除法が用いられる実際の場面を通して，具体物を操作しながら除法の意味（包含除や等分除）を調べる活動から始まり，やがて，÷の記号を用いながら除法の場面を式に表したり，式を読み取ってその場面を図や具体物を用

いて表したりすることができるようにする。また，包含除は$2 \times \square = 8$の□を求める場合であり，等分除は$\square \times 2 = 8$を求める場合であり，どちらも乗法九九を用いて答えを求めることができるという除法と乗法の関係にも気付くことができるようにする。余りのある場合は，具体物を操作する活動を通して，余りの大きさは除数よりも小さくなることについて理解することができるようにする。

また，こうした活動を通して，目的に応じて計算の方法を選択し，処理することができるようにする。

オ　小数の表し方に関わる数学的活動を通して，次の事項を身に付けることができるよう指導する。

(ｱ) 次のような知識及び技能を身に付けること。

㋐　端数部分の大きさを表すのに小数を用いることを知ること。

㋑　$\frac{1}{10}$の位までの小数の仕組みや表し方について理解すること。

(ｲ) 次のような思考力，判断力，表現力等を身に付けること。

㋐　数のまとまりに着目し，数の表し方の適用範囲を広げ，日常生活に生かすこと。

カ　分数の表し方に関わる数学的活動を通して，次の事項を身に付けることができるよう指導する。

(ｱ) 次のような知識及び技能を身に付けること。

㋐　$\frac{1}{2}$，$\frac{1}{4}$など簡単な分数について知ること。

(ｲ) 次のような思考力，判断力，表現力等を身に付けること。

㋐　数のまとまりに着目し，数の表し方の適用範囲を広げ，日常生活に生かすこと。

### ○　小数及び分数の表し方

小数の表し方については，日常の生活場面で目にしている小数で表されたくつのサイズや体重，1.5 Lのペットボトルなどを取り上げながら，1段階の「測定」で経験した学習と関連付けて，端数部分の大きさを表すのに，十進位取り記数法の仕組みを基に，1を10等分した単位（0.1）をつくる活動から始まり，やがて，その単位の幾つ分かで端数部分を表すことができるようにする。ここで，「$\frac{1}{10}$の位」という用語と意味，小数点について指導する。また，整数の数直線と関係付けて指導し，小数の理解を深めるようにする。

分数の表し方については，$\frac{1}{2}$や$\frac{1}{4}$などの簡単な分数を扱い，折り紙やひも，計量カップや軽量スプーンで半分の大きさを作ったり量ったりする活動から始まり，それをさらに半分にした大きさを作ったり量ったりしながら分数の意味や表し方について実感的に理解することができるようにする。

こうした活動を通して，数を用いる場面を広げ，日常生活の中で目的に応じて活用することができるようにする。

キ　数量の関係を表す式に関わる数学的活動を通して，次の事項を身に付けることができるよう指導する。
(ｱ) 次のような知識及び技能を身に付けること。
㋐　数量の関係を式に表したり，式と図を関連付けたりすること。
㋑　□などを用いて数量の関係を式に表すことができることを知ること。
㋒　□などに数を当てはめて調べること。
(ｲ)　次のような思考力，判断力，表現力等を身に付けること。
㋐　数量の関係に着目し，事柄や関係を式や図を用いて簡潔に表したり，式と図を関連付けて式を読んだりすること。

**○　数量の関係を表す式**

数量の関係を表す式については，これまで，加法や減法，乗法，除法の場面において，それぞれ段階的に進めてきている。ここでは，図に表された数量の関係を読み取ってそれを式に表したり，式に表された数量の関係を読み取ってそれを図に表したりする活動を通して，加法と減法，乗法と除法の相互関係について，式と図を関連付けて捉えたり，説明したりする活動から始まり，やがて，未知の数量を表す□などの記号を用いて文脈通りに数量の関係を立式したり，□に当てはまる数を調べたりすることができるようにする。指導に関しては，□などは数を書く場所として始めに扱い，次第に未知の数量を表す記号として理解することができるようにする。尚，図については，具体物や絵，ブロック図等を並べたものからテープ図を導入して抽象化できるようにし，百や千のような数をテープ図や線分図で表すことができるよさに気付けるようにすることが大切である。

また，こうした活動を通して，式への関心を高め，式は数量の事柄や関係を一般的に表現できるよさがあることに気付き，数量の関係を的確にとらえて式に表したり，式の意味を読み取ったり，式を用いて考えを説明したりすることなどができるようにする。

B　図形
ア　図形に関わる数学的活動を通して，次の事項を身に付けることができるよう指導する。
(ｱ) 次のような知識及び技能を身に付けること。
㋐　二等辺三角形，正三角形などについて知り，作図などを通してそれらの関係に着目すること。

　　　　㋑　二等辺三角形や正三角形を定規とコンパスなどを用いて作図すること。
　　　㋒　基本的な図形と関連して角について知ること。
　　　㋓　直線の平行や垂直の関係について理解すること。
　　　㋔　円について，中心，半径及び直径を知ること。また，円に関連して，球についても直径などを知ること。
　　(イ)次のような思考力，判断力，表現力等を身に付けること。
　　　㋐　図形を構成する要素及びそれらの位置関係に着目し，構成の仕方を考察して，図形の性質を見いだすとともに，その性質を基に既習の図形を捉え直すこと。

○　**図形**

　基本的な図形についての指導では，二等辺三角形や正三角形を定規とコンパスなどを用いて作図する活動に始まり，やがて辺の長さに着目して三角形の特徴を捉えることができるようにし，二辺の長さが等しい三角形を二等辺三角形，三辺の長さが等しい三角形を正三角形ということが理解できるようにする。これらに関連して角についても理解できるように，二等辺三角形や正三角形を観察したり，実際に紙を切り抜いて作った二等辺三角形や正三角形について，長さの等しい辺を重ねるように折ることによって，二つの角の大きさがぴったり重なり，それらが等しいことを確かめたりするようにする。

　円については，円による模様作りなどの活動から始まり，コンパスの操作に慣れて確実に円をかくことができるようにする。やがて，こうした活動を通して円周上のどの点も中心から等距離にあることに気付き，次第に半径や直径は無数にあることに気付くことができるようにする。紙で作った円を折って円の中心を見付けたり，コマ作りをしたりするなどの活動も，円の性質に気付いていくために有効である。また，コンパスは単に円をかくだけでなく，等しい長さを測り取ったり移したりすることができる道具で，長さを比べたりする場面などでも活用できることを体験的に理解できるようにする。

　球については，模型の操作や観察から始まり，やがてこうした活動を通して，球を平面で切ると切り口はどこも円になることに気付き，球をちょうど半分に切った場合の切り口が最大になることなどを理解できるようにする。また，ボールなどの球の直径の大きさは，直方体などの立体ではさむなどして調べることができることを体験的に理解できるようにする。これらの円や球について指導する際には，生徒の身の回りにある楕円状のものや卵型のものも用いて，円や球と丸い形の区別を明確化することが大切である。

> イ　面積に関わる数学的活動を通して，次の事項を身に付けることができるよう指導する。
> 　(ｱ) 次のような知識及び技能を身に付けること。
> 　　㋐　面積の単位［平方センチメートル（$cm^2$），平方メートル（$m^2$），平方キロメートル（$km^2$）］について知り，測定の意味について理解すること。
> 　　㋑　正方形及び長方形の面積の求め方について知ること。
> 　(ｲ) 次のような思考力，判断力，表現力等を身に付けること。
> 　　㋐　面積の単位に着目し，図形の面積について，求め方を考えたり，計算して表したりすること。

○　**面積**

　面積の単位と測り方では，単位図形を隙間なく重ならないように敷き詰める活動から始まり，やがて１段階の普遍単位の幾つ分かで大きさを決めるという見方・考え方を働かせて，敷き詰めた単位図形の個数によって数値化したり，単位図形の１辺の長さの単位を手掛かりに単位を選んだりすることができるようにする。単位とする大きさとしては，例えば，一辺の長さが１cmの正方形の面積などを用いると便利であることについて理解できるようにすることが大切である。

　また，こうした活動を通して，広さが縦横二方向に広がって決まることに気付き，平面の広がりに関心をもって面積を捉えることができるようにする。

　図形の面積の求め方では，単位図形が縦横にそれぞれ何個ずつ並ぶのかを求める活動から始まり，やがて縦横の辺の長さに着目して，単位図形の個数を計算によって求めることができるようにする。

　また，こうした活動を通して，面積の測定も長さやかさ，重さと同様に単位を決めればそれを基準に測定した数で表せることや，面積は計算によって求められるが，計器を用いて直接数値化できないことに気付くことができるようにする。

> ウ　角の大きさに関わる数学的活動を通して，次の事項を身に付けることができるよう指導する。
> 　(ｱ) 次のような知識及び技能を身に付けること。
> 　　㋐　角の大きさを回転の大きさとして捉えること。
> 　　㋑　角の大きさの単位（度（°））について知り，測定の意味について理解すること。
> 　　㋒　角の大きさを測定すること。
> 　(ｲ) 次のような思考力，判断力，表現力等を身に付けること。
> 　　㋐　角の大きさの単位に着目し，図形の角の大きさを的確に表現して比

○ **角の大きさ**

　角の大きさの単位と測り方では，三角定規などの角を対象に重ねて同じ大きさであることや大小を比べる活動から始め，半直線を回転させていろいろな大きさの角をつくったり，分度器の目盛りの構造を調べて単位を知り，分度器で測定したりできるようにする。その際，角の大きさの理解においては，図形の辺の長さの大小と角の大きさの大小とを混同して捉えることがあるため，一つの頂点から出る2本の辺が作る形を角といい，頂点を中心にして1本の辺を回転させたとき，その回転の大きさを角の大きさということを理解することができるようにすることが大切である。角の大きさの単位（度（°））については，単位を定めることによって，長さと同じように，単位の幾つ分かによって数値化できることを理解することができるよう，角の大きさを辺の開き具合として捉え，この開き具合によって図形の形や大きさを決めることができることについて取り扱っていく。

　こうした活動を通して，角の大きさに関心をもち，角の大きさに着目して身の回りの図形を捉えることができるようにする。

---

C　変化と関係
　ア　伴って変わる二つの数量に関わる数学的活動を通して，次の事項を身に付けることができるよう指導する。
　　(ｱ)　次のような知識及び技能を身に付けること。
　　　㋐　変化の様子を表や式を用いて表したり，変化の特徴を読み取ったりすること。
　　(ｲ)　次のような思考力，判断力，表現力等を身に付けること。
　　　㋐　伴って変わる二つの数量の関係に着目し，表や式を用いて変化の特徴を考察すること。

---

○ **伴って変わる二つの数量**

　表や式の表し方の指導では，例えば，和が一定の場合や差が一定の場合など，伴って変わる二つの数量の関係について表を用いて調べる活動から始まり，やがて積や商が一定の場合を調べたり，変量を□や○などを用いて表したりすることができるようにする。

　また，こうした活動を通して，二つの数量の関係について，絵図にかき表して考えることやグラフによって確かめることができるということに気付き，変量を表す記号として□や○などを用いて式に表すことができるようにする。

　「変化の様子を表や式を用いて表したり，変化の特徴を読み取ったりすること」

とは，第一に，ある場面での数量や図形についての事柄が，ほかのどんな事柄と関係するかに着目することである。第二に，二つの事柄の変化や対応の特徴を調べていくことである。第三に，見いだした変化や対応の特徴を問題解決に活用し，考え方や結果を表現することである。

「伴って変わる二つの数量の関係に着目し，表や式を用いて変化の特徴を考察すること」とは，ある数量の大きさを知りたいが，その数量を直接考察することが難しいような場合に，他の関係する数量に注目して，それらの関係を見いだし，ある数量を求めることである。こうしたことによって，ある数量が他のどんな数量と関係付けられているかという考えが明らかになる。

> イ　二つの数量の関係に関わる数学的活動を通して，次の事項を身に付けることができるよう指導する。
> 　(ｱ)　次のような知識及び技能を身に付けること。
> 　　㋐　簡単な場合について，ある二つの数量の関係と別の二つの数量の関係とを比べる場合に割合を用いる場合があることを知ること。
> 　(ｲ)　次のような思考力，判断力，表現力等を身に付けること。
> 　　㋐　日常生活における数量の関係に着目し，図や式を用いて，二つの数量の関係を考察すること。

○　二つの数量の関係

二つの数量ＡとＢの関係を，割合を用いて比べるとは，二つの数量のうちの一方，例えばＢを基準にする大きさ（基準量）としたときに，もう一方の数量であるＡ（比較量）がどれだけに相当するのかを，Ａ÷Ｂの商で比べることである。この表された数（商）が割合である。割合を表す数は，基準量を単位とした比較量の測定値であるともいえる。

ある二つの数量の関係と別の二つの数量の関係とを比べるとは，Ａ，Ｂという二つの数量の関係と，Ｃ，Ｄという二つの数量の関係どうしを比べることである。二つの数量の関係どうしを割合でみて比べる際には，二つの数量の間の比例の関係を前提としている。この前提のもと，個々の数量の差ではなく，数量の間の乗法的な関係でみて，二つの数量の関係どうしを比べる場合があることを知っていく。

この段階では，特に，簡単な場合について，割合を用いて比べることについて指導する。簡単な場合とは，二つの数量の関係が，基準とする数量を１とみたときにもう一方の数量が，２倍，３倍，４倍などの整数で表される場合である。

「日常の生活における数量の関係に着目し」とは，日常の事象において，例えば，「生徒がある店で，買い物を頼まれたときに，値上げした異なる２種類のトマト

の値段を見比べながら，どちらがより多く値上がりしているかを考えながら購入する。」という問題場面がある。ここでは，例えばAという品種のトマト1個については「100円が200円に」なっているが，2個買うと「200円が400円に」なっている。同様に，Bという品種のトマト1個については「50円が150円に」なっているが，2個あると「100円が300円に」なっている。3個のとき…なども，同時に起こっているとみることが必要である。いずれの場合も，1個のときも2個のときも，「もとの値段」を基準とし，その大きさを1とすると，それに対する「値上げした値段」は，Aは2倍，Bは3倍に値上がりしたということができる。このように，日常の生活における簡単な場合について，基準とする数量が異なっていても，割合が変わらないとき，割合で比べることができるという数量の関係に着目することである。

また，「図や式を用いて，二つの数量の関係を考察すること」とは，日常の生活場面で，二つの数量の組について，基準量をそれぞれ決めて，基準量を1とみたときに，比較量がどれだけに当たるかを図や式で表すことである。これによって，個々の数量の大きさと混同することなく，割合を用いて，数量の二つの数量の関係どうしを比べることができるようになる。

---

D　データの活用
ア　データを表やグラフで表したり，読み取ったりすることに関わる数学的活動を通して，次の事項を身に付けることができるよう指導する。
(ア) 次のような知識及び技能を身に付けること。
　㋐　データを日時や場所などの観点から分類及び整理し，表や棒グラフで表したり，読んだりすること。
　㋑　データを二つの観点から分類及び整理し，折れ線グラフで表したり，読み取ったりすること。
　㋒　表や棒グラフ，折れ線グラフの意味やその用い方を理解すること。
(イ) 次のような思考力，判断力，表現力等を身に付けること。
　㋐　身の回りの事象に関するデータを整理する観点に着目し，表や棒グラフを用いながら，読み取ったり，考察したり，結論を表現したりすること。
　㋑　目的に応じてデータを集めて分類及び整理し，データの特徴や傾向を見付けて，適切なグラフを用いて表現したり，考察したりすること。

---

○　**データを表やグラフで表したり，読み取ったりすること**

身の回りにある事象について，日時，曜日，時間や場所などの観点から分類の

項目を選び，分かりやすく整理することを通して，表の意味を理解し，表を用いて表したり，表を読んだりする活動から始まり，やがて，表と関連付けながら，棒グラフで表すことができるようにする。さらに，数量の大小や差などを読むことに加えて，最大値や最小値を捉えたり，項目間の関係，集団のもつ全体的な特徴などを読み取ったりすることができるようにする。ここで扱う表は，例えば，人参，大根，かぼちゃなどのそれぞれの野菜の収穫数を一つにまとめた表など，一次元の表を結合して二次元の表として表した表のことである。

また，日時，曜日，時間や場所などの観点から項目を二つ選び，分類整理して表を用いて表すことを通して，そうした表を読んだりすることから始まり，やがて，例えば，横軸に時間経過，縦軸にデータの値を記入し，各時間に相当する大きさを点で表し，それらを結んだ折れ線グラフで表すことができるようにする。ここで扱う表は，例えば，月日の経過に対して降水量と気温の変化など，伴って変わる三つの変量に注目してまとめた表のことである。

こうした活動を通して，棒グラフでは，数量の大きさの違いを一目で捉えることができることに気付き，表やグラフからデータの特徴や傾向を捉えたり，考察したりしたことを，表のどの部分から，あるいはグラフのどの部分からそのように考えたりしたのかを，他の人にもわかるように伝えることができるようにする。折れ線グラフでは，時間の経過に伴ってデータがどのように変化するかなど，変化の様子を把握することができることに気付き，次第に数量の変化の特徴，連続的な変化による値の推測等の観点で読み取るなどしながら，表やグラフなどから読み取った特徴や傾向に基づいて結論を出すことができるようにする。

この二つのグラフの活用にあたっては，事象の変化や全体の傾向をつかむのに便利であることなどに気付き，例えば，一日の気温の様子を１時間ごとの目盛をとってグラフに表すとき，棒グラフと折れ線グラフのどちらを用いるとよいかを考えるなど，集めたデータと分析の目的に応じて適切なグラフや表を選択して表し，そこから読み取ることができるようにする。

### ウ　数学的活動

〔数学的活動〕
　ア　内容の「Ａ数と計算」，「Ｂ図形」，「Ｃ変化と関係」及び「Ｄデータの活用」に示す学習については，次のような数学的活動に取り組むものとする。
　　(ｱ)　身の回りの事象を観察したり，具体物を操作したりして，数学の学習に関わる活動
　　(ｲ)　日常の事象から見いだした数学の問題を，具体物や図，表及び式な

>   どを用いて解決し，結果を確かめたり，日常生活に生かしたりする活動
>   (ｳ) 問題解決した過程や結果を，具体物や図，表，式などを用いて表現し伝え合う活動

「身の回りの事象を観察したり，具体物を操作したりして，数学の学習に関わる活動」とは，身に付けた数学的な見方・考え方を働かせて対象の特徴や性質を捉えたり，対象に直接働きかけることによって新たに気付いたことや分かったことを注意深く考察しようとするなど，目的意識をもった主体的な活動のことである。

「日常の事象から見いだした数学の問題を，具体物や図，表及び式などを用いて解決し，結果を確かめたり，日常生活に生かしたりする活動」及び「問題解決した過程や結果を，具体物や図，表，式などを用いて表現し伝え合う活動」とは１段階に示す解説と同じである。

## 4 指導計画の作成と内容の取扱い
### (1) 指導計画作成上の配慮事項

>   3 指導計画の作成と内容の取扱い
>   (1) 指導計画の作成に当たっては，次の事項に配慮するものとする。

アからウまでの各事項について，小学部解説の第4節の第3の4の(1)で示す内容に準ずる。

### (2) 内容の取扱いについての配慮事項

>   (2) 2の各段階の内容の取扱いについては，次の事項に配慮するものとする。

ア及びイの各事項について，小学部解説の第4節の第3の4の(2)の①と②で示す内容に準ずる。

>   ウ １段階の内容に示す事項については，次の(ｱ)から(ｳ)までに留意するものとする。

「(ｱ)内容の「Ａ数と計算」のイについては，必要な場合には，（ ）や□などを用いることができるものとする。」とは，２段階の数量関係の指導で取り扱う

（　）や□を，指導する段階以前の１段階における筆算について学習する際に，生活経験などによる生徒の理解の状態に応じては「ある数字が入る」などという意味として暫時一般化できる場合があるということである。

「(ｲ)内容の「Ｃ測定」のア及び「Ｄデータの活用」のアについては，必要な場合には，温度計や体温計の目盛りの読み方やデータのまとめ方を取り扱うものとする。」とは，目盛りの見方やグラフを活用する機会として捉えるとともに，目的に応じて用いる計器の種類に対する理解を広げるために取り扱うということである。

「(ｳ)内容の「Ｃ測定」のアの(ｱ)の㋒については，任意の単位を用いた比較や基準容器で正確に計量する技能を指導することに配慮するものとする。」とは，例えば，こぼれた水を集めてもとに戻してから分割し直すなどすることによって，こぼさず正確に計量しようとする意識を高め，計器を適切に取り扱うことができるようにすることである。このように生徒が取り組むことによって，量の保存性に対する理解を一層深めることに役立つ。

> エ　２段階の内容に示す事項については，次の(ｱ)から(ｳ)までに留意するものとする。

「(ｱ)内容の「Ａ数と計算」のイ及びウについては，簡単な計算は暗算でできるよう配慮するものとする。また，計算の結果の見積もりについても触れるものとする。」とは，予想を立てたり，見当を付けたりしやすくすることによって，問題に対する抵抗感を少なくして，主体的に取り組めるように配慮するということである。

「(ｲ)内容の「Ｂ図形」のアの(ｱ)の基本的な図形については，定規，コンパスなどを用いて，図形をかいたり確かめたりする活動を通して，図形に関心をもたせるよう配慮するものとする。コンパスを取り扱う際には，生徒の障害の状態等に配慮するものとする。」とは，図形に対する感覚を豊かにするとともに，計器の扱いに慣れるようにしていくことを大切にし，苦手意識をもちにくくして成就感を味わうことができるようにしていくということである。

「(ｳ)内容の「Ｄデータの活用」のアについては，いろいろな表やグラフに触れるとともに，式やグラフが，事象の変化や全体の傾向をつかむのに便利であることに気付くよう配慮するものとする。」とは，生徒の理解の程度に応じて，グラフ化する目的について取り上げ，生徒が一層関心をもってグラフに関わることができるようにしていくということである。

> (3)　数学的活動の指導に当たっては，次の事項に配慮するものとする。

ア及びイの各事項について，小学部解説の第4節の第3の4の(3)で示す内容に準ずる。

## ● 第4 理科

### 1 理科の改訂の要点
#### (1) 目標の改訂の要点

中学部の理科では，小学部における生活科の目標や内容との関連を考慮し，生徒の日常生活に関係の深い自然の仕組みや働き，事物や事象を対象として内容を示してきたところである。

今回の改訂においては，目標について，「自然に親しみ，理科の見方・考え方を働かせ，見通しをもって，観察，実験を行うことなどを通して，自然の事物・現象についての問題を科学的に解決するために必要な資質・能力を次のとおり育成することを目指す」とし，育成を目指す資質・能力を「知識及び技能」，「思考力，表現力，判断力等」，「学びに向かう力，人間性等」の三つの柱に沿って次のように整理した。

「知識及び技能」として「(1) 自然の事物・現象についての基本的な理解を図り，観察，実験などに関する初歩的な技能を身に付けるようにする。」，「思考力，表現力，判断力等」として「(2) 観察，実験などを行い，疑問をもつ力と仮説を立てる力を養う。」，「学びに向かう力，人間性等」として「(3) 自然を愛する心情を養うとともに，学んだことを主体的に日常生活や社会生活などに生かそうとする態度を養う。」と規定した。

なお，1段階は小学部生活科とのつながりを，2段階は高等部理科へのつながりを考慮して設定されている。

#### (2) 内容の改訂の要点

内容は，従前の「人体」，「生物」，「事物や機械」，「自然」について，育成を目指す資質・能力と学びの連続性を踏まえ，内容を見通し，「生命」，「地球・自然」，「物質・エネルギー」の三つの区分に整理した。

各区分の内容は，次のとおりとなっている。「生命」は，身の回りの生物や人の体のつくりと運動，動物の活動や植物の成長と環境との関わりについてである。「地球・自然」は，太陽と地面の様子や雨水の行方と地面の様子，気象現象，月や星についてである。「物質・エネルギー」は，物の性質や風やゴムの力の働き，光や音の性質，磁石の性質，電気の回路，水や空気の性質についてである。

内容は，(ア)「知識及び技能」，(イ)「思考力，判断力，表現力等」の柱から示している。なお，「学びに向かう力，人間性等」については，各段階の目標に，

それぞれ示すことにした。

### (3) 指導計画の作成と内容の取扱いの要点

「3 指導計画の作成と内容の取扱い」を新たに設け，「指導計画作成上の配慮事項」，「内容の取扱いについての配慮事項」，「事故防止，薬品などの管理」によって構成した。

「指導計画作成上の配慮事項」では，特に特別支援学校小学部生活科や小学校生活科及び理科の学習を踏まえ，系統的・発展的に指導するとともに，各教科等との関連を図り，指導の効果を高めるようにするだけでなく，学習の見通しや学習の振り返りの時間の設定や情報量の調整の必要性などについて示している。

「内容の取扱いについての配慮事項」では，自然に親しむ活動や体験的な活動を多く取り入れることや，生命を尊重し，身の回りの自然環境の保全に寄与する態度を養うことなど，理科の目標の達成に向けて，実施する際の配慮事項について示している。

「事故防止，薬品などの管理」では，観察，実験などの指導に当たっての安全管理について示している。

## 2　理科の目標

> 1　目　標
>     自然に親しみ，理科の見方・考え方を働かせ，見通しをもって，観察，実験を行うことなどを通して，自然の事物・現象についての問題を科学的に解決するために必要な資質・能力を次のとおり育成することを目指す。
>     (1) 自然の事物・現象についての基本的な理解を図り，観察，実験などに関する初歩的な技能を身に付けるようにする。
>     (2) 観察，実験などを行い，疑問をもつ力と予想や仮説を立てる力を養う。
>     (3) 自然を愛する心情を養うとともに，学んだことを主体的に日常生活や社会生活などに生かそうとする態度を養う。

「自然に親しみ」とは，単に自然に触れたり，慣れ親しんだりするということだけではなく，生徒が関心や意欲をもって対象と関わることにより，自ら疑問をもち，それらを追究していく活動を行うようになることを含意している。したがって，生徒に自然の事物・現象を提示したり，自然の中に連れて行ったりする際には，生徒が対象である自然の事物・現象に関心や意欲を高めつつ，そこから問題意識を醸成するように意図的な活動の場を工夫することが必要である。

「見方・考え方」とは，資質・能力を育成する過程で生徒が働かせる「物事を捉える視点や考え方」である。

　問題解決の過程において，自然の事物・現象をどのような視点で捉えるかという「見方」については，「生命」を柱とした区分では，主として多様性と共通性の視点で捉えることを，「地球・自然」を柱とした区分では，主として時間的・空間的な視点で捉えることを，「物質・エネルギー」を柱とした区分では，主として質的・実体的な視点で捉えたり，量的・関係的な視点で捉えたりすることを，それぞれの区分における特徴的な視点として整理することができる。

　ただし，これらの特徴的な視点はそれぞれ区分固有のものではく，その強弱はあるものの，他の区分においても用いられる視点であることや，これら以外にも，理科だけでなく様々な場面で用いられる原因と結果をはじめとして，部分と全体，定性と定量などといった視点もあることに留意する必要がある。

　問題解決の過程において，どのような考え方で思考していくかという「考え方」については，生徒が問題解決の過程の中で用いる，比較，関係付け，条件制御，多面的に考えることなどといった考え方を「考え方」として整理することができる。これらの「考え方」のうち，中学部の生徒の実態を考慮し，特に「比較する」，「関係付ける」という「考え方」を働かせることにより問題解決を行うことができるようにすることが大切である。

　「比較する」とは，複数の自然の事物・現象を対応させ比べることである。具体的には，疑問をもつ際に，同時に複数の自然の事物・現象を比べたり，ある自然の事物・現象の変化を時間的な前後の関係で比べたりすることで，差異点や共通点を明らかにすることなどが考えられる。

　「関係付ける」とは，自然の事物・現象を様々な視点から結び付けることである。「関係付け」には，変化とそれに関わる要因を結び付けたり，既習の内容や生活経験と結び付けたりすることなどがある。具体的には，疑問をもったことについての予想や仮説を発想する際に，自然の事物・現象と既習の内容や生活経験とを関係付けたり，自然の事物・現象の変化とそれにかかわる要因を関係付けたりすることが考えられる。

　このような「理科の見方・考え方」を働かせ，自然の事物・現象に関わることができる生徒は，どのような視点で自然の事物・現象を捉え，どのような考え方で思考すればよいのかを自覚しながら，自然の事物・現象に関わることができるということである。それは，自然の事物・現象から生徒が見いだした疑問に対して，予想や仮説をもち，それらを追究していく活動を行うようになる「深い学び」を実現することになるのである。生徒の知的障害の状態等に配慮しつつも，生徒自らが「理科の見方・考え方」を意識的に働かせながら，繰り返し自然の事物・現象に関わることで，生徒の「見方・考え方」は豊かで確かなものになっていき，

それに伴い，育成を目指す資質・能力がさらに伸ばされていくのである。

なお，生徒は知的障害の状態等によって一律に「理科の見方・考え方」を働かせることができるわけではないことから，生徒の実態に合わせた問題解決の活動を通して，徐々にそれらを働かせることができるように指導していく必要がある。また，「見方・考え方」は，問題解決の活動を通して育成を目指す資質・能力としての「知識」や「思考力，判断力，表現力等」とは異なることに留意が必要である。

「見通しをもって」とは，生徒が自然に親しむことによって見いだした疑問に対して，予想や仮説をもち，それらを基にして観察，実験などの解決方法を理解したり検討したりして，具体的に確認していくことである。

その際，生徒の知的障害の状態等に配慮するとともに，情報量の調整を行ったり，情報の整理をサポートしたりするなどして，予想や仮説の基になる根拠の見いだし方を指導していくことが必要となる。

生徒が見通しをもつことにより，予想や仮説と観察，実験の結果の一致，不一致が明確になる。両者が一致した場合には，生徒は予想や仮説を確認したことになる。一方，両者が一致しない場合には，生徒は予想や仮説を振り返り，それらを見直し，再検討を加えることになる。いずれの場合でも，予想や仮説の妥当性を検討したという意味において意義があり，価値があるものである。このような過程を通して，生徒は，自らの考えを大切にしながらも，他者の考えや意見を受け入れ，様々な視点から自らの考えを柔軟に見直そうとする態度を身に付けることになると考えられる。

なお，生徒がもつ見通しは一律ではなく，生徒の発達や状況によってその精緻さなどが異なるものであることから，十分配慮する必要がある。また，数値を用いる場合には，数量概念の形成にも配慮する必要がある。

「観察，実験を行うことなど」については，以下のような意義が考えられる。

理科の観察，実験などの活動は，生徒が自ら目的，問題意識をもって意図的に自然の事物・現象に働きかけていく活動である。そこでは，生徒は自らの予想や仮説に基づいて，観察，実験などの方法を工夫して考えることになる。観察，実験などの方法は，予想や仮説を自然の事物・現象で検討するための手続き・手段であり，理科における重要な検討の形式として考えることができる。

なお，「観察，実験を行うことなど」の「など」には，観察，実験の結果を基に考察する活動，結論を導きだす活動が含まれる。

「初歩的な技能」とは，観察，実験に必要な器具や機器などの基本的な扱いや，観察，実験の過程やそこから得られた結果を適切に記録することである。その際，生徒の障害の状態等に応じて，器具や機器の扱い方を工夫したり教師等の援助を受けたりすることも含んでいる。生徒が問題解決の過程において，解決したい問

題に対する結論を導き出す際，重要になるのは，観察，実験の結果である。観察，実験などに関する技能を身に付けることは，自然の事物・現象についての理解や問題解決の力の育成に関わる重要な資質・能力の一つである。

「自然の事物・現象についての問題を科学的に解決する」とは，自然の事物・現象についての問題を，実証性，再現性，客観性などといった条件を検討する手続きを重視しながら解決していくということと考えられる。

このような手続きを重視するためには，主体的で対話的な学びが欠かせない。生徒は，問題解決の活動の中で，互いの考えを尊重しながら話し合い，自然の事物・現象についての考えを，少しずつ科学的なものに変容させていくのである。

なお，生徒の表現力や表現方法は一律でないことから，対話的な活動となるように，必要に応じて支援することも考慮しなければならない。

「(1)自然の事物・現象についての基本的な理解」とは，既習の内容や生活経験，そして観察，実験などの結果から導き出した結論との意味付け・関係付けを行っていくといった問題解決の過程を通して，自然の事物・現象の性質や基本的な規則性などを把握していくことである。

「(1)観察，実験などに関する初歩的な技能」とは，器具や機器などを目的に応じて扱うことであり，さらに，観察，実験の過程やそこから得られた結果を画像記録や動画記録などを使って確認したり，記録したりすることである。

なお，「観察，実験など」の「など」には，観察，実験の他に自然の性質や規則性を適用したものづくりや，栽培，飼育の活動が含まれる。

「(2)観察，実験などを行い，疑問をもつ力と予想や仮説を立てる力」とは，自然の事物・現象に親しむ中で興味や関心をもち，そこから疑問を見いだしたりし，その問題についての予想や仮説を立てる力である。

1段階では，主に差異点や共通点を基に，疑問をもつといった問題解決の力の育成を目指している。この力を育成するためには，複数の自然の事物・現象を比較し，その差異点や共通点を捉えることが重要となる。2段階では，主に既習の内容や生活経験を基に，予想や仮説を立てるといった問題解決の力の育成を目指している。この力を育成するためには，自然の事物・現象同士を関係付けたり，自然の事物・現象と既習の内容や生活経験と関係付けたりすることが重要となる。

これらの問題解決の力は，その段階で中心的に育成するものであるが，実際の指導に当たっては，他の段階で掲げている問題解決の力の育成についても十分に配慮することや，内容区分や単元の特性によって扱い方が異なること，高等部における学習につなげていくことにも留意する必要がある。

「(3)自然を愛する心情を養うとともに，学んだことを主体的に日常生活や社会生活などに生かそうとする態度」とは以下のように考えることができる。

生徒は，植物の栽培や昆虫の飼育という体験活動を通して，その成長を喜んだ

り，昆虫の活動の不思議さやおもしろさを感じたりする。また，植物を大切に育てていたにもかかわらず枯れてしまったり，昆虫を大切に育てたのに死んでしまったりするような体験をすることもある。このような体験を通して，その意義を生徒に振り返らせることにより，生物を愛護しようとする態度が育まれてくる。

理科では，このような体験を通して，自然を愛する心情を育てることが大切であることは言うまでもない。ただし，その際，人間を含めた生物が生きていくためには，水や空気，食べ物，太陽のエネルギーなどが必要なことなどの理解も同時に大切にする必要がある。

さらに，実験などを通して自然の秩序や規則性などに気付くことも，自然を愛する心情を育てることにつながると考えられる。

「学んだことを主体的に日常生活や社会生活などに生かそうとする態度」とは，関心や意欲をもって対象と関わることによって見いだした疑問を，見通しをもって調べていく過程において，日常生活を見直したり，学んだことを日常生活や社会生活に当てはめてみようとしたりする態度のことである。理科では，このような態度の育成を目指していくことが大切である。

| 学部 | 段階 | 生命 | | |
|---|---|---|---|---|
| | | 生物の構造と機能 | 生命の連続性 | 生物と環境の関わり |
| 中学部 | 1段階 | 身の回りの生物<br>・生物の姿の違い<br>・昆虫や植物の育ち方 | | |
| | 2段階 | 人の体のつくりと運動<br>・骨と筋肉<br>・骨と筋肉の働き | 季節と生物<br>・動物の活動と季節<br>・植物の成長と季節 | |

| 学部 | 段階 | 地球・自然 | | |
|---|---|---|---|---|
| | | 地球の内部と地表面の変動 | 地球の大気と水の循環 | 地球と天体の運動 |
| 中学部 | 1段階 | | 太陽と地面の様子<br>・日陰の位置<br>・地面の暖かさの違い | |
| | 2段階 | 雨水の行方と地面の様子<br>・地面の傾きによる水の流れ<br>・土の粒の大きさと水のしみ込み方 | 天気の様子<br>・天気による1日の気温の変化<br>・水の自然蒸発 | 月と星<br>・月の形と位置の変化<br>・星の明るさ,色 |

| 学部 | 段階 | 物質(粒子)・エネルギー | | | | | | |
|---|---|---|---|---|---|---|---|---|
| | | 粒子の存在 | 粒子の結合 | 粒子の保存性 | 粒子のもつエネルギー | エネルギーの捉え方 | エネルギーの変換と保存 | エネルギー資源の有効利用 |
| 中学部 | 1段階 | | | 物と重さ<br>・形と重さ<br>・体積と重さ | | 風やゴムの力の働き<br>・風の力の働き<br>・ゴムの力の働き | 光や音の性質<br>・光の当たり方と明るさや暖かさ<br>・音の伝わり方 | 磁石の性質<br>・磁石に引き付けられる物<br>・異極と同極 | 電気の通り道<br>・電気を通すつなぎ方<br>・電気を通す物 | |
| | 2段階 | | | | 水や空気と温度<br>・温度と体積の変化<br>・水の三態変化 | | | |

図1 中学部理科の「生命」,「地球・自然」,「物質・エネルギー」の内容と小学校・中学校理科の柱との関係性

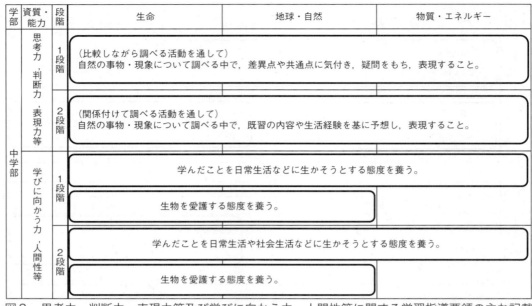

図2 思考力，判断力，表現力等及び学びに向かう力，人間性等に関する学習指導要領の主な記載

### 3 各段階の目標及び内容

　各段階の目標の違いについては，「差異点や共通点に気付き，疑問をもつ力」（1段階）と「疑問をもったことについて既習の内容や生活経験を基に予想する力」（2段階），「進んで調べ」（1段階）と「見いだした疑問を進んで調べ」（2段階），「学んだことを日常生活などに生かそうとする態度」（1段階）と「態度や学んだことを日常生活や社会生活などに生かそうとする態度」（2段階）という点がある。

　各段階の内容の違いについては，「比較しながら調べる活動」（1段階）と「関係付けて調べる活動」（2段階），「差異点や共通点に気付き，〜についての疑問をもち」（1段階）と「見いだした疑問について，既習の内容や生活経験を基に予想し」（2段階）という点がある。

### (1) 1段階の目標と内容
#### ア 目標

○1段階
(1) 目　標
　A　生命
　　ア　身の回りの生物の様子について気付き，観察，実験などに関する初歩的な技能を身に付けるようにする。
　　イ　身の回りの生物の様子から，主に差異点や共通点に気付き，疑問をもつ力を養う。
　　ウ　身の回りの生物の様子について進んで調べ，生物を愛護する態度

アの「生物の様子について気付き」とは，身の回りの生物を探したり育てたりする中で，これらの様子や周辺の環境，成長の過程などに気付くことである。

　イの「差異点や共通点に気付き，疑問をもつ」とは，生物の姿や昆虫，植物の育ち方などについての差異点や共通点に気付き，疑問をもつということである。

　ウの「学んだことを日常生活などに生かそうとする」とは，生物の様子について学んだことを，身の回りの中で見つけようとすることなどである。

---

B　地球・自然
ア　太陽と地面の様子について気付き，観察，実験などに関する初歩的な技能を身に付けるようにする。
イ　太陽と地面の様子から，主に差異点や共通点に気付き，疑問をもつ力を養う。
ウ　太陽と地面の様子について進んで調べ，学んだことを日常生活などに生かそうとする態度を養う。

---

　アの「太陽と地面の様子について気付き」とは，日陰は太陽の光を遮るとできることや，地面は太陽によって温められ，日なたと日陰では地面の暖かさに違いがあることなど，太陽と地面の様子との関係に気付くことである。

　イの「差異点や共通点に気付き，疑問をもつ」とは，影や日陰のできる位置や日なたや日陰の暖かさなどについての差異点や共通点に気付き，疑問をもつということである。

　ウの「学んだことを日常生活などに生かそうとする」とは，太陽と地面の様子について学んだことを，身の回りの中で見つけようとすることなどである。

---

C　物質・エネルギー
ア　物の性質，風やゴムの力の働き，光や音の性質，磁石の性質及び電気の回路について気付き，観察，実験などに関する初歩的な技能を身に付けるようにする。
イ　物の性質，風やゴムの力の働き，光や音の性質，磁石の性質及び電気の回路から，主に差異点や共通点に気付き，疑問をもつ力を養う。
ウ　物の性質，風やゴムの力の働き，光や音の性質，磁石の性質及び電気の回路について進んで調べ，学んだことを日常生活などに生かそうとする態度を養う。

アの「物の性質（について気付き）」とは，粘土などを使い，物は，形が変わっても重さは変わらないことや，体積が同じでも重さは違うことがあることなど，物の形や体積と重さとの関係に気付くことである。

　アの「風やゴムの力の働き（について気付き）」とは，風やゴムで動く台車などを使い，風やゴムの力が，物を動かすことができることや，力の大きさを変えると，物が動く様子が変わることなど，風やゴムの力の働きに気付くことである。

　アの「光や音の性質（について気付き）」とは，鏡や楽器などを使い，物に日光を当てると，物の明るさや暖かさが変わることや，物から音が出たり伝わったりするときに物が震えていることなど，光や音の性質に気付くことである。

　アの「磁石の性質（について気付き）」とは，磁石を使い，磁石に引き付けられる物と引き付けられない物があることや，磁石の異極は引き合い，同極は退け合うことなど，磁石の性質に気付くことである。

　アの「電気の回路について気付き」とは，乾電池と豆電球などを使い，電気を通すつなぎ方と通さないつなぎ方があることや，電気を通す物と通さない物があることなど，電気の回路に気付くことである。

　イの「差異点や共通点に気付き，疑問をもつ」とは，物の形や体積と重さ，風やゴムの力と物の動く様子，光を当てたときの明るさや暖かさ，磁石を身の回りの物に近付けたときの様子，乾電池と豆電球などのつなぎ方と乾電池につないだ物の様子などについての差異点や共通点に気付き，疑問をもつということである。

　ウの「学んだことを日常生活などに生かそうとする」とは，物の性質，風やゴムの力の働き，光や音の性質，磁石の性質及び電気の回路について学んだことを，身の回りの中で見つけようとすることなどである。

イ　内容
A　生命

> (2) 内　容
> 　A　生命
> 　　ア　身の回りの生物
> 　　　身の回りの生物について，探したり育てたりする中で，生物の姿に着目して，それらを比較しながら調べる活動を通して，次の事項を身に付けることができるよう指導する。
> 　　(ｱ)　次のことを理解するとともに，観察，実験などに関する初歩的な技能を身に付けること。
> 　　　㋐　生物は，色，形，大きさなど，姿に違いがあること。
> 　　　㋑　昆虫や植物の育ち方には一定の順序があること。

(ｲ) 身の回りの生物について調べる中で，差異点や共通点に気付き，生物の姿についての疑問をもち，表現すること。

**（内容の取扱い）**

(3) 内容の取扱い
ア　(2)の「A生命」のアの「身の回りの生物」については，次のとおり取り扱うものとする。
(ｱ) (ｱ)の㋑については，飼育，栽培を通して行うこと。
(ｲ) (ｱ)の㋑の「植物の育ち方」については，夏生一年生の双子葉植物を扱うこと。

ここでは，生徒が身の回りの生物について探したり育てたりする中で，これらの様子や成長の過程に着目して，それらを比較しながら，生物と環境との関わり，昆虫や植物の成長のきまりを調べる活動を通して，それらについての基本的な理解を図り，観察，実験などに関する初歩的な技能を身に付けるとともに，主に差異点や共通点に気付き，疑問をもつ力や生物を愛護する態度，日常生活などに生かそうとする態度を育成することがねらいである。

(ｱ)の「次のことを理解するとともに，観察，実験などに関する初歩的な技能を身に付ける」とは，㋐では，生徒の身の回りに見られる様々な生物の色，形，大きさなどの特徴について調べる活動を通して，生物にはそれぞれに固有の形態があることについての理解を図り，観察，実験などに関する初歩的な技能を身に付けることである。なお，タンポポやチューリップなどの様々な種類の植物やアリやカエルなどの様々な種類の動物を観察する際に，見たり，触れたり，においを感じたりするなど直接観察することを通して，諸感覚で確認することも重要である。

㋑では，様々な昆虫の成長の過程や成長による体の変化を調べる活動を通して，昆虫の育ち方には，「卵→幼虫→蛹→成虫」というような一定の順序があることについての理解を図り，図や絵，映像などに記録するなどの観察，実験などに関する初歩的な技能を身に付けることである。観察，実験などの際，「卵→幼虫→成虫」などの変態の仕方が違う昆虫を用意して，比較することも考えられる。また，植物の成長の過程や成長による体の変化を調べる活動を通して，植物の育ち方には，種子から発芽し子葉が出て，葉がしげり，花が咲き，花が果実になった後に個体は枯死するという一定の順序があることの理解を図る。その際，生徒の実態に応じて，図や絵，映像などに記録することが考えられる。

これらの飼育・栽培は，飼育や栽培が簡単で，身近に見られるもので，昆虫や

夏生一年生の双子葉植物を扱うようにし，日常生活の指導の中で，係活動として学習するなどして，継続的に取り組むなどの工夫が考えられる。また，生活科の学習との関連を考慮しながら，理科の学習の基盤となる自然体験活動の充実を図り，生徒の野外での発見や気付きを大切にする。観察の際は，直接観察することに加え，細かい部分を拡大するなどして，生物の特徴を図や絵で記録するなど，身の回りの生物について考えたり，説明したりする活動の充実を図るようにする。その際，例えば，虫眼鏡などの器具の使用が考えられる。

(ｲ)の「差異点や共通点に気付き」とは，例えば，生物の姿，昆虫や植物の育ち方などについて，違う点や同じ点に気付くことである。

(ｲ)の「疑問をもち」とは，例えば，「虫の形は全部違うのかな」や「この花はこの後にどうなるのかな」といった考えをもつことである。

なお，野外での学習に際しては，毒をもつ生物に注意するとともに事故に遭わないように安全に配慮するように指導する。さらに，自然環境の中で，生物の採取は必要最小限にとどめるなど，生態系の維持に配慮するようにし，環境保全の態度を育てるようにする。

### B　地球・自然

ア　太陽と地面の様子

太陽と地面の様子との関係について，日なたと日陰の様子に着目して，それらを比較しながら調べる活動を通して，次の事項を身に付けることができるよう指導する。

(ｱ) 次のことを理解するとともに，観察，実験などに関する初歩的な技能を身に付けること。

㋐　日陰は太陽の光を遮るとできること。

㋑　地面は太陽によって暖められ，日なたと日陰では地面の暖かさに違いがあること。

(ｲ) 日なたと日陰の様子について調べる中で，差異点や共通点に気付き，太陽と地面の様子との関係についての疑問をもち，表現すること。

**（内容の取扱い）**

イ　(2)の「B地球・自然」のアの「太陽と地面の様子」については，太陽の位置は，東から南，西へと変化することを取り扱うものとする。

ここでは，生徒が，日なたと日陰の様子に着目して，それらを比較しながら，

太陽の位置と地面の様子を調べる活動を通して，それらについての基本的な理解を図り，観察，実験などに関する初歩的な技能を身に付けるようにするとともに，主に差異点や共通点に気付き，疑問をもつ力や学んだことを日常生活に生かそうとする態度を育成することがねらいである。

(ア)の「次のことを理解するとともに，観察，実験などに関する初歩的な技能を身に付ける」とは，㋐では，建物によってできる日陰や物によってできる影の位置，太陽と日陰や影の位置について調べる活動を通して，日陰は太陽の光を遮るとできることについての理解を図り，観察，実験などに関する初歩的な技能を身に付けることである。観察，実験などの際，資料や映像で調べるだけでなく，実際に校庭などで日陰や影を観察し，太陽や影の位置について，地面に描いたり，方位磁針を用いて方位を調べたりすることが考えられる。また，雲が太陽の光を遮ることから，曇っているときには影や日陰ができないことを確かめる活動も考えられる。

㋑では，太陽の光が当たっている地面と当たっていない地面の暖かさや地面の様子について調べる活動を通して，地面は太陽によって暖められ，日なたと日陰では地面の暖かさに違いがあることについての理解を図り，観察，実験などに関する初歩的な技能を身に付けることである。観察，実験などの際，手や足で地面に触れて感じとったり，温度計を用いて地面の温度を測定したりすることが考えられる。また，地面は太陽によって暖められることを捉えるため，太陽の光がよく当たる場所で，朝と昼頃の日なたの地面の温度を測定し，測定結果を数値化することなども考えられる。

(イ)の「差異点や共通点に気付き」とは，例えば，太陽と日陰や影の位置や，日なたと日陰の暖かさなどについて，違う点や同じ点に気付くことである。

(イ)の「疑問をもち」とは，例えば，「日陰や影ができる向きにはきまりがあるのかな」や，「どこの日なたも日陰より暖かいのかな」といった考えをもつことなどである。

なお，太陽の観察においては，JIS規格の遮光板を必ず用いるようにし，安全に配慮するように指導する。また，方位については，日常生活や他教科との関連を図り，日常生活において使えるようにする。

### C 物質・エネルギー

ア 物と重さ
物の性質について，形や体積に着目して，重さを比較しながら調べる活動を通して，次の事項を身に付けることができるよう指導する。
(ア) 次のことを理解するとともに，観察，実験などに関する初歩的な技能

>     を身に付けること。
>     ㋐ 物は，形が変わっても重さは変わらないこと。
>     ㋑ 物は，体積が同じでも重さは違うことがあること。
>   (イ) 物の形や体積と重さとの関係について調べる中で，差異点や共通点に気付き，物の性質についての疑問をもち，表現すること。

　ここでは，生徒が，物の形や体積に着目して，重さを比較しながら，物の性質を調べる活動を通して，それらについての基本的な理解を図り，観察，実験などに関する初歩的な技能を身に付けるとともに，主に差異点や共通点に気付き，疑問をもつ力や学んだことを日常生活に生かそうとする態度を育成することがねらいである。

　(ア)の「次のことを理解するとともに，観察，実験などに関する初歩的な技能を身に付ける」とは，㋐では，粘土やアルミニウム箔，新聞紙など，数種の身の回りにある形の変えられる物を，広げたり，いくつかに分けて丸めたりすることで形を変え，そのときの重さの違いを調べる活動を通して，物は，形が変わっても重さは変わらないことについての理解を図り，観察，実験などに関する初歩的な技能を身に付けることである。観察，実験などの際，生徒の実態に応じて，自動上皿はかりを用いて，重さを数値化し，その結果を記録したり，表に整理したりすることが考えられる。

　㋑では，身の回りにある粘土や砂などの物を，容器などを用いて体積を同じにし，そのときの重さの違いを調べる活動を通して，物は，体積が同じでも重さは違うことがあることについての理解を図り，観察，実験などに関する初歩的な技能を身に付けることである。観察，実験などの際，生徒の実態に応じて，てんびんを用いて比べたり，自動上皿はかりを用いて重さを数値化したりすることが考えられる。さらに，同体積の木球や樹脂球，金属球などを用いたり，身の回りにあるいろいろな物を測定したりして，重さの違いを調べることも考えられる。

　(イ)の「差異点や共通点に気付き」とは，例えば，身の回りにある形の変えられる物の形を変えたときの重さや，身の回りにある物の体積を同じにしたときの重さなどについて，違う点や同じ点に気付くことである。

　(イ)の「疑問をもち」とは，例えば，「形を変えると重さは変わるのかな」や，「体積を同じにしたら重さは同じになるのかな」といった考えをもつことである。

　なお，測定に際して，機器の使用や重さの単位については，他教科の学習との関連を図るようにする。

>   イ　風やゴムの力の働き
>     風やゴムの力の働きについて，力と物の動く様子に着目して，それらを

比較しながら調べる活動を通して，次の事項を身に付けることができるよう指導する。
(ｱ) 次のことを理解するとともに，観察，実験などに関する初歩的な技能を身に付けること。
㋐ 風の力は，物を動かすことができること。また，風の力の大きさを変えると，物が動く様子も変わること。
㋑ ゴムの力は，物を動かすことができること。また，ゴムの力の大きさを変えると，物が動く様子も変わること。
(ｲ) 風やゴムの力で物が動く様子について調べる中で，差異点や共通点に気付き，風やゴムの力の働きについての疑問をもち，表現すること。

ここでは，生徒が，風とゴムの力と物の動く様子に着目して，それらを比較しながら，風とゴムの力の働きを調べる活動を通して，それらについての基本的な理解を図り，観察，実験などに関する初歩的な技能を身に付けるとともに，主に差異点や共通点に気付き，疑問をもつ力や学んだことを日常生活に生かそうとする態度を育成することがねらいである。

(ｱ)の「次のことを理解するとともに，観察，実験などに関する初歩的な技能を身に付ける」とは，㋐では，風の力で動く物をつくり，うちわや板目紙などを用いて，物に風を当てたときの力の大きさと物の動く様子について調べる活動を通して，風の力は，物を動かすことができることや，風の力の大きさを変えると，物が動く様子も変わることについての理解を図り，観察，実験などに関する初歩的な技能を身に付けることである。

㋑では，ゴムの力で動く物をつくり，長さや太さが同じゴムを複数束ねたり，引っ張る長さを変えたりしたときの元に戻ろうとする力の大きさについて調べる活動を通して，ゴムの力は，物を動かすことができることや，ゴムの力の大きさを変えると，物が動く様子も変わることについての理解を図り，観察，実験などに関する初歩的な技能を身に付けることである。観察，実験などの際，生徒の実態に応じて，風の強さやゴムの伸びなどと物の動きとの関係を簡単な表や画像，動画記録などを使って整理することや，移動させた距離を測ったり，紙テープなどを用いて比べたりすることが考えられる。

(ｲ)の「差異点や共通点に気付き」とは，例えば，風やゴムの力によって物が動くときの様子などについて，違う点や同じ点に気付くことである。

(ｲ)の「疑問をもち」とは，例えば，「風を強くしたら，たくさん物が動くのかな」や「ゴムをたくさん引くと，たくさん物が動くのかな」といった考えをもつことである。

なお，風の強さを変えるには送風機を用いることなども考えられるが，生徒の

実態から判断する必要がある。また，ゴムを扱う際には生徒の実態を考慮し，安全な使用に配慮するように指導する。

> ウ　光や音の性質
> 　　光や音の性質について，光を当てたときの明るさや暖かさ，音を出したときの震え方に着目して，光の強さや音の大きさを変えたときの違いを比較しながら調べる活動を通して，次の事項を身に付けることができるよう指導する。
> 　(ｱ)　次のことを理解するとともに，観察，実験などに関する初歩的な技能を身に付けること。
> 　　㋐　日光は直進すること。
> 　　㋑　物に日光を当てると，物の明るさや暖かさが変わること。
> 　　㋒　物から音が出たり伝わったりするとき，物は震えていること。
> 　(ｲ)　光を当てたときの明るさや暖かさの様子，音を出したときの震え方の様子について調べる中で，差異点や共通点に気付き，光や音の性質についての疑問をもち，表現すること。

　ここでは，生徒が，光を当てたときの明るさや暖かさ，音を出したときの震え方に着目して，光の強さや音の大きさを変えたときの現象の違いを比較しながら，光と音の性質について調べる活動を通して，それらについての基本的な理解を図り，観察，実験などに関する初歩的な技能を身に付けるとともに，主に差異点や共通点に気付き，疑問をもつ力や学んだことを日常生活に生かそうとする態度を育成することがねらいである。

　(ｱ)の「次のことを理解するとともに，観察，実験などに関する初歩的な技能を身に付ける」とは，㋐では，平面鏡などに日光を当てたときの，平面鏡の向きや光の様子について調べる活動を通して，日光は直進することについての理解を図り，観察，実験などに関する初歩的な技能を身に付けることである。観察，実験などの際，平面鏡の代わりに，アルミニウム板などの光を反射させることができる物の使用が考えられる。

　㋑では，光を当てたときの物の明るさや暖かさについて調べる活動を通して，物に日光を当てると，物の明るさや暖かさが変わることについての理解を図り，観察，実験などに関する初歩的な技能を身に付けることである。観察，実験などの際，生徒の実態に応じて，放射温度計やデジタルサーモテープなどを利用することが考えられる。

　㋒では，身の回りにある物を使って音を出したときの物の震え方や音の大きさを変えたときの現象の違いについて調べる活動を通して，物から音が出たり伝

わったりするときは物が震えていることについての理解を図り，観察，実験などに関する初歩的な技能を身に付けることである。観察，実験などの際，音の大きさと物の震え方との関係を捉える道具については，生徒が扱いやすい打楽器などが考えられる。また，音の伝わりを捉える活動としては，鉄棒，糸電話を使うことなどが考えられる。また，それらの結果を生徒の実態に応じた方法で記録したり，簡単な表で整理したりすることが考えられる。

(ｲ)の「差異点や共通点に気付き」とは，例えば，日光の進み方や物が音を出すときの様子などについて，違う点や同じ点に気付くことである。

(ｲ)の「疑問をもち」とは，例えば，「いつも影絵の形は手の形と同じになるのかな」や「楽器以外の音が出る物の場合も同じなのかな」といった考えをもつことである。

生活との関連として，光の反射が照明の反射板に活用されていることやスピーカーなどから音が出るときそれが震えていることを取り上げることが考えられる。

なお，平面鏡などを扱う際には，破損して，指を切ったり手を傷つけたりする危険が伴うので，その扱い方には十分気を付けるようにする。

エ　磁石の性質

磁石の性質について，磁石を身の回りの物に近付けたときの様子に着目して，それらを比較しながら調べる活動を通して，次の事項を身に付けることができるよう指導する。

(ｱ) 次のことを理解するとともに，観察，実験などに関する初歩的な技能を身に付けること。

㋐　磁石に引き付けられる物と引き付けられない物があること。

㋑　磁石の異極は引き合い，同極は退け合うこと。

(ｲ) 磁石を身の回りの物に近付けたときの様子について調べる中で，差異点や共通点に気付き，磁石の性質についての疑問をもち，表現すること。



ここでは，生徒が，磁石を身の回りの物に近付けたときの様子に着目して，それらを比較しながら，磁石の性質について調べる活動を通して，それらについての基本的な理解を図り，観察，実験などに関する初歩的な技能を身に付けるとともに，主に差異点や共通点に気付き，疑問をもつ力や学んだことを日常生活に生かそうとする態度を育成することがねらいである。

(ｱ)の「次のことを理解するとともに，観察，実験などに関する初歩的な技能を身に付ける」とは，㋐では，磁石を身の回りの物に近付けたときの物の様子や特徴について調べる活動を通して，磁石に引き付けられる物と引き付けられない

物があることについての理解を図り，観察，実験などに関する初歩的な技能を身に付けることである。観察，実験などの際，磁石に引き付けられる物や引き付けられない物を調べること，また，磁石に物が引き付けられる力を手ごたえなどで感じとったり，磁石を方位磁針に近付けて，その動き方を調べたりすることが考えられる。

㋑では，二つの磁石を近付け，磁石が相互に引き合ったり，退け合ったりする様子について調べる活動を通して，磁石の異極は引き合い，同極は退け合うことについての理解を図り，観察，実験などに関する初歩的な技能を身に付けることである。観察，実験などの際，磁石の極を調べたり，磁石に引き付けられる物，引き付けられない物を調べたりする際に，生徒の実態に応じて，実験の結果を簡単な表などに分類，整理することが考えられる。

㋐と㋑で扱う対象は，生徒が扱いやすい棒磁石やU字型磁石などが考えられる。

(イ)の「差異点や共通点に気付き」とは，例えば，磁石を身の回りの物に近付けたときの物の様子や，二つの磁石を近付けたときの磁石の様子などについて，違う点や同じ点に気付くことである。

(イ)の「疑問をもち」とは，例えば，「どんな物が磁石に引き付けられるのかな」といった考えをもつことである。

生活との関連として，身の回りの道具などには，磁石の性質を利用した物が多数あることを取り上げることが考えられる。

なお，磁石を使用する際には，コンピュータなど磁気の影響を受けやすい物に近付けないなど，適切な取扱いについて指導する。

> オ　電気の通り道
> 　　電気の回路について，乾電池と豆電球などのつなぎ方と，乾電池につないだ物の様子に着目して，電気を通すときと通さないときのつなぎ方を比較しながら調べる活動を通して，次の事項を身に付けることができるよう指導する。
> 　(ア)　次のことを理解するとともに，観察，実験などに関する初歩的な技能を身に付けること。
> 　　㋐　電気を通すつなぎ方と通さないつなぎ方があること。
> 　　㋑　電気を通す物と通さない物があること。
> 　(イ)　乾電池と豆電球などをつないだときの様子について調べる中で，差異点や共通点に気付き，電気の回路についての疑問をもち，表現すること。

ここでは，生徒が，乾電池と豆電球などのつなぎ方と乾電池につないだ物の様子に着目して，電気を通すときと通さないときのつなぎ方を比較しながら，電気

の回路について調べる活動を通して，それらについての基本的な理解を図り，観察，実験などに関する初歩的な技能を身に付けるとともに，主に差異点や共通点に気付き，疑問をもつ力や学んだことを日常生活に生かそうとする態度を育成することがねらいである。

(ｱ)の「次のことを理解するとともに，観察，実験などに関する初歩的な技能を身に付ける」とは，㋐では，１個の乾電池と１個の豆電球などを導線でつないだときの，つなぎ方と豆電球などの様子について調べる活動を通して，回路ができると電気が通り，豆電球などが動作することについての理解を図り，観察，実験などに関する初歩的な技能を身に付けることである。観察，実験などの際，豆電球などが動作するつなぎ方と動作しないつなぎ方を調べることが考えられる。

㋑では，回路の一部に，身の回りにあるいろいろな物を入れたときの豆電球などの様子について調べる活動を通して，物には電気を通す物と通さない物があることについての理解を図り，観察，実験などに関する初歩的な技能を身に付けることである。観察，実験などの際，電気を通す物や通さない物を調べることである。また，電気を通す物と通さない物を調べる際に，実験の結果を簡単な表や画像記録などを使って整理することが考えられる。

ここで扱う対象としては，身の回りにある物で，鉄やアルミニウム，ガラスや木などが考えられる。

(ｲ)の「差異点や共通点に気付き」とは，例えば，乾電池と豆電球などのつなぎ方，乾電池につないだ物の様子について，違う点や同じ点に気付くことである。

(ｲ)の「疑問をもち」とは，例えば，「どのようにつなぐと豆電球に明かりがつくのかな」や「どんな物が電気を通すのかな」といった考えをもつことである。

なお，豆電球を使わないで，乾電池の二つの極を直接導線でつなぐことのないようにするなど，安全に配慮するように指導する。

**(内容の取扱い)**

ウ　(2)の「Ｃ物質・エネルギー」の指導に当たっては，ものづくりを通して行うよう配慮すること。

風やゴムの力の働きを活用したものづくりとしては，風やゴムの力を動力に変換するという観点から，例えば，風やゴムの力で動く自動車や風車などが考えられる。

光の性質を活用したものづくりとしては，日光により物の明るさや暖かさが変わるという観点から，例えば，平面鏡を使って物を明るくしたり暖かくしたりする装置などが考えられる。

音の性質を活用したものづくりとしては，音は，様々な物が震えることで伝わ

るという観点から，例えば，離れた場所や同時に複数の場所に音声を伝える糸電話などが考えられる。

磁石の性質を活用したものづくりとしては，磁石の異極は引き合い，同極は退け合うという観点から，例えば，極の働きや性質を使って動かす自動車や船などが考えられる。

乾電池や豆電球などを使った，電気の性質を活用したものづくりとしては，回路ができると電気が通るという観点から，例えば，回路につないだ豆電球などを動作させたり止めたりするスイッチ，電気を通す物であるかどうかを調べるテスターなどが考えられる。

### (2) 2段階の目標と内容
#### ア　目標

> ○ 2段階
> (1) 目標
>   A　生命
>   ア　人の体のつくりと運動，動物の活動や植物の成長と環境との関わりについての理解を図り，観察，実験などに関する初歩的な技能を身に付けるようにする。
>   イ　人の体のつくりと運動，動物の活動や植物の成長と環境との関わりについて，疑問をもったことについて既習の内容や生活経験を基に予想する力を養う。
>   ウ　人の体のつくりと運動，動物の活動や植物の成長と環境の関わりについて見いだした疑問を進んで調べ，生物を愛護する態度や学んだことを日常生活や社会生活などに生かそうとする態度を養う。

アの「人の体のつくりと運動（についての理解を図り）」とは，人の体には骨と筋肉があることや，人の体を動かすことができるのは，骨，筋肉の動きによることなど，人や他の動物について，骨や筋肉のつくりと働きとの関係について理解することである。

アの「動物の活動や植物の成長と環境との関わりについての理解を図り」とは，動物の活動や成長は，暖かい季節，寒い季節などによって違いがあることなど，身近な動物や植物について，動物の活動や植物の成長と季節の変化との関係について理解することである。

イの「既習の内容や生活経験を基に予想する」とは，既習の内容や生活経験を基に，骨や筋肉の働き，動物の活動や植物の成長の様子と季節の変化との関係な

どについて予想することである。

ウの「学んだことを日常生活や社会生活などに生かそうとする」とは，人の体のつくりと運動，動物の活動や植物の成長と環境とのかかわりについて学んだことを，身の回りや社会の中で見つけようとすることなどである。

> B　地球・自然
> ア　雨水の行方と地面の様子，気象現象，月や星についての理解を図り，観察，実験などに関する初歩的な技能を身に付けるようにする。
> イ　雨水の行方と地面の様子，気象現象，月や星について，疑問をもったことについて既習の内容や生活経験を基に予想する力を養う。
> ウ　雨水の行方と地面の様子，気象現象，月や星について見いだした疑問を進んで調べ，学んだことを日常生活や社会生活などに生かそうとする態度を養う。

アの「雨水の行方と地面の様子（についての理解を図り）」とは，水は，高い場所から低い場所へと流れて集まることや，水のしみ込み方は，土の粒の大きさによって違いがあることなど，雨水の行方と地面の様子について，それらと地面の傾きや土の粒の大きさとの関係について理解することである。

アの「気象現象（についての理解を図り）」とは，天気によって1日の気温の変化の仕方に違いがあることや，水は，水面や地面などから蒸発し，水蒸気になって空気中に含まれていくことなど，天気や自然界の水の様子について，それらと天気の様子や水の状態変化との関係について理解することである。

アの「月や星（についての理解を図り）」とは，月は日によって形が変わって見え，1日のうちでも時刻によって位置が変わることや，空には，明るさや色の違う星があることなど，月や星の特徴について，それらの位置の変化と時間の経過との関係について理解することである。

イの「既習の内容や生活経験を基に予想する」とは，既習の内容や生活経験を基に，雨水と地面の様子や気温と天気との関係，月の形と位置の変化などについて予想することである。

ウの「学んだことを日常生活や社会生活などに生かそうとする」とは，雨水の行方と地面の様子，気象現象，月や星について学んだことを，身の回りや社会の中で見つけようとすることなどである。

> C　物質・エネルギー
> ア　水や空気の性質についての理解を図り，観察，実験などに関する初歩的な技能を身に付けるようにする。

> イ 水や空気の性質について，疑問をもったことについて既習の内容や生活経験を基に予想する力を養う。
> ウ 水や空気の性質について見いだした疑問を進んで調べ，学んだことを日常生活や社会生活などに生かそうとする態度を養う。

アの「水や空気の性質についての理解を図り」とは，水や空気は，温めたり冷やしたりすると，その体積が変わることや，水は，温度によって水蒸気や氷に変わることなど，水や空気の性質について，それらと温度の変化との関係について理解することである。

イの「既習の内容や生活経験を基に予想する」とは，既習の内容や生活経験を基に，水や空気の性質などについて予想することである。

ウの「学んだことを日常生活や社会生活などに生かそうとする」とは，水や空気の性質について学んだことを，身の回りや社会の中で見つけようとすることなどである。

### イ 内容
### A 生命

> (2) 内　容
>   A 生命
>   ア 人の体のつくりと運動
>     人や他の動物について，骨や筋肉のつくりと働きに着目して，それらを関係付けて調べる活動を通して，次の事項を身に付けることができるよう指導する。
>   (ア) 次のことを理解するとともに，観察，実験などに関する初歩的な技能を身に付けること。
>     ㋐ 人の体には骨と筋肉があること。
>     ㋑ 人が体を動かすことができるのは，骨，筋肉の働きによること。
>   (イ) 人や他の動物の骨や筋肉のつくりと働きについて調べる中で，見いだした疑問について，既習の内容や生活経験を基に予想し，表現すること。

### （内容の取扱い）

> (3) 内容の取扱い
>   ア (2)の「A生命」のアの「人の体のつくりと運動」の(ア)の㋑について

> は，関節の働きを扱うものとすること。

　ここでは，生徒が骨や筋肉のつくりと働きに着目して，それらを関係付けて，人や他の動物の体のつくりと運動との関わりを調べる活動を通して，それらについての基本的な理解を図り，観察，実験などに関する初歩的な技能を身に付けるとともに，主に既習の内容や生活経験などを基に予想する力や生物を愛護する心情や態度，学んだことを日常生活や社会生活に生かそうとする態度を育成することがねらいである。

　(ｱ)の「次のことを理解するとともに，観察，実験などに関する初歩的な技能を身に付ける」とは，㋐では，人や他の動物の運動器官について調べる活動を通して，体を支えたり体を動かしたりするときに使われる骨と筋肉があることについての理解を図り，観察，実験などに関する初歩的な技能を身に付けることである。観察，実験などの際，自分の体に直接触れることを手掛かりとして，骨の位置や筋肉の存在を調べることが考えられる。その際，硬い部分としての骨と柔らかい部分としての筋肉があることを捉えるようにする。

　㋑では，人や他の動物の骨や筋肉のつくりについて調べる活動を通して，人や他の動物が体を動かすことができるのは，骨と筋肉の働きによることについての理解を図り，観察，実験などに関する初歩的な技能を身に付けることである。観察，実験などの際，自分の体を動かしたり他の動物が運動しているところを観察したりして，体の動きと骨や筋肉との関係を調べることが考えられる。その際，体の各部には，手や足のように曲がるところと曲がらないところがあり，曲がるところを関節ということを捉えるようにする。また，人の体の骨や筋肉の働きについて，体のつくりについて予想したことを，絵を用いて表現したり，「関節」という名称を使用して説明したりする。

　骨や筋肉の存在を調べる際には，自分の体を中心に扱うようにし，他の動物としては，骨や筋肉の働きが調べられる身近で安全な哺乳類，例えば，学校飼育動物の観察などが考えられる。

　(ｲ)の「既習の内容や生活経験を基に予想し」とは，これまでの学習内容や生活において歩いたり，走ったりした経験などを基に予想することである。

> イ　季節と生物
> 　身近な動物や植物について，探したり育てたりする中で，動物の活動や植物の成長と季節の変化に着目して，それらを関係付けて調べる活動を通して，次の事項を身に付けることができるよう指導する。
> 　(ｱ)　次のことを理解するとともに，観察，実験などに関する初歩的な技能を身に付けること。

㋐　動物の活動は，暖かい季節，寒い季節などによって違いがあること。
㋑　植物の成長は，暖かい季節，寒い季節などによって違いがあること。
(ｲ) 身近な動物の活動や植物の成長の変化について調べる中で，見いだした疑問について，既習の内容や生活経験を基に予想し，表現すること。

**（内容の取扱い）**

イ　(2)の「Ａ生命」のイの「季節と生物」については，１年を通しての動物の活動や植物の成長を観察や映像資料などで指導するものとする。

ここでは，生徒が動物を探したり植物を育てたりしながら，動物の活動や植物の成長の様子と季節の変化に着目して，それらを関係付けて，身近な動物の活動や植物の成長と環境との関わりを調べることを通して，季節ごとの動物の活動や植物の成長の変化についての基本的な理解を図り，観察，実験などに関する初歩的な技能を身に付けるとともに，主に既習の内容や生活経験を基に予想する力や生物を愛護する態度，学んだことを日常生活や社会生活に生かそうとする態度を育成することがねらいである。

(ｱ)の「次のことを理解するとともに，観察，実験などに関する初歩的な技能を身に付ける」とは，㋐では，季節ごとの身近な動物の活動の様子と季節の変化について調べる活動を通して，動物の活動は，暖かい季節，寒い季節などによって違いがあることについての理解を図り，観察，実験などに関する初歩的な技能を身に付けることである。活動の様子として，身近に見られる動物は，暖かい季節には出現する数も多く活発に活動するが，寒い季節には活動が鈍くなったり，卵で越冬したりするなど，それぞれに適した姿で越冬状態となるものが多いこと，また，魚類や両生類は季節による水温の変化によって活動の様子などに違いがあること，さらに，鳥類は季節によって見られる種類や産卵，巣立ちなどに違いがあることなどを観察することが考えられる。

㋑では，季節ごとの身近な植物の成長の様子と季節の変化について調べる活動を通して，植物の成長は，暖かい季節，寒い季節などによって違いがあることについての理解を図り，観察，実験などに関する初歩的な技能を身に付けることである。植物を育てたり，身近な植物について一年を通して定期的に観察したりする活動を通して，身近な植物は，暖かくなる夏までは体全体の成長が顕著に見られ，寒くなり始めると体全体の成長はほとんど見られないが結実するなど，季節によって成長の仕方に違いがあることや，冬になると種子をつくって枯れたり形態を変えて越冬したりすることなどを捉えるようにする。

㋐については，身近で危険のない動物，㋑については身近で，季節による成長

の変化が明確な植物とし，観察の時期については，「暖かい季節」，「寒い季節」として，それぞれ夏，冬を想定しているが，春や秋の特徴的な生物の活動や植物の成長も含めることが考えられる。

(ｲ)の「既習の内容や生活経験を基に予想し」とは，これまでの学習内容や生活において動物や植物を育てた経験などを基に予想することである。

なお，野外での学習に際しては，毒をもつ生物に注意するとともに事故に遭わないように安全に配慮するように指導する。

## B　地球・自然

> ア　雨水の行方と地面の様子
>
> 雨水の行方と地面の様子について，流れ方やしみ込み方に着目して，それらと地面の傾きや土の粒の大きさとを関係付けて調べる活動を通して，次の事項を身に付けることができるよう指導する。
>
> (ｱ) 次のことを理解するとともに，観察，実験などに関する初歩的な技能を身に付けること。
>
> ㋐　水は，高い場所から低い場所へと流れて集まること。
>
> ㋑　水のしみ込み方は，土の粒の大きさによって違いがあること。
>
> (ｲ) 雨水の流れ方やしみ込み方と地面の傾きや土の粒の大きさとの関係について調べる中で，見いだした疑問について，既習の内容や生活経験を基に予想し，表現すること。

ここでは，生徒が，水の流れ方やしみ込み方に着目して，それらと地面の傾きや土の粒の大きさとを関係付けて，雨水の行方と地面の様子を調べる活動を通して，それらについての基本的な理解を図り，観察，実験などに関する初歩的な技能を身に付けるとともに，主に既習の内容や生活経験を基に予想する力や学んだことを日常生活や社会生活に生かそうとする態度を育成することがねらいである。

(ｱ)の「次のことを理解するとともに，観察，実験などに関する初歩的な技能を身に付ける」とは，㋐では，雨水の流れ方について調べる活動を通して，水は高い場所から低い場所へと流れて集まることについての理解を図り，観察，実験などに関する初歩的な技能を身に付けることである。観察，実験などの際，雨があがった後の校庭や教材園などに見られる雨水の流れの方向を観察したり，普段の生活ではあまり意識することのなかった地面の傾きの違いについて調べたりすることが考えられる。その際，地面にできた雨水の流れの方向を観察するとともに，普段の生活ではあまり意識することのなかった地面の傾きの違いについて，雨水の流れる方向と地面の傾きとの関係を捉えるようにする。

㋐では，水のしみ込み方について調べる活動を通して，水のしみ込み方は土の粒の大きさによって違いがあることについての理解を図り，観察，実験などに関する初歩的な技能を身に付けることである。観察，実験などの際，水たまりができている地面とできていない地面について，虫眼鏡で土の粒の大きさを観察したり，校庭や教材園，砂場などから採取した粒の大きさの異なる土を用いて，水がしみ込むまでの時間を比べたりすることが考えられる。その際，水たまりができている地面とできていない地面を観察するとともに，水のしみ込み方の違いについて，虫眼鏡で土の粒の大きさを観察したり，粒の大きさの違う土を用いて，水がしみ込むまでの時間を比べたりすることが考えられる。

(イ)の「既習の内容や生活経験を基に予想し」とは，これまでの学習内容や生活において砂や粘土を使って遊んだ経験などを基に予想することである。

なお，校庭での観察については，急な天候の変化や雷等に留意し，安全に配慮するように指導する。

---

イ　天気の様子
　　天気や自然界の水の様子について，気温や水の行方に着目して，それらと天気の様子や水の状態変化とを関係付けて調べる活動を通して，次の事項を身に付けることができるよう指導する。
(ア) 次のことを理解するとともに，観察，実験などに関する初歩的な技能を身に付けること。
　㋐　天気によって1日の気温の変化の仕方に違いがあること。
　㋑　水は，水面や地面などから蒸発し，水蒸気になって空気中に含まれていくこと。
(イ) 天気の様子や水の状態変化と気温や水の行方との関係について調べる中で，見いだした疑問について，既習の内容や生活経験を基に予想し，表現すること。

---

**（内容の取扱い）**

ウ　(2)の「B地球・自然」のイの「天気の様子」の(ア)の㋐については，2つのデータを同時に扱うようなグラフや表は扱わないこと。

---

ここでは，生徒が，気温や水の行方に着目して，それらと天気の様子や水の状態変化とを関係付けて，天気や自然界の水の様子を調べる活動を通して，それらについての基本的な理解を図り，観察，実験などに関する初歩的な技能を身に付けるとともに，主に既習の内容や生活経験を基に予想する力や学んだことを日常

生活や社会生活に生かそうとする態度を育成することがねらいである。

　(ア)の「次のことを理解するとともに，観察，実験などに関する初歩的な技能を身に付ける」とは，㋐では，天気と気温の変化について調べる活動を通して，天気によって１日の気温の変化の仕方に違いがあることについての理解を図り，観察，実験などに関する初歩的な技能を身に付けることである。観察，実験などの際，晴れの日や雨の日など天気の異なる日の気温を１時間おきに測定して，その結果をグラフに表すことが考えられる。気温の適切な測り方については，百葉箱の中に設置した温度計を利用するなど，場所を決めて定点で観測する方法が身に付くようにする。また，生徒の実態に応じて，自記温度計や気温をデータとして記録する機器などを使用することも考えられる。その際，１日の気温の変化の様子を調べてグラフに表すと，太陽が出ている晴れた穏やかな日には日中に気温が上がる山型のグラフになり，太陽が雲などでさえぎられている曇りや雨の日には高低差の小さいグラフになることから，１日の気温の変化の仕方は天気によって違いがあることを捉えるようにする。

　㋑では，湿った地面が乾くなどの水の行方について調べる活動を通して，水は，水面や地面などから蒸発し，水蒸気になって空気中に含まれていくことについての理解を図り，観察，実験などに関する初歩的な技能を身に付けることである。観察，実験などの際，二つの容器に同じ量の水を入れ，一つには蓋をして，もう一方には蓋をしないで日光の当たる場所に数日間置いておくと，容器内の水の量に違いが見られることを調べたりすることが考えられる。その際，例えば，水を入れた容器に覆いをしておくと，やがて内側に水滴が付いて曇ってくるといった現象を観察することから，自然界では水面や地面などから水が蒸発していることを捉えるようにする。

　(イ)の「既習の内容や生活経験を基に予想し」とは，これまでの学習内容や生活において衣服を調節した経験などを基に予想することである。

　㋑では，これまでの学習内容や生活において水たまりで遊んだ経験などを基に予想することである。

　なお，１日の気温の変化の様子を調べた結果を，他教科との関連を図りながら，グラフを用いて表したり，その変化の特徴を読み取ったりするような活動の充実を図るようにする。また，自然界での水の状態変化を捉えるために，２段階の「水や空気と温度」の学習との関連を図るようにする。

---

ウ　月と星
　　月や星の特徴について，位置の変化や時間の経過に着目して，それらを関係付けて調べる活動を通して，次の事項を身に付けることができるよう指導する。

> (ア) 次のことを理解するとともに，観察，実験などに関する初歩的な技能を身に付けること。
>   ㋐ 月は日によって形が変わって見え，1日のうちでも時刻によって位置が変わること。
>   ㋑ 空には，明るさや色の違う星があること。
> (イ) 月の位置の変化と時間の経過との関係について調べる中で，見いだした疑問について，既習の内容や生活経験を基に予想し，表現すること。

　ここでは，生徒が，月の位置の変化や時間の経過に着目して，それらを関係付けて，月や星の特徴を調べる活動を通して，それらについての基本的な理解を図り，観察，実験などに関する初歩的な技能を身に付けるとともに，主に既習の内容や生活経験を基に予想する力や学んだことを日常生活や社会生活に生かそうとする態度を育成することがねらいである。

　(ア)の「次のことを理解するとともに，観察，実験などに関する初歩的な技能を身に付ける」とは，㋐では，月の位置の変化や時間の経過について調べる活動を通して，月は三日月や満月など日によって形が変わって見え，1日のうちでも時刻によって位置が変わることについての理解を図り，観察，実験などに関する初歩的な技能を身に付けることである。観察，実験などの際，異なる日に月を観察し，月は三日月や半月，満月など日によって形が変わって見えることを確かめることが考えられる。その際，任意の時刻における月の位置を，木や建物など地上の物を目印にして調べたり，方位で表したりする活動を行い，月の見え方について調べることが考えられる。また，学校では観察ができない時間帯の月の位置の変化については，ビデオカメラで月を撮影したり，コンピュータを使ったりして調べる方法も考えられる。

　㋑では，星の明るさや色について調べる活動を通して，空には，明るさの違う星があること，星には青白い色や赤い色など色の違いがあることについての理解を図り，観察，実験などに関する初歩的な技能を身に付けることである。明るさの違う星があることや，星には青白い色や赤い色など色の違いがあることを捉えるため，実際に星を観察する機会をもつことや，映像，プラネタリウムなどを活用することが考えられる。

　(イ)の「既習の内容や生活経験を基に予想し」とは，これまでの学習内容や生活において月や星を見た経験などを基に予想することである。

　なお，夜間の観察の際には，安全を第一に考え，事故防止に配慮するように指導する。

C　物質・エネルギー

> ア　水や空気と温度
> 　　水や空気の性質について，体積や状態の変化に着目して，それらと温度の変化とを関係付けて調べる活動を通して，次の事項を身に付けることができるよう指導する。
> (ｱ)　次のことを理解するとともに，観察，実験などに関する初歩的な技能を身に付けること。
> 　㋐　水や空気は，温めたり冷やしたりすると，その体積が変わること。
> 　㋑　水は，温度によって水蒸気や氷に変わること。
> (ｲ)　水や空気の体積や状態の変化について調べる中で，見いだした疑問について，既習の内容や生活経験を基に予想し，表現すること。

　ここでは，生徒が，体積や状態の変化に着目して，それらと温度の変化とを関係付けて，水や空気の性質を調べる活動を通して，それらについての基本的な理解を図り，観察，実験などに関する初歩的な技能を身に付けるとともに，主に既習の内容や生活経験を基に予想する力や学んだことを日常生活や社会生活に生かそうとする態度を育成することがねらいである。

　(ｱ)の「次のことを理解するとともに，観察，実験などに関する初歩的な技能を身に付ける」とは，㋐では，水や空気を温めたり，冷やしたりしたときの体積の変化について調べる活動を通して，㋑では，水の状態の変化について調べる活動を通して，水や空気は，温めたり冷やしたりすると，それらの体積は変わることや，水は，温度によって水蒸気や氷に変わることについての理解を図り，観察，実験などに関する初歩的な技能を身に付けることである。その際，沸騰した水の中から出てくる泡を集めて冷やすと水になることから，この泡は空気ではなく水が変化したものであることに気付くようにする。このことから，見えない水蒸気の存在を温度の変化と関係付けて捉えるようにする。また，寒剤を使って水の温度を０℃まで下げると，水が凍って氷に変わることも捉えるようにする。これらのことから，水は温度によって液体，気体，又は固体に状態が変化するということを捉えることである。さらに，水は100℃より低い温度でも蒸発していることを捉えるようにするために，２段階「Ｂイ天気の様子」における自然界での水の状態変化の学習との関連を図るようにする。

　(ｲ)の「既習の内容や生活経験を基に予想し」とは，これまでの学習内容や生活において飲み物を凍らせた経験などを基に予想することである。

　生活との関連として，調理実習などでの経験から，水を温めたときの体積の変化などを取り上げることなどが考えられる。

なお，火を使用して実験したり，熱した湯の様子を観察したりする際に火傷などの危険を伴うので，保護眼鏡を着用することや使用前に器具の点検を行うこと，加熱器具等の取扱い上の注意を確認することなど，安全に配慮するように指導する。

## 4　指導計画の作成と内容の取扱い
### (1) 指導計画作成上の配慮事項

> 3　指導計画の作成と内容の取扱い
> （1）指導計画の作成に当たっては，次の事項に配慮するものとする。
> 　ア　単元など内容や時間のまとまりを見通して，その中で育む資質・能力の育成に向けて，生徒の主体的・対話的で深い学びの実現を図るようにすること。その際，理科の学習過程の特質を踏まえ，理科の見方・考え方を働かせ，見通しをもって観察，実験を行うなどの，問題を科学的に解決しようとする学習活動の充実を図ること。

　この事項は，理科の指導計画の作成に当たり，生徒の主体的・対話的で深い学びの実現を目指した授業改善を進めることとし，理科の特質に応じて，効果的な学習が展開できるように配慮すべき内容を示したものである。

　理科の指導に当たっては，（1）「知識及び技能」が習得されること，（2）「思考力，判断力，表現力等」を育成すること，（3）「学びに向かう力，人間性等」を涵養することが偏りなく実現されるよう，単元など内容や時間のまとまりを見通しながら，主体的・対話的で深い学びの実現に向けた授業改善を行うことが重要である。

　生徒に理科の指導を通して「知識及び技能」や「思考力，判断力，表現力等」の育成を目指す授業改善を行うことはこれまでも多くの実践が重ねられてきている。そのような着実に取り組まれてきた実践を否定し，全く異なる指導方法を導入しなければならないと捉えるのではなく，生徒や学校の実態，指導の内容に応じ，「主体的な学び」，「対話的な学び」，「深い学び」の視点から授業改善を図ることが重要である。

　「主体的・対話的で深い学び」は，必ずしも1単位時間の授業の中ですべてが実現されるものではない。単元など内容や時間のまとまりの中で，例えば，主体的に学習に取り組めるよう学習の見通しを立てたり学習したことを振り返ったりして自身の学びや変容を自覚できる場面をどこに設定するか，対話によって自分の考えなどを広げたり深めたりする場面をどこに設定するか，学びの深まりをつくりだすために，生徒が考える場面と教師が教える場面をどのように組み立てる

か，といった視点で授業改善を進めることが求められる。また，生徒や学校の実態に応じ，多様な学習活動を組み合わせて授業を組み立てていくことが重要であり，単元のまとまりを見通した学習を行うに当たり基礎となる知識及び技能の習得に課題が見られる場合には，それを身に付けるために，生徒の主体性を引き出すなどの工夫を重ね，確実な習得を図ることが必要である。主体的・対話的で深い学びの実現に向けた授業改善を進めるに当たり，特に「深い学び」の視点に関して，各教科等の学びの深まりの鍵となるのが「見方・考え方」である。各教科等の特質に応じた物事を捉える視点や考え方である「見方・考え方」を，習得・活用・探究という学びの過程の中で働かせることを通じて，より質の高い深い学びにつなげることが重要である。

　理科においては，「理科の見方・考え方」を働かせ，見通しをもって観察，実験を行うことなどの問題解決の活動を通して，「主体的・対話的で深い学び」の実現を図るようにすることが重要である。

　「主体的な学び」については，例えば，自然の事物・現象から疑問を見いだし，見通しをもって観察，実験などを行っているか，観察，実験の結果を基に考察を行い，より妥当な考えをつくりだしているか，自らの学習活動を振り返って意味付けたり，得られた知識や技能を基に，次の疑問を発見したり，新たな視点で自然の事物・現象を捉えようとしたりしているかなどの視点から，授業改善を図ることが考えられる。

　「対話的な学び」については，例えば，疑問の設定や検証計画の立案，観察，実験の結果の処理，考察の場面などでは，あらかじめ個人で考え，その後，意見交換したり，根拠を基にして議論したりして，自分の考えをより妥当なものにする学習となっているかなどの視点から，授業改善を図ることが考えられる。

　「深い学び」については，例えば，「理科の見方・考え方」を働かせながら問題解決の過程を通して学ぶことにより，理科で育成を目指す資質・能力を獲得するようになっているか，様々な知識がつながって，より科学的な概念を形成することに向かっているか，さらに，新たに獲得した資質・能力に基づいた「理科の見方・考え方」を，次の学習や日常生活などにおける問題発見・解決の場面で働かせているかなどの視点から，授業改善を図ることが考えられる。

　以上のような授業改善の視点を踏まえ，理科で育成を目指す資質・能力及びその評価の観点との関係も十分に考慮し，指導計画等を作成することが必要である。

　なお，生徒の表現力や表現方法は一律でないことから，観察，実験の結果の確認などの活動の際に，必要に応じて支援することを考慮する必要がある。

---

　イ　各段階で育成を目指す思考力，判断力，表現力等については，当該段階において育成することを目指す力のうち，主なものを示したものであり，

実際の指導に当たっては，他の段階で掲げている力の育成についても十分に配慮すること。

　「イ 各段階で育成を目指す思考力,判断力,表現力等」とは，生徒が自然の事物・現象に親しむ中で興味・関心をもち，そこから疑問を見いだし，予想や仮説を基に観察，実験などを行い，結果を整理し，その結果を基に結論を導きだすといった問題解決の過程の中で育成される問題解決の力のことである。中学部1段階では，主に差異点や共通点に気付き，疑問をもつ力が，中学部2段階では，主に既習の内容や生活経験を基に，予想や仮説を立てる力が問題解決の力として示されている。

　また，生徒の障害による特性や発達の段階に対して配慮するとともに，情報量の調整を行ったり，情報の整理を支援したりするなどして，予想や仮説の基になる根拠の見いだし方を指導していくことが必要となる。

### (2) 内容の取扱いについての配慮事項

　(2) 2の各段階の内容の取扱いについては,次の事項に配慮するものとする。
　　ア　実験を行うに当たっては，身の回りのことや生活に関わる簡単なものを取り扱うこと。
　　イ　生物，天気などに関する指導に当たっては，自然に親しむ活動や体験的な活動を多く取り入れるとともに，生命を尊重し，身の回りの自然環境の保全に寄与する態度を養うようにすること。
　　ウ　天気などに関する指導に当たっては，災害に関する基礎的な理解が図られるようにすること。
　　エ　理科で学習することが様々な職業などと関係していることにも触れること。
　　オ　博物館や科学学習センターなどと連携，協力を図ること。

　アの「身の回りのことや生活に関わる簡単な物」とは，個々の生徒の実態に即して，生活に結び付いた効果的な指導を行うとともに，生徒が見通しをもって意欲的に学習活動に取り組むことができるように，実際の生活に生かすことができる物事である。

　イの「自然に親しむ活動や体験的な活動を多く取り入れる」とは，自然に直接関わる体験を充実するために，それぞれの地域で自然の事物・現象を教材化し，これらの積極的な活用を図ることである。例えば,生物の飼育や植物の栽培活動，遠足や野外体験教室，臨海学校などの自然に触れ合う体験活動等が考えられる。

また,野外で生物を採取する場合には,必要最小限にとどめるなど,生態系の維持に配慮するとともに,生物の体のつくりと働きの精妙さを認識し,生物を愛護しようとする態度を養うことができるようにする。

ウの「災害に関する基礎的な理解が図られるようにする」とは,自然の事物・現象の働きや規則性などを理解し,自然災害に適切に対応することにつながるようにすることである。例えば,2段階「(3)雨水の行方と地面の様子」において,長雨や集中豪雨がもたらす川の増水による自然災害との関連を図りながら,学習内容の理解を深めることも考えられる。

エの「理科で学習することが様々な職業などと関係していることにも触れる」とは,理科で学ぶ様々な事物や現象が日常生活や社会に深くかかわりをもっていることを認識させることである。特に,科学的な原理が製品に応用されていることを実感させることが大切である。

生徒の将来とのかかわりの中で理科を学ぶ意義を実感させ,理科で学んだことが様々な職業やその後の学習と関連していることや,理科の見方・考え方が職業にも生かされることに触れることが大切である。

オの「博物館や科学学習センターなどと連携,協力を図る」とは,地域にある博物館や科学学習センター,植物園,動物園,水族館,プラネタリウムなどの施設や設備を活用することである。これらの施設や設備は,学校では体験することが困難な自然や科学に関する豊富な情報を提供してくれる貴重な存在である。これらの施設や設備の活用に際しては,適切に指導計画に位置付けるとともに,実地踏査や学芸員などとの事前の打合せなどを行い,育成を目指す資質・能力を共有し,指導の充実を図ることが大切である。

## (3) 事故防止,薬品などの管理

> (3) 観察,実験などの指導に当たっては,事故防止に十分留意すること。また,環境整備に十分配慮すること。

「事故防止に十分留意する」とは,安全管理という観点から,加熱の実験,ガラス器具や刃物などの操作に十分に注意を払うことである。野外での観察,採集,観測などでは事前に現地調査を行い,危険箇所の有無などを十分に確認して,適切な事前指導を行い,事故防止に努めることが必要である。

「環境整備に十分配慮する」とは,生徒が活動しやすいように授業で使用する教材や教具,実験器具などを整理整頓しておくようにすることである。また,教材,器具等の物的環境の整備など,長期的な展望の下,計画的に環境を整備していくことが大切である。

## ● 第5　音楽科

### 1　音楽科の改訂の要点
#### (1) 目標の改訂の要点
① 教科の目標の改善

中学部段階における音楽科で育成を目指す資質・能力を，「生活や社会の中の音や音楽，音楽文化と豊かに興味や関心をもって関わる資質・能力」と規定し，「知識及び技能」，「思考力，判断力，表現力等」，「学びに向かう力，人間性等」について示した。また，資質・能力の育成に当たっては，生徒が「音楽的な見方・考え方」を働かせて，学習活動に取り組めるようにする必要があることを示した。このことによって，生徒が教科としての音楽を学ぶ意味を明確にした。

② 段階の目標の新設

今回の改訂では，段階の目標を新設し，教科の目標の構造と合わせ，「(1)　知識及び技能」，「(2)　思考力，判断力，表現力等」，「(3)　学びに向かう力，人間性等」の三つの柱で整理し，教科の目標と段階の目標との関係を明確にした。

#### (2) 内容の改訂の要点
① 内容構成の改善

内容構成は，従前は「鑑賞」，「身体表現」，「器楽」及び「歌唱」で構成されていた。今回の改訂では，小学部音楽科及び小学校音楽科とのつながりを踏まえて，「A表現」（「歌唱」，「器楽」，「音楽づくり」，「身体表現」の四分野），「B鑑賞」の二つの領域及び〔共通事項〕で構成した。また，「A表現」，「B鑑賞」に示す各事項を，「A表現」では「知識」，「技能」，「思考力，判断力，表現力等」に，「B鑑賞」では「知識」，「思考力，判断力，表現力等」に新たに整理して示した。これによって，指導すべき内容が一層明確になるようにした。

② 学習内容，学習指導の改善・充実

ア　「知識」及び「技能」に関する指導内容の明確化

中央教育審議会答申において，「学習内容を，三つの柱に沿って見直す」とされたことを踏まえ，三つの柱の一つである「知識及び技能」について，次のように改訂した。

「知識」に関する指導内容については，「曲名や曲想と音楽の構造などとの関わり」を理解することなどの具体的な内容を，歌唱，器楽，音楽づくり，身体表現，鑑賞の領域や分野ごとに事項として示した。

「A表現」における技能に関する指導内容については，思いや意図に合った表現などをするために必要となる具体的な内容を，歌唱，器楽，音楽づくり，身体

表現の分野ごとに事項として示した。このことによって,音楽科における技能は,「思考力,判断力,表現力等」の育成と関わらせて習得できるようにすべき内容であることを明確にした。

　イ　〔共通事項〕の指導内容の新設

　中央教育審議会答申において,「学習内容を,三つの柱に沿って見直す」とされたこと,「『見方・考え方』は,現行の学習指導要領において,小学校音楽科,中学校音楽科で示されている表現及び鑑賞に共通して働く資質・能力である〔共通事項〕とも深い関わりがある」とされたことなどを踏まえ,アの事項を「思考力,判断力,表現力等」に関する資質・能力,イの事項を知識に関する資質・能力として示した。

## (3) 指導計画の作成と内容の取扱いの改訂の要点

① 指導計画の作成に当たっての配慮事項の新設

　各段階の目標及び内容の〔共通事項〕は,「A表現」及び「B鑑賞」において共通に必要となる資質・能力として示した。そのことによって,指導計画の作成に当たっては,「A表現」及び「B鑑賞」の各領域及び分野における事項との関連を図り,十分な指導が行われるようにすることを配慮事項に明記した。

② 内容の取扱いについての配慮事項の新設

　各段階の「A表現」及び「B鑑賞」において取り扱う教材選択の観点,言語活動の充実を図るための配慮事項などについて示している。

　ア　言語活動の充実

　中央教育審議会答申において,言語活動が「表現及び鑑賞を深めていく際に重要な活動である」とされたことを踏まえ,次のように改訂した。

　教師や友達と協働しながら,音楽表現を楽しんだり曲や演奏を聴いてその楽しさを見いだしたりしていく学習の充実を図る観点から,生徒の言語理解や発声・発語の状況等を考慮し,「音や音楽及び言葉によるコミュニケーションを図る指導を工夫すること」を「A表現」及び「B鑑賞」の指導に当たっての配慮事項として示した。

　イ　「我が国や郷土の音楽」に関する学習の充実

　中央教育審議会答申において,「我が国や郷土の伝統音楽に親しみ,よさを一層味わえるようにしていくこと」の「更なる充実が求められる」とされたことを踏まえ,我が国や郷土の音楽の指導に当たっての配慮事項として,「楽譜や音源等の示し方,伴奏の仕方,曲に合った歌い方や楽器の演奏の仕方などの指導方法について工夫すること」を配慮事項として示した。

## 2 音楽科の目標

> 1 目　標
> 　表現及び鑑賞の活動を通して，音楽的な見方・考え方を働かせ，生活や社会の中の音や音楽，音楽文化と豊かに興味や関心をもって関わる資質・能力を次のとおり育成することを目指す。
> 　(1) 曲名や曲想と音楽の構造などとの関わりについて理解するとともに，表したい音楽表現をするために必要な技能を身に付けるようにする。
> 　(2) 音楽表現を考えることや，曲や演奏のよさなどを見いだしながら，音や音楽を味わって聴くことができるようにする。
> 　(3) 進んで音や音楽に関わり，協働して音楽活動をする楽しさを感じるとともに，様々な音楽に親しんでいく態度を養い，豊かな情操を培う。

　この目標は，中学部段階の教育における音楽科が担うべき役割とその目指すところを示したものである。従前は，教科の目標を総括目標として一文で示していたが，今回の改訂では，育成を目指す資質・能力を整理し，生活や社会の中の音や音楽，音楽文化と豊かに興味や関心をもって関わる資質・能力を育成することを目指している。その上で，(1)は「知識及び技能」の習得，(2)は「思考力，判断力，表現力等」の育成，(3)は「学びに向かう力，人間性等」の涵養に関する目標を示す構成としている。また，このような資質・能力を育成するためには，「音楽的な見方・考え方」を働かせることが必要であることを示している。

　冒頭に示した「表現及び鑑賞の活動を通して」とは，生徒が音楽的な見方・考え方を働かせ，生活や社会の中の音や音楽，音楽文化と豊かに興味や関心をもって関わる資質・能力を育成するためには，多様な音楽活動を幅広く体験することが大切であることを示したものである。

　生徒の音楽活動とは，歌を歌ったり，楽器を演奏したり，音楽をつくったり，音楽を体の動きで表現をしたり，音や音楽を聴いたりすることなどである。学習指導要領では，このうち歌唱，器楽，音楽づくり，身体表現を「表現」領域としてまとめ，「表現」と「鑑賞」の２領域で構成している。しかしながら，これらの活動はそれぞれが個々に行われるだけではなく，相互に関わり合っていることもある。

　「活動を通して」としているのは，多様な音楽活動を通して学習が行われることを前提としているからである。ここでは，人々に長く親しまれている音楽，我が国や郷土の音楽などの様々な音楽を教材として扱い，生徒一人一人が進んで音や音楽に関わり，協働して音楽活動を展開していくことの重要性を述べている。

特に音楽科の学習が，生徒の音楽活動と離れた個別の知識の習得や，技能の機械的な訓練にならないようにすることが大切である。

音楽的な見方・考え方を働かせて，生徒が思いや意図をもって音楽を表現したり，味わって聴いたりするなど，生徒一人一人が感性を豊かに働かせながら主体的に活動に取り組む態度を大事にし，楽しい音楽活動を展開していくことが重要である。

音楽的な見方・考え方とは，「音楽に対する感性を働かせ，音や音楽を，音楽を形づくっている要素とその働きの視点で捉え，自己のイメージや感情，生活や文化などと関連付けること」である。

「音楽に対する感性」とは，音楽的感受性と捉えることができる。また，音や音楽の美しさなどを感じ取るときの心の働きを意味している。生徒が，音楽を形づくっている要素を聴き取り，それらのはたらきが生み出すよさや面白さ，美しさを感じ取ることを支えとして，自ら音や音楽を捉えていくとき，生徒の音楽に対する感性が働く。生徒が音楽に対する感性を働かせることによって，音楽科の学習は成立し，その学習を積み重ねていくことによって音楽に対する感性が一層育まれていくのである。

「音や音楽を，音楽を形づくっている要素とその働きの視点で捉え」とは，音や音楽を捉える視点を示している。音や音楽は，鳴り響く音や音楽を対象とし，音色，リズム，速度，反復，呼びかけとこたえなどの音楽を形づくっている要素を聴き取ることと，それらの働きが生み出すよさや面白さ，美しさを感じ取ることとを関わらせながら，音楽がどのように形づくられて，どのような雰囲気や表情を醸し出しているのかを見いだしていく過程を通して捉えることができる。音楽科の学習では，このように音や音楽を捉えることが必要である。

一方，鳴り響く音や音楽は，「自己のイメージや感情」，「生活や文化」などとの関わりにおいても意味あるものとして存在している。したがって，音や音楽とそれらによって喚起される自己のイメージや感情との関わり，音や音楽と，人々の生活や文化などの音楽の背景との関わりについて考えることによって，表現領域では，思いや意図をもって歌ったり楽器を演奏したり身体表現したりする学習が，鑑賞領域では，よさなどを見いだし味わって聴く学習が，一層充実するのである。

このように，音楽的な見方・考え方は，音楽科の特質に応じた，物事を捉える視点や考え方であり，音楽科を学ぶ本質的な意義の中核をなすものである。

生徒が自ら，音楽に対する感性を働かせ，音や音楽を，音楽を形づくっている要素とその働きの視点で捉え，捉えたことと自己のイメージや感情，捉えたことと生活や文化などとを関連付けて考えているとき，音楽的な見方・考え方が働いている。音楽的な見方・考え方を働かせて学習をすることによって，生徒の障害

の状態や特性及び心身の発達の段階等に応じた,「知識及び技能」の習得,「思考力,判断力,表現力等」の育成,「学びに向かう力,人間性等」の涵養が実現していく。このことによって,生活や社会の中の音や音楽,音楽文化と豊かに興味や関心をもって関わる資質・能力は育成されるのである。

なお,音楽的な見方・考え方は,音楽的な見方・考え方を働かせた学習を積み重ねることによって広がったり深まったりするなどして,その後の人生においても生きて働くものとなる。

「生活や社会の中の音や音楽,音楽文化と豊かに興味や関心をもって関わる資質・能力」は,(1),(2)及び(3)に示している。ここでは,音楽科の学習を通して育成を目指す資質・能力を生活や社会の中の音や音楽,音楽文化と豊かに興味や関心をもって関わると示すことによって,生徒が教科としての音楽を学ぶ意味を明確にしている。

(1)は,「知識及び技能」の習得に関する目標を示したものである。

「曲名や曲想と音楽の構造などとの関わりについて理解する」ことが「知識」の習得に関する目標,「表したい音楽表現をするために必要な技能を身に付ける」ことが「技能」の習得に関する目標である。知識の習得に関する目標は,表現領域及び鑑賞領域に共通するものであり,技能の習得に関する目標は,表現領域のみに該当するものである。

「曲名や曲想と音楽の構造などとの関わりについて理解する」とは,歌唱,器楽,音楽づくり,身体表現,鑑賞の活動を通して,対象となる音楽の曲名からどのような音楽か想像したり曲想を感じ取ったりしながら,「音や音楽から喚起される自己のイメージや感情」と「音楽を形づくっている要素の表れ方や,音楽を特徴付けている要素と音楽の仕組みとの関わり合い」などを理解することである。

音楽科における技能とは,歌を歌う技能,楽器を演奏する技能,音楽をつくる技能,身体表現をする技能などである。

表現領域の歌唱,器楽,音楽づくり,身体表現の活動においては,複数の技能を位置付けている。例えば,歌唱では,聴唱や視唱,範唱の技能,自然で無理のない歌い方で歌う技能,友達と一緒に声を合わせて歌う技能などを示しているが,これらの技能はいずれも思いや意図に合った音楽表現をするために必要なものとして位置付けている。すなわち,音楽科における技能は,「思考力,判断力,表現力等」の育成と関わらせて,習得できるようにすべき内容であることを明確にしている。

技能の指導に当たっては,生徒が表したい思いや意図をもち,それを実現するために必要な技能を習得することの必要性を感じることができるようにするとともに,学習の過程において,どの場面でどのような技能を育むのかについて,意図的,計画的に指導を進めることが必要である。

(2)は,「思考力,判断力,表現力等」の育成に関する目標を示したものである。
「音楽表現を考える」ことは表現領域,「曲や演奏のよさなどを見いだしながら,音や音楽を味わって聴く」ことは鑑賞領域に関する目標である。
「音楽表現を考える」とは,歌唱や器楽の学習においては,音楽表現を様々に試しながら,曲想や曲の特徴にふさわしい音楽表現について考えたり,音楽づくりの学習においては,実際に音を出しながら音楽のまとまりなどを考えたりして,どのように表現するかについて思いや意図をもつことである。小学部での音や音楽を受け止め,感じたことを表現する段階から,自分はどのように表現したいかを考えながら,主体的に表現していく段階が中学部のねらいとなる。

(3)は,「学びに向かう力,人間性等」の涵養に関する目標を示したものである。
「進んで音や音楽に関わる」とは,音や音楽で情動が動かされるような体験をしながら,自分から主体的に音や音楽に関わることである。
「協働して音楽活動をする楽しさを感じる」とは,生徒が教師と,音や音楽を通してのコミュニケーションを楽しんだり,友達と一緒に斉唱や合奏をする中で,複数の音が合わさることや,演奏を通して得られる一体感を味わったりすることである。
「様々な音楽に親しんでいく態度を養う」とは,音楽の授業で様々な音楽に出会うようにする中で,様々な音や音楽,及び様々な音楽活動に生徒が自ら関心をもち,積極的に関わっていこうとする態度である。さらに,学校内外の様々な音や音楽,音楽活動に主体的に関わっていく態度も含むものである。
「音楽に親しんでいく態度」とは,音楽科の学習が基盤となって生涯にわたって音楽に親しみ,そのことが人間的成長の一側面となるような態度のことである。そのためには,生徒が進んで音楽に親しみ,音楽活動を楽しむとともに,生涯にわたって音や音楽への興味・関心をもち続け,それを更に高めていくための素地を育てていくことが求められる。
「豊かな情操を培う」とは,美しいものや優れたものに接して感動する情感豊かな心を育てることである。音楽によって培われる情操は,直接的には美的情操が最も深く関わっていると言われ,例えば音楽を聴いてこれを美しいと感じ,更に美しさを求めようとする柔らかな感性によって育てられる豊かな心のことである。

## 3 各段階の目標及び内容
### (1)「知識及び技能」の習得に関する目標

【1段階】
　ア　曲名や曲の雰囲気と音楽の構造などとの関わりについて気付くとと

> もに，音楽表現をするために必要な歌唱，器楽，音楽づくり，身体表現の技能を身に付けるようにする。
>
> 【2段階】
>   ア　曲名や曲想と音楽の構造などとの関わりについて理解するとともに，表したい音楽表現をするために必要な歌唱，器楽，音楽づくり，身体表現の技能を身に付けるようにする。

「知識及び技能」の習得に関する目標のうち，知識の習得については，表現領域及び鑑賞領域に関する目標を示している。また，全段階を通じて，曲名や曲想と音楽の構造などとの関わりなどを示している。このことは，どの段階においても，またどの領域や分野においても知識に関する学習の方向が同一であることを示している。その上で，生徒の障害の状態や特性及び心身の発達の段階等や学習の系統性等を踏まえて，小学部段階では気付く，中学部段階では理解するとし，関わりについての学習が質的に高まっていくように示している。

技能の習得については，表現領域に関する目標を示している。生徒の障害の状態や特性及び心身の発達の段階等や学習の系統性等を踏まえて，1段階は「音楽表現をするために必要な」歌唱，器楽，音楽づくり，身体表現につながる技能，2段階は「表したい音楽表現をするために必要な」歌唱，器楽，音楽づくり，身体表現につながる技能とし，それぞれの段階における技能の習得に関する学習が充実するように示している。

### (2)「思考力，判断力，表現力等」に関する目標

> 【1段階】
>   イ　音楽表現を考えて表したい思いや意図をもつことや，音や音楽を味わいながら聴くことができるようにする。
>
> 【2段階】
>   イ　音楽表現を考えて表したい思いや意図をもつことや，曲や演奏のよさを見いだしながら，音や音楽を味わって聴くことができるようにする。

「思考力，判断力，表現力等」の育成に関する目標では，表現領域と鑑賞領域に関する目標を示している。

表現領域については，生徒の障害の状態や特性及び心身の発達の段階等や学習の系統性等を踏まえて，1段階及び2段階とも「音楽表現を考えて」としている。このことは，どの段階においても，また，歌唱，器楽，音楽づくり，身体表現の

どの分野においても，表現領域に関する「思考力，判断力，表現力等」に関する学習の目指す方向が同一であることを示している。その上で，小学部3段階においては「音楽表現に対する思いをもつこと」としていたのが，中学部1段階及び2段階においては「音楽表現を考えて表したい思いや意図をもつこと」とし，音楽表現に対する考えが，質的に高まっていくように示している。また，ここで鑑賞の対象を「曲や演奏」としているのは，同じ曲であっても，演奏形態や演奏の仕方などが異なることで，表現に違いやよさが生まれるからである。

さらに，音楽の鑑賞については，本来，音楽の全体にわたる美しさを享受することであり，その本質は，すべての段階において変わるものではない。その上で，生徒の障害の状態や特性及び心身の発達の段階等や学習の系統性等を踏まえて，1段階は「音や音楽を味わいながら聴く」，2段階は「曲や演奏のよさを見いだしながら，音や音楽を味わって聴く」とし，曲や演奏のよさなどを見いだしていくことが，質的に高まっていくように示している。

### (3)「学びに向かう力，人間性等」の涵養に関する目標

---

【1段階】
　ウ　進んで音や音楽に関わり，協働して音楽活動をする楽しさを感じながら，様々な音楽に触れるとともに，音楽経験を生かして生活を明るく潤いのあるものにしようとする態度を養う。

【2段階】
　ウ　主体的に楽しく音や音楽に関わり，協働して音楽活動をする楽しさを味わいながら，様々な音楽に親しむとともに，音楽経験を生かして生活を明るく潤いのあるものにしようとする態度を養う。

---

「学びに向かう力，人間性等」の涵養に関する目標では，冒頭に，1段階は「進んで音や音楽に関わり」，2段階は「主体的に楽しく音や音楽に関わり」とし，自ら音や音楽に関わっていくことが重要であることを示している。その上で，生徒の障害の状態や特性及び心身の発達の段階等を踏まえて，その関わり方が質的に高まっていくように示している。

「協働して音楽活動をする楽しさ」についても，全段階で示している。協働して音楽活動をする楽しさとは，音や音楽及び言葉によるコミュニケーションを図りながら，教師や友達と音楽表現をしたり音楽を味わって聴いたりする楽しさなどである。その上で，生徒の障害の状態や特性及び心身の発達の段階等や学習の系統性等を踏まえて，1段階は「感じながら」，2段階は「味わいながら」とし，協働して音楽活動をする楽しさの感じ方が，質的に高まっていくように示してい

る。

「音楽経験を生かして生活を潤いのあるものにしようとする態度を養う」については，全段階で示している。生徒が音楽科の学習で得た音楽経験を，学校生活や家庭，地域社会での生活に生かすことによって，生活は明るく潤いのあるものになっていく。ここでは，生徒が自ら音楽に関わり，協働する楽しさを味わったりしながら，様々な音や音楽に親しむような音楽経験を生かして，生活の中にある様々な音や音楽に関心をもつようにし，生活を明るく潤いのあるものにしようとする態度を育てることを求めている。

なお，各段階の内容に関しては，「イ内容」に示すとおりである。

### (4) 1段階の目標と内容
**ア 目標**

> ○1段階
> （1）目　標
> 　ア　曲名や曲の雰囲気と音楽の構造などとの関わりについて気付くとともに，音楽表現をするために必要な歌唱，器楽，音楽づくり，身体表現の技能を身に付けるようにする。
> 　イ　音楽表現を考えて表したい思いや意図をもつことや，音や音楽を味わいながら聴くことができるようにする。
> 　ウ　進んで音や音楽に関わり，協働して音楽活動をする楽しさを感じながら，様々な音楽に触れるとともに，音楽経験を生かして生活を明るく潤いのあるものにしようとする態度を養う。

今回の改訂では，ア「知識及び技能」の習得に関する目標，イ「思考力，判断力，表現力等」の育成に関する目標，ウ「学びに向かう力，人間性等」の涵養に関する目標を示している。

これらの目標を実現するためには，次の「イ内容」に示している資質・能力を，適切に関連付けながら育成することが重要である。

**イ 内容**

> （2）内　容
> 　A　表　現
> 　　ア　歌唱の活動を通して，次の事項を身に付けることができるよう指導する。

> (ア) 歌唱表現についての知識や技能を得たり生かしたりしながら，曲の雰囲気に合いそうな表現を工夫し，歌唱表現に対する思いや意図をもつこと。
> (イ) 次の㋐及び㋑について気付くこと。
>   ㋐ 曲名や曲の雰囲気と音楽の構造との関わり
>   ㋑ 曲想と歌詞の表す情景やイメージとの関わり
> (ウ) 思いや意図にふさわしい歌い方で歌うために必要な次の㋐から㋒までの技能を身に付けること。
>   ㋐ 範唱を聴いて歌ったり，歌詞を見て歌ったりする技能
>   ㋑ 発声の仕方に気を付けて歌う技能
>   ㋒ 友達の歌声や伴奏を聴いて声を合わせて歌う技能

ここでは，1段階における歌唱に関する事項を示している。

1段階の歌唱の活動では，小学部3段階で身に付けた資質・能力を広げていくことについて示し，歌詞を学んだり，範唱を聴いたり，友達と一緒に歌ったりする活動を通して，友達と声を合わせてよりよい表現をすることなどをねらいとしている。

このねらいを実現するためには，自分が曲を聴いたり，歌詞を学んだりする中で，その曲から受けた印象や，「こんなふうに表現しよう」という思いや意図を基に，自分の発声の仕方など表現の仕方に気付くよう指導することが必要である。その際，〔共通事項〕との関連を十分に図り，教師と一緒に楽しく歌唱の活動を進めることが大切である。

(ア)の事項は，歌唱分野における「思考力，判断力，表現力等」に関する資質・能力である，曲の雰囲気に合いそうな表現を工夫し，歌唱表現に対する思いや意図をもつことができるようにすることをねらいとしている。

歌唱表現についての知識や技能とは，(イ)及び(ウ)に示すものである。

(ア)の事項で「知識や技能を得たり生かしたり」としているのは，曲の雰囲気に合いそうな表現を工夫し，歌唱表現に対する思いや意図をもつためには，その過程で新たな知識や技能を習得することと，これまでに習得した知識や技能を活用することの両方が必要となるからである。したがって，知識や技能を習得してから表現を工夫するといった，一方向のみの指導にならないように留意する必要がある。

「曲の雰囲気に合いそうな表現を工夫し」とは，元気な歌は大きな声で元気よく，ゆっくり穏やかな歌は優しい声でそっと歌うなど，その曲の雰囲気を感じて，それに合いそうな歌い方を考えることである。

(イ)の事項は，歌唱分野における知識に関する資質・能力である，「㋐曲名や曲

の雰囲気と音楽の構造との関わり」及び「④曲想と歌詞の表す情景やイメージとの関わり」について気付くことができるようにすることをねらいとしている。

曲想とは，その音楽に固有の雰囲気や表情，味わいのことである。この曲想は，音楽の構造によって生み出されるものであり，音楽の構造とは，音楽を形づくっている要素の表れ方や，音楽を特徴付けている要素と音楽の仕組みとの関わり合いである。歌唱曲では，歌詞の内容も曲想を生み出す重要な要素となる。

㋐の「曲名や曲の雰囲気と音楽の構造との関わり」について気付くとは，例えば，元気が出る雰囲気の曲や穏やかな気持ちになる雰囲気の曲など，その曲から受ける印象と，速度や音の大きさ，音の重なりなどとの関係について気付くことである。

④の「曲想と歌詞の表す情景やイメージとの関わり」について気付くとは，例えば，速度や曲の調性などによって生み出されるその音楽の雰囲気や表情，味わいと，歌詞で表されている情景やイメージとの関係といったことに気付くことである。

(ウ)の事項は，歌唱分野における技能に関する資質・能力である，思いや意図にふさわしい歌い方で歌うために必要な次の㋐から㋒までの技能を身に付けることができるようにすることをねらいとしている。

思いや意図にふさわしい表現をするために必要な技能としているのは，㋐から㋒までの技能を，いずれも思いや意図にふさわしい音楽表現をするために必要となるものとして位置付けているからである。

したがって，学習の過程において，生徒が表したい思いや意図をもち，それを実現するために必要な技能を習得することへの気付きが図られるよう，事項(ア)と関連を図りながら，意図的，計画的に指導を進めることが大切である。

④の「発声の仕方に気を付けて歌う」とは，声の大きさをコントロールしたり，きれいな声で歌うために姿勢や口形，呼吸法などに留意したりして歌うことである。

㋒の「友達の歌声や伴奏を聴いて声を合わせて歌う」とは，友達の歌声を聴いて合わせて歌ったり，合図を送って歌ったり，伴奏を聴いて速さや歌い出しなどを合わせて歌ったりすることなど，友達と合わせる，ということに意識を向けながら歌うことである。

---

イ　器楽の活動を通して，次の事項を身に付けることができるよう指導する。
　(ア)　器楽表現についての知識や技能を得たり生かしたりしながら，曲の雰囲気に合いそうな表現を工夫し，器楽表現に対する思いや意図をもつこと。
　(イ)　次の㋐及び④について気付くこと。

　　　　㋐　曲の雰囲気と音楽の構造との関わり
　　　　㋑　楽器の音色と全体の響きとの関わり
　　(ｳ)　思いや意図にふさわしい表現をするために必要な次の㋐から㋒までの
　　　　技能を身に付けること。
　　　　㋐　簡単な楽譜を見てリズムや速度を意識して演奏する技能
　　　　㋑　音色や響きに気を付けて，打楽器や旋律楽器を使って演奏する技能
　　　　㋒　友達の楽器の音や伴奏を聴いて，音を合わせて演奏する技能

　ここでは，１段階の器楽に関する事項を示している。
　１段階の器楽の活動では，打楽器や旋律楽器を使って，簡単な楽譜などを見て，友達と一緒に音を合わせて演奏することなどをねらいとしている。
　このねらいを実現するためには，曲の雰囲気と音楽の構造との関わりや，楽器の音色と全体の響きなどを意識し，友達とリズムや速度を合わせて全体の響きがよくなるために，自分がどのように演奏したいかという思いや意図がもてるよう指導することが必要である。その際，〔共通事項〕との関連を十分に図り，教師と一緒に楽しく器楽の活動を進めることが大切である。
　(ｱ)の事項は，器楽分野における「思考力，判断力，表現力等」に関する資質・能力である，曲の雰囲気に合いそうな表現を工夫し，器楽表現に対する思いや意図をもつことができるようにすることをねらいとしている。
　器楽表現についての知識や技能とは，(ｲ)及び(ｳ)に示すものである。
　(ｱ)の事項で「知識や技能を得たり生かしたり」としているのは，曲の雰囲気に合いそうな表現を工夫し，器楽表現に対する思いや意図をもつためには，その過程で新たな知識や技能を習得することと，これまでに習得した知識や技能を活用することの両方が必要となるからである。したがって，知識や技能を習得してから自分なりに表そうとするといった，一方向のみの指導にならないように留意する必要がある。
　「曲の雰囲気に合いそうな表現を工夫し」とは，例えば，元気な曲は元気よく，ゆっくり穏やかな曲は，やさしく演奏するなど，その曲の雰囲気を感じて，それに合いそうな演奏の仕方を考えることである。
　(ｲ)の事項は，器楽分野における知識に関する資質・能力である，「㋐曲の雰囲気と音楽の構造との関わり」及び「㋑楽器の音色と全体の響きとの関わり」に気付くことができるようにすることをねらいとしている。
　㋐の「曲の雰囲気と音楽の構造との関わり」について気付くとは，例えば，「ゆったりとした感じから弾んだ感じに変わったのは，途中から♫(タッカ)のリズムが多くなった」といったことに気付くことである。
　㋑の「楽器の音色と全体の響きとの関わり」について気付くとは，例えば，自

分一人の演奏だけでなく友達と合わせた時の響きといったことに気付くことである。

(ウ)の事項は，器楽分野における技能に関する資質・能力である，思いや意図にふさわしい表現をするために必要な次の㋐から㋒までの技能を身に付けることができるようにすることをねらいとしている。

思いや意図にふさわしい表現をするために必要な技能としているのは，㋐から㋒までの技能を，いずれも思いや意図にふさわしい音楽表現をするために必要となるものとして位置付けているからである。

したがって，技能の指導に当たっては，生徒が表したい思いや意図をもち，それを実現するために必要な技能を習得することの必要性を実感できるよう，事項(ア)と関連を図りながら，意図的，計画的に指導を進めることが大切である。

㋑の「音色や響きに気を付けて，打楽器や旋律楽器を使って演奏する」とは，力をコントロールして強弱やアクセントを意識し，全体の響きを感じながら演奏することである。合奏にあたっては，例えば，卓上木琴，卓上鉄琴，卓上ベル，リードを交換して音を出す笛などの打楽器や音の高さが変わる楽器を利用することで，和音としての響きや，旋律を奏でる楽しみを味わうことができるようにすることが大切である。

> ウ　音楽づくりの活動を通して，次の事項を身に付けることができるよう指導する。
> (ア)　音楽づくりについての知識や技能を得たり生かしたりしながら，次の㋐及び㋑をできるようにすること。
> 　㋐　音遊びを通して，どのように音楽をつくるのかについて発想を得ること。
> 　㋑　音を音楽へと構成することについて思いや意図をもつこと。
> (イ)　次の㋐及び㋑について，それらが生み出す面白さなどと関わらせて気付くこと。
> 　㋐　いろいろな音の響きの特徴
> 　㋑　リズム・パターンや短い旋律のつなげ方の特徴
> (ウ)　発想を生かした表現，思いや意図に合った表現をするために必要な次の㋐及び㋑の技能を身に付けること。
> 　㋐　設定した条件に基づいて，音を選択したり組み合わせたりして表現する技能
> 　㋑　音楽の仕組みを生かして，簡単な音楽をつくる技能

ここでは，1段階の音楽づくりに関する事項を示している。

1段階では，設定した条件に基づいて，音を選択したり組み合わせたりして，簡単な音楽をつくることなどをねらいとしている。

　このねらいを実現するためには，いろいろな音の響きの特徴や，リズム・パターンや旋律のつなぎ方に気付かせることを大切にしながら，音や音楽を構成することについて思いや意図をもてるように指導することが必要である。その際，(ｱ)，(ｲ)及び(ｳ)を適切に関連させて扱うとともに，〔共通事項〕との関連を十分に図った題材を構成することが必要となる。

　(ｱ)の事項は，音楽づくり分野における「思考力，判断力，表現力等」に関する資質・能力である，「㋐音遊びを通して，どのように音楽をつくるのかについて発想を得ること」及び「㋑音を音楽へと構成することについて思いや意図をもつこと」ができるようにすることをねらいとしている。

　「知識や技能を得たり生かしたり」としているのは，どのように音楽をつくるのかについて発想を得たり，音を音楽へと構成することについて思いや意図をもったりするためには，その過程で新たな知識や技能を習得することと，これまでに習得した知識や技能を活用することの両方が必要となるからである。したがって，知識や技能を習得してから自分なりに表そうとするといった，一方向のみの指導にならないように留意する必要がある。

　㋐の「音遊びを通して，どのように音楽をつくるのかについて発想を得る」とは，「これらの音をこうしたら面白くなるかな」といった自分の新しい考えをもつことである。

　㋑の「音を音楽に構成する」とは，音楽の仕組みを手掛かりとして，いくつかの音を関連付けてまとまりのある音にしていくことである。

　(ｲ)の事項は，音楽づくり分野における知識に関する資質・能力である，「㋐いろいろな音の響きの特徴」及び「㋑リズム・パターンや短い旋律のつなげ方の特徴」について，それらが生み出す面白さなどと関わらせて気付くことができるようにすることをねらいとしている。

　「それらが生み出すよさや面白さなどと関わらせて気付くこと」としているのは，音楽づくりの活動では，この音の響きや組合せにはこのようなよさがある，このつなげ方や重ね方はこのようなところが面白いといった，実感を伴った気付きを求めているからである。

　㋐の「いろいろな音の響きの特徴」に気付くとは，例えば，一つの楽器でも音の高さや演奏の仕方を変えることによって響き方が異なったり，楽器の材質によって音の特徴や雰囲気が異なったりするといったことに気付くことである。

　(ｳ)の事項は，音楽づくり分野における技能に関する資質・能力である，発想を生かした表現，思いや意図に合った表現をするために必要な㋐及び㋑の技能を身に付けることができるようにすることをねらいとしている。

発想を生かした表現，思いや意図に合った表現をするために必要な技能としているのは，㋐の技能を，気付きを生かした表現をするために必要となるもの，㋑に示す技能を，思いに合った音楽表現をするために必要となるものとして位置付けているからである。

したがって，技能の指導に当たっては，生徒が表したい発想や，思いや意図をもち，それを実現するために必要な技能を習得することができるよう，事項(ｱ)と関連を図りながら，意図的，計画的に指導を進めることが大切である。

ここで言う簡単な音楽とは，それぞれの生徒の実態に応じて無理なくつくることができる音楽という意味である。音楽の仕組みを生かして，簡単な音楽をつくる技能を身に付けるとは，音楽の仕組みを使って，音を簡単な音楽にしていくことができることである。例えば，「呼びかけとこたえ」を使い，一つの声部の呼びかけに，他の声部がこたえるように音楽をつくっていくなどといったことである。

生徒が音を音楽にしていく際に用いる音楽の仕組みは，教師から指定する場合や，生徒が選択する場合などが考えられる。

---

エ　身体表現の活動を通して，次の事項を身に付けることができるよう指導する。
(ｱ)　身体表現についての知識や技能を得たり生かしたりしながら，リズムの特徴や曲の雰囲気を感じ取り，体を動かすことについての思いや意図をもつこと。
(ｲ)　次の㋐及び㋑の関わりについて気付くこと。
　㋐　曲の雰囲気と音楽の構造との関わり
　㋑　曲名や歌詞と体の動きとの関わり
(ｳ)　思いや意図にふさわしい動きで表現するために必要な次の㋐から㋒までの技能を身に付けること。
　㋐　示範を見て体を動かしたり，曲の速度やリズム，曲の雰囲気に合わせて身体表現したりする技能
　㋑　音や音楽を聴いて，様々な動きを組み合わせて身体表現をする技能
　㋒　友達と動きを合わせて表現する技能

---

ここでは，1段階の身体表現に関する事項を示している。この分野は，小学部段階で育てた身体表現分野における資質・能力を，さらに伸長させることについて示している。なお，「身体表現」とは，音色やリズムなどを体全体で感じ取り，受け止めた思いを，自発的に出てくる動きで表現することである。

1段階では，小学部3段階を踏まえ，身体表現活動を通して，リズムの特徴や

曲想に合わせて表現してみようとすることや，主体的な動きを引き出すような身体表現の活動を進めることなどをねらいとしている。

このねらいを実現するためには，1段階では，リズムの特徴や曲の雰囲気を感じ取りながら，示範を見て体を動かすことや，友達と動きを合わせて表現することを指導することが必要である。その際，〔共通事項〕との関連を十分に図り，教師と一緒に楽しく身体表現の活動を進めることが大切である。

(ｱ)の事項は，身体表現分野における「思考力，判断力，表現力等」に関する資質・能力である，リズムの特徴や曲の雰囲気を感じ取り，体を動かすことについての思いや意図をもつことができるようにすることをねらいとしている。

「知識や技能を得たり生かしたり」としているのは，リズムの特徴や曲の雰囲気を感じ取り，体を動かすことについての思いや意図をもつためには，その過程で新たな知識や技能を習得することと，これまでに習得した知識や技能を活用することとの両方が必要となるからである。したがって，知識や技能を習得してから自分なりに表そうとするといった，一方向のみの指導にならないように留意する必要がある。

「リズムの特徴や曲の雰囲気を感じ取り，体を動かすことについての思いや意図をもつこと」とは，感じ取った特徴的なリズムや曲の雰囲気について，自分の思いや意図を表すような動きに近付けようとすることである。

(ｲ)の事項は，身体表現分野における知識に関する資質・能力である，「㋐曲の雰囲気と音楽の構造との関わり」及び「㋑曲名や歌詞と体の動きとの関わり」に気付くことができるようにすることをねらいとしている。

㋐の「曲の雰囲気と音楽の構造との関わり」について気付くとは，例えば，旋律と和声のような，音楽の構造に気付いて，自分がふさわしいと思う動きで表現しようとすることなどにより，それらの関わりについて気付くことである。

㋑で「曲名や歌詞と体の動きとの関わり」について気付くとは，小学部3段階で述べているとおり，例えば，「ダンス」，「ポルカ」のような曲名や「煙たなびく」のような歌詞から想起する動きを体の動きで表現できるといったことに気付くことである。

(ｳ)の事項は，身体表現分野における技能に関する資質・能力である，思いや意図にふさわしい動きで表現するために必要な㋐から㋒までの技能を身に付けることができるようにすることをねらいとしている。

思いや意図にふさわしい表現をするために必要な技能としているとおり，学習の過程において，生徒が表したい思いをもち，それを実現するために必要な技能を習得することへの気付きが図られるよう，事項(ｱ)と関連を図りながら，意図的，計画的に指導を進めることが大切である。

㋐の「示範を見て体を動かしたり，曲の速度やリズム，曲の雰囲気に合わせて

身体表現したりする」とは，小学部段階で身に付けた技能を基礎として，示範を参考にして動き，速度やリズム，曲の雰囲気など，感じ取ったものをより複合的に身体表現できるようにすることである。

㋒の「友達と動きを合わせて表現する」とは，例えば，動きを合わせるために，感じたことを話し合ったり，動きのアイディアを出し合ったりしたことを，動きに表す技能のことである。

身体表現の活動の指導に当たっては，リズムの特徴や曲の雰囲気を感じ取り，体を動かすことについて思いや意図をもつこと，〔共通事項〕との関連を十分に図り，教師と一緒に楽しく身体表現の活動を進めることが大切である。

> B 鑑賞
> ア 鑑賞の活動を通して，次の事項を身に付けることができるよう指導する。
> (ｱ) 鑑賞についての知識を得たり生かしたりしながら，曲や演奏のよさなどを見いだして聴くこと。
> (ｲ) 曲想とリズムや速度，旋律の特徴との関わりについて分かること。

ここでは，1段階の鑑賞に関する事項を示している。1段階では，小学部3段階で身に付けた鑑賞領域における資質・能力を広げていくことについて示したものである。

1段階の鑑賞の活動では，音楽を形づくっている要素と曲の特徴とを関連付けて聴くことなどをねらいとしている。

このねらいを実現するためには，曲想とリズムや速度，旋律の特徴などの関連に気付き，曲や演奏のよさを見いだせるよう指導することが必要である。その際，〔共通事項〕との関連を十分に図り，教師と一緒に楽しく鑑賞の活動を進めることが大切である。

(ｱ)の事項は，「鑑賞」領域にける「思考力，判断力，表現力等」に関する資質・能力である，曲や演奏のよさなどを見いだして聴くことができるようにすることをねらいとしている。

「鑑賞についての知識」とは，(ｲ)に示すものである。

「知識を得たり生かしたり」としているのは，曲や演奏のよさなどを見いだして聴くためには，その過程で新たな知識を習得することと，これまでに習得した知識を活用することの両方が必要となるからである。したがって，知識を習得してから曲や演奏のよさなどを見いだして聴くといった，一方向のみの指導にならないように留意する必要がある。

「曲や演奏のよさを見いだして聴くこと」とは，曲の雰囲気や表情を感じ取っ

たり，音楽がどのように形づくられているのかを捉えたりしながら，その音楽について自分が気に入ったところなどを見付けて聴くことを指す。そのためには，感じたことを教師や友達に伝えようとする気持ちを育てていくことや，一人一人の感じ方のよさに気付いて認め合うことが大切である。

このような学習を実現するためには，(イ)との関連を図ることが重要となる。曲や演奏のよさを見いだし，曲全体を味わって聴くためには，生徒が曲の雰囲気や表情を感じ取って聴いたり，音楽がどのように形づくられているのかを捉えて聴いたりすることが必要となるからである。

(イ)の事項は，鑑賞領域における知識に関する資質・能力である，曲想とリズムや速度，旋律の特徴との関わりについて分かるようにすることをねらいとしている。

「曲想とリズムや速度，旋律の特徴との関わりについて分かること」とは，例えば，「楽しく感じるのは，カッコカッコと同じリズムを繰り返して打っているのに，時々リズムが変わったり，途中からチリリリリーンという音が入ったりするから」といったことが分かることである。このように，生徒が，曲の雰囲気と音楽の構造との関わりを捉えることを，本事項では求めている。指導に当たっては，生徒が感じ取った曲想とその変化を基にしながら，曲想を生み出している音楽の構造に目を向けるようにすることが大切である。その際，手で拍を取りながら聴いたり，感じ取ったことや気付いたことを伝え合ったり，音楽の構造を可視化したり，特徴的な部分を聴いて確かめたりするなど，効果的な手立てを工夫することが大切である。

### (5) 2段階の目標と内容
**ア　目標**

> ○2段階
> (1) 目　標
> 　ア　曲名や曲想と音楽の構造などとの関わりについて理解するとともに，表したい音楽表現をするために必要な歌唱，器楽，音楽づくり，身体表現の技能を身に付けるようにする。
> 　イ　音楽表現を考えて表したい思いや意図をもつことや，曲や演奏のよさを見いだしながら，音や音楽を味わって聴くことができるようにする。
> 　ウ　主体的に楽しく音や音楽に関わり，協働して音楽活動をする楽しさを味わいながら，様々な音楽に親しむとともに，音楽経験を生かして生活を明るく潤いのあるものにしようとする態度を養う。

今回の改訂では，ア「知識及び技能」の習得に関する目標，イ「思考力，判断力，表現力等」の育成に関する目標，ウ「学びに向かう力，人間性等」に関する目標を示している。

　これらの目標を実現するためには，次の「イ内容」に示している資質・能力を，適切に関連付けながら育成することが重要である。

## イ　内容

> （2）内　容
> 　A　表　現
> 　　ア　歌唱の活動を通して，次の事項を身に付けることができるよう指導する。
> 　　（ｱ）歌唱表現についての知識や技能を得たり生かしたりしながら，曲の特徴にふさわしい表現を工夫し，歌唱表現に対する思いや意図をもつこと。
> 　　（ｲ）次の㋐及び㋑について理解すること。
> 　　　　㋐　曲名や曲想と音楽の構造との関わり
> 　　　　㋑　曲想と歌詞の表す情景やイメージとの関わり
> 　　（ｳ）思いや意図にふさわしい歌い方で歌うために必要な次の㋐から㋒までの技能を身に付けること。
> 　　　　㋐　歌詞やリズム，音の高さ等を意識して歌う技能
> 　　　　㋑　呼吸及び発音の仕方に気を付けて歌う技能
> 　　　　㋒　独唱と，斉唱及び簡単な輪唱などをする技能

　ここでは，2段階の歌唱に関する事項を示している。

　2段階の歌唱の活動では，中学部1段階で身に付けた歌唱分野の資質・能力を広げていくことについて示し，独唱をしたり，教師や友達と斉唱や輪唱などをしたりする活動を通して，曲想と歌詞の表す情景やイメージとの関わりを理解したり，思いや意図にふさわしい歌い方で表現したりすることなどをねらいとしている。

　このねらいを実現するためには，曲の特徴や歌詞に表されている情景などを捉えて，それに近づくためにどのように表現したいかを考えて，自分の声の出し方や友達との合わせ方，合わせることの楽しさや美しさに気付くよう指導することが必要である。その際，〔共通事項〕との関連を十分に図り，教師と一緒に楽しく歌唱の活動を進めることが大切である。

　（ｱ）の事項は，歌唱分野における「思考力，判断力，表現力等」に関する資質・

能力である，曲の特徴にふさわしい表現を工夫し，歌唱表現に対する思いや意図をもつことができるようにすることをねらいとしている。

歌唱表現についての知識や技能とは，(ｲ)及び(ｳ)に示すものである。

「知識や技能を得たり生かしたり」としているのは，曲の特徴にふさわしい表現を工夫し，歌唱表現に対する思いや意図をもつためには，その過程で新たな知識や技能を習得することと，これまでに習得した知識や技能を活用することの両方が必要となるからである。したがって，知識や技能を習得してから表現を工夫するといった，一方向のみの指導にならないように留意する必要がある。

「曲の特徴にふさわしい表現を工夫し」とは，歌唱表現を工夫する根拠を曲の特徴に求めて表現をつくりだすことである。例えば，速度や強弱，リズムなどその曲を特徴付けている要素の働きが生み出すよさや面白さなど，自分が感じ取ったことを生かせるような表現について考えるということを意味する。

(ｲ)の事項は，歌唱分野における知識に関する資質・能力である，「㋐曲名や曲想と音楽の構造との関わり」及び「㋑曲想と歌詞の表す情景やイメージとの関わり」について理解することができるようにすることをねらいとしている。

㋐の「曲想」とは，その音楽に固有の雰囲気や表情，味わいのことである。この曲想は，音楽の構造によって生み出されるものであり，音楽の構造とは，音楽を形づくっている要素の表れ方や，音楽を特徴付けている要素と音楽の仕組みとの関わり合いである。歌唱曲では，歌詞の内容も曲想を生み出す重要な要素となる。

㋑の「曲想と歌詞の表す情景やイメージとの関わり」について理解するとは，例えば，歌詞に表されている情景やイメージも曲想を生み出す重要な要素となるといったことを理解することである。

(ｳ)の事項は，歌唱分野における技能に関する資質・能力である，思いや意図にふさわしい歌い方で歌うために必要な㋐から㋒までの技能を身に付けることができるようにすることをねらいとしている。

思いや意図にふさわしい表現をするために必要な技能としているのは，以下に示す㋐から㋒までの技能を，いずれも思いや意図に合った音楽表現をするために必要となるものとして位置付けているからである。

したがって，学習の過程において，生徒が表したい思いや意図をもち，それを実現するために必要な技能を習得することができるよう，事項(ｱ)と関連を図りながら，意図的，計画的に指導を進めることが大切である。

㋐の「歌詞やリズム，音の高さ等を意識して歌う」とは，歌詞を覚え，歌詞の表す情景や曲想について，イメージをもち，歌詞の内容を意識して歌ったり，リズムや音の高低を意識して発声したりすることである。

㋑の「呼吸及び発音の仕方に気を付けて歌う」とは，歌を歌うときに，発音に

意識を向けたり，姿勢や口形，呼吸法などに留意したりして歌うことである。
　㋒の「独唱と，斉唱及び簡単な輪唱などをする」とは，自分の思いや意図に合った歌唱表現をしたり，教師や友達の歌や伴奏の響きを聴きながら思いや意図にふさわしい歌声になるように意識したり，相手に合わせて自分の声の大きさや声の出し方などをコントロールしながら歌ったりすることである。

---

イ　器楽の活動を通して，次の事項を身に付けることができるよう指導する。
　(ｱ)　器楽表現についての知識や技能を得たり生かしたりしながら，曲想にふさわしい表現を工夫し，器楽表現に対する思いや意図をもつこと。
　(ｲ)　次の㋐及び㋑について理解すること。
　　　㋐　曲想と音楽の構造との関わり
　　　㋑　多様な楽器の音色と全体の響きとの関わり
　(ｳ)　思いや意図にふさわしい表現をするために必要な次の㋐から㋒までの技能を身に付けること。
　　　㋐　簡単な楽譜を見てリズムや速度，音色などを意識して，演奏する技能
　　　㋑　打楽器や旋律楽器の基本的な扱いを意識して，音色や響きに気を付けて演奏する技能
　　　㋒　友達の楽器の音や伴奏を聴いて，リズムや速度を合わせて演奏する技能

---

　ここでは，２段階の器楽に関する事項を示している。
　２段階の器楽の活動では，打楽器や旋律楽器の基本的な扱いを意識して，友達の楽器の音も聴きながら一緒に合わせて演奏することなどをねらいとしている。また，簡単な楽譜などを使って，友達と一緒に音を合わせて演奏することなどをねらいとしている。
　これらのねらいを実現するためには，曲想と音楽の構造との関わりや，多様な楽器の音色と全体の響きとの関わりを理解して，自分がどのように演奏したいか思いや意図がもてるよう指導することが必要である。その際，〔共通事項〕との関連を十分に図り，教師と一緒に楽しく器楽の活動を進めることが大切である。
　(ｱ)の事項は，器楽分野における「思考力，判断力，表現力等」に関する資質・能力である，曲の雰囲気に合いそうな表現を工夫し，器楽表現に対する思いや意図をもつことができるようにすることをねらいとしている。
　器楽表現についての知識や技能とは，(ｲ)及び(ｳ)に示すものである。
　「知識や技能を得たり生かしたり」としているのは，曲想にふさわしい表現を工夫し，器楽表現に対する思いや意図をもつためには，その過程で新たな知識や

技能を習得することと，これまでに習得した知識や技能を活用することの両方が必要となるからである。したがって，知識や技能を習得してから自分なりに表そうとするといった，一方向のみの指導にならないように留意する必要がある。

「曲想にふさわしい表現を工夫し」とは，曲のリズムや速度，その曲のもつ雰囲気などを感じて，そのことを生かせるような演奏の仕方を考えることである。

(イ)の事項は，器楽分野における知識に関する資質・能力である，「㋐曲想と音楽の構造との関わり」及び「㋑多様な楽器の音色と全体の響きとの関わり」について理解することができるようにすることをねらいとしている。

㋐の「曲想」とは，その音楽に固有の雰囲気や表情，味わいのことである。この曲想は，音楽の構造によって生み出されるものである。音楽の構造とは，音楽を形づくっている要素の表れ方や，音楽を特徴付けている要素と音楽の仕組みの関わり合いである。

㋑で「多様な楽器の音色と全体の響きとの関わり」について理解するとは，例えば，様々な楽器を用いて，友達と一緒に演奏した時に，楽器の組合せなどを工夫することにより，その音色や響きは変化するといったことを理解することである。多様な楽器とは，小学部や中学部１段階で経験した楽器に加えて，和楽器や諸外国の楽器などを指す。

指導に当たっては，それらの演奏の仕方やそれぞれの音の響きを感じて演奏することも大切である。

(ウ)の事項は，器楽分野における技能に関する資質・能力である，思いや意図にふさわしい表現をするために必要な次の㋐から㋒までの技能を身に付けることができるようにすることをねらいとしている。

思いや意図にふさわしい表現をするために必要な技能としているのは，㋐から㋒までの技能を，いずれも思いや意図にふさわしい音楽表現をするために必要となるものとして位置付けているからである。

したがって，技能の指導に当たっては，生徒が表したい思いや意図をもち，それを実現するために必要な技能を習得することの必要性を実感できるよう，事項(イ)と関連を図りながら，意図的，計画的に指導を進めることが大切である。

㋑で「打楽器や旋律楽器の基本的な扱いを意識して」としているのは，楽器の扱い方による音色の違いに気を付けながら，その楽器の基本的な演奏の仕方を意識して演奏することを大切にしているからである。

㋒の「友達の楽器の音や伴奏を聴いて，リズムや速度を合わせて演奏する」とは，友達の演奏を聴きながら，自分の演奏のリズムや速度をそろえようと意識して演奏することである。㋒の指導に当たっては，例えば，演奏する人数を少なくすることによって，他者の音と自分の音の聴き分けやすくしたり，パートごとに演奏を行うことで，同じパートの他者とリズムや音の高さなどをそろえやすくし

たりするなど，何をどのように聴きやすくすることで，合わせる技能の習得が図られるかという観点から，聴く活動の工夫が大切である。

ウ　音楽づくりの活動を通して，次の事項を身に付けることができるよう指導する。
(ｱ) 音楽づくりについての知識や技能を得たり生かしたりしながら，次の㋐及び㋑をできるようにすること。
㋐　即興的に表現することを通して，音楽づくりの発想を得ること。
㋑　音を音楽へと構成することについて思いや意図をもつこと。
(ｲ) 次の㋐及び㋑について，それらが生み出す面白さなどと関わらせて理解すること。
㋐　いろいろな音の響きやその組み合わせの特徴
㋑　リズム・パターンや短い旋律のつなぎ方や重ね方の特徴
(ｳ) 発想を生かした表現，思いや意図に合った表現をするために必要な次の㋐及び㋑の技能を身に付けること。
㋐　設定した条件に基づいて，即興的に音を選択したり組み合わせたりして表現する技能
㋑　音楽の仕組みを生かして，音楽をつくる技能



ここでは，２段階の音楽づくりに関する事項を示している。

２段階では，設定した条件に基づいて，即興的に音を選択したり組み合わせたりして，まとまりのある音楽をつくることなどをねらいとしている。

このねらいを実現するためには，いろいろな音の響きの特徴やその組み合わせの特徴，リズム・パターンや旋律のつなぎ方や重ね方に気付かせることを大切にしながら，即興的に表現することを通して，音楽づくりの発想を得たり，音を音楽へと構成することについて思いや意図をもてるように指導することが必要である。

その際，(ｱ)，(ｲ)及び(ｳ)を適切に関連させて扱うとともに，〔共通事項〕との関連を十分に図った題材を構成することが必要となる。

(ｱ)の事項は，音楽づくり分野における「思考力，判断力，表現力等」に関する資質・能力である，「㋐即興的に表現することを通して，音楽づくりの発想を得ること」及び「㋑音を音楽へと構成することについて思いや意図をもつこと」ができるようにすることをねらいとしている。

「即興的に表現すること」とは，あらかじめ楽譜に示されているとおりに表現するのではなく，その場で直観的に選択したり判断したりして表現することである。即興的な表現の例としては，生徒が見付けた音を使ってみんなで模倣したり，

各自が工夫した音を使って友達と会話をしたりする活動，木，金属，皮など異なる材質や物を組み合わせて使ったり，あるいは同じ材質の物を使ったりして生ずるそれぞれの音の響きを生かして表現する活動，線や図形，絵などを楽譜に見立てて声や楽器などの音で表す活動が考えられる。

指導に当たっては，即興的に表現する中で，生徒が思いついた考えを，実際に声に出して確かめていくことが大切である。例えば，木，金属，皮などの材質の物から生まれるそれぞれの音の響きを基に，「同じ材質の物から生ずる音の響きだけそろえて表現すると面白くなる」といった考えを実際に音で示しながら，即興的に表現していくことが考えられる。

(イ)の事項は，音楽づくり分野における知識に関する資質・能力である，「㋐いろいろな音の響きやその組み合わせの特徴」及び「㋑リズム・パターンや短い旋律のつなぎ方や重ね方の特徴」について，それらが生み出す面白さなどと関わらせて理解ができるようにすることをねらいとしている。

「それらが生み出すよさや面白さなどと関わらせて理解すること」としているのは，音楽づくりの活動では，この音の響きや組合せにはこのようなよさがある，このつなぎ方や重ね方はこのようなところが面白いといった，実感を伴って理解することを求めているからである。

㋐の「いろいろな音の響きやその組み合わせの特徴」について理解するとは，例えば，音の素材や楽器そのものがもつ固有の響き，材質による音の響きの違い，音を出す道具による音色の違いといったことを理解することである。「音の響き」には，音の高さ，長さ，音色，重なりなどの特徴がある。それらの「組み合わせ」とは，いくつかの音の響きを合わせることを意味している。

㋑の「リズム・パターンや短い旋律のつなぎ方や重ね方の特徴」について理解するとは，例えば，音を組み合わせてつくったリズム・パターンや短い旋律を反復させたり，呼びかけ合うようにしたり，それらを変化させたりといったことを理解することである。「重ね方」とは，リズム・パターンや短い旋律を同時に重ねたり，時間をずらして重ねたりすることである。

(ウ)の事項は，音楽づくり分野における技能に関する資質・能力である，発想を生かした表現や，思いや意図に合った表現をするために必要な㋐及び㋑の技能を身に付けることができるようにすることをねらいとしている。

㋐の「設定した条件」とは，様々な音を即興的に選択したり組み合わせたりする際の約束事である。例えば，「ソラシの三つの音を使い，一人一人が4拍で即興的に表現し，順番に旋律をつなぐ」といったことである。

「即興的に音を選択したり組み合わせたりして表現する技能」とは，あらかじめ決められたとおりに表現するのではなく，設定した条件に基づいて，その場で選択したり組み合わせたりして表現できることである。したがって，ここで身に

付ける具体的な技能は，設定した条件によって異なることに留意する必要がある。

①の音楽の仕組みとは，「3 指導計画の作成と内容の取扱い」の(2)のコの(イ)に示す，反復，呼びかけとこたえ，変化，音楽の縦と横との関係などのことである。音楽の仕組みを用いて，音楽をつくる技能を身に付けるとは，音楽の仕組みを使って，音を音楽へと構成することができることである。例えば，「反復と変化を使い，短いフレーズを反復させた後，変化させて，また最初の短いフレーズを反復させてつくっていく」などといったことである。

> エ　身体表現の活動を通して，次の事項を身に付けることができるよう指導する。
> 　(ア)　身体表現についての知識や技能を得たり生かしたりしながら，リズムの特徴や曲想を感じ取り，体を動かすことについて思いや意図をもつこと。
> 　(イ)　次の㋐及び㋑の関わりについて理解すること。
> 　　　㋐　曲想と音楽の構造との関わり
> 　　　㋑　曲名や歌詞と体の動きとの関わり
> 　(ウ)　思いや意図にふさわしい動きで表現するために必要な次の㋐から㋒までの技能を身に付けること。
> 　　　㋐　示範を見て表現したり，曲の速度やリズム，曲想に合わせて表現したりする技能
> 　　　㋑　音や音楽を聴いて，様々な動きを組み合わせてまとまりのある表現をする技能
> 　　　㋒　友達と動きを相談して，合わせて表現する技能

ここでは，2段階の身体表現に関する事項を示している。

なお，「身体表現」とは音やリズムを身体全体で感じ取り，受け止めた思いを自発的に出てくる動きで表現することである。

2段階では，1段階で身に付けた身体表現分野の資質・能力を，さらに伸長させることについて示したものである。また，2段階では，1段階を踏まえ，身体表現活動を通して，リズムの特徴や曲想に合わせて表現するとともに，友達と協力して，主体的な動きを引き出すことなどがねらいとなる。

このねらいを実現するためには，2段階では，リズムの特徴や曲の雰囲気を感じ取る力を中心として，自ら工夫しながら，友達と動きを合わせて表現することを指導することが必要である。その際，〔共通事項〕との関連を十分に図り，教師と一緒に楽しく身体表現の活動を進めることが大切である。

(ア)の事項は，身体表現分野における「思考力，判断力，表現力等」に関する

資質・能力である，リズムの特徴や曲の雰囲気を感じ取り，体を動かすことについての思いや意図をもつことができるようにすることをねらいとしている。

「知識や技能を得たり生かしたり」としているのは，リズムの特徴や曲の雰囲気を感じ取り，体を動かすことについての思いや意図をもつためには，その過程で新たな知識や技能を習得することと，これまでに習得した知識や技能を活用することの両方が必要となるからである。したがって，知識や技能を習得してから自分なりに表そうとするといった，一方向のみの指導にならないように留意する必要がある。

「リズムの特徴や曲の雰囲気を感じ取り，体を動かすことについての思いや意図をもつこと」とは，感じ取った特徴的なリズムや曲の雰囲気について，自分の思いや意図を表すような動きに近付けるようにすることである。

(イ)の事項は，身体表現分野における知識に関する資質・能力である，「㋐曲想と音楽の構造との関わり」及び「㋑曲名や歌詞と体の動きとの関わり」について理解することができるようにすることをねらいとしている。

㋐で「曲想と音楽の構造との関わり」について理解するとは，例えば，ゆったりした感じから弾んだ感じに変わったことなどについて，旋律と和声のような，音楽の構造との関係といったことを理解することである。

㋑で「曲名や歌詞と体の動きとの関わり」について理解するとは，小学部2段階の「曲名と動きとの関わり」でも詳しく述べているが，例えば，「ダンス」，「ポルカ」などのような曲名や「煙たなびく」などのような歌詞から想起する情景と動きとの関係といったことを理解するということである。

(ウ)の事項は，身体表現分野における技能に関する資質・能力である，思いや意図にふさわしい動きで表現するために必要な次の㋐から㋒までの技能を身に付けることができるようにすることをねらいとしている。

思いや意図にふさわしい表現をするために必要な技能としているとおり，学習の過程において，生徒が表したい思いや意図をもち，それを実現するために必要な技能であることが分かるよう，事項(イ)と関連を図りながら，意図的，計画的に指導を進めることが大切である。

㋐の「示範を見て表現したり，曲の速度やリズム，曲想に合わせて表現したりする」とは，中学部1段階で身につけた技能を基礎として，例えば，示範を参考にしたり，速度やリズム，曲の雰囲気など，感じ取ったものをより複合的に身体表現したりすることである。

㋒の「友達と動きを相談して，合わせて表現する」とは，例えば，動きを合わせるために，感じたことを話し合うことや，出し合ったアイディアを，まとめて動きに表すことである。

身体表現の活動の指導に当たっては，リズムの特徴や曲の雰囲気を感じ取り，

体を動かすことについて思いや意図をもつこと，〔共通事項〕との関連を十分に図り，友達と一緒に楽しく身体表現の活動を進めることが大切である。

> B　鑑賞
> ア　鑑賞の活動を通して，次の事項を身に付けることができるよう指導する。
> 　(ｱ)　鑑賞についての知識を得たり生かしたりしながら，曲や演奏のよさなどを見いだし，曲全体を味わって聴くこと。
> 　(ｲ)　曲想と音楽の構造等との関わりについて理解すること。

　ここでは，2段階の鑑賞に関する事項を示している。
　2段階では，1段階で身に付けた鑑賞領域の資質・能力を，さらに伸長させることについて示したものである。
　2段階では，曲や演奏のよさなどを見いだし，曲全体を味わって聴くことなどをねらいとしている。
　このねらいを実現するためには，様々なジャンルの音楽を聴いたり，演奏していることを見たりする活動を通して，曲想と音楽の構造等との関わりについて理解し，曲や演奏のよさを言葉などで表現できるよう指導することが必要である。その際，〔共通事項〕との関連を十分に図り，教師と一緒に楽しく鑑賞の活動を進めることが大切である。
　(ｱ)の事項は，「鑑賞」領域における「思考力，判断力，表現力等」に関する資質・能力である，曲や演奏のよさなどを見いだし，曲全体を味わって聴くことができるようにすることをねらいとしている。
　「鑑賞についての知識」とは，(ｲ)に示すものである。
　「知識を得たり生かしたり」としているのは，曲や演奏のよさなどを見いだし，曲全体を味わって聴くためには，その過程で新たな知識を習得することと，これまでに習得した知識を活用することの両方が必要となるからである。したがって，知識を習得してから曲や演奏のよさなどを見いだし，曲全体を味わって聴くといった，一方向のみの指導にならないように留意する必要がある。
　「曲全体を味わって聴く」とは，曲のある一部のフレーズやリズムを聴くだけでなく，曲全体の流れを聴くようになることを意味する。
　(ｱ)の指導にあたっては，部分的に音楽を取り扱うだけでなく，全体としてその変化や特徴を感じ取れるように曲を取り扱うことが必要である。
　このような学習を実現するためには，(ｲ)と関連を図ることが重要となる。生徒が曲の雰囲気や表情とその移り変わりを感じ取って聴いたり，音楽全体がどのように形づくられているのか捉えて聴いたりすることが，曲や演奏のよさなどを

見いだし，曲全体を味わって聴くために必要となるからである。

（イ）の事項は，鑑賞領域における知識に関する資質・能力である，曲想と音楽の構造等との関わりについて理解することができるようにすることをねらいとしている。

「曲想と音楽の構造等との関わり」について理解するとは，例えば，曲の雰囲気や表情，味わい及びその変化と音楽の構造との関わり合いといったことを理解することである。

（イ）の指導に当たっては，生徒が感じ取った曲想及びその変化を大切にしながら，曲想を生み出している音楽の構造に目を向けるようにすることが大切である。その際，手で拍を取ったり，リズムや速さなどを手や身体で表しながら聴いたり，感じ取ったことや気付いたことを伝え合ったり，音楽の構造を可視化したり，特徴的な部分を聴いて確かめたりするなど，効果的な手立てを工夫することが必要である。

---

〔共通事項〕
(1) 1段階と2段階の「A表現」及び「B鑑賞」の指導を通して，次の事項を身に付けることができるよう指導する。
　ア　音楽を形づくっている要素を聴き取り，それらの働きが生み出すよさや面白さ，美しさを感じ取りながら，聴き取ったことと感じ取ったこととの関わりについて考えること。
　イ　音楽を形づくっている要素及びそれらに関わる音符，休符，記号や用語について，音楽における働きと関わらせて理解すること。

---

〔共通事項〕とは，表現及び鑑賞の学習において共通に必要となる資質・能力を示したものである。1段階及び2段階の「A表現」及び「B鑑賞」の指導の過程において，各事項と併せて十分な指導が行われるよう工夫することが必要である。

アの事項は，音楽科における「思考力，判断力，表現力等」に関する資質・能力である，音楽を形づくっている要素を聴き取り，それらの働きが生み出すよさや面白さ，美しさを感じ取りながら，聴き取ったことと感じ取ったこととの関わりについて考えることができるようにすることをねらいとしている。

音楽を形づくっている要素とは，「3 指導計画の作成と内容の取扱い」(2)のコに示す「(ア)音楽を特徴付けている要素」及び「(イ)音楽の仕組み」である。生徒の障害の状態や特性及び心身の発達の段階等や指導のねらいに応じて，適切に選択したり関連付けたりして指導することが求められる。

「聴き取ったことと感じ取ったこととの関わりについて考える」とは，感じ取っ

たことの理由を，音楽を形づくっている要素の働きに求めたり，音楽を形づくっている要素の働きがどのような面白さ，美しさを生み出しているかについて考えたりすることである。

例えば，「速度」であれば，速くなったのか，それとも遅くなったのかを聴き分けたり，「これは速度が速い」，「これは速度が遅い」と意識したりするなど，速度の特徴を客観的に聴き取るだけでなく，「だんだん忙しい感じになってきたのに，急にのんびりとした感じに変わったのは，速度がだんだん速くなった後に，急に速度が遅くなったから」と捉えるなど，速度の変化とその働きが生み出すよさや面白さ，美しさとの関係を考えることである。

指導に当たっては，生徒が音や音楽と出会い，曲名や曲想と音楽の構造との関わりについて気付いたり，思いや意図をもって表現したり，曲のよさなどを見いだし，曲全体を味わって聴いたりするなどの学習において，聴き取ったことと感じ取ったこととの関わりについて考えることを適切に位置付けることが大切である。

イの事項は，音楽科における知識に関する資質・能力である，音符，休符，記号や用語について，音楽における働きと関わらせて，その意味に触れることができるようにすることをねらいとしている。

音楽を形づくっている要素及びそれらに関わる音符，休符，記号や用語については，生徒の発達の段階に合わせた絵譜や色を付けた音符などを活用しながら，知識を増やし生活の中でも進んで活用できるようになることに配慮して指導することが大切である。

## 4 指導計画の作成と内容の取扱い
### (1) 指導計画作成上の配慮事項

音楽科の指導計画には，3年間を見通した指導計画，年間指導計画，各題材の指導計画，各授業の指導計画などがある。これらの指導計画を作成する際は，それぞれの関連に配慮するとともに，評価の計画も含めて作成する必要がある。

---

3　指導計画の作成と内容の取扱い
　(1) 指導計画の作成に当たっては，次の事項に配慮するものとする。
　　ア　題材など内容や時間のまとまりを見通して，その中で育むべき資質・能力の育成に向けて，生徒の主体的・対話的で深い学びの実現を図るようにすること。その際，音楽的な見方・考え方を働かせ，他者と協働しながら，音楽表現を生み出したり音楽を聴いてそのよさなどを見いだしたりするなど，思考，判断し，表現する一連の過程を大切にした学習の充実を図ること。

この事項は，音楽科の指導計画の作成に当たり，生徒の主体的・対話的で深い学びの実現を目指した授業改善を進めることとし，音楽科の特質に応じて，効果的な学習が展開できるように配慮すべき内容を示したものである。

音楽科の指導に当たっては，(1)「知識及び技能」が習得されること，(2)「思考力，判断力，表現力等」を育成すること，(3)「学びに向かう力，人間性等」を涵養することが偏りなく実現されるよう，題材など内容や時間のまとまりを見通しながら，主体的・対話的で深い学びの実現に向けた授業改善を行うことが重要である。

生徒に音楽科の指導を通して「知識及び技能」や「思考力，判断力，表現力等」の育成を目指す授業改善を行うことはこれまでも多くの実践が重ねられてきている。そのような着実に取り組まれてきた実践を否定し，全く異なる指導方法を導入しなければならないと捉えるのではなく，生徒や学校の実態，指導の内容に応じ，「主体的な学び」，「対話的な学び」，「深い学び」の視点から授業改善を図ることが重要である。

主体的・対話的で深い学びは，必ずしも１単位時間の授業の中ですべてが実現されるものではない。題材など内容や時間のまとまりの中で，例えば，主体的に学習に取り組めるよう学習の見通しを立てたり学習したことを振り返ったりして自身の学びや変容を自覚できる場面をどこに設定するか，対話によって自分の考えなどを広げたり深めたりする場面をどこに設定するか，学びの深まりをつくりだすために，生徒が考える場面と教師が教える場面をどのように組み立てるか，といった視点で授業改善を進めることが求められる。また，生徒や学校の実態に応じ，多様な学習活動を組み合わせて授業を組み立てていくことが重要であり，題材などのまとまりを見通した学習を行うに当たり基礎となる知識及び技能の習得に課題が見られる場合には，それを身に付けるために，生徒の主体性を引き出すなどの工夫を重ね，確実な習得を図ることが必要である。

主体的・対話的で深い学びの実現に向けた授業改善を進めるに当たり，特に「深い学び」の視点に関して，各教科等の学びの深まりの鍵となるのが「見方・考え方」である。各教科等の特質に応じた，物事を捉える視点や考え方である「見方・考え方」を，習得・活用・探究という学びの過程の中で働かせることを通じて，より質の高い深い学びにつなげることが重要である。

音楽的な見方・考え方を働かせるとは，生徒が自ら音楽に対する感性を働かせ，音や音楽を，音楽を形づくっている要素とその働きの視点で捉え，捉えたことと，自己のイメージや感情，生活や社会，伝統や文化などとを関連付けて考えることであり，その趣旨等は，「2 音楽科の目標」で解説している。

今回の改訂では教科の目標において，音楽科の学習が，音楽活動を通して，音楽的な見方・考え方を働かせて行われることを示している。また，2の「A表現」，

「B鑑賞」及び〔共通事項〕の各事項では，音楽的な見方・考え方を働かせた学習にすることを前提として，その内容を示している。例えば，「曲想と音楽の構造との関わり」は，生徒が自ら，音楽に対する感性を働かせ，音や音楽を，音楽を形づくっている要素とその働きの視点で捉え，自己のイメージや感情などと関連付けることによって理解される。

指導に当たっては，生徒が音楽的な見方・考え方を働かせることができるような場面設定や発問など，効果的な手立てを講ずる必要がある。

他者と協働しながらが大切であることの趣旨は，第5の3の(3)で解説していることと同様である。

> イ 2の目標及び内容の「A表現」のアからエまでの指導については，(ア)，(イ)及び(ウ)の各事項を，「B鑑賞」のアの指導については，(ア)及び(イ)の各事項を，適切に関連させて指導すること。

この事項は，2の各段階の内容の指導に当たって配慮すべきことについて示したものである。

歌唱の(イ)及び(ウ)，器楽の(イ)及び(ウ)，音楽づくりの(ア)，(イ)及び(ウ)，身体表現の(イ)及び(ウ)では，それぞれの育成を目指す資質・能力に対して複数の事項を示している。これらについては，指導のねらいなどに応じて，一つの題材の中で複数の事項のうち一つ以上を扱うようにする。

> ウ 2の目標及び内容の〔共通事項〕は，表現及び鑑賞の学習において共通に必要となる資質・能力であり，「A表現」及び「B鑑賞」の各事項の指導と併せて，十分な指導が行われるよう工夫すること。

この事項は，〔共通事項〕の取扱いについて示したものである。〔共通事項〕の取扱いについては，第5の3の(5)で解説しているとおりである。〔共通事項〕として示した事項は，表現及び鑑賞の各活動と併せて指導することが重要であり，〔共通事項〕のみを扱う指導にならないように留意する必要がある。

> エ 2の目標及び内容の「A表現」のアからエまで及び「B鑑賞」のアの指導については，適宜，〔共通事項〕を要として各領域や分野の関連を図るようにすること。

この事項は，「A表現」の歌唱，器楽，音楽づくり，身体表現の分野，並びに「B鑑賞」の指導について，適宜，各領域や分野の関連を図った指導計画を工夫

することについて示したものである。各領域・分野の内容は，歌唱，器楽，音楽づくり，鑑賞ごとに示されているが，指導計画の作成に当たっては，適宜，〔共通事項〕と有機的な関連を図り，表現及び鑑賞の各活動の学習が充実するよう，指導計画を工夫することが求められる。そのための要となるのが，表現及び鑑賞の学習において共通に必要となる資質・能力，すなわち〔共通事項〕である。

> オ　国歌「君が代」は，時期に応じて適切に指導すること。

　生徒が，将来国際社会において尊敬され，信頼される日本人として成長するためには，国歌を尊重する態度を養うようにすることが大切である。

　国歌「君が代」は，入学式や卒業式等の様々な場面において，小学部は6学年間，中学部は3学年間を通じて歌われるものである。一方で，生徒の障害の状態や特性及び心身の発達の段階等を踏まえる必要があることから，中学部における音楽科では，国歌「君が代」は，時期に応じて適切に指導することとし，国歌「君が代」の指導の趣旨を明確にしている。

　「時期に応じて適切に指導する」とは，生徒の障害の状態や特性及び心身の発達の段階等を踏まえ，教師や友達が歌うのを聴いたり，楽器の演奏やＣＤ等による演奏を聴いたり，みんなと一緒に歌ったり，歌詞や楽譜を見て覚えて歌ったりするなど，親しみをもてるよう，個々の生徒に即した指導の工夫を行うことを示している。

　国歌の指導に当たっては，国歌「君が代」は，日本国憲法の下において，日本国民の総意に基づき天皇を日本国及び日本国民統合の象徴とする我が国の末永い繁栄と平和を祈念した歌であることを踏まえることが必要である。

## (2) 内容の取扱いについての配慮事項

　ここでは，「(2)内容」の指導に当たって配慮すべき事項を示している。したがって，以下のアからタまでの事項については，単独で取り扱うのではなく，「イ内容」の指導と関連付けて取り扱うことが必要である。

> (2) 2の各段階の内容の取扱いについては，次の事項に配慮するものとする。
> 　ア　各段階の指導に当たっては，音や音楽との一体感を味わえるようにするため，指導のねらいに即して体を動かす活動を取り入れるようにすること。

　この事項は，各段階の「A表現」及び「B鑑賞」の指導に当たって，体を動かす活動を取り入れることについて示したものである。生徒が体全体で音楽を感じ

取ることを通して，音楽科の学習において大切となる想像力が育まれていくのである。このように，生徒が音楽との一体感を味わうことができるようにするためには，生徒が感じた印象のままに自然に体が動くことを基本として，動きを想起しやすいリズムや音の進行を用いて意図的，計画的に体を動かす活動を取り入れることが大切である。

> イ 各段階の指導に当たっては，音や音楽及び言葉によるコミュニケーションを図る指導を工夫すること。その際，生徒の言語理解や発声・発語の状況等を考慮し，必要に応じてコンピュータや教育機器も効果的に活用すること。

この事項は，各段階の「A表現」及び「B鑑賞」の指導に当たって，必要に応じてコンピュータや教育機器を効果的に活用できるよう指導を工夫することについて示したものである。例えば，生徒が自分たちの演奏を，ICレコーダーなどを活用して録音し記録することで，曲や演奏の楽しさに気付くようにすることや，音声ソフト等を活用することで，生徒が無理なく，工夫してコミュニケーションを図ったり，音楽をつくったりすることができるようにすることが考えられる。また，音量の変化に応じて図形の大きさや振動の強さが変わったり，また楽器の音色の変化によって色が変わったりするなどのように，聴覚と視覚，聴覚と触覚など，生徒が複数の感覚を関連付けて音楽を捉えていくことができるようにすることなどが考えられる。そのことが，学習を深めることに有効に働くよう，教師の活用の仕方，生徒への活用のさせ方について工夫することが大切である。

> ウ 生徒が学校内及び公共施設などの学校外における音楽活動とのつながりを意識できるような機会をつくるなど，生徒や学校，地域の実態に応じて，生活や社会の中の音や音楽，音楽文化と主体的に関わっていくことができるよう配慮すること。

この事項は，生徒が生活や社会の中の音や音楽と主体的に関わっていくことができるようにするために配慮すべきことを示したものである。
音楽科の教科目標には，「生活の中の音や音楽に興味や関心をもって関わる資質・能力」の育成を目指すことを示している。音楽科では，この目標を実現することによって，生活や社会の中の音や音楽，音楽文化と豊かに関わることのできる人を育てること，そのことによって心豊かな生活を営むことのできる人を育てること，ひいては，心豊かな生活を営むことのできる社会の実現に寄与することを目指している。

したがって，音楽科の学習で学んだことやその際に行った音楽活動と，学校内外における様々な音楽活動とのつながりを生徒が意識できるようにすることは，心豊かな生活を営むことのできる社会の実現に向けて，音楽科の果たす大切な役割の一つである。

　学校内の音楽活動には，音楽の授業のみではなく，特別活動などにおける諸活動などにおいて，歌を歌ったり楽器を演奏したり音楽を聴いたりする活動も含まれる。

　学校外における音楽活動には，生徒が自分たちの演奏を披露するだけではなく，音楽家や地域の人々によるコンサートなどの様々な音楽活動が含まれる。例えば，歌唱や器楽で扱った，世代を超えて大切にされている日本のうた，地域で親しまれている歌を参加者と歌ったり演奏したりするなどの活動が考えられる。その際，音楽科の学習で扱った教材曲と公共施設などの学校外における音楽活動で扱った曲との関わりに興味をもてるようにすることが大切である。

　このように，生徒が音楽科の学習内容と学校内外の音楽活動とのつながりを意識できるようにするためには，例えば，授業で学んだことを音楽科の授業以外の場面で発表するなど，音楽科の授業以外の場面においても音楽に主体的に関わっていく機会を活用していくことが必要である。

> エ　合奏や合唱などの活動を通して，和音のもつ表情を感じることができるようにすること。また，長調及び短調の曲においては，Ⅰ，Ⅳ，Ⅴ及びⅤ$_7$などの和音を中心に指導すること。

　この事項は，和音の取扱いについて示したものである。

　和音の取扱いについては，理論的な指導に偏ることがないよう，あくまでも音楽活動を進める中で，生徒の音楽的な感覚に働きかけるとともに，合唱や合奏をはじめ，音楽づくり，鑑賞など，具体的な活動を通して指導することが必要である。例えば，音の重ね方をいろいろと工夫して表現したり，それらを互いに聴き合ったりして，和音のもつ表情や，その表情が変化するよさや美しさを味わうようにすることが考えられる。

　また，和音を「音楽の縦と横との関係」で捉えて，旋律にふさわしい和音の連結による音楽の響きを聴き取り，感覚的にその変化のよさや美しさを味わうようにすることが考えられる。これは和声に関する学習となる。その際，和音の響きと和音の連結によって生まれる和声に対する感覚の育成を，生徒の障害の状態や特性及び心身の発達の段階等に応じて行うように配慮することが大切である。

　長調や短調による音楽を取り扱う場合には，その基本となるⅠ，Ⅳ，Ⅴ及びⅤ$_7$の和音を中心に指導し，学習の内容や教材，生徒の経験などの実態に応じて，

適宜,その他の和音も用いるように配慮することが必要である。

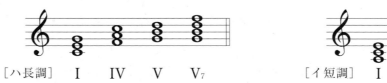

> オ　我が国や郷土の音楽の指導に当たっては,そのよさなどを感じ取って表現したり鑑賞したりできるよう,楽譜や音源等の示し方,伴奏の仕方,曲に合った歌い方や楽器の演奏の仕方など指導方法について工夫すること。

　この事項は,我が国や郷土の音楽の指導に当たって,曲に合った歌い方や楽器の演奏の仕方などの指導方法を工夫することについて示したものである。
　曲に合った歌い方や楽器の演奏の仕方については,話し声を生かして歌えるようにすることや,口唱歌(くちしょうが)を活用することなどが考えられる。口唱歌(くちしょうが)とは,和楽器の伝承において用いられてきた学習方法で,リズムや旋律を「チン・トン・シャン」などの言葉に置き換えて唱えることである。また,例えば,仕事歌などの動作を入れて歌うことなども考えられる。

> カ　各段階の「A表現」のアの歌唱の指導に当たっては,次のとおり取り扱うこと。
> (ｱ)　生徒の実態や学習状況及び必要に応じて適宜,移動ド唱法を取り上げるようにすること。
> (ｲ)　成長に伴う声の変化に気付くことができるよう,変声期の生徒に対して適切に配慮すること。

　(ｱ)の事項は,生徒の実態を十分考慮しながら,学習のねらいなどに即して移動ド唱法を用いて指導することについて示したものである。階名とは,長音階の場合はド,短音階ではラをそれぞれの主音として,その調における相対的な位置を,ドレミファソラシを用いて示すものであり,階名唱とは階名を用いて歌うことである。階名唱を行う際,調によって五線譜上のドの位置が移動するため,移動ド唱法と呼ばれる。この唱法によって,音と音との関係を捉えるという相対的な音程感覚が身に付くようになる。
　(ｲ)の事項は,変声期前後の生徒への指導の配慮について示したものである。学年が進むと,身体の成長に伴い,変声期に入る生徒がいる。そのため,変声期以前から,変声は成長の証であること,その時期や変化には個人差があることを指導し,生徒が安心して歌えるように配慮しながら歌唱指導を進めていくことが

大切である。

> キ　各段階の「A表現」のイの楽器については，次のとおり取り扱うこと。
> 　(ｱ)　各段階で取り上げる打楽器は，簡単に操作できる楽器，木琴，鉄琴，和楽器，諸外国に伝わる様々な楽器を含めて，生徒の実態や発達の段階を考慮して選択すること。
> 　(ｲ)　1段階で取り上げる旋律楽器は，既習の楽器を含めて，鍵盤楽器などの中から生徒の実態や発達の段階を考慮して選択すること。
> 　(ｳ)　2段階で取り上げる旋律楽器は，既習の楽器を含めて，鍵盤楽器や和楽器，電子楽器などの中から生徒の実態や発達の段階を考慮して選択すること。
> 　(ｴ)　合奏で扱う楽器については，リズム，旋律，和音などの各声部の演奏ができるよう，楽器の特性を生かして選択すること。

　これらの事項は，それぞれの段階で取り上げる楽器や合奏で取り上げる楽器の選択について示したものである。

　(ｱ)の事項は，打楽器の選択について示したものである。簡単に操作できる楽器とは，例えば，ツリーチャイム，カバサ，鈴等を振ったり，揺らしたり，こすったりして音を出すことを指している。

　(ｲ)の事項は，視覚と聴覚の両面から音を確かめつつ演奏できる各種オルガン，同じく視覚と聴覚の両面から音を確かめつつ演奏でき，息の入れ方を変えることによりいろいろな音色を工夫することができる鍵盤ハーモニカなど，生徒にとって身近で扱いやすい楽器の中から，生徒や学校の実態に応じて選ぶようにすることが大切である。

　(ｳ)の事項は，旋律楽器の選択について示したものである。ここでは，視覚と聴覚との両面から音を確かめつつ生徒にとって身近で扱いやすい楽器の中から，生徒の実態に応じて選ぶようにすることが大切である。

　(ｴ)の事項は，合奏で扱う楽器の選択について示したものである。合奏の各声部には，主な旋律，副次的な旋律，和音，低音，リズム伴奏などがあり，それぞれ大切な役割を担っている。また，合奏で使う各種打楽器や旋律楽器には，それぞれの楽器の特性がある。ここでいう楽器の特性とは，音域，音色，音量，音の減衰の仕方，強弱表現の幅などである。

> ク　各段階の「A表現」のウの音楽づくりの指導に当たっては，次のとおり取り扱うこと。
> 　(ｱ)　音遊びや即興的な表現では，リズムや旋律を模倣したり，身近なもの

> から多様な音を探したりして，音楽づくりのための発想を得ることができるよう指導すること。
> (ｲ) どのような音楽を，どのようにしてつくるかなどについて，生徒の実態に応じて具体的な例を示しながら指導すること。
> (ｳ) つくった音楽については，指導のねらいに即し，必要に応じて記録できるようにすること。記録の仕方については，図や絵によるものなど，柔軟に指導すること。
> (ｴ) 拍のないリズム，我が国の音楽に使われている音階や調性にとらわれない音階などを生徒の実態に応じて取り上げるようにすること。

　これらの事項は，音楽づくりの指導の取扱いについて示したものである。
　(ｱ)の事項は，「音遊びや即興的な表現」の取扱いについて示したものである。「A表現」ウの(ｱ)，(ｲ)及び(ｳ)の各事項のうち，㋐の内容を示している。多様な音には既製の楽器にかかわらず，自分の体を叩いたり，音や床や壁を踏みしめたりして出る音などである。
　(ｲ)の事項は，どのような音楽を，どのようにしてつくるかについての取扱いについて示したものである。「A表現」ウの(ｱ)，(ｲ)及び(ｳ)の各事項のうち，㋑の内容を示している。具体的な例としては，生徒の目の前で実際に動いて見本を見せることや，つくる長さを図や絵にして，始まりと終わりを分かりやすくすることなどが考えられる。
　(ｳ)の事項は，作品を記録する方法の指導について示したものである。つくった音楽を互いに共有し，思いを伝え合う上で，つくった音楽を記録することは大切である。そのため，生徒の実態に応じて，例えば，自分が関わってつくった音楽のリズムや旋律，長さなどが分かりやすいような記録の方法の工夫が求められる。
　(ｴ)の事項は，生徒の実態に応じて，多様な音楽表現から手掛かりを得て音楽をつくることについて示したものである。「拍のないリズム」とは，一定の間隔をもって刻まれる拍がないリズムのことである。また，「我が国の音楽に使われている音階」とは，例えば，わらべうたや民謡などに見られる音階のことである。「調性にとらわれない音階」とは，長音階や短音階以外の音階のことで，諸外国の様々な音階や全音音階などを含む。

> ケ　各段階の「B鑑賞」の指導に当たっては，気付いたり感じたりしたことを体の動きで表現したり，絵にかいたり，言葉で表現したりできるよう指導を工夫すること。

この事項は，「B鑑賞」の指導の工夫について示したものである。

生徒が鑑賞の学習を深めるためには，音楽を聴いて感じ取ったことなどを絵や言葉などで顕在化することが必要である。絵や言葉などで表すことで，曲の特徴について気付いたり，曲や演奏のよさなどについて考えたりする学習が深まっていくのである。生徒が，気持ちなど想像したことや感じ取ったことを，体の動き，絵，図及び言葉で表すなどして教師や友達に伝えようとすることは，自分の考えを一層広げたり，他者の感じ方や考えのよさに気付いたりすることにもつながるものである。

コ　2の目標及び内容の〔共通事項〕の(1)のアに示す「音楽を形づくっている要素」については，生徒の発達の段階や指導のねらいに応じて，次の(ｱ)及び(ｲ)を適切に選択したり関連付けたりして必要に応じて適切に指導すること。

(ｱ) 音楽を特徴付けている要素

㋐ 音色，リズム，速度，旋律，強弱，音の重なり，和音の響き，音階，調，拍，フレーズなど

(ｲ) 音楽の仕組み

㋐ 反復，呼びかけとこたえ，変化，音楽の縦と横との関係など

この事項は，「2各段階の目標及び内容」の〔共通事項〕のうち「音楽を形づくっている要素」の取扱いについて示している。

(ｱ) 音楽を特徴付けている要素

音色とは，声や楽器などから出すことができる様々な音の特徴である。音色についての学習では，身の回りの音，声や楽器の音色，歌い方や楽器の演奏の仕方による様々な音色などを扱うことが考えられる。

リズムとは，音楽の時間的なまとまりをつくったり，音楽の時間を刻んだりするものである。中学部では，様々な「リズム・パターン」を扱う。リズムについての学習では，音符や休符を組み合わせた様々なリズム・パターンや，言葉や身の回りの音に含まれているリズム・パターンなどを扱うことが考えられる。

速度とは，基準となる拍が繰り返される速さのことである。速度についての学習は，速い曲，遅い曲などの曲全体の速度，「速くなる，遅くなる」などの速度の変化を扱うことが考えられる。

旋律とは，音の連続的な高低の変化がリズムと組み合わされ，あるまとまった表現を生み出しているものである。旋律についての学習では，上行，下行，山型，谷型，一つの音に留まるなどの音の動き方や，順次進行，躍進進行などの音の連なり方を扱うことが考えられる。

強弱とは，音量のように数値で表されるものや，曲の各部分で相対的に感じられるものである。音色などと関わって，力強い音，優しい音などの音の質感によって強弱が表されることもある。強弱についての学習では，音の強弱を表す「強い，やや強い，やや弱い，弱い」や，強弱の変化を表す「強く，少し強く，少し弱く，弱く」などを扱うことが考えられる。

　音の重なりとは，複数の音が同時に鳴り響いていることである。「音の重なり」についての学習では，複数の高さの音，複数の旋律やリズムに含まれる音が同時に鳴ることで生まれる響きなどを扱うことが考えられる。

　和音の響きとは，音の重なりのうち，長調や短調など主に調性のある音楽において音が重なることによって生まれる響きのことである。「和音の響き」についての学習では，長調や短調のⅠ，Ⅳ，Ⅴ及びⅤ₇を中心とした和音などを扱うことが考えられる。

　音階とは，ある音楽で用いられる基本的な音を高さの順に並べたものである。音階についての学習では，長調の音階（長音階），短調の音階（短音階）をはじめ，我が国の音楽に用いられる音階などを扱うことが考えられる。

　調とは，調性のことであり，音階で特定の音を中心に位置付けることで，それぞれの音楽の特徴を生み出すものである。調についての学習では，長調と短調との違い，また音楽づくりでは，調性にとらわれない音楽などを扱うことが考えられる。

　拍とは，音楽に合わせて手拍子をしたり歩いたりすることができるような，一定の間隔をもって刻まれるものである。なお，間隔に伸び縮みが生じることもある。拍に着目した場合，「拍のある音楽」と「拍のない音楽」との二つに分けることができる。

　フレーズとは，音楽の流れの中で，自然に区切られるまとまりを示している。フレーズについての学習では，歌詞の切れ目やブレス（息継ぎ）によって区切られるまとまり，数個の音やリズムからなる小さなまとまり，これらがいくつかつながった大きなまとまりなどを扱うことが考えられる。

(イ) 音楽の仕組み

　反復とは，リズムや旋律などが繰り返される仕組みである。反復についての学習では，リズムや旋律などが連続して繰り返される反復，Ａ－Ｂ－Ａ－Ｃ－Ａの「Ａ」などに見られる合間において繰り返される反復，Ａ－Ｂ－Ａの三部形式の「Ａ」などに見られる再現による反復などを扱うことが考えられる。

　変化とは，音楽を形づくっている要素の表れ方や関わり合いが変わることによって起こるものである。変化についての学習では，リズムや旋律などが反復した後に異なるものが続く変化，リズムや旋律などが少しずつ変わる変化などを扱うことが考えられる。

呼びかけとこたえとは，ある音のフレーズ，旋律に対して，一方の音やフレーズ，旋律がこたえるという，呼応する関係にあるものを示している。呼びかけとこたえについての学習では，ある呼びかけに対して模倣でこたえるもの，ある呼びかけに対して性格の異なった音やフレーズまたは旋律でこたえるもの，短く合いの手を入れるもの，一人が呼びかけてそれに大勢がこたえるものなどを扱うことが考えられる。

音楽の縦と横との関係とは，音の重なり方を縦，音楽における時間的な流れを横と考え，その縦と横の織りなす関係を示している。音楽の縦と横の関係についての学習では，輪唱（カノン）のように同じ旋律がずれて重なったり，二つの異なる旋律が同時に重なったり，はじめは一つの旋律だったものが，途中から二つの旋律に分かれて重なったりするものなどを取り扱うことが考えられる。

> サ 〔共通事項〕の(1)のイに示す「音符，休符，記号や用語」については，生徒の実態や学習状況を考慮して取り扱うこと。

この事項は，〔共通事項〕の(1)のイに示す音符，休符，記号や用語の取扱いについて示している。指導に当たっては，単にその名称やその意味を知ることだけではなく，表現及び鑑賞の様々な学習活動の中で，音楽における働きと関わらせて，実感を伴ってその意味を理解できるようにするとともに，表現及び鑑賞の各活動の中で，活用できるように取り扱うことができるように配慮することが大切である。

> シ 歌唱教材は，次に示すものを取り扱うこと。
> (ｱ) 生徒の生活年齢及び発達の段階に応じた，日常の生活に関連した曲。
> (ｲ) 主となる歌唱教材については，各段階とも(ｳ)の共通教材を含めて，独唱，斉唱で歌う曲。
> (ｳ) 共通教材
> 　㋐　1段階の共通教材は，次に示すものとする。
> 　「うさぎ」　　　　（日本古謡）
> 　「茶つみ」　　　　（文部省唱歌）
> 　「春の小川」　　　（文部省唱歌）高野辰之作詞　岡野貞一作曲
> 　「ふじ山」　　　　（文部省唱歌）巖谷小波作詞
> 　「さくらさくら」　（日本古謡）
> 　「とんび」　　　　　　　　　　葛原しげる作詞　梁田貞作曲
> 　「まきばの朝」　　（文部省唱歌）船橋栄吉作曲
> 　「もみじ」　　　　（文部省唱歌）高野辰之作詞　岡野貞一作曲

第5節
中学部の各教科

> ① 2段階の共通教材は，次に示すものとする。
> 「こいのぼり」　　　（文部省唱歌）
> 「子もり歌」　　　　（日本古謡）
> 「スキーの歌」　　　（文部省唱歌）林 柳波作詞　橋本国彦作曲
> 「冬げしき」　　　　（文部省唱歌）
> 「越天楽今様（歌詞は第2節まで）」（日本古謡）　慈鎮和尚作歌
> 「おぼろ月夜」　　　（文部省唱歌）高野辰之作詞　岡野貞一作曲
> 「ふるさと」　　　　（文部省唱歌）高野辰之作詞　岡野貞一作曲
> 「われは海の子（歌詞は第3節まで）」（文部省唱歌）

　中学部で取り上げる主な歌唱教材は，「(ｱ)生徒の生活年齢及び発達の段階に応じた，日常の生活に関連した曲」を踏まえ，(ｳ)の共通教材を含めて，生徒が親しみやすい内容の歌詞やリズム，旋律をもつ教材を選ぶなど，生徒の興味・関心に十分に配慮するとともに，輪唱，合唱で歌う曲が対象となる。なお，共通教材については，生徒の障害の状態や特性及び心身の発達の段階等を考慮しながら，各段階で1曲以上は選択して扱うものとする。

　また，共通教材は，生徒の知的能力や適応能力，及び概念的な能力等を考慮しながら小学校学習指導要領ともあわせて設定しており，3年間の指導の中で適切に取り扱うと同時に，交流及び共同学習や地域の行事に参加する場合にも，一緒に音楽活動ができる一助になることを想定している。

> ス　器楽教材は，次に示すものを取り扱うこと。
> (ｱ) 生徒の生活年齢及び発達の段階に応じた，指導のねらいとの関係において適切であり，身近で親しみのもてるもの。
> (ｲ) 主となる器楽教材については，既習の歌唱教材を含め，主旋律に簡単なリズム伴奏や低音部を加えた曲。

　この事項は，器楽教材を選択する場合の観点について示したものである。
　主な器楽教材は，歌唱で学習した教材や親しみのある器楽曲の旋律に，打楽器などによる簡単なリズム伴奏や平易な低声部を加えた曲などが対象となる。器楽教材の選択に当たっては，主な旋律に加えるリズム伴奏が生徒の実態に応じた平易なものであり，曲の雰囲気を感じ取りやすいものを主に取り上げるようにする。

> セ　音楽づくり教材は，次に示すものを取り扱うこと。
> (ｱ) 生徒の生活年齢及び発達の段階に応じた指導のねらいとの関係において適切であり，身近で親しみのもてるもの。

この事項は，音楽づくり教材を選択する場合の観点について示したものである。

例えば，コの(イ)の㋐に示す，反復，呼びかけとこたえ，変化などの「音楽の仕組み」を用いながら，音素材として生徒の生活に身近で親しみのもてる音やフレーズ，楽器を扱ったり，音や音楽のつくりを絵やカードで視覚化して示しやすいものを扱ったりするなどの工夫が必要である。

> ソ　音や音楽の特徴を身体表現するために適した教材は，次に示すものを取り扱うこと。
> 　(ア)　主となる教材については，既習の歌唱教材や器楽教材を含め，音や音楽を聴いて体を動かすことができるものを中心に，生徒の生活年齢及び発達の段階に応じた指導のねらいとの関係において適切であり，親しみのもてるもの。

この事項は，身体表現教材を選択する場合の観点について示したものである。

生徒が親しみやすい内容の歌詞やリズム，旋律をもつ教材を選ぶなど，生徒の興味や関心に十分配慮するとともに，曲の雰囲気を感じ取りやすく，友達と一緒に表現する喜びを味わうことができる音や音楽を取り上げるようにすることが大切である。

> タ　鑑賞教材は，次に示すものを取り扱うこと。
> 　(ア)　主となる鑑賞教材については，既習の歌唱教材や器楽教材を含め，生徒の生活年齢及び発達の段階に応じた，曲想を感じ取り，情景を思い浮かべやすい，いろいろな種類の曲。
> 　(イ)　音楽を形づくっている要素の働きを感じ取りやすく，曲の雰囲気や音楽の構造に気付きやすい曲。
> 　(ウ)　楽器の音色や人の声の表現の違いなどによる演奏の特徴が聴き取りやすい，いろいろな演奏形態による曲。

この事項は，鑑賞の学習で取り上げる教材を選択する場合の観点について示したものである。

(ア)の事項は，生徒がいろいろな種類の音楽に親しむようにし，生徒の生活年齢及び発達の段階に応じて適切な教材を選択するための観点である。具体的は，身近に感じることができるわらべうたや遊びうた，リズム，拍，フレーズなどを聴き取りやすく自然に体を動かしたくなる音楽，身の回りの物や事象に関連し，情景を思い浮かべやすい曲などを教材として選択することが大切である。

(イ)の事項は，音楽を形づくっている要素の働きが生み出すよさや面白さを感

じ取り，音楽を楽しむことができる教材を選択するための観点である。具体的には，親しみやすいリズムや旋律が現れる曲，リズムや旋律が反復する面白さを感じ取りやすい曲など，感覚的にも親しみやすい曲を教材として選択することが大切である。

(ウ)の事項は，生徒にとって親しみやすい，いろいろな演奏形態の音楽に接し，楽器の音色や人の声の特徴及び演奏の楽しさを感じ取ることができるような教材を選択するための観点である。具体的には，一つ一つの楽器の音色あるいは人の声の特徴を聴き取りやすく，楽器の演奏の仕方や歌い方に興味・関心をもつことのできる曲などを教材として選択することが大切である。

## ●第6 美術科

### 1 美術科の改訂の要点
### (1) 目標の改訂の要点

教科の目標は，小学部図画工作科における学習経験と，そこで培われた豊かな感性や，表現及び鑑賞に関する資質・能力などを基に，中学部美術科に関する資質・能力の向上と，それらを通した人間形成の一層の深化を図ることをねらいとし，高等部美術科への発展を視野に入れつつ，目指すべきところを総括的に示したものである。

従前の「造形活動によって，表現及び鑑賞の能力を培い，豊かな情操を養う。」を改め，目標に「表現及び鑑賞の活動を通して，造形的な見方・考え方を働かせ，生活や社会の中の美術や美術文化と豊かに関わる資質・能力を次のとおり育成することを目指す。」と示し，美術は何を学ぶ教科なのかを明確にするとともに，育成を目指す資質・能力を(1)「知識及び技能」，(2)「思考力，判断力，表現力等」，(3)「学びに向かう力，人間性等」の三つの柱で整理している。

(1)「知識及び技能」では，「造形的な視点について理解し，表したいことに合わせて材料や用具を使い，表し方を工夫する技能を身に付けるようにする。」，(2)「思考力，判断力，表現力等」では，「造形的なよさや面白さ，美しさ，表したいことや表し方などについて考え，経験したことや材料などを基に，発想し構想するとともに，造形や作品などを鑑賞し，自分の見方や感じ方を深めることができるようにする。」，(3)「学びに向かう力，人間性等」では，「創造活動の喜びを味わい，美術を愛好する心情を育み，感性を豊かにし，心豊かな生活を営む態度を養い，豊かな情操を培う。」に改めた。目標の実現に当たっては，(1)，(2)，(3)を相互に関連させながら育成できるようにした。

## (2) 内容の改訂の要点

　今回の改訂においては，目標を「知識及び技能」，「思考力，判断力，表現力等」，「学びに向かう力，人間性等」の三つの柱に位置付けて示しているが，内容についてもこれに対応して，資質・能力を相互に関連させながら育成できるよう整理した。そのため，従前の「表現」，「材料・用具」，「鑑賞」の内容構成を，「A表現」及び「B鑑賞」の二つの領域と〔共通事項〕の内容構成に改めている。「A表現」は，生徒が進んで形や色彩，材料などに関わりながら，描いたりつくったりする活動を通して，「技能」や「思考力，判断力，表現力等」の育成を目指すものである。「B鑑賞」は，生徒が自分の感覚や体験などを基に，自分たちの作品や美術作品などを見たり，自分の見方や感じ方を深めたりする活動を通して，「思考力，判断力，表現力等」の育成を目指すものである。〔共通事項〕は，アの事項が「知識」，イが「思考力，判断力，表現力等」の育成を目指すものである。〔共通事項〕は，表現及び鑑賞の学習において共通に必要となる資質・能力であり，「A表現」及び「B鑑賞」の指導を通して指導する事項として示している。

## (3) 指導計画の作成と内容の取扱いの要点

　指導計画の作成の配慮点として，生徒や学校の実態，指導の内容に応じ，「主体的な学び」，「対話的な学び」，「深い学び」の視点から授業改善を図ることや，社会に開かれた教育課程の実現を図る観点から，地域の美術館を利用したり連携を図ったりすることなどを示している。

　内容の取扱いについては，材料や用具の安全な使い方や学習活動に伴う事故防止の徹底，映像メディアの活用，校外に生徒の作品を展示する機会を設けることを示している。

　これらのことに留意しながら指導計画を作成していくことが重要である。

## 2　美術科の目標

> 1　目　標
> 　表現及び鑑賞の活動を通して，造形的な見方・考え方を働かせ，生活や社会の中の美術や美術文化と豊かに関わる資質・能力を次のとおり育成することを目指す。
> 　(1) 造形的な視点について理解し，表したいことに合わせて材料や用具を使い，表し方を工夫する技能を身に付けるようにする。
> 　(2) 造形的なよさや面白さ，美しさ，表したいことや表し方などについて考え，経験したことや材料などを基に，発想し構想するとともに，造形や作品などを鑑賞し，自分の見方や感じ方を深めることができる

> ようにする。
> (3) 創造活動の喜びを味わい，美術を愛好する心情を育み，感性を豊かにし，心豊かな生活を営む態度を養い，豊かな情操を培う。

### (1) 教科目標について

　教科の目標は，教科で何を学ぶのかを明確に示すとともに，具体的に育成することを目指す資質・能力を(1)「知識及び技能」，(2)「思考力，判断力，表現力等」，(3)「学びに向かう力，人間性等」の三つの柱で整理した。教科の目標の実現に向けては，これらの(1)，(2)，(3)を相互に関連させながら育成できるよう確かな実践を一層推進していくことが求められる。

#### ○ 「表現及び鑑賞の活動を通して」について

　美術の創造活動は，生徒一人一人が自分の心情や考えを生き生きとイメージし，それを造形的に具体化する表現の活動と，表現されたものや自然の造形，文化遺産などを自分の目や体で直接捉え，よさや面白さ，美しさなどを主体的に感じ取るなどして見方や感じ方を深める鑑賞の活動とがある。

#### ○ 「造形的な見方・考え方を働かせ」について

　「造形的な見方・考え方」とは，美術科の特質に応じた物事を捉える視点や考え方として，表現及び鑑賞の活動を通して，よさや美しさなどの価値や心情などを感じ取る力である感性や，想像力を働かせ，対象や事象を，造形的な視点で捉え，自分としての意味や価値をつくりだすことが考えられる。今回の改訂では，造形的な視点を豊かにもって対象や事象を捉え，創造的に考えを巡らせる資質・能力の育成を重視している。

　「造形的な視点」とは，造形を豊かに捉える多様な視点であり，形や色彩，材料や光などの造形の要素に着目してそれらの特徴を捉える視点のことである。

　私たちは日々，様々な形や色彩などに出会いながら生活している。身の回りには形や色彩などの造形の要素が働いている。同じものを見てもよさや面白さ，美しさを感じる人もいれば，そうでない人もいるように，どれだけ多くのよさや面白さ，美しさが自分の身近な生活の中にあったとしても，造形的な視点がなければ気付かずに通り過ぎてしまう。一人一人の生徒が授業や身近な生活の中で形や色彩などと豊かに関われるようにするためには，よさや美しさなどの価値や心情などを感じ取る力を十分に育てていく必要がある。

　美術科の学習は，様々な形や色彩などの造形と，想像や心，精神，感情などの心の働きとが，造形の要素を介して行き来しながら深められる。造形的な視点をもつことで，漠然と見ているだけでは気付かなかった身の回りの形や色彩などの

特徴に気付いたり，よさや美しさなどを感じ取ったりすることができるようになる。造形的な視点とは，美術科ならではの視点であり，教科で育てる資質・能力を支える本質的な役割を果たすものである。

　造形的な見方・考え方を働かせるためには，表現及び鑑賞のそれぞれの活動において，このような造形的な視点を基に，どのような考え方で思考するかということを一人一人の生徒にしっかりともたせるようにすることが必要である。

　造形的な見方・考え方を働かせることは，生涯にわたって生活や社会の中の美術や美術文化と豊かに関わる資質・能力の育成につながるものである。

○　「生活や社会の中の美術や美術文化と豊かに関わる資質・能力」について

　「生活や社会の中の美術や美術文化と豊かに関わる資質・能力」とは，造形的な視点を豊かにもち，生活や社会の中の形や色彩などに着目し，それらによるコミュニケーションを通して，一人一人の生徒が自分との関わりの中で美術や美術文化を捉え，生活や社会と豊かに関わることができるようにするための資質・能力のことである。

　生活や社会の中での美術や美術文化への関わり方には様々なことが考えられる。例えば，生活の中で，ものを選んだり飾ったりするときに形や色彩に思い入れをもつ人もいる。日常の中にある建物や街並み，乗り物などの人工的な造形に興味をもったり，紅葉や夕日などの自然の造形を見て美しさを感じ取り味わったり，写真に残したりする人もいる。また，身近な生活に息づく伝統や文化の伝統的かつ創造的な側面の素晴らしさを実感し，先人の知恵を継承・発展させていこうと思う人もいる。

　このように，生活の中で造形的な視点をもって身の回りの様々なものから，よさや面白さ，美しさなどを感じ取ったり，形や色彩を通したコミュニケーションを通じて多様な文化や考え方に接して思いを巡らせたりすることで，心豊かな生活を形成することにつながっていくものである。

## (2) 教科の目標の (1), (2), (3) について
### 教科の目標(1)

　ここでは，育成することを目指す「知識及び技能」について示している。前半部分は，造形的な視点を豊かにするために必要な知識に関するもの，後半部分は，創造的に表す技能に関するものであり，教科の目標(1)は，この二つから構成されている。

○　「造形的な視点について理解し」について

　「造形的な視点について理解し」とは，造形的な視点を豊かにするために必要な知識を理解することを示している。ここでの理解とは，単に新たな事柄として

知ることや言葉を暗記することに終始するものではなく，形や色彩，材料や光などの造形の要素に着目して，それらの特徴を捉える視点をもつために必要な知識として，実感を伴いながら理解し，身の回りの形や色彩などの特徴に気付いたり，よさや美しさなどを感じ取ったりすることができるようにすることが大切である。

○ 「表したいことに合わせて材料や用具を使い，表し方を工夫する技能を身に付ける」について

「表したいことに合わせて材料や用具を使い」とは，小学部段階では身の回りにあるはさみや金づち，のこぎりなど木材加工用具や金属加工用具の簡易なものを経験として使えることが中心であったが，中学部ではさらに用具の性質や機能をよく知って使えるようになることである。表したいことに合わせるためには，いろいろな用具を繰り返し使い経験することが大切であり，それによって，性質や機能を理解するばかりでなく，同時に技能も習得されるものである。

「表し方を工夫する技能を身に付ける」とは，創造的に表す技能は，ものをつくりだす美術の活動を通して生徒一人一人が楽しく主体的，個性的に自己を発揮したときに創造活動の喜び味わうことで身に付いていくものである。また，発想や構想の学習と関連させることにより，主体的に描いたり，つくったりする表現の幅広い活動を通して，思いついたり考えたりして発想や構想するための資質・能力と創造的に表す技能を育成することができる。これらは，実際に材料や用具を使って制作をする技能は，思いついたり考えたりしたことが具体的な形として現れ，表現をしていく中で，技能が高まったり新たな技能が発揮されたりしていくものである。

### 教科の目標(2)

ここでは，育成することを目指す「思考力，判断力，表現力等」について示している。

中学部美術科において育成する「思考力，判断力，表現力等」とは，〔共通事項〕との関連を図りながら，主に「A表現」において発想や構想の学習を通して育成する「思考力，判断力，表現力等」と，「B鑑賞」の鑑賞の学習を通して育成する「思考力，判断力，表現力等」であり，教科の目標の(2)は，大きくはこの二つから構成されている。

○ 「造形的なよさや面白さ，美しさ，表したいことや表し方などについて考え」について

「造形的なよさや面白さ，美しさ，表したいことや表し方などについて考え」とは，「A表現」を通して育成する「思考力，判断力，表現力等」と，「B鑑賞」を通して育成する「思考力，判断力，表現力等」の双方に重なる資質・能力を示している。「思考力，判断力，表現力等」の育成に当たっては，「A表現」におけ

る発想や構想の学習と「B鑑賞」における鑑賞の学習において，造形的なよさや面白さ，美しさ，表したいことや表し方などの学習の中心になる考えを明確にすることにより，鑑賞したことが発想し構想を練るときに生かされ，また発想や構想をしたことが鑑賞において見方や感じ方に関する学習に生かされるようになることが大切である。

「造形的なよさや面白さ，美しさ」とは，形や色彩などから感じるよさや面白さ，美しさとともに，外形には見えない本質的なよさや面白さ，美しさなどのことである。生徒の生活においては，心豊かにたくましく生きていく観点からも感性の育成は重要であり，美術科において感性を育てることは大きな意味をもっている。小学部段階で目標にしていた「よい」，「美しい」と感じ取ることに加えて，中学部では「面白い」と感じ取ることにつながるようにしていくものである。したがって，これまでの経験も生かして色彩の色味や明るさ，鮮やかさを捉えたり，材料の性質，形や色彩，光などから感じる優しさや面白さ，楽しさをイメージしたりするなど豊かに感じ取ったり，それらの感情から表したいことや表し方などを考えたりできるような活動に取り組むことが重要である。

○ **「経験したことや材料などを基に，発想し構想するとともに，造形や作品などを鑑賞し，自分の見方や感じ方を深めること」について**

「経験したことや材料などを基に，発想し構想する」とは，生徒は視覚や触覚など様々な感覚を働かせて形や色彩を捉えている。日々の活動の中から経験して感じたこと，あるいは身の回りにある材料などからイメージしたことを手掛かりに，生徒は自分の思いや願い，他者への気持ち，分かりやすさ，よさや美しさなどを考えながら発想したり構想したりすることである。創造活動の喜びは，自分独自の満足できる発想や構想が生み出されたときに特に強く感じられる。そのため題材では，画一的な表現をするのではなく，生徒の多様な個性やよさをのびのびと表現できるように工夫することが求められる。

「造形や作品などを鑑賞し，自分の見方や感じ方を深める」とは，ここでは，作品だけではなく自然の造形や身の回りの環境，事物なども含めた幅広い内容を示している。鑑賞の学習では，自分の見方や感じ方を大切にしながら主体的に造形的なよさや面白さ，美しさを感じ取ることを基本としている。

「見方や感じ方を深める」とは，鑑賞の視点を豊かにもち，対象や事象の見方や感じ方を深めることである。

小学部段階では，自分の見方や感じ方を見付けたり，好きなものを選んだりすることを大切にしている。中学部では，造形的な視点をもって，1段階では，いろいろなものに触れ，見て，知ることで広がり，2段階では，その中から自分の好むもの，心地よいものを選んだり，さらに質を高めたりして深めていくようにする。

中学部の生徒は心身ともに成長し，大人に近付く時期でもある。見方や感じ方を深めるためには，発達の特性や生活年齢を考慮し，その時期の見方や感じ方を大切にすることが求められる。鑑賞の学習では，自分の見方や感じ方を大切にしながら主体的に造形的なよさや面白さ，美しさなどを感じ取ることを基本としている。また，造形的なよさや面白さ，美しさを感覚的に感じるだけに終わるのではなく，感じ取ったことを基に，作者の心情や表現の意図と工夫，生活や社会の中の美術の働きなどについて考えることで，見方や感じ方はより深められる。

### 教科の目標(3)

　ここでは，育成することを目指す「学びに向かう力，人間性等」について示している。教科の目標(1)及び(2)に関する資質・能力を，どのような方向性で働かせていくかを決定付ける重要な要素である。中学部美術科において，学びに向かう力や人間性等を育んでいくためには，一人一人の生徒が，自己の生き方との関わりの中で，表現及び鑑賞に関する資質・能力を身に付け，学んだことの意義を実感できるような学習活動を充実させていくことが重要となる。

○ 「創造活動の喜びを味わい，美術を愛好する心情を育み，感性を豊かにし，心豊かな生活を営む態度を養い，豊かな情操を培う」について

　「創造活動の喜びを味わい」とは，創造活動は，新しいものをつくりだす活動であり，創造活動の喜びは美術の学習を通して生徒一人一人が楽しく主体的，個性的に自己を発揮したときに味わうことができることを示している。

　すなわち，表現の活動においては，ただ自由に表現するということではなく，自己の心情や考え，他者への思いや願い，イメージ，知識などを基に自分が表したいことをしっかりと意識して考え，それぞれの考えを交流するなどして深めながら自分の表現方法で作品として実体化されたときに実感することができる。

　また，鑑賞の活動においては，作品などを自分の見方や感じ方に基づいて感性や想像力を働かせて見つめたり，対話的な活動を通して新たなことを見出したりする中で，美術や美術文化などに対する見方が深まり新たな発見や感動をしたり，自分としての新しい意味や価値をつくりだしたりしたときに実感することができる。このように創造活動の喜びは，活動の主体者の内面に重点を置いた活動を展開する中で，新しいものをつくりだしたいという意欲とそれを実現するための資質・能力が調和して働いたときに豊かに味わうことができるようになるものである。

　美術はこのような表現の活動や鑑賞の活動を美と創造という観点から追求していく学習であり，それらを実感していく喜びは，充実感や成就感を伴うものとして特に大切にする必要がある。また，創造したものが心や生活に潤いをもたらしたり役立ったり，他者に認められたりしたときも創造活動の喜びや自己肯定感を

強く感じるものである。したがって，美術の創造活動の喜びは，美術の表現及び鑑賞の全過程を通して味わえるようにすることを目指している。

「美術を愛好する心情を育み」とは，一人一人の生徒がやりたいことを見付け，そのことに自らの生きる意味や価値観をもち，自分にしかない価値をつくりだし続ける意欲をもてるようにすることが重要である。したがって，美術を愛好していくには，「よさを感じる」，「楽しい」，「美しいものにあこがれる」，「夢中になって取り組む」，「よりよいものを目指す」などの感情や主体的な態度を養うことが大切である。

このように，美術を愛好する心情は，美術を好み楽しむことをはじめ，生活における心の潤いと生活を美しく改善していく心や豊かな人間性と精神の涵養に寄与するものである。

「感性を豊かにし，心豊かな生活を営む態度を養い，豊かな情操を培う」に示されている美術科で育成する感性とは，様々な対象や事象からよさや美しさなどの価値や心情などを感じ取る力であり，知性と一体化して人間性や創造性の根幹をなすものである。また，感性は，創造活動において，対象や事象を捉えたり思考・判断やイメージをしたりするときの基になる力として働くものである。

「心豊かな生活を営む態度を養い」とは，学校生活だけでなく，学校外の生活や将来の社会生活も見据え，生活や社会を造形的な視点で幅広く捉え，美術の表現や鑑賞に親しんだり，生活環境を美しく飾ったりするなどの美術を愛好していく心を培い，心潤う生活を創造したり，営もうとする態度を養うことである。

私たちは，生活や社会の中で，動植物，風景，四季や自然現象，日用品を含む工芸品などの自然や環境，生活に見られる造形などから，日々，美術の働きに恩恵を受けたり実感したりしながら生きている。

したがって，美術科の授業の内容を学校内で閉じることなく，生活や社会とつなげて関わりをもてるように工夫しながら，主体的に生活や社会の中で美術を生かし，創造していく態度を養うことが重要である。

「情操」とは，美しいものや優れたものに接して感動する，情感豊かな心をいい，特に美術科では，美しいものやよりよいものにあこがれ，それを求め続けようとする豊かな心の働きに重点を置いている。

表現や鑑賞の活動を高めることにより，よさや美しさを自分の中で大事な価値とし，それらにあこがれる心を培うことが，美しさ，よさ，優しさなどに向かう最も人間らしい意思や感情を豊かにすることにつながっていく。中学部美術科では，創造活動を通して，よさや美しさなどの価値や心情などを感じ取る感性と，豊かな情操を培うことで，一人一人の生徒が，より豊かに生活や社会の中の美術や美術文化と関われるようにすることが大切である。

## 3　各段階の目標及び内容

### (1) 各段階の目標

　各段階の目標は，教科の目標の実現を図るため，生徒の発達の特性や生活年齢を考慮し，具体的な目標として示している。各段階において，生徒の発達や必要な経験などに配慮しながら，それぞれにふさわしい学習内容を選択して指導計画を作成し，目標の実現を目指す必要がある。

　各段階の目標は，教科の目標の(1)から(3)に対応して示している。アは，「知識及び技能」に関する目標，イは，「思考力，判断力，表現力等」に関する目標，ウは，「学びに向かう力，人間性等」に関する目標である。目標の実現に当たっては，ア，イ，ウを相互に関連させながら生徒の資質・能力の育成を図る必要がある。

### (2) 各段階の内容

　教科の目標及び各段階の目標を受けた内容は，「A表現」及び「B鑑賞」，〔共通事項〕で構成している。

　「A表現」及び「B鑑賞」の各項目は，それぞれ「活動を通して，次の事項を身に付けることができるよう指導する」と示し，項目と事項の関係を明確にするとともに，「A表現」及び「B鑑賞」の活動を通して生徒の資質・能力を育成することを示している。なお，中学部の美術においては，「B鑑賞」に(ｲ)として造形的な見方や感じ方を広げたり，深めたりする内容が加わっている。〔共通事項〕の指導については，「A表現」及び「B鑑賞」の具体的な指導の中で取り扱われることから，「『A表現』及び『B鑑賞』の指導を通して，次の事項を身に付けることができるよう指導する」と示している。

　「A表現」は，生徒が進んで形や色彩，材料などに関わりながら，つくったり表したりする活動を通して，「技能」や「思考力，判断力，表現力等」の育成を目指すものである。「B鑑賞」は，生徒が自分の感覚や体験などを基に，自分たちの作品や美術作品などを見たり，自分の見方や感じ方を広げたりする鑑賞の活動を通して，「思考力，判断力，表現力等」の育成を目指すものである。

　〔共通事項〕は，表現及び鑑賞の活動の中で，共通に必要となる資質・能力であり，「知識」や「思考力，判断力，表現力等」の育成を目指すものである。〔共通事項〕の共通とは，「A表現」と「B鑑賞」の2領域およびその項目，事項のすべてに共通するという意味である。「A表現」及び「B鑑賞」の指導においては，〔共通事項〕がどのような学習場面にも含まれている事項として捉え，指導や評価を具体化する必要がある。

## (3) 1段階の目標と内容
### ア　1段階の目標

> ○1段階
> (1) 目　標
> 　ア　造形的な視点について気付き，材料や用具の扱い方に親しむとともに，表し方を工夫する技能を身に付けるようにする。
> 　イ　造形的なよさや面白さ，表したいことや表し方などについて考え，経験したことや思ったこと，材料などを基に，発想し構想するとともに，身近にある造形や作品などから，自分の見方や感じ方を広げることができるようにする。
> 　ウ　楽しく美術の活動に取り組み，創造活動の喜びを味わい，美術を愛好する心情を培い，心豊かな生活を営む態度を養う。

　1段階の目標のアは，育成することを目指す「知識及び技能」について示している。

○ **「造形的な視点について気付き，材料や用具の扱い方に親しむとともに，表し方を工夫する技能を身に付ける」について**

　「造形的な視点について気付き」とは，小学部の図画工作科において学習して身に付けた資質・能力を基にして，造形的な視点を豊かにするために，形や色彩，材料や光などの特徴について知り，その働きに気付くことである。1段階では，生徒の主体的な創造活動を一層深めて，基礎となる表現や鑑賞に関する資質・能力を高められるように，指導においては，生徒の発達の特性や生活年齢などを考慮し，表現及び鑑賞の活動を通して気付けるようにすることや，生徒が造形的な視点に気付きやすい具体的な学習内容にするなど配慮することが大切である。

　「材料や用具の扱い方に親しむ」とは，描く活動において，絵や版画に表したり平面のデザインをしたりする際の材料や絵の具などの扱い方に親しむことである。また，つくる活動で取り扱われる主な材料は，粘土，紙，石，布，木，金属，プラスチック，スチレンボード，ニス，水性・油性塗料などがあり，描く活動と同様にこれらの扱いに親しむことができるようにする。また，これらの材料のほか，建築，土木工業用の資材なども，その対象にすることが可能であり，表現の目的に合った材料の選択肢を広げることである。

　「表し方を工夫する技能を身に付ける」とは，小学部段階の学習を発展させ，自分の表したいことなどから，楽しく考えながら自分なりの表現を工夫し，効果的に表すために色や材料・用具を選ぶなど，より創造的に表現することができるようにするための技能を身に付けるようにすることである。

目標のイは，育成することを目指す「思考力，判断力，表現力等」について示している。

○ 「造形的なよさや面白さ，表したいことや表し方などについて考え，経験したことや思ったこと，材料などを基に，発想し構想するとともに，身近にある造形や作品などから，自分の見方や感じ方を広げること」について

「造形的なよさや面白さ，表したいことや表し方などについて考え」とは，発想や構想するときにも鑑賞をするときにも双方に重なる中心となる考えを示している。これらを軸に発想や構想の学習と鑑賞の学習を相互に関連させることにより豊かな「思考力，判断力，表現力等」を育成することを示している。

「造形的なよさや面白さ」とは，作品などを表現したり鑑賞したりするときに生じた感情や気持ちのことであり，単に面白いという感情だけでなく，自分の見方や感じ方を他者とも共有できるようなよさとしての捉え方を含むものである。

「表したいことや表し方など」とは，自分の夢や願い，経験や見たこと，動くものや飾るものなどの生徒が描きたいと思ったりつくりたいと思ったりすること，表し方，表現方法などのことである。

「経験したことや思ったこと，材料などを基に，発想し構想する」とは，美術で扱う様々な材料などで，例えば，紙はちぎったり丸めたり，木材は切ったり積み上げたり，布は組み合わせたり縫ってつなぎ合わせたりのように，材料の性質や質感，イメージなどから発想し，様々な気付きの中でそれぞれに合わせた表し方を考え，作品に仕上げていくことができるように構想することである。

「身近にある造形や作品など」とは，生活の中で目にする造形品から，身近にある造形品や造形的な工作物や自然の風景などまで，生徒が日常生活の中で触れたり見たりする鑑賞の対象となることを示している。

「自分の見方や感じ方を広げる」とは，作品を制作したり見たりするときに，小学部では，自分の見たこと，感じたこと，想像したことを表現するようにしたことを，中学部では，経験の量的な違いにより，面白さや楽しさなどを感じ取り見方や想像をより豊かに広げるなどの資質・能力を働かせることで，自分なりに対象や事象を味わう方法や見方や感じ方をより一層広げることである。

目標のウは，育成することを目指す「学びに向かう力，人間性等」について示している。

○ 「楽しく美術の活動に取り組み」について

「楽しく美術の活動に取り組み」とは，1段階での美術に関する基本的な姿勢について述べている。まずは小学部段階からのつながりにより「楽しい」活動の中から自分でやってみたい，もっとできるようになりたいという意欲をもち，「美しいものにあこがれる」気持ちをもてるようになり，「夢中になって取り組む」，「よりよいものを目指す」態度を育むことが大切である。1段階の美術の学習では，

まず楽しく関わるようにすることが大切である。このように楽しく創造活動に取り組むことを積み重ね，自然に２段階の目標である主体的な取り組みにつながるように配慮するものである。

　美的なものを大切にし，生活の中で美術の表現や鑑賞に親しんだり，生活環境を美しく飾ったり構成したりするなどの美術を愛好していく心情を培い，心潤う生活を創造しようする態度を養うことが大切である。その育成のためには，学校生活だけでなく，学校外の生活や将来の社会生活も見据えて，生徒が造形を豊かに捉える多様な視点を持てるようにし，身の回りの生活を造形的な視点で見つめ，新たな気付きや発見が生まれるような題材を設定するなど，心豊かな生活を創造する美術の働きを実感できるようにすることが重要である。

## イ　内容

> (2) 内　容
>   A　表現
>     ア　日常生活の中で経験したことや思ったこと，材料などを基に，表したいことや表し方を考えて，描いたり，つくったり，それらを飾ったりする活動を通して，次の事項を身に付けることができるよう指導する。
>     (ア) 経験したことや思ったこと，材料などを基に，表したいことや表し方を考えて，発想や構想をすること。
>     (イ) 材料や用具の扱いに親しみ，表したいことに合わせて，表し方を工夫し，材料や用具を選んで使い表すこと。

　１段階の「Ａ表現」アでは，自然や日常生活の中にある身近な対象や経験から，特徴や印象よさや面白さなどを感じ取ったり考えたりしたことなどを基に，表したいことや表し方を考えて発想や構想をする「思考力，判断力，表現力等」の育成と，材料や用具扱いに親しみ，それらを表したいことに合わせて選んで使い表す「技能」を育成することをねらいとしている。

　「日常生活の中で経験したことや思ったこと，材料など」とは，表したいことや発想や構想をするときの要因となるものを示している。経験したことや思ったこと，材料との関わりは受け身ではなく，意識を働かせて何かを得ようとする主体的な関わりを意図している。同時に，自分の感覚を大切にして日常生活の中から価値などを創出することを意味している。小学部の図画工作科の表現に関する指導内容と重なる点はあるが，中学部段階の経験の量的違いや想像の豊かさを踏まえた発想や構想の広がりを指している。

「表したいこと」とは，経験したことや思ったこと，材料などから，生徒自らが強く表したいことを心の中に思い描くことであり，発想や構想の学習を進める上で基盤となるものである。ここでは，日常生活を見つめ経験したことや思ったこと，材料などを基に，内発的に表したいことが見いだせるようにすることが大切である。

「表し方を考えて」とは，一人一人が自分の表したい表現世界をどのようにしたいかを，表現に適した材料や用具の準備，表現のイメージなど，作品を完成するまでのおよその見通しや計画を考えて活動することである。

「描いたり，つくったり，それらを飾ったりする活動」とは，中学部段階の発達の程度や状態に応じた表現の活動のことである。描くことに関する指導は，生徒の知的な発達や感じ方，表現の活動の経験などを生かし，対象をよく見て，形や色彩などの特徴を捉えたり，感じたことを材料や絵の具の性質，用具の特長を生かしたりして表すことである。絵のほかに，版画に表すことやポスターのデザインをすることなどが挙げられる。

表現においては，主観性の強い表現に加えて，客観的に目的に合わせて表現することが必要な内容も取り扱われる。例えば，自然の形や幾何学的な形を並べたり，繰り返したりして，模様や装飾に関心をもち，伝達機能をもつポスターなどの平面デザインでは，知らせる事項を考え，形や色彩の組合せを工夫するなどして表現することなどである。

絵や版画の題材としては，静物や風景の観察や描写，学校行事や社会行事などの印象，想像画などがあり，版画の方法としては，木版，ゴム版，スチレンボード版などがある。デザインの題材としては，ポスター，案内表示・標識，表紙装丁デザイン，カット，模様・装飾などがある。

つくることに関する指導では，主に，彫刻などの立体に表すこと，生活に役立つ器物をつくることなどであり，生徒の感性や，材料の性質，用具の特性を生かして表現したり，工芸品の制作などでは制作工程や手順が分かり，完成の見通しをもってつくったりすることである。

彫刻や立体の題材としては，人，動物，乗り物，建物などが，工芸品の題材としては，箱，筆立て，ペン皿，焼き物の器物などが挙げられる。

表現の方法としては，塑像や焼成工程のある器物の活用，いろいろな造形材料の性質を生かした加工，塗装加工などが挙げられる。

飾ることに関する指導内容は，つくった作品を教室や廊下の掲示板に展示することや，実際に使用して，造形表現が生活に役立つことを経験し，関心を深めたり，愛着心をもって扱ったりすることである。

なお，中学部段階の表現の活動は，扱う材料や用具が多くなり，その制作過程では電動の糸のこぎりのような動力機械の使用もあることから，職業・家庭科の

指導内容である「道具・機械等の取扱いや安全・衛生」に関する指導と合わせて，安全への関心を高め，適切な使用により，表現の活動が一層楽しくなることを経験できるようにする。

(ｱ)は，経験したことや思ったこと，材料などを基に，表したいことや表し方を考えて表現するための発想や構想に関する指導事項である。

「経験したことや思ったこと，材料など」とは，表したいことや発想や構想をするときの要因となるものを示している。小学部では，3段階のA表現のアの「日常生活の出来事や思ったことを基に」に示すように，身近な出来事を通して，見たり，感じたりしたことを題材としているが，中学部の段階では，出来事を体験し，そこから得た知識や技能までも含めた経験へと発展させている。

「表したいことや表し方を考えて，発想や構想をすること」とは，生徒が経験を通して得た自分のイメージを基に，生徒自らが強く表したいことを心の中に思い描き，表したいことやどのような表し方をすればよいかを考えて発想や構想をすることを意味している。ここでいう「表したいことや表し方」とは，表現の活動において自分が一番表したいことを意味している。中学部の生徒の表したいことは，初めからはっきりしていないことも多いため，およその表したいことも含めて捉える必要がある。また，鑑賞の学習と関連させて，発想や構想と鑑賞の学習の双方に重なる中心となる考えを軸に，自分たちの作品や身近な造形品の制作の過程などの鑑賞をすることにより，表したいことを見付けたり表し方を考えたりできるようにすることが大切である。

(ｲ)は，材料や用具の扱いに親しみ，(ｱ)の学習を通して見付けた，生徒一人一人の表したいことに合わせて，表し方を工夫し，材料や用具を選んで使い表す技能に関する指導事項である。

「表したいことに合わせて，表し方を工夫し，材料や用具を選んで使い表すこと」とは，生徒が経験したことや思ったことなどから見付けた，およその表したいことに合わせて，材料や用具を選んだり，表し方を工夫したりすることである。

例えば，水彩絵の具を使いながら水の加減や色の混ぜ方を工夫したり，金づちを使いながら，釘を並べるように打ったりすることなどが考えられる。この段階の生徒が扱う主な材料や用具としては，描画では水彩絵の具やポスターカラー，色鉛筆，ペン，パステル，色紙など，立体では粘土，木，石，紙，釘，彫刻刀，金づち，のこぎりなどが挙げられる。これらの材料の中から表現に合う素材を選択し，その特徴と使い方や用具の扱い方を理解し，生かしていくことができるように体験を積み重ねていくことが必要である。

B　鑑賞
　ア　自分たちの作品や身近な造形品の鑑賞の活動を通して，次の事項を身

>  　に付けることができるよう指導する。
>  
> 　(ｱ) 自分たちの作品や身近な造形品の制作の過程などの鑑賞を通して，よさや面白さに気付き，自分の見方や感じ方を広げること。
> 
> 　(ｲ) 表し方や材料による印象の違いなどに気付き，自分の見方や感じ方を広げること。

　1段階の「B鑑賞」アでは，自分たちの作品や身近な造形品の鑑賞の活動を通して，造形的なよさや面白さや，表し方や材料による印象の違いなどに気付き，自分の見方や感じ方を広げる「思考力，判断力，表現力等」を育成することをねらいとしている。

　中学部の生徒は，生活範囲の広がりや生活経験の積み重ねに応じて，鑑賞の対象が広がり，「木片が面白い形をしている」，「雲や光の動きがきれいだな」など，対象や事象と自分の印象を分けて捉えている姿が見られる。そこには自分の好みや判断なども加わっている。また，他の生徒の作品から自分の考えが異なる点を見付けて，その思いを汲み取ったり，自分の表現に生かしたりする。また，感じ取ったことや想像したことなどを誰かに話したり，他の生徒と共感し合ったりする姿も見られる。このようなこの時期の生徒の実態等を踏まえて，豊かな鑑賞の活動となるようにすることが大切である。

　(ｱ)は，自分や他の生徒の作品，身近な造形品の制作の過程などの鑑賞を通して，よさや面白さに気付き，自分の見方や感じ方を広げる鑑賞に関する指導事項である。

　「自分たちの作品」とは，自分や他の生徒の制作した作品や制作しようとしている作品のことである。「身近な造形品」とは，表現に関連がある作品や日用品，伝統的な玩具など，生活の中で生徒が身近に感じられるもののことである。

　「身近な造形品などの制作の過程などの鑑賞を通して，よさや面白さに気付き」とは，例えば，お面の制作の過程で，骨組みの形の面白さに気付くことなどが挙げられる。ここでは，対象を自分の見方や感じ方で捉え，そこに新しい意味や価値を発見するなどして，生活の中で生きて働く見方や感じ方を広げることが大切である。

　指導に当たっては，生徒が自分で見つけたよさや面白さを，生徒自身が自ら気付くようにし，鑑賞の学習だけでなく，表現の学習にも生かせるように指導を工夫する。また，表現の活動の際に生徒が身近な材料を手にとって眺める，制作途中の作品を見て材料を取り換えるなどは，表現と鑑賞が自然に進められている姿である。完成した作品だけでなく，後日の学習の初めに途中の作品を見合う時間を取り入れることや，授業時間以外でも制作途中の作品が鑑賞できるようにすることも考えられる。

(イ)は,表し方や表現方法,表現の活動で用いる材料や身の回りの形や色による印象の違いなどに気付き,自分の見方や感じ方を広げる鑑賞に関する指導事項である。

「表し方や材料による印象の違いなどに気付き,自分の見方や感じ方を広げること」とは,例えば,「自然」というテーマが同じでも,一人一人の心の中に思い描いた表したいことによってその表し方は違ってくる。また,扱う材料や使う用具によって全体から感じられる印象も変わってくる。ここでは,表し方や材料による印象の違いに気付き,表現の意図と工夫などについて見方や感じ方を広げられるようにすることが大切である。

指導に当たっては〔共通事項〕のアの指導事項と関連させて,形や色彩に着目し,造形の要素の働きを捉えさせることで見方や感じ方を広げられるようにすることも効果的である。また,この段階の生徒は,身近な材料などを見たり,触ったりすることから感じ取った面白さや楽しさを自然に言葉にしたり,友だちの話を聞いたりしながら,楽しむ姿が見られる。鑑賞の活動においては,友だちの作品を見たり共同制作に取り組んだりすることで,見方や感じ方を広げることになる。

---

〔共通事項〕
ア 「A表現」及び「B鑑賞」の指導を通して,次の事項を身に付けることができるよう指導する。
 (ア) 形や色彩,材料や光などの特徴について知ること。
 (イ) 造形的な特徴などからイメージをもつこと。

---

1段階の〔共通事項〕アでは,「A表現」及び「B鑑賞」の学習において共通に必要となる資質・能力として,(ア)の造形的な視点を豊かにするための「知識」と(イ)の「思考力,判断力,表現力等」を育成することをねらいとしている。

(ア)は,造形的な視点を豊かにするために,形や色彩,材料,光などの特徴について知ることに関する指導事項である。1段階では,特に内容に示す各事項の定着を図ることを重視している。

「形や色彩,材料や光などの特徴について知ること」とは,形や色彩などの特徴に気付き,それが表現したり鑑賞したりするときの手掛かりになることに気付いたり,知ることである。1段階では「知ること」とし,2段階ではより深く知ることとして,「理解する」としている。ここでの学習は,〔共通事項〕に示されている内容を,単に新たな事柄として知ることや言葉を暗記することに終始するものではなく,生徒一人一人が表現及び鑑賞の活動の学習過程を通して,個別の感じ方や考え方等に応じながら活用し身に付けたり,新たな学習過程を経験する

ことを通して再構築されていくものとなることが重要である。
　(ｲ)は，造形的な特徴などからイメージもつことに関する指導事項である。
　「造形的な特徴などからイメージをもつこと」とは，作品などの全体に着目させて，造形的な特徴などを基に見立てたり，心情などと関連付けたりしてイメージをもつことである。例えば，造形的な特徴などから何かに見立てたり，「かわいい」，「寂しい」などの心情などと関連付けたりすることによって，具体的に自分なりのイメージをもてるようになることなどはその一例である。ここでの指導の重要な点は，最初の直感的なイメージも大切にしながら，見立てたり心情などと関連付けたりしてイメージもてるようにし，更に見方を変えるなどして新たな視点に気付いたり深められたりすることである。そのため，自分が感じたイメージを他者と伝え合ったり，根拠について話し合ったりするなどして，他者とイメージを共有したり新たな視点に気付いたりする活動が大切である。

## (4) ２段階の目標と内容
### ア　目標

> ○２段階
> 　(1) 目　標
> 　　ア　造形的な視点について理解し，材料や用具の扱い方などを身に付けるとともに，多様な表し方を工夫する技能を身に付けるようにする。
> 　　イ　造形的なよさや面白さ，美しさ，表したいことや表し方などについて考え，経験したことや想像したこと，材料などを基に，発想し構想するとともに，自分たちの作品や美術作品などに親しみ自分の見方や感じ方を深めることができるようにする。
> 　　ウ　主体的に美術の活動に取り組み，創造活動の喜びを味わい，美術を愛好する心情を高め，心豊かな生活を営む態度を養う。

　２段階の目標のアは，育成することを目指す「知識及び技能」について示している。

○　**「造形的な視点について理解し，材料や用具の扱い方などを身に付けるとともに，多様な表し方を工夫する技能を身に付ける」について**

　「造形的な視点について理解し」とは，１段階での学習を発展させて質的な向上を図り，形や色彩，材料や光などの造形の要素に着目し，それらの特徴について実感を伴いながら理解しながら造形的な視点を豊かにすることである。ここでは，造形的な視点を豊かにすることで，身の回りの形や色彩などの働きが分かり，よさや美しさなどを感じ取ったりすることができるようにすることが大切で

ある。
　「材料や用具の扱い方などを身に付ける」とは，中学部段階で新たに使用した様々な材料や塗装用具や簡易な木材・金属加工用具，電動の糸のこぎりや研磨機などの電動工具を使用する経験を積み重ねるなどして，その効果や可能性を確かめながら材料の性質や用具の機能を理解するとともに，それらを生かして使えるように扱い方などを身に付けることである。
　「多様な表し方を工夫する技能を身に付ける」とは，創造的に表す技能は，ものをつくりだす美術の活動を通して生徒一人一人が楽しく主体的，個性的に自己を発揮したときに創造活動の喜び味わうことで身に付いていくものである。ここでは，１段階での学習を発展させて更に表現を工夫し，効果的に表すために形や色彩，材料や用具を選ぶなど，より創造的に表すことができるようにするための技能を身に付けるようにする。また，主体的に描いたり，つくったりする表現の幅広い活動を通して，実際に材料や用具を使って制作をする技能は，思いついたり考えたりしたことが具体的な形として現れ，表現をしていく中で，技能が高まったり新たな技能が発揮されたりするものであることに配慮し，一人一人の生徒の実態に応じた指導の工夫が大切である。
　目標のイは，育成することを目指す「思考力，判断力，表現力等」について示している。

○ **「造形的なよさや面白さ，美しさ，表したいことや表し方などについて考え，経験したことや想像したこと，材料などを基に，発想し構想するとともに，自分たちの作品や美術作品などに親しみ自分の見方や感じ方を深めること」について**

　「造形的なよさや面白さ，美しさ，表したいことや表し方などについて考え」とは，発想や構想するときにも鑑賞をするときにも双方に働く中心となる考えを示している。
　「経験したことや想像したこと，材料などを基に，発想し構想する」とは，１段階の学習を発展させて，経験したことや材料などに加えて，体験などを基に感じたことや考えたこと，実際にはあり得ないこと，自分の思いや願いなどを心の中に思い浮かべ発想や構想することである。
　「自分たちの作品や美術作品などに親しみ」とは，自分や他の生徒の制作した作品や身近な造形品に加えて，２段階では，街中で目にする美術作品や美術館などにある芸術作品などに触れる機会をもち，それをより身近に感じられるような経験をすることである。例えば，校外学習等で美術館や博物館などに出かけ，芸術作品に触れる機会をもつことで，そこからよさや美しさを感じ取ることができるように働きかけることが必要である。鑑賞の学習では，作品の見方や感じ方などを身に付け，作品に表現された世界を豊かに感じ取り，深められるよう，意図

的に体験する機会をもつことが大切である。

目標のウは，育成することを目指す「学びに向かう力，人間性等」について示している。

○ **「主体的に美術の活動に取り組み，創造活動の喜びを味わい，美術を愛好する心情を高め，心豊かな生活を営む態度」について**

「主体的に美術の活動に取り組み，創造活動の喜びを味わい」とは，1段階で楽しく活動に取り組んでいく中で，2段階においてより創造活動への関心を高め，興味がより広がることで，自ら描いたりつくったりしてみたい，多様な材料や用具を使ってみたい，自分から表現したり鑑賞したりしてみたいという気持ちの高まりや主体的な実践ができるようになることである。主体的な創造活動により，自己実現の達成感や満足感が得られ，創造活動の喜びにつながっていくものと考え，特に大切にする必要がある。

「美術を愛好する心情を高め」とは，一人一人の生徒が自分のやりたいことを見付け，より意欲的に取り組めるようになることである。美術を愛好していくには，「よさを感じる」，「楽しい」，「美しいものにあこがれる」，「夢中になって取り組む」，「よりよいものを目指す」などの感情や主体的な態度を養うことが大切である。同時に，具体的に表現や鑑賞をするための豊かな発想や構想や創造的に表す技能，鑑賞における見方や感じ方などが求められ，愛好していく過程でそれらが一層高められる。このように，美術を愛好する心情を高めることは，美術を好み楽しむことをはじめ，生活における心の潤いと生活を美しく改善していく心や豊かな人間性につながるものである。

### イ　内容

```
(2) 内　容
　A　表　現
　ア　経験したことや想像したこと，材料などを基に，表したいことや表
　　し方を考えて，描いたり，つくったり，それらを飾ったりする活動を
　　通して，次の事項を身に付けることができるよう指導する。
　　(ア) 経験したことや想像したこと，材料などを基に，表したいことや
　　　　表し方を考えて，発想や構想をすること。
　　(イ) 材料や用具の扱い方を身に付け，表したいことに合わせて，材料
　　　　や用具の特徴を生かしたり，それらを組み合わせたりして計画的に
　　　　表すこと。
```

2段階の「A表現」アでは，1段階の学習を発展させて，自然や日常生活の中

にある身近な対象や経験，想像したことなどを基に表したいことや表し方を考えて発想や構想する「思考力，判断力，表現力等」の育成と，表したいことに合わせて，材料や用具の特徴を生かしたり，それらを組み合わせたりして計画的に表す「技能」を育成することをねらいとしている。

(ｱ)は，経験したことや想像したこと，材料などを基に，表したいことや表し方を考えて表現するための発想や構想に関する指導事項である。

「経験したことや想像したこと，材料などを基に，」では，1段階の「経験したことや思ったこと，材料などを基に，」の内容に「想像したこと」を加えている。「想像」とは，体験などを基に感じたことや考えたこと，実際にはあり得ないこと，自分の思いや願いなどを心の中に思い浮かべることである。この時期の生徒は，視覚や聴覚などの感覚を通して知ることのできる世界とは別に，心情といった不可視のものや時間といった抽象的な概念を思い描くことによって独自の世界を生み出す場合がある。1段階における，見たことや感じたことが直接経験によって得られる表現の題材であるとすれば，2段階では，直接経験したことだけでなく想像したことを題材として表現することを指しており，内容を発展させ広げて示している。

「表したいことや表し方を考えて，発想や構想をすること」とは，自分の表したいことや用途などを考えながら，それを基に，新しいことを考えて発想や構想をすることを示している。例えば，どの色とどの色が合うのかを考える，仕掛けや動く仕組みを工夫する，表したいことに合った材料を集めるなどが考えられる。その際，一人一人の生徒が心に思い描いたことを簡単な絵や図でかきとめたり，直接材料を置いて表し方やつくり方を決めたりするなど，表しながら次第に自分の考えをはっきりさせていく活動などが考えられる。

指導に当たっては，明確な手順どおりに表すだけでなく，試しながら表したり，次第に表したいことや用途などが明確になったりするような指導を工夫する必要がある。その際，例えば，生徒がつくりながら立ち止まって周りを見る姿，画用紙の上で指を動かしながら考える様子など，その生徒なりに発想や構想をする姿を捉えることなどが考えられる。また，教師の共感的な言葉掛けにより，イメージを少しずつはっきりさせていくことも大切である。

(ｲ)は，自分の発想や構想をしたことを具現化できるようにするために形や色彩，材料などの特徴を生かしたり組み合わせたりして，表したいことに合わせて見通しをもって計画的に表す技能に関する指導事項である。

「材料や用具の扱い方を身に付け，表したいことに合わせて，材料や用具の特徴を生かしたり，それらを組み合わせたりして計画的に表すこと。」とは，小学部の図画工作科で扱った材料や用具に関することや，1段階での経験を生かし，新しく経験した用具についても扱い方について理解し，表現しようとする意図や，

飾ったり，使ったりする用途や目的に合わせて，取り扱う材料や用具を選んだり，これらを組み合わせたりして計画的に表すことを示している。

また，材料や用具の特徴の生かし方では，1段階での学習を発展させて，鋭い感じ，滑らかな感じ，重さ，丈夫さなどの材料の特徴を表現に生かすことや，あるいは，削る，つなぐなどの用具の特徴を生かして使うことなどが考えられる。また，のこぎりで板材を切る，板を釘でとめる，刷毛で太い線や面をかくなど，生徒が様々な生かし方を試みることが考えられる。

材料としては，描く活動では，絵や版画で表したり，平面のデザインをしたりする際の材料のほか，つくる活動では，粘土，紙，石，布，木，金属，プラスチック，スチレンボード，ニス，水性・油性塗料などがある。また，これらの材料のほか，建築，土木工業用の資材なども，その対象にすることが可能であり，表現の目的に合った材料の選択肢を広げる観点で取り上げることが大切である。

主な用具は，水彩絵の具，塗装用具，接着剤，彫刻刀，簡易な木材・金属加工用具，電動の糸のこぎりや研磨機などの電動工具などが挙げられる。

材料や用具を扱う経験は，表現の活動を活発にし，表現に関する資質・能力を育成する観点からも重要である。この段階の生徒は，材料や用具などを扱える範囲が広がることから，使いたい用具から材料を選んだり，材料を試してみてから用具を選んだりするようになる。このため，生徒自身が材料や用具を活用しながらその効果や可能性に気付くようにすることが大切である。これまでの経験を掲示物や画像などから振り返る時間を設定する，新たな材料や道具との出合い方を工夫したりすることなどが考えられる。

また，用具の操作の難易度が，生徒の手指等の機能や活動に対する理解の状態に応じたものであることに留意することが大切である。

---

B　鑑　賞
ア　自分たちの作品や美術作品などの鑑賞の活動を通して，次の事項を身に付けることができるよう指導する。
　(ｱ)　自分たちの作品や美術作品などを鑑賞して，よさや面白さ，美しさを感じ取り，自分の見方や感じ方を深めること。
　(ｲ)　表し方や材料による特徴の違いなどを捉え，自分の見方や感じ方を深めること。

---

2段階の「B鑑賞」アでは，1段階の学習を発展させ，美術作品なども対象として，これらの鑑賞の活動を通して，造形的なよさや面白さを感じ取ったり，表し方や材料による特徴の違いなどを捉えたりして，自分の見方や感じ方を深める「思考力，判断力，表現力等」を育成することをねらいとしている。

(ア)は，自分たちの作品や美術作品などを鑑賞して，よさや面白さ，美しさを感じ取り，自分の見方や感じ方を深める鑑賞に関する指導事項である。

「自分たちの作品」とは，1段階と同じように自分や他の生徒の作品や制作しようとしている作品などのことであり，「美術作品など」とは，生活の中の造形や我が国や諸外国の親しみのある美術作品などのことである。さらに，それらがつくりだされる過程や生活の中で見られる様々な美術の働きなど，生徒の実態に応じて鑑賞の対象を幅広く捉えることも考えられる。

「鑑賞して，よさや面白さ，美しさを感じ取り，自分の見方や感じ方を深めること」とは，自分たちの作品や美術作品などを進んで見たり，触ったり，他の生徒と感じ取ったことや考えたことを話し合ったりするなど，自ら働きかけることを通して，対象がもつ形や色彩などのよさや面白さ，美しさを自分なりに味わったりしながら，自分の見方や感じ方を深めることである。ここでは，一人一人の生徒が自分の見方や感じ方を大切にし，様々な視点で思いを巡らせ，自分の中に新しい意味や価値をつくりだせるようにすることが大切である。また，表現の学習と関連させて，鑑賞と発想や構想をする学習の双方に重なる中心となる考えを軸に，発想や構想の学習で表したいことや表し方について学んだことを生かして見方や感じ方を深められるようにすることも効果的である。

(イ)は，表し方や材料による特徴の違いなどを捉え，自分の見方や感じ方を深める鑑賞に関する指導事項である。

「表し方や材料による特徴の違いなど」とは，自分たちの作品や美術作品などの表現方法や使われている材料などから，様々な特徴を捉えることを示している。例えば，材料などの特徴としては，形や色彩，質感，奥行き，動きなどが挙げられる。形がつくりだす動き，色の調子の多彩さ，材料の質感による効果，それらが組み合わさって生まれる変化などが考えられる。

「自分の見方や感じ方を深めること」とは，これまで見たり触ったりした経験がある作品や材料であっても，生活範囲のさらなる拡大や年齢，発達，関心の広がりや他の生徒との関わりの中でこれまでと違った見方や感じ方として深めることである。美術作品などの美しさに親しみをもち，鑑賞を深めていくためには，造形作品に表現されている色や形，用途や装飾などに関心をもって，表現の面白さや美しさを感じ取れるようにすることが大切である。そのためには，ふだんから校内の鑑賞の環境を整え，児童生徒の作品や美術作品などに触れる機会をつくるように配慮することが大切である。例えば，校外学習などと関連させて美術館を見学したり，校内の作品展などを開催し，自分たちの作品を重点的に鑑賞したりできるようにすることが挙げられる。

鑑賞作品については，実物と直接向かい合い，作品のもつよさや美しさについて実感を伴いながら捉えさせることが理想であるが，それができない場合は，大

きさや材質感など実物に近い複製，作品の特徴がよく表されている印刷物，ビデオ，コンピュータなどを使い，効果的に鑑賞指導を進めることが必要である。

> 〔共通事項〕
> ア 「A表現」及び「B鑑賞」の指導を通して，次の事項を身に付けることができるよう指導する。
> (ｱ) 形や色彩，材料や光などの特徴について理解すること。
> (ｲ) 造形的な特徴などからイメージを捉えること。

２段階の〔共通事項〕アでは，「A表現」及び「B鑑賞」の学習において共通に必要となる資質・能力を育成することをねらいとしている。

(ｱ)は，造形的な視点を豊かにするために，形や色彩，材料，光などの特徴について理解することに関する指導事項である。

「形や色彩，材料や光などの特徴について理解すること」とは，造形的な視点を豊かにするために，造形の要素に着目し，形や色彩などの特徴について理解することである。ここでの「理解」とは，対象などの形や色彩などの造形の要素に着目し，感覚や行為を働かせながら，それらの特徴について表現したり鑑賞したりするときの手掛かりとするとともに，創造活動を通して実感を伴いながら理解することである。

ここでは，〔共通事項〕(ｱ)の指導事項に示された内容について理解したことが，生徒一人一人の造形的な視点を豊かにし，表現したり鑑賞したりするときの手掛かりにつながることが大切である。例えば，発想や構想をするときに，「ここは動いている雰囲気にしたいから勢いよく描こう」，「この材料とこの材料を組み合わせると，見た印象はどうなるだろう」など，豊かに発想し構想を練ることにつながることが考えられる。また，作品などを鑑賞するときにも，「ずっと奥に行けるような感じがする」，「絵の具で描いているのに，布を張ったように見える」など，見方や感じ方を深めることになる。造形の要素に着目して，その働きを捉える造形的な視点を豊かにすることは，美術科の学習活動だけではなく，生徒が生活や社会と主体的にそして豊かに関われるようになることであり，自分の世界を広げるということにつながる。

(ｲ)は，造形的な特徴などからイメージを捉えることに関する指導事項である。

「造形的な特徴などからイメージを捉える」とは，生徒が形や色彩などの部分だけに着目するのではなく，作品などの全体に着目して，造形的な特徴などからイメージが捉えられるようにすることが大切である。生徒が表したいイメージを捉えて，豊かに発想し構想を練ったり作品などからイメージを捉えて豊かに鑑賞したりできるようにするためには，漠然と対象を見つめるだけでなく，具体物に

見立てたり心情などと関連付けたりするなどの全体を見つめることも重要である。例えば，造形的な特徴などから「この木の葉は手に見える」などのように見立てることや，「絵から感じられる寂しさが，夕焼けの景色を見た情景と似ている」など，心情と関連付けてイメージを捉えることなどがその例である。また，必ずしもイメージとして捉えた根拠が明確でなくても，生み出されたイメージは大切にし，後からその根拠が明確になっていき〔共通事項〕(イ)の内容が深まることもある。このような直感的な捉え方を重ねることも大切にする中で，一人一人の独自の造形的な視点が豊かになり，自分らしい見方が育っていくものである。

## 4 指導計画の作成と内容の取扱い
### (1) 指導計画作成上の配慮事項

> 3　指導計画の作成と内容の取扱い
> (1) 指導計画の作成に当たっては，次の事項に配慮するものとする。
> 　ア　題材など内容や時間のまとまりを見通して，その中で育む資質・能力の育成に向けて，生徒の主体的・対話的で深い学びの実現を図るようにすること。その際，造形的な見方・考え方を働かせ，表現したり鑑賞したりする資質・能力を相互に関連させた学習の充実を図ること。
> 　イ　2の各段階の内容の「A表現」及び「B鑑賞」の指導に当たっては，相互の関連を図るようにすること。
> 　ウ　2の各段階の内容の〔共通事項〕は，表現及び鑑賞の学習において共通に必要となる資質・能力であり，「A表現」及び「B鑑賞」の各事項の指導と併せて，十分な指導が行われるよう工夫すること。
> 　エ　2の各段階の内容の「A表現」の指導に当たっては，適宜共同してつくりだす活動を取り上げるようにすること。
> 　オ　2の各段階の内容の「B鑑賞」の指導に当たっては，感じたことや思ったことを伝え合うなど，周りの人と共有できる機会を設けるようにすること。
> 　カ　2の各段階の「B鑑賞」の指導に当たっては，生徒や学校の実態に応じて，地域の美術館を利用するなど，連携を図るようにすること。また，学校図書館等における鑑賞用図書，映像資料等の活用を図ること。

　アについては，美術科の指導計画の作成に当たり，生徒の主体的・対話的で深い学びの実現を目指した授業改善を進めることとし，美術科の特質に応じて，効果的な学習が展開できるように配慮すべき内容を示したものである。

美術科の指導に当たっては，(1)「知識及び技能」が習得されること，(2)「思考力，判断力，表現力等」を育成すること，(3)「学びに向かう力，人間性等」を涵養することが偏りなく実現されるよう，題材など内容や時間のまとまりを見通しながら，主体的・対話的で深い学びの実現に向けた授業改善を行うことが重要である。

生徒に美術科の指導を通して「知識及び技能」や「思考力，判断力，表現力等」の育成を目指す授業改善を行うことはこれまでも多くの実践が重ねられてきている。そのような着実に取り組まれてきた実践を否定し，全く異なる指導方法を導入しなければならないと捉えるのではなく，生徒や学校の実態，指導の内容に応じ，「主体的な学び」，「対話的な学び」，「深い学び」の視点から授業改善を図ることが重要である。

主体的・対話的で深い学びは，必ずしも１単位時間の授業の中ですべてが実現されるものではない。題材など内容や時間のまとまりの中で，例えば，主体的に学習に取り組めるよう学習の見通しを立てたり学習したことを振り返ったりして自身の学びや変容を自覚できる場面をどこに設定するか，対話によって自分の考えなどを広げたり深めたりする場面をどこに設定するか，学びの深まりをつくりだすために，生徒が考える場面と教師が教える場面をどのように組み立てるか，といった視点で授業改善を進めることが求められる。また，生徒や学校の実態に応じ，多様な学習活動を組み合わせて授業を組み立てていくことが重要であり，題材などのまとまりを見通した学習を行うに当たり基礎となる「知識及び技能」の習得に課題が見られる場合には，それを身に付けるために，生徒の主体性を引き出すなどの工夫を重ね，確実な習得を図ることが必要である。

主体的・対話的で深い学びの実現に向けた授業改善を進めるに当たり，特に「深い学び」の視点に関して，各教科等の学びの深まりの鍵となるのが「見方・考え方」である。各教科等の特質に応じた物事を捉える視点や考え方である「見方・考え方」を，習得・活用・探究という学びの過程の中で働かせることを通じて，より質の高い深い学びにつなげることが重要である。これまで美術科では，美術の創造活動を通して，自己の創出した主題や，自分の見方や感じ方を大切にし，創造的に考えて表現したり鑑賞したりする学習を重視してきた。「深い学び」の視点から学習活動の質を向上させるためには，造形的な見方・考え方を働かせ，表現及び鑑賞に関する資質・能力を相互に関連させた学習を充実させることで，美術を学ぶことに対する必要性を実感し目的意識を高めるなどの「主体的な学び」の視点も大切である。さらに，自己との対話を深めることや，〔共通事項〕に示す事項を視点に，表現において発想や構想に対する意見を述べ合ったり，鑑賞において感じたことや思ったことを伝え合ったりするなどの「対話的な学び」の視点が重要である。このような言語活動の充実を図ることで，お互いの見方や感じ

方,考えなどが交流され,新しい見方に気付いたり,価値を生み出したりすることができるようになる。

このように表現と鑑賞を関連させながら,主体的・対話的で深い学びに向けた授業改善を進めていくことで,造形的な見方・考え方が豊かになり,美術科において育成する資質・能力が一層深まっていくことになる。

イについて,指導計画の作成に当たっては,表現及び鑑賞のそれぞれの目標と内容を的確に把握し,相互の関連を十分に図った学習が展開されるよう配慮しなければならない。

そのためには,各内容における指導のねらいを十分に検討し。それを実現することのできる適切な題材を設定し,系統的に育成する資質・能力が身に付くよう指導計画に位置付ける必要がある。表現と鑑賞の相互の関連を図る際には,特に「思考力,判断力,表現力等」を育成する観点からは,発想や構想と鑑賞に関する資質・能力を総合的に働かせて学習が深められるよう十分配慮する必要がある。

例えば,「A表現」のアの(ｱ)の表したいことや表し方を考えることと,「B鑑賞」のアの(ｱ)のよさや面白さに気付き,自分の見方や感じ方を広げることは相互に関連しており,生徒が様々な表現をする際に自分の表したいことを見付けたり構想を練ったりする力を高めることになる。

表現と鑑賞の指導の関連を図る際には,鑑賞の学習において,単に表現のための参考作品として,表現的に作品を見るのではなく,発想や構想と鑑賞の学習の双方に働く中心となる考えを軸にそれぞれの資質・能力が高められるようにすることが大切である。これらの相互の関連を図ることは,表現において発想や構想と関連する創造的に表す技能も高めることにもつながる。

このように,表現と鑑賞を関連させた学習を積み重ねていくことで,造形的な見方・考え方が成長し,美術科において育成する資質・能力が一層深まるようにすることが大切である。

ウについて,〔共通事項〕は表現及び鑑賞の学習において共通に必要となる資質・能力を示したものであり,アの(ｱ)では,形や色彩,材料や光などの造形の要素に着目して実感を伴いながら理解できるようにすること,アの(ｲ)は,対象などの部分にとらわれて見るのではなく全体を大きく見る視点からイメージを捉えられるように表現及び鑑賞の各活動に適切に位置付け,指導計画を作成する必要がある。

〔共通事項〕を造形的な視点と関連させながら「A表現」及び「B鑑賞」の学習の中で十分に指導するためには,具体的な学習活動を想定することが大切である。2段階の〔共通事項〕のアの(ｱ)の「形や色彩,材料や光などの特徴について理解すること」が,表現及び鑑賞の活動の中で造形的な視点として豊かに働くようにすることや,アの(ｲ)の「造形的な特徴などからイメージを捉えること」が,

対象や事象から豊かなイメージを捉えることにつながるようにするために，学習活動のどの場面でどのように指導するのかを明確に位置付け，指導計画の作成を行う必要がある。

その際，〔共通事項〕に示す事項の視点で指導を見直し学習過程を工夫することや，生徒自らが必要性を感じて〔共通事項〕に示す事項の視点を意識できるような題材を工夫するなどして，形や色彩などに対する豊かな感覚を働かせて表現及び鑑賞の学習に取り組むことができるようにすることが大切である。

また，小学部図画工作科の〔共通事項〕を踏まえた指導にも十分配慮する必要がある。

エについて，「A表現」の指導において，生徒が他の生徒と共に活動することを楽しむ傾向を生かし，適宜共同して制作する内容を取り入れることを示している。

共同して表現することは，様々な発想やアイデア，表し方などがあることを互いに気付き，表現や鑑賞を高め合うことにつながる。活動を設定する場合には，生徒の実態を考慮するとともに，生徒一人一人の発想や構想，技能などが他の生徒との交流によって一層働くようにすることが大切である。特に，決められた部分だけを受けもつだけで活動が終わらないように留意し，一人一人が共に活動に参加している実感がもてるように工夫することが重要である。例えば，完成までの過程で自分のつくったものがどのように作品になっていくのかを，体験できるような活動を取り入れていくなど，小学部の学習内容を踏まえて，指導計画を作成していく必要がある。

オについて，「A表現」及び「B鑑賞」の学習を通して学んだことが，生活や社会の中で生かせるように，指導計画を作成することが大切である。

カについて，「地域の美術館を利用したりする」とは，美術館や博物館など，美術作品や暮らしの中の作品などを展示している地域の施設や場所を活用することを示している。利用においては，生徒の鑑賞における「思考力，判断力，表現力等」を育てる目的で行うようにするとともに，生徒一人一人が能動的な鑑賞ができるように配慮する必要がある。しかしながら，美術館などは，作品の保存や収集，展示，研究，教育普及など，様々な目的をもっている。それぞれの施設に応じて特性が異なるので，これらに配慮した上で，施設が提供する教材や教育プログラムを活用したり，学芸員などの専門的な経験や知識を生かして授業をしたりするなど，多様な取組が考えられる。

地域の美術館や鑑賞用図書，映像資料などを通して美術作品などに向き合い，感性や想像力を働かせてそのよさや美しさを味わいながら，美術特有の表現の素晴らしさなどを感じ取らせたり，美術文化への関心を育んだりすることをねらいとしていることである。鑑賞に親しみながら作品や対象の見方や感じ方などを広

げることが必要である。

## (2) 内容の取扱いについての配慮事項

> (2) 2の各段階の内容の取扱いについては，次の事項に配慮するものとする。
> ア 「A表現」の指導に当たっては，材料や用具の安全な使い方について指導するとともに，活動場所を事前に点検するなどして，事故防止について徹底すること。
> イ 生徒が個性を生かして活動することができるようにするため，学習活動や表現方法などに幅をもたせるようにすること。
> ウ 「A表現」の指導に当たっては，活動の全過程を通して生徒が実現したい思いを大切にしながら活動できるようにし，自分のよさや可能性を見いだし，楽しく豊かな生活を創造する態度を養うようにすること。
> エ 各活動において，互いのよさや個性などを認め尊重し合うようにすること。
> オ 「A表現」及び「B鑑賞」の学習を通して学んだことが，生活や社会の中で生かせるようにすることや，作品や用具等を大切に取り扱うことを理解して使えるよう指導すること。
> カ 美術の表現の可能性を広げるために，写真・ビデオ・コンピュータ等の映像メディアの積極的な活用を図るようにすること。
> キ 材料については，地域の身近にある材料なども取り上げ，指導すること。
> ク 作品を校内の適切な場所に展示するなどし，日常の学校生活においてそれらを鑑賞することができるよう配慮すること。また，学校や地域の実態に応じて，校外に生徒の作品を展示する機会を設けるなどすること。

アについては，表現の活動で使用する材料や用具，活動場所については，事故防止に留意することが必要であるということを示している。

中学部段階の表現の活動は，扱う材料や用具種類が増え，その扱い方も多様になる。その制作過程では電動の糸のこぎりのような動力機械の使用もあることから，職業・家庭科の指導内容である「道具・機械等の取扱いや安全・衛生」に関する指導と関連させながら，安全への関心を高め，適切な使用を身に付けられるようにする。

材料では硬質の素材や油性の塗料，溶剤の扱いに，用具では刃物や電動工具の取扱いに関して危険を伴うので，安全管理に留意しなければならない。その際，指導に当たっては，適切な扱いが安全確保につながることを理解できるようにし，

目的以外の用具の使用を禁じるなど,約束事を明確にすることが大切である。

表現の活動が活発になるほど,いろいろな性質をもつ材料を扱うことになるため,加工過程で生ずる材料の切断面や破片などの取扱いに注意することが重要である。

材料や用具については,安全な使い方について指導することが重要である。その際,教師の一方的な説明だけではなく,実際に取り扱うなどして,生徒が実感的に使い方を理解することが必要である。また,はさみなどの刃のある用具などでは事故が無いように配慮する必要がある。生徒が経験したことのある材料や用具であっても安全な扱い方について確認するとともに,生徒の実態に合う材料や用具を扱うよう配慮することが大切である。

また道具の保管に際しても鍵のかかる場所にしまうなどの配慮が必要である。

イについて,生徒一人一人が自分の個性を生かしながら資質・能力を十分に働かせるために,多様な学習ができるようにすることを示している。

「学習活動や表現方法などに幅をもたせるようにする」とは,表現や鑑賞を幅広く捉え,生徒が経験したことを基に,自分に適した表現方法や材料,用具などを選ぶことができるようにすることを示している。

指導に当たっては,育成を図る資質・能力を明らかにし,生徒の表現や作品を幅広く捉えるとともに,一人一人の生徒が,自分の思いで活動を進めることができるようにし,その生徒らしい表現を励ますようにする必要がある。その際,個性は変容し得るものであることにも配慮することが必要である。

ウについて,「A表現」の指導に当たっての配慮事項を示している。小学部の図画工作科での学習内容を踏まえながら,生徒が自分自身の実現したい思いを大切にしながら,発想や構想をしたり,技能を働かせたりできるような指導をすることの重要性を示している。そして,その活動の中で,生徒が自分のよさや可能性を見いだすようにすること,それが,楽しく豊かな生活を創造しようとする態度につながることを示している。

生徒の活動の様子をよく見たり,言葉に耳を傾けたりし,生徒がどのような思いをもっているのか知ろうとすることが大切である。そして,活動の全過程を通して,それぞれの生徒が自分の思いをもって活動できるような指導計画を作成することが必要である。

そのような指導の工夫をした学習活動の中で,生徒は自分のよさや可能性を見いだしたり,自分自身で「こんなことができるようになった」と,成長を実感したりすることができる。さらに,自分のよさや可能性を見いだすことは,他者のよさに気付くことにもつながる。それは,他者から自分のよさを見いだしてもらうことでもある。創造活動を通して,互いの「よさや可能性」を見いだすことは,豊かな人間関係をつくりだすことである。そうした関係は,「楽しく豊かな生活」

を創造することにつながることにもなる。

エについては，表現や鑑賞の活動において，他者とお互いのよさや個性などを認め尊重し合うようにすることの重要性を示している。

美術科の学習は，生徒一人一人が表現や鑑賞の活動を通して，造形的な見方・考え方を働かせ，生活や社会の中の美術や美術文化と豊かに関わる資質・能力を育成することを目指している。学習の過程では，一人一人のよさや個性が発揮されるだけではなく，他者と交流し，認め尊重し合い，高め合うことが重要となる。そのためには，まず教師が日頃から一人一人の生徒のよさや個性などを認め尊重することや，一人一人の生徒のよさや個性が発揮できる題材を設定し，生徒が自分のよさや個性が教師から大切にされていると実感するようにすることが重要である。その上で，生徒が他の生徒の作品や活動，言動にも目を向け，感じ方や考え方，表し方の工夫などには違いがあるということに気付き，そのどれもが，大切にされるべきものなのだということが分かるようにすることが重要である。

カについて，映像メディアによる表現は，今後も大きな発展性を秘めている。デジタル機器の普及などにより，映像メディアの活用は従前に比べると図りやすくなってきているといえる。これらを活用することは表現の幅を広げ，様々な表現の可能性を引き出すために重要である。

また映像メディアは，アイデアを練ったり編集したりするなど，発想や構想の場面でも効果的に活用できるものである。次のような特性を生かし，積極的な活用を図るようにすることが大切である。

【写真】

デジタルカメラの普及に伴い，授業の中でも容易にたくさんの写真を撮ることができるようになってきている。それに伴い，数多く撮影した写真の中から自分がよいと思うものを選ぶ機会も増えてきている。授業では，写真で表現することを通して，何を学ばせるのかを明確にして活用を図ることが大切である。

写真の表現においては，被写体に対して，どのように興味をもち感動したのか，何を訴えたいのかなどを考え，効果的に表現するために構図の取り方，広がりや遠近の表し方，ぼかしの生かし方などを工夫することが大切である。例えば，構図の取り方では，デジタルカメラで撮影枚数を制限したり三脚などを使ったりして，しっかりと表したいことに基づいた構図を考えさせたりすることなどが考えられる。

また，複数の写真を撮影した場合には，学習のねらいに基づきながら，撮影したものの中で表したいことをよりよく表現している写真を比較検討する活動や，何枚かの写真を組み合わせた組み写真として物語性をもたせる活動なども考えられる。

【ビデオ】

　ビデオは一枚の絵や写真では表せない時間の経過や動きを生かした表現であり，その特質を理解させる必要がある。グループで分担を決め学校紹介やコマーシャルをつくったり，動きを連続させて描いた絵をコマ撮りして，短編アニメーションをつくったりすることもできる。また，小さい積み木を並べていくなど，時間の経過や動きが作品の基幹となるような創作活動を記録し，鑑賞する手法も考えられる。

【コンピュータ】

　コンピュータの特長は，何度でもやり直しができることや，取り込みや貼付け，形の自由な変形，配置換え，色彩換えなど，構想の場面での様々な試しができることにある。そのよさに気付かせるようにするとともに，それを生かした楽しく独創的な表現をさせることが大切である。コンピュータ活用の際は操作する部分を限定的にするなどの生徒の実態に合わせた配慮が必要である。

## ● 第7　保健体育科

### 1　保健体育科の改訂の要点
#### (1) 目標の改訂の要点

　従前の「適切な運動の経験や健康・安全についての理解を通して，健康の保持増進と体力の向上を図るとともに，明るく豊かな生活を営む態度を育てる」から，中学校保健体育科の目標との連続性を踏まえて，体育や保健の見方・考え方を働かせ，課題を見付け，その解決に向けた学習過程を通して，心と体を一体として捉え，生涯にわたる心身の健康の保持増進や豊かなスポーツライフの実現を重視する目標とし，それを実現するために育成を目指す資質・能力を「知識及び技能」，「思考力，判断力，表現力等」，「学びに向かう力，人間性等」の三つの柱で整理した。さらに，各段階において育成を目指す資質・能力を明確にするために，段階ごとの目標を新たに示した。

#### (2) 内容の改訂の要点

　内容は，従前一つの段階において「いろいろな運動」，「きまり」，「保健」の三つの観点で構成していたが，今回の改訂では二つの段階において，中学校保健体育科の内容との連続性を踏まえて，体育分野として7領域，保健分野として1領域で示した。

| 1段階及び2段階 |
| --- |
| A　体つくり運動 |
| B　器械運動 |

| | |
|---|---|
| C | 陸上運動 |
| D | 水泳運動 |
| E | 球技 |
| F | 武道 |
| G | ダンス |
| H | 保健 |

　新たに内容として示した「武道」も含めて各領域とも，すべて取り扱うものとして示していることに留意が必要である。また，中学校保健体育科の内容と同様に，それぞれの領域において育成を目指す資質・能力を明確にする観点から，「知識及び技能」，「思考力，判断力，表現力等」，「学びに向かう力，人間性等」の三つの柱で示している。

### (3) 指導計画の作成と内容の取扱いの要点

　指導計画の作成については，保健体育科で育成を目指す資質・能力を育むため，主体的・対話的で深い学びの実現に向けた授業改善を図るようにすることなど2項目を示している。

　内容の取扱いについては，学校や地域の状況や生徒の障害の状態等に応じた指導の工夫，運動を苦手と感じている等の生徒への指導の工夫，体育分野と保健分野との関連を図る指導の工夫，オリンピック・パラリンピックに関する指導などの8項目を示している。

## 2　保健体育科の目標

> 1　目　標
> 　体育や保健の見方・考え方を働かせ，課題を見付け，その解決に向けた学習過程を通して，心と体を一体として捉え，生涯にわたって心身の健康を保持増進し，豊かなスポーツライフを実現するための資質・能力を次のとおり育成することを目指す。
> 　(1) 各種の運動の特性に応じた技能等及び自分の生活における健康・安全について理解するとともに，基本的な技能を身に付けるようにする。
> 　(2) 各種の運動や健康・安全についての自分の課題を見付け，その解決に向けて自ら思考し判断するとともに，他者に伝える力を養う。
> 　(3) 生涯にわたって運動に親しむことや健康の保持増進と体力の向上を目指し，明るく豊かな生活を営む態度を養う。

　この目標は，「知識及び技能」，「思考力，判断力，表現力等」，「学びに向かう力，

人間性等」を育成することを目指すとともに，生涯にわたって心身の健康を保持増進し，豊かなスポーツライフを実現することを目指すことを示している。

　この目標を達成するためには，運動をする子供とそうでない子供の二極化傾向が見られることや社会の変化に伴う新たな教育課題に対応した教育が必要との指摘を踏まえ，引き続き，心と体をより一体として捉え，健全な発達を促すことが求められることから，体育と保健を一層関連させて指導することが重要である。

　目標に示されている各部分を解説すると次の通りである。

　「体育や保健の見方・考え方」の「体育の見方・考え方」とは，生涯にわたる豊かなスポーツライフを実現する観点を踏まえ，「運動やスポーツを，その価値や特性に着目して，楽しさや喜びとともに体力の向上に果たす役割の視点から捉え，自己の適性等に応じた『する・みる・支える・知る』の多様な関わり方と関連付けること」としている。

　「保健の見方・考え方」とは，疾病や傷害を防止するとともに，生活の質や生きがいを重視した健康に関する観点を踏まえ，「個人及び社会生活における課題や情報を，健康や安全に関する原則や概念に着目して捉え，疾病等のリスクの軽減や生活の質の向上，健康を支える環境づくりと関連付けること」としている。

　保健体育科においては「見方・考え方」を働かせる学習過程を工夫することにより，保健体育科で育成を目指す資質・能力がより豊かになり，保健体育科の目標である「生涯にわたって心身の健康を保持増進し，豊かなスポーツライフを実現するための資質・能力」の育成につなげることを目指すものである。

　「課題を見付け，その解決に向けた学習過程」とは，運動や健康についての興味や関心を深め，運動や健康に関する課題を見付け，粘り強く意欲的に課題の解決に取り組むとともに，自らの学習活動を振り返りつつ，課題を見直したり，新たに気付いたりして，友達と共に思考を深め，よりよく課題を解決し，次の学びにつなげることができるようにすることを示している。ここでは，自分や友達が直面する課題を比較，分類，整理することや複数の解決方法を試し，その妥当性を評価し，他者との対話を通して，よりよい解決策を見出していく「主体的・対話的で深い学び」の実現に向けた授業改善が求められる。

　「心と体を一体として捉え」とは，生徒の心身ともに健全な発達を促すためには，心と体を一体として捉えた指導が必要であることから，障害の状態や特性等及び心身の発達の状態等を踏まえ，運動による心と体への効果や健康，特に心の健康が運動と密接に関連していることを理解することの大切さを示している。

　「生涯にわたって心身の健康を保持増進し」とは，保健を通して培う包括的な目標を示したものである。現在及び将来の生活において健康に関する課題に対して保健の知識及び技能等を活用して，自他の健康を保持増進するために的確に判断するとともに，それらを表現することができるような資質・能力を育成するこ

とを目指している。ここには，健康・安全について理解することを通して，生徒が現在及び将来の生活において健康に関する課題に対して，保健の知識及び技能等をもとに自ら考え，正しい判断のもとに適切な意思決定・行動選択を行い，適切に実践していくための思考力，判断力，表現力等が含まれている。

　生涯にわたって「豊かなスポーツライフを実現するための資質・能力」とは，体育を通して培う包括的な目標を示したものである。この資質・能力とは，それぞれの運動が有する特性や魅力に応じて，その楽しさや喜びを味わおうとする自主的な態度，公正に取り組む，互いに協力する，自分の責任を果たす，参画する，一人一人の違いを大切にしようとするなどの意欲や健康・安全への態度，運動を合理的に実践するための運動の技能や知識，それらを運動実践などに活用するなどの思考力，判断力，表現力等を指している。

　これらの資質・能力を育成するに当たっては，生徒の障害の状態や特性及び心身の発達の段階等を踏まえつつ，施設や気候条件への配慮，指導内容の選定，指導計画の作成，学習活動の展開，学習評価などについて検討するとともに，体を動かすことが，情緒面や知的な発達を促し，集団的活動や身体表現などを通してコミュニケーション能力を育成することや，筋道を立てて練習や作戦を考え，改善の方法を友達と話し合う活動を通して論理的思考力を育むことにも資することを踏まえ，運動の楽しさや喜びを味わえるような基本的な運動の技能や知識を確実に身に付けるとともに，それらを活用して，自他の運動の課題を解決するなどの学習をバランスよく行うことが重要である。

　(1)は「知識及び技能」であり，個別の事実的な知識のみを指すものではなく，それらが相互に関連付けられ，さらに社会の中で生きて働く知識となるものも含んでいる。

　「各種の運動」とは，体つくり運動，器械運動，陸上運動，水泳運動，球技，武道，ダンスに示されている内容を指している。また，「自分の生活における健康・安全」とは，保健の内容を指している。

　(2)は「思考力，判断力，表現力等」であり，自分の運動や健康についての課題を見付け，解決に向けて試行錯誤を重ねながら，思考を深め，よりよく解決する学びの過程である主体的・対話的で深い学びの実現に向けた授業改善を推進することを通して，保健体育科の「思考力，判断力，表現力等」を養うことを重視するものである。

　「他者に伝える力」とは，相手や状況に応じた表現力を指しており，言葉だけではなく，表情や身振りなど多様な表現の仕方を含んでいる。

　(3)は「学びに向かう力，人間性等」であり，主体的に学習に取り組む態度も含めた学びに向かう力や，自分の感情や行動を統制する能力，自らの思考の過程を客観的に捉える力など，いわゆる「メタ認知」に関するもの（学びに向かう力）

と，多様性を尊重する態度や互いのよさを生かして協働する力，持続可能な社会づくりに向けた態度，リーダーシップやチームワーク，感性，優しさ思いやりなど（人間性等）から構成されている。

「健康の保持増進」とは，自他の健康の大切さを認識し，健康の保持増進や回復等に主体的に取り組み，健康で豊かな生活を営む態度の育成を重視する観点から，自他の健康に関心をもち，自他の健康に関する取組のよさを認めること，自他の健康の保持増進や回復等のために主体的，協働的に活動する等の態度を育成する学びに向かう力，人間性等の資質・能力の基礎を育成することを示したものである。

「体力の向上を目指し」とは，運動を適切に行うことによって，自分の状況に応じて体力の向上を図る能力を育て，心身の調和的発達を図ることである。そのためには，体育分野で学習する運動を継続することの意義や体力の高め方などや保健分野で学習する心身の健康の保持増進に関する内容をもとに，自分の体力の状況を捉えて，目的に適した運動に取り組むことができるようにすることが必要である。また，体力は，人間の活動の源であり，健康の維持のほか意欲や気力といった精神面の充実に大きく関わっており，「生きる力」の重要な要素であることを強調したものである。

「明るく豊かな生活を営む態度」とは，生涯にわたる豊かなスポーツライフを実現するための資質・能力，健康で安全な生活を営むための思考力，判断力，表現力等の資質・能力としての実践力及び健やかな心身を育てることによって，現在及び将来の生活を健康で活力に満ちた明るく豊かなものにすることである。

## 3　各段階の目標及び内容

各段階とも目標は，教科の目標を実現していくための具体的な指導目標を，「知識及び技能」，「思考力，判断力，表現力等」，「学びに向かう力，人間性等」の三つの柱で示している。

各段階に共通する内容を次に示す。

　A　体つくり運動

　　体つくり運動は，自他の心と体に向き合って，体を動かす楽しさや心地よさを味わい，心と体をほぐしたり，体の動きを高める行い方を学んだりすることができる領域であり，「体ほぐしの運動」と「体の動きを高める運動」で構成されている。

　　指導に当たっては，手軽な運動を行うことを通して自分や友達の心と体の関係に気付いたり，友達と関わり合ったりするとともに，体の動きを高める運動の行い方を理解し，体の柔らかさ，巧みな動き，力強い動き，動きを持続する能力を高めることが大切である。

B　器械運動

　器械運動は，技を身に付けたり，新しい技に挑戦したりする楽しさや喜びを味わうことのできる運動であり，1段階では「マット運動」，「鉄棒運動」，「跳び箱運動」，「平均台を使った運動」，2段階では「マット運動」，「鉄棒運動」，「跳び箱運動」などが構成内容である。

　器械運動の学習指導では，一人一人の生徒がこれらの運動の中から自分の能力に適した技に取り組んだり，その技がある程度できるようになったりするとともに，同じ技を繰り返したり，技を組み合わせたりすることが課題となる。加えて，それぞれの運動に集団で取り組み，一人一人ができる技を組み合わせ，調子を合わせて演技する活動に取り組むことも考えられる。

　指導に当たっては，生徒が安全に学習できるよう，技の選び方，器械・器具の正しい使い方，安全な場の確保などについて配慮することが大切である。

C　陸上運動

　陸上運動は，走る，跳ぶなどの運動で，体を巧みに操作しながら，合理的で心地よい動きを身に付けるとともに，友達と速さや高さ，距離を競い合ったり，自分の目指す記録を達成したりする楽しさや喜びを味わうことのできる運動であり，「短距離走・リレー」，「長距離走」，「(小型)ハードル走」などが構成内容である。

　指導に当たっては，合理的な運動の行い方を大切にしながら競走（争）や記録の達成を目指す学習活動が中心となるが，競走（争）では勝敗が伴うことから，できるだけ多くの生徒に勝つ機会が与えられるように指導方法や場の設定を工夫することが大切である。一方，記録を達成する学習活動では，自分の能力に適した課題をもち，適切な運動の行い方を知って，記録を高めることができるようにすることが大切である。

D　水泳運動

　水泳運動は，水に浮いて進んだり呼吸したり，様々な方法で水にもぐったり浮いたりする楽しさや喜びに触れることができる運動であり，「もぐる・浮く運動」，「浮いて進む運動」，「泳ぐ運動」などが構成内容である。

　水泳運動の学習指導では，一人一人の生徒が自分やグループの能力に応じた課題をもち，練習を工夫し，互いに協力して学習を進めながら，水泳の楽しさを味わうことができるようにすることが大切である。とりわけ技能面では，呼吸の仕方を身に付けること，手と足の動きに呼吸を合わせながら続けて長く泳ぐことが重要な課題となることから，泳ぎの基本的な動きを身に付けることが大切である。

　また，水泳指導においては，特に，生徒の健康状態や体調の把握，気温，水温や水深，水質などについて，十分に注意を払うとともに，指導体制や監視体

制の整備を図ることが重要である。

E　球技

球技は，ルールや作戦を工夫し，個人対個人及び集団対集団の攻防によって友達と力を合わせて勝敗を競い合う楽しさや喜びを味わうことができる運動であり，ゴール型，ネット型，ベースボール型などが構成内容である。

これらの領域における技能は「ボール操作」及び「ボールを持たないときの動き」で構成している。

指導に当たっては，これらの技能をいつ，どのように用いるか，友達とどのように連携して攻防するかを適切に判断して発揮することができるようにすることが大切になる。また，ルールやマナーを守り，友達とゲームの楽しさや喜びを共有することができるようにすることが大切である。

F　武道

武道は，我が国固有の文化であり，相手の動きに応じて，基本動作や基本となる技を身に付け，相手を攻撃したり相手の技を防御したりすることによって，勝敗を競い合ったり互いを高めたりする楽しさや喜びを味わうことのできる運動であり，「柔道」，「剣道」，「相撲」などが構成内容である。

武道は，中学部で初めて取り扱う内容であるため，まずは，武道の種類やその行い方に興味・関心をもてるようにすることが大切である。例えば，オリンピック・パラリンピックなどの柔道の映像や大相撲の映像を鑑賞するなどが考えられる。武道の運動種目は，学校や地域の実態に応じて相撲，剣道又は柔道などから一つを取り扱うとともに，3学年を見通した指導計画のもと，適切な授業時数を設定し，効果的，継続的に指導できるようにすることが大切である。

武道は，武技，武術などから発生した我が国固有の文化として今日では世界各地に普及し，例えば，柔道がオリンピック・パラリンピック競技大会においても主要な競技として行われていることを理解できるようにすることが大切である。

礼に代表される伝統的な考え方，相手と直接的に攻防するという特徴があるため相手を尊重する気持ちを大切にすることが重要である。相手を尊重し合うための独自の作法，所作を守ることなどが大切であり，そのため，伝統的な行動の仕方を守ることで，自分で自分を律する克己の心に触れることを理解し，取り組めるようにする。なお，伝統的な行動の仕方の指導については，単に形の指導に終わるのではなく，相手を尊重する気持ちを込めて行うことが大切である。

G　ダンス

ダンスは，イメージを捉えた表現や踊りを通した交流を通して友達とのコミュニケーションを豊かにすることを重視する運動で，友達とともに感じを込

めて踊ったり，イメージを捉えて自分を表現したりする楽しさや喜びを味わうことのできる運動であり，「リズムダンス」と「フォークダンス」で構成されている。

指導に当たっては，音楽に合わせて自由に身体表現する能力を育てるために，生徒の持っている力やその違いを生かせる題材や音楽やリズムを選ぶとともに，活動や場を工夫することが大切である。

H　保健

保健領域に関する内容は，身体的成熟や心理的な発達に合わせて家庭等との連携を密にしながら，けがや病気の予防に関すること，健康な生活に必要な習慣や態度を身に付けること，などが挙げられる。

保健領域の学習指導では，家庭等との連携を密にしながら，生涯にわたって活用できる能力や態度を育てることが大切である。また，小学部の保健領域の内容とともに生活科における「基本的生活習慣」や「安全」の指導を踏まえ，家庭科の指導内容と関連付けながら，指導する必要がある。そのためには，一人一人の生徒の知的障害の状態等を踏まえ，身体的成熟や心理的な発達に合わせて，女子の初経や月経の処置等に関する指導や男子の精通への対応など，性に関する指導を行う必要も考えられる。

各段階の領域において考えられる運動等の内容を［例示］として示しているが，生徒の実態や学校施設の状況等に応じて工夫したり，例示として示されていないものを取り入れたりすることができる。

その際，各段階の目標を達成するために適切な内容であること，生徒に過度の負担とならない内容であることに留意が必要である。

## (1) 1段階の目標と内容
### ア　目標

(1) 目　標
　ア　各種の運動の楽しさや喜びに触れ，その特性に応じた行い方及び体の発育・発達やけがの防止，病気の予防などの仕方が分かり，基本的な動きや技能を身に付けるようにする。
　イ　各種の運動や健康な生活における自分の課題を見付け，その解決のための活動を考えたり，工夫したりしたことを他者に伝える力を養う。
　ウ　各種の運動に進んで取り組み，きまりや簡単なスポーツのルールなどを守り，友達と協力したり，場や用具の安全に留意したりし，最後まで楽しく運動をする態度を養う。また，健康・安全の大切さに気付き，自己の健康の保持増進に進んで取り組む態度を養う。

アの「運動の楽しさや喜びに触れ」とは，教科の目標に示している「豊かなスポーツライフを実現するための資質・能力」の育成を踏まえたものであり，小学部3段階の「基本的な運動の楽しさを感じ」を踏まえ，運動の楽しさや喜びをより一層深めることである。

「その特性に応じた行い方」とは，各種の運動における基本的な動きや技能のことである。

「体の発育・発達やけがの防止，病気の予防などの仕方が分かり」とは，身体測定の結果や性徴を通した体の発育に関すること，身体各部位の働きについてや，けがの防止や病気の予防に加えて，運動後の汗の処理やうがいなどについてのことである。また，ストレスへの対処法やけがの処置も含まれている。

なお，体の発育・発達に伴う初経や月経，精通などや身の回りの生活の危険への対応，病気の予防，さらには，ストレスへの対処法やけがの処置などについて，適切な対応を行うための初歩的な動きや技能をわかるようにすることである。

イの「自分の課題を見付け」とは，運動をしたり，生活を営んだりする上で，自分の課題となる点を客観的に見付けることである。例えば，練習方法を工夫するために，自分が苦手とする動きに気が付くなどが考えられる。

ウの「進んで取り組み」とは，自ら運動に取り組む態度のことである。

「きまりや簡単なスポーツのルール」とは，生徒の実態等から，ゲームのルールをそのまま適用するのではなく，人数を少なくしたり，プレイ上の制限を工夫したりした簡単なルールのことである。簡単なルールを設定することで，生徒の興味や関心を高め，意欲を喚起することができる。

「友達と協力したり」とは，例えば，リレーでバトンパスを練習したり，球技でパスの練習をしたりなど，相手を意識しながら，一緒に運動を行うことである。

「場や用具の安全」とは，運動実施に当たっては，友達と協力しながらの用具の準備や片付け，運動する場所や用具の安全を確かめることなど，小学部3段階のねらいを発展させたものである。それらが安全につながることを理解して運動できるようにすることが必要である。

「最後まで楽しく」とは，少し難しい動き，技能の練習や球技での試合など，個々に見合った技能の習得や勝利を目指しつつ，最後まで楽しく運動をすることである。

「健康・安全の大切さ」とは，健康や安全に留意することが豊かな生活を支える基盤であることに気が付くようにすることである。

## イ　内容

> (2) 内　容
> 　A　体つくり運動
> 　　体つくり運動について，次の事項を身に付けることができるよう指導する。
> 　　ア　体ほぐしの運動や体の動きを高める運動を通して，体を動かす楽しさや心地よさに触れるとともに，その行い方が分かり，友達と関わったり，動きを持続する能力などを高めたりすること。
> 　　イ　体ほぐしの運動や体の動きを高める運動についての自分の課題を見付け，その解決のための活動を考えたり，工夫したりしたことを他者に伝えること。
> 　　ウ　体ほぐしの運動や体の動きを高める運動に進んで取り組み，きまりを守り，友達と協力したり，場や用具の安全に留意したりし，最後まで楽しく運動をすること。

　1段階の体つくり運動における「体ほぐしの運動」では，手軽な運動を行い，体を動かす楽しさや心地よさを味わうことを通して，自分や友達の心と体の状態に気付いたり，みんなで豊かに関わり合ったりすること。

　【例示】
　・伸び伸びとした動作で用具などを用いた運動を行うこと。
　・リズムに乗って心が弾むような動作で運動を行うこと。
　・動作や人数などの条件を変えて，歩いたり走ったりする運動を行うこと。
　・伝承遊びや集団による運動を行うこと。

　1段階の体つくり運動における「体の動きを高める運動」では，自分の課題を見付け，体の柔らかさ，巧みな動き，力強い動き，動きを持続する能力を高めるための運動を行うこと。

　【例示】
　・友達と手をつないだり，背中合わせになったりしながら，立ったり座ったりすること。
　・平均台など，少し高さのある器具の上を動物歩きや横歩きなどで渡ること。
　・物や用具の間を速さ，方向を変えて這ったり，歩いたり，走ったりすること。
　・両足で跳び，手足の動作を伴って全身じゃんけんをすること。
　・人数を変えて綱引きをすること。
　・登り棒や肋木をしっかりと握り，数を数えながら一定の時間ぶら下がるこ

と。
・ラジオ体操や学校や地域で親しまれている簡単なリズムに合わせて行う体操などをすること。

> B　器械運動
> 　器械運動について，次の事項を身に付けることができるよう指導する。
> ア　器械・器具を使った運動の楽しさや喜びに触れ，その行い方が分かり，基本的な動きや技を身に付けること。
> イ　器械・器具を使った運動についての自分の課題を見付け，その解決のための活動を考えたり，工夫したりしたことを他者に伝えること。
> ウ　器械・器具を使った運動に進んで取り組み，きまりを守り，友達と協力したり，場や器械・器具の安全に留意したりし，最後まで楽しく運動をすること。

　1段階での器械運動における「基本的な動きや技能」は，マットの上で連続前転や後転をしたり，低鉄棒で足抜き回りをしたり，跳び箱で腕立て横跳び越しをしたり，平均台で方向転換をしたりすることである。1段階の器械運動は，次の(ｱ)から(ｴ)までの運動で構成されている。

(ｱ) マット運動

　マット運動では，基本的な回転技などを行うとともに，発展技を行ったり，それらを繰り返したり組み合わせたりし，自分の能力に適した技が安定してできるようにする。

【例示】
○連続前転
・前転を連続してすること。
○後転
・しゃがんだ姿勢から体を丸めて尻－背中－後頭部－足裏の順にマットに接して腰を上げながら後方へ回転し，両手で押してしゃがみ立ちになること。
○場を使った開脚前転
・傾斜を作った場で，両手を着き，腰を高く上げながら，後頭部をつき前方へ回転し，膝を伸ばして足を左右に大きく開き接地するとともに，素早く両手を股の近くに着いて膝を伸ばしたまま開脚立ちをすること。

(ｲ) 鉄棒運動

　基本的な上がり技や低鉄棒で足抜き回り，高鉄棒にぶら下がって体を前後に振って跳ぶなど，それぞれについて自分の能力に適した技が安定してできるよう

にする。

【例示】
○足抜き回り
・低鉄棒を掴み，掴んだ手の間の鉄棒に足を掛けて回ること。
○高鉄棒にぶら下がって体を前後に振って跳ぶ
・鉄棒にぶら下がり，支持した状態から体を前後に振り，前方へ跳ぶこと。

(ｳ) 跳び箱運動

跳び箱を使い，腕立て横跳び越しなどをし，それぞれについて自分の能力に適した技が安定してできるようにする。

【例示】
○腕立て横跳び越し
・両手を跳び箱について，両足で踏み切り，跳び箱の外側を跳び越すこと。

(ｴ) 平均台を使った運動

平均台の上で，後ろに方向転換したり，ポーズをとったりなどをし，それぞれについて自分の能力に適した技が安定してできるようにする。

【例示】
○後ろに方向転換
・平均台の上で，バランスを取り，回れ右で後ろに方向転換すること。
○ポーズ
・平均台の上で，片足立ちでポーズをとるなどをすること。

---

C　陸上運動

陸上運動について，次の事項を身に付けることができるよう指導する。

ア　陸上運動の楽しさや喜びに触れ，その行い方が分かり，基本的な動きや技能を身に付けること。

イ　陸上運動についての自分の課題を見付け，その解決のための活動を考えたり，工夫したりしたことを他者に伝えること。

ウ　陸上運動に進んで取り組み，きまりを守り，友達と協力したり，場や用具の安全に留意したりし，最後まで楽しく運動をすること。

---

1段階での陸上運動における「基本的な動きや技能」とは，短距離走やリレー，長距離走，ハードル走などに取り組むにあたり，自分の能力に合った基本的な体の動きや，全力走，走り続けること，走り越すなどの技能のことである。一人一人の状態に応じて，用具の工夫をすると共に，自分の目標を設定し，生徒が安心して取り組むことができるよう工夫することが大切である。

【例示】

○短距離走・リレー
- 距離を決めて調子よく走る，全力疾走をする，速度や方向を変えて走ること。
- 30～60m程度の短距離走をすること。
  運動会などの徒競走やリレーを想定した距離の設定をすることも考えられる。
- 座った状態や後ろ向きの状態などのいろいろな走り出しの姿勢から，素早く走り始めること。
- リレーにおいて，走る順番を守ったり，走りながらバトンパスをしたりすること。

○長距離走
- スポーツテストや持久走などを踏まえ，一定の時間や距離を決めて，走り続けること。ただし，時間や距離の設定においては，個々の実態に応じて適切な距離や時間を設定することが大切である。

○小型ハードル走（障害物走）
- 幅広い障害物や小型ハードルを自分に合ったリズムで走り越すこと。ハードルの間隔に種類を設けたり，ハードルの材質を柔らかいもので対応したりするなどの配慮を行いながら行うことも大切である。

> D　水泳運動
> 水泳運動について，次の事項を身に付けることができるよう指導する。
> ア　初歩的な泳ぎの楽しさや喜びに触れ，その行い方が分かり，基本的な動きや技能を身に付けること。
> イ　初歩的な泳ぎについての自分の課題を見付け，その解決のための活動を考えたり，工夫したりしたことを他者に伝えること。
> ウ　初歩的な泳ぎに進んで取り組み，きまりなどを守り，友達と協力したり，場や用具の安全に留意したりし，最後まで楽しく運動をすること。

1段階での水泳運動における「基本的な動きや技能」とは，浮く，浮きながら進む，もぐる運動などのことである。

「初歩的な泳ぎ」とは，補助具を使いながらばた足泳ぎやかえる足泳ぎなど，近代泳法の前段階となる泳ぎのことである。このような泳ぎでは浮きながら手や足を使って進むことが大切であり，泳法の手や足の動かし方などの泳形にこだわる必要がない泳ぎである。

「基本的な動きや技能」とは，全身の力を抜き脱力し体を浮かすことや体を一直線に伸ばすことで，水の抵抗が少なくスムーズに進むこと，また補助具を使っ

て自力で水中を移動することである。これらの感覚を身に付けたり，体験することで水に対する恐怖感をなくし，安心して泳ぐことにつなげていくことが大切である。

　また，いろいろな浮き方や泳法の基礎となる動きを身に付けさせるために，分かりやすい言葉掛けや見本を示すことが大切である。

【例示】
○くらげ浮き，伏し浮き，大の字浮きなど浮く遊び
- 壁や補助具につかまったり，友達に支えてもらったりして浮くこと。
- 補助具や友達につかまり，体を伸ばした姿勢にして浮いて進むこと。
- 息を吸って止め，全身の力を抜いて浮くこと。

○け伸び
- プールの底を両足でけり，体を一直線に伸ばした姿勢で進んだり，友達の股の下をくぐり抜けたりすること。
- 体を縮めた状態になってプールの壁に両足を揃えてから，力強く両足で蹴りだした勢いで，顎を引いて腕で頭を挟んで体を一直線に伸ばした姿勢で進むこと。

○様々なもぐり方
- プールの底から足を離して，体の一部分をプールの底につけるようにもぐること。
- 手や足を動かした推進力を利用して，上体からもぐったり，友達の股の下やプールの底に固定した輪の中をくぐり抜けたりすること。

○補助具を使った泳ぎ
- 補助具を使って浮きながら，手や足を動かして進む初歩的な動きをすることこと。

---

E　球技

球技について，次の事項を身に付けることができるよう指導する。
ア　球技の楽しさや喜びに触れ，その行い方が分かり，基本的な動きや技能を身に付け，簡易化されたゲームを行うこと。
イ　球技についての自分の課題を見付け，その解決のための活動を考えたり，工夫したりしたことを他者に伝えること。
ウ　球技に進んで取り組み，きまりや簡単なルールを守り，友達と協力したり，場や用具の安全に留意したりし，最後まで楽しく運動をすること。

---

　1段階での球技における「基本的な動きや技能」とは，「基本的なボール操作」及び「ボールを持たないときの動き」で構成されており，「基本的なボール操作」

は，シュート・パス（ゴール型），パス・返球（ネット型），打球・捕球（ベースボール型）など，攻防のためにボールを操作する技能のことである。また，「ボールを持たないときの動き」とは，空間・ボールの落下点・目標（区域や塁など）に走り込むなど，ボール操作に至るための動きや守備の動きに関する技能のことである。

「簡易化されたゲーム」とは，ルールや形式が一般化されたゲームを生徒の発達の段階を踏まえ，実態に応じたボール操作で行え，プレイヤーの人数（プレイヤーの人数を少なくしたり，攻撃側のプレイヤーの人数が守備側のプレイヤーの人数を上回るようにしたりすること），コートの広さ（奥行きや横幅など），ネットの高さ，塁間の距離，プレイ上の制限（攻撃や守備のプレイ空間，触球方法など），ボールその他の運動用具や設備など，生徒が取り組み易いようにルールや形式を修正し，学習課題を追求し易いように工夫したゲームをいう。生徒の実態に応じて一人一人に合わせた工夫をすることが大切である。

【例示】
○ラインサッカー，ミニサッカーなどを基にした簡易化されたゲーム
・味方にパスを出す，シュートをする，ドリブルをすること。
○ソフトバレーボールを基にした簡易化されたゲーム
・ごく軽量のボール（風船やビーチボールなど）を使用して，ボールを落とさないように片手もしくは両手ではじいたり，友達と打ち続けたりすること。
・相手コートから飛んできたボールを自陣の味方にパスをしたり，相手コートに返球したりすること。
○攻める側がボールを蹴って行う簡易化されたゲーム
○手や打球面の広いラケットなどで静止したボールを打つなどして行う簡易化されたゲーム
・止まっているボールをフェアグラウンド内に蹴ったり，打ったりすること。
・ベースに向かって全力で走ること。

---

F　武道

武道について，次の事項を身に付けることができるよう指導する。
　ア　武道の楽しさを感じ，その行い方や伝統的な考え方が分かり，基本動作や基本となる技を用いて，簡易な攻防を展開すること。
　イ　武道についての自分の課題を見付け，その解決のための活動を考えたり，工夫したりしたことを他者に伝えること。
　ウ　武道に進んで取り組み，きまりや伝統的な行動の仕方を守り，友達と

> 協力したり，場や用具の安全に留意したりし，最後まで楽しく運動をすること。

「武道」は，柔道，剣道，相撲などで構成されている。

「基本動作」とは，例えば柔道では，姿勢と組み方，受け身（横受け身）などのことであり，剣道では，構え，体さばき，打突の仕方（正面打ち，胴（右）の打ち）とその受け方などのことであり，相撲では，蹲踞（そんきょ）姿勢，塵浄水（ちりじょうず），四股（しこ），腰割り，中腰の構え，運び足などのことである。

指導に当たっては，生徒がイメージをつかみやすいように手本を見せたり，録画などを視聴したりして，正しい動作を身に付けることができるように配慮することが大切である。

【例示】
○基本動作
　ア　柔道
　　・姿勢と組み方では，相手の動きに応じやすい自然体で組むこと。
　　・横受け身では，体を横に向け下側の脚を前方に，上側の脚を後方にして，両脚と一方の腕全体で畳を強くたたくこと。
　イ　剣道
　　・構えでは，相手の動きに応じて自然体で中段に構えること。
　　・体さばきでは，相手の動きに応じて歩み足や送り足をすること。
　　・基本の打突の仕方と受け方では，中段の構えから体さばきを使って，面や胴（右）の部位を打ったり受けたりすること。
　ウ　相撲
　　・蹲踞姿勢と塵浄水では，正しい姿勢や形をとること。
　　・四股，腰割りでは，重心を低くした動きをすること。
　　・中腰の構えでは，重心を低くした姿勢をとること。
　　・運び足では，低い重心を維持して，すり足で移動すること。

「基本となる技」とは，例えば柔道では，膝車，けさ固めなどのことであり，剣道では，しかけ技の基本となる技（面‐胴などの二段の技）などのことであり，相撲では，押し，寄りなどの基本となる技のことである。なお，指導に際しては，二人一組の対人で相手の動きに応じた動作ができるようにすることが大切である。相手の動きや技に応じて受け身や歩み足，運び足などが習得できていない場合は，安全を考慮し，基本動作を中心に指導するなどの配慮も考えられる。

【例示】

○基本となる技
ア　柔道
- 投げ技である膝車は，取（技をかける人）が膝車をかけて投げ，受（技を受ける人）が受け身をとること。
- 固め技であるけさ固めは，取はけさ固めで相手を抑え，受は抑えられた状態から，相手を体側に返すこと。

イ　剣道
- 二段の技で，最初の面打ちに相手が反応したとき，隙ができた胴を打つこと。（面‐胴）

ウ　相撲
- 相手の両脇の下を押すこと。（押し）
- 相手のまわしを取って引きつけて寄ること。（寄り）

「簡単な攻防」とは，練習やごく簡単な試合を行うことである。例えば相撲では，相手の動きに応じた基本動作を行いながら，基本となる技を用いて攻防をすることである。安全を考慮し，攻防の相手を人形で行うなどの工夫も考えられる。

> G　ダンス
> ダンスについて，次の事項を身に付けることができるよう指導する。
> ア　ダンスの楽しさや喜びに触れ，その行い方が分かり，基本的な動きや技能を身に付け，表現したり踊ったりすること。
> イ　ダンスについての自分の課題を見付け，その解決のための活動を考えたり，工夫したりしたことを他者に伝えること。
> ウ　ダンスに進んで取り組み，友達の動きを認め協力したり，場や用具の安全に留意したりし，最後まで楽しく運動をすること。

1段階でのダンスにおける「基本的な動きや技能」とは，身近な音楽や軽快なリズムに乗って全身で弾んで踊ったり，友達と自由に関わり合って楽しく踊ったり，簡単なフォークダンスをしたりすることなどである。

ウの「友達の動きを認め協力」とは，友達と互いの動きを認め合い，協力して踊ることである。

【例示】
「音楽やリズムと動き」
○日常生活でよく聞く歌や軽快なロックやサンバのテンポのリズムの曲
- 軽快なリズムに乗って，その場で弾む，スキップで移動するなど全身で即興的に踊ること。

- 動きにアクセントを付けたり，ねじる・回るなどの動きを組み合わせて踊ること。
- リズムの特徴をとらえ，体の各部分でリズムをとったり，体幹部（へそ）を中心にリズムに乗ったりして全身で踊ること。

○ジェンカ（フィンランド），キンダーポルカ（ドイツ），タタロチカ（ロシア）など，軽快なリズムと易しいステップの繰り返しで構成される簡単なフォークダンス
- スキップやランニングなどの簡単なステップで，音楽に合わせてみんなで踊ること。

---

H　保健
健康・安全に関する事項について，次の事項を身に付けることができるよう指導する。
ア　体の発育・発達やけがの防止，病気の予防などの仕方が分かり，基本的な知識及び技能を身に付けること。
イ　自分の健康・安全についての課題を見付け，その解決のための活動を考えたり，工夫したりしたことを他者に伝えること。

---

アの「体の発育・発達やけがの防止，病気の予防などの仕方」とは，例えば，身体測定の結果や性徴を通して体の発育に関心をもち，身体各部の働きを知ったり，けがの防止のために運動の前後に体操をすることや，病気の予防のために運動やゲームの後で汗をふいたり，うがいをしたりするなど，生活に必要な習慣や態度を身に付けることである。また，進んで身体及び身辺の清潔に気を付けたり，寒暖に応じて着衣を調節したりすること，体調を考えて適度な運動をしたり，栄養が偏らないようにバランスのとれた食事をし，食べ過ぎないようにして健康的な生活を送ることができるようにすることなどがあげられる。

イの「自分の健康・安全の課題を見付け，その解決のための活動を考えたり，工夫したりしたことを他者に伝える」とは，自分の体調の変化を捉え，けがや病気の際には，教師や友達に伝えたりし，消毒薬や体温計を適切に使ったり，薬を指示に応じて服用したりできるようになること。一日の生活リズムに合わせて運動，食事，休養および睡眠をとることや，部屋の明るさの調節や換気などの生活環境を整えることが必要であることを理解できるようにすることである。

## (2) 2段階の目標と内容
### ア 目標

> ○2段階
> (1) 目　標
> 　ア　各種の運動の楽しさや喜びを味わい，その特性に応じた行い方及び体の発育・発達やけがの防止，病気の予防などの仕方について理解し，基本的な技能を身に付けるようにする。
> 　イ　各種の運動や健康な生活における自分やグループの課題を見付け，その解決のために友達と考えたり，工夫したりしたことを他者に伝える力を養う。
> 　ウ　各種の運動に積極的に取り組み，きまりや簡単なスポーツのルールなどを守り，友達と助け合ったり，場や用具の安全に留意したりし，自己の最善を尽くして運動をする態度を養う。また，健康・安全の大切さに気付き，自己の健康の保持増進と回復に進んで取り組む態度を養う。

　アの「運動の楽しさや喜びを味わい」とは，実際の運動の中で技能の習得の喜びや，チームゲームで勝利するうれしさ楽しさを実感できるようにすることである。

　「仕方について理解」とは，各領域における運動や競技を行うために必要な基本的な技能を習得し，自らの力で対応できることである。

　また，体の発育・発達に伴う初潮や月経，精通などや身の回りの生活の危険への対応，病気の予防，さらには，ストレスへの対処法やけがの処置などについて，基本的な技能の方法を習得し，自分で対応できるようにすることである。

　イの「自分やグループの課題を見付け」とは，運動や生活を営む上で，自分やグループの問題となる点を客観的に見付けることである。例えば，フットベースボールを基に簡易化されたゲームで，チームとして守りの弱いところを見付けたり，教室の空気を入れ替えるための換気に気付いたりなどが考えられる。

　「友達と考えたり，工夫したり」とは，それらの課題について，グループで意見を出し合って考えたり，解決策や改善方法をグループでまとめたりすることである。

　ウの「積極的に取り組み」とは，自分の技能の向上や，チームとしての勝利を目指し，主体的に運動に取り組むことである。

　「友達と助け合ったり」とは，例えばマット運動では，約束などを理解した上で友達と補助し合ったり，武道では，技の練習がしやすいように友達の動きに合

わせたりすることなどである。

「自己の最善を尽くして」とは，1段階の「最後まで楽しく」を踏まえ，これまで培った知識や技能を駆使して，個人やグループの学習課題の達成のためにより良い方法を選択して力を尽くそうとすることである。これは，運動の実践だけでなく日常の生活において必要な態度につながるものである。なお，各領域においては，「自分の力を発揮する」としている。各領域において，自分の力を発揮する態度を養うことにより，総合的に自分の最善を尽くすことができる態度を養うことが大切である。

## イ　内容

> (2) 内　容
> 
> A　体つくり運動
>   体つくり運動について，次の事項を身に付けることができるよう指導する。
>   ア　体ほぐしの運動や体の動きを高める運動を通して，体を動かす楽しさや心地よさを味わうとともに，その行い方を理解し，友達と関わったり，動きを持続する能力などを高めたりすること。
>   イ　体ほぐしの運動や体の動きを高める運動についての自分やグループの課題を見付け，その解決のために友達と考えたり，工夫したりしたことを他者に伝えること。
>   ウ　体ほぐしの運動や体の動きを高める運動に積極的に取り組み，きまりを守り，友達と助け合ったり，場や用具の安全に留意したりし，自己の力を発揮して運動をすること。

2段階の体つくり運動における「体ほぐしの運動」では，手軽な運動を行い，体を動かす楽しさや心地よさを味わうことを通して，自分や友達の心と体の状態に気付いたり，友達と豊かに関わり合ったりすること。

【例示】
- 伸び伸びとした動作で用具などを用いた運動を行うこと。
- ペアになって互いの心や体の状態に気付き合いながら体をゆらすなどの運動を行うこと。
- 動作や人数などの条件を変えて，歩いたり走ったりする運動を行うこと。
- 伝承遊びや集団による運動を行うこと。

2段階の体つくり運動における「体の動きを高める運動」では，体力の向上を

ねらいとして，体の柔らかさ，巧みな動き，力強い動き，動きを持続する能力を高めるための運動を行うこと。

【例示】
- 体の各部位を大きく広げたり曲げたりする姿勢を維持すること。
- ゴムひもを張りめぐらせて作った空間や，棒の下や輪の中をくぐり抜けること。
- 用具などを等間隔に並べた走路や，跳び箱や平均台などの器具で作った段差のある走路をリズミカルに走ったり跳んだりすること。
- 用具をコントロールしながら投げる，捕る，回す，転がすなどの操作をすること。
- 様々な姿勢での腕立て伏臥腕屈伸をすること。
- 全身に力を込めて登り棒に捕まったり，肋木や雲梯にぶら下がったりすること。
- 短なわ，長なわを使っての跳躍やエアロビクスなどの全身運動を続けること。

---

B　器械運動

器械運動について，次の事項を身に付けることができるよう指導する。

ア　器械運動の楽しさや喜びを味わい，その行い方を理解し，基本的な技を身に付けること。

イ　器械運動についての自分やグループの課題を見付け，その解決のために友達と考えたり，工夫したりしたことを他者に伝えること。

ウ　器械運動に積極的に取り組み，きまりを守り，友達と助け合ったり，場や器械・器具の安全に留意したりし，自己の力を発揮して運動をすること。

---

２段階での器械運動における「基本的な技」とは，マット上で連続後転や開脚後転をしたり，鉄棒で補助逆上がりをしたり，跳び箱で開脚跳びをしたりなどのことである。２段階の器械運動は，次の(ｱ)から(ｳ)までの運動で構成されている。

(ｱ)　マット運動

基本的な回転技や倒立技に取り組み，それぞれについて自分の能力に適した技が安定してできるようにする。また，できるようになった技を繰り返したり組み合わせたりすることができるようにする。

【例示】

○連続後転
- 後転を連続してすること。

○開脚後転
　　　・しゃがんだ姿勢から，体を丸めながら尻‐背中‐後頭部‐足裏の順にマットに接して腰を上げながら後方に回転し，膝を伸ばして足を左右に大きく開き，両手で押して膝を伸ばしたまま開脚立ちすること。
　　○壁倒立
　　　・壁に向かって体を前方に振り下ろしながら片足を振り上げ，両手を着き体をまっすぐ伸ばして壁に足をもたれかけて倒立すること。
(イ) 鉄棒運動
　基本的な上がり技や下り技に取り組み，それぞれについて自分の能力に適した技を安定してできるようにする。
【例示】
　○補助逆上がり
　　・補助具を利用して，連続して逆上がりをすること。
　○前回り下り
　　・鉄棒上の支持姿勢から回転して着地まで，一連の動きとしてスムーズに下りること。
(ウ) 跳び箱運動
　基本的な跳び越し技に取り組み，それぞれの系について自分の能力に適した技が安定してできるようにするとともに，その発展技をできるようにする。
【例示】
　○開脚跳び
　　・助走から両脚で踏み切り，足を左右に開いて着手し，跳び越えて着地すること。

---

C　陸上運動
　陸上運動について，次の事項を身に付けることができるよう指導する。
ア　陸上運動の楽しさや喜びを味わい，その行い方を理解し，基本的な技能を身に付けること。
イ　陸上運動についての自分やグループの課題を見付け，その解決のために友達と考えたり，工夫したりしたことを他者に伝えること。
ウ　陸上運動に積極的に取り組み，きまりを守り，友達と助け合ったり，場や用具の安全に留意したりし，自己の力を発揮して運動をすること。

---

　2段階での陸上運動における「基本的な技能」とは，短距離走やリレー，長距離走，ハードル走，跳ぶ運動などに取り組むために必要な，全力走や一定のペースで走り続けること，また，リズミカルに走り越えるなどのことである。一人一

人の状態に応じて，目標を設定し，用具を工夫して，生徒が安心し取り組むことができるよう工夫することが大切である。

【例示】

○短距離走・リレー
- 走る距離やルールを定めて競走したり，目標を目指しながら一定の距離を全力で走ったりすること。
- 50～80ｍ程度の短距離走
運動会などの徒競走やリレーを想定した距離の設定をすることも考えられる。
- リレーにおいて，約束を守ったり，走りながらバトンパスをしたりすること。

○長距離走
- 一定の時間や距離を決めて，個々のタイムなどの目標を目指しながら走り続けること。

○小型ハードル走（障害物走）
- 幅広い障害物や小型ハードルをリズミカルに走り越えること。

○跳ぶ運動
- ゴム跳びなどで助走を付けて片足で地面を蹴って上方に跳ぶこと。
- 助走を付けて片足でしっかりと地面を蹴って遠くに跳ぶこと。

---

D　水泳運動

水泳運動について，次の事項を身に付けることができるよう指導する。

ア　水泳運動の楽しさや喜びを味わい，その行い方を理解し，基本的な技能を身に付けること。

イ　水泳運動についての自分やグループの課題を見付け，その解決のために友達と考えたり，工夫したりしたことを他者に伝えること。

ウ　水泳運動に積極的に取り組み，きまりなどを守り，友達と助け合ったり，場や用具の安全に留意したりし，自己の力を発揮して運動をすること。

---

2段階での水泳運動における「基本的な技能」とは，補助具を使いながら，泳法の基礎となる手足の動きや呼吸をしながら水中を進むことである。泳法にスムーズにつなげるためにも，このような泳ぎにしっかりと取り組むことが大切である。

【例示】

○呼吸をしながらの泳ぎ

- 補助具を使って浮き，呼吸をしながら手や足を動かして泳ぐこと。
- 補助具を使いながら頭の上方に腕を伸ばした姿勢で，ばた足泳ぎやかえる足泳ぎなど，手や足をバランスよく動かし，呼吸をしながら進むこと。

○補助具を使ったクロールや平泳ぎのストローク
- 補助具を使って，手を左右交互に前に出し水をかくクロールのストロークや，手の平を下向きにそろえ両手を前方に伸ばし水をかく平泳ぎのストロークをすること。

---

E　球技

球技について，次の事項を身に付けることができるよう指導する。

ア　球技の楽しさや喜びを味わい，その行い方を理解し，基本的な技能を身に付け，簡易化されたゲームを行うこと。

イ　球技についての自分やチームの課題を見付け，その解決のために友達と考えたり，工夫したりしたことを他者に伝えること。

ウ　球技に積極的に取り組み，きまりや簡単なルールを守り，友達と助け合ったり，場や用具の安全に留意したりし，自己の力を発揮して運動をすること。

---

2段階での球技における「基本的な技能」とは，ゴール型，ネット型，ベースボール型などのボール操作及びボールを持たないときの動きのことである。「基本的な技能」を身に付けることによって，簡易化されたゲームをできるようにすることが大切である。

【例示】

○ポートボール，バスケットボール，サッカーを基にした簡易化されたゲーム
- ボールを持ったときにゴールに体を向けること。
- ボール保持者と自分の間に守る者がいないように移動すること。
- コート内で攻守入り交じって，味方にパスをする，シュートをする，ドリブルをすること。

○バドミントンや卓球を基にした簡易化されたゲーム
- 相手コートから飛んできたシャトルやボールを，ラケットを使用して打つこと。
- ボールの方向に体を向けたり，ボールの落下点やボールを操作しやすい位置に移動したりすること。

○フットベースボールを基にした簡易化されたゲーム

○ティーボールを基にした簡易化されたゲーム

- バットを使用してボールを打ったり，静止したボールを打ったりすること。
- ベースに向かって全力で走り，かけ抜けること。
- 向かってくるボールの方向に移動すること。

> F 武道
>   武道について，次の事項を身に付けることができるよう指導する。
>  ア 武道の楽しさや喜びに触れ，その行い方や伝統的な考え方を理解し，基本動作や基本となる技を用いて，簡易な攻防を展開すること。
>  イ 武道についての自分やグループの課題を見付け，その解決のために友達と考えたり，工夫したりしたことを他者に伝えること。
>  ウ 武道に積極的に取り組み，きまりや伝統的な行動の仕方を守り，友達と助け合ったり，場や用具の安全に留意したりし，自己の力を発揮して運動をすること。

「武道」は，1段階と同様に柔道，剣道，相撲などで構成されている。

技能の高まりに応じて，基本となる技を用いた練習を発展させて，技を身に付け，簡易な攻防を展開できるようにする。

1段階での「基本動作や基本となる技」を受けて，2段階では基本動作や技のバリエーションを増やしていくこともねらいとなってくる。

2段階で示す「基本動作」とは，例えば柔道では，進退動作，受け身（後ろ受け身，前回り受け身）などのことであり，剣道では，打突の仕方（小手（右）の打ち）とその受け方などのことであり，相撲では，相手の動きに応じて行う仕切りからの立ち合い，受け身のことである。指導に際して，柔道では崩しから相手の不安定な体勢をとらえて技をかけやすい状態をつくる体さばきと，技のかけをまとまった技能としてとらえることを，剣道では構えや体さばきと基本の打突の仕方や受け方は関連付けて身に付けることに配慮することなどを，相撲では相手の動きに応じて行う仕切りからの立ち合いを，対人的な技能と一体として扱うようにする。

【例示】

○基本動作

ア 柔道

- 進退動作では，相手の動きに応じたすり足，歩み足及び継ぎ足で，体の移動をすること。
- 後ろ受け身では，あごを引き，頭を上げ，両方の腕全体で畳を強くたたくこと。

- 前回り受け身では，前方へ体を回転させ，背中側面が畳に着く瞬間に，片方の腕と両脚で畳を強くたたくこと。

イ 剣道
- 基本の打突の仕方と受け方では，中段の構えから体さばきを使って，小手（右）の部位を打ったり受けたりすること。

ウ 相撲
- 仕切りからの立ち合いでは，相手と動きを合わせること。
- 相手の動きや技に応じて受け身をとること。

2段階の「基本となる技」とは，例えば柔道では，支え釣り込み足，横四方固めなどのことであり，剣道では，しかけ技の基本となる技（小手‐面などの二段の技），引き技などのことであり，相撲では，前さばき（いなし）及び投げ技（出し投げ‐受け身）のことである。また1段階と同様に，相手の動きや技に応じて受け身や歩み足，運び足，すり足などが習得できていない場合は，安全を考慮し，基本動作を中心に指導するなどの配慮も考えられる。

【例示】
○基本となる技

ア 柔道
- 投げ技である支え釣り込み足は，取（技をかける人）が膝支え釣り込み足をかけて投げ，受（技を受ける人）が受け身をとること。
- 固め技である横四方固めは，取は横四方固めで相手を抑え，受は抑えられた状態から，相手を頭方向に返すこと。

イ 剣道
- 二段の技は，最初の小手打ちに相手が反応したとき，隙ができた面を打つこと。（小手‐面）
- 引き技は，相手が接近した状態にあるとき，隙ができた胴を退きながら打つこと。（引き胴）

ウ 相撲
- 押しから体を開き相手の攻めの方向にいなすこと。（いなし）
- 寄りから体を開き側方に出すように投げること，これに対して受け身をとること。（出し投げ‐受け身）

2段階で示す「簡単な攻防」とは，基本となる技と投げ技の形を正しく行えるようにすること，相手との動きの中で相手を崩して技をかけるようにすることなどが大切である。1段階と同様に，安全を考慮し，攻防の相手を人形で行うなどの工夫も考えられる。

G ダンス

> ダンスについて，次の事項を身に付けることができるよう指導する。
> ア ダンスの楽しさや喜びを味わい，その行い方を理解し，基本的な技能を身に付け，表現したり踊ったりすること。
> イ ダンスについての自分やグループの課題を見付け，その解決のために友達と考えたり，工夫したりしたことを他者に伝えること。
> ウ ダンスに積極的に取り組み，友達のよさを認め助け合ったり，場や用具の安全に留意したりし，自己の力を発揮して運動をすること。

2段階でのダンスにおける「基本的な技能」とは，軽快なリズムに乗って全身で弾んで踊ることや，日本の民踊や外国の踊りの基本的なステップや動きのことである。それぞれのダンスの踊り方の特徴を捉え，音楽に合わせてみんなで楽しく踊って交流できるようにすることが大切である。

ウの「友達のよさを認め助け合ったり」とは，友達と互いの動きや考えのよさを認め合い，助け合って踊ることである。

【例示】

「音楽やリズムと動き」

○いろいろな速さの曲調の異なるロックやサンバのリズムの曲
・弾む動きにねじる，回るなどの動きを入れて変化を付けたり，素早い動きやストップなどでリズムの変化を付けたりして続けて踊ること

○日本の民踊

それぞれの地域で親しまれている民踊や日本の代表的な民踊の中から，軽快なリズムの踊りや力強い踊りなど，特徴や感じが異なる踊りや簡単な動きで構成されている踊り。

・日本の民踊に共通する特徴やそれぞれの踊り方の特徴を捉え，構成された基本的な踊り方を身に付けて踊ること。
・軽快なリズムの踊りでは，軽快な足さばきや手振りで踊ること。
・力強い踊りでは，低く踏みしめるような足取りや腰の動きで踊ること。

○外国のフォークダンス

世界の国々で親しまれている代表的なフォークダンスの中から，特徴や感じが異なる踊りや簡単な隊形・ステップ・組み方で構成される踊り。

・フォークダンスの特徴を捉え，構成された基本的な踊り方を身に付けて踊ること。
・みんなで手をつなぎ，かけ声をかけて力強くステップを踏みながら移動して踊ること。
・パートナーと組んで軽快なステップで動きを合わせたり，パートナーチェンジをスムーズに行ったりしながら踊ること。

・厳かな挨拶の部分と軽快なスキップやアーチくぐりなどの変化を付けて，パートナーや全体でスムーズに隊形移動しながら踊ること。

> H　保健
> 　健康・安全に関する事項について，次の事項を身に付けることができるよう指導する。
> 　ア　体の発育・発達やけがの防止，病気の予防などの仕方について理解し，基本的な技能を身に付けること。
> 　イ　自分やグループの健康・安全についての課題を見付け，その解決のために友達と考えたり，工夫したりしたことを他者に伝えること。

アの「体の発育・発達やけがの防止，病気の予防などの仕方について理解し」とは，1段階の内容について自ら行動できるようになることであり，気持ちが意欲的であること，元気なこと，具合の悪いところがないこと，などの心と体の調子が良い状態にあることを理解し実践できるようにすることが大切である。

イの「自分やグループの健康・安全についての課題を見付け，」とは，一日の生活リズムを整え，運動，食事，休養および睡眠などについて自分や友達の課題を一緒に考えたり，部屋の明るさの調節や換気などの生活環境について考えたりすることである。

「その課題のために友達と考えたり，工夫したりしたことを他者に伝える」とは，友達の体調の変化やけがをした際に，教師に伝えたりし，施設や用具の安全な使い方を知り，けがのないように気を付けて行動したりすることができるようにすることである。

また，不安や悩みなどがある時には，家族や教師，友達などと話したり，相談したりすること，友達と遊ぶこと，運動をしたり音楽を聴いたりすること，呼吸法を行うなどによって気持ちを楽にしたり，気分を変えたりすることなど心の健康について触れることも大切である。

## 4　指導計画の作成と内容の取扱い
### (1) 指導計画作成上の配慮事項

> 3　指導計画の作成と内容の取扱い
> 　(1) 指導計画の作成に当たっては，次の事項に配慮するものとする。
> 　　ア　各段階の内容のまとまりを見通して，その中で育む資質・能力の育成に向けて，生徒の主体的・対話的で深い学びの実現を図るようにすること。その際，体育や保健の見方・考え方を働かせ，運動や健康に

> ついての自他の課題を見付け，個々の生徒の障害の状態等に応じて，その解決のための活動の充実を図ること。また，運動の楽しさや喜びを味わったり，健康の大切さを実感したりすることができるよう，留意すること。

　この事項は，保健体育科の指導計画の作成に当たり，生徒の主体的・対話的で深い学びの実現を目指した授業改善を進めることとし，保健体育科の特質に応じて，効果的な学習が展開できるように配慮すべき内容を示したものである。

　保健体育科の指導に当たっては，(1)「知識及び技能」が習得されること，(2)「思考力，判断力，表現力等」を育成すること，(3)「学びに向かう力，人間性等」を涵養することが偏りなく実現されるよう，単元など内容や時間のまとまりを見通しながら，主体的・対話的で深い学びの実現に向けた授業改善を行うことが重要である。

　生徒に保健体育科の指導を通して「知識及び技能」や「思考力，判断力，表現力等」及び「学びに向かう力，人間性等」の育成を目指す授業改善を行うことはこれまでも多くの実践が重ねられてきている。そのような着実に取り組まれてきた実践を否定し，全く異なる指導方法を導入しなければならないと捉えるのではなく，生徒や学校の実態，指導の内容に応じ，「主体的な学び」，「対話的な学び」，「深い学び」の視点から授業改善を図ることが重要である。

　主体的・対話的で深い学びは，必ずしも1単位時間の授業の中ですべてが実現されるものではない。単元（題材）など内容や時間のまとまりの中で，例えば，主体的に学習に取り組めるよう学習の見通しを立てたり学習したことを振り返ったりして自身の学びや変容を自覚できる場面をどこに設定するか，対話によって自分の考えなどを広げたり深めたりする場面をどこに設定するか，学びの深まりをつくり出すために，生徒が考える場面と教師が教える場面をどのように組み立てるか，といった視点で授業改善を進めることが求められる。また，生徒や学校の実態に応じ，多様な学習活動を組み合わせて授業を組み立てていくことが重要であり，単元（題材）のまとまりを見通した学習を行うに当たり基礎となる知識及び技能の習得に課題が見られる場合には，それを身に付けるために，生徒の主体性を引き出すなどの工夫を重ね，確実な習得を図ることが必要である。

　主体的・対話的で深い学びの実現に向けた授業改善を進めるに当たり，特に「深い学び」の視点に関して，各教科等の学びの深まりの鍵となるのが「見方・考え方」である。各教科等の特質に応じた物事を捉える視点や考え方である「見方・考え方」を，習得・活用・探究という学びの過程の中で働かせることを通して，より質の高い深い学びにつなげることが重要である。

　保健体育科においては，例えば次の視点等を踏まえて授業改善を行うことによ

り，育成を目指す資質・能力を育んだり，体育や保健の見方・考え方を更に豊かなものにしたりすることにつなげることが大切である。

・運動の楽しさや健康の意義等を発見し，運動や健康についての興味や関心を高め，課題の解決に向けて粘り強く自ら取り組み，学習を振り返るとともにそれを考察し，課題を修正したり新たな課題を設定したりするなどの主体的な学びを促すこと。
・運動や健康についての課題の解決に向けて，生徒が他者（書物等を含む）との対話を通して，自己の思考を広げ深め，課題の解決を目指して学習に取り組むなどの対話的な学びを促すこと。
・それらの学びの過程を通して，自他の運動や健康についての課題を発見し，解決に向けて試行錯誤を重ねながら，思考を深め，よりよく解決するための深い学びを促すこと。

なお，これらの三つの学びの過程をそれぞれ独立して取り上げるのではなく，相互に関連を図り，保健体育科で求められる学びを一層充実させることが重要である。また，これら三つの学びの過程は，順序性や階層性を示すものでないことに留意することが大切である。また，主体的・対話的で深い学びの実現に向けた授業改善の推進に向けては，指導方法を工夫して必要な知識及び技能を指導しながら，子供たちの思考を深めるために発言や意見交換を促したり，気付いていない視点を提示したりするなど，学びに必要な指導の在り方を工夫し，必要な学習環境を積極的に整備していくことが大切である。

その際，各運動領域の特性や魅力に応じた体を動かす楽しさや特性に触れる喜びを味わうことができるよう，また，健康の大切さを実感することができるよう指導方法を工夫することが大切である。さらに，単元など内容や時間のまとまりの中で，指導内容と評価の場面を適切に組み立てていくことが重要である。

> イ 「A体つくり運動」及び「H保健」については，3学年間にわたって取り扱うこと。

「A体つくり運動」及び「H保健」については，第1学年から第3学年の各学年において指導することを示したものである。授業時数については，適切に定めるようにすること。

## (2) 内容の取扱いについての配慮事項

> (2) 2の各段階の内容の取扱いについては，次の事項に配慮するものとする。
> ア 学校や地域の実態を考慮するとともに，個々の生徒の障害の状態等，

> 運動の経験及び技能の程度などに応じた指導や生徒自らが運動の課題の解決を目指す活動を行えるよう工夫すること。

「学校や地域の実態を考慮する」では，各段階に示されている「イ内容」を踏まえて具体的な指導内容を設定する際，保健体育科の目標や内容と関連付けながら，学校や地域などで特に行われている運動やスポーツなどを取り入れるようにしたり，地域の人材を活用したりすることなどが考えられる。

「個々の生徒の障害の状態等，運動の経験及び技能の程度などに応じた指導」とは，同じ段階であっても個々の生徒の障害の状態等，運動の経験及び技能の程度が多様であることを踏まえ，生徒が興味や関心をもって，安心して安全に自ら取り組めるようにすることなどを示している。

「生徒自らが運動の課題の解決を目指す活動」とは，各領域の内容を指導する際，例えば，運動やスポーツについての自分の課題を見付けられるようにしたり，当該生徒が達成可能な目標などを自ら設定したりするなどして，生徒が意欲的にその課題の解決を目指せるような活動を工夫することを示している。

> イ 運動を苦手と感じている生徒や，運動に意欲的に取り組まない生徒への指導を工夫すること。

運動の経験や技能の程度の個人差が大きいことを踏まえた指導を工夫することを示したものである。生徒の中には，運動に取り組みたくても，様々な理由から取り組めない生徒がいることにも留意することが大切である。

> ウ 「A体つくり運動」から「Gダンス」までと「H保健」との関連を図る指導を工夫すること。

「体つくり運動」を始めとする各運動領域の内容と，保健領域の内容とを関連して指導することを示したものである。

例えば，各運動を行う際の場や用具の安全に気を付けることと，けがの防止の仕方などを関連させて指導することなどが考えられる。

また，保健体育科におけるカリキュラム・マネジメントを実現する観点から，運動領域と保健領域とが関連する内容について，年間計画や個別の指導計画等に反映させることも大切である。

> エ 「E球技」については，個の能力だけでなく，より集団を意識したゲームを取り扱うものとすること。

球技については，ボールを投げる，蹴るなどの個々のボール操作の技能等を身に付けるだけではなく，ルールや作戦を工夫したり，集団対集団の攻防によって友達と力を競い合ったりする楽しさや喜びに触れられるようなゲームを取り扱うことを示している。

> オ　「F武道」については，武道場や用具の確保が難しい場合は指導方法を工夫して行うとともに，安全面に十分留意すること。

　武道場などの確保が難しい場合は，他の施設で実施することとなるが，その際は，安全上の配慮を十分に行い，基本動作や基本となる技の習得を中心として指導を行うなど指導方法を工夫すること。また，武道は，中学部で初めて経験する運動種目であり，その特性に慣れていないことから，事故やけがのないよう安全面に十分留意することを示している。

> カ　自然との関わりの深い雪遊び，氷上遊び，スキー，スケート，水辺活動などの指導については，生徒の障害の状態等，学校や地域の実態等に応じて積極的に行うようにすること。

　諸条件の整っている学校に対して，自然との関わりの深い運動の指導を奨励していることを示したものである。

> キ　オリンピック・パラリンピックなどとも関連させ，フェアなプレイを大切にするなど，生徒の発達の段階に応じて，運動やスポーツの大切さや必要性等に触れるようにするとともに，運動やスポーツを「すること」，「知ること」，「見ること」，「応援すること」などの多様な関わり方について取り扱うようにすること。

　オリンピックやパラリンピックに関する指導として，各運動領域の内容との関連を図り，ルールやマナーを遵守することやフェアなプレイを大切にすることなど，生徒の障害の状態や特性及び心身の発達の段階等に応じて，運動を通してスポーツの意義や価値等に触れることができるようにするとともに，運動やスポーツは，「すること」だけではなく，「知ること」，「見ること，」，「応援すること」など多様な親しみ方や関わり方があることを取り扱うようにすることを示している。
　多様な関わり方については，例えば，運動の場面で友達にアドバイスをしたり，

けがをした選手等に手紙を送ったりすることや，障害のある生徒と障害のない生徒が一緒に運動やスポーツを楽しむことができる方法やルールを提案するなども考えられる。

## ● 第8　職業・家庭科

### 1　職業・家庭科の改訂の要点
#### (1) 目標の改訂の要点

目標は，従前の「明るく豊かな職業生活や家庭生活が大切なことに気付くようにするとともに，職業生活及び家庭生活に必要な基礎的な知識と技能の習得を図り，実践的な態度を育てる。」を改め，「生活の営みに係る見方・考え方や職業の見方・考え方を働かせ，生活や職業に関する実践的・体験的な学習活動を通して，よりよい生活の実現に向けて工夫する資質・能力」として，次の三つの柱から整理し示している。

「知識及び技能」として「(1)生活や職業に対する関心を高め，将来の家庭生活や職業生活に係る基礎的な知識や技能を身に付けるようにする。」，「思考力，判断力，表現力等」として「(2)将来の家庭生活や職業生活に必要な事柄を見いだして課題を設定し，解決策を考え，実践を評価・改善し，自分の考えを表現するなどして，課題を解決する力を養う。」，「学びに向かう力，人間性等」として「(3)よりよい家庭生活や将来の職業生活の実現に向けて，生活を工夫し考えようとする実践的な態度を養う。」に改めた。

(1)から(3)までに示す資質・能力の育成を目指すに当たり，生徒がどのような学びの過程を経験することが求められているのかを示すとともに，質の高い深い学びを実現するために，教科等の特質に応じた物事を捉える視点や考え方（見方・考え方）を働かせることが求められていることを述べている。

生活や職業に関する実践的・体験的な活動と相互に関連付けて，実際の生活に生きる力や生涯にわたって活用できる力の基礎が育成されるよう工夫することが重視される。

#### (2) 内容の改訂の要点

内容は，従前の「働くことの意義」，「職業に関する基礎的な知識」，「道具・機械等の取扱いや安全・衛生」，「役割」，「産業現場等における実習」，「家庭の役割」，「家庭に関する基礎的な事項」，「情報」，「余暇」を次のように改めている。

従前の内容について，新たに職業分野と家庭分野を設け，職業分野として「A職業生活」，「B情報機器の活用」，「C産業現場等における実習」，家庭分野として「A家族・家庭生活」，「B衣食住の生活」，「C消費生活・環境」とする内容構

成に改めた。

各分野の内容は，二つの段階により示され，1段階から2段階に積み重ねて学習できるように構成しているが，家庭分野「A家族・家庭生活」における「エ幼児の生活と家族」は1段階のみの設定である。また，「A家族・家庭生活」における，「エ家族や地域の人々との関わり」及び，「B衣食住の生活」における「イ栄養を考えた食事」は2段階のみの設定としている。これは，生徒の発達の段階や学習状況等を踏まえながら，各段階で取り扱う内容を設けたことによるものである。

### (3) 指導計画の作成と内容の取扱いの要点

「指導計画の作成」の配慮事項として，内容や時間のまとまりを見通して，主体的・対話的で深い学びの実現を図ること，職業と家庭の各分野相互の関連や各教科等との関連にも留意すること，キャリア発達を促し主体的に進路を選択できるよう組織的・計画的に指導すること，地域や産業界との連携により実習等の実際的な学習活動を取り入れ，段階的・系統的に指導することを示している。

また，「内容の取扱い」の配慮事項として，指導上の安全・衛生に留意し事故防止に努めること，実際の職業生活や家庭生活で生かすことができる知識や技能等が形成されるよう効果的な指導をすることなどを示している。

## 2　職業・家庭科の目標

> 1　目　標
> 　生活の営みに係る見方・考え方や職業の見方・考え方を働かせ，生活や職業に関する実践的・体験的な学習活動を通して，よりよい生活の実現に向けて工夫する資質・能力を次のとおり育成することを目指す。
> 　(1)　生活や職業に対する関心を高め，将来の家庭生活や職業生活に係る基礎的な知識や技能を身に付けるようにする。
> 　(2)　将来の家庭生活や職業生活に必要な事柄を見いだして課題を設定し，解決策を考え，実践を評価・改善し，自分の考えを表現するなどして，課題を解決する力を養う。
> 　(3)　よりよい家庭生活や将来の職業生活の実現に向けて，生活を工夫し考えようとする実践的な態度を養う。

教科の目標は，職業・家庭科の果たすべき役割やねらいについて総括して示したものである。

「生活の営みに係る見方・考え方や職業の見方・考え方を働かせ」とは，資質・

能力の育成に当たって，各分野の見方・考え方を働かせることが重要であることを示している。

「生活や職業に関する実践的・体験的な学習活動を通して」とは，実際の家庭生活や将来の職業生活に直接関わる内容を具体的に取り扱うという職業・家庭科の特質及び知的障害のある生徒の学習上の特性等を踏まえて，調理の基礎，衣服の着用や手入れ，身近な消費生活，作業や産業現場等における実習など，家庭生活や職業生活に関する体験や実習などを含む実際的・具体的な内容を特に重視することを示したものである。

「よりよい生活の実現に向けて工夫する資質・能力を次のとおり育成する」とは，職業・家庭科の最終的な目標が，よりよい家庭生活や将来の職業生活の実現を目指して基礎的な知識や技能を習得し，これを活用しながら課題解決を図る力や生活を工夫しようとする態度の育成であり，この資質・能力は(1)から(3)に示す三つの柱で構成されていること示している。

(1)は，「知識及び技能」としての資質・能力を示したものである。「生活や職業に対する関心を高め，将来の家庭生活や職業生活に係る基礎的な知識や技能を身に付けるようにする。」とは，生徒が自立して主体的な生活を営むために必要とされる職業分野，家庭分野それぞれの事柄に興味をもち，その基礎的な理解と，それらに係る知識や技能の習得の重要性を示したものである。指導に当たっては，学習の成果と自己の成長を結び付けて捉えられるよう評価を工夫し，主体的な学びを促すとともに，学習内容に対する生徒の関心を一層高めることが大切である。

(2)は「思考力，判断力，表現力等」としての資質・能力を示したものである。「将来の家庭生活や職業生活に必要な事柄を見いだして課題を設定し，解決策を考え，実践を評価・改善し，自分の考えを表現するなどして，課題を解決する力を養う。」とは，家庭生活や職業生活の中の課題を見いだし，解決する力を育むことを示しており，一連の学習の過程において，習得した知識や技能を活用し，思考力，判断力，表現力等の基礎を養い，課題を解決する力を育むことを明確にしたものである。指導に当たっては，生徒の実態に応じた内容や活動を計画的に準備することで，問題解決的な学習を一層充実させることが重要である。

(3)は，「学びに向かう力，人間性等」としての資質・能力を示している。「よりよい家庭生活や将来の職業生活の実現に向けて，生活を工夫し考えようとする実践的な態度を養う。」とは，自分の生活の営みや消費行動，生産・生育活動等が地域社会に影響を与えることに気付き，よりよい生活や将来の職業生活の実現に向けて，職業分野，家庭分野それぞれで育むことを目指す実践的な態度を養うことを述べたものである

上記の目標を実現するためには，生徒自らが生活や職業に関心をもち，実践的・体験的な活動を通して，知識及び技能を身に付け，それらを活用して生活の自立

につながるよう学習活動や生活を組み立てることが重要である。また，内面的な成長を一層促すために，仕事の楽しさや完成の喜びを味わい充実感や成就感を実感できるように従来の実践的・体験的な活動の内容を吟味したり，自己の成長を踏まえ，学習内容と将来の職業の選択や生き方との関わりの理解に触れたりすることで，学びに向かう力，人間性等を育むことが大切である。

さらに，家庭や地域社会との連携を重視し，学校における学習と家庭や社会における実践との結び付きに留意して適切な題材を設定し，資質・能力の育成とともに，心豊かな人間性を育むことや発達の段階に即した社会性の獲得，他者と関わる力の育成等にも配慮することが大切である。

## 3　各段階の目標及び内容
### (1) 1段階の目標と内容

> ○1段階
> 
> (1) 目　標
> 
> 職業分野
> 
> 　職業に係る見方・考え方を働かせ，作業や実習に関する実践的・体験的な学習活動を通して，よりよい生活の実現に向けて工夫する資質・能力を次のとおり育成することを目指す。
> 
> 　ア　職業について関心をもち，将来の職業生活に係る基礎的な知識や技能を身に付けるようにする。
> 　イ　将来の職業生活に必要な事柄について触れ，課題や解決策に気付き，実践し，学習したことを伝えるなど，課題を解決する力の基礎を養う。
> 　ウ　将来の職業生活の実現に向けて，生活を工夫しようとする態度を養う。

### ア　目標
〈職業分野〉

　目標は，職業分野で育成を目指す資質・能力を「ア知識及び技能」，「イ思考力，判断力，表現力等」，「ウ学びに向かう力，人間性等」の三つの柱に沿って示したものである。

　1段階では，作業を成し遂げることを通して，自分の役割を果たす達成感を基盤とし，作業を通して他者の役に立とうとする気持ちを育むとともに，職業に関することに体験的に触れたり，作業や実習等を通して初歩的な知識や技能を身に付けたりしながら，課題の解決を試みる力や将来の職業生活につながる生活面での工夫をしようとする態度を養うことを目指している。

「職業に係る見方・考え方を働かせ」とは，職業に係る事象を，将来の生き方等の視点で捉え，よりよい職業生活や社会生活を営むための工夫を行うことを示したものである。

将来の生き方等の視点で捉えるとは，職業分野で取り扱う内容と将来の生活や生き方をつなげて考えることである。したがって，生徒の将来の生活を見据え，取り上げる内容や，単元や題材のまとまり及びその構成における重点等を適切に定めることが大切である。

さらに，職業分野において取り扱うすべての内容を通して，将来的に，社会人や職業人として自立できるようにしていくこと，また，職業生活を健やかに維持できるようになることを目指し，成長し続ける態度を実際的・持続的に身に付けていくことができるように学習を進めていくことが大切である。

この「職業に係る見方・考え方」は，新しい学びに際して，既知の知識や技能を結び付けて深く理解したり，技能を高めたりするなど，職業分野における学びを深め，実際の職業生活に生きて働く力を育むものである。また，これは高等部職業科等での学びにおいて一貫して活用され，さらに将来の職業生活で自らのキャリア発達を促し，将来にわたってよりよく働くための中核的な力の基盤となるものである。

アの「職業について関心をもち，将来の職業生活に係る基礎的な知識や技能を身に付けるようにする。」とは，身近な人の仕事の内容や仕事に対する心構えなどを見聞きするなどして，働くことについて興味をもつことや，作業活動を通して，生産や生育活動等に興味をもつことである。指導に当たっては，望ましい勤労観や職業観の基礎を育むことを重視し，仕事を通して得られる達成感に着目できるようにしたり，自らの作業を通してそれらを実感したりしながら，将来の職業生活の実現に向けて，その礎となる知識や技能の確実な習得を図ることを示している。

職業分野の指導内容は，(2)内容に示しているとおり，「A職業生活」，「B情報機器の活用」，「C産業現場等における実習」の三つの構成で整理されている。

知的障害のある生徒に対する職業教育は，従前より特定の職業に就くための教育ではなく，将来の社会参加を目指し，社会人や職業人として必要な知識や技能及び態度の基礎を身に付けることを重視してきた。したがって，職業分野においては，生産や生育等の作業に係る基礎的な学習を通して，確実性や持続性，巧緻性等の作業活動の種類を問わず共通して求められる力を身に付けることを重視している。

イの「課題を解決する力の基礎を養う。」とは，課題解決の過程に関わる能力をすべて含んだものであり，職業生活に係る事柄から問題を見いだし課題を設定する力，課題の解決策や解決方法を検討・構想して具体化する力，知識及び技能

を活用して課題解決に取り組む力，実践を評価して改善する力，課題解決の結果や実践を評価した結果を的確に表現する力等があげられる。これらの能力の育成には，知的障害のある生徒の学習上の特性等を踏まえて，職業に関する身近で具体的な課題を取り上げて，生徒自身が「知っていること」や「できること」を使って課題を解決していく経験を積み重ねることが重要である。1段階では，「基礎を養う」としており，生徒同士や教師との対話的な学びを通して課題解決の過程を繰り返しながら，課題を設定したり，解決策を考えたり，実践を評価したりすることなどを意識付けることが指導の始点となると考えられる。

　ウの「生活を工夫しようとする態度を養う。」とは，職業分野で育成を目指す「学びに向かう力，人間性等」が，作業や実習を通して地域社会に貢献する喜びを感じながら，他者と協力して主体的に物事に取り組もうとしたり，安全かつ効率よく作業ができるよう工夫したりする態度であることを示したものである。

---

家庭分野

　生活の営みに係る見方・考え方を働かせ，衣食住などに関する実践的・体験的な学習活動を通して，よりよい生活の実現に向けて工夫する資質・能力を次のとおり育成することを目指す。
　ア　家庭の中の自分の役割に気付き，生活の自立に必要な家族・家庭，衣食住，消費や環境等についての基礎的な理解を図るとともに，それらに係る技能を身に付けるようにする。
　イ　家庭生活に必要な事柄について触れ，課題や解決策に気付き，実践し，学習したことを伝えるなど，日常生活において課題を解決する力の基礎を養う。
　ウ　家族や地域の人々とのやりとりを通して，よりよい生活の実現に向けて，生活を工夫しようとする態度を養う。

---

〈家庭分野〉

　目標は，家庭分野で育成を目指す資質・能力を「ア知識及び技能」，「イ思考力，判断力，表現力等」，「ウ学びに向う力，人間性等」の三つの柱に沿って示したものである。

　1段階では，家族と自分の関係に気付き，家庭生活の様々な事象に関心をもち，体験や実践をしながら，自分の役割を理解するとともに，家族や地域の人々とのやりとりを通して，よりよく物事を成し遂げることができるようになることを目指している。

　「生活の営みに係る見方・考え方を働かせ」とは，家庭分野が学習対象としている家族や家庭，衣食住，消費や環境などに係る事象を，健全で豊かな家庭生活

を営む視点で捉え，生涯にわたって自立し共に生きる生活を創造するために，よりよい生活を工夫することを示したものである。

この健全で豊かな家庭生活を営む視点とは，具体的に「協力・協働」，「健康・快適・安全」，「生活文化の継承・創造」，「持続可能な社会の構築」であり，これらは家庭分野で取り扱うすべての内容に共通する視点として，相互に関わり合うものである。

したがって，生徒の発達の段階や障害の特性等を踏まえるとともに，取り上げる内容や，単元や題材のまとまり及びその構成等によって，重視すべき視点を適切に定めることが大切である。

例えば，「家族・家庭生活」に関する内容においては，主に「協力・協働」，「衣食住の生活」に関する内容においては，主に「健康・快適・安全」や「生活文化の継承・創造」，さらに「消費生活・環境」に関する内容においては，主に「持続可能な社会の構築」等の視点から物事を考察することが考えられる。

「衣食住などに関する実践的・体験的な学習活動を通して」とは，家庭分野の学習方法の特質であり，知的障害のある生徒への効果的な指導として，特に実践的・体験的な学習を重視することを述べたものである。

具体的には，実際の生活を営む上で必要な衣食住の内容について，身近な生活の中から課題を設定し，買物や清掃などの活動，製作，調理などの実践的・体験的な活動を通して，生徒のそれまでの生活経験や学習状況を踏まえながら実感を伴って理解できるよう学習を展開することを示している。これらの学習の積み重ねにより習得した知識や技能を，生徒が自ら実際の生活に生かすことが，将来にわたって生活を工夫し創造する資質・能力につながる。

アの「家庭の中の自分の役割に気付き」とは，日々の家庭生活の中で，自分が担うべきことや周囲から期待されていることに気付くことである。ここでは，家庭の中で自分がするべきことを，家庭分野における「家族・家庭生活」「衣食住の生活」「消費生活・環境」等の基礎的な内容に関連付けて指導することにより，これらの技能を身に付けるとともに，家庭内の仕事を担うことが家族の生活を支えることに気付き，自分の役割として意識して取り組むことを通して，家族の一員としての自分の存在を実感できるようにすることが重要である。

なお，２段階では，これらの学習を通して，自分が家族に支えられていることなど，家族間の協力や支え合いについて理解することを目指している。

イの「家庭生活に必要な事柄について触れ」とは，「家族・家庭生活」，「衣食住の生活」，「消費生活・環境」等の基礎的な内容について実習や作業等を通じて体験することや，家族や他者から支援を受けながら共に行うことを示している。

指導に当たっては，実際の生活と関連を図った問題解決的な学習を取り入れ，生徒同士や教師との対話及び体験活動を通して，自分の課題に気付いたり，課題

の解決や目標の達成のために取り組むことについて考え，判断したり，表現したりできるようにすることが大切である。

また，生活上の課題の解決に向けて，必要に応じて職業分野の内容と関連付けるとともに，学んだ知識や技能を活用する機会を設けることなどが大切である。学習した内容を家庭生活へ応用・発展させるために，保護者等と連携し，実際の生活での活用を促すことなども考えられる。

ウの「生活を工夫しようとする態度」とは，よりよい生活の実現を目指して，生活を楽しもうとする意欲をもち，家族と協力し地域の人々とやりとりしながら身近な生活上の様々な事柄に対して，主体的に取り組み，成し遂げようとする態度である。

指導に当たっては，生徒が，「よりよい生活」について具体的に理解できることが重要であり，そのためには，自分の生活についての希望や願いを家族や教師と共有したり，家庭生活における自己の課題に気付いたり，地域の人々とのやりとりを通して地域の課題に気付き，自分も家庭生活や地域生活を支える一員であることを実感したりすることが大切である。

### イ 内容
**【職業分野】**

> (2) 内　容
>
> 職業分野
>
> A　職業生活
>
> 　ア　働くことの意義
>
> 　　働くことに関心をもち，作業や実習等に関わる学習活動を通して，次の事項を身に付けることができるよう指導する。
>
> 　(ｱ)　働くことの目的などを知ること。
>
> 　(ｲ)　意欲や見通しをもって取り組み，自分の役割について気付くこと。
>
> 　(ｳ)　作業や実習等で達成感を得ること。
>
> 　イ　職業
>
> 　　職業に関わる事柄について，考えたり，体験したりする学習活動を通して，次の事項を身に付けることができるよう指導する。
>
> 　(ｱ)　職業に関わる知識や技能について，次のとおりとする。
>
> 　　㋐　職業生活に必要な知識や技能について知ること。
>
> 　　㋑　職業生活を支える社会の仕組み等があることを知ること。
>
> 　　㋒　材料や育成する生物等の扱い方及び生産や生育活動等に関わる基礎的な技術について知ること。

　　　　㋓　作業課題が分かり，使用する道具等の扱い方に慣れること。
　　　　㋔　作業の持続性や巧緻性などを身に付けること。
　　　(イ) 職業生活に必要な思考力，判断力，表現力等について，次のとおりとする。
　　　　㋐　職業に関わる事柄と作業や実習で取り組む内容との関連について気付くこと。
　　　　㋑　作業に当たり安全や衛生について気付き，工夫すること。
　　　　㋒　職業生活に必要な健康管理について気付くこと。
　　B　情報機器の活用
　　　職業生活で使われるコンピュータ等の情報機器に触れることなどに関わる学習活動を通して，次の事項を身に付けることができるよう指導する。
　　ア　コンピュータ等の情報機器の初歩的な操作の仕方を知ること。
　　イ　コンピュータ等の情報機器に触れ，体験したことなどを他者に伝えること。
　　C　産業現場等における実習
　　　実際的な学習活動を通して，次の事項を身に付けることができるよう指導する。
　　ア　職業や進路に関わることについて関心をもったり，調べたりすること。
　　イ　職業や職業生活，進路に関わることについて，気付き，他者に伝えること。

### A　職業生活

　ここでは，特に小学部の生活科の内容構成である「役割」や「手伝い・仕事」の内容との関連を踏まえ，働くことの意義や職業に関わる知識や技能について，体験を通して知り，身に付けるとともに，課題を主体的に解決しようとする意欲を育むことをねらいとしている。

　ア(ア)の「働くことの目的などを知ること。」では，仕事には，生計を維持するばかりでなく，働くことで自己実現を図るなどの目的があることや，働く場に所属し，仕事において自分の能力・適性を発揮しながら，社会の一員としての役割を果たすことなどについて知ることである。

　1段階では，作業などを通して働く喜びを知るとともに，職場見学，就業体験等を通して，働いて物を作ったり，育てたりすることが社会に役立つこと，将来，働くことを通して自立的な社会参加ができることなどを知るようにする。

　ア(イ)の「意欲や見通しをもって取り組み，自分の役割について気付くこと。」

とは，学習活動を通して，作業工程における自分の分担や，作業全体の中で担う自分の役割に気付くようにすることである。指導に当たっては，担当する仕事の内容や手順に加え，製品等を完成させるために自分が担う作業があることなどを分かりやすく伝えることが必要である。また，作業工程表等を用いて活動内容や終了の確認を行うなど，生徒自身が必要な情報に気付き，判断したり，生徒同士で伝え合ったりする機会を設けることも大切である。

ア(ｳ)の「作業や実習等で達成感を得ること。」とは，作業や実習において，生徒が実際に作業活動に取り組み，準備や片付けを含んだ一連の活動を確実に成し遂げ，達成感を得たり，製品などへの感想を受けて満足感を味わったりすることを通して，主体的に取り組む意欲や態度を育成することである。指導に当たっては，一人一人の生徒が自分の力を発揮し，それぞれの活動が成し遂げられるような状況をつくる必要がある。例えば，役割分担や道具，補助具を工夫したり，作業をする場所や作業環境を整えたり，衛生等に配慮したりすることなどが考えられる。

なお，生徒が自己の能力や成長に気付くためには，学習記録を通して自己の変容に気付くことや，周囲の人の評価や感想によって自分の成長を見つめ直す活動を設ける他，日頃のあらゆる場面において生徒の成長を捉え，タイミングを逃さずに認めたり，励ましたりしていくことを心がける必要がある。得られた達成感や満足感に動機付けられ，目標に向けて努力したり，挑戦したりするなどの主体的・意欲的な姿が現れてくることから，生徒の内面的な成長を捉え，生徒自身が実感できるようにするとともに，「働くことの意義」と関連させて指導することが大切である。

イ(ｱ)㋐の「職業生活に必要な知識や技能について知ること。」とは，仕事をするためには，知識や技能，態度を身に付けることが必要であることを知ることである。指導に当たっては，1段階の職業生活に必要な知識や技能について，例えば，職業の名称や仕事の内容，生産品や製品及び商品の名称，商店や会社の役割などを知ること，道具や工具などを安全や衛生に気を付けて使用できること，担当する作業の内容や方法が分かり終了の見通しをもって実施できること，一定の時間，集中して作業に取り組めること，作業を進める上で必要なコミュニケーションを行えることなどが考えられる。その他にも職業生活を健やかに過ごすために必要な基礎的な知識や技能として，健康状態に気付くことや，余暇を有意義に過ごすことなどについて指導することが大切である。

イ(ｱ)㋑の「職業生活を支える社会の仕組み等があることを知ること。」とは，職業生活を送る中で，様々な事柄において困ったり，悩んだりする状況が生じたり，何かやりたいことがあっても，それをどのように実現したら良いのか分からなかったりすることなども考えられる。そのような際には，周囲の人に相談をで

きる力を，段階的に育てていくことが重要である。また，高等部段階での学習を踏まえて，相談ができる機関として，各市区町村の福祉課等の役割などについても，知ることができるようにしていきたい。

イ(ｱ)㋒の「材料や育成する生物等の扱い方及び生産や生育活動等に関わる基礎的な技術について知ること。」とは，作業に使用する材料や育成する生物等についての基礎的な知識，生産や生育活動についての基礎的な知識等を基に，実践的・体験的な学習活動を通して，基礎的な技術について知ることである。

指導に当たっては，「生産や生育活動等」として，作ること，育てること，運ぶこと，計数や計量を行うことなどの主たる作業に関することの他，手洗いや身支度，作業手順や工程の理解，材料や道具の用意などの作業の準備，半完成品の整理，完成品の計数や整理，材料や道具の片付け，諸点検などの作業の片付け等が含まれることに留意し，これら一連の学習活動が十分に積み重ねられるよう計画する必要がある。

イ(ｱ)㋓の「作業課題が分かり，使用する道具等の扱いに慣れること。」とは，生徒が興味や関心をもち，主体的に取り組むことができる作業課題を通して，道具等の扱い方に慣れることである。作業時の服装や姿勢，材料や道具及び機械の持ち方や扱い方などの作業の適切な実施方法を生徒の知的障害の状態，学習状況等を踏まえながら個別に指導することなどの工夫が大切である。加えて，イ(ｱ)㋓の「作業課題が分かり，使用する道具等の扱い方に慣れること。」及びイ(ｱ)㋔の「作業の持続性や巧緻性などを身に付けること。」と関連させて，手順の間違いや危険な取扱いなどについて必要に応じて取り上げ，適切な方法と対比しながら安全に生産等をするための要点に気付いたり，理解できるようにしたりする指導も大切である。

また，中学部段階では，安全や衛生に気を付けながら作業や実習をするために，生徒の実態に応じてジグや補助具の活用を工夫するなどして，道具や機械の操作の安全性を高めることや，食品の材料などの管理に関する指導を工夫する必要がある。活動に合わせた作業場所の確保や製品などの整理・整頓，道具や原材料等の定期的な安全点検や衛生管理に努めることが大切である。



### B　情報機器の活用

ここでは，職場や学校，家庭において使用されている情報機器を対象に，その初歩的な知識や技能を身に付けるとともに，活用する経験を積むことをねらいとしている。

アの「コンピュータ等の情報機器の初歩的な操作の仕方を知ること。」では，タブレット（携帯用端末）を含んだコンピュータ等の情報機器，固定電話やスマートフォンを含んだ携帯電話，ファクシミリ等の通信機器，複写機（コピー機）等

の事務機器など，職場や学校，家庭において様々な情報機器が使われていることに関心をもち，教師の指示を聞きながら実際に使い，初歩的な操作の仕方について知ることである。指導に当たっては，情報機器を使用する際のルールやマナー，インターネット利用上のトラブルなどの危険性を回避する具体的な方法について理解を図るようにすることが重要である。

なお，音楽プレーヤー，ゲーム機，腕時計等にも情報通信機能が付加されているものがあることを踏まえて，その取扱いについても生徒指導と関連付けるなどして指導することも考えられる。

### C 産業現場等における実習

ここでは，「産業現場等における実習」に向けて，「職場見学」や「校内実習」，「就業体験」などの実際的な学習活動を相互に関連付けながら実施することで，生徒が職業や進路に関わる事柄について関心をもち，それらについて考えたり，伝えたりする学習経験を積むことをねらいとしている。

「産業現場等における実習」とは，商店や企業，農業，市役所などの公的機関，作業所などの福祉施設などで，一定期間，働く活動に取り組み，職業生活の実際を経験することである。実習先で生産している物やサービスが社会でどのように利用されているのかについて気付き，知ることや，職場等で求められる知識や技能，態度等について実際的に学ぶ機会である。指導に当たっては，自分のよさや適性に気付き，日々の学習や将来の進路選択につなげるようにすることが重要である。

「実際的な学習活動」とは，「産業現場等における実習」の他，これに関連する職場見学，校内実習，就業体験などのことである。

作業学習の発展として，産業現場等における実習に向けた準備・前段階の学習として，校内に模擬事業所などを設けて実習（校内実習）を行うことがある。また，進路指導の一環として，特別活動における学校行事の勤労生産・奉仕的行事などと関連させて就業体験をすることがある。生徒の実態に応じて，適切なねらいを設定するとともに，職場見学や産業現場等における実習等と関連付けるなど，効果的に実施することが大切である。

アの「職業や進路に関わることについて関心をもったり，調べたりすること。」とは，自分の身近な地域にある職場や仕事，そこで働く人や職業生活に興味をもち，職場見学や卒業生の進路先に行って聞き取ることなどを通して，働いている人の様子や仕事の内容，職場での生活について調べることである。指導に当たっては，実際的・体験的な活動を重視して，将来的に自立した生活がどのようになるのかということや，職場や家庭などでの過ごし方の実際を知ったり，それぞれの生活において必要となる事柄を身に付けたりするよう指導することが大切であ

る。なお，生徒の知的障害の状態や学習状況等の実態を踏まえ，現在の生活や中学部卒業後の進路先を含めるなど，段階的・計画的に指導することが重要である。

イの「職業や職業生活，進路に関わることについて，気付き，他者に伝えること。」とは，身近な職業に関わる学習活動を通して，分かったこと，気付いたこと，感じたことなどを身近な他者に伝えたりすることである。例えば，職場見学や就業体験等を通して，身近な製品がどのように作られるのか，身近な商店等でどのようなやりとりがあるのかなど，仕事のことを調べたり，働いている人々の話を聞いたりして，分かったことや気付いたことを話し合ったり，資料にまとめたりすることなどである。これらの学習を通して，お手伝いとは異なる働く活動の大切さに気付くよう指導することが大切である。また，他者の意見や行動を見て気付いたり，考えを広げたりする対話的な学びを展開しながら，生活を具体的に工夫する方法を見いだしたりするなど，段階的に学びを深められるよう指導を工夫することが大切である。

なお，これらの学習の一環として，進路選択に向けて，希望する進路や職業等について考えたり，判断したことを伝えたりすることも含まれる。

**【家庭分野】**

> 家庭分野
> A　家族・家庭生活
> 　ア　自分の成長と家族
> 　　自分の成長に気付くことや家族のことなどに関わる学習活動を通して，次の事項を身に付けることができるよう指導する。
> 　(ｱ)　自分の成長を振り返りながら，家庭生活の大切さを知ること。
> 　(ｲ)　家族とのやりとりを通して，家族を大切にする気持ちを育み，よりよい関わり方について気付き，それらを他者に伝えること。
> 　イ　家庭生活と役割
> 　　家庭の中での役割などに関わる学習活動を通して，次の事項を身に付けることができるよう指導する。
> 　(ｱ)　家庭における役割や地域との関わりについて関心をもち，知ること。
> 　(ｲ)　家庭生活に必要なことや自分の果たす役割に気付き，それらを他者に伝えること。
> 　ウ　家庭生活における余暇
> 　　家庭における余暇の過ごし方などに関わる学習活動を通して，次の事項を身に付けることができるよう指導する。
> 　(ｱ)　健康や様々な余暇の過ごし方について知り，実践しようとすること。

(イ) 望ましい生活環境や健康及び様々な余暇の過ごし方について気付き，工夫すること。
　エ　幼児の生活と家族
　　　幼児と接することなどに関わる学習活動を通して，次の事項を身に付けることができるよう指導する。
　　　(ア) 幼児の特徴や過ごし方について知ること。
　　　(イ) 幼児への適切な関わり方について気付き，それらを他者に伝えること。
B　衣食住の生活
　ア　食事の役割
　　　食事の仕方や食事の大切さに気付くことなどに関わる学習活動を通して，次の事項を身に付けることができるよう指導する。
　　　(ア) 健康な生活と食事の役割について知ること。
　　　(イ) 適切な量の食事を楽しくとることの大切さに気付き，それらを他者に伝えること。
　イ　調理の基礎
　　　必要な材料を使って食事の準備をすることなどに関わる学習活動を通して，次の事項を身に付けることができるよう指導する。
　　　(ア) 簡単な調理の仕方や手順について知り，できるようにすること。
　　　(イ) 簡単な調理計画について考えること。
　ウ　衣服の着用と手入れ
　　　衣服の着方や手入れの仕方などに関わる学習活動を通して，次の事項を身に付けることができるよう指導する。
　　　(ア) 場面に応じた日常着の着方や手入れの仕方などについて知り，実践しようとすること。
　　　(イ) 日常着の着方や手入れの仕方に気付き，工夫すること。
　エ　快適な住まい方
　　　持ち物の整理や住まいの清掃などに関わる学習活動を通して，次の事項を身に付けることができるよう指導する。
　　　(ア) 住まいの主な働きや，整理・整頓や清掃の仕方について知り，実践しようとすること。
　　　(イ) 季節の変化に合わせた住まい方，整理・整頓や清掃の仕方に気付き，工夫すること。
C　消費生活・環境
　ア　身近な消費生活
　　　買物の仕組みや必要な物の選び方などに関わる学習活動を通して，次

　　　　の事項を身に付けることができるよう指導する。
　　（ｱ）生活に必要な物の選び方，買い方，計画的な使い方などについて知り，実践しようとすること。
　　（ｲ）生活に必要な物を選んだり，物を大切に使おうとしたりすること。
　イ　環境に配慮した生活
　　　身近な生活の中で環境に配慮することに関わる学習活動を通して，次の事項を身に付けることができるよう指導する。
　　（ｱ）身近な生活の中で，環境に配慮した物の使い方などについて知り，実践しようとすること。
　　（ｲ）身近な生活の中で，環境に配慮した物の使い方などについて考え，工夫すること。

**A　家族・家庭生活**

　ここでは，「協力・協働」の視点を踏まえて，自分の成長に気付くとともに，家庭生活での役割などを知り，自分自身や家族等に関する理解を深めることや，役割を果たすことを通して様々な事柄に自分から取り組もうとする意欲を高めること，自分自身に対する自信を深めることをねらいとしている。

　アの「自分の成長と家族」において，「自分の成長に気付くこと」とは，「服をハンガーに掛けられるようになった」，「自分の気持ちを相手に伝えられるようになった」などと具体的に自分の成長に気付き，自分にもできることを喜び，「もっとやってみたい」という意欲をもつことができるようにすることである。「家族のことなどに関わる学習活動」の内容には，家族一人一人のこと，家計を支える家族の仕事，家事に関する仕事，家族で過ごす楽しみ，家族の願いなどがある。指導に当たっては，家庭には衣食住や家族に関する仕事があることや，自分や家族の生活を支えていることに気付き，家族が協力し分担する必要があることが分かるようにすることが大切である。学習を通して，自分の成長を支えてくれる家族の存在に気付き，感謝の気持ちをもてるようにするとともに，生活時間の有効な使い方についても理解できるように指導することが大切である。

　学習を評価するに当たって，技能面の習得に留まらず，「友達に順番を譲ることができるようになった」等の内面的な成長についても捉えていくことが重要である。

　なお，生徒によって家族構成や家庭生活の状況が異なることから各家庭のよさを認め，各家庭や生徒のプライバシーを尊重し，十分配慮しながら取り扱うようにする。

　イの「家庭生活と役割」において，「家庭の中での役割などに関わる学習活動」では，家庭生活の中で自分のできる役割について考え，自分から進んで行えるよ

うに指導する。指導に当たっては，家庭の中で，自分でできることを行うことによって自分の役割を果たすことが家族の役に立つことを実感し，自分なりに工夫することが重要である。

ウの「家庭生活における余暇」において，(ア)の「健康や様々な余暇の過ごし方について知り」とは，家庭での食事や睡眠等，生活習慣や生活リズム，余暇の過ごし方等の日常生活が健康に大きく影響をしていることを知ることである。

「余暇」は，生活を豊かにするとともに，学校生活や将来の職業生活を健やかに過ごす上でも重要な活動である。具体的な余暇の活動として，文化・芸術的なこと（読書，絵画制作・鑑賞，楽器演奏・音楽鑑賞，手芸，園芸，飼育，テレビ視聴など）や，体育的なこと（遊具・器具を使った遊び，運動・スポーツなど）がある。その他，団らんなど，一緒に暮らす家族等と共に過ごす時間や，相互に協力し助け合う時間があることなど，一人で楽しむだけでなく他者と共有する大切な時間でもあることに気付くよう指導する必要がある。このように，友達と共に楽しむことや，地域の公共施設等を利用したり，地域行事に参加したりする体験などを通して，他者との関わりや活動の幅が広がるよう指導することも大切である。指導に当たっては，生徒が主体的に余暇を選択できるよう有益で多様な余暇活動を体験させながら興味・関心を広げること，実際に余暇活動を選択する経験を積むことなどが大切である。望ましい生活習慣や生活リズムを保ちつつ余暇活動に取り組むことができるよう家庭での余暇活動について計画を立てるなど，保護者等と連携を図ることも大切である。

エの「幼児の生活と家族」において，「幼児と接することなどに関わる学習活動」とは，幼児と遊んだり，絵本を読み聞かせたりするなど幼児と関わる活動を通して，幼児期の特徴や関わり方などについて知るとともに，自分との違いに気付いたり，自分の幼い頃を振り返ったりするなどして自己理解を進め，他者への思いやりの気持ちを育む学習活動である。(ア)の「幼児の特徴や過ごし方について知る」とは，幼児は食事，排泄，着脱衣，清潔など生活の様々な場面で他者の支えが必要なことや，遊ぶ時間や睡眠の時間が多いなど生活の特徴を知ることである。(イ)の「幼児への適切な関わり方について気付き」とは，幼児と関わる際の言葉のかけ方や働きかけの仕方に気付き，相手を思いやりながら優しく関わる必要があることに気付くことである。

なお，エの「幼児の生活と家族」に関する学習は1段階のみの設定であるが，2段階におけるA家族・家庭生活のエの「家族や地域の人々との関わり」の内容とも，関連性をもたせて指導することが必要である。

## B 衣食住の生活

ここでは，「健康・快適・安全」や「生活文化の継承・創造」の視点を踏まえ，

家庭生活の基本となる「衣食住の生活」に関する基礎的な内容を,「食事の役割」,「調理の基礎」,「衣服の着用と手入れ」,「快適な住まい方」の4項目で示し,それらの内容を理解するとともに,自ら実践しようとする意欲や主体性を引き出すことをねらいとしている。

アの「食事の役割」において,健康な生活と関連付け,食事は,健康を保ち,体の成長や活動のもとになることや,一緒に食事をすることで,人と楽しく関わったり,和やかな気持ちになったりすることについて気付くようにする。指導に当たっては,心身の状態により,食べる量が異なるなど,個人差があることに十分留意した上で,健康を維持する側面から,必要な栄養や食事量を適切にとることに気付けるようにすることが重要である。

また,食事は健康な身体づくりだけでなく,気持ちや心の安定にも大きな役割があることに気付けるようにする。そのためには,家族や親しい人と一緒に食べることや落ち着ける環境で食べることにより,気持ちが一層満たされることを実感することや,食事の時間を楽しみにしたり,美味しいことを喜び,伝え合い共有したりすることが大切である。その際,食事を楽しくとることが適切な量の食事をとることとも深く関連することなどを踏まえて指導する必要がある。

イの「調理の基礎」において,「簡単な調理」では,短時間で比較的単純な工程でできる調理を取り扱う。また,電子レンジやホットプレートのように電気で加熱できるものなど,一般の家庭で身近に使用できる加熱用調理器具などを使えるようにすることも大切である。

調理計画を立てる際は,準備から片付けまでの調理工程に見通しがもてるように簡単なレシピ等を用意するなどの配慮をするとともに,学習グループなどで役割分担をすることなどもあわせて指導することが必要である。

また,タブレット端末等の情報機器等を効果的に用い,手順や調理法を具体的に示したり,確認や振り返りの指導に活用したりすることも有効である。

指導の際には,コンセントの取扱いや使用後に電源を切ること,また加熱用調理器具等は,表面的に高温であるのか分かりにくいことがあることから,実習中に高温の加熱用調理器具等に触れてしまうことがないようにすることや,コードへの注意を繰り返し促すことなどが必要である。

簡単な調理を通して,調理の過程や料理のでき上がりや味,食べ方について関心をもち,自分で調理をしようという意欲につながるよう指導することが大切である。

ウの「衣服の着用と手入れ」において,「日常着の着方」とは,運動や作業,給食など活動内容に応じた衣服の着方のことである。

また,「手入れの仕方」については,季節や気温に応じた衣服の選択,汚れた衣服の始末や洗濯物の整理など,基本的な衣服の取扱いについて体験を通して学

び，学校生活や家庭生活において実践できるように指導する。

なお，2段階では，洗濯機や乾燥機などを使用した衣服の手入れまで発展させて指導することに留意する必要がある。

エの「快適な住まい方」において，住居の基本的な機能である風雨・寒暑などから保護する働き，心身の安らぎと健康を維持する働き，子供が育つ基盤としての働きなどの中から，1段階では，「住まいの主な働き」として，教室や家庭内にある窓や換気扇，照明器具や日よけ，カーテンなどの役割，室内の整理・整頓や清掃について取り扱う。これらを適切に行い，また使用することにより，より快適で健康に暮らすことができることを実感するよう指導し，基礎的な理解を図ることが大切である。このことは，家庭分野の学習だけでなく，日常生活の指導などと関連付けて学校生活全体を通して指導することが大切である。

### C 消費生活・環境

ここでは，主に「持続可能な社会の構築」の視点から，買物やリサイクルなどの身近な活動を通して，自分や家族，身近な他者の生活を振り返り，家庭生活と環境との関わりについて気付くことや，自分だけでなく，家族や地域の人々がよりよく生活するために，自分ができることを実践しようとする態度を育成することを示している。

アの「身近な消費生活」において，「買物の仕組みや必要な物の選び方などに関わる学習活動」とは，商店等で品物を購入する方法や，買物かごの扱い方，支払いや釣銭などの受け取りなど買物に係る一連の手順を理解したり，家族に頼まれた買物や自分が必要とする物を正しく選んだりすることである。指導に当たっては，例えば，いつ，だれと，どこで，どのような買物をする機会があるのかを把握するなど，生徒の実際の生活から個々の課題を見いだした上で目標を設定することなどが必要となる。また，十分に学習経験を積むために校内に模擬店を設置したり，身近でよく利用するお店で保護者等に頼まれた品物を購入したりするなど，実際的な体験を重視し，知識や技能の確実な習得を図ることが大切である。

なお，手順書や絵カードなどの視覚教材，タブレット端末等の情報機器等を活用し，一人一人の生徒の実態に応じた支援を行いながら指導するとともに，学習を通して見いだされた効果的な支援方法を保護者等と共有し，実際の生活で活用することが重要である。

イの「環境に配慮した生活」において，「身近な生活の中で環境に配慮することに関わる学習活動」とは，ごみの分別の仕方や，空き缶やペットボトルの回収の役割など，物を無駄なく大切に使うことや再利用についての学習である。例えば，ごみを分別する学習を通して，ごみの種類や量に気付くことや，ごみの中には再利用できるものがあることを知ることにより，ごみを減らすことや物を大切

に使うことを意識できるようにすることが考えられる。また，リサイクル工場等の見学などを通して，自分たちが回収したものがどのように再利用されるのかを実際に見ることも理解を深めるために有効である。

## (2) 2段階の目標と内容

> (1) 目　標
> 職業分野
> 　職業に係る見方・考え方を働かせ，作業や実習に関する実践的・体験的な学習活動を通して，よりよい生活の実現に向けて工夫する資質・能力を次のとおり育成することを目指す。
> 　ア　働くことに対する関心を高め，将来の職業生活に係る基礎的な知識や技能を身に付けるようにする。
> 　イ　将来の職業生活に必要な事柄を見いだして課題を設定し，解決策を考え，実践し，学習したことを振り返り，考えたことを表現するなど，課題を解決する力を養う。
> 　ウ　将来の職業生活の実現に向けて，生活を工夫し考えようとする実践的な態度を養う。

### ア　目標
〈職業分野〉

　目標は，職業分野で育成を目指す資質・能力を「ア知識及び技能」，「イ思考力，判断力，表現力等」，「ウ学びに向かう力，人間性等」の三つの柱に沿って示したものである。

　ここでは，1段階で育成した資質・能力を踏まえ，さらに主体的に学び，課題を解決する力や生活を工夫しようとする実践的な態度を育てることをねらいとしている。1段階と同様に「作業や実習に関する実践的・体験的な学習活動」を重視しながら，2段階では，活動の場を地域に広げるなどして，取り組んでいる作業が将来の働くことにつながることや，働くことが社会に貢献することにつながること等の理解を促し，これらを自己の成長と関連付けて，一人一人の生徒のキャリア発達を一層促すことが指導の要点となる。

　アの「働くことに対する関心を高め」とは，将来の自分の仕事について考える基盤として，職業の種類や内容，働くことの社会的な意義などについて知り，興味をもつようになることを示している。

　イの「将来の職業生活に必要な事柄を見いだして」とは，例えば職場には多様な仕事があり，就労などの自己実現を果たすために必要な事柄について見いだし

ていくことを示している。

ウの「生活を工夫し考えようとする実践的な態度」について，2段階においては，主体的な態度を育成する観点から，実際に取り組んでいる作業における具体的な課題解決の過程を経験することを重視する。例えば，安全に品質のよいものをつくるための工夫や作業環境の改善等を取り上げ，販売等を通した作業製品等の評価や，作業製品等の出来高及び品質を振り返る活動を通して課題に気付き，これまでに学んだ知識や技能を生かしながら，比較したり対話したりしながら改善に取り組むことなどが考えられる。

〈家庭分野〉

> 家庭分野
> 　生活の営みに係る見方・考え方を働かせ，衣食住などに関する実践的・体験的な学習活動を通して，よりよい生活の実現に向けて工夫する資質・能力を次のとおり育成することを目指す。
> 　ア　家族や自分の役割について理解し，生活の自立に必要な家族・家庭，衣食住，消費や環境等についての基礎的な理解を図るとともに，それらに係る技能を身に付けるようにする。
> 　イ　家庭生活に必要な事柄について考え，課題を設定し，解決策を考え，実践し，学習したことを振り返り，考えたことを表現するなど，日常生活において課題を解決する力を養う。
> 　ウ　家族や地域の人々とのやりとりを通して，よりよい生活の実現に向けて，生活を工夫し考えようとする実践的な態度を養う。

目標は，職業分野で育成を目指す資質・能力を「ア知識及び技能」，「イ思考力，判断力，表現力等」，「ウ学びに向かう力，人間性等」の三つの柱に沿って示したものである。

2段階では，家族や地域の人々との関わり，生活に必要な物との関わり，生活の中で行う様々な事柄との関わりを通して，自分の存在や役割を理解し，よりよい生活の実現に向けて自ら考え，判断し，表現することをねらいとしている。

アの「家族や自分の役割について理解し」とは，1段階の内容に加え，家族には家庭の中で様々な役割や仕事があり，それらと自分との関わりに気付き，その中で自分の果たすべきことを理解することである。この理解には，自分にできる事柄であるかどうかを認識し，判断したり，いくつかの中から選択したりできることも含まれる。例えば，洗濯において，洗濯機を使用して洗濯を行い，洗い終えた衣類を干し，乾いたら取り入れ，畳み，収納するという一連の活動の中で，

自分にできること，自分がすべきこと，支援や確認を求めるべきことなどが分かり，自分に任されたことを行うことなどが考えられる。

イの「家庭生活に必要な事柄について考え」とは，家庭分野に関する基礎的な内容について実際に行うだけでなく，取り組んでいる活動の必要性や直面する課題について考えたり，表現したりすることを示している。

課題を設定し解決策を考え実践するためには，自分が担当する仕事の内容や手順を調べたり，実践後に仕事の達成度を振り返ったりすることが大切であり，そのことにより「もっとよい方法がないか」，「新しくできることはないか」などの視点をもつことができる。また，自分の役割を果たすことで家族の役に立ったり，達成感を得たりすることで，さらに責任をもって役割を担おうとする意欲を高めることができる。

学習に際して，家庭生活は家族が互いに支え合い，思いやることで成り立つことを実感することが大切である。指導内容として，例えば，食事の準備の際に，家族一人一人のことを考えて配膳をすること，洗濯物を自分の物と家族の物と分けて整理できること，また，家族一人一人の好みや必要としていることを考えて行動することなどが考えられる。これらの活動は，思考力，判断力，表現力等の育成とも深く結び付くものである。

ウの「生活を工夫し考えようとする実践的な態度」とは，1段階での学習を踏まえ，よりよい生活の実現を目指して，生活上の様々な事柄に対して，主体的に関わり，成し遂げていこうとする実践的な態度である。

イ　内容
【職業分野】

(2) 内　容

職業分野

A　職業生活

ア　働くことの意義

働くことに対する意欲や関心を高め，他者と協力して取り組む作業や実習等に関わる学習活動を通して，次の事項を身に付けることができるよう指導する。

(ア) 働くことの目的などを理解すること。

(イ) 意欲や見通しをもって取り組み，自分と他者との関係や役割について考えること。

(ウ) 作業や実習等に達成感を得て，進んで取り組むこと。

イ　職業

　　　　職業に関わる事柄について，考えを深めたり，体験したりする学習活動を通して，次の事項を身に付けることができるよう指導する。
　　　(ｱ) 職業に関わる知識や技能について，次のとおりとする。
　　　　㋐ 職業生活に必要な知識や技能を理解すること。
　　　　㋑ 職業生活を支える社会の仕組み等があることを理解すること。
　　　　㋒ 材料や育成する生物等の特性や扱い方及び生産や生育活動等に関わる基礎的な技術について理解すること。
　　　　㋓ 作業課題が分かり，使用する道具や機械等の扱い方を理解すること。
　　　　㋔ 作業の確実性や持続性，巧緻性等を身に付けること。
　　　(ｲ) 職業生活に必要な思考力，判断力，表現力等について，次のとおりとする。
　　　　㋐ 職業に関わる事柄と作業や実習で取り組む内容との関連について，考えて，発表すること。
　　　　㋑ 作業上の安全や衛生及び作業の効率について考えて，工夫すること。
　　　　㋒ 職業生活に必要な健康管理について考えること。
　B　情報機器の活用
　　　職業生活や社会生活で使われるコンピュータ等の情報機器を扱うことに関わる学習活動を通して，次の事項を身に付けることができるよう指導する。
　　ア　コンピュータ等の情報機器の基礎的な操作の仕方を知り，扱いに慣れること。
　　イ　コンピュータ等の情報機器を扱い，体験したことや自分の考えを表現すること。
　C　産業現場等における実習
　　　実際的な学習活動を通して，次の事項を身に付けることができるよう指導する。
　　ア　職業や進路に関わることについて調べて，理解すること。
　　イ　職業や職業生活，進路に関わることと自己の成長などについて考えて，発表すること。

A　職業生活

　ここでは，1段階での学習を踏まえ，自分と他者との関係から，役割を理解し協力しようとする意欲を育むことを付加している。また，職業に関わる事項について，実際の場面において必要となる事柄を考えたり，体験したりする学習を通

して身に付けることをねらいとしている。

アの「働くことの意義」において，(ｱ)の「働くことの目的などを理解すること。」とは，働くことで自己実現を図っていくことや，社会の一員として役割を果たしていくことの大切さについて理解していくことである。

ア(ｲ)の「自分と他者との関係や役割について考える」とは，例えば，同じ場で同じ仕事をする人と一緒に協力して仕事ができるように，自分の仕事と他者の仕事の分担や関連について理解することや，相手の心情を知り，望ましい関わり方や態度について考える力を育成することである。指導に当たっては，作業を通してお互いの動きを見ながら声をかけ合う，合図をするなど，他者と協力し，集団内で協働し活動できるよう段階的に指導することが大切である。

ア(ｳ)の「作業や実習等に達成感を得て，進んで取り組む」とは，作業や実習等を通して，自分の仕事や役割を成し遂げたことや製品・生産物等を通して地域に貢献できたことを喜び，「もっとつくりたい」，「よい製品にしたい」，「他者に喜んでもらいたい」などの気持ちを表現しながら，積極的に作業や実習等に取り組む態度を育成することである。指導に当たっては，例えば，地域の人を対象にした販売会を行ったり，地域に貢献する活動を設定したりするなどして，生徒が自ら製作した製品や取り組んだ結果が地域などで評価されるような機会をもつことなどが考えられる。

イの「職業」において，「職業に関わる事柄について，考えを深めたり，体験したりする学習活動を通して，次の事項を身に付けることができるよう指導する。」とは，職業に関わる知識や技能及び態度などが必要であることが分かり，自分の長所や課題に気付き，力を高めたり改善したりするための方策等を考える力を育成することである。指導に当たっては，例えば，様々な仕事や職業生活を支える仕組みについて調べたり，自分が将来働きたい仕事に就くためにどのような力を付けたらよいかを考えたり，実際の職業生活を知り自分の行動や生活を見直したりするなど，作業や職業生活に関わる具体的な課題を解決するために工夫をすることなどが考えられる。

なお，職業に関わる知識として，１段階の内容に加え，例えば，製作・生産・生育等における作業の分担，福祉サービス等の内容や利用方法，仕事に安定的に取り組むための健康管理の仕方などが考えられる。職業に関わる技能としては，作業に必要な工具類や農具，工作機械の安全な操作の仕方，製品の材料となる素材や生育する生物等の保管・管理，確実な作業や整理・整頓などが考えられる。さらに，職業に関わる態度は，時間帯や場所に応じた適切な服装，動作，言葉遣いを行うこと，自分の仕事に責任をもって最後まで成し遂げようとする意欲などである。

### B 情報機器の活用

 ここでは，1段階での学習を踏まえ，情報機器を使用した学習活動を通して，これらの操作方法に慣れるとともに，これらを活用して必要な情報を集め，まとめたり，体験したことや考えを表現したりする力を育むことをねらいとしている。

 アの「扱いに慣れること」とは，1段階の内容を踏まえ，操作の仕方を意識しなくても円滑に扱うことができるようにすることである。

 イの「コンピュータ等の情報機器を扱い，体験したことや自分の考えを表現すること。」とは，情報機器を実際に使用して学習活動を行い，インターネット等の情報通信ネットワークを使った情報収集や，コンピュータやタブレットを使った画像や映像などにより体験したことや自分の考えを表現することである。

 指導に当たっては，情報通信ネットワークを活用する際に，SNS（ソーシャル・ネットワーク・システム）や通信用アプリケーション・ソフトの適切な使い方等についても触れ，インターネット上の情報収集や情報発信が自分の生活に及ぼす影響が分かり，情報機器を使用する際のルールやマナー，人権侵害の防止，危険を回避する具体的な方法などを身に付け，適切な使用ができるよう，個々の生徒の実態に応じて指導することが重要である。

### C 産業現場等における実習

 ここでは，職場見学や校内実習に加え，就業体験，産業現場等における実習など，生徒が事業所等で，職業や仕事の実際について体験したり，働く人々と接したりする活動を通して，職業や進路などについて理解したり，考えたりすることを重視している。

 「実際的な学習活動を通して，次の事項を身に付けることができるよう指導する。」とは，生徒が直接働く人と関わりながら実践的な知識や技能に触れることを通して，働く活動の大切さが分かり，職場のきまりを知ることや健康を維持することなど，働く上で必要となる基本的な事柄を理解するとともに，将来の進路について考えるように指導することである。

 就業体験や産業現場等における実習を計画するに当たっては，あらかじめ教育課程に適切に位置付けるとともに，以下のことに留意することが大切である。

 ア 関係諸機関や家庭との連携に基づいて計画すること。
 イ 就業体験先及び実習先の開拓に当たっては，学校の教育活動として行う就業体験や実習の意義などが就業体験先及び実習先に理解されるようにすること。
 ウ 就業体験先及び実習先における担当者と，実施期間や時間，仕事内容，指導方法，配慮事項などをあらかじめ確認すること。
 エ 就業体験及び実習開始前までに，就業体験先及び実習先に通うための指導

を行ったり，仕事内容や必要とされる勤務態度などについて指導したりすること。
オ　就業体験及び実習中における健康・安全に留意し，緊急時の対応などを就業体験先及び実習先や家庭と確認すること。
カ　就業体験及び実習中の生徒の評価を行い，「個別の教育支援計画」等に明記するとともに，就業体験及び実習終了後の指導や進路先への円滑な接続に生かすこと。

　なお，中学部における就業体験及び実習の実施に当たっては，賃金，給料，手当などの支払いを受けないこと，教師が付き添って指導に当たることなどが必要である。

**【家庭分野】**

A　家族・家庭生活
　ア　自分の成長と家族
　　自分の成長と家族や家庭生活などに関わる学習活動を通して，次の事項を身に付けることができるよう指導する。
　　(ｱ)　自分の成長を振り返り，家庭生活の大切さを理解すること。
　　(ｲ)　家族とのやりとりを通して，家族を大切にする気持ちを育み，よりよい関わり方について考え，表現すること。
　イ　家庭生活と役割
　　家庭生活での役割などに関わる学習活動を通して，次の事項を身に付けることができるよう指導する。
　　(ｱ)　家庭における役割や地域との関わりについて調べて，理解すること。
　　(ｲ)　家庭生活に必要なことに関して，家族の一員として，自分の果たす役割を考え，表現すること。
　ウ　家庭生活における余暇
　　家庭生活における健康や余暇に関わる学習活動を通して，次の事項を身に付けることができるよう指導する。
　　(ｱ)　健康管理や余暇の過ごし方について理解し，実践すること。
　　(ｲ)　望ましい生活環境や健康管理及び自分に合った余暇の過ごし方について考え，表現すること。
　エ　家族や地域の人々との関わり
　　家族との触れ合いや地域の人々と接することなどに関わる学習活動を通して，次の事項を身に付けることができるよう指導する。
　　(ｱ)　地域生活や地域の活動について調べて，理解すること。

(イ) 家族との触れ合いや地域生活に関心をもち，家族や地域の人々と地域活動への関わりについて気付き，表現すること。
　B　衣食住の生活
　　ア　食事の役割
　　　楽しく食事をするための工夫などに関わる学習活動を通して，次の事項を身に付けることができるよう指導する。
　　　(ア) 健康な生活と食事の役割や日常の食事の大切さを理解すること。
　　　(イ) 日常の食事の大切さや規則正しい食事の必要性を考え，表現すること。
　　イ　栄養を考えた食事
　　　バランスのとれた食事について考えることに関わる学習活動を通して，次の事項を身に付けることができるよう指導する。
　　　(ア) 身体に必要な栄養について関心をもち，理解し，実践すること。
　　　(イ) バランスのとれた食事について気付き，献立などを工夫すること。
　　ウ　調理の基礎
　　　食事の準備や調理の仕方などに関わる学習活動を通して，次の事項を身に付けることができるよう指導する。
　　　(ア) 調理に必要な材料の分量や手順などについて理解し，適切にできること。
　　　(イ) 調理計画に沿って，調理の手順や仕方を工夫すること。
　　エ　衣服の着用と手入れ
　　　衣服の手入れや洗濯の仕方などに関わる学習活動を通して，次の事項を身に付けることができるよう指導する。
　　　(ア) 日常着の使い分けや手入れの仕方などについて理解し，実践すること。
　　　(イ) 日常着の快適な着方や手入れの仕方を考え，工夫すること。
　　オ　快適で安全な住まい方
　　　住まいの整理・整頓や清掃などに関わる学習活動を通して，次の事項を身に付けることができるよう指導する。
　　　(ア) 快適な住まい方や，安全について理解し，実践すること。
　　　(イ) 季節の変化に合わせた快適な住まい方に気付き，工夫すること。
　C　消費生活・環境
　　ア　身近な消費生活
　　　身近な消費生活について考えることなどに関わる学習活動を通して，次の事項を身に付けることができるよう指導する。
　　　(ア) 生活に必要な物の選択や扱い方について理解し，実践すること。

(イ) 生活に必要な物について考えて選ぶことや，物を大切に使う工夫を
　　　　すること。
　　イ　環境に配慮した生活
　　　自分の生活と環境との関連などに関わる学習活動を通して，次の事項
　　を身に付けることができるよう指導する。
　　　(ア) 身近な生活の中での環境との関わりや環境に配慮した物の使い方な
　　　　どについて理解し，実践すること。
　　　(イ) 身近な生活の中で，環境との関わりや環境に配慮した生活について
　　　　考えて，物の使い方などを工夫すること。

### A　家族・家庭生活

　ここでは，1段階での学習を踏まえ，家庭生活の中での自分の役割を理解し，学習で得た知識や技能を実生活の中で実践できることをねらいとしている。また，家庭と地域との関わりについて知り，地域生活との関わりを深めることをねらいとしている。

　アの「自分の成長と家族」において，「自分の成長と家族や家庭生活などに関わる学習活動」とは，地域の家庭の生活の関係などについて考え，家庭生活の重要性や必要性などについて学ぶことである。指導に当たっては，よりよい家庭生活とはどのような生活かを考え実践できるように，調べ学習や，教師や友達，家族との対話などを通して学習を進めることが重要である。また，家族それぞれの役割や立場が分かり，家族一人一人が家庭内の仕事や役割を果たしていることや，家庭生活が思いやりや愛情によって支え合いながら営まれていることを知ることが大切である。

　イの「家庭生活と役割」において，「家庭生活での役割などに関わる学習活動」では，家族にはそれぞれの役割があり，相互に支え合っていることに気付き，家族に対する感謝の気持ちを高めるとともに，家族の一員として家庭生活の中で担う役割を考え，実際に役割を果たすことができるようにする。

　ウの「家庭生活における余暇」において，(ア)の「健康管理や余暇の過ごし方について理解し」とは，自分に合った健康管理や余暇の過ごし方について理解し，家庭生活の中で実践できることや，家庭における自分の生活を見直し，規則正しく健康に気を付けて生活しようとする態度を育てることである。

　エの「家族や地域の人々との関わり」において，「地域の人々と接することなどに関わる学習活動」とは，学校の周りの商店等で働く人や近所に暮らす人などと，様々な場所で交流することである。指導に当たっては，単に地域の人と関わるだけでなく，活動を通して地域の特色や文化，産業などのよさに気付くとともに，地域の人々との関わりを大切にする気持ちや地域に積極的に関わろうとする

意欲をもてるようにすることが大切である。また，近隣の人々や身近な環境との関わりを大切にすることにより，よりよい生活が実現できることに気付くよう指導を工夫することが重要である。

### B　衣食住の生活

　ここでは，1段階での学習を踏まえ，家庭生活の基本となる衣食住に関する五つの項目についての理解を深め，実際の生活の中で活用し実践できるようになること，また自己の課題と向き合い，よりよく改善するために考え，表現したり，協力して取り組もうとしたりする態度を育成することをねらいとしている。

　アの「食事の役割」において，1段階の内容である「食事の役割について知る」ことから，2段階では，自分の食生活に関心をもち，健康によい食事のとり方について気付き，考えることである。指導に当たっては，日常の食事に関心をもち課題点をあげたり，1日の生活の中で3食を規則正しくとり，栄養や食品をバランスよくとることの重要性を理解したり，自己の食事の改善点や解決方法を考えたりできるようにすることが必要である。

　また，「表現すること」とは，栄養のバランスや食品について考えたことを伝えたり，改善や解決方法など自分の実践を発表したりすることである。指導に当たっては，例えば，好き嫌いをせずに食べようと自ら取り組むなど，日常生活において課題の解決に向けて実践できるようにしていくことが大切である。

　イの「栄養を考えた食事」において，「バランスのとれた食事について考えることに関わる学習活動」とは，1食分の献立を立てることを通して，食品の栄養や組み合わせを考えられるようにすることである。指導に当たっては，食品の栄養的な特徴については，食品に含まれる栄養素の特徴により，「主にエネルギーのもとになる」，「主に体をつくるもとになる」，「主に体の調子を整えるもとになる」の三つのグループに分けられることが分かり，日常の食事に使われる食品をグループに分類することができるようにする。また，例えば，野菜や果物など，食品を分類する学習に生徒が関心をもって取り組み，理解をより一層深められるよう視覚的な教材などを効果的に活用するなど指導を工夫することが大切である。さらに，食の組み合わせについては，栄養のバランスに加え，主食と副食，汁物の組み合わせや，彩り，味のバランスについて，身近な給食や食事の場面を活用し，実際的・具体的に学ぶことができるようする。

　和食の基本である米飯とみそ汁の組合わせや，旬の食材，地域の伝統的な料理，和食と洋食，他国の馴染みのある料理や食べ物等，より食への関心を広げ深めることができるようする。指導に当たっては，生徒の成育歴や障害の特性，またアレルギー等により，食の嗜好やこだわり，食事における配慮事項等に個人差があることを十分留意し，実態に応じていくことが大切である。なお，食生活調べな

ど生徒の家庭での食事を取り上げる場合には，個々の生徒の食生活の実態やプライバシーの保護等に十分に配慮することが必要である。

　ウの「調理の基礎」(ｲ)において，「調理の手順や仕方を工夫すること」とは，必要な材料や調理器具，調理の手順を考えて，準備から後片付けまで見通しをもち，時間配分をしたり，調理に適した調理用具を準備したりするなど，手際よく調理を進めることである。指導に当たっては，調理工程やグループの役割分担など事前に計画を立てるとともに，調理計画に沿って手順よく活動したり，協力すると作業が進むことが理解できるようにしたりすることが大切である。ガスや火の扱いに対する注意，まな板や布巾の取扱いなど衛生面における基本事項を必ず取り扱うようにする。また，魚や肉などの生の食品の扱いについては，食中毒の予防のために，安全で衛生的な扱い方を徹底する。食品の保存方法と保存期間の関係については，食品の腐敗や食中毒の原因と関連付けて理解できるようにする。

　なお，食事や調理の指導については，家庭等との連携や宿泊を伴う学習等の機会を有効に活用して，生徒が生活の中で生かすことのできる知識及び技能等となるように計画的に指導していくことが必要である。

　エの「衣服の着用と手入れ」において，「日常着の使い分け」とは，地域での学習や実習，家族との外出，余暇など，目的や時期，場所などを考えた衣服の着方や身だしなみを整えることも含めて指導することである。

　また，行事等によって衣服や着方に決まりがあることなどについて気付くようにする。その際，和服は日本の伝統的な衣服であり，冠婚葬祭や儀式等で着用することや，地域の祭りなどで浴衣を着用することなどについて触れるようにする。

　オの「快適で安全な住まい方」において，住まいの整理・整頓や清掃，犯罪や災害などから身を守ることなど，快適で安全な暮らしに必要な基本的な事柄を取り扱う。指導に当たっては，快適で安全な暮らしを実現するために，ガスや火器，刃物などの危険物についての注意や，落下物や階段など，家庭内で起こる様々な事故やそれらの防ぎ方として，住まいの整理・整頓や清掃が重要であることを関連付けることも必要である。

　防犯に関する内容としては，扉や窓の施錠や鍵の管理，セールス等の訪問者への基本的な対応の仕方，災害に関する内容としては，地震や火事など緊急時に身を守ることや避難場所，連絡先の理解などである。指導に当たっては，学校生活の様々な場面を想定した避難訓練等と関連させ，生徒がより身近に考え，実際の災害に際して自立して行動できるようにすることが大切である。なお，地域の協力を得てこれらの学習活動を行うことも防災や防犯に係る体制をつくる上で効果的である。

### C 消費生活・環境

ここでは，１段階での学習を踏まえ，買物やリサイクルなどの活動を通して，日常の生活と環境との関わりについて気付き，自分だけでなく，自分の周りの人も安心して安全に暮らせる社会にするため，自分や家族の生活を振り返り，環境に配慮した消費生活について考えることをねらいとしている。

アの「身近な消費生活」において，「身近な消費生活について考えることなどに関わる学習活動」とは，２段階では，同じ物でも品質や価格などに違いがあることを知り，目的に合った物の選び方を知ることや，必要な物であるかどうかを考えることである。指導に当たっては，例えば，昼食やおやつの買物において，予算を考えて購入することや，家族の人数を考えて適切な数量を選ぶことなど，必要で適切な物を無駄なく選んだり，使い切ったりする経験を積み重なるようにすることが大切である。あわせて，使用目的を理解した上で，予算内の品物を選ぶことができるように指導する必要がある。

なお，電子マネーやプリペイドカードなど現金以外の支払い方について知り，その適切な取扱いついて指導することなど，社会の様々な進展に合わせて，生徒が生活をしていく上で必要な事柄を取り上げて指導していくことが重要である。

イの「環境に配慮した生活」において，２段階では，自分や家族の生活が身近な環境に影響を与えていることに気付き，物を大切に使ったり，無駄なく使い切ったり，再利用したりするなどの工夫ができるように指導する。指導に当たっては，例えば，買物の際，エコバックを活用したりすることが，ごみを減らすことにつながることに気付くなど，生徒にとって身近な題材を取り上げ，改善点を見いだせるようにしていくことが重要である。

また，日常生活の中で，電気の消灯や水の使用などエネルギーの無駄使いを防ぐ習慣をつけるよう指導することも大切である。

## 4 指導計画の作成と内容の取扱い
### (1) 指導計画作成上の配慮事項

> 3 指導計画の作成と内容の取扱い
> (1) 指導計画の作成に当たっては，次の事項に配慮するものとする。
>   ア 題材など内容や時間のまとまりを見通して，その中で育む資質・能力の育成に向けて，生徒の主体的・対話的で深い学びの実現を図るようにすること。その際，作業や実習など体験的な活動と知識とを相互に関連付けてより深く理解できるようにすること。
>   イ 職業分野及び家庭分野に示された各段階の目標・内容については，分野相互の関連を図り，総合的に展開されるよう適切に計画すること。

>     その際，小学部の生活科をはじめとする各教科等とのつながりや，中学部における他教科等との関連を重視することや高等部における職業科，家庭科，情報科等の学習を見据え，系統的に指導できるよう計画すること。
>   ウ 生徒一人一人のキャリア発達を促していくことを踏まえ，発達の段階に応じて望ましい勤労観や職業観を身に付け，自らの生き方を考えて進路を主体的に選択することができるよう，将来の生き方等についても扱うなど，組織的かつ計画的に指導を行うこと。
>   エ 地域や産業界との連携を図り，実際的な学習活動や就業体験，実習等を計画的に取り入れること。産業現場等における実習については，校内での作業や就業体験等と関連させ，段階的・系統的に指導するよう配慮すること。

アの事項は，職業・家庭科の指導計画の作成に当たり，生徒の主体的・対話的で深い学びの実現を目指した授業改善を進めることとし，職業・家庭科の特質に応じて，効果的な学習が展開できるように配慮すべき内容を示したものである。

職業・家庭科の指導に当たっては，(1)「知識及び技能」が習得されること，(2)「思考力，判断力，表現力等」を育成すること，(3)「学びに向かう力，人間性等」を涵養することが偏りなく実現されるよう，題材など内容や時間のまとまりを見通しながら，主体的・対話的で深い学びの実現に向けた授業改善を行うことが重要である。

生徒に職業・家庭科の指導を通して基礎的・基本的な「知識及び技能」や「思考力，判断力，表現力等」の育成を目指す授業改善を行うことはこれまでも多くの実践が重ねられてきている。そのような着実に取り組まれてきた実践を否定し，全く異なる指導方法を導入しなければならないと捉えるのではなく，生徒や学校の実態，指導の内容に応じ，「主体的な学び」，「対話的な学び」，「深い学び」の視点から授業改善を図ることが重要である。

主体的・対話的で深い学びは，必ずしも１単位時間の授業の中ですべてが実現されるものではない。題材など内容や時間のまとまりの中で，例えば，主体的に学習に取り組めるよう学習の見通しを立てたり学習したことを振り返ったりする場面をどこに設定するか，対話によって自分の考えなどを広げたり深めたりする場面をどこに設定するか，学びの深まりをつくりだすために，生徒が考える場面と教師が教える場面をどのように組み立てるか，といった視点で授業改善を進めることが求められる。

また，生徒や学校の実態に応じ，多様な学習活動を組み合わせて授業を組み立てていくことが重要であり，基礎的・基本的な「知識及び技能」の習得に課題が

見られる場合には，それを身に付けるために，生徒の主体性を引き出すなどの工夫を重ね，確実な習得を図ることが必要である。主体的・対話的で深い学びの実現に向けた授業改善を進めるに当たり，特に「深い学び」の視点に関して，各教科等の学びの深まりの鍵となるのが「見方・考え方」である。各教科等の特質に応じた物事を捉える視点や考え方である「見方・考え方」を，習得・活用・探究という学びの過程の中で働かせることを通じて，より質の高い深い学びにつなげることが重要である。

職業・家庭科における「主体的な学び」とは，現在及び将来を見据えて，生活や社会の中から問題を見いだし課題を設定し，見通しをもって解決に取り組むとともに，学習の過程を振り返って実践を評価・改善して，新たな課題に主体的に取り組む態度を育む学びである。そのため，学習した内容を実際の生活で生かす場面を設定し，自分の生活が家庭や地域社会と深く関わっていることを認識したり，自分が社会に参画し貢献できる存在であることに気付いたりする活動に取り組むことなどが考えられる。

「対話的な学び」とは，他者と対話したり協働したりする中で，自らの考えを明確にしたり，広げ深める学びである。なお，職業分野では，例えば，直接，他者との協働を伴わなくとも，生産品や製品を取扱いながら製作者が生産に当たり工夫している点や製作者の意図に気付いたり，読み取ったりすることなども，対話的な学びとなる。さらに，安全に配慮した作業時の服装や姿勢が，なぜ必要なのかなど，気が付いたりして，よりよくしていこうと自分で試行錯誤していくことも対話的な学びである。

「深い学び」とは，生徒が，生活や社会の中から問題を見いだして課題を設定し，その解決に向けた解決策の検討，計画，実践，評価・改善といった一連の学習活動の中で，生活の営みに係る見方・考え方や職業の見方・考え方を働かせながら課題の解決に向けて自分の考えを構想したり，表現したりして，資質・能力を獲得する学びである。このような学びを通して，生活や職業に関する事実的知識が概念的知識として質的に高まったり，技能の習熟・定着が図られたりする。

また，このような学びの中で「対話的な学び」や「主体的な学び」を充実させることによって，職業・家庭科が目指す思考力，判断力，表現力等も豊かなものとなり，生活や職業についての課題を解決する力や，よりよい家庭生活や将来の職業生活の実現に向けて生活を工夫し考えようとする態度も育まれる。

イの「分野相互の関連を図り」とは，職業分野及び家庭分野で示されている内容をそれぞれ別々に指導するのではなく，学習や生活の文脈に即しながら，それぞれの内容を関連付けて指導することである。

ウの「キャリア発達を促していくことを踏まえ」とは，職業・家庭科の単元や題材等の計画を立案する際に，生徒が社会の中で自分の役割を果たしながら，自

分らしい生き方を実現していく過程であるキャリア発達を促していく観点から，指導内容や指導方法を工夫していく必要性を示したものである。

具体的な取組として，作業や実習を行う際に学習グループ内で役割を担ったり，担当する作業に責任をもって臨み成し遂げたりする経験や，他者と協働して粘り強く物事を進めようとする活動を通して，自己の成長と学習することや働くことの意義を実感するような指導が考えられる。

エの「地域や産業界との連携を図り」とは，地域の特色を生かしながら，計画的に地域や産業界が有する様々な資源を指導に活用したりすることで，実際的な学習活動が展開できるようにしていくことが必要になる。社会に開かれた教育課程を実現する意味からも，各学校の特色ある工夫が期待される。

### (2) 内容の取扱いについての配慮事項

> (2) 2の各段階の内容の取扱いについては，次の事項に配慮するものとする。
> ア 実習の指導に当たっては，施設・設備の安全・衛生管理に配慮し，学習環境を整備するとともに，火気，用具，材料などの取扱いと事故防止の指導を徹底するものとする。その際，適切な服装や防護眼鏡・防塵マスクの着用等による安全の確保に努めること。
> イ 職業分野
> 　職業分野の内容の取扱いについては，次の事項に配慮するものとする。
> (ア) 基礎的な知識及び技能を習得し，その理解を深めることで概念が育まれるとともに，仕事の楽しさや完成の喜びを体得できるよう，実践的・体験的な学習活動を充実すること。
> (イ) 生徒が習得した知識や技能を生活に活用できるよう，問題解決的な学習を充実するとともに，家庭や地域との連携を図ること。
> (ウ) 職業生活や家庭生活に必要な生きて働く知識や技能及び態度の形成に重点を置いた指導が行われるように配慮すること。
> (エ) 職業生活における余暇については，家庭生活における余暇と関連させて指導すること。
> (オ)「B情報機器の活用」については，家庭生活における情報機器の取扱いについても留意して指導すること。
> ウ 家庭分野
> 　家庭分野の内容の取扱いについては，次の事項に配慮するものとする。
> (ア) 食に関する指導では，職業・家庭科の特質に応じて，食育の充実に資すること。
> (イ) 幼児と関わるなどの校外での学習について，事故の防止策及び事故

> 発生時の対応策等を綿密に計画するとともに，相手に対する配慮にも
> 十分留意するものとする。
> (ｳ) 調理に用いる食品については，安全・衛生に留意すること。また，
> 食物アレルギーについても配慮すること。

アの「実習の指導に当たって」は，教室などの学習環境を整備していくことや，生徒が活動の見通しをもって意欲的に取り組むことができる環境を整備していくことが大切である。学習の内容により，火気，用具，材料などの取扱いと事故防止の指導を徹底する。その際，適切な服装や防護眼鏡・防塵(じん)マスクの着用等による安全について，生徒が自ら留意できるように計画的な指導を行うことが大切である。生徒によっては，健康に関する内容の理解が難しい場合も考えられることから，例えば，健康を害するものを口に入れることがないようにするなど，衛生にも配慮した指導が大切である。

イは，職業分野について示してある。

(ｱ)では，生徒が学習することの目的やその意義に気が付くことができるようにするとともに，学習したことの充実感や達成感を得られるように配慮していくことである。

(ｲ)では，よりよい生活の実現や持続可能な社会の構築に向けて，将来にわたって変化し続ける社会に主体的に対応していくためには，生活を営む上で生じる問題を見い出して課題を設定し，自分なりの判断をして解決することができる能力（問題解決能力）をもつことが必要である。そのため，生徒が自らの課題を解決していくという問題解決的な学習を充実させていくことが大切となる。

(ｳ)では，(ｲ)で示した問題解決的な学習を充実する際に，職業生活や家庭生活に必要な生きて働く知識や技能及び態度の形成にも重点をおいて指導することを示している。

(ｴ)では，職場での休憩時間の過ごし方も含まれる。休憩時間の適切な過ごし方を知るとともに，他者と関わりながら余暇を楽しむことができるよう必要に応じて，自立活動の指導と関連付けて指導することが大切である。

(ｵ)では，職業分野に区分して示してあるが，家庭生活における情報機器の取扱いについても関連させて指導すること。

ウは，家庭分野について示してある。

(ｱ)では，食事の重要性，心身の成長や健康の保持増進の上で，望ましい栄養や食事のとり方，食品の品質及び安全性等について自ら判断できる能力，望ましい食習慣の形成，地域の産物，食文化の理解，基礎的・基本的な調理の知識と技能などを総合的に育むことが大切である。

(ｲ)では，幼稚園，保育所，認定こども園等での触れ合い体験において，幼児

がいつも遊んでいる遊び道具や体を使う遊びを一緒に行ったり，絵本を読んだりする中で，幼児の関わり方の工夫などに気が付くようにすることが大切である。

(ウ)では，特に，魚や肉，野菜などの生の食品の扱いについては，食中毒の予防のために，安全で衛生的な扱い方を工夫できるように指導するとともに，十分に加熱することが重要である。また，魚や肉の鮮度を見分けること，冷蔵庫や冷凍庫での食品の保存の仕方を知ること，ごみの適切な処理の方法についてもあわせて指導する必要がある。

調理用具については，調理実習に用いる用具を中心に正しい使い方を知り，安全に取り扱うことができるようにする。特に，小学部の生活科での学習を踏まえ，まな板や布巾の衛生的な取扱いや包丁などの刃物の安全な取扱いができるようにする。

## 第9 外国語科

### 1 外国語科の改訂の要点

知的障害者である生徒に対する教育を行う特別支援学校の外国語科については，設けることができる教科としての位置付けは従前通りとし，段階は設けないこととしている。

今回，小学部の教育課程に外国語活動を位置付け，児童の実態により設けることができることとしたこと，また，学部段階で共通して育成を目指す資質・能力を明確にし，小学部で新設した外国語活動から高等部の外国語まで一貫した目標を設定することとしたことを踏まえ，中学部の外国語科において，目標及び内容の構成について以下の改善を行った。

**目標構成の改善**

○ 育成が求められる資質・能力を明確にする視点から，従前「外国語に親しみ」，「簡単な表現を通して」，「外国語や外国への関心を育てる」の３点で構成していた目標を資質・能力の三つの柱である「知識及び技能」，「思考力，判断力，表現力等」，「学びに向かう力，人間性等」で整理をした。この点については，小学校及び中学校の外国語科と同様の整理の仕方をしている。ただし，目標の構成については，小学校及び中学校と異なる点がある。小学校及び中学校の外国語科では，三つの資質・能力の下に，英語の目標として言語能力の「聞くこと」，「話すこと［やり取り］」，「話すこと［発表］」，「読むこと」，「書くこと」の五つの領域を設定し，領域別の目標を示している。これに対し，知的障害者である生徒に対する教育を行う特別支援学校の外国語科では，領域別の目標を学習指導要領には示さないこととした。これは，知的障害のある生徒の実態が多様であることや学習の特性等を踏まえ，個別の

指導計画に基づき，単元などの指導計画を作成する際に適切に目標を定めるようにしたためである。

**内容構成の改善**

○　目標で示す三つの資質・能力を確実に身に付けることができるよう，従前「英語とその表現への興味・関心」，「英語での表現」の2点で構成していた内容を資質・能力の観点から「知識及び技能」と「思考力，判断力，表現力等」の2点で整理した。

○　「知識及び技能」として「英語の特徴等に関する事項」を位置付けた。「思考力，判断力，表現力等」として「情報を整理しながら考えなどを形成し，英語で表現したり，伝え合ったりすることに関する事項」を位置付けた。そして，「知識及び技能」及び「思考力，判断力，表現力等」を身に付けるための具体的な言語活動，言語の働き等を整理した「言語活動及び言語の働きに関する事項」を位置付けた。言語活動については，「聞くこと」，「話すこと［やり取り］」，「話すこと［発表］」，「読むこと」，「書くこと」の五つの領域を設定した。

○　内容は，知的障害のある生徒の学習の特性を踏まえ，育成を目指す資質・能力が確実に育まれるよう，生徒が興味や関心のあるものや日常生活及び社会生活と関わりがあるものなどを重視した。

## 2　外国語科の目標及び内容
### (1) 外国語科の目標

> 1　目　標
>
> 　外国語によるコミュニケーションにおける見方・考え方を働かせ，外国語の音声や基本的な表現に触れる活動を通して，コミュニケーションを図る素地となる資質・能力を次のとおり育成することを目指す。
> 　(1) 外国語を用いた体験的な活動を通して，身近な生活で見聞きする外国語に興味や関心をもち，外国語の音声や基本的な表現に慣れ親しむようにする。
> 　(2) 身近で簡単な事柄について，外国語で聞いたり話したりして自分の考えや気持ちなどを伝え合う力の素地を養う。
> 　(3) 外国語を通して，外国語やその背景にある文化の多様性を知り，相手に配慮しながらコミュニケーションを図ろうとする態度を養う。

　中学部の外国語科の目標は，「コミュニケーションを図る素地となる資質・能力」を育成することである。小学部で新設された外国語活動と同様に「素地」と

したのは，中学部段階の生徒の実態を踏まえ，外国語に親しんだり，外国の言語や文化について関心をもったりすることに重点を置き，高等部の段階における外国語科の学習で育む資質・能力の素地を育むことを意図したものである。したがって，中学部段階の外国語科においては，小学部までの外国語活動の学習経験の有無や既習事項を踏まえながらコミュニケーションを図る素地となる資質・能力を育成するとともに，高等部段階の外国語教育に円滑に接続され，育成を目指す資質・能力を生徒が身に付けることができるよう工夫する必要がある。

　中学部の目標である「コミュニケーションを図る素地となる資質・能力」については，「外国語の音声や基本的な表現に触れる活動を通して」育成することとしている。これは，生徒の障害の状態によっては聞くこと，話すことの言語活動が困難である場合もあるため，外国語や外国の文化に触れることを通して育成するという視点が大切であり，音声によらない言語活動などの工夫をする必要性を示したものである。例えば，ネイティブ・スピーカーとの触れ合い，外国語の文字で書かれたものや外国語の単語が添えられたものの写真やイラスト，実物などを見ること，外国語の歌を歌ったり，身近な語や語句を聞いたり真似たりすることなど一人一人の状態に合わせた指導の工夫が求められる。

　また，外国語教育において，「外国語によるコミュニケーションにおける見方・考え方」とは，外国語によるコミュニケーションの中で，どのような視点で物事を捉え，どのような考え方で思考していくのかという，物事を捉える視点や考え方として，「外国語で表現し伝え合うため，外国語やその背景にある文化を，社会や世界，他者との関わりに着目して捉え，コミュニケーションを行う目的や場面，状況等に応じて，情報を整理しながら考えなどを形成し，再構築すること」と整理されている。

　外国語やその背景にある文化を，社会や世界，他者との関わりに着目して捉えるとは，外国語で他者とコミュニケーションを行うには，社会や世界との関わりの中で事象を捉えたり，外国語やその背景にある文化を理解するなど相手に十分配慮したりすることが重要であることを示している。知的障害のある生徒の場合においては，外国語で他者とコミュニケーションを行う場合，単に語などに関する知識及び技能を扱うのではなく，実際に起こっている身近な出来事や人との関わりの中で事象を捉えたり，外国語やその背景にある文化について体験的に理解したりしていくようにすることが重要である。

　また，目的や場面，状況等に応じて，情報を整理しながら考えなどを形成し，再構築することとは，多様な人との対話の中で，目的や場面，状況等に応じて，既習のものも含めて習得した概念（知識）を相互に関連付けてより深く理解したり，情報を精査して考えを形成したり，課題を見いだして解決策を考えたり，身に付けた思考力を発揮させたりしながら，自分の思いや考えを基に表現し伝え合

うことであり，情報や自分の考え及びそれらを表現するためにどのような言語材料を活用し，思考・判断して形成，整理，再構築することなどが重要であることを示している。知的障害のある生徒の場合においては，小学部段階からの，関わる相手や経験の範囲の広がりに応じて，伝え合う目的や相手を意識したり，既に身に付けている行動や体験を手掛かりに考えたりしながら，自分の思いや考えを表現し伝え合うことを生徒が実感できるようにすることが重要である。

　(1)は，外国語科における「知識及び技能」として掲げたものである。「外国語を用いた体験的な活動を通して」とは，生徒が外国語に興味や関心をもったり，外国語の音声に慣れ親しんだりするためには，体験的な活動が重要であることを示したものである。このため，例えば，生徒の日常生活に関わりのある初歩的な外国語を歌，ゲーム，クイズ，ネイティブ・スピーカーなどとの関わりなどを通して聞いたり見たりする活動を行うなど，工夫や配慮が必要である。

　「身近な生活で見聞きする外国語」とは，生徒がこれまでの生活場面の中で日常的に見たり聞いたりしてきたものや事柄，人を表す語句や表現のことである。例えば，挨拶に関する表現，文字，数字，食べ物やスポーツ，生活用品などの名称が考えられる。このような外国語を用いた体験的な活動を通して，生徒の興味・関心を高めていくことが大切である。

　「外国語の音声や基本的な表現に慣れ親しむ」とは，外国語の音声や基本的な表現を聞いたり話したりする体験的な活動を通して，生徒が日本語と外国語の音声などの違いに気付くことができるようにすることを表している。外国語を用いたコミュニケーションを通して，日本語の使用だけでは気付くことが難しい日本語の音声の特徴や言葉の仕組みへの気付きを促すことにより，日本語についての資質・能力を向上させることができる。さらに，このことは，ひいては外国語についての資質・応力の向上にも資するものである。

　(2)は，外国語科における「思考力，判断力，表現力等」として掲げたものである。「身近で簡単な事柄」とは，生徒がよく知っている人や物，事柄のうち簡単な語句や基本的な表現で表すことができるものを指している。例えば，身の回りの物，学校や家庭での出来事や日常生活で起こること，学校の友達や教師，家族などコミュニケーションを図っている相手などが考えられる。

　「外国語で聞いたり話したりして自分の考えや気持ちなどを伝え合う力の素地」とは，伝え合う力の素地を「聞くこと」及び「話すこと」の二つの技能を通じて養うことを表している。小学部では，伝え合う力の素地を外国語に触れることを通して養うとしており，中学部においては，コミュニケーションの目的や相手，場面などがより明確な「聞く」，「話す」言語活動を行うことを示している。ただし，生徒の障害の状態は一人一人異なるため，自分の考えや気持ちを伝え合うための具体的な方法もそれぞれであることを踏まえながら指導することが大切であ

(3)は，外国語科における「学びに向かう力，人間性等」として掲げたものである。「外国語やその背景にある文化」とは，学習対象である外国語とその背景にある文化を指している。多様な文化の存在やさまざまな見方や考え方があることに気付くとともに，わが国の文化についても理解が深まることが期待される。その際，ネイティブ・スピーカーや地域に住む外国人など，異なる文化をもつ人々との交流を通して，体験的に文化などの理解を深めることが大切になる。

「相手に配慮しながらコミュニケーションを図ろうとする」の「相手に配慮しながら」とは，言語は通常，人との関わりの中で用いられるため，他者を尊重し，聞き手・読み手・話し手・書き手に配慮しながらコミュニケーションを図ることが求められることから示している。例えば，聞き手の理解の状況を確認しながら話しているか，相手の発話に反応しながら聞き続けようとする態度を示しているかなどの相手への配慮が求められることになる。そこで，中学部段階の外国語科では，生徒の実態や外国語に触れる経験の有無，学習の特性を踏まえ，コミュニケーションの主な内容を目の前にいる相手を中心とし，「相手に配慮しながら」としている。

### (2) 内容

〔英　語〕
〔知識及び技能〕

---

2　内　容

〔英　語〕

〔知識及び技能〕

(1) 英語の特徴等に関する事項

　実際に英語を用いた場面や状況等における言語活動を通して，次の事項を身に付けることができるよう指導する。

　ア　英語の音声や基本的な表現に慣れ親しむこと

　　(ｱ) 英語の音声を聞き，真似て声を出したり，話したりしようとすること。

　　(ｲ) 英語の音声や文字も，事物の内容を表したり，要件を伝えたりなどの働きがあることを感じ取ること。

　　(ｳ) 基本的な表現や語句が表す内容を知り，それらを使うことで相手に伝わることを感じ取ること。

　イ　日本と外国の言語や文化に慣れ親しむこと。

　　(ｱ) 体験的な活動を通して，日本と外国との生活，習慣，行事などの

> 違いを知ること。
> (イ) 対話的な活動を通して，相手の発言をよく聞こうとしたり，相づちや表情，ジェスチャーなどで応じようとしたりすること。

　中学部の目標であるコミュニケーションを図る素地となる資質・能力を育成するために，知識及び技能として，英語の特徴等に関する事項を示している。

　アは，英語の音声や基本的な表現に慣れ親しむ事項である。「英語の音声や基本的な表現」とは，例えば，英語の音声としては，英語の歌，文字，食べ物やスポーツ，生活用品などの名称などがある。基本的な表現としては挨拶，指示，質問などのうち初歩的なやり取りができるものを取り扱うことが大切である。

　(ア)の「英語の音声を聞き，真似て声を出したり，話したりしようとする」とは，体験的な活動の中で，相手が言葉を発することを生徒が意識するとともに，生徒自身も言葉を発しようとすることである。授業では，実際にコミュニケーションを行う場を意図的に設定し，さまざまな相手とのやり取りを体験することができるような工夫が大切である。また，生徒の知的障害の状態や小学部での学習経験の有無などに応じて，言葉によらないジェスチャー・表情・サインなどを用いてのやり取りを用いることが大切である。

　(イ)の「英語の音声や文字も，事物の内容を表したり，要件を伝えたりなどの働きがあることを感じ取る」とは，英語の音声，文字，表現が相手との意思疎通の手段であることを体験的な活動の繰り返しによって気付くことができるようになることである。国語科の知識及び技能として，中学部1段階では，言葉には事物の内容を表す働きや経験したことを伝える働きがあることに気付くこと，2段階では，考えたことや思ったことを表す働きがあることに気付くことが挙げられている。国語科と関連を図った指導を通して，日本語や英語に共通した働きがあることに徐々に気付いていくようにすることが大切である。

　(ウ)の「基本的な表現や語句が表す内容を知り，それらを使うことで相手に伝わることを感じ取ること」とは，「(3)言語活動及び言語の働きに関する事項」で示している言語活動や言語の使用場面で用いる表現や語句が表す内容を知り，それらを実際のコミュニケーションの場面で使うことで相手に伝わることを生徒が感じ取ることである。基本的な表現や語句を知識及び技能として教えることに終始するのではなく，実際のコミュニケーションや体験的な活動を通して身に付けていくようにすることが重要である。

　イは，日本と外国の言語や文化に慣れ親しむ事項である。

　(ア)の「体験的な活動を通して，日本と外国との生活，習慣，行事などの違いを知ること」について，「体験的な活動」とは，日本と外国の生活などについて体験的な活動を通して，違いがあることやその違いの内容を知ることを示してい

る。授業における具体的な活動だけでなく，休み時間や昼食時の触れ合い，また他教科等の授業においても関連を図った指導を行うことも考えられる。また，「生活，習慣，行事などの違いを知る」とは，さまざまな国の生活，習慣，行事などについて，日本との比較によりさまざまな見方や考え方があることに気付くことを表している。生徒の実態や既習事項などを踏まえ，体験的な活動を通して生徒が気付いていくような工夫や配慮が必要である。

(イ)の「対話的な活動を通して，相手の発言をよく聞こうとしたり，相づちや表情，ジェスチャーなどで応じようとしたりする」について，「対話的な活動」とは，例えば，午前や午後及び就寝時など，日常生活で交わされる挨拶などのことである。このほか，初対面の挨拶，体調や気分を尋ねる，好きなもの（こと）を尋ねる，「立つ」，「座る」などの動作を指示する際のやり取りなども含まれる。また，ここでいう「ジェスチャー」とは，外国人が使う「OK.」「No good.」などを意味するものや，自分を指し示すジェスチャーのことを表している。

〔思考力，判断力，表現力等〕

> 〔思考力，判断力，表現力等〕
> (2) 情報を整理し，表現したり，伝え合ったりすることに関する事項
>     具体的な課題等を設定し，コミュニケーションを行う目的や場面，状況などに応じて情報や考えなどを表現することを通して，次の事項を身に付けることができるよう指導する。
>   ア 日常生活に関する簡単な事柄について，伝えたいことを考え，簡単な語などや基本的な表現を使って伝え合うこと。
>   イ 日常生活に関する簡単な事柄について，自分の考えや気持ちなどが伝わるよう，工夫して質問をしたり，質問に答えたりすること。

中学部の外国語科において身に付けるべき資質・能力は，コミュニケーションを図る素地であり，育成を目指す「思考力，判断力，表現力等」は，日常生活に関する簡単な事柄について，聞いたり話したりして自分の考えや気持ちなどを伝え合う力の素地を養うことである。知的障害のある生徒の場合は，簡単な表現の練習を十分に行った後に，具体的な活動場面で伝え合う活動を行い，相手を意識した意味のあるコミュニケーションが図ることができるように具体的な課題を設定することが大切である。

「具体的な課題を設定し」とは，生徒がすでに経験している場面を設定し，外国語を使って目的を達成するような状況を示している。例えば，友達や家族，先生との会話，食事や買い物などの場面や遊びやゲームやクイズなどの活動を行う

ことである。

アは，日常生活に関する簡単な事柄について，伝えたいことを考え，簡単な語などや基本的な表現を使って伝え合う事項である。

「日常生活に関する簡単な事柄」とは，家庭や学校などの日常生活の中で起こる事柄のうち，挨拶や自己紹介，好きなものや得意なこと，物の名前など，生徒がよく見聞する事柄を示している。

「伝えたいことを考え，簡単な語などや基本的な表現を使って伝え合うこと」とは，その場面に応じた内容を考え，自分の考えや気持ちに合った簡単な語などを選択して相手に伝えることを示している。例えば自己紹介などの場面において，好きなことなどを簡単な語や基本的な表現を用いて発表したり，その内容を聞いて相手のことを知ったりする活動などが挙げられる。

イは，日常生活に関する簡単な事柄について，自分の考えや気持ちなどが伝わるよう，工夫して質問をしたり，質問に答えたりする事項である。「自分の考えや気持ちなどが伝わるよう，工夫して質問をしたり，質問に答えたりすること」とは，自分の考えや気持ちをどのようにしたら相手に伝わるかを考え，それに合う語や基本的な表現を選んだり，生徒によってはカードや具体物を用いて相手に伝えたりする体験的な活動を示している。また，話し手が伝えた内容に対してYesやNo，または簡単な語などで返答をしたり，相づちや動作などで反応を示したり，分からない時や質問のある時は聞き返したりするなどして，相手の反応を確かめたり感じたりしながら，言葉やそれに代わる手段を用いて伝え合う体験を行うようにする。生徒によっては教師の音声を真似ながら相手に伝える場合もあるが，表現する楽しさや伝わる喜びを感じることも大切なコミュニケーションの素地となることから，生徒の積極的な態度を育むことを大切にして活動を行うようにする。その場合，場面に適さない表現をした場合でも，教師が代わりに適切な表現をしてみせ，場面に適した表現に気付かせるなど，生徒が表現しようとする意欲や自信を維持しながら活動を展開するようにすることが大切である。

## (3) 言語活動及び言語の働きに関する事項
① 言語活動に関する事項

> (3) 言語活動及び言語の働きに関する事項
> ① 言語活動に関する事項
> 　(2)に示す事項については，(1)に示す事項を活用して，例えば，次のような言語活動を通して指導する。
> 　ア　聞くこと
> 　　(ｱ)　文字の発音を聞いて文字と結び付ける活動。

> (イ) 身近で具体的な事物に関する簡単な英語を聞き，それが表す内容をイラストや写真と結び付ける活動。
> (ウ) 挨拶や簡単な指示に応じる活動。

　中学部の外国語科では，「聞くこと」，「話すこと［やり取り］」，「話すこと［発表］」，「書くこと」，「読むこと」の5つの領域での言語活動を示している。しかしながら，中学部で初めて外国語の学習をする生徒もいることから，小学部までの学習状況や生徒の実態等を考慮し，身近で簡単な事柄を中心に，聞いたり話したりする活動を基本としながら設定していくなどの配慮が重要である。

　アは，聞くことに関する事項である。(ア)の「文字の発音を聞いて文字と結び付ける活動。」とは，文字に親しむことができるように，文字の読み方が発音されるのを聞いて，活字体で書かれた文字と結び付ける体験的な活動を示している。ここで指す「文字」とは，英語の活字体の大文字と小文字を指し，「読み方」とは，文字の名称の読み方を指している。「文字の読み方」には，文字そのものを示す際に用いられる名称の読み方と，語の中で用いられる際の文字が示す音の読み方があるが，この指導事項では，文字そのものを示す際に用いられる名称の読み方を取り扱うこととする。文字に着目できるように，アルファベットの1文字のみをカードで提示する場合もあれば，絵と単語を合わせたカードを用いて，一つの文字に着目させる場合もある。生徒の実態に合わせて，発音の違いや大文字と小文字の違いに気付いたり，文字に興味をもつことができるように指でなぞってみたりするなどの工夫を加えながら活動を促す必要がある。生徒の実態によっては，大文字と小文字の区別や形が似ている文字の区別，例えばaとu，eとo，hとnなどの区別が難しい場合がある。その際には，扱う文字を大文字のみにしたり，区別する部分を強調したりして違いに気付くことができるようにするなど生徒の実態にあった提示の工夫が必要である。また，コンピュータ等を用いて文字を提示する場合には，aとaや，gとgが同じ文字であると判断できない場合もあるため注意が必要である。生徒が自然に同一であると判断できるまでは，補助的に説明を加えたり，同じ活字体で表記したりすることが望ましい。

　(イ)の「身近で具体的な事物」とは，家庭や学校生活において生徒の身近でなじみのある事物を指し，母語においてはすでにその事物が理解できているものが挙げられる。例えば，食べ物，動物，色，数字などがある。これらが英語で話されるのを聞いてイラストや写真を選ぶなどの活動を取り入れながら音声と事物が結び付くことができるように活動を組み立てる必要がある。聞き取りやすい声で，ゆっくりはっきり話すようにし，教師の音声をリピートさせながら，聞くことを意識させたり，友達の音声を聞いて何を示しているか聞き取ったりする活動が挙げられる。生徒に「聞いて分かった」という喜びを味わわせることが重要である。

(ｳ)の「挨拶や簡単な指示に応じる活動。」とは，例えば「Good morning.」などの呼びかけに対してその内容が分かり，返答したり，話し手の方を向いたり，手を上げるなどの動作で応じることを示している。音声でのやり取りが難しい場合においても，話し手からの挨拶に対して，普段行っているようなその生徒独自の挨拶の仕方で応じることも，「話すこと［やり取り］」の一つとして考えることができる。このように語句の意味が十分に理解できていなかったり，音声で応じることが難しい場合でも，教師のサポートを得ながら簡単な表現やその一部を発したり，動作に表したりすることを通して，相手の問いかけに応じようとする態度を育むことができる。

また，「Stand up./ Sit down./ Look at this card.」などの簡単な指示に対して，行動で応じることも示している。言葉での指示が動作と結び付くために，教師がその表現に合ったジェスチャーを見せたり生徒に模倣をさせたりしながら体験的に活動することが大切である。例えば，「Run./ Walk./ Stop.」などの簡単な語句を聞いて教師の動作を見ながら体を動かす活動などは，自ずと語と動作が結び付くようにすることができる。これらの活動は繰り返し授業に取り入れることで，自然に身に付けることができる内容である。

> イ　話すこと［発表］
> (ｱ)　自分の名前，年齢，好みなどを簡単な語などや基本的な表現を用いて表現する活動。
> (ｲ)　身近で具体的な事物の様子や状態を簡単な語などや基本的な表現，ジェスチャーを用いて表現する活動。

イは，話すことのうち［発表］に関することの事項である。(ｱ)の「自分の名前，年齢，好みなどを簡単な語などや基本的な表現を用いて表現する活動」では，自己紹介など自分のことを人前で話す活動を示している。その際に，「I'm Mika.」，「I'm thirteen years old.」，「I like dogs.」などの基本的な表現に事実を組み合わせて表現したり，「dog」などの簡単な語で自分の好みを端的に表現したりする活動を示している。相手に伝わりやすいように，実物やイラスト，写真を用いたり，動作を交えたりして工夫することも表現する活動と捉えることができる。また，聞き手についても，話し手の方に目を向けたり，話を聞こうとしたりするなどの態度が育てられるように留意しながら活動を行う必要がある。

(ｲ)の「身近で具体的な事物の様子や状態を簡単な語などや基本的な表現，ジェスチャーを用いて表現する活動。」とは，具体的な事物の数や色，形，大きさなどを表現する活動を示している。例えば，人前で実物やイラスト，写真を見せながらその様子や状態を「It's red and white.」，「Very small.」などの簡単な語句や表

現で発表する活動や，二つの物を提示してその状態を比べながら「long/ short」などで表現するような活動などが挙げられる。発表の形態は題材によってペアやグループで柔軟に対応するようにする。また，自信をもって発表できるように十分に練習をしたり，その時間を確保したりする必要がある。実際には，「One, two, three…」と数を数えたり，物に触って「warm/ cold」などで表現したりするなど発表の内容を構成するところから体験的な活動を行うようにする。そうすることで，「分かったことを伝えたい（話したい）」という気持ちを大切にしながら話す活動に取り組ませることができるとともに，話すことに対する自信と意欲をもたせることができる。

> ウ　話すこと［やり取り］
> (ｱ) 簡単な挨拶をし合う活動。
> (ｲ) 自分のことについて，具体物などを相手に見せながら，好みや要求などの自分の考えや気持ちを伝え合う活動。
> (ｳ) ゆっくり話される簡単な質問に，英語の語など又は身振りや動作などで応じる活動。

　ウは，話すことのうち［やり取り］に関する事項である。(ｱ)の「簡単な挨拶をし合う活動。」とは，挨拶の基本的な表現で話しかけたり，その挨拶に対して応じたりする活動を示している。音声だけでのやり取りが難しい場合においても，ジェスチャーを交えながら挨拶をしたり，相手からの挨拶に対して，普段行っているようなその生徒独自の挨拶の仕方で応じたりすることも，「話すこと［やり取り］」の一つとして考えることができる。このように語句の意味が十分に理解できていなかったり，音声だけで応じることが難しい場合でも，教師のサポートを得ながら簡単な表現やその一部を発したり，動作に表したりすることを通して，相手の問いかけに応じようとする態度を育むことが大切である。

　(ｲ)の「自分のことについて，具体物などを相手に見せながら，好みや要求などの自分の考えや気持ちを伝え合う活動。」では，生徒の伝えたい内容について，自分自身の好きなことや住んでいる所，家族，また自分の気持ちなどについて簡単な語句や表現で相手に伝える活動を示している。伝えたい内容について，知っている語などを用いて話したり，教師のサポートを受けながら基本的な表現を選んで話したりすることが挙げられる。話した内容を相手が理解したかどうかを感じ取ることもやり取りにおいては重要な部分である。また，「How about you?」などの表現で相手に聞き返したり，それに対して簡単な語句で答えたりすることも双方向からのやり取りとして挙げられる。生徒の実態によっては適宜サポートが必要だが，教師のサポートが多すぎてしまうとそれに頼り過ぎてしまい，生徒

のやり取りの相手がサポートしてくれている教師になってしまう場合があるので注意が必要である。どの場合においても話し手を意識させることができるように環境を整える必要がある。

(ｳ)の「ゆっくり話される簡単な質問に，英語の語など又は身振りや動作などで応じる活動。」とは，例えば「Do you like sushi?」などの自分の好みや欲しいものなどの簡単な質問に対して「Yes./ No.」で答えたり，「How about you?」などで聞き返されたことに対して「I like curry and rice.」などの語句で表現したりすることを示している。また，「Pardon?」や「I don't know.」など，自分の意思を表す表現も含まれる。生徒によっては，音声に身振りや動作を交えながら自分の考えや気持ちを表すことも含まれる。

> エ　書くこと
> 　(ｱ)　身近な事物を表す文字を書く活動。
> 　(ｲ)　例示を見ながら自分の名前を書き写す活動。

エは，書くことに関する事項である。(ｱ)の「身近な事物を表す文字を書く活動」とは，文字がその事物を表す役割があることを理解させながら，活字体の大文字，または小文字を書くような活動を示している。生徒の興味・関心を大切にしながら，音声で十分に慣れ親しんだ語などを中心に書くことを示している。生徒の実態を考慮しながら量を調節するとともに，文字と音声，事物の結び付きを大切にしながら取り扱う必要がある。ア聞くことの(ｱ)でも取り上げたように，特に小文字については，混同しやすいものもあるので，間違いを指摘して意欲が失せないよう，取り扱う文字を精選したり，間違いやすいものは自ら気を付けられるように書く活動を工夫したりする必要がある。

(ｲ)の「例示を見ながら自分の名前を書き写す活動」では，例示をなぞったり，真似たりしながら，自分の名前の表記に慣れ親しむことができる活動を示している。すべての文字が書けなくても，生徒の興味や関心を大切にし，自分の名前を書くことに対する意欲を生かしながら，書くことの楽しさを感じることができるように取り扱っていくことが大切である。また，名前を書いたら声に出して読んだり，教師が読むのを聞いたりするなど，生徒が自分の名前を書いたことを実感するように取り扱っていくことも大切である。

> オ　読むこと
> 　(ｱ)　身の回りで使われている文字や単語を見付ける活動。
> 　(ｲ)　日本の人の名前や地名の英語表記に使われている文字を読む活動。

オは，読むことに関する事項である。(ｱ)の「身の回りで使われている文字や単語を見付ける活動」とは，平仮名や片仮名，漢字などの表記との違いに気付き，身の周りにあるたくさんの文字の中から英語の文字がどれであるかが分かることを示している。また，英語の文字には大文字と小文字があり，それぞれ似た表記をしていることに気付くことも含まれる。音声で十分に慣れ親しんだ英語の文字や単語を扱うようにし，適切な読み方を示した後に生徒にも発音することを促したり，その音声と文字や具体物を照らし合わせたりしながら，その意味を明示できるとなおよい。活動に合わせて，文字に着目させるのか，単語に着目させるのかを明らかにして文字や単語を提示することが必要である。生徒の実態に応じて，実物やイラストなどを文字と同時に提示するなどの工夫が必要である。文字の読み方やその文字や単語が示すイラストなどをヒントにしながら文字を読むことに親しみ，分からない語も読んでみようとするような態度を育むことが必要である。文字には名称と語の中で用いられる場合の文字が示す音の二種類の読み方があるが，詳しく取り扱うことはせず，生徒が自ら気が付いた場合には，どちらの読み方もあることを伝える程度にとどめるようにする。

(ｲ)の「日本の人の名前や地名の英語表記に使われている文字を読む活動。」とは，日本の人の名前や地名の英語表記に使われている文字を読むことである。このような活動においては，正しく読むことのみを求めるのではなく，英語の文字を読むことに親しんだり，国語科で学習したローマ字の読み方を想起したりすることが大切である。

② 言語の働きに関する事項

> ② 言語の働きに関する事項
> 　言語活動を行うに当たり，主として次に示すような言語の使用場面や言語の働きを取り上げるようにする。
> 　ア　言語の使用場面の例
> 　　(ｱ)　特有の表現がよく使われる場面
> 　　　㋐　挨拶をする
> 　　　㋑　自己紹介をする
> 　　　㋒　買物をする
> 　　　㋓　食事をするなど
> 　　(ｲ)　生徒の身近な暮らしに関わる場面
> 　　　㋐　ゲーム
> 　　　㋑　歌やダンス
> 　　　㋒　学校での学習や活動

　　　　㊤　家庭での生活など

　ここでは，「言語の使用場面」や「言語の働き」について，特に具体例を示している。これは，日常の授業において，言語の使用場面の設定や，言語の働きを意識した指導を行う際の手掛かりとなるようにするためである。

　「言語の使用場面」とは，コミュニケーションが行われる場面を表している。これは「生徒の身近な暮らしに関わる場面」と「特有の表現がよく使われる場面」の二つに分けて具体例を示した。

　「言語の働き」とは，言語を用いてコミュニケーションを図ることで達成できることを表している。具体的には，「コミュニケーションを円滑にする」，「気持ちを伝える」，「相手の行動を促す」であり，それぞれに代表的な例を示した。

　言語活動を行う際には，生徒の実態や経験などを考慮して，生徒がその場面を想定できることを踏まえて設定する必要がある。言語の使用場面の例では，以下にそれぞれの特有の表現例を示す。

(ア) 特有の表現がよく使われる場面

　㋐　挨拶をする

　　例1　　A：Good morning. How are you?

　　　　　　B：I'm fine, thank you.

　　例2　　A：Good bye.

　　　　　　B：See you tomorrow.

　㋑　自己紹介をする

　　例1　　Hi, I'm Suzuki Emi. I like baseball very much.

　　例2　　My name is Shinya. I live in Tokyo. Nice to meet you.

　㋒　買物をする

　　例1　　A：May I help you?

　　　　　　B：Yes, I'm looking for a bag.

　　例2　　A：How much is it?

　　　　　　B：Five hundred yen, please.

　㋓　食事をする

　　例1　　A：Two hot dogs, please.

　　　　　　B：Anything else?

　　　　　　A：No, thank you.

　　例2　　A：Would you like something to drink?

　　　　　　B：Orange juice, please.

(イ) 生徒の身近な暮らしに関わる場面

㋐　ゲーム

　　ゲームは，生徒が興味・関心をもち繰り返し行うことができるとともに，開始から勝敗や順位の決定に至る過程において，生徒の動作や気持ちに合った表現を教師がタイミングよく提示することで自然な表現や言語の働きに触れることができる。具体的なゲームの例としては，かるた，ビンゴゲーム，ミッシングゲーム，ジェスチャーゲームなどがあるが，英語でコミュニケーションを図ることを学習の中心として捉えながら，生徒の実態や学ばせたい内容に合わせて工夫することが大切である。

㋑　歌やダンス

　　歌やダンスは，たくさんの語句の音声やイントネーションに触れることができる活動である。リズムに合わせながら聞いたまま歌うことで，英語をなめらかにかつリズミカルに発することができるとともに，なじみのある語句だけでなく，新しい語句にも触れることができる。歌に合わせながら身振りや手振り，他者とのやり取りを加えることで，その意味の理解に結び付けることも可能である。その際，生徒の発達段階や実態に合わせた題材を選ぶ必要がある。

㋒　学校での学習や活動

　　他教科等の学習で学んだことや活動したことを題材として取り扱うことも効果的である。例えば，数学での計算を英語で表現したり，家庭科の調理実習で使った材料の名称や作り方の説明などを取り上げて簡単な英語で表現したりすることができる。また，学校生活全体を通して，時刻を表す表現，場所の名称など身近な題材を活用しながら語などを増やしていくことができる。

㋓　家庭での生活

　　日常的に行っている動作や行動，また普段から使用している事物などは，生徒が経験していることであったり，運用度の高い語句が含まれていたりするため，理解や定着がしやすい題材が多い。また，休日の過ごし方や1日のスケジュールなどを取り上げることで，「get up」や「go to bed」などの連語についても自然に触れさせることができるとともに，動作を表す語句や物の名称などに多く触れさせ，生徒が見たり聞いたりしたことのある語句や表現を増やすことにつなげることができる。

---

イ　言語の働きの例

(ア)　コミュニケーションを円滑にする

　㋐　挨拶をする

　㋑　相づちを打つ

(ｲ) 気持ちを伝える
　　㋐　礼を言う
　　㋑　褒める
(ｳ) 相手の行動を促す
　　㋐　質問する

「コミュニケーションを円滑にする」働きとは，相手との関係を築きながらコミュニケーションを開始したり維持したりする働きである。相手に配慮しながらコミュニケーションを円滑に行うための言語の働きについて，生徒の実態に合わせて場面設定をし，その表現を何度も使用できるように活動を組み立てたり，または，活動の中で取り入れたりしながらその働きを感じることができるように工夫することが大切である。以下に表現例を示す。

(ｱ) コミュニケーションを円滑にする
　　㋐　挨拶をする
　　　　例1　　Hello, Ken.
　　　　例2　　Hi, Yuki.
　　㋑　相づちを打つ
　　　　例1　　Well, I know.
　　　　例2　　Oh, really?

(ｲ) 気持ちを伝える
　　㋐　礼を言う
　　　　例1　　Thanks.
　　　　例2　　Thank you very much.
　　㋑　褒める
　　　　例1　　Great.
　　　　例2　　Good job.

(ｳ) 相手の行動を促す
　　㋐　質問する
　　　　例1　　How about you?
　　　　　　　 I'm hungry too.
　　　　例2　　Do you like it?
　　　　　　　 Yes, of course.

〔その他の外国語〕

　その他の外国語については，外国語の2の内容の〔英語〕に準じて指導を行うものとする。

英語ではなくほかの外国語を指導する場合については，英語に準じて行うことを示したものである。

## 3　指導計画の作成と内容の取扱い
### (1) 指導計画作成上の配慮事項

> 3　指導計画の作成と内容の取扱い
> (1) 外国語科においては，英語を履修させることを原則とすること。
> (2) 指導計画の作成に当たっては，次の事項に配慮するものとする。
>   ア　単元など内容や時間のまとまりを見通して，その中で育む資質・能力の育成に向けて，生徒の主体的・対話的で深い学びの実現を図るようにすること。その際，具体的課題等を設定し，生徒が外国語によるコミュニケーションにおける見方・考え方を働かせながら，コミュニケーションの目的や場面，状況などを意識して活動を行い，英語の音声や語彙，表現などの知識を，五つの領域における実際のコミュニケーションにおいて活用する学習の充実を図ること。
>   イ　これまでに学習した外国語活動との関連に留意して，指導計画を適切に作成すること。
>   ウ　外国語科を設ける場合は，生徒の障害の状態や実態に応じて，指導目標を適切に定め，3年間を通して外国語科の目標の実現を図るようにすること。また，高等部における指導との接続に配慮すること。
>   エ　指導内容や活動については，生徒の興味や関心，経験などに合ったものとし，国語科や音楽科，美術科などの他教科等で生徒が学習したことを活用するなどの工夫により，指導の効果を高めるようにすること。
>   オ　学級担任の教師又は外国語を担当する教師が指導計画を作成し，授業を実施するに当たっては，ネイティブ・スピーカーや英語が堪能な地域人材などの協力を得る等，指導体制等の充実を図るとともに，指導方法を工夫すること。
>   カ　外国語を通して他者とコミュニケーションを図ることの必要性や楽しさを味わうことができるよう工夫すること。

アは，外国語科の指導計画の作成に当たり，生徒の主体的・対話的で深い学びの実現を目指した授業改善を進めることとし，外国語科の特質に応じて，効果的な学習が展開できるように配慮すべき内容を示したものである。

外国語科の指導に当たっては，(1)「知識及び技能」が習得されること，(2)「思考力，判断力，表現力等」を育成すること，(3)「学びに向かう力，人間性等」を涵養することが偏りなく実現されるよう，単元など内容や時間のまとまりを見通しながら，主体的・対話的で深い学びの実現に向けた授業改善を行うことが重要である。

主体的・対話的で深い学びは，必ずしも１単位時間の授業の中ですべてが実現されるものではない。単元など内容や時間のまとまりの中で，例えば，主体的に学習に取り組めるよう学習の見通しを立てたり学習したことを振り返ったりして自身の学びや変容を自覚できる場面をどこに設定するか，対話によって自分の考えなどを広げたり深めたりする場面をどこに設定するか，学びの深まりをつくりだすために，生徒が考える場面と教師が教える場面をどのように組み立てるか，といった視点で授業改善を進めることが求められる。また，生徒や学校の実態に応じ，多様な学習活動を組み合わせて授業を組み立てていくことが重要であり，単元（題材）のまとまりを見通した学習を行うに当たり基礎となる知識及び技能の習得に課題が見られる場合には，それを身に付けるために，生徒の主体性を引き出すなどの工夫を重ね，確実な習得を図ることが必要である。

主体的・対話的で深い学びの実現に向けた授業改善を進めるに当たり，特に「深い学び」の視点に関して，各教科等の学びの深まりの鍵となるのが「見方・考え方」である。各教科等の特質に応じた物事を捉える視点や考え方である「見方・考え方」を，習得・活用・探究という学びの過程の中で働かせることを通じて，より質の高い深い学びにつなげることが重要である。

次に，「その際」以下において，指導計画の作成に当たっては，小学部で行う外国語活動や高等部における指導と円滑に接続できるよう語彙や表現，ゲームや活動，題材や場面設定等の配列を工夫したり，指導方法や学習環境等を系統的に行えるよう配慮したりするなど，生徒の発達の段階や学校・地域の実態に応じて適切に作成していく必要性を述べている。ここで「具体的な課題等を設定し」とは，主体的・対話的で深い学びの実現に向けた授業改善を行うため，教師が単元終末段階の生徒に望む具体的な姿のイメージをもち，実態に応じて単元を見通した課題設定をすることを示したものである。これらは，外国語教育においてこれまでも行われてきた学習活動の質を向上させることを主眼とするものであり，主体的・対話的で深い学びの実現に向けた授業改善が，全く新たな学習活動を取り入れる趣旨ではないことに留意しなければならない。

イは，小学部における外国語活動との関連に留意して，指導計画を適切に作成することを示している。小学部では，主に聞くこと，話すことを中心に活動を行ってきていることを踏まえて，中学部ではその学んだ内容を取り上げて定着を図ったり，使用場面や条件などを替えたりしながら提示し，学んできた内容の広い活

第5節
中学部の各教科

用を図るようにする。読むこと，書くことの言語活動では，小学部から十分に慣れ親しんだ語句を扱うようにするなど，小学部の外国語活動を踏まえて中学部の内容を実施できるようにしていく。また，生徒の発達段階や言語の運用能力を考慮しながら，言語活動を選択したり，使用場面を工夫したりする必要がある。

ウは，高等部段階の指導への円滑な接続がなされるよう留意することを示している。さまざまな言語の使用場面において対話的な活動を十分に行い，日本語と外国語の語順の違いやその外国語の特有な表現に気付くことができるようにすることが大切である。

エは，指導内容や活動については，生徒の実態や学習の特性を踏まえ，興味や関心，経験に合ったものとすることを示している。また，国語科や音楽科，美術科などの他の教科等において学習したことを活用するなどの工夫により，学習の効果を高めるようにすることが大切である。

オは，ネイティブ・スピーカーや英語が堪能な地域の人材などの協力を得るなどを示している。ネイティブ・スピーカーや英語が堪能な地域人材の協力を得る際には，特に音声や言語の働きに関することや文化や習慣の違いなどについて，生徒が外国語でコミュニケーションを円滑に図るための知識や技能を得られるように授業を計画していく。また，生徒の障害特性や実態などについては，事前に伝えておき，生徒が困らないように配慮する必要がある。

カは，外国語を通して他者とコミュニケーションを図ることの必要性や楽しさを味わうことができるよう工夫することを示している。英語を使って自分の考えや気持ちを相手に伝えたり，目的を達成したりする体験的な活動を通して，相手とコミュニケーションを図ることの楽しさや大切さを知るとともに，伝わる喜びを感じられるような活動を計画することが必要である。また，生徒が伝えられる手段を十分に活用しながら，必要に応じてカードや具体物，タブレット端末などを活用し，コミュニケーションを図ることの楽しさを味わうことができるように工夫していく。

### (2) 内容の取扱いについての配慮事項

> (3) 2の内容の取扱いについては，次の事項に配慮するものとする。
> ア 言語材料については，生徒に身近でなじみのある簡単なものから扱うようにするとともに，語，連語及び慣用表現については活用頻度の高いものを用い，必要に応じて繰り返し活用しながら体験的な理解を図るようにすること。
> イ 2の内容のうち，主として言語や文化に関する内容の指導については，言語活動との関連を図るようにすること。その際，日本語と外国語との

> 違いに生徒が気付くなど体験的な理解を図ることとし，指導内容が必要以上に細部にわたったり，形式的になったりしないようにすること。
> ウ　生徒の実態や教材の内容などに応じて，情報機器等を有効に活用し適切な言語材料を十分に提供できるようにすること。

　アの言語材料については，小学部等で学んだ生徒に身近でなじみのある簡単なものから段階的に取り扱うようにする。中学部においても「聞くこと」「話すこと」を中心とした活動を基本としながら活動を組み立てるようにする。また，聞いたり読んだりすることで意味を理解できる事柄については，話すことができるように繰り返し扱う場面を設けるなど，運用能力として身に付けられるように活動場面や内容を工夫する必要がある。語句，基本的な表現については活用頻度の高いものから扱うようにする。

　また，取り扱う内容は，教師とのペア・ワークから友達とのペア・ワーク，またグループ・ワークへとその学習形態を段階的に構成し，学習した内容がさまざまな場面で活用できるように工夫していくようにする。

　イは，言語や文化に関する内容について，日本語と外国語の音声や文字，表現の仕方などの違いに気付くことができるように体験的な活動を工夫することを示している。生徒が自らその違いに気付くために，比較や分類などの方法を用いて分かりやすいものから提示していくなどの工夫が必要である。また，文化の違いなどを扱う際には，生徒の気付きや興味や関心を大切にしながら授業を組み立てていくようにする。さらに，自国の文化に対しても知識を深めたり，外国でも注目されている事物を取り上げたりしながら，他国に対して友好的な感情をもつことができるように工夫していくことが大切である。

　また，文法的な内容やその用法などに特化した指導は避け，生徒が外国語を用いてコミュニケーションを図ることの楽しさを大切にしながら授業を展開していくようにすることが大切である。

　ウは，生徒の実態に応じて，身振り，手振りやカード，ＡＴ機器などを活用し，言語でコミュニケーションを図ることの表現方法は多様であるという認識のもと指導を行うことの重要性を示したものである。これを踏まえ，指導に当たっては，コミュニケーションや環境の把握，人間関係の形成などに障害による困難さがある場合においても，外国語を通して他者とコミュニケーションを図る大切さを学ぶことができるように，生徒自身が困らないような配慮を施さなければならない。また，対話的な活動を通して，いろいろな表現方法をもつ相手を受け入れたり，待ってあげたり，ゆっくり話すようにしたりするなど，相手に配慮した関わり方を学ぶことも大切である。

　また，生徒の実態によっては，生活経験が少ないため情報機器等を有効に活用

することで，実際に見たり体験したりすることができない内容にも触れることができる。

## ● 第10 中学部における指導計画の作成と各教科全体にわたる内容の取扱い（特別支援学校学習指導要領第2章第2節第2款第2）

今回の改訂では，知的障害者である生徒に対する教育を行う特別支援学校の各教科全体にわたって共通する指導計画の作成と内容の取扱いについては，第2章第1節第2款第2に示した小学部における指導計画の作成と各教科全体にわたる内容の取扱いに示した事項に準ずるとしている。

> 第2　指導計画の作成と各教科全体にわたる内容の取扱い
> 　　指導計画の作成と各教科全体にわたる内容の取扱いについては，第2章第1節第2款第2において特に示している事項に準ずるものとする。

ここで，「準ずる」とは基本的には同じであるという意味であるが，中学部の各教科等については，小学部の各教科等と次の点について異なるので，留意が必要である。

○　指導計画の作成に当たっては，個々の生徒の知的障害の状態，生活年齢，学習状況や経験等を考慮しながら，第2章第2節の第2款第1に示す各教科の目標及び内容を基に，3年間を見通して，全体的な指導計画に基づき具体的な指導目標や指導内容を設定するものとする。

中学部段階における生徒は，中学部入学前の学習状況や一人一人の知的障害の状態，経験の程度，興味や関心，対人関係の広がりや適応の状態等が異なっている。そこで，指導計画の作成に当たっては，これらを考慮しながら，一人一人の生徒の知的障害の状態や生活年齢，学習状況，経験等に応じて，3年間を見通した全体的な指導計画に基づき，各教科に示された指導目標や指導内容を選定することが重要である。全体的な指導計画とは，各教科の内容に示されている項目について，3年間を見通しながら，指導内容を配列したものである。

全体的な指導計画に基づき，生徒の興味や関心，学習活動の必要性なども考慮し，それぞれの生徒の状態に応じて，例えば，1段階の一部と2段階の一部の内容を選定し，それらを組み合わせるなどして具体的に指導内容を設定する必要がある。

また，選定された指導内容を適切に組み合わせて，生徒の学習上の特性等を考慮しながら，単元等としてまとめて取り上げ，配列することが重要である。その際には，生徒の実態等を考慮するとともに，生徒の卒業後の進路な

ども踏まえながら，実際の生活に結び付くよう指導内容を組織し，指導計画を作成することが大切である。

併せて，指導に際しては，ねらいを明確にしつつ，より具体的な指導内容を設定することが必要である。それは，授業における評価の観点を明らかにすることにもつながり，指導の改善を図る観点からも重要である。

○　各教科，道徳科，特別活動及び自立活動を合わせて指導を行う際に，総合的な学習の時間については，それらを合わせて指導を行うことができない点に留意が必要である。

# 第5章　特別の教科　道徳

(第3章)

> 第3章　特別の教科　道徳
> 
> 　小学部又は中学部の道徳科の目標，内容及び指導計画の作成と内容の取扱いについては，それぞれ小学校学習指導要領第3章又は中学校学習指導要領第3章に示すものに準ずるほか，次に示すところによるものとする。
> 1　児童又は生徒の障害による学習上又は生活上の困難を改善・克服して，強く生きようとする意欲を高め，明るい生活態度を養うとともに，健全な人生観の育成を図る必要があること。
> 2　各教科，外国語活動，総合的な学習の時間，特別活動及び自立活動との関連を密にしながら，経験の拡充を図り，豊かな道徳的心情を育て，広い視野に立って道徳的判断や行動ができるように指導する必要があること。
> 3　知的障害者である児童又は生徒に対する教育を行う特別支援学校において，内容の指導に当たっては，個々の児童又は生徒の知的障害の状態，生活年齢，学習状況及び経験等に応じて，適切に指導の重点を定め，指導内容を具体化し，体験的な活動を取り入れるなどの工夫を行うこと。

　道徳科の目標，内容及び指導計画の作成と内容の取扱いについては，各特別支援学校を通じて，小学校又は中学校に準ずることとしている。ここでいう「準ずる」とは，原則として同一ということを意味している。しかしながら，指導計画の作成と内容の取扱いについては，小学校又は中学校の学習指導要領に準ずるのみならず，次のような特別支援学校独自の項目が三つ示されており，これらの事項に十分配慮する必要がある。

　第一は，障害による学習上又は生活上の困難を改善・克服して，強く生きようとする意欲を高めることにより，明るい生活態度を養うとともに，健全な人生観の育成を図ることの必要性である。健全な人生観の育成とは，道徳教育の目標である道徳性の育成を指すものといえよう。特別支援学校に在籍する児童生徒の中には，障害があるということで，自己の生き方について悩んだり，ときには自信を失ったりして，何ごとに対しても消極的な態度になりがちな者も見られる。こうしたことから，特別の教科道徳（以下，「道徳科」という。）を含め，学校の教育活動全体を通じ，日常の様々な機会を通して，児童生徒が自己の障害についての認識を深め，自ら進んで学習上又は生活上の困難を改善・克服して，強く生きようとする意欲を高めるよう留意して指導する必要がある。このことにより，明るい生活態度や健全な人生観が育成され，人間としての生き方についての自覚が深まるのである。

なお，障害による学習上又は生活上の困難を改善・克服する意欲の向上は，自立活動の内容にも示されているが，このことは，明るい生活態度を養うとともに，健全な人生観を育成する上で，道徳の指導においても十分留意する必要がある。

　第二は，経験の拡充を図ることによって，豊かな道徳的心情を育て，広い視野に立って道徳性が養われるように指導することの必要性である。特別支援学校に在籍する児童生徒については，個々の障害の状態により，結果として様々な経験の不足が課題となることがあることから，道徳科における指導においても，各教科，外国語活動，総合的な学習の時間，特別活動及び自立活動の指導との関連を密にしながら，経験の拡充を図ることについて，特に留意する必要がある。

　第三は，知的障害者である児童生徒に対する教育を行う特別支援学校における配慮事項である。知的障害者である児童生徒に対する教育を行う特別支援学校小学部及び中学部においては，道徳科の内容を指導する場合においても，他の各教科等の内容の指導と同様に，個々の児童生徒の知的障害の状態，生活年齢，学習状況や経験等を考慮することが重要であることから，今回新設されたものである。このことについては，視覚障害者，聴覚障害者，肢体不自由者又は病弱者である児童生徒に対する教育を行う特別支援学校において，知的障害を併せ有する児童生徒に対して指導を行う場合も，同様に配慮することが大切である。

　道徳科の内容の指導においても，児童生徒一人一人の知的障害の状態，生活年齢，学習状況や経験等に応じた指導の重点を明確にし，具体的なねらいや指導内容を設定することが重要である。その際，児童生徒の学習上の特性から，児童生徒の理解に基づく，生活に結び付いた内容を具体的な活動を通して指導することが効果的であることから，実際的な体験を重視することが必要である。

# 第6章　外国語活動

## 第1款　視覚障害者，聴覚障害者，肢体不自由者又は病弱者である児童に対する教育を行う特別支援学校

(第4章)

> 第4章　外国語活動
> 第1款　視覚障害者，聴覚障害者，肢体不自由者又は病弱者である児童に対する教育を行う特別支援学校
> 　小学部における外国語活動の目標，内容及び指導計画の作成と内容の取扱いについては，小学校学習指導要領第4章に示すものに準ずるほか，次の事項に配慮するものとする。
> 1　児童の障害の状態や特性及び心身の発達の段階等に応じて，指導内容を適切に精選するとともに，その重点の置き方等を工夫すること。
> 2　指導に当たっては，自立活動における指導との密接な関連を保ち，学習効果を一層高めるようにすること。

　今回の改訂により，視覚障害者，聴覚障害者，肢体不自由者又は病弱者である児童に対する教育を行う特別支援学校の小学部第3学年及び第4学年に外国語活動が新設された。

　外国語活動の目標，内容及び指導計画の作成と内容の取扱いについては，小学校学習指導要領に準ずることとしている。ここでいう「準ずる」とは，原則として同一ということを意味している。しかしながら，指導計画の作成と内容の取扱いについては，小学校学習指導要領に準ずるのみならず，次のような特別支援学校独自の項目が二つ示されており，これらの事項に十分配慮する必要がある。

　第一は，指導内容の精選等に関する配慮事項である。外国語活動の指導に当たって，最も重視すべき点は，個々の児童の障害の状態や特性及び心身の発達の段階等を考慮して，適切な指導内容の精選に努めたり，重点の置き方等を工夫したりすることである。例えば，聴覚障害の児童の場合であれば，補聴器等の活用により，外国語の音声やリズムなどの聴取が可能な場合もあるが，一方では，聴力の程度等によって，こうした活動が困難な場合も考えられる。そのような時は，視覚的に情報を獲得しやすい教材・教具を活用するなどの指導方法等の工夫により，外国語を用いてコミュニケーションを図る楽しさを体験するなどの活動に重点を置いて指導を工夫することなどに努めるよう配慮することが大切である。

　第二は，自立活動の指導との関連に留意することである。外国語活動の目標の

一つは，児童が外国語を用いて主体的にコミュニケーションを図ろうとする態度を養うことであるが，特別支援学校の児童については，それぞれ障害を有していることから，外国語を用いたコミュニケーションにおいても，様々な困難が生じる場合があるため，自立活動との関連を図った指導が重要になる。具体的な指導例としては，聴覚に障害のある児童の場合であれば，コミュニケーション手段の選択と活用に関わる指導や，児童の好きなことや得意なことを取り上げ，達成感や成功感をもたせる指導などが挙げられる。これらの指導との関連を図りながら，外国語活動の指導に取り組むことが大切である。

## ●第2款　知的障害者である児童に対する教育を行う特別支援学校

### 1　外国語活動新設の趣旨

今回，小学部における外国語活動の新設は，中央教育審議会から次のように答申されたことを踏まえたものである。

○小学校における外国語教育の充実を踏まえ，小学部において，実態等を考慮の上，外国語に親しんだり，外国の言語や文化について体験的に理解や関心を深めたりするため，教育課程に外国語活動の内容を加えることができるようにすることが適当である。

小学校における外国語教育については，平成23年度に小学校高学年において外国語活動が導入され，その充実により，児童の高い学習意欲，中学生の外国語教育に対する積極性の向上といった変容などの成果が認められている。一方で，①音声中心で学んだことが，中学校の段階で音声から文字への学習に円滑に接続されていない，②国語と英語の音声の違いや英語の発音と綴りの関係，文構造の学習において課題がある，③高学年は，児童の抽象的な思考力が高まる段階であり，より体系的な学習が求められることなどが課題として指摘されている。

このような成果と課題を踏まえ，小学校においては，中学年から「聞くこと」，「話すこと」を中心とした活動を通じて外国語に慣れ親しみ外国語学習への動機付けを高めた上で，高学年から発達の段階に応じて段階的に文字を「読むこと」，「書くこと」を加えて総合的・系統的に扱う教科学習を行うとともに，中学校への接続を図ることを重視することが求められたところである。

そして，小学校中学年に外国語活動を導入するに当たり，目標と内容構成に関して次のように設定した。

**目標**

○　外国語活動における目標は，「知識及び技能」，「思考力，判断力，表現力等」，「学びに向かう力，人間性等」の三つの資質・能力を明確にし，小学校・中

学校・高等学校の一貫した目標を設定。
- ○ 外国語活動においては，三つの資質・能力として，外国語を用いた体験的な活動を通じて，言語や文化について体験的に理解を深め，外国語の音声や基本的な表現などに慣れ親しませ，コミュニケーションを図る素地となる資質・能力を育成するよう位置付けた。また，より弾力的な指導ができるよう，2学年を通した目標とした。
- ○ 外国語活動の三つの資質・能力の下に，英語の目標として言語能力の「聞くこと」「話すこと［やり取り］」「話すこと［発表］」の三つの領域を設定。

**内容構成**
- ○ 外国語教育において育成を目指す三つの資質・能力を確実に身に付けられるように，体系的に構造を整理。
  - ・「知識及び技能」として「英語の特徴等に関する事項」を位置付け。
  - ・「思考力，判断力，表現力等」として「情報を整理しながら考えなどを形成し，英語で表現したり，伝え合ったりすることに関する事項」と「言語活動及び言語の働きに関する事項」を位置付け，具体的な言語活動や言語の使用場面，働き等を整理。

一方，知的障害のある児童においても，例えば，外国語の歌詞が一部含まれている歌を聞いたり，外国の生活の様子を紹介した映像を見たりするなど，日常生活の中で外国の言語や文化に触れる機会が増えてきていると言える。このため，今回小学校中学年へ導入された外国語活動を踏まえながら，知的障害のある児童の実態を考慮し，外国語に親しんだり，外国の言語や文化について体験的に理解や関心を深めたりしながら，コミュニケーションを図る素地となる資質・能力を育成するよう，新たに外国語活動を教育課程に位置付けたところである。

なお，知的障害のある児童の学習の特性等を踏まえ，外国語活動の目標及び内容について，以下の配慮を行っている。
- ○ 知的障害のある児童に対する外国語活動では，育成を目指す三つの資質・能力を目標とすることは小学校の外国語活動と同様であるが，「聞くこと」，「話すこと」の二つの領域の言語活動を設定し，領域別の目標は学習指導要領に示さないこととした。これは，言語活動や行動などを指標とした目標を一律に設定することは知的障害のある児童の実態や学習の特性にそぐわないため，指導計画を作成する際，適切な目標を設定することができるようにしたものである。
- ○ 外国語活動は小学校と同学年からとなる，小学部3学年以上の児童を対象とし，国語科の3段階の目標及び内容を学習する児童が学ぶことができるように目標及び内容を設定している。

○ 内容の設定に当たっては，知的障害のある児童の学習の特性を踏まえ，育成を目指す資質・能力が確実に育まれるよう，興味・関心のあるものや日常生活と関わりがあるものなどを重視した。

## 2 外国語活動の目標及び内容
### (1) 外国語活動の目標

> 第2款　知的障害者である児童に対する教育を行う特別支援学校
> 1　目　標
> 　外国語によるコミュニケーションにおける見方・考え方を働かせ，外国語や外国の文化に触れることを通して，コミュニケーションを図る素地となる資質・能力を次のとおり育成することを目指す。
> (1) 外国語を用いた体験的な活動を通して，日本語と外国語の音声の違いなどに気付き，外国語の音声に慣れ親しむようにする。
> (2) 身近で簡単な事柄について，外国語に触れ，自分の気持ちを伝え合う力の素地を養う。
> (3) 外国語を通して，外国の文化などに触れながら，言語への関心を高め，進んでコミュニケーションを図ろうとする態度を養う。

　小学部の外国語活動の目標は，「コミュニケーションを図る素地となる資質・能力」を育成することである。また，中学部の外国語科の目標も同様に「コミュニケーションを図る素地となる資質・能力」を育成することとしている。小学部の外国語活動及び中学部の外国語科で「素地」としたのは，高等部の外国語科では「コミュニケーションを図る基礎となる資質・能力」の育成を目指しており，それに対しての「素地となる資質・能力」ということからである。したがって，外国語活動を設ける場合は，小学部までの学習の成果が中学部での教育に円滑に接続され，コミュニケーションを図る素地となる資質・能力が育成されるよう工夫する必要がある。

　小学部の外国語活動の目標である「コミュニケーションを図る素地となる資質・能力」については，「外国語や外国の文化に触れることを通して」育成することとしている。これは，児童の障害の状態によっては聞くこと，話すことの言語活動が困難である場合もあるため，外国語や外国の文化に触れることを通して育成するという視点が大切であり，音声によらない言語活動などの工夫をする必要性を示したものである。例えば，外国語の歌や身近な語を聞いたり，ネイティブ・スピーカーと触れ合ったりするなど児童一人一人の状態に合わせた指導の工夫が求められる。

**第6章 外国語活動**

　また，外国語教育においては，「外国語によるコミュニケーションにおける見方・考え方」とは，外国語によるコミュニケーションの中で，どのような視点で物事を捉え，どのような考え方で思考していくのかという，物事を捉える視点や考え方として，「外国語で表現し伝え合うため，外国語やその背景にある文化を，社会や世界，他者との関わりに着目して捉え，目的・場面・状況等に応じて，情報や自分の考えなどを形成，整理，再構築すること」と整理されている。

　外国語やその背景にある文化を，社会や世界，他者との関わりに着目して捉えるとは，外国語で他者とコミュニケーションを行うには，社会や世界との関わりの中で事象を捉えたり，外国語やその背景にある文化を理解するなど相手に十分配慮したりすることが重要であることを示している。知的障害のある児童の場合においては，外国語で相手とコミュニケーションを図る素地として，外国語でコミュニケーションを行っている様子を直に見たり，好きな歌やダンスなどを通して外国語の音声を聞いたりするなど，身近な出来事や人との関わりを通して外国語や外国の文化について体験的に理解していくようにすることが重要である。

　また，目的・場面・状況等に応じて，情報や自分の考えなどを形成，整理，再構築することとは，多様な人との対話の中で，目的・場面・状況等に応じて，既習のものも含めて習得した概念（知識）を相互に関連付けてより深く理解したり，情報を精査して考えを形成したり，課題を見いだして解決策を考えたり，身に付けた思考力を発揮させたりしながら，自分の思いや考えを基に表現し伝え合うことであり，情報や自分の考え及びそれらを表現するためにどのような言語材料を活用し，思考・判断して形成，整理，再構築することなどが重要であることを示している。知的障害のある児童の場合においては，興味・関心のあることや日常親しんでいる相手，繰り返し体験しその目的やすることを既に理解している場面などを手掛かりにしながら，思いを伝え合うことを児童が実感できるようにすることが重要である。

　(1)は，外国語活動における「知識及び技能」として掲げたものである。「外国語を用いた体験的な活動を通して」とは，知識のみによって理解をするのではなく，児童が興味・関心のある遊びや身近で慣れ親しんだ活動などの体験を通して，日本語と外国語の音声などの違いに気付き，外国語の音声に慣れ親しむことをねらっているものである。このため，例えば，児童が好きな歌やダンス，既に遊び方やルールを知っている簡単なゲームややり取りなどを通して，外国語の音声に十分に触れるようにするなど，工夫や配慮が必要である。

　また，「日本語と外国語の音声の違いなどに気付く」とは，日本語と外国語を比較することで，日本語と外国語の音声の違いに気付かせることを指している。知的障害のある児童の学習の特性を踏まえ，両者を聞き比べるのではなく，既に知っている挨拶や遊びなどのやり取りの中で，日本語と外国語の双方を聞く体験

を繰り返しながら,児童が日本語とは違う外国語の音声があることに気付いたり,日本語の音声との違いに気付いたりすることが大切である。

(2)は,外国語活動における「思考力,判断力,表現力等」として掲げたものである。「身近で簡単な事柄」とは,児童がよく知っているものや事柄,人のうち,簡単な語などで表すことができるものを指している。例えば身の回りの物,学校や家庭での出来事や身近な日常生活で起こること,学校の友達や先生,家族などコミュニケーションを図っている相手などが考えられる。このような身近で簡単な事柄に関する音声を聞いたり,外国語によるやり取りを見聞きしたりしながら,自分の要求や思いなどの気持ちを伝え合う体験を図っておくことは,中学部における外国語で聞いたり話したりして自分の考えや気持ちなどを伝え合う力の素地につながるものである。

(3)は,外国語活動における「学びに向かう力,人間性等」として掲げたものである。外国語教育における「学びに向かう力,人間性等」は,児童生徒が言語活動に主体的に取り組むことが外国語によるコミュニケーション能力を身に付ける上で不可欠であるため,極めて重要な観点である。知的障害のある児童の学習上又は生活上の困難さの中には,コミュニケーションやそれによって構築される人間関係などが含まれていることが多い。また,学習上の特性として,成功体験又は自分で成功したと自覚できた体験が少ないことも挙げられる。このため,児童が興味をもって取り組むことができる言語活動を易しいものから段階的に取り入れたり,児童の発話の状態を考慮して自己表現の方法を工夫したりするなど,様々な手立てを通じて児童の「主体的に学習に取り組む態度」を養うことを目指した指導をすることが大切である。

中学部の外国語科では「外国語やその背景にある文化の多様性を知り」としているのに対し,小学部の外国語活動では「言語への関心を高め」としているのは,外国語活動では,学習対象である外国語などの固有の言語だけでなく,日本語も含めた言語の普遍性について気付きを促すことが重要であることからである。このような言語への関心を高め,言葉の働きや仕組みなどの言語としての共通性や固有の特徴への気付きを促していくことは,外国語だけでなく,日本語によるコミュニケーションの意欲にもつながるものである。

## (2) 内容

```
2  内  容
 〔英  語〕
 〔知識及び技能〕
(1) 英語の特徴等に関する事項
```

第6章
外国語活動

> 具体的な言語の使用場面や具体的な状況における言語活動を通して，次の事項を身に付けることができるよう指導する。
> ア　言語を用いてコミュニケーションを図ることの楽しさを知ること。
> イ　日本と外国の言語や文化について，以下の体験を通して慣れ親しむこと。
> 　(ｱ)　英語の歌や日常生活になじみのある語などを聞き，音声やリズムに親しむこと。
> 　(ｲ)　外国の生活や行事などに触れ，日本と外国の生活や違いを知ること。

　小学部の目標であるコミュニケーションを図る素地となる資質・能力を育成するために，知識及び技能として，英語の特徴等に関する事項を示している。

　アは，言語を用いてコミュニケーションを図ることの楽しさを知ることに関する事項である。「言語を用いてコミュニケーションを図ることの楽しさ」とは，言葉を使ってやり取りをする様子を見たり，既に知っている遊びや活動の中で相手とやり取りをしたりする体験を通して，言葉を用いてコミュニケーションを図ることの楽しさを感じることができるようにすることである。児童の障害の状態によっては，音声による意思の伝達が難しい場合も考えられるが，児童が既に身に付けている語句や表現，ジェスチャーや動作等の非言語や実物や絵カードといった手掛かりを活用するなどの工夫をしながらコミュニケーションの楽しさを実感させることが重要である。

　イは，日本と外国の言語や文化について，体験を通して慣れ親しむことに関する事項を示している。

　(ｱ)の「英語の歌や日常生活になじみのある語などを聞き，音声やリズムに親しむ」とは，外国語のもつ音声やリズムに親しむことを示している。外国語活動においては，多くの表現を覚えたり，細かい文構造などに関する抽象的な概念について理解したりすることは目標としていない。一方，音声面に関しては，児童の柔軟な適応力を十分生かすことが可能である。そこで，外国語活動では，外国語のもつ音声やリズムなどに親しむことが大切になる。この場合，「日常生活になじみのある語など」とは，児童が日常生活で繰り返し使用している言葉や国語科の学習で覚えた言葉など他教科等の学習で身に付けている語などのことである。

　例えば，給食で飲用する牛乳の場合，日本語のミルク（mi‐ru‐ku）は3音節であるが，英語のmilkは1音節である。これを日本語のようなリズムで発音すると，英語に聞こえず，意味も伝わらない。そこで，ミルクの実物や絵カードを見ながら英語の音声を聞くような活動を通して，英語特有のリズムやイントネーションに触れることができる。また，国語科の時間に読み聞かせで用いた絵本を

見ながら，動物を表す fox という単語を聞いたり，真似して発音したりすることにより，日本語にない / f / や / ks / の音に触れることができる。このような体験を通して，日本語の音声との違いに触れ親しむことが，言葉の面白さや豊かさ，音声の違いに気付くことにつながる。

(イ)の「外国の生活や行事などに触れ，日本と外国の生活や違いを知る」について，外国の文化のみならず我が国の文化を含めた様々な国や地域の生活，習慣，行事などを積極的に取り上げていくことが期待される。その際には，児童にとって身近な日常生活における食生活や遊び，行事などを取り扱うことが適切である。小学部の段階では，児童が日常生活で体験している日本の文化と異文化との比較により，その違いを体験的な活動を通して知ることを重視している。このような違いを知る経験は，様々な見方や考え方があることへの気付きや我が国の文化に対する理解につながるものである。これらの事項は，単なる知識として指導するのではなく，体験的な活動を通して児童が違いに気付くように指導することが大切である。例えば，ネイティブ・スピーカー（ＡＬＴや留学生など）や地域に住む外国人との交流において簡単な遊びやゲームをともに行ったり，動画や写真等の映像資料を活用したりして，食生活や遊び，行事等の違いを知ることが大切である。

> 〔思考力，判断力，表現力等〕
> (2) 自分の考えや気持ちなどを表現したり，伝えたりする力の素地に関する事項
> 　　具体的な課題等を設定し，コミュニケーションを行う目的や場面などに応じて表現することを通して，次の事項を身に付けることができるよう指導する。
> 　ア　身近で簡単な事柄について，注目して見聞きしようとすること。
> 　イ　身近で簡単な事柄について，相手の働きかけに応じようとすること。

小学部の外国語活動において身に付けるべき資質・能力は，コミュニケーションを図る素地であり，育成を目指す思考力，判断力，表現力等は，日常生活に関する身近で簡単な事柄について，注目して見聞きしようとしたり，相手の働きかけに応じようとしたりするなど，伝え合う力の素地を養うことである。したがって，小学部の外国語活動では，決められた表現を使った単なる反復練習のようなやり取りではなく，伝え合う目的や必要性のある場面でのコミュニケーションを重視することが大切である。

アの「身近で簡単な事柄」とは，児童がよく知っているものや事柄，人のうち簡単な語などで表すことができるものを指している。外国語活動で，児童は，初

めて英語に触れることになる。母語ではない英語で話し掛けられたり，英語での
やり取りの様子を見て，慣れないことに対する不安などを感じたりする児童が出
てくることも想定される。よって，児童の障害の状態や発達の段階等に適した，
身の回りで経験したことのある場面において，これまでに慣れ親しんだ簡単な語
句や基本的な表現で伝え合うようにすることが大切である。その際に，伝え合う
相手を意識させることが重要である。コミュニケーションは相手があって成り立
つものであることから，目の前にいる相手の反応を確かめながら，言葉による伝
え合いを体験することができるような工夫が必要である。また，「注目して見聞
きしようとすること」とは，コミュニケーションの相手や動画や音声等の教材か
ら再生される映像や音声に興味や関心をもって見たり聞いたりしようとすること
である。

　イの「相手の働きかけに応じようとする」とは，コミュニケーションの相手や
活動をともにしている人が話している英語を真似て話そうとしたり，相手の質問
や要求に応じようとしたりすることである。この場合，児童の実態によっては，
発話はしないもののうなずいたり，表情や動作などで応じたりする場合もあると
思われる。このようなコミュニケーションも大切にしながら，例えば，児童が応
じたことに教師が共感しながら代わりに真似て話してみせたり，相手の質問に答
えてみせたりし，児童が外国語によるやり取りの様子を見聞きする機会を設ける
ことが大切である。

### (3) 言語活動及び言語の働きに関する事項

> (3)　言語活動及び言語の働きに関する事項
> ①　言語活動に関する事項
> 　(2)に示す事項については，(1)に示す事項を活用して，例えば，次の
> ような言語活動を取り上げるようにする。
> ア　聞くこと
> 　(ｱ)　既に経験している活動や場面で，英語の挨拶や語などを聞き取る
> 　　　活動。
> 　(ｲ)　既に知っている物や事柄に関する語などを聞き，それが表す内容
> 　　　を実物や写真などと結び付ける活動。

　外国語活動では，外国語を聞いたり話したりすることを通して，コミュニケー
ションを図る素地となる資質・能力を養うことを目標としている。そこで，外国
語活動においては，聞くこと，話すことの言語活動を行うことになる。今回の改
訂で，小学校の外国語活動においては，英語における目標が三つの領域にわたっ

て示されたことから,「聞くこと」,「話すこと［やり取り］」,「話すこと［発表］」の三つの領域で言語活動を示している。知的障害者である児童に対する教育を行う特別支援学校における外国語活動では,児童のコミュニケーションに関する実態や障害による学習の特性等を踏まえ,話すことのうち［やり取り］と［発表］とを総合的に扱うこととしている。小学部における外国語活動において十分に聞いたり話したりする経験をしておくことが,中学部以降における五つの領域の言語活動につながる。

　アは,聞くことに関する事項である。(ｱ)の「既に経験している活動や場面で,英語の挨拶や語などを聞き取る活動。」とは,児童が既に経験している活動や場面で用いられる挨拶や言葉を英語の挨拶や語などにして聞き取ることを示している。知的障害による学習の特性を踏まえ,活動や場面自体を理解することと挨拶や語などを聞き取ることの双方に注意を傾けることの困難さや負担を考慮し,既に経験している活動や場面で用いる挨拶や語などとしている。外国語活動においては,外国語を正確に聞き取ったり,その内容を正しく聞き取り理解させたりすることを求めているのではないことに留意する必要がある。

　(ｲ)の「既に知っている物や事柄に関する語などを聞き,それが表す内容を実物や写真などと結び付ける活動。」とは,児童が既に知っている物や事柄に関する語などを聞き,それが表す実物や写真,絵などと結び付けることを示している。外国語活動の趣旨を踏まえると,教師の話す英語を聞き,当てはまるものを正しく選ぶことを求めるものではないことに留意する必要がある。外国語活動においては,知識として語句や表現を与えるのではなく,音声と事物とを結び付ける体験的な活動をとおして,児童自身がその意味を理解し語句や表現に慣れ親しんでいくことが求められるのである。

　知的障害のある児童においても,生活の中で繰り返し聞いている音声が,具体的な場面や事物と結び付き,その意味を徐々に理解していく様子が見られる。また,音声のみの理解や表現が難しい場合であっても,表情や動作,身近な人同士で伝わるサインなどで理解・表現できる場合もある。このため,音声に加えて,教師の表情や動作も併せて見せたり,音声の表す意味が分かりやすい場面を選んだりするなどの工夫が必要である。

---

　イ　話すこと
　　(ｱ) 既に経験している活動や場面で,実物や写真などを示しながら自分の
　　　名前や好きなものなどを簡単な語などを用いて伝える活動。
　　(ｲ) 既に知っている歌やダンス,ゲームで,簡単な語や身振りなどを使っ
　　　て表現する活動。

イは，話すことに関する事項である。(ｱ)の「既に経験している活動や場面で，実物や写真などを示しながら自分の名前や好きなものなどを簡単な語などを用いて伝える活動」とは，児童が自分の名前や好きなものなどを実物や写真などを示しながら人に伝える活動を示している。この事項では，やり取りや人前での発表まではねらわないが，外国語活動の目標を踏まえ，伝える相手を児童が意識して話すような場面設定をすることが大切である。このような体験を繰り返すことで，人前で発表したり，相手とやり取りしたりする基礎的な力が育まれるのである。

「身振りなど」とは，身振りのほか，その言語を使う国や地域で用いられるジェスチャー，表情，動作のことである。音声による表現が困難な児童の場合，表情や動作も用いながらやり取りしたり発表したりすることが考えられる。このような場合においても，コミュニケーションを行うに当たっては，児童が表情や動作で表現したことを受け，児童が伝えたいことを教師が把握して代わりに言ってみせるなどの配慮が大切である。

児童が安心して話すことができるよう，手掛かりとなる実物や写真，絵などを事前に用意したり，家庭の協力を得て休日の行楽の様子を撮影した写真やペットの写真などを用意したりすることが考えられる。

また，児童が話している際に，教師がうなずきながら聞いたり，表情豊かに応じてみせたりするなど，話が伝わったことを児童が実感できるようにするなどの配慮も重要である。

(ｲ)の「既に知っている歌やダンス，ゲームで，簡単な語や身振りなどを使って表現する活動。」とは，音楽科や体育科，特別活動などの他教科等で学習した内容を，簡単な語や身振りなどを使って表現したり，これまでに経験した活動を簡単な語や身振りなどを使って行ったりすることを示している。

② 言語の働きに関する事項

言語活動を行うに当たり，主として次に示すような言語の使用場面や言語の働きを取り上げるようにする。

ア 言語の使用場面の例

(ｱ) 児童の遊びや身近な暮らしに関わる場面

㋐ 歌やダンスを含む遊び

㋑ 家庭での生活

㋒ 学校での学習や活動 など

(ｲ) 特有の表現がよく使われる場面

㋐ 挨拶

㋑ 自己紹介 など

ここでは,「言語の使用場面」や「言語の働き」について,具体例を示している。これは,授業において,言語の使用場面の設定や,言語の働きを意識した指導を行う際の手掛かりとなるようにするためである。

アの「言語の使用場面」とは,コミュニケーションが行われる場面を表している。これは「(ｱ)児童の遊びや身近な暮らしに関わる場面」と「(ｲ)特有の表現がよく使われる場面」の二つに分けて具体例を示した。以下にそれぞれの場面における活動例や特有の表現例を示す。

(ｱ) 児童の遊びや身近な暮らしに関わる場面

　㋐　歌やダンスを含む遊び

　　歌は,言葉にリズムやメロディーを伴うものであり,ダンスは,リズムに合わせて体を動かすことである。リズムやメロディーに言葉をのせることで,言葉のリズムやメロディーが感覚に響き,言葉だけの時よりも記憶に残りやすいと考えられる。また,体の動きを伴って言葉を使うことでその言葉の意味がより理解されやすくなると考えられる。このような歌やダンスのもつ特徴を踏まえ,児童が楽しみながら英語に触れる活動を設定することが重要である。

　　小学部段階では,例えば,季節の行事に関する歌や誕生日を祝う歌,音楽科の授業や体育科などで取り扱った歌やダンスなど,他教科等で得た知識や経験したことを生かしたり,児童に身近で親しみのある活動を選んだりすることが大切である。また,簡単な手遊び歌やゲームなどを英語の歌や言葉に替えて行うことなども考えられる。

　㋑　家庭での生活

　　食事や遊びなど家庭で日常的に行っている動作や一日の生活の流れ（起床・着替え・朝食などといった流れ）などは,児童が繰り返し行っているため,理解や定着がしやすい題材が多い。このように児童が既に知っていてなじみのある題材を扱うことで,児童が英語の音声の特徴に意識を向けやすくなることが期待される。

　㋒　学校での学習や活動　など

　　他教科等の学習で活動したことや身に付けたことなどを題材として取り扱うことも,効果的である。例えば,生活科で身なりを整える学習で扱う衣類や持ち物を英語で表す,算数科で学習した数え方を英語で表す,授業の挨拶を英語で表すなどの活動が考えられる。

(ｲ) 特有の表現がよく使われる場面

　㋐　挨拶

　　　例1　Good morning/ afternoon.

　　　例2　Hello. Goodbye. See you.

第2款
知の外国語活動

㋑　自己紹介
　　例1　Hello（Hi），I am Haruto.
　　　　　I like baseball.

> イ　言語の働きの例
> 　（ア）コミュニケーションを円滑にする
> 　　㋐　挨拶をする
> 　（イ）気持ちを伝える
> 　　㋐　礼を言う　など

　イの「言語の働き」とは，言語を用いてコミュニケーションを図ることで達成できることを表している。具体的には，「(ア)コミュニケーションを円滑にする」，「(イ)気持ちを伝える」であり，それぞれに代表的な例を示した。
　以下にそれぞれの働きについての表現例を示す。
　（ア）コミュニケーションを円滑にする
　　㋐　挨拶をする
　　　例1　Hello.
　　　例2　Hi！
　（イ）気持ちを伝える
　　㋐　礼を言う
　　　例1　Thank you.

　言語活動を行う際には，国語科における言語の使用やコミュニケーションの様子などを含む児童の実態や経験，興味や関心などを考慮して，児童にとって身近でなじみのある活動を設定することが大切である。

## 3　指導計画の作成と内容の取扱い
### (1) 指導計画作成上の配慮事項

> 3　指導計画の作成と内容の取扱い
> （1）外国語活動においては，言語やその背景にある文化に対する関心をもつよう指導するとともに，外国語による聞くこと，話すことの言語活動を行う際には，英語を取り扱うことを原則とすること。
> （2）指導計画の作成に当たっては，次の事項に配慮するものとする。
> 　ア　単元や題材など，内容や時間のまとまりを見通して，その中で育む資質・能力の育成に向けて，児童の主体的・対話的で深い学びの実現

を図るようにすること。その際，具体的な課題等を設定し，児童が外国語によるコミュニケーションにおける見方・考え方を働かせ，コミュニケーションのよさを感じながら活動を行い，英語の音声や語などの知識を，二つの領域における実際のコミュニケーションにおいて活用する学習の充実を図ること。

イ　外国語活動の指導を行う場合は，第3学年以降の児童を対象とし，国語科の3段階の目標及び内容との関連を図ること。

ウ　2の内容のうち，主として言語や文化に関する内容の指導については，コミュニケーションに関する内容との関連を図るようにすること。その際，言語や文化については体験的な理解を図ることとし，指導内容が必要以上に細部にわたったり，形式的になったりしないようにすること。

エ　指導内容や活動については，児童の興味や関心に合ったものとし，国語科や音楽科，図画工作科などの他教科等で児童が学習したことを活用するなどの工夫により，指導の効果を高めるようにすること。

オ　授業を実施するに当たっては，ネイティブ・スピーカーや英語が堪能な地域人材などの協力を得る等，指導体制の充実を図るとともに，指導方法を工夫すること。

カ　音声を取り扱う場合には，視聴覚教材を積極的に活用すること。その際，使用する視聴覚教材は，児童，学校及び地域の実態を考慮して適切なものとすること。

キ　第1章総則の第2節の2の(2)に示す道徳教育の目標に基づき，道徳科などとの関連を考慮しながら，第3章特別の教科道徳に示す内容について，外国語活動の特質に応じて適切な指導をすること。

(3) 2の内容の取扱いについては，次の事項に配慮するものとする。

ア　外国語でのコミュニケーションにおいては，児童の発達の段階を考慮した表現を用い，児童にとって身近なコミュニケーションの場を設定すること。

イ　外国語でのコミュニケーションにおいては，聞くこと，話すことに関する言語活動を中心とし，文字については，児童の学習負担に配慮しつつ，音声によるコミュニケーションを補助するものとして取り扱うこと。

ウ　言葉によらないコミュニケーションの手段もコミュニケーションを支えるものであることを踏まえ，ジェスチャーなどを取り上げ，その役割を理解することができるようにすること。

エ　外国語活動を通して，外国語や外国の文化のみならず，国語や我が

> 国の文化についても併せて理解を深めることができるようにすること。

(1)は，英語が世界で広くコミュニケーションの手段として用いられている実態や，現行の小学校外国語活動においても英語を取り扱ってきたことや，中学部及び高等部における外国語科は英語を履修とすることが原則とされていることを踏まえ，「聞くこと」「話すこと」の言語活動を行う際には，英語を取り扱うことを原則とすることを示したものである。

(2)は，指導計画の作成に当たって配慮すべき事項を示している。

アは，外国語活動の指導計画の作成に当たり，児童の主体的・対話的で深い学びの実現を目指した授業改善を進めることとし，外国語活動の特質に応じて，効果的な学習が展開できるように配慮すべき内容を示したものである。

外国語活動の指導に当たっては，(1)「知識及び技能」を体験的に身に付けること，(2)「思考力，判断力，表現力等」を育成すること，(3)「学びに向かう力，人間性等」を涵養することが偏りなく実現されるよう，単元など内容や時間のまとまりを見通しながら，主体的・対話的で深い学びの実現に向けた授業改善を行うことが重要である。

主体的・対話的で深い学びは，必ずしも1単位時間の授業の中ですべてが実現されるものではない。単元など内容や時間のまとまりの中で，例えば，主体的に学習に取り組めるよう学習の見通しを立てたり学習したことを振り返ったりして自身の学びや変容を自覚できる場面をどこに設定するか，対話によって自分の考えなどを広げたり深めたりする場面をどこに設定するか，学びの深まりをつくりだすために，児童が考える場面と教師が教える場面をどのように組み立てるかといった視点で授業改善を進めることが求められる。また，児童や学校の実態に応じ，多様な学習活動を組み合わせて授業を組み立てていくことが重要であり，単元のまとまりを見通した学習を行うに当たり基礎となる知識及び技能の習得に課題が見られる場合には，それを身に付けるために，児童の主体性を引き出すなどの工夫を重ね，確実な習得を図ることが必要である。

主体的・対話的で深い学びの実現に向けた授業改善を進めるに当たり，特に，「深い学び」の視点に関して，各教科等の学びの深まりの鍵となるのが「見方・考え方」である。各教科等の特質に応じた物事を捉える視点や考え方である「見方・考え方」を習得・活用・探究という学びの過程の中で働かせることを通じて，より質の高い深い学びにつなげることが重要である。

次に，「その際」以下において，指導計画の作成に当たっては，中学部及び高等部の外国語科における指導と円滑に接続できるよう語彙や表現，ゲームや活動，題材や場面設定等の配列を工夫したり，系統的な指導が行えるよう，指導方法や学習環境等に配慮したりするなど，児童の発達の段階や学校・地域の実態に応じ

て適切に作成していく必要性を述べている。ここで「具体的な課題等を設定し」とは，主体的・対話的で深い学びの実現に向けた授業改善を行うため，教師が単元終末段階の児童に望む具体的な姿のイメージをもち，実態に応じて単元を見通した課題設定をすることを示したものである。これらは，外国語教育においてこれまでも行われてきた学習活動の質を向上させることを主眼とするものであり，主体的・対話的で深い学びの実現に向けた授業改善が，全く新たな学習活動を取り入れる趣旨ではないことに留意しなければならない。

イは，「外国語活動の指導を行う場合は，第3学年以降の児童を対象とし，国語科の3段階の目標及び内容との関連を図ること」を示している。小学校の外国語活動が第3学年及び第4学年を対象としていることから，小学部の外国語活動を行う場合は，小学部第3学年以上の児童を対象とする。また，国語科の3段階の目標及び内容との関連を図ることとは，外国語活動の目標であるコミュニケーションを図る素地となる資質・能力の育成を言語活動を通して目指す点で，国語科と共通しているからである。小学部国語科の3段階では，言葉の働きに気付いたり，言葉のもつよさを感じたりすること，言葉を用いて伝え合うことなどの内容を扱っている。このことから，国語科と外国語活動との関連を図った指導を行うことが，国語に関する能力の向上にも資するものである。

ウは，2の内容のうち，主として言語や文化に関する内容の指導においては，コミュニケーションに関する内容との関連を図るようにすることを示している。例えば，遊びやゲームなどでやり取りをする際，同じ物事や行動などを表す外国語を聞くことは，音声の違いに気付くことにつながり，言語の面白さや豊かさを感じ取ることにもつながるものである。このため，言語や文化に関する内容を取り扱う際は，コミュニケーションの目的や場面が分かりやすい活動を設定することが大切である。

また，「体験的な理解を図ることとし，指導内容が必要以上に細部にわたったり，形式的になったりしないようにする」とは，言語や文化について単に知識として教えるのではなく，具体的なコミュニケーションである話したり聞いたりする活動や物のやり取りや応答的な活動を行ったりして，体験的な理解を図ることの重要性を示している。「必要以上に」とは，例えば，語を機械的に暗記したり，冠詞を正しく付けることを強調したりするなど，単に知識のみを取り出して指導することを表している。外国語活動においては，児童の表現に対する意欲やコミュニケーションを行うことへの興味や関心を重視した内容の取扱いが重要である。

エは，知的障害のある児童の興味や関心を重視した指導内容や活動を設定することと，指導の効果を高める工夫について示している。ここでいう興味や関心とは，児童が進んでコミュニケーションを図りたいと思うような題材や活動のことを表している。外国語活動の目標を実現するためには，児童がコミュニケーショ

ンを体験する場を確保する必要がある。そこで，児童が興味や関心を示す題材を取り扱い，児童がやってみたいと思うような活動を通して，積極的にコミュニケーションを図ろうとする態度を養うことが大切である。

　また，外国語活動の目標を踏まえると，広く言語教育として，国語教育をはじめとした学校におけるすべての教育活動と結び付けることが大切である。例えば，児童が国語科，音楽科，図画工作科などの他教科等で身に付けた知識や体験などを生かして活動を展開することは，児童にとっても分かりやすくコミュニケーションを図る意欲が高まることにもなる。

　例えば，国語科の学習では，日常生活に必要な言葉や昔話，神話・伝承で使われている言葉の響きやリズムに親しむ活動と外国語活動においてチャンツ等を言う活動の両方を体験することを通してそのリズムとの違いに触れるなどの工夫が考えられる。音楽科では，リズムをとったり，つくったりしており，こうした学習がチャンツや歌などの英語の音声やリズムに慣れ親しむ活動の中で生かされることによって，一層英語に慣れ親しむことができるようにするなどの工夫が考えられる。また，図画工作科では，見たこと，感じたこと，想像したこと，伝えたいことを絵や立体に表現する学習をしている。児童が作成した作品を，英語で表すなどの工夫も考えられる。

　オは，知的障害のある小学部3学年以降の児童が英語を聞いたり話したりするための動機付けには，指導体制の充実や指導方法の工夫が大切であることを示している。授業において，児童に活発なコミュニケーションの場を与えたり，様々な国や地域の文化を紹介し国際理解教育の推進を図ったりするためには，指導者に，ある程度，英語をはじめとする外国語を聞いたり話したりするスキルや，様々な国や地域の文化についての知識や理解が求められる側面がある。このため，ネイティブ・スピーカーや，外国生活の経験者，海外事情に詳しい人々，外国語に堪能な人々の協力を得るなどの指導体制の充実を図ることが必要である。

　また，授業において児童が外国語に触れる機会を充実させるため，ネイティブ・スピーカーや外国語が堪能な人々とコミュニケーションをする場面や活動を取り入れ，学級担任とティーム・ティーチングを行いながら指導することが考えられる。この場合，知的障害のある児童の学習の特性や個々の児童の実態やねらい等について，学級担任と他の指導者間で個別の指導計画等を用いて共通理解を図るとともに，授業中の役割分担や児童への関わり方などについて共通理解を図っておくことが必要である。

　カは，音声を取り扱う際の視聴覚教材の積極的な活用の必要性を示している。オでも述べたように，授業において児童が外国語に触れる機会を充実させるため，視聴覚教材を積極的に活用することが考えられる。視聴覚教材には，映像と音声等を同時に視聴できるものや音楽・音声を聴くものなどある。また，児童が気に

入った場面や音声等を繰り返し再生できることから，学校生活の様々な場面で取り扱うことも可能である。一方，動画や音楽などを再生したままでは，やり取りなどの応答的な活動は難しい。このため，視聴覚教材を活用するに当たっては，使用する目的や場面及び児童の実態等を踏まえて視聴覚教材を選択するとともに，使用上の留意事項などを明確にしておくことが大切である。

キは，外国語活動の指導においては，その特質に応じて，道徳科などとの関連を考慮しながらに適切に指導する必要があることを示すものである。

特別支援学校小学部・中学部学習指導要領の第1章総則の第2節の2の(2)においては，「学校における道徳教育は，特別の教科である道徳（以下「道徳科」という。）を要として学校の教育活動全体を通じて行うものであり，道徳科はもとより，各教科，外国語活動，総合的な学習の時間，特別活動及び自立活動のそれぞれの特質に応じて，児童又は生徒の発達の段階を考慮して，適切な指導を行うこと」と規定されている。

外国語活動における道徳教育の指導としては，学習活動や学習態度への配慮といった側面や教師自らの態度や行動の在り方といった側面から，外国語活動と道徳教育との関連を明確に意識した指導を行う必要がある。

また，外国語活動で扱った内容や教材の中で適切なものを，道徳科で活用したり，道徳科で取り上げたことに関係のある内容や教材を外国語活動で扱ったりすることが考えられる。

このような道徳科と関連を図った指導を行うためには，外国語活動の年間指導計画の作成などに際して，道徳教育の全体計画との関連，指導の内容及び時期等に配慮することが大切である。

## (2) 内容の取扱いについての配慮事項

アは，外国語でのコミュニケーションを体験する活動を選定する際は，児童の発達の段階を考慮するとともに，児童にとって身近なコミュニケーションの場面を設定し，児童が積極的にコミュニケーションを図ることができるように指導することの必要性を示している。

外国語を初めて学習する段階であることを踏まえると，日常生活でよく使われる外来語など児童に身近な表現や内容を活用し，児童の発達の段階や興味・関心に合ったコミュニケーションの場面で，外国語でのコミュニケーションを体験できるようにすることが大切である。

イは，知的障害のある児童の外国語活動の指導においては，外国語教育の「聞くこと」，「読むこと」，「話すこと［やり取り］」，「話すこと［発表］」，「書くこと」の五つの領域のうち，音声によるコミュニケーションを重視し，「聞くこと」，「話すこと」に関する言語活動を中心とすることを示している。知的障害のある児童

の外国語活動の指導では，話すことのうち，やり取りに関する指導と発表に関する指導を明確に分けることが必ずしも児童の発達の程度や学習の特性に適さないことも考えられることから，「話すこと」としてまとめて取り扱うようにしている。

音声に関する指導については，児童の身の回りの物や身近な事柄について，教師が実物などを見せながら簡単な語や表現などを話してみせ，児童が英語の音声やリズムに触れる時間を確保することが大切である。

例えば，絵カードの下にその単語の綴りを添えたり，既出のHow many? などの表現と結び付け，単語の文字数を尋ねたりすることも考えられる。またその際，外国語活動が英語を初めて学習する段階であることや児童が文字を読んだり書いたりする段階であることを踏まえ，英文だけを板書して指示するような，文字を使って行う指導とならないよう注意する必要がある。

文字に関する指導において「音声によるコミュニケーションを補助するものとして取り扱う」とは，コミュニケーションの場で用いる写真や絵カードの下にその単語の綴りを添えたり，ゲームで用いる合図（スタート，ストップなど）の単語をカードにして音声と併せて示したりすることである。これは，聞くこと・話すことを中心としながら，併せて文字を見る体験を通して，身の回りに文字があることに気付いたり，慣れ親しんだりすることにつながるものである。

ウは，英語でのコミュニケーションを体験する際に，音声によるコミュニケーションだけでなく，ジェスチャーや表情などを手掛かりとすることで，相手の意図をより正確に理解したり，ジェスチャーや表情などを加えて話すことで，自分の思いをより正確に伝えたりすることができることなど，言葉によらないコミュニケーションの役割を理解するように指導することの必要性を述べている。

ここでいうジェスチャーや表情は，それぞれの地域で用いられているものである。知的障害のある児童の場合，ジェスチャーや表情を活用した表現がコミュニケーションの楽しさを増す場合もあれば，表情や慣れないジェスチャーに戸惑いを覚えてしまう場合もある。このため，個々の児童のコミュニケーションの仕方などを配慮する必要がある。

エは，外国語活動を通して，国語や我が国の文化についても併せて理解を深めるようにすることを示している。外国語活動を学習する児童は，前述のとおり小学部3学年以降で，国語科の3段階を学習している児童を想定していることから，国語科においても言葉の特徴や使い方，我が国の言語文化に関する事項を学習してきている。「理解を深める」とは，新たに知識や技能を身に付けるということではなく，国語以外の言語に触れる体験を通して，音声や文字の違い，共通する言語の働きや特徴に気付いていくことである。例えば，外国語でのコミュニケーションを繰り返し体験することで，表現の仕方は異なるが，要求をする際は言葉を使うと便利であるといったことを実感し，より意識して言葉を使おうとするこ

となどが考えられる。

第2款
知の外国語活動

# 第7章　総合的な学習の時間

(第5章)

> 第5章　総合的な学習の時間
> 　小学部又は中学部における総合的な学習の時間の目標，各学校において定める目標及び内容並びに指導計画の作成と内容の取扱いについては，それぞれ小学校学習指導要領第5章又は中学校学習指導要領第4章に示すものに準ずるほか，次に示すところによるものとする。
> 1　児童又は生徒の障害の状態や発達の段階等を十分考慮し，学習活動が効果的に行われるよう配慮すること。
> 2　体験活動に当たっては，安全と保健に留意するとともに，学習活動に応じて，小学校の児童又は中学校の生徒などと交流及び共同学習を行うよう配慮すること。
> 3　知的障害者である生徒に対する教育を行う特別支援学校中学部において，探究的な学習を行う場合には，知的障害のある生徒の学習上の特性として，学習によって得た知識や技能が断片的になりやすいことなどを踏まえ，各教科等の学習で培われた資質・能力を総合的に関連付けながら，具体的に指導内容を設定し，生徒が自らの課題を解決できるように配慮すること。

　総合的な学習の時間については，視覚障害者，聴覚障害者，肢体不自由者又は病弱者である児童生徒に対する教育を行う特別支援学校においては，小学部第3学年以上及び中学部において，また，知的障害者である生徒に対する教育を行う特別支援学校においては，中学部において，それぞれ適切な授業時数を定めることとされている。

　総合的な学習の時間については，前回の改訂において，教育課程における位置付けを明確にし，各学校における指導の充実を図るため，新たに章立てられたところである。

　総合的な学習の時間の目標，各学校において定める目標及び内容並びに指導計画の作成と内容の取扱いについては，各特別支援学校を通じて，小学校又は中学校に準ずることとしている。ここでいう「準ずる」とは，原則として同一ということを意味している。一方，指導計画の作成と内容の取扱いについては，小学校又は中学校の学習指導要領に準ずるのみならず，次のような特別支援学校独自の項目が二つ示されていたところ，今回の改訂では，知的障害者である生徒に対する特別支援学校の中学部においては，総合的な学習の時間の指導に当たっても，他の各教科等の内容の指導と同様に，個々の児童生徒の知的障害の状態や経験等

を考慮することが重要であることから，三つ目の項目が加わった。総合的な学習の時間の内容の指導においては，これらの事項に十分配慮する必要がある。

　第一は，学習活動が効果的に行われるための配慮事項である。特別支援学校に在籍する児童生徒の障害の種類や程度，発達の段階や特性等は多様であることから，個々の児童生徒の実態に応じ，補助用具や補助的手段，コンピュータ等の情報機器を適切に活用するなど，学習活動が効果的に行われるよう配慮することが大切である。

　第二は，体験活動に当たっての配慮事項である。体験活動としては，例えば，自然にかかわる体験活動，職場体験活動やボランティア活動など社会とかかわる体験活動，ものづくりや生産，文化や芸術にかかわる体験活動，交流及び共同学習などが考えられるが，これらの体験活動を展開するに当たっては，児童生徒をはじめ教職員や外部の協力者などの安全確保，健康や衛生等の管理に十分配慮することが求められる。

　交流及び共同学習については，特別支援学校小学部・中学部学習指導要領第1章総則第6節の2の(2)において，一層の充実を目指していることを示した。ここでは，小・中学校等との交流及び共同学習を通して体験的な学習などが展開できる場合もあることから，学習活動に応じて，適切に交流及び共同学習を行うよう配慮することを，特別支援学校独自に示した。

　第三は，知的障害者である生徒に対する教育を行う特別支援学校中学部における配慮事項である。総合的な学習の時間は，探究的な学習のよさを理解すること，実社会や実生活の中から問いを見いだし解決していくこと，探究的な学習に主体的・協働的に取り組めるようにすることなどが求められる。その際に，知的障害のある生徒の学習上の特性として，抽象的な内容が分かりにくいことや，学習した知識や技能が断片的になりやすいことなどを踏まえ，実際の生活に関する課題の解決に応用されるようにしていくためには，具体の場面や物事に即しながら段階的な継続した指導が必要になる。そのため，各教科等の学習で培われた資質・能力を明確にし，それらを総合的に関連付けながら，個別の指導計画に基づき，生徒一人一人の具体的な指導内容を設定していくことが大切となる。また，主体的・協働的に取り組めるようにするために，個々の生徒の知的障害の状態，生活年齢，学習状況や経験等を考慮しながら，単元等を設定し，生徒が自らの課題を解決できるように配慮することが大切である。

# 第8章　特別活動

(第6章)

> 第6章　特別活動
> 
> 　小学部又は中学部の特別活動の目標，各活動・学校行事の目標及び内容並びに指導計画の作成と内容の取扱いについては，それぞれ小学校学習指導要領第6章又は中学校学習指導要領第5章に示すものに準ずるほか，次に示すところによるものとする。
> 
> 1　学級活動においては，適宜他の学級や学年と合同で行うなどして，少人数からくる種々の制約を解消し，活発な集団活動が行われるようにする必要があること。
> 2　児童又は生徒の経験を広めて積極的な態度を養い，社会性や豊かな人間性を育むために，集団活動を通して小学校の児童又は中学校の生徒などと交流及び共同学習を行ったり，地域の人々などと活動を共にしたりする機会を積極的に設ける必要があること。その際，児童又は生徒の障害の状態や特性等を考慮して，活動の種類や時期，実施方法等を適切に定めること。
> 3　知的障害者である児童又は生徒に対する教育を行う特別支援学校において，内容の指導に当たっては，個々の児童又は生徒の知的障害の状態，生活年齢，学習状況及び経験等に応じて，適切に指導の重点を定め，具体的に指導する必要があること。

　特別活動の目標，内容及び指導計画の作成と内容の取扱いについては，各特別支援学校を通じて，小学校又は中学校に準ずることとしている。ここでいう「準ずる」とは，原則として同一ということを意味している。しかしながら，指導計画の作成と内容の取扱いについては，小学校又は中学校の学習指導要領に準ずるのみならず，次のような特別支援学校独自の項目が三つ示されており，これらの事項に十分配慮する必要がある。

　第一は，学級活動における集団の構成に当たっての配慮である。特別活動の実施に当たっては，児童生徒が互いのよさや可能性を発揮しながら，多様な他者と協働することが大変重要であるが，特別支援学校における一学級当たりの児童生徒数は，小・中学校に比較するとかなり少なくなっており，学級を単位として行われる学級活動を実施する上で，集団の構成上創意工夫が必要となることが多い。このため，「適宜他の学級や学年と合併する」ことなどによって，少人数からくる制約を解消するよう努めることが重要になる。

　第二は，「交流及び共同学習」や「活動を共に」する際の配慮事項である。これらの実施については，特別支援学校小学部・中学部学習指導要領第1章総則第

6節の2の(2)や第5章の2においても示されているが,特別活動においてより成果が期待できることから,特に示されているものである。実施に当たっては,活動の種類や時期,実施方法等を適切に定めることが必要である。

　第三は,知的障害者である児童生徒に対する教育を行う特別支援学校における配慮事項である。知的障害者である児童生徒に対する教育を行う特別支援学校においては,特別活動の内容を指導する場合においても,他の教科等の内容の指導と同様に,個々の児童生徒の知的障害の状態や経験等を考慮することが重要である。今回の改訂では,考慮が必要な事柄として新たに「生活年齢」及び「学習状況」が追加された。これは,従前の知的障害の状態や経験だけでなく,生活年齢や個々の学習状況を踏まえた指導内容の設定に考慮することが重要であることによるものである。例えば,学校行事等を設定する際にも,生活年齢を十分に踏まえ,学年にふさわしい内容を工夫していくようにすることが大切である。

　このことについては,視覚障害者,聴覚障害者,肢体不自由者又は病弱者である児童生徒に対する教育を行う特別支援学校において,知的障害を併せ有する児童生徒に対して指導を行う場合も,同様に配慮することが大切である。

　特別活動の内容の指導においても,児童生徒一人一人の知的障害の状態,生活年齢,学習状況及び経験等に応じた指導の重点を明確にし,具体的なねらいや指導内容を設定することが重要である。その際,特に,児童生徒の理解に基づく,生活に結び付いた内容を,実際的な場面で具体的な活動を通して指導することが必要である。

　例えば,学級活動においては,児童生徒間の望ましい人間関係が形成できるように,友達への関わり方について,具体の場面を取り上げて学習することや,集団の一員として学級や学校におけるよりよい生活づくりに参画できるように,学校生活に必要な係を分担し,児童生徒が実際的な活動に責任をもって取り組めるようにするなど,主体的,実践的な態度を育てることが大切である。また,中学部における進路の選択などの指導に当たっては,産業現場等の実習と関連させ,実際の仕事等を体験することで,将来のことについて具体的にイメージをもち考えるきっかけとすることができるようにすることが大切である。

# 目標・内容の一覧〔生活〕

| 学部 | 小学部 | | |
|---|---|---|---|
| | 教科の目標 | | |
| | 具体的な活動や体験を通して，生活に関わる見方・考え方を生かし，自立し生活を豊かにしていくための資質・能力を次のとおり育成することを目指す。 | | |
| 知識及び技能 | (1) 活動や体験の過程において，自分自身，身近な人々，社会及び自然の特徴やよさ，それらの関わり等に気付くとともに，生活に必要な習慣や技能を身に付けるようにする。 | | |
| 思考力，判断力，表現力等 | (2) 自分自身や身の回りの生活のことや，身近な人々，社会及び自然と自分との関わりについて理解し，考えたことを表現することができるようにする。 | | |
| 学びに向かう力，人間性等 | (3) 自分のことに取り組んだり，身近な人々，社会及び自然に自ら働きかけ，意欲や自信をもって学んだり，生活を豊かにしようとしたりする態度を養う。 | | |
| 段階の目標 | 1段階 | 2段階 | 3段階 |
| 知識及び技能 | ア 活動や体験の過程において，自分自身，身近な人々，社会及び自然の特徴に関心をもつとともに，身の回りの生活において必要な基本的な習慣や技能を身に付けるようにする。 | ア 活動や体験の過程において，自分自身，身近な人々，社会及び自然の特徴や変化に気付くとともに，身近な生活において必要な習慣や技能を身に付けるようにする。 | ア 活動や体験の過程において，自分自身，身近な人々，社会及び自然の特徴やよさ，それらの関わりに気付くとともに，生活に必要な習慣や技能を身に付けるようにする。 |
| 思考力，判断力，表現力等 | イ 自分自身や身の回りの生活のことや，身近な人々，社会及び自然と自分との関わりについて関心をもち，感じたことを伝えようとする。 | イ 自分自身や身の回りの生活のことや，身近な人々，社会及び自然と自分との関わりについて気付き，感じたことを表現しようとする。 | イ 自分自身や身の回りの生活のことや，身近な人々，社会及び自然と自分との関わりについて理解し，考えたことを表現することができるようにする。 |
| 学びに向かう力，人間性等 | ウ 自分のことに取り組もうとしたり，身近な人々，社会及び自然に関心をもち，意欲をもって学んだり，生活に生かそうとしたりする態度を養う。 | ウ 自分のことに取り組もうとしたり，身近な人々，社会及び自然に自ら働きかけようとしたり，意欲や自信をもって学んだり，生活に生かそうとしたりする態度を養う。 | ウ 自分のことに取り組んだり，身近な人々，社会及び自然に自ら働きかけ，意欲や自信をもって学んだり，生活を豊かにしようとしたりする態度を養う。 |
| 内容 | 1段階 | 2段階 | 3段階 |
| ア 基本的生活習慣 | 食事や用便等の生活習慣に関わる初歩的な学習活動を通して，次の事項を身に付けることができるよう指導する。 | 食事，用便，清潔等の基本的生活習慣に関わる学習活動を通して，次の事項を身に付けることができるよう指導する。 | 身の回りの整理や身なりなどの基本的生活習慣や日常生活に役立つことに関わる学習活動を通して，次の事項を身に付けることができるよう指導する。 |
| | (ｱ) 簡単な身辺処理に気付き，教師と一緒に行おうとすること。 | (ｱ) 必要な身辺処理が分かり，身近な生活に役立てようとすること。 | (ｱ) 必要な身辺処理や集団での基本的生活習慣が分かり，日常生活に役立てようとすること。 |
| | (ｲ) 簡単な身辺処理に関する初歩的な知識や技能を身に付けること。 | (ｲ) 身近な生活に必要な身辺処理に関する基礎的な知識や技能を身に付けること。 | (ｲ) 日常生活に必要な身辺処理等に関する知識や技能を身に付けること。 |
| イ 安全 | 危ないことや危険な場所等における安全に関わる初歩的な学習活動を通して，次の事項を身に付けることができるよう指導する。 | 遊具や器具の使い方，避難訓練等の基本的な安全や防災に関わる学習活動を通して，次の事項を身に付けることができるよう指導する。 | 交通安全や避難訓練等の安全や防災に関わる学習活動を通して，次の事項を身に付けることができるよう指導する。 |
| | (ｱ) 身の回りの安全に気付き，教師と一緒に安全な生活に取り組もうとすること。 | (ｱ) 身近な生活の安全に関心をもち，教師の援助を求めながら，安全な生活に取り組もうとすること。 | (ｱ) 日常生活の安全や防災に関心をもち，安全な生活をするよう心がけること。 |

| 内容 | 1段階 | 2段階 | 3段階 |
|---|---|---|---|
| イ 安全 | (イ) 安全に関わる初歩的な知識や技能を身に付けること。 | (イ) 安全や防災に関わる基礎的な知識や技能を身に付けること。 | (イ) 安全や防災に関わる知識や技能を身に付けること。 |
| ウ 日課・予定 | 日課に沿って教師と共にする学習活動を通して，次の事項を身に付けることができるよう指導する。 | 絵や写真カードなどを手掛かりにして，見通しをもち主体的に取り組むことなどに関わる学習活動を通して，次の事項を身に付けることができるよう指導する。 | 一週間程度の予定，学校行事や家庭の予定などに関わる学習活動を通して，次の事項を身に付けることができるよう指導する。 |
| | (ア) 身の回りの簡単な日課に気付き，教師と一緒に日課に沿って行動しようとすること。 | (ア) 身近な日課・予定が分かり，教師の援助を求めながら，日課に沿って行動しようとすること。 | (ア) 日常生活の日課・予定が分かり，およその予定を考えながら，見通しをもって行動しようとすること。 |
| | (イ) 簡単な日課について，関心をもつこと。 | (イ) 身近な日課・予定について知ること。 | (イ) 日課や身近な予定を立てるために必要な知識や技能を身に付けること。 |
| エ 遊び | 自分で好きな遊びをすることなどに関わる学習活動を通して，次の事項を身に付けることができるよう指導する。 | 教師や友達と簡単な遊びをすることなどに関わる学習活動を通して，次の事項を身に付けることができるよう指導する。 | 日常生活の中での遊びに関わる学習活動を通して，次の事項を身に付けることができるよう指導する。 |
| | (ア) 身の回りの遊びに気付き，教師や友達と同じ場所で遊ぼうとすること。 | (ア) 身近な遊びの中で，教師や友達と簡単なきまりのある遊びをしたり，遊びを工夫しようとしたりすること。 | (ア) 日常生活の遊びで，友達と関わりをもち，きまりを守ったり，遊びを工夫し発展させたりして，仲良く遊ぼうとすること。 |
| | (イ) 身の回りの遊びや遊び方について関心をもつこと。 | (イ) 簡単なきまりのある遊びについて知ること。 | (イ) きまりのある遊びや友達と仲良く遊ぶことなどの知識や技能を身に付けること。 |
| オ 人との関わり | 小さな集団での学習活動を通して，次の事項を身に付けることができるよう指導する。 | 身近な人と接することなどに関わる学習活動を通して，次の事項を身に付けることができるよう指導する。 | 身近なことを教師や友達と話すことなどに関わる学習活動を通して，次の事項を身に付けることができるよう指導する。 |
| | (ア) 教師や身の回りの人に気付き，教師と一緒に簡単な挨拶などをしようとすること。 | (ア) 身近な人を知り，教師の援助を求めながら挨拶や話などをしようとすること。 | (ア) 身近な人と自分との関わりが分かり，一人で簡単な応対などをしようとすること。 |
| | (イ) 身の回りの人との関わり方に関心をもつこと。 | (イ) 身近な人との接し方などについて知ること。 | (イ) 身近な人との簡単な応対などをするための知識や技能を身に付けること。 |
| カ 役割 | 学級等の集団における役割などに関わる学習活動を通して，次の事項を身に付けることができるよう指導する。 | 学級や学年，異年齢の集団等における役割に関わる学習活動を通して，次の事項を身に付けることができるよう指導する。 | 様々な集団や地域での役割に関わる学習活動を通して，次の事項を身に付けることができるよう指導する。 |
| | (ア) 身の回りの集団に気付き，教師と一緒に参加しようとすること。 | (ア) 身近な集団活動に参加し，簡単な係活動をしようとすること。 | (ア) 様々な集団活動に進んで参加し，簡単な役割を果たそうとすること。 |
| | (イ) 集団の中での役割に関心をもつこと。 | (イ) 簡単な係活動などの役割について知ること。 | (イ) 集団の中での簡単な役割を果たすための知識や技能を身に付けること。 |
| キ 手伝い・仕事 | 教師と一緒に印刷物を配ることや身の回りの簡単な手伝いなどに関わる学習活動を通して，次の事項を身に付けることができるよう指導する。 | 人の役に立つことのできる手伝いや仕事に関わる学習活動を通して，次の事項を身に付けることができるよう指導する。 | 自分から調理や製作などの様々な手伝いをすることや学級の備品等の整理などに関わる学習活動を通して，次の事項を身に付けることができるよう指導する。 |

| 内容 | | 1段階 | 2段階 | 3段階 |
|---|---|---|---|---|
| キ | 手伝い・仕事 | (ア) 身の回りの簡単な手伝いや仕事を教師と一緒にしようとすること。 | (ア) 教師の援助を求めながら身近で簡単な手伝いや仕事をしようとすること。 | (ア) 日常生活の手伝いや仕事を進んでしようとすること。 |
| | | (イ) 簡単な手伝いや仕事に関心をもつこと。 | (イ) 簡単な手伝いや仕事について知ること。 | (イ) 手伝いや仕事をするための知識や技能を身に付けること。 |
| ク | 金銭の扱い | 簡単な買い物や金銭を大切に扱うことなどに関わる学習活動を通して，次の事項を身に付けることができるよう指導する。 | 金銭の価値に気付くことや金銭を扱うことなどに関わる学習活動を通して，次の事項を身に付けることができるよう指導する。 | 価格に応じて必要な貨幣を組み合わせるなどの金銭に関わる学習活動を通して，次の事項を身に付けることができるよう指導する。 |
| | | (ア) 身の回りの生活の中で，教師と一緒に金銭を扱おうとすること。 | (ア) 身近な生活の中で，教師に援助を求めながら買い物をし，金銭の大切さや必要性について気付くこと。 | (ア) 日常生活の中で，金銭の価値が分かり扱いに慣れること。 |
| | | (イ) 金銭の扱い方などに関心をもつこと。 | (イ) 金銭の扱い方などを知ること。 | (イ) 金銭の扱い方などの知識や技能を身に付けること。 |
| ケ | きまり | 学校生活の簡単なきまりに関わる学習活動を通して，次の事項を身に付けることができるよう指導する。 | 順番を守ることや信号を守って横断することなど，簡単なきまりやマナーに関わる学習活動を通して，次の事項を身に付けることができるよう指導する。 | 学校のきまりや公共の場でのマナー等に関わる学習活動を通して，次の事項を身に付けることができるよう指導する。 |
| | | (ア) 身の回りの簡単なきまりに従って教師と一緒に行動しようとすること。 | (ア) 身近で簡単なきまりやマナーに気付き，それらを守って行動しようとすること。 | (ア) 日常生活の簡単なきまりやマナーが分かり，それらを守って行動しようとすること。 |
| | | (イ) 簡単なきまりについて関心をもつこと。 | (イ) 簡単なきまりやマナーについて知ること。 | (イ) 簡単なきまりやマナーに関する知識や技能を身に付けること。 |
| コ | 社会の仕組みと公共施設 | 自分の家族や近隣に関心をもつこと及び公園等の公共施設に関わる学習活動を通して，次の事項を身に付けることができるよう指導する。 | 自分の住む地域のことや図書館や児童館等の公共施設に関わる学習活動を通して，次の事項を身に付けることができるよう指導する。 | 自分の地域や周辺の地理などの社会の様子，警察署や消防署などの公共施設に関わる学習活動を通して，次の事項を身に付けることができるよう指導する。 |
| | | (ア) 身の回りにある社会の仕組みや公共施設に気付き，それを教師と一緒にみんなに伝えようとすること。 | (ア) 教師の援助を求めながら身近な社会の仕組みや公共施設に気付き，それらを表現しようとすること。 | (ア) 日常生活に関わりのある社会の仕組みや公共施設が分かり，それらを表現すること。 |
| | | (イ) 身の回りの社会の仕組みや公共施設の使い方などについて関心をもつこと。 | (イ) 身近な社会の仕組みや公共施設の使い方などを知ること。 | (イ) 日常生活に関わりのある社会の仕組みや公共施設などを知ったり，活用したりすること。 |
| サ | 生命・自然 | 教師と一緒に公園や野山などの自然に触れることや生き物に興味や関心をもつことなどに関わる学習活動を通して，次の事項を身に付けることができるよう指導する。 | 小動物等を飼育し生き物への興味・関心をもつことや天候の変化，季節の特徴に関心をもつことなどに関わる学習活動を通して，次の事項を身に付けることができるよう指導する。 | 身近にいる昆虫，魚，小鳥の飼育や草花などの栽培及び四季の変化や天体の動きなどに関わる学習活動を通して，次の事項を身に付けることができるよう指導する。 |
| | | (ア) 身の回りにある生命や自然に気付き，それを教師と一緒にみんなに伝えようとすること。 | (ア) 身近な生命や自然の特徴や変化が分かり，それらを表現しようとすること。 | (ア) 日常生活に関わりのある生命や自然の特徴や変化が分かり，それらを表現すること。 |
| | | (イ) 身の回りの生命や自然について関心をもつこと。 | (イ) 身近な生命や自然について知ること。 | (イ) 日常生活に関わりのある生命や自然について関心をもって調べること。 |

| 内容 | 1段階 | 2段階 | 3段階 |
|---|---|---|---|
| シ ものの仕組みと働き | 身の回りの生活の中で，物の重さに気付くことなどに関わる学習活動を通して，次の事項を身に付けることができるよう指導する。 | 身近な生活の中で，ものの仕組みなどに関わる学習活動を通して，次の事項を身に付けることができるよう指導する。 | 日常生活の中で，ものの仕組みなどに関わる学習活動を通して，次の事項を身に付けることができるよう指導する。 |
| | (ｱ) 身の回りにあるものの仕組みや働きに気付き，それを教師と一緒にみんなに伝えようとすること。 | (ｱ) 身近にあるものの仕組みや働きが分かり，それらを表現しようとすること。 | (ｱ) 日常生活の中で，ものの仕組みや働きが分かり，それらを表現すること。 |
| | (ｲ) 身の回りにあるものの仕組みや働きについて関心をもつこと。 | (ｲ) 身近にあるものの仕組みや働きについて知ること。 | (ｲ) ものの仕組みや働きに関して関心をもって調べること。 |

# 目標・内容の一覧〔国語〕

| 学部 | 小学部 | | |
|---|---|---|---|
| 教科の目標 | | | |
| 言葉による見方・考え方を働かせ，言語活動を通して，国語で理解し表現する資質・能力を次のとおり育成することを目指す。 | | | |
| 知識及び技能 | (1) 日常生活に必要な国語について，その特質を理解し使うことができるようにする。 | | |
| 思考力，判断力，表現力等 | (2) 日常生活における人との関わりの中で伝え合う力を身に付け，思考力や想像力を養う。 | | |
| 学びに向かう力，人間性等 | (3) 言葉で伝え合うよさを感じるとともに，言語感覚を養い，国語を大切にしてその能力の向上を図る態度を養う。 | | |
| 段階の目標 | 1段階 | 2段階 | 3段階 |
| 知識及び技能 | ア 日常生活に必要な身近な言葉が分かり使うようになるとともに，いろいろな言葉や我が国の言語文化に触れることができるようにする。 | ア 日常生活に必要な身近な言葉を身に付けるとともに，いろいろな言葉や我が国の言語文化に触れることができるようにする。 | ア 日常生活に必要な国語の知識や技能を身に付けるとともに，我が国の言語文化に触れ，親しむことができるようにする。 |
| 思考力，判断力，表現力等 | イ 言葉をイメージしたり，言葉による関わりを受け止めたりする力を養い，日常生活における人との関わりの中で伝え合い，自分の思いをもつことができるようにする。 | イ 言葉が表す事柄を想起したり受け止めたりする力を養い，日常生活における人との関わりの中で伝え合い，自分の思いをもつことができるようにする。 | イ 出来事の順序を思い出す力や感じたり想像したりする力を養い，日常生活における人との関わりの中で伝え合う力を身に付け，思い付いたり考えたりすることができるようにする。 |
| 学びに向かう力，人間性等 | ウ 言葉で表すことやそのよさを感じるとともに，言葉を使おうとする態度を養う。 | ウ 言葉がもつよさを感じるとともに，読み聞かせに親しみ，言葉でのやり取りを聞いたり伝えたりしようとする態度を養う。 | ウ 言葉がもつよさを感じるとともに，図書に親しみ，思いや考えを伝えたり受け止めたりしようとする態度を養う。 |
| 内容 | 1段階 | 2段階 | 3段階 |
| 知識及び技能 | ア 言葉の特徴や使い方に関する次の事項を身に付けることができるよう指導する。 | ア 言葉の特徴や使い方に関する次の事項を身に付けることができるよう指導する。 | ア 言葉の特徴や使い方に関する次の事項を身に付けることができるよう指導する。 |
| | (ｱ) 身近な人の話し掛けに慣れ，言葉が事物の内容を表していることを感じること。 | (ｱ) 身近な人の話し掛けや会話などの話し言葉に慣れ，言葉が，気持ちや要求を表していることを感じること。 | (ｱ) 身近な人との会話や読み聞かせを通して，言葉には物事の内容を表す働きがあることに気付くこと。 |
| | ― | ― | (ｲ) 姿勢や口形に気を付けて話すこと。 |
| | ― | (ｲ) 日常生活でよく使われている平仮名を読むこと。 | (ｳ) 日常生活でよく使う促音，長音などが含まれた語句，平仮名，片仮名，漢字の正しい読み方を知ること。 |
| | (ｲ) 言葉のもつ音やリズムに触れたり，言葉が表す事物やイメージに触れたりすること。 | (ｳ) 身近な人との会話を通して，物の名前や動作など，いろいろな言葉の種類に触れること。 | (ｴ) 言葉には，意味による語句のまとまりがあることに気付くこと。 |
| | ― | ― | (ｵ) 文の中における主語と述語との関係や助詞の使い方により，意味が変わることを知ること。 |
| | ― | ― | ― |
| | ― | ― | (ｶ) 正しい姿勢で音読すること。 |

| 学部 | 中学部 | |
|---|---|---|
| 教科の目標 | | |
| 言葉による見方・考え方を働かせ，言語活動を通して，国語で理解し表現する資質・能力を次のとおり育成することを目指す。 | | |
| 知識及び技能 | (1) 日常生活や社会生活に必要な国語について，その特質を理解し適切に使うことができるようにする。 | |
| 思考力，判断力，表現力等 | (2) 日常生活や社会生活における人との関わりの中で伝え合う力を高め，思考力や想像力を養う。 | |
| 学びに向かう力，人間性等 | (3) 言葉がもつよさに気付くとともに，言語感覚を養い，国語を大切にしてその能力の向上を図る態度を養う。 | |
| 段階の目標 | 1段階 | 2段階 |
| 知識及び技能 | ア　日常生活や社会生活に必要な国語の知識や技能を身に付けるとともに，我が国の言語文化に親しむことができるようにする。 | ア　日常生活や社会生活，職業生活に必要な国語の知識や技能を身に付けるとともに，我が国の言語文化に親しむことができるようにする。 |
| 思考力，判断力，表現力等 | イ　順序立てて考える力や感じたり想像したりする力を養い，日常生活や社会生活における人との関わりの中で伝え合う力を高め，自分の思いや考えをもつことができるようにする。 | イ　筋道立てて考える力や豊かに感じたり想像したりする力を養い，日常生活や社会生活における人との関わりの中で伝え合う力を高め，自分の思いや考えをまとめることができるようにする。 |
| 学びに向かう力，人間性等 | ウ　言葉がもつよさに気付くとともに，図書に親しみ，国語で考えたり伝え合ったりしようとする態度を養う。 | ウ　言葉がもつよさに気付くとともに，いろいろな図書に親しみ，国語を大切にして，思いや考えを伝え合おうとする態度を養う。 |
| 内容 | 1段階 | 2段階 |
| 知識及び技能 | ア　言葉の特徴や使い方に関する次の事項を身に付けることができるよう指導する。 | ア　言葉の特徴や使い方に関する次の事項を身に付けることができるよう指導する。 |
| | (ア) 身近な大人や友達とのやり取りを通して，言葉には，事物の内容を表す働きや，経験したことを伝える働きがあることに気付くこと。 | (ア) 日常生活の中での周りの人とのやり取りを通して，言葉には，考えたことや思ったことを表す働きがあることに気付くこと。 |
| | (イ) 発音や声の大きさに気を付けて話すこと。 | (イ) 発声や発音に気を付けたり，声の大きさを調節したりして話すこと。 |
| | (ウ) 長音，拗音，促音，撥音，助詞の正しい読み方や書き方を知ること。 | (ウ) 長音，拗音，促音，撥音などの表記や助詞の使い方を理解し，文や文章の中で使うこと。 |
| | (エ) 言葉には，意味による語句のまとまりがあることを理解するとともに，話し方や書き方によって意味が異なる語句があることに気付くこと。 | (エ) 理解したり表現したりするために必要な語句の量を増し，使える範囲を広げること。 |
| | (オ) 主語と述語との関係や接続する語句の役割を理解すること。 | (オ) 修飾と被修飾との関係，指示する語句の役割について理解すること。 |
| | (カ) 普通の言葉との違いに気を付けて，丁寧な言葉を使うこと。 | (カ) 敬体と常体があることを理解し，その違いに注意しながら書くこと。 |
| | (キ) 語のまとまりに気を付けて音読すること。 | (キ) 内容の大体を意識しながら音読すること。 |

| 学部 | | 小学部 | | |
|---|---|---|---|---|
| 内容 | | 1段階 | 2段階 | 3段階 |
| 知識及び技能 | | — | — | イ　話や文章の中に含まれている情報の扱い方に関する次の事項を身に付けることができるよう指導する。 |
| | | — | — | (ア) 物事の始めと終わりなど，情報と情報との関係について理解すること。 |
| | | — | — | (イ) 図書を用いた調べ方を理解し使うこと。 |
| | | イ　我が国の言語文化に関する次の事項を身に付けることができるよう指導する。 | イ　我が国の言語文化に関する次の事項を身に付けることができるよう指導する。 | ウ　我が国の言語文化に関する次の事項を身に付けることができるよう指導する。 |
| | | (ア) 昔話などについて，読み聞かせを聞くなどして親しむこと。 | (ア) 昔話や童謡の歌詞などの読み聞かせを聞いたり，言葉などを模倣したりするなどして，言葉の響きやリズムに親しむこと。 | (ア) 昔話や神話・伝承などの読み聞かせを聞き，言葉の響きやリズムに親しむこと。 |
| | | (イ) 遊びを通して，言葉のもつ楽しさに触れること。 | (イ) 遊びややり取りを通して，言葉による表現に親しむこと。 | (イ) 出来事や経験したことを伝え合う体験を通して，いろいろな語句や文の表現に触れること。 |
| | | (ウ) 書くことに関する次の事項を理解し使うこと。<br>㋐　いろいろな筆記具に触れ，書くことを知ること。<br>㋑　筆記具の持ち方や，正しい姿勢で書くことを知ること。 | (ウ) 書くことに関する次の事項を理解し使うこと。<br>㋐　いろいろな筆記具を用いて，書くことに親しむこと。<br>㋑　写し書きやなぞり書きなどにより，筆記具の正しい持ち方や書くときの正しい姿勢など，書写の基本を身に付けること。 | (ウ) 書くことに関する次の事項を理解し使うこと。<br>㋐　目的に合った筆記具を選び，書くこと。<br>㋑　姿勢や筆記具の持ち方を正しくし，平仮名や片仮名の文字の形に注意しながら丁寧に書くこと。 |
| | | (エ) 読み聞かせに注目し，いろいろな絵本などに興味をもつこと。 | (エ) 読み聞かせに親しんだり，文字を拾い読みしたりして，いろいろな絵本や図鑑などに興味をもつこと。 | (エ) 読み聞かせなどに親しみ，いろいろな絵本や図鑑があることを知ること。 |
| 思考力，判断力，表現力等 | A　聞くこと・話すこと | 聞くこと・話すことに関する次の事項を身に付けることができるよう指導する。 | 聞くこど・話すことに関する次の事項を身に付けることができるよう指導する。 | 聞くこと・話すことに関する次の事項を身に付けることができるよう指導する。 |
| | | ア　教師の話や読み聞かせに応じ，音声を模倣したり，表情や身振り，簡単な話し言葉などで表現したりすること。 | ア　身近な人の話に慣れ，簡単な事柄と語句などを結び付けたり，語句などから事柄を思い浮かべたりすること。 | ア　絵本の読み聞かせなどを通して，出来事など話の大体を聞き取ること。 |
| | | イ　身近な人からの話し掛けに注目したり，応じて答えたりすること。 | イ　簡単な指示や説明を聞き，その指示等に応じた行動をすること。 | — |
| | | ウ　伝えたいことを思い浮かべ，身振りや音声などで表すこと。 | ウ　体験したことなどについて，伝えたいことを考えること。 | イ　経験したことを思い浮かべ，伝えたいことを考えること。 |
| | | — | — | ウ　見聞きしたことなどのあらましや自分の気持ちなどについて思い付いたり，考えたりすること。 |

| 学部 | | 中学部 | |
|---|---|---|---|
| 内容 | | 1段階 | 2段階 |
| 知識及び技能 | | イ　話や文章の中に含まれている情報の扱い方に関する次の事項を身に付けることができるよう指導する。 | イ　話や文章の中に含まれている情報の扱い方に関する次の事項を身に付けることができるよう指導する。 |
| | | (ｱ) 事柄の順序など，情報と情報との関係について理解すること。 | (ｱ) 考えとそれを支える理由など，情報と情報との関係について理解すること。 |
| | | — | (ｲ) 必要な語や語句の書き留め方や，比べ方などの情報の整理の仕方を理解し使うこと。 |
| | | ウ　我が国の言語文化に関する次の事項を身に付けることができるよう指導する。 | ウ　我が国の言語文化に関する次の事項を身に付けることができるよう指導する。 |
| | | (ｱ) 自然や季節の言葉を取り入れた俳句などを聞いたり作ったりして，言葉の響きやリズムに親しむこと。 | (ｱ) 易しい文語調の短歌や俳句を音読したり暗唱したりするなどして，言葉の響きやリズムに親しむこと。 |
| | | (ｲ) 挨拶状などに書かれた語句や文を読んだり書いたりし，季節に応じた表現があることを知ること。 | (ｲ) 生活に身近なことわざなどを知り，使うことにより様々な表現に親しむこと。 |
| | | (ｳ) 書くことに関する次の事項を取り扱うこと。<br>㋐　姿勢や筆記具の持ち方を正しくし，文字の形に注意しながら，丁寧に書くこと。<br>㋑　点画相互の接し方や交わり方，長短や方向などに注意して文字を書くこと。 | (ｳ) 書くことに関する次の事項を取り扱うこと。<br>㋐　点画の書き方や文字の形に注意しながら，筆順に従って丁寧に書くこと。<br>㋑　漢字や仮名の大きさ，配列に注意して書くこと。 |
| | | (ｴ) 読書に親しみ，簡単な物語や，自然や季節などの美しさを表した詩や紀行文などがあることを知ること。 | (ｴ) 幅広く読書に親しみ，本にはいろいろな種類があることを知ること。 |
| 思考力，判断力，表現力等 | A　聞くこと・話すこと | 聞くこと・話すことに関する次の事項を身に付けることができるよう指導する。 | 聞くこと・話すことに関する次の事項を身に付けることができるよう指導する。 |
| | | ア　身近な人の話や簡単な放送などを聞き，聞いたことを書き留めたり分からないことを聞き返したりして，話の大体を捉えること。 | ア　身近な人の話や放送などを聞きながら，聞いたことを簡単に書き留めたり，分からないときは聞き返したりして，内容の大体を捉えること。 |
| | | — | — |
| | | イ　話す事柄を思い浮かべ，伝えたいことを決めること。 | イ　相手や目的に応じて，自分の伝えたいことを明確にすること。 |
| | | ウ　見聞きしたことや経験したこと，自分の意見などについて，内容の大体が伝わるように伝える順序等を考えること。 | ウ　見聞きしたことや経験したこと，自分の意見やその理由について，内容の大体が伝わるように伝える順序や伝え方を考えること。 |

| 学部 | | 小学部 | | |
|---|---|---|---|---|
| 内容 | | 1段階 | 2段階 | 3段階 |
| 思考力，判断力，表現力等 | | ― | エ 挨拶をしたり，簡単な台詞(せりふ)などを表現したりすること。 | エ 挨拶や電話の受け答えなど，決まった言い方を使うこと。 |
| | | ― | ― | オ 相手に伝わるよう，発音や声の大きさに気を付けること。 |
| | | ― | ― | カ 相手の話に関心をもち，自分の思いや考えを相手に伝えたり，相手の思いや考えを受け止めたりすること。 |
| | B 書くこと | 書くことに関する次の事項を身に付けることができるよう指導する。 | 書くことに関する次の事項を身に付けることができるよう指導する。 | 書くことに関する次の事項を身に付けることができるよう指導する。 |
| | | ア 身近な人との関わりや出来事について，伝えたいことを思い浮かべたり，選んだりすること。 | ア 経験したことのうち身近なことについて，写真などを手掛かりにして，伝えたいことを思い浮かべたり，選んだりすること。 | ア 身近で見聞きしたり，経験したりしたことについて書きたいことを見付け，その題材に必要な事柄を集めること。 |
| | | ― | ― | イ 見聞きしたり，経験したりしたことから，伝えたい事柄の順序を考えること。 |
| | | イ 文字に興味をもち，書こうとすること。 | イ 自分の名前や物の名前を文字で表すことができることを知り，簡単な平仮名をなぞったり，書いたりすること。 | ウ 見聞きしたり，経験したりしたことについて，簡単な語句や短い文を書くこと。 |
| | | ― | ― | エ 書いた語句や文を読み，間違いを正すこと。 |
| | | ― | ― | オ 文などに対して感じたことを伝えること。 |
| | C 読むこと | 読むことに関する次の事項を身に付けることができるよう指導する。 | 読むことに関する次の事項を身に付けることができるよう指導する。 | 読むことに関する次の事項を身に付けることができるよう指導する。 |
| | | ア 教師と一緒に絵本などを見て，示された身近な事物や生き物などに気付き，注目すること。 | ア 教師と一緒に絵本などを見て，登場するものや動作などを思い浮かべること。 | ア 絵本や易しい読み物などを読み，挿絵と結び付けて登場人物の行動や場面の様子などを想像すること。 |
| | | イ 絵本などを見て，知っている事物や出来事などを指さしなどで表現すること。 | イ 教師と一緒に絵本などを見て，時間の経過などの大体を捉えること。 | イ 絵本や易しい読み物などを読み，時間的な順序など内容の大体を捉えること。 |
| | | ウ 絵や矢印などの記号で表された意味に応じ，行動すること。 | ウ 日常生活でよく使われている表示などの特徴に気付き，読もうとしたり，表された意味に応じた行動をしたりすること。 | ウ 日常生活で必要な語句や文，看板などを読み，必要な物を選んだり行動したりすること。 |
| | | | | ― |
| | | エ 絵本などを見て，次の場面を楽しみにしたり，登場人物の動きなどを模倣したりすること。 | エ 絵本などを見て，好きな場面を伝えたり，言葉などを模倣したりすること。 | エ 登場人物になったつもりで，音読したり演じたりすること。 |

| 学部 | | | 中学部 | |
|---|---|---|---|---|
| 内容 | | | 1段階 | 2段階 |
| 思考力，判断力，表現力等 | | | エ 自己紹介や電話の受け答えなど，相手や目的に応じた話し方で話すこと。 | エ 相手に伝わるように発音や声の大きさ，速さに気を付けて話したり，必要な話し方を工夫したりすること。 |
| | | | — | — |
| | | | オ 相手の話に関心をもち，分かったことや感じたことを伝え合い，考えをもつこと。 | オ 物事を決めるために，簡単な役割や進め方に沿って話し合い，考えをまとめること。 |
| | B 書くこと | | 書くことに関する次の事項を身に付けることができるよう指導する。 | 書くことに関する次の事項を身に付けることができるよう指導する。 |
| | | | ア 見聞きしたことや経験したことの中から，伝えたい事柄を選び，書く内容を大まかにまとめること。 | ア 相手や目的を意識して，見聞きしたことや経験したことの中から書くことを選び，伝えたいことを明確にすること。 |
| | | | イ 相手に伝わるように事柄の順序に沿って簡単な構成を考えること。 | イ 書く内容の中心を決め，自分の考えと理由などとの関係を明確にして，文章の構成を考えること。 |
| | | | ウ 文の構成，語句の使い方に気を付けて書くこと。 | ウ 事実と自分の考えとの違いなどが相手に伝わるように書き表し方を工夫すること。 |
| | | | エ 自分が書いたものを読み返し，間違いを正すこと。 | エ 文章を読み返す習慣を身に付け，間違いを正したり，語と語との続き方を確かめたりすること。 |
| | | | オ 文章に対する感想をもち，伝え合うこと。 | オ 文章に対する感想を伝え合い，内容や表現のよいところを見付けること。 |
| | C 読むこと | | 読むことに関する次の事項を身に付けることができるよう指導する。 | 読むことに関する次の事項を身に付けることができるよう指導する。 |
| | | | ア 簡単な文や文章を読み，情景や場面の様子，登場人物の心情などを想像すること。 | ア 様々な読み物を読み，情景や場面の様子，登場人物の心情などを想像すること。 |
| | | | イ 語や語句の意味を基に時間的な順序や事柄の順序など内容の大体を捉えること。 | イ 語と語や文と文との関係を基に，出来事の順序や気持ちの変化など内容の大体を捉えること。 |
| | | | ウ 日常生活で必要な語句や文章などを読み，行動すること。 | ウ 日常生活や社会生活，職業生活に必要な語句，文章，表示などの意味を読み取り，行動すること。 |
| | | | — | エ 中心となる語句や文を明確にしながら読むこと。 |
| | | | エ 文章を読んで分かったことを伝えたり，感想をもったりすること。 | オ 読んで感じたことや分かったことを伝え合い，一人一人の感じ方などに違いがあることに気付くこと。 |

# 目標・内容の一覧（社会）

| 学部 | 中学部 | |
|---|---|---|
| \multicolumn{3}{c}{教科の目標} | | |

| | 教科の目標 | |
|---|---|---|
| | 社会的な見方・考え方を働かせ，社会的事象について関心をもち，具体的に考えたり関連付けたりする活動を通して，自立し生活を豊かにするとともに，平和で民主的な国家及び社会の形成者に必要な公民としての資質・能力の基礎を次のとおり育成することを目指す。 | |
| 知識及び技能 | (1) 地域や我が国の国土の地理的環境，現代社会の仕組みや役割，地域や我が国の歴史や伝統と文化及び外国の様子について，具体的な活動や体験を通して理解するとともに，経験したことと関連付けて，調べまとめる技能を身に付けるようにする。 | |
| 思考力，判断力，表現力等 | (2) 社会的事象について，自分の生活と結び付けて具体的に考え，社会との関わりの中で，選択・判断したことを適切に表現する力を養う。 | |
| 学びに向かう力，人間性等 | (3) 社会に主体的に関わろうとする態度を養い，地域社会の一員として人々と共に生きていくことの大切さについての自覚を養う。 | |

| 段階の目標 | 1段階 | 2段階 |
|---|---|---|
| | 日常生活に関わる社会的事象が分かり，地域社会の一員としての資質・能力の基礎を次のとおり育成することを目指す。 | 日常生活に関わる社会的事象について理解し，地域社会の一員としての資質・能力の基礎を次のとおり育成することを目指す。 |
| 知識及び技能 | ア 身近な地域や市区町村の地理的環境，地域の安全を守るための諸活動，地域の産業と消費生活の様子及び身近な地域の様子の移り変わり並びに社会生活に必要なきまり，公共施設の役割及び外国の様子について，具体的な活動や体験を通して，自分との関わりが分かるとともに，調べまとめる技能を身に付けるようにする。 | ア 自分たちの都道府県の地理的環境の特色，地域の人々の健康と生活環境を支える役割，自然災害から地域の安全を守るための諸活動及び地域の伝統と文化並びに社会参加するためのきまり，社会に関する基本的な制度及び外国の様子について，具体的な活動や体験を通して，人々の生活との関連を踏まえて理解するとともに，調べまとめる技能を身に付けるようにする。 |
| 思考力，判断力，表現力等 | イ 社会的事象について，自分の生活や地域社会と関連付けて具体的に考えたことを表現する基礎的な力を養う。 | イ 社会的事象について，自分の生活や地域社会と関連付けて具体的に考えたことを表現する力を養う。 |
| 学びに向かう力，人間性等 | ウ 身近な社会に自ら関わろうとする意欲をもち，地域社会の中で生活することの大切さについての自覚を養う。 | ウ 社会に自ら関わろうとする意欲をもち，地域社会の中で生活することの大切さについての自覚を養う。 |

| 内容 | 1段階 | 2段階 |
|---|---|---|
| ア 社会参加ときまり | (ｱ) 社会参加するために必要な集団生活に関わる学習活動を通して，次の事項を身に付けることができるよう指導する。<br>㋐ 学級や学校の中で，自分の意見を述べたり相手の意見を聞いたりするなど，集団生活の中での役割を果たすための知識や技能を身に付けること。<br>㋑ 集団生活の中で何が必要かに気付き，自分の役割を考え，表現すること。<br>(ｲ) 社会生活に必要なきまりに関わる学習活動を通して，次の事項を身に付けることができるよう指導する。<br>㋐ 家庭や学校でのきまりを知り，生活の中でそれを守ることの大切さが分かること。<br>㋑ 社会生活ときまりとの関連を考え，表現すること。 | (ｱ) 社会参加するために必要な集団生活に関わる学習活動を通して，次の事項を身に付けることができるよう指導する。<br>㋐ 学級や学校の中で，意見を述べ合い，助け合い，協力しながら生活する必要性を理解し，そのための知識や技能を身に付けること。<br>㋑ 周囲の状況を判断し，集団生活の中での自分の役割と責任について考え，表現すること。<br>(ｲ) 社会生活に必要なきまりに関わる学習活動を通して，次の事項を身に付けることができるよう指導する。<br>㋐ 家庭や学校，地域社会でのきまりは，社会生活を送るために必要であることを理解すること。<br>㋑ 社会生活に必要なきまりの意義について考え，表現すること。 |

| 内容 | 1段階 | 2段階 |
|---|---|---|
| イ 公共施設と制度 | (ア) 公共施設の役割に関わる学習活動を通して，次の事項を身に付けることができるよう指導する。<br>㋐ 身近な公共施設や公共物の役割が分かること。<br>㋑ 公共施設や公共物について調べ，それらの役割を考え，表現すること。<br><br>(イ) 制度の仕組みに関わる学習活動を通して，次の事項を身に付けることができるよう指導する。<br>㋐ 身近な生活に関する制度が分かること。<br>㋑ 身近な生活に関する制度について調べ，自分との関わりを考え，表現すること。 | (ア) 公共施設の役割に関わる学習活動を通して，次の事項を身に付けることができるよう指導する。<br>㋐ 自分の生活の中での公共施設や公共物の役割とその必要性を理解すること。<br>㋑ 公共施設や公共物の役割について調べ，生活の中での利用を考え，表現すること。<br><br>(イ) 制度の仕組みに関わる学習活動を通して，次の事項を身に付けることができるよう指導する。<br>㋐ 社会に関する基本的な制度について理解すること。<br>㋑ 社会に関する基本的な制度について調べ，それらの意味を考え，表現すること。 |
| ウ 地域の安全 | (ア) 地域の安全に関わる学習活動を通して，次の事項を身に付けることができるよう指導する。<br>㋐ 地域の安全を守るため，関係機関が地域の人々と協力していることが分かること。<br>㋑ 地域における災害や事故に対する施設・設備などの配置，緊急時への備えや対応などに着目して，関係機関や地域の人々の諸活動を捉え，そこに関わる人々の働きを考え，表現すること。 | (ア) 地域の安全に関わる学習活動を通して，次の事項を身に付けることができるよう指導する。<br>㋐ 地域の関係機関や人々は，過去に発生した地域の自然災害や事故に対し，様々な協力をして対処してきたことや，今後想定される災害に対し，様々な備えをしていることを理解すること。<br>㋑ 過去に発生した地域の自然災害や事故，関係機関の協力などに着目して，危険から人々を守る活動と働きを考え，表現すること。 |
| エ 産業と生活 | (ア) 仕事と生活に関わる学習活動を通して，次の事項を身に付けることができるよう指導する。<br>㋐ 生産の仕事は，地域の人々の生活と密接な関わりをもって行われていることが分かること。<br>㋑ 仕事の種類や工程などに着目して，生産に携わっている人々の仕事の様子を捉え，地域の人々の生活との関連を考え，表現すること。<br>(イ) 身近な産業と生活に関わる学習活動を通して，次の事項を身に付けることができるよう指導する。<br>㋐ 販売の仕事は，消費者のことを考え，工夫して行われていることが分かること。<br>㋑ 消費者の願いや他地域との関わりなどに着目して，販売の仕事に携わっている人々の仕事の様子を捉え，それらの仕事に見られる工夫を考え，表現すること。 | (ア) 県内の特色ある地域に関わる学習活動を通して，次の事項を身に付けることができるよう指導する。<br>㋐ 地域では，人々が協力し，産業の発展に努めていることを理解すること。<br>㋑ 人々の活動や産業の歴史的背景などに着目して，地域の様子を捉え，それらの特色を考え，表現すること。<br>(イ) 生活を支える事業に関わる学習活動を通して，次の事項を身に付けることができるよう指導する。<br>㋐ 水道，電気及びガスなどの生活を支える事業は，安全で安定的に供給や処理できるよう実施されていることや，地域の人々の健康な生活の維持と向上に役立っていることを理解すること。<br>㋑ 供給や処理の仕組みや関係機関の協力などに着目して，水道，電気及びガスなどの生活を支える事業の様子を捉え，それらの事業が果たす役割を考え，表現すること。 |
| オ 我が国の地理や歴史 | (ア) 身近な地域や市区町村（以下第2章第2節第2款において「市」という。）の様子に関わる学習活動を通して，次の事項を身に付けることができるよう指導する。<br>㋐ 身近な地域や自分たちの市の様子が分かること。<br>㋑ 都道府県（以下第2章第2節第2款第1〔社会〕(2)内容において「県」という。）内における市の位置や市の地形，土地利用などに着目して，身近な地域や市の様子を捉え，場所による違いを考え，表現すること。 | (ア) 身近な地域に関わる学習活動を通して，次の事項を身に付けることができるよう指導する。<br>㋐ 自分たちの県の概要を理解すること。<br>㋑ 我が国における自分たちの県の位置，県全体の地形などに着目して，県の様子を捉え，地理的環境の特色を考え，表現すること。 |

| 内容 | 1段階 | 2段階 |
|---|---|---|
| オ 我が国の地理や歴史 | (イ) 身近な地域の移り変わりに関わる学習活動を通して，次の事項を身に付けることができるよう指導する。<br>㋐ 身近な地域や自分たちの市の様子，人々の生活は，時間とともに移り変わってきたことを知ること。<br>㋑ 交通や人口，生活の道具などの時期による違いに着目して，市や人々の生活の様子を捉え，それらの変化を考え，表現すること。 | (イ) 県内の伝統や文化，先人の働きや出来事に関わる学習活動を通して，次の事項を身に付けることができるよう指導する。<br>㋐ 県内の主な歴史を手掛かりに，先人の働きや出来事，文化遺産などを知ること。<br>㋑ 歴史的背景や現在に至る経緯などに着目し，県内の文化財や年中行事の様子を捉え，それらの特色を考え，表現すること。 |
| カ 外国の様子 | (ア) 世界の中の日本と国際交流に関わる学習活動を通して，次の事項を身に付けることができるよう指導する。<br>㋐ 文化や風習の特徴や違いを知ること。<br>㋑ そこに暮らす人々の生活などに着目して，日本との違いを考え，表現すること。 | (ア) 世界の中の日本と国際交流に関わる学習活動を通して，次の事項を身に付けることができるよう指導する。<br>㋐ 文化や風習の特徴や違いを理解すること。<br>㋑ 人々の生活や習慣などに着目して，多様な文化について考え，表現すること。<br>(イ) 世界の様々な地域に関わる学習活動を通して，次の事項を身に付けることができるよう指導する。<br>㋐ 人々の生活の様子を大まかに理解すること。<br>㋑ 世界の出来事などに着目して，それらの国の人々の生活の様子を捉え，交流することの大切さを考え，表現すること。 |

# 目標・内容の一覧〔算数〕〔数学〕

| 学部 | | 小学部〔算数〕 | | |
|---|---|---|---|---|
| | | 教科の目標 | | |
| 数学的な見方・考え方を働かせ，数学的活動を通して，数学的に考える資質・能力を次のとおり育成することを目指す。 | | | | |
| 知識及び技能 | | (1) 数量や図形などについての基礎的・基本的な概念や性質などに気付き理解するとともに，日常の事象を数量や図形に注目して処理する技能を身に付けるようにする。 | | |
| 思考力，判断力，表現力等 | | (2) 日常の事象の中から数量や図形を直感的に捉える力，基礎的・基本的な数量や図形の性質などに気付き感じ取る力，数学的な表現を用いて事象を簡潔・明瞭・的確に表したり柔軟に表したりする力を養う。 | | |
| 学びに向かう力，人間性等 | | (3) 数学的活動の楽しさに気付き，関心や興味をもち，学習したことを結び付けてよりよく問題を解決しようとする態度，算数で学んだことを学習や生活に活用しようとする態度を養う。 | | |
| | 段階の目標 | 1段階 | 2段階 | 3段階 |
| 知識及び技能 | A 数量の基礎 | ア 身の回りのものに気付き，対応させたり，組み合わせたりすることなどについての技能を身に付けるようにする。 | — | — |
| | A 数と計算（1段階はB） | ア ものの有無や3までの数的要素に気付き，身の回りのものの数に関心をもって関わることについての技能を身に付けるようにする。 | ア 10までの数の概念や表し方について分かり，数についての感覚をもつとともに，ものと数との関係に関心をもって関わることについての技能を身に付けるようにする。 | ア 100までの数の概念や表し方について理解し，数に対する感覚を豊かにするとともに，加法，減法の意味について理解し，これらの簡単な計算ができるようにすることについての技能を身に付けるようにする。 |
| | B 図形（1段階はC） | ア 身の回りのものの上下や前後，形の違いに気付き，違いに応じて関わることについての技能を身に付けるようにする。 | ア 身の回りのものの形に着目し，集めたり，分類したりすることを通して，図形の違いが分かるようにするための技能を身に付けるようにする。 | ア 身の回りのものの形の観察などの活動を通して，図形についての感覚を豊かにするとともに，ものについて，その形の合同，移動，位置，機能及び角の大きさの意味に関わる基礎的な知識を理解することなどについての技能を身に付けるようにする。 |
| | C 測定（1段階はD） | ア 身の回りにあるものの量の大きさに気付き，量の違いについての感覚を養うとともに，量に関わることについての技能を身に付けるようにする。 | ア 身の回りにある具体物の量の大きさに注目し，量の大きさの違いが分かるとともに，二つの量の大きさを比べることについての技能を身に付けるようにする。 | ア 身の回りにある長さや体積などの量の単位と測定の意味について理解し，量の大きさについての感覚を豊かにするとともに，測定することなどについての技能を身に付けるようにする。 |
| | C 変化と関係 | — | — | — |
| | D データの活用 | — | ア 身の回りのものや身近な出来事のつながりに関心をもち，それを簡単な絵や記号などを用いた表やグラフで表したり，読み取ったりする方法についての技能を身に付けるようにする。 | ア 身の回りにある事象を，簡単な絵や図を用いて整理したり，記号に置き換えて表したりしながら，読み取り方について理解することについての技能を身に付けるようにする。 |

| 学部 | | 中学部〔数学〕 | |
|---|---|---|---|
| 教科の目標 | | | |
| 数学的な見方・考え方を働かせ，数学的活動を通して，数学的に考える資質・能力を次のとおり育成することを目指す。 | | | |
| 知識及び技能 | | (1) 数量や図形などについての基礎的・基本的な概念や性質などを理解し，事象を数理的に処理する技能を身に付けるようにする。 | |
| 思考力，判断力，表現力等 | | (2) 日常の事象を数理的に捉え見通しをもち筋道を立てて考察する力，基礎的・基本的な数量や図形の性質などを見いだし統合的・発展的に考察する力，数学的な表現を用いて事象を簡潔・明瞭・的確に表現する力を養う。 | |
| 学びに向かう力，人間性等 | | (3) 数学的活動の楽しさや数学のよさに気付き，学習を振り返ってよりよく問題を解決しようとする態度，数学で学んだことを生活や学習に活用しようとする態度を養う。 | |
| 段階の目標 | | 1段階 | 2段階 |
| 知識及び技能 | A 数量の基礎 | ― | ― |
| | A 数と計算 | ア 3位数程度の整数の概念について理解し，数に対する感覚を豊かにするとともに，加法，減法及び乗法の意味や性質について理解し，これらを計算することについての技能を身に付けるようにする。 | ア 整数の概念や性質について理解を深め，数に対する感覚を豊かにするとともに，加法，減法，乗法及び除法の意味や性質について理解し，それらの計算ができるようにする。また，小数及び分数の意味や表し方について知り，数量とその関係を表したり読み取ったりすることができるようにすることについての技能を身に付けるようにする。 |
| | B 図形 | ア 三角形や四角形，箱の形などの基本的な図形について理解し，図形についての感覚を豊かにするとともに，図形を作図したり，構成したりすることなどについての技能を身に付けるようにする。 | ア 二等辺三角形や正三角形などの基本的な図形や面積，角の大きさについて理解し，図形についての感覚を豊かにするとともに，図形を作図や構成したり，図形の面積や角の大きさを求めたりすることなどについての技能を身に付けるようにする。 |
| | C 測定 | ア 身の回りにある長さ，体積，重さ及び時間の単位と測定の意味について理解し，量の大きさについての感覚を豊かにするとともに，それらを測定することについての技能を身に付けるようにする。 | ― |
| | C 変化と関係 | ― | ア 二つの数量の関係や変化の様子を表や式，グラフで表すことについて理解するとともに，二つの数量の関係を割合によって比べることについての技能を身に付けるようにする。 |
| | D データの活用 | ア 身の回りにあるデータを分類整理して簡単な表やグラフに表したり，それらを問題解決において用いたりすることについての技能を身に付けるようにする。 | ア データを表や棒グラフ，折れ線グラフで表す表し方や読み取り方を理解し，それらを問題解決における用い方についての技能を身に付けるようにする。 |

| 学部 | | 小学部〔算数〕 | | |
|---|---|---|---|---|
| 段階の目標 | | 1段階 | 2段階 | 3段階 |
| 思考力，判断力，表現力等 | A 数量の基礎 | イ 身の回りにあるもの同士を対応させたり，組み合わせたりするなど，数量に関心をもって関わる力を養う。 | — | — |
| | A 数と計算（1段階はB） | イ 身の回りのものの有無や数的要素に注目し，数を直感的に捉えたり，数を用いて表現したりする力を養う。 | イ 日常生活の事象について，ものの数に着目し，具体物や図などを用いながら数の数え方を考え，表現する力を養う。 | イ 日常の事象について，ものの数に着目し，具体物や図などを用いながら数の数え方や計算の仕方を考え，表現する力を養う。 |
| | B 図形（1段階はC） | イ 身の回りのものの形に注目し，同じ形を捉えたり，形の違いを捉えたりする力を養う。 | イ 身の回りのものの形に関心をもち，分類したり，集めたりして，形の性質に気付く力を養う。 | イ 身の回りのものの形に着目し，ぴったり重なる形，移動，ものの位置及び機能的な特徴等について具体的に操作をして考える力を養う。 |
| | C 測定（1段階はD） | イ 身の回りにあるものの大きさや長さなどの量の違いに注目し，量の大きさにより区別する力を養う。 | イ 量に着目し，二つの量を比べる方法が分かり，一方を基準にして他方と比べる力を養う。 | イ 身の回りにある量の単位に着目し，目的に応じて量を比較したり，量の大小及び相等関係を表現したりする力を養う。 |
| | C 変化と関係 | — | — | — |
| | D データの活用 | — | イ 身の回りのものや身近な出来事のつながりなどの共通の要素に着目し，簡単な表やグラフで表現する力を養う。 | イ 身の回りの事象を，比較のために簡単な絵や図に置き換えて簡潔に表現したり，データ数を記号で表現したりして，考える力を養う。 |
| 学びに向かう力，人間性等 | A 数量の基礎 | ウ 数量や図形に気付き，算数の学習に関心をもって取り組もうとする態度を養う。 | — | — |
| | A 数と計算（1段階はB） | ウ 数量に気付き，算数の学習に関心をもって取り組もうとする態度を養う。 | ウ 数量に関心をもち，算数で学んだことの楽しさやよさを感じながら興味をもって学ぶ態度を養う。 | ウ 数量の違いを理解し，算数で学んだことのよさや楽しさを感じながら学習や生活に活用しようとする態度を養う。 |
| | B 図形（1段階はC） | ウ 図形に気付き，算数の学習に関心をもって取り組もうとする態度を養う。 | ウ 図形に関心をもち，算数で学んだことの楽しさやよさを感じながら興味をもって学ぶ態度を養う。 | ウ 図形や数量の違いを理解し，算数で学んだことのよさや楽しさを感じながら学習や生活に活用しようとする態度を養う。 |
| | C 測定（1段階はD） | ウ 数量や図形に気付き，算数の学習に関心をもって取り組もうとする態度を養う。 | ウ 数量や図形に関心をもち，算数で学んだことの楽しさやよさを感じながら興味をもって学ぶ態度を養う。 | ウ 数量や図形の違いを理解し，算数で学んだことのよさや楽しさを感じながら学習や生活に活用しようとする態度を養う。 |
| | C 変化と関係 | — | — | — |
| | D データの活用 | — | ウ 数量や図形に関心をもち，算数で学んだことの楽しさやよさを感じながら興味をもって学ぶ態度を養う。 | ウ 数量や図形の違いを理解し，算数で学んだことのよさや楽しさを感じながら学習や生活に活用しようとする態度を養う。 |

| 学部 | | 中学部〔数学〕 | |
|---|---|---|---|
| 段階の目標 | | 1段階 | 2段階 |
| 思考力，判断力，表現力等 | A 数量の基礎 | — | — |
| | A 数と計算 | イ 数とその表現や数の関係に着目し，具体物や図などを用いて，数の表し方や計算の仕方などを筋道立てて考えたり，関連付けて考えたりする力を養う。 | イ 数を構成する単位に着目して，数の表し方やその数について考えたり，扱う数の範囲を広げ，計算の仕方を見いだし，筋道立てて考えたりするとともに，日常生活の問題場面を数量に着目して捉え，処理した結果を場面をもとに振り返り，解釈及び判断する力を養う。 |
| | B 図形 | イ 三角形や四角形，箱の形などの基本的な図形を構成する要素に着目して，平面図形の特徴を捉えたり，身の回りの事象を図形の性質から関連付けて考えたりする力を養う。 | イ 二等辺三角形や正三角形などの基本的な図形を構成する要素に着目して，平面図形の特徴を捉えたり，身の回りの事象を図形の性質から考察したりする力，図形を構成する要素に着目し，図形の計量について考察する力を養う。 |
| | C 測定 | イ 身の回りの事象を量に着目して捉え，量の単位を用いて的確に表現する力を養う。 | — |
| | C 変化と関係 | — | イ 伴って変わる二つの数量の関係に着目し，変化の特徴に気付き，二つの数量の関係を表や式，グラフを用いて考察したり，割合を用いて考察したりする力を養う。 |
| | D データの活用 | イ 身の回りの事象を，データの特徴に着目して捉え，簡潔に表現したり，考察したりする力を養う。 | イ 身の回りの事象について整理されたデータの特徴に着目し，事象を簡潔に表現したり，適切に判断したりする力を養う。 |
| 学びに向かう力，人間性等 | A 数量の基礎 | — | — |
| | A 数と計算 | ウ 数量に進んで関わり，数学的に表現・処理するとともに，数学で学んだことのよさに気付き，そのことを生活や学習に活用しようとする態度を養う。 | ウ 数量に進んで関わり，数学的に表現・処理するとともに，数学で学んだことのよさを理解し，そのことを生活や学習に活用しようとする態度を養う。 |
| | B 図形 | ウ 図形に進んで関わり，数学的に表現・処理するとともに，数学で学んだことのよさに気付き，そのことを生活や学習に活用しようとする態度を養う。 | ウ 図形や数量に進んで関わり，数学的に表現・処理するとともに，数学で学んだことのよさを理解し，そのことを生活や学習に活用しようとする態度を養う。 |
| | C 測定 | ウ 数量や図形に進んで関わり，数学的に表現・処理するとともに，数学で学んだことのよさに気付き，そのことを生活や学習に活用しようとする態度を養う。 | — |
| | C 変化と関係 | — | ウ 数量に進んで関わり，数学的に表現・処理するとともに，数学で学んだことのよさを理解し，そのことを生活や学習に活用しようとする態度を養う。 |
| | D データの活用 | ウ データの活用に進んで関わり，数学的に表現・処理するとともに，数学で学んだことのよさに気付き，そのことを生活や学習に活用しようとする態度を養う。 | ウ データの活用に進んで関わり，数学的に表現・処理するとともに，数学で学んだことのよさを理解し，そのことを生活や学習に活用しようとする態度を養う。 |

| 学部 | | 小学部〔算数〕 | | |
|---|---|---|---|---|
| 内容 | | 1段階 | 2段階 | 3段階 |
| A 数量の基礎 | | ア 具体物に関わる数学的活動を通して，次の事項を身に付けることができるよう指導する。 | ― | ― |
| | | (ア) 次のような知識及び技能を身に付けること。<br>㋐ 具体物に気付いて指を差したり，つかもうとしたり，目で追ったりすること。<br>㋑ 目の前で隠されたものを探したり，身近にあるものや人の名を聞いて指を差したりすること。 | ― | ― |
| | | (イ) 次のような思考力，判断力，表現力等を身に付けること。<br>㋐ 対象物に注意を向け，対象物の存在に注目し，諸感覚を協応させながら捉えること。 | ― | ― |
| | | イ ものとものとを対応させることに関わる数学的活動を通して，次の事項を身に付けることができるよう指導する。 | ― | ― |
| | | (ア) 次のような知識及び技能を身に付けること。<br>㋐ ものとものとを対応させて配ること。<br>㋑ 分割した絵カードを組み合わせること。<br>㋒ 関連の深い絵カードを組み合わせること。 | ― | ― |
| | | (イ) 次のような思考力，判断力，表現力等を身に付けること。<br>㋐ ものとものとを関連付けることに注意を向け，ものの属性に注目し，仲間であることを判断したり，表現したりすること。 | ― | ― |
| A 数と計算<br>（1段階はB） | | ア 数えることの基礎に関わる数学的活動を通して，次の事項を身に付けることができるよう指導する。 | ア 10までの数の数え方や表し方，構成に関わる数学的活動を通して，次の事項を身に付けることができるよう指導する。 | ア 100までの整数の表し方に関わる数学的活動を通して，次の事項を身に付けることができるよう指導する。 |
| | | (ア) 次のような知識及び技能を身に付けること。<br>㋐ ものの有無に気付くこと。<br>㋑ 目の前のものを，1個，2個，たくさんで表すこと。<br>㋒ 5までの範囲で数唱をする | (ア) 次のような知識及び技能を身に付けること。<br>㋐ ものとものとを対応させることによって，ものの個数を比べ，同等・多少が分かること。<br>㋑ ものの集まりと対応して， | (ア) 次のような知識及び技能を身に付けること。<br>㋐ 20までの数について，数詞を唱えたり，個数を数えたり書き表したり，数の大小を比べたりすること。 |

| 学部 | 中学部〔数学〕 | |
|---|---|---|
| 内容 | 1段階 | 2段階 |
| A 数量の基礎 | — | — |
| | — | — |
| | — | — |
| | — | — |
| | — | — |
| | — | — |
| A 数と計算 | ア 整数の表し方に関わる数学的活動を通して，次の事項を身に付けることができるよう指導する。<br><br>(ア) 次のような知識及び技能を身に付けること。<br>㋐ 1000までの数をいくつかの同じまとまりに分割したうえで数えたり，分類して数えたりすること。<br>㋑ 3位数の表し方について理解すること。<br>㋒ 数を十や百を単位としてみるなど，数の相対 | ア 整数の表し方に関わる数学的活動を通して，次の事項を身に付けることができるよう指導する。<br><br>(ア) 次のような知識及び技能を身に付けること。<br>㋐ 4位数までの十進位取り記数法による数の表し方及び数の大小や順序について，理解すること。<br>㋑ 10倍，100倍，$\frac{1}{10}$の大きさの数及びその表し方について知ること。<br>㋒ 数を千を単位としてみるなど，数の相対的な |

| 学部 | 小学部〔算数〕 | | |
|---|---|---|---|
| 内容 | 1段階 | 2段階 | 3段階 |
| A　数と計算<br>（1段階はB） | こと。<br>㋑　3までの範囲で具体物を取ること。<br>㋒　対応させてものを配ること。<br>㋓　形や色，位置が変わっても，数は変わらないことについて気付くこと。 | 数詞が分かること。<br>㋒　ものの集まりや数詞と対応して数字が分かること。<br>㋓　個数を正しく数えたり書き表したりすること。<br>㋔　二つの数を比べて数の大小が分かること。<br>㋕　数の系列が分かり，順序や位置を表すのに数を用いること。<br>㋖　0の意味について分かること。<br>㋗　一つの数を二つの数に分けたり，二つの数を一つの数にまとめたりして表すこと。<br>㋘　具体的な事物を加えたり，減らしたりしながら，集合数を一つの数と他の数と関係付けてみること。<br>㋙　10の補数が分かること。 | ㋑　100までの数について，数詞を唱えたり，個数を数えたり書き表したり，数の系列を理解したりすること。<br>㋒　数える対象を2ずつや5ずつのまとまりで数えること。<br>㋓　数を10のまとまりとして数えたり，10のまとまりと端数に分けて数えたり書き表したりすること。<br>㋔　具体物を分配したり等分したりすること。 |
| | (イ) 次のような思考力，判断力，表現力等を身に付けること。<br>㋐　数詞とものとの関係に注目し，数のまとまりや数え方に気付き，それらを学習や生活で生かすこと。 | (イ) 次のような思考力，判断力，表現力等を身に付けること。<br>㋐　数詞と数字，ものとの関係に着目し，数の数え方や数の大きさの比べ方，表し方について考え，それらを学習や生活で興味をもって生かすこと。 | (イ) 次のような思考力，判断力，表現力等を身に付けること。<br>㋐　数のまとまりに着目し，数の数え方や数の大きさの比べ方，表し方について考え，学習や生活で生かすこと。 |
| | ― | ― | イ　整数の加法及び減法に関わる数学的活動を通して，次の事項を身に付けることができるよう指導する。 |
| | ― | ― | (ア) 次のような知識及び技能を身に付けること。<br>㋐　加法が用いられる合併や増加等の場合について理解すること。<br>㋑　加法が用いられる場面を式に表したり，式を読み取ったりすること。<br>㋒　1位数と1位数との加法の計算ができること。<br>㋓　1位数と2位数との和が20までの加法の計算ができること。<br>㋔　減法が用いられる求残や減少等の場合について理解すること。<br>㋕　減法が用いられる場面を式に表したり，式を読み取ったりすること。<br>㋖　20までの数の範囲で減法の計算ができること。 |

| 学部 | 中学部〔数学〕 | |
|---|---|---|
| 内容 | 1段階 | 2段階 |
| A 数と計算 | 的な大きさについて理解すること。<br>㋓ 3位数の数系列，順序，大小について，数直線上の目盛りを読んで理解したり，数を表したりすること。<br>㋔ 一つの数をほかの数の積としてみるなど，ほかの数と関係付けてみること。<br><br>(イ) 次のような思考力，判断力，表現力等を身に付けること。<br>㋐ 数のまとまりに着目し，考察する範囲を広げながら数の大きさの比べ方や数え方を考え，日常生活で生かすこと。<br><br>イ 整数の加法及び減法に関わる数学的活動を通して，次の事項を身に付けることができるよう指導する。<br><br>(ア) 次のような知識及び技能を身に付けること。<br>㋐ 2位数の加法及び減法について理解し，その計算ができること。また，それらの筆算の仕方について知ること。<br>㋑ 簡単な場合について3位数の加法及び減法の計算の仕方を知ること。<br>㋒ 加法及び減法に関して成り立つ性質について理解すること。<br>㋓ 計算機を使って，具体的な生活場面における簡単な加法及び減法の計算ができること。 | 大きさについて理解を深めること。<br><br><br><br><br><br><br><br>(イ) 次のような思考力，判断力，表現力等を身に付けること。<br>㋐ 数のまとまりに着目し，考察する範囲を広げながら数の大きさの比べ方や数え方を考え，日常生活で生かすこと。<br><br>イ 整数の加法及び減法に関わる数学的活動を通して，次の事項を身に付けることができるよう指導する。<br><br>(ア) 次のような知識及び技能を身に付けること。<br>㋐ 3位数や4位数の加法及び減法の計算の仕方について理解し，計算ができること。また，それらの筆算についての仕方を知ること。<br>㋑ 加法及び減法に関して成り立つ性質を理解すること。<br>㋒ 計算機を使って，具体的な生活場面における加法及び減法の計算ができること。 |

| 学部 | 小学部〔算数〕 | | |
|---|---|---|---|
| 内容 | 1段階 | 2段階 | 3段階 |
| A 数と計算<br>（1段階はB） | ― | ― | (イ) 次のような思考力，判断力，表現力等を身に付けること。<br>㋐ 日常の事象における数量の関係に着目し，計算の意味や計算の仕方を見付け出したり，学習や生活で生かしたりすること。 |
| | ― | ― | ― |
| | ― | ― | ― |
| | ― | ― | ― |
| | ― | ― | ― |
| | ― | ― | ― |
| | ― | ― | ― |
| | ― | ― | ― |
| | ― | ― | ― |

| 学部 | 中学部〔数学〕 | |
|---|---|---|
| 内容 | 1段階 | 2段階 |
| A　数と計算 | (イ) 次のような思考力，判断力，表現力等を身に付けること。<br>㋐　数量の関係に着目し，数を適用する範囲を広げ，計算に関して成り立つ性質や計算の仕方を見いだすとともに，日常生活で生かすこと。 | (イ) 次のような思考力，判断力，表現力等を身に付けること。<br>㋐　数量の関係に着目し，数の適用範囲を広げ，計算に関して成り立つ性質や計算の仕方を見いだすとともに，日常生活で生かすこと。 |
| | ウ　整数の乗法に関わる数学的活動を通して，次の事項を身に付けることができるよう指導する。<br>(ア) 次のような知識及び技能を身に付けること。<br>㋐　乗法が用いられる場合や意味について知ること。<br>㋑　乗法が用いられる場面を式に表したり，式を読み取ったりすること。<br>㋒　乗法に関して成り立つ簡単な性質について理解すること。<br>㋓　乗法九九について知り，1位数と1位数との乗法の計算ができること。 | ウ　整数の乗法に関わる数学的活動を通して，次の事項を身に付けることができるよう指導する。<br>(ア) 次のような知識及び技能を身に付けること。<br>㋐　1位数と1位数との乗法の計算ができ，それを適切に用いること。<br>㋑　交換法則や分配法則といった乗法に関して成り立つ性質を理解すること。 |
| | (イ) 次のような思考力，判断力，表現力等を身に付けること。<br>㋐　数量の関係に着目し，計算に関して成り立つ性質や計算の仕方を見いだすとともに，日常生活で生かすこと。 | (イ) 次のような思考力，判断力，表現力等を身に付けること。<br>㋐　数量の関係に着目し，計算に関して成り立つ性質や計算の仕方を見いだすとともに，日常生活で生かすこと。 |
| | ― | エ　整数の除法に関わる数学的活動を通して，次の事項を身に付けることができるよう指導する。 |
| | ― | (ア) 次のような知識及び技能を身に付けること。<br>㋐　除法が用いられる場合や意味について理解すること。<br>㋑　除法が用いられる場面を式に表したり，式を読み取ったりすること。<br>㋒　除法と乗法との関係について理解すること。<br>㋓　除数と商が共に1位数である除法の計算ができること。<br>㋔　余りについて知り，余りの求め方が分かること。 |
| | ― | (イ) 次のような思考力，判断力，表現力等を身に付けること。<br>㋐　数量の関係に着目し，計算に関して成り立つ性質や計算の仕方を見いだすとともに，日常生活に生かすこと。 |
| | ― | オ　小数の表し方に関わる数学的活動を通して，次の事項を身に付けることができるよう指導する。 |
| | ― | (ア) 次のような知識及び技能を身に付けること。<br>㋐　端数部分の大きさを表すのに小数を用いることを知ること。<br>㋑　$\frac{1}{10}$の位までの小数の仕組みや表し方について理解すること。 |

| 学部 | 小学部（算数） | | |
|---|---|---|---|
| 内容 | 1段階 | 2段階 | 3段階 |
| A　数と計算<br>（1段階はB） | ― | ― | ― |
|  | ― | ― | ― |
|  | ― | ― | ― |
|  | ― | ― | ― |
|  | ― | ― | ― |
|  | ― | ― | ― |
|  | ― | ― | ― |
| B　図形<br>（1段階はC） | ア　ものの類別や分類・整理に関わる数学的活動を通して，次の事項を身に付けることができるよう指導する。<br>(ｱ)　次のような知識及び技能を身に付けること。<br>㋐　具体物に注目して指を差したり，つかもうとしたり，目で追ったりすること。<br>㋑　形を観点に区別すること。<br>㋒　形が同じものを選ぶこと。<br>㋓　似ている二つのものを結び付けること。<br>㋔　関連の深い一対のものや絵カードを組み合わせること。<br>㋕　同じもの同士の集合づくりをすること。 | ア　ものの分類に関わる数学的活動を通して，次の事項を身に付けることができるよう指導する。<br>(ｱ)　次のような知識及び技能を身に付けること。<br>㋐　色や形，大きさに着目して分類すること。<br>㋑　身近なものを目的，用途及び機能に着目して分類すること。 | ア　身の回りにあるものの形に関わる数学的活動を通して，次の事項を身に付けることができるよう指導する。<br>(ｱ)　次のような知識及び技能を身に付けること。<br>㋐　ものの形に着目し，身の回りにあるものの特徴を捉えること。<br>㋑　具体物を用いて形を作ったり分解したりすること。<br>㋒　前後，左右，上下など方向や位置に関する言葉を用いて，ものの位置を表すこと。 |

| 学部 | 中学部〔数学〕 | |
|---|---|---|
| 内容 | 1段階 | 2段階 |
| A　数と計算 | ― | (イ) 次のような思考力，判断力，表現力等を身に付けること。<br>㋐　数のまとまりに着目し，数の表し方の適用範囲を広げ，日常生活に生かすこと。 |
| | ― | カ　分数の表し方に関わる数学的活動を通して，次の事項を身に付けることができるよう指導する。 |
| | ― | (ア) 次のような知識及び技能を身に付けること。<br>㋐　$\frac{1}{2}$，$\frac{1}{4}$など簡単な分数について知ること。 |
| | ― | (イ) 次のような思考力，判断力，表現力等を身に付けること。<br>㋐　数のまとまりに着目し，数の表し方の適用範囲を広げ，日常生活に生かすこと。 |
| | ― | キ　数量の関係を表す式に関わる数学的活動を通して，次の事項を身に付けることができるよう指導する。 |
| | ― | (ア) 次のような知識及び技能を身に付けること。<br>㋐　数量の関係を式に表したり，式と図を関連付けたりすること。<br>㋑　□などを用いて数量の関係を式に表すことができることを知ること。<br>㋒　□などに数を当てはめて調べること。 |
| | ― | (イ) 次のような思考力，判断力，表現力等を身に付けること。<br>㋐　数量の関係に着目し，事柄や関係を式や図を用いて簡潔に表したり，式と図を関連付けて式を読んだりすること。 |
| B　図形 | ア　図形に関わる数学的活動を通して，次の事項を身に付けることができるよう指導する。 | ア　図形に関わる数学的活動を通して，次の事項を身に付けることができるよう指導する。 |
| | (ア) 次のような知識及び技能を身に付けること。<br>㋐　直線について知ること。<br>㋑　三角形や四角形について知ること。<br>㋒　正方形，長方形及び直角三角形について知ること。<br>㋓　正方形や長方形で捉えられる箱の形をしたものについて理解し，それらを構成したり，分解したりすること。<br>㋔　直角，頂点，辺及び面という用語を用いて図形の性質を表現すること。<br>㋕　基本的な図形が分かり，その図形をかいたり，簡単な図表を作ったりすること。<br>㋖　正方形，長方形及び直角三角形をかいたり，作ったり，それらを使って平面に敷き詰めたりすること。 | (ア) 次のような知識及び技能を身に付けること。<br>㋐　二等辺三角形，正三角形などについて知り，作図などを通してそれらの関係に着目すること。<br>㋑　二等辺三角形や正三角形を定規とコンパスなどを用いて作図すること。<br>㋒　基本的な図形と関連して角について知ること。<br>㋓　直線の平行や垂直の関係について理解すること。<br>㋔　円について，中心，半径及び直径を知ること。また，円に関連して，球についても直径などを知ること。 |

| 学部 | 小学部〔算数〕 | | |
|---|---|---|---|
| 内容 | 1段階 | 2段階 | 3段階 |
| B　図形<br>（1段階はC） | (イ) 次のような思考力, 判断力, 表現力等を身に付けること。<br>㋐　対象物に注意を向け, 対象物の存在に気付き, 諸感覚を協応させながら具体物を捉えること。<br>㋑　ものの属性に着目し, 様々な情報から同質なものや類似したものに気付き, 日常生活の中で関心をもつこと。<br>㋒　ものとものとの関係に注意を向け, ものの属性に気付き, 関心をもって対応しながら, 表現する仕方を見つけ出し, 日常生活で生かすこと。 | (イ) 次のような思考力, 判断力, 表現力等を身に付けること。<br>㋐　ものを色や形, 大きさ, 目的, 用途及び機能に着目し, 共通点や相違点について考えて, 分類する方法を日常生活で生かすこと。 | (イ) 次のような思考力, 判断力, 表現力等を身に付けること。<br>㋐　身の回りにあるものから, いろいろな形を見付けたり, 具体物を用いて形を作ったり分解したりすること。<br>㋑　身の回りにあるものの形を図形として捉えること。<br>㋒　身の回りにあるものの形の観察などをして, ものの形を認識したり, 形の特徴を捉えたりすること。 |
| | ― | イ　身の回りにあるものの形に関わる数学的活動を通して, 次の事項を身に付けることができるよう指導する。 | イ　角の大きさに関わる数学的活動を通して, 次の事項を身に付けることができるよう指導する。 |
| | ― | (ア) 次のような知識及び技能を身に付けること。<br>㋐　身の回りにあるものの形に関心をもち, 丸や三角, 四角という名称を知ること。<br>㋑　縦や横の線, 十字, △や口をかくこと。<br>㋒　大きさや色など属性の異なるものであっても形の属性に着目して, 分類したり, 集めたりすること。 | (ア) 次のような知識及び技能を身に付けること。<br>㋐　傾斜をつくると角ができることを理解すること。 |
| | ― | (イ) 次のような思考力, 判断力, 表現力等を身に付けること。<br>㋐　身の回りにあるものの形に関心を向け, 丸や三角, 四角を考えながら分けたり, 集めたりすること。 | (イ) 次のような思考力, 判断力, 表現力等を身に付けること。<br>㋐　傾斜が変化したときの斜面と底面の作り出す開き具合について, 大きい・小さいと表現すること。 |
| | ― | ― | ― |
| | ― | ― | ― |
| | ― | ― | ― |

| 学部 | 中学部〔数学〕 | |
|---|---|---|
| 内容 | 1段階 | 2段階 |
| B　図形 | (イ) 次のような思考力，判断力，表現力等を身に付けること。<br>㋐　図形を構成する要素に着目し，構成の仕方を考えるとともに，図形の性質を見いだし，身の回りのものの形を図形として捉えること。 | (イ) 次のような思考力，判断力，表現力等を身に付けること。<br>㋐　図形を構成する要素及びそれらの位置関係に着目し，構成の仕方を考察して，図形の性質を見いだすとともに，その性質を基に既習の図形を捉え直すこと。 |
| | ― | イ　面積に関わる数学的活動を通して，次の事項を身に付けることができるよう指導する。 |
| | ― | (ア) 次のような知識及び技能を身に付けること。<br>㋐　面積の単位［平方センチメートル（㎠），平方メートル（㎡），平方キロメートル（㎢）］について知り，測定の意味について理解すること。<br>㋑　正方形及び長方形の面積の求め方について知ること。 |
| | ― | (イ) 次のような思考力，判断力，表現力等を身に付けること。<br>㋐　面積の単位に着目し，図形の面積について，求め方を考えたり，計算して表したりすること。 |
| | ― | ウ　角の大きさに関わる数学的活動を通して，次の事項を身に付けることができるよう指導する。 |
| | ― | (ア) 次のような知識及び技能を身に付けること。<br>㋐　角の大きさを回転の大きさとして捉えること。<br>㋑　角の大きさの単位（度（ °））について知り，測定の意味について理解すること。<br>㋒　角の大きさを測定すること。 |
| | ― | (イ) 次のような思考力，判断力，表現力等を身に付けること。<br>㋐　角の大きさの単位に着目し，図形の角の大きさを的確に表現して比較したり，図形の考察に生かしたりすること。 |

| 学部 | 小学部〔算数〕 | | |
|---|---|---|---|
| 内容 | 1段階 | 2段階 | 3段階 |
| C 測定<br>（1段階はD） | ア 身の回りにある具体物のもつ大きさに関わる数学的活動を通して，次の事項を身に付けることができるよう指導する。 | ア 身の回りにある具体物の量の大きさに注目し，二つの量の大きさに関わる数学的活動を通して，次の事項を身に付けることができるよう指導する。 | ア 身の回りのものの量の単位と測定に関わる数学的活動を通して，次の事項を身に付けることができるよう指導する。 |
| | (ア) 次のような知識及び技能を身に付けること。<br>㋐ 大きさや長さなどを，基準に対して同じか違うかによって区別すること。<br>㋑ ある・ない，大きい・小さい，多い・少ない，などの用語に注目して表現すること。 | (ア) 次のような知識及び技能を身に付けること。<br>㋐ 長さ，重さ，高さ及び広さなどの量の大きさが分かること。<br>㋑ 二つの量の大きさについて，一方を基準にして相対的に比べること。<br>㋒ 長い・短い，重い・軽い，高い・低い及び広い・狭いなどの用語が分かること。 | (ア) 次のような知識及び技能を身に付けること。<br>㋐ 長さ，広さ，かさなどの量を直接比べる方法について理解し，比較すること。<br>㋑ 身の回りにあるものの大きさを単位として，その幾つ分かで大きさを比較すること。 |
| | (イ) 次のような思考力，判断力，表現力等を身に付けること。<br>㋐ 大小や多少等で区別することに関心をもち，量の大きさを表す用語に注目して表現すること。 | (イ) 次のような思考力，判断力，表現力等を身に付けること。<br>㋐ 長さ，重さ，高さ及び広さなどの量を，一方を基準にして比べることに関心をもったり，量の大きさを用語を用いて表現したりすること。 | (イ) 次のような思考力，判断力，表現力等を身に付けること。<br>㋐ 身の回りのものの長さ，広さ及びかさについて，その単位に着目して大小を比較したり，表現したりすること。 |
| | — | — | イ 時刻や時間に関わる数学的活動を通して，次の事項を身に付けることができるよう指導する。 |
| | — | — | (ア) 次のような知識及び技能を身に付けること。<br>㋐ 日常生活の中で時刻を読むこと。<br>㋑ 時間の単位（日，午前，午後，時，分）について知り，それらの関係を理解すること。 |
| | — | — | (イ) 次のような思考力，判断力，表現力等を身に付けること。<br>㋐ 時刻の読み方を日常生活に生かして，時刻と生活とを結び付けて表現すること。 |
| C 変化と関係 | — | — | — |
| | — | — | — |

| 学部 | 中学部〔数学〕 | |
|---|---|---|
| 内容 | 1段階 | 2段階 |
| C 測定 | ア 量の単位と測定に関わる数学的活動を通して、次の事項を身に付けることができるよう指導する。 | — |
| | (ア) 次のような知識及び技能を身に付けること。<br>㋐ 目盛の原点を対象の端に当てて測定すること。<br>㋑ 長さの単位［ミリメートル (mm), センチメートル (cm), メートル (m), キロメートル (km)］や重さの単位［グラム (g), キログラム (kg)］について知り、測定の意味を理解すること。<br>㋒ かさの単位［ミリリットル (mL), デシリットル (dL), リットル (L)］について知り、測定の意味を理解すること。<br>㋓ 長さ、重さ及びかさについて、およその見当を付け、単位を選択したり、計器を用いて測定したりすること。 | — |
| | (イ) 次のような思考力、判断力、表現力等を身に付けること。<br>㋐ 身の回りのものの特徴に着目し、目的に適した単位で量の大きさを表現したり、比べたりすること。 | — |
| | イ 時刻や時間に関わる数学的活動を通して、次の事項を身に付けることができるよう指導する。 | — |
| | (ア) 次のような知識及び技能を身に付けること。<br>㋐ 時間の単位（秒）について知ること。<br>㋑ 日常生活に必要な時刻や時間を求めること。 | — |
| | (イ) 次のような思考力、判断力、表現力等を身に付けること。<br>㋐ 時間の単位に着目し、簡単な時刻や時間の求め方を日常生活に生かすこと。 | — |
| C 変化と関係 | — | ア 伴って変わる二つの数量に関わる数学的活動を通して、次の事項を身に付けることができるよう指導する。 |
| | — | (ア) 次のような知識及び技能を身に付けること。<br>㋐ 変化の様子を表や式を用いて表したり、変化の特徴を読み取ったりすること。 |

| 学部 | 小学部〔算数〕 | | |
|---|---|---|---|
| 内容 | 1段階 | 2段階 | 3段階 |
| C　変化と関係 | ー | ー | ー |
| | ー | ー | ー |
| | ー | ー | ー |
| | ー | ー | ー |
| D　データの活用 | ー | ア　ものの分類に関わる数学的活動を通して，次の事項を身に付けることができるよう指導する。 | ア　身の回りにある事象を簡単な絵や図，記号に置き換えることに関わる数学的活動を通して，次の事項を身に付けることができるよう指導する。 |
| | ー | (ｱ)次のような知識及び技能を身に付けること。<br>㋐　身近なものを目的，用途，機能に着目して分類すること。 | (ｱ)次のような知識及び技能を身に付けること。<br>㋐　ものとものとの対応やものの個数について，簡単な絵や図に表して整理したり，それらを読んだりすること。<br>㋑　身の回りにあるデータを簡単な記号に置き換えて表し，比較して読み取ること。 |
| | ー | (ｲ)次のような思考力，判断力，表現力等を身に付けること。<br>㋐　身近なものの色や形，大きさ，目的及び用途等に関心を向け，共通点や相違点を考えながら，興味をもって分類すること。 | (ｲ)次のような思考力，判断力，表現力等を身に付けること。<br>㋐　個数の把握や比較のために簡単な絵や図，記号に置き換えて簡潔に表現すること。 |
| | ー | イ　同等と多少に関わる数学的活動を通して，次の事項を身に付けることができるよう指導する。 | ー |
| | ー | (ｱ)次のような知識及び技能を身に付けること。<br>㋐　ものとものとを対応させることによって，ものの同等や多少が分かること。 | ー |

| 学部 | 中学部〔数学〕 | |
|---|---|---|
| 内容 | 1段階 | 2段階 |
| C　変化と関係 | — | (イ) 次のような思考力，判断力，表現力等を身に付けること。<br>㋐　伴って変わる二つの数量の関係に着目し，表や式を用いて変化の特徴を考察すること。 |
| | — | イ　二つの数量の関係に関わる数学的活動を通して，次の事項を身に付けることができるよう指導する。 |
| | — | (ア) 次のような知識及び技能を身に付けること。<br>㋐　簡単な場合について，ある二つの数量の関係と別の二つの数量の関係とを比べる場合に割合を用いる場合があることを知ること。 |
| | — | (イ) 次のような思考力，判断力，表現力等を身に付けること。<br>㋐　日常生活における数量の関係に着目し，図や式を用いて，二つの数量の関係を考察すること。 |
| D　データの活用 | ア　身の回りにあるデータを簡単な表やグラフで表したり，読み取ったりすることに関わる数学的活動を通して，次の事項を身に付けることができるよう指導する。 | ア　データを表やグラフで表したり，読み取ったりすることに関わる数学的活動を通して，次の事項を身に付けることができるよう指導する。 |
| | (ア) 次のような知識及び技能を身に付けること。<br>㋐　身の回りにある数量を簡単な表やグラフに表したり，読み取ったりすること。 | (ア) 次のような知識及び技能を身に付けること。<br>㋐　データを日時や場所などの観点から分類及び整理し，表や棒グラフで表したり，読んだりすること。<br>㋑　データを二つの観点から分類及び整理し，折れ線グラフで表したり，読み取ったりすること。<br>㋒　表や棒グラフ，折れ線グラフの意味やその用い方を理解すること。 |
| | (イ) 次のような思考力，判断力，表現力等を身に付けること。<br>㋐　身の回りの事象に関するデータを整理する観点に着目し，簡単な表やグラフを用いながら読み取ったり，考察したりすること。 | (イ) 次のような思考力，判断力，表現力等を身に付けること。<br>㋐　身の回りの事象に関するデータを整理する観点に着目し，表や棒グラフを用いながら，読み取ったり，考察したり，結論を表現したりすること。<br>㋑　目的に応じてデータを集めて分類及び整理し，データの特徴や傾向を見付けて，適切なグラフを用いて表現したり，考察したりすること。 |
| | — | — |
| | — | — |

| 学部 | 小学部〔算数〕 | | |
|---|---|---|---|
| 内容 | 1段階 | 2段階 | 3段階 |
| D　データの活用 | ― | (イ) 次のような思考力，判断力，表現力等を身に付けること。<br>㋐ 身の回りにあるものの個数に着目して絵グラフなどに表し，多少を読み取って表現すること。 | ― |
| | ― | ウ　○×を用いた表に関わる数学的活動を通して，次の事項を身に付けることができるよう指導する。 | ― |
| | ― | (ア) 次のような知識及び技能を身に付けること。<br>㋐ 身の回りの出来事から○×を用いた簡単な表を作成すること。<br>㋑ 簡単な表で使用する○×の記号の意味が分かること。 | ― |
| | ― | (イ) 次のような思考力，判断力，表現力等を身に付けること。<br>㋐ 身の回りの出来事を捉え，○×を用いた簡単な表で表現すること。 | ― |
| 〔数学的活動〕 | ア　内容の「A数量の基礎」，「B数と計算」，「C図形」及び「D測定」に示す学習については，次のような数学的活動に取り組むものとする。 | ア　内容の「A数と計算」，「B図形」，「C測定」及び「Dデータの活用」に示す学習については，次のような数学的活動に取り組むものとする。 | ア　内容の「A数と計算」，「B図形」，「C測定」及び「Dデータの活用」に示す学習については，次のような数学的活動に取り組むものとする。 |
| | (ア) 身の回りの事象を観察したり，具体物を操作したりして，数量や形に関わる活動 | (ア) 身の回りの事象を観察したり，具体物を操作したりする活動 | (ア) 身の回りの事象を観察したり，具体物を操作したりして，算数に主体的に関わる活動 |
| | (イ) 日常生活の問題を取り上げたり算数の問題を具体物などを用いて解決したりして，結果を確かめる活動 | (イ) 日常生活の問題を具体物などを用いて解決したり結果を確かめたりする活動 | (イ) 日常生活の事象から見いだした算数の問題を，具体物，絵図，式などを用いて解決し，結果を確かめる活動 |
| | ― | (ウ) 問題解決した過程や結果を，具体物などを用いて表現する活動 | (ウ) 問題解決した過程や結果を，具体物や絵図，式などを用いて表現し，伝え合う活動 |

| 学部 | 中学部〔数学〕 | |
|---|---|---|
| 内容 | 1段階 | 2段階 |
| D データの活用 | ― | ― |
| | ― | ― |
| | ― | ― |
| | ― | ― |
| 〔数学的活動〕 | ア 内容の「A数と計算」,「B図形」,「C測定」及び「Dデータの活用」に示す学習については,次のような数学的活動に取り組むものとする。 | ア 内容の「A数と計算」,「B図形」,「C変化と関係」及び「Dデータの活用」に示す学習については,次のような数学的活動に取り組むものとする。 |
| | (ｱ) 日常生活の事象から見いだした数学の問題を,具体物や図,式などを用いて解決し,結果を確かめたり,日常生活に生かしたりする活動 | (ｱ) 身の回りの事象を観察したり,具体物を操作したりして,数学の学習に関わる活動 |
| | (ｲ) 問題解決した過程や結果を,具体物や図,式などを用いて表現し伝え合う活動 | (ｲ) 日常の事象から見いだした数学の問題を,具体物や図,表及び式などを用いて解決し,結果を確かめたり,日常生活に生かしたりする活動 |
| | ― | (ｳ) 問題解決した過程や結果を,具体物や図,表,式などを用いて表現し伝え合う活動 |

# 目標・内容の一覧（理科）

| 学部 | | 中学部 | |
|---|---|---|---|
| | | **教科の目標** | |
| 自然に親しみ，理科の見方・考え方を働かせ，見通しをもって，観察，実験を行うことなどを通して，自然の事物・現象についての問題を科学的に解決するために必要な資質・能力を次のとおり育成することを目指す。 | | | |
| 知識及び技能 | | (1) 自然の事物・現象についての基本的な理解を図り，観察，実験などに関する初歩的な技能を身に付けるようにする。 | |
| 思考力，判断力，表現力等 | | (2) 観察，実験などを行い，疑問をもつ力と予想や仮説を立てる力を養う。 | |
| 学びに向かう力，人間性等 | | (3) 自然を愛する心情を養うとともに，学んだことを主体的に日常生活や社会生活などに生かそうとする態度を養う。 | |
| 段階の目標 | | 1段階 | 2段階 |
| 知識及び技能 | A 生命 | ア 身の回りの生物の様子について気付き，観察，実験などに関する初歩的な技能を身に付けるようにする。 | ア 人の体のつくりと運動，動物の活動や植物の成長と環境との関わりについての理解を図り，観察，実験などに関する初歩的な技能を身に付けるようにする。 |
| | B 地球・自然 | ア 太陽と地面の様子について気付き，観察，実験などに関する初歩的な技能を身に付けるようにする。 | ア 雨水の行方と地面の様子，気象現象，月や星についての理解を図り，観察，実験などに関する初歩的な技能を身に付けるようにする。 |
| | C 物質・エネルギー | ア 物の性質，風やゴムの力の働き，光や音の性質，磁石の性質及び電気の回路について気付き，観察，実験などに関する初歩的な技能を身に付けるようにする。 | ア 水や空気の性質についての理解を図り，観察，実験などに関する初歩的な技能を身に付けるようにする。 |
| 思考力，判断力，表現力等 | A 生命 | イ 身の回りの生物の様子から，主に差異点や共通点に気付き，疑問をもつ力を養う。 | イ 人の体のつくりと運動，動物の活動や植物の成長と環境との関わりについて，疑問をもったことについて既習の内容や生活経験を基に予想する力を養う。 |
| | B 地球・自然 | イ 太陽と地面の様子から，主に差異点や共通点に気付き，疑問をもつ力を養う。 | イ 雨水の行方と地面の様子，気象現象，月や星について，疑問をもったことについて既習の内容や生活経験を基に予想する力を養う。 |
| | C 物質・エネルギー | イ 物の性質，風やゴムの力の働き，光や音の性質，磁石の性質及び電気の回路から，主に差異点や共通点に気付き，疑問をもつ力を養う。 | イ 水や空気の性質について，疑問をもったことについて既習の内容や生活経験を基に予想する力を養う。 |
| 学びに向かう力，人間性等 | A 生命 | ウ 身の回りの生物の様子について進んで調べ，生物を愛護する態度や学んだことを日常生活などに生かそうとする態度を養う。 | ウ 人の体のつくりと運動，動物の活動や植物の成長と環境の関わりについて見いだした疑問を進んで調べ，生物を愛護する態度や学んだことを日常生活や社会生活などに生かそうとする態度を養う。 |
| | B 地球・自然 | ウ 太陽と地面の様子について進んで調べ，学んだことを日常生活などに生かそうとする態度を養う。 | ウ 雨水の行方と地面の様子，気象現象，月や星について見いだした疑問を進んで調べ，学んだことを日常生活や社会生活などに生かそうとする態度を養う。 |
| | C 物質・エネルギー | ウ 物の性質，風やゴムの力の働き，光や音の性質，磁石の性質及び電気の回路について進んで調べ，学んだことを日常生活などに生かそうとする態度を養う。 | ウ 水や空気の性質について見いだした疑問を進んで調べ，学んだことを日常生活や社会生活などに生かそうとする態度を養う。 |

| 内容 | 1段階 | 2段階 |
|---|---|---|
| A 生命 | ア 身の回りの生物<br>身の回りの生物について，探したり育てたりする中で，生物の姿に着目して，それらを比較しながら調べる活動を通して，次の事項を身に付けることができるよう指導する。<br>(ア) 次のことを理解するとともに，観察，実験などに関する初歩的な技能を身に付けること。<br>㋐ 生物は，色，形，大きさなど，姿に違いがあること。<br>㋑ 昆虫や植物の育ち方には一定の順序があること。<br>(イ) 身の回りの生物について調べる中で，差異点や共通点に気付き，生物の姿についての疑問をもち，表現すること。 | ア 人の体のつくりと運動<br>人や他の動物について，骨や筋肉のつくりと働きに着目して，それらを関係付けて調べる活動を通して，次の事項を身に付けることができるよう指導する。<br>(ア) 次のことを理解するとともに，観察，実験などに関する初歩的な技能を身に付けること。<br>㋐ 人の体には骨と筋肉があること。<br>㋑ 人が体を動かすことができるのは，骨，筋肉の働きによること。<br>(イ) 人や他の動物の骨や筋肉のつくりと働きについて調べる中で，見いだした疑問について，既習の内容や生活経験を基に予想し，表現すること。<br>イ 季節と生物<br>身近な動物や植物について，探したり育てたりする中で，動物の活動や植物の成長と季節の変化に着目して，それらを関係付けて調べる活動を通して，次の事項を身に付けることができるよう指導する。<br>(ア) 次のことを理解するとともに，観察，実験などに関する初歩的な技能を身に付けること。<br>㋐ 動物の活動は，暖かい季節，寒い季節などによって違いがあること。<br>㋑ 植物の成長は，暖かい季節，寒い季節などによって違いがあること。<br>(イ) 身近な動物の活動や植物の成長の変化について調べる中で，見いだした疑問について，既習の内容や生活経験を基に予想し，表現すること。 |
| B 地球・自然 | ア 太陽と地面の様子<br>太陽と地面の様子との関係について，日なたと日陰の様子に着目して，それらを比較しながら調べる活動を通して，次の事項を身に付けることができるよう指導する。<br>(ア) 次のことを理解するとともに，観察，実験などに関する初歩的な技能を身に付けること。<br>㋐ 日陰は太陽の光を遮るとできること。<br>㋑ 地面は太陽によって暖められ，日なたと日陰では地面の暖かさに違いがあること。<br>(イ) 日なたと日陰の様子について調べる中で，差異点や共通点に気付き，太陽と地面の様子との関係についての疑問をもち，表現すること。 | ア 雨水の行方と地面の様子<br>雨水の行方と地面の様子について，流れ方やしみ込み方に着目して，それらと地面の傾きや土の粒の大きさとを関係付けて調べる活動を通して，次の事項を身に付けることができるよう指導する。<br>(ア) 次のことを理解するとともに，観察，実験などに関する初歩的な技能を身に付けること。<br>㋐ 水は，高い場所から低い場所へと流れて集まること。<br>㋑ 水のしみ込み方は，土の粒の大きさによって違いがあること。<br>(イ) 雨水の流れ方やしみ込み方と地面の傾きや土の粒の大きさとの関係について調べる中で，見いだした疑問について，既習の内容や生活経験を基に予想し，表現すること。<br>イ 天気の様子<br>天気や自然界の水の様子について，気温や水の行方に着目して，それらと天気の様子や水の状態変化とを関係付けて調べる活動を通して，次の事項を身に付けることができるよう指導する。 |

| 内容 | １段階 | ２段階 |
| --- | --- | --- |
| B　地球・自然 | | (ア) 次のことを理解するとともに，観察，実験などに関する初歩的な技能を身に付けること。<br>㋐　天気によって１日の気温の変化の仕方に違いがあること。<br>㋑　水は，水面や地面などから蒸発し，水蒸気になって空気中に含まれていくこと。<br>(イ) 天気の様子や水の状態変化と気温や水の行方との関係について調べる中で，見いだした疑問について，既習の内容や生活経験を基に予想し，表現すること。<br>ウ　月と星<br>月や星の特徴について，位置の変化や時間の経過に着目して，それらを関係付けて調べる活動を通して，次の事項を身に付けることができるよう指導する。<br>(ア) 次のことを理解するとともに，観察，実験などに関する初歩的な技能を身に付けること。<br>㋐　月は日によって形が変わって見え，１日のうちでも時刻によって位置が変わること。<br>㋑　空には，明るさや色の違う星があること。<br>(イ) 月の位置の変化と時間の経過との関係について調べる中で，見いだした疑問について，既習の内容や生活経験を基に予想し，表現すること。 |
| C　物質・エネルギー | ア　物と重さ<br>物の性質について，形や体積に着目して，重さを比較しながら調べる活動を通して，次の事項を身に付けることができるよう指導する。<br>(ア) 次のことを理解するとともに，観察，実験などに関する初歩的な技能を身に付けること。<br>㋐　物は，形が変わっても重さは変わらないこと。<br>㋑　物は，体積が同じでも重さは違うことがあること。<br>(イ) 物の形や体積と重さとの関係について調べる中で，差異点や共通点に気付き，物の性質についての疑問をもち，表現すること。<br>イ　風やゴムの力の働き<br>風やゴムの力の働きについて，力と物の動く様子に着目して，それらを比較しながら調べる活動を通して，次の事項を身に付けることができるよう指導する。<br>(ア) 次のことを理解するとともに，観察，実験などに関する初歩的な技能を身に付けること。<br>㋐　風の力は，物を動かすことができること。また，風の力の大きさを変えると，物が動く様子も変わること。<br>㋑　ゴムの力は，物を動かすことができること。また，ゴムの力の大きさを変えると，物が動く様子も変わること。 | ア　水や空気と温度<br>水や空気の性質について，体積や状態の変化に着目して，それらと温度の変化とを関係付けて調べる活動を通して，次の事項を身に付けることができるよう指導する。<br>(ア) 次のことを理解するとともに，観察，実験などに関する初歩的な技能を身に付けること。<br>㋐　水や空気は，温めたり冷やしたりすると，その体積が変わること。<br>㋑　水は，温度によって水蒸気や氷に変わること。<br>(イ) 水や空気の体積や状態の変化について調べる中で，見いだした疑問について，既習の内容や生活経験を基に予想し，表現すること。 |

| 内容 | 1段階 | 2段階 |
|---|---|---|
| C 物質・エネルギー | (イ) 風やゴムの力で物が動く様子について調べる中で、差異点や共通点に気付き、風やゴムの力の働きについての疑問をもち、表現すること。<br>ウ 光や音の性質<br>光や音の性質について、光を当てたときの明るさや暖かさ、音を出したときの震え方に着目して、光の強さや音の大きさを変えたときの違いを比較しながら調べる活動を通して、次の事項を身に付けることができるよう指導する。<br>(ア) 次のことを理解するとともに、観察、実験などに関する初歩的な技能を身に付けること。<br>㋐ 日光は直進すること。<br>㋑ 物に日光を当てると、物の明るさや暖かさが変わること。<br>㋒ 物から音が出たり伝わったりするとき、物は震えていること。<br>(イ) 光を当てたときの明るさや暖かさの様子、音を出したときの震え方の様子について調べる中で、差異点や共通点に気付き、光や音の性質についての疑問をもち、表現すること。<br>エ 磁石の性質<br>磁石の性質について、磁石を身の回りの物に近付けたときの様子に着目して、それらを比較しながら調べる活動を通して、次の事項を身に付けることができるよう指導する。<br>(ア) 次のことを理解するとともに、観察、実験などに関する初歩的な技能を身に付けること。<br>㋐ 磁石に引き付けられる物と引き付けられない物があること。<br>㋑ 磁石の異極は引き合い、同極は退け合うこと。<br>(イ) 磁石を身の回りの物に近付けたときの様子について調べる中で、差異点や共通点に気付き、磁石の性質についての疑問をもち、表現すること。<br>オ 電気の通り道<br>電気の回路について、乾電池と豆電球などのつなぎ方と、乾電池につないだ物の様子に着目して、電気を通すときと通さないときのつなぎ方を比較しながら調べる活動を通して、次の事項を身に付けることができるよう指導する。<br>(ア) 次のことを理解するとともに、観察、実験などに関する初歩的な技能を身に付けること。<br>㋐ 電気を通すつなぎ方と通さないつなぎ方があること。<br>㋑ 電気を通す物と通さない物があること。<br>(イ) 乾電池と豆電球などをつないだときの様子について調べる中で、差異点や共通点に気付き、電気の回路についての疑問をもち、表現すること。 | |

# 目標・内容の一覧〔音楽〕

| 学部 | 小学部 | | |
|---|---|---|---|
| 教科の目標 | | | |
| 表現及び鑑賞の活動を通して，音楽的な見方・考え方を働かせ，生活の中の音や音楽に興味や関心をもって関わる資質・能力を次のとおり育成することを目指す。 | | | |
| **知識及び技能** | (1) 曲名や曲想と音楽のつくりについて気付くとともに，感じたことを音楽表現するために必要な技能を身に付けるようにする。 | | |
| **思考力，判断力，表現力等** | (2) 感じたことを表現することや，曲や演奏の楽しさを見いだしながら，音や音楽の楽しさを味わって聴くことができるようにする。 | | |
| **学びに向かう力，人間性等** | (3) 音や音楽に楽しく関わり，協働して音楽活動をする楽しさを感じるとともに，身の回りの様々な音楽に親しむ態度を養い，豊かな情操を培う。 | | |
| 段階の目標 | 1段階 | 2段階 | 3段階 |
| 知識及び技能 | ア　音や音楽に注意を向けて気付くとともに，関心を向け，音楽表現を楽しむために必要な身体表現，器楽，歌唱，音楽づくりにつながる技能を身に付けるようにする。 | ア　曲名や曲想と簡単な音楽のつくりについて気付くとともに，音楽表現を楽しむために必要な身体表現，器楽，歌唱，音楽づくりの技能を身に付けるようにする。 | ア　曲名や曲想と音楽のつくりについて気付くとともに，音楽表現を楽しむために必要な身体表現，器楽，歌唱，音楽づくりの技能を身に付けるようにする。 |
| 思考力，判断力，表現力等 | イ　音楽的な表現を楽しむことや，音や音楽に気付きながら関心や興味をもって聴くことができるようにする。 | イ　音楽表現を工夫することや，表現することを通じて，音や音楽に興味をもって聴くことができるようにする。 | イ　音楽表現に対する思いをもつことや，曲や演奏の楽しさを見いだしながら音楽を味わって聴くことができるようにする。 |
| 学びに向かう力，人間性等 | ウ　音や音楽に気付いて，教師と一緒に音楽活動をする楽しさを感じるとともに，音楽経験を生かして生活を楽しいものにしようとする態度を養う。 | ウ　音や音楽に関わり，教師と一緒に音楽活動をする楽しさに興味をもちながら，音楽経験を生かして生活を明るく楽しいものにしようとする態度を養う。 | ウ　音や音楽に楽しく関わり，協働して音楽活動をする楽しさを感じながら，身の回りの様々な音楽に興味をもつとともに，音楽経験を生かして生活を明るく潤いのあるものにしようとする態度を養う。 |
| 内容 | 1段階 | 2段階 | 3段階 |
| A　表現 | ア　音楽遊びの活動を通して，次の事項を身に付けることができるよう指導する。 | ア　歌唱の活動を通して，次の事項を身に付けることができるよう指導する。 | ア　歌唱の活動を通して，次の事項を身に付けることができるよう指導する。 |
| | (ｱ) 音や音楽遊びについての知識や技能を得たり生かしたりしながら，音や音楽を聴いて，自分なりに表そうとすること。 | (ｱ) 歌唱表現についての知識や技能を得たり生かしたりしながら，好きな歌ややさしい旋律の一部分を自分なりに歌いたいという思いをもつこと。 | (ｱ) 歌唱表現についての知識や技能を得たり生かしたりしながら，歌唱表現に対する思いをもつこと。 |
| | (ｲ) 表現する音や音楽に気付くこと。 | (ｲ) 次の㋐及び㋑について気付くこと。<br>㋐　曲の特徴的なリズムと旋律<br>㋑　曲名や歌詞に使われている特徴的な言葉 | (ｲ) 次の㋐及び㋑について気付くこと。<br>㋐　曲の雰囲気と曲の速さや強弱との関わり<br>㋑　曲名や歌詞に使われている言葉から受けるイメージと曲の雰囲気との関わり |

| 学部 | 中学部 | |
|---|---|---|
| 教科の目標 | | |

表現及び鑑賞の活動を通して，音楽的な見方・考え方を働かせ，生活や社会の中の音や音楽，音楽文化と豊かに興味や関心をもって関わる資質・能力を次のとおり育成することを目指す。

| | | |
|---|---|---|
| 知識及び技能 | (1) 曲名や曲想と音楽の構造などとの関わりについて理解するとともに，表したい音楽表現をするために必要な技能を身に付けるようにする。 | |
| 思考力，判断力，表現力等 | (2) 音楽表現を考えることや，曲や演奏のよさなどを見いだしながら，音や音楽を味わって聴くことができるようにする。 | |
| 学びに向かう力，人間性等 | (3) 進んで音や音楽に関わり，協働して音楽活動をする楽しさを感じるとともに，様々な音楽に親しんでいく態度を養い，豊かな情操を培う。 | |

| 段階の目標 | 1段階 | 2段階 |
|---|---|---|
| 知識及び技能 | ア 曲名や曲の雰囲気と音楽の構造などとの関わりについて気付くとともに，音楽表現をするために必要な歌唱，器楽，音楽づくり，身体表現の技能を身に付けるようにする。 | ア 曲名や曲想と音楽の構造などとの関わりについて理解するとともに，表したい音楽表現をするために必要な歌唱，器楽，音楽づくり，身体表現の技能を身に付けるようにする。 |
| 思考力，判断力，表現力等 | イ 音楽表現を考えて表したい思いや意図をもつことや，音や音楽を味わいながら聴くことができるようにする。 | イ 音楽表現を考えて表したい思いや意図をもつことや，曲や演奏のよさを見いだしながら，音や音楽を味わって聴くことができるようにする。 |
| 学びに向かう力，人間性等 | ウ 進んで音や音楽に関わり，協働して音楽活動をする楽しさを感じながら，様々な音楽に触れるとともに，音楽経験を生かして生活を明るく潤いのあるものにしようとする態度を養う。 | ウ 主体的に楽しく音や音楽に関わり，協働して音楽活動をする楽しさを味わいながら，様々な音楽に親しむとともに，音楽経験を生かして生活を明るく潤いのあるものにしようとする態度を養う。 |

| 内容 | 1段階 | 2段階 |
|---|---|---|
| A 表現 | ア 歌唱の活動を通して，次の事項を身に付けることができるよう指導する。<br><br>(ｱ) 歌唱表現についての知識や技能を得たり生かしたりしながら，曲の雰囲気に合いそうな表現を工夫し，歌唱表現に対する思いや意図をもつこと。<br><br>(ｲ) 次の㋐及び㋑について気付くこと。<br>㋐ 曲名や曲の雰囲気と音楽の構造との関わり<br>㋑ 曲想と歌詞の表す情景やイメージとの関わり | ア 歌唱の活動を通して，次の事項を身に付けることができるよう指導する。<br><br>(ｱ) 歌唱表現についての知識や技能を得たり生かしたりしながら，曲の特徴にふさわしい表現を工夫し，歌唱表現に対する思いや意図をもつこと。<br><br>(ｲ) 次の㋐及び㋑について理解すること。<br>㋐ 曲名や曲想と音楽の構造との関わり<br>㋑ 曲想と歌詞の表す情景やイメージとの関わり |

| 学部 | 小学部 | | |
|---|---|---|---|
| 内容 | 1段階 | 2段階 | 3段階 |
| A 表現 | (ｳ) 思いに合った表現をするために必要な次の㋐から㋒までの技能を身に付けること。<br>㋐ 音や音楽を感じて体を動かす技能<br>㋑ 音や音楽を感じて楽器の音を出す技能<br>㋒ 音や音楽を感じて声を出す技能 | (ｳ) 思いに合った表現をするために必要な次の㋐から㋒までの技能を身に付けること。<br>㋐ 範唱を聴いて，曲の一部分を模唱する技能<br>㋑ 自分の歌声に注意を向けて歌う技能<br>㋒ 教師や友達と一緒に歌う技能 | (ｳ) 思いに合った歌い方で歌うために必要な次の㋐から㋒までの技能を身に付けること。<br>㋐ 範唱を聴いて歌ったり，歌詞やリズムを意識して歌ったりする技能<br>㋑ 自分の歌声の大きさや発音などに気を付けて歌う技能<br>㋒ 教師や友達と一緒に声を合わせて歌う技能 |
| | ― | イ 器楽の活動を通して，次の事項を身に付けることができるよう指導する。 | イ 器楽の活動を通して，次の事項を身に付けることができるよう指導する。 |
| | ― | (ｱ) 器楽表現についての知識や技能を得たり生かしたりしながら，身近な打楽器などに親しみ音を出そうとする思いをもつこと。 | (ｱ) 器楽表現についての知識や技能を得たり生かしたりしながら，器楽表現に対する思いをもつこと。 |
| | ― | (ｲ) 次の㋐及び㋑について気付くこと。<br>㋐ 拍や曲の特徴的なリズム<br>㋑ 楽器の音色の違い | (ｲ) 次の㋐及び㋑について気付くこと。<br>㋐ リズム，速度や強弱の違い<br>㋑ 演奏の仕方による楽器の音色の違い |
| | ― | (ｳ) 思いに合った表現をするために必要な次の㋐から㋒までの技能を身に付けること。<br>㋐ 範奏を聴き，模倣をして演奏する技能<br>㋑ 身近な打楽器を演奏する技能<br>㋒ 教師や友達と一緒に演奏する技能 | (ｳ) 思いに合った表現をするために必要な次の㋐から㋒までの技能を身に付けること。<br>㋐ 簡単な楽譜などを見てリズム演奏などをする技能<br>㋑ 身近な打楽器や旋律楽器を使って演奏する技能<br>㋒ 教師や友達の楽器の音を聴いて演奏する技能 |
| | ― | ウ 音楽づくりの活動を通して，次の事項を身に付けることができるよう指導する。 | ウ 音楽づくりの活動を通して，次の事項を身に付けることができるよう指導する。 |
| | ― | (ｱ) 音楽づくりについての知識や技能を得たり生かしたりしながら，次の㋐及び㋑をできるようにすること。<br>㋐ 音遊びを通して，音の面白さに気付くこと。<br>㋑ 音や音楽で表現することについて思いをもつこと。 | (ｱ) 音楽づくりについての知識や技能を得たり生かしたりしながら，次の㋐及び㋑をできるようにすること。<br>㋐ 音遊びを通して，音の面白さに気付いたり，音楽づくりの発想を得たりすること。<br>㋑ どのように音を音楽にしていくかについて思いをもつこと。 |
| | ― | (ｲ) 次の㋐及び㋑について，それらが生み出す面白さなどに触れて気付くこと。<br>㋐ 声や身の回りの様々な音の特徴<br>㋑ 音のつなげ方の特徴 | (ｲ) 次の㋐及び㋑について，それらが生み出す面白さなどと関わって気付くこと。<br>㋐ 声や身の回りの様々な音の特徴<br>㋑ 簡単なリズム・パターンの特徴 |

| 学部 | 中学部 | |
|---|---|---|
| 内容 | 1段階 | 2段階 |
| A　表現 | (ウ) 思いや意図にふさわしい歌い方で歌うために必要な次の㋐から㋒までの技能を身に付けること。<br>㋐　範唱を聴いて歌ったり，歌詞を見て歌ったりする技能<br>㋑　発声の仕方に気を付けて歌う技能<br>㋒　友達の歌声や伴奏を聴いて声を合わせて歌う技能 | (ウ) 思いや意図にふさわしい歌い方で歌うために必要な次の㋐から㋒までの技能を身に付けること。<br>㋐　歌詞やリズム，音の高さ等を意識して歌う技能<br>㋑　呼吸及び発音の仕方に気を付けて歌う技能<br>㋒　独唱と，斉唱及び簡単な輪唱などをする技能 |
| | イ　器楽の活動を通して，次の事項を身に付けることができるよう指導する。 | イ　器楽の活動を通して，次の事項を身に付けることができるよう指導する。 |
| | (ア) 器楽表現についての知識や技能を得たり生かしたりしながら，曲の雰囲気に合いそうな表現を工夫し，器楽表現に対する思いや意図をもつこと。 | (ア) 器楽表現についての知識や技能を得たり生かしたりしながら，曲想にふさわしい表現を工夫し，器楽表現に対する思いや意図をもつこと。 |
| | (イ) 次の㋐及び㋑について気付くこと。<br>㋐　曲の雰囲気と音楽の構造との関わり<br>㋑　楽器の音色と全体の響きとの関わり | (イ) 次の㋐及び㋑について理解すること。<br>㋐　曲想と音楽の構造との関わり<br>㋑　多様な楽器の音色と全体の響きとの関わり |
| | (ウ) 思いや意図にふさわしい表現をするために必要な次の㋐から㋒までの技能を身に付けること。<br>㋐　簡単な楽譜を見てリズムや速度を意識して演奏する技能<br>㋑　音色や響きに気を付けて，打楽器や旋律楽器を使って演奏する技能<br>㋒　友達の楽器の音や伴奏を聴いて，音を合わせて演奏する技能 | (ウ) 思いや意図にふさわしい表現をするために必要な次の㋐から㋒までの技能を身に付けること。<br>㋐　簡単な楽譜を見てリズムや速度，音色などを意識して，演奏する技能<br>㋑　打楽器や旋律楽器の基本的な扱いを意識して，音色や響きに気を付けて演奏する技能<br>㋒　友達の楽器の音や伴奏を聴いて，リズムや速度を合わせて演奏する技能 |
| | ウ　音楽づくりの活動を通して，次の事項を身に付けることができるよう指導する。 | ウ　音楽づくりの活動を通して，次の事項を身に付けることができるよう指導する。 |
| | (ア) 音楽づくりについての知識や技能を得たり生かしたりしながら，次の㋐及び㋑をできるようにすること。<br>㋐　音遊びを通して，どのように音楽をつくるのかについて発想を得ること。<br>㋑　音を音楽へと構成することについて思いや意図をもつこと。 | (ア) 音楽づくりについての知識や技能を得たり生かしたりしながら，次の㋐及び㋑をできるようにすること。<br>㋐　即興的に表現することを通して，音楽づくりの発想を得ること。<br>㋑　音を音楽へと構成することについて思いや意図をもつこと。 |
| | (イ) 次の㋐及び㋑について，それらが生み出す面白さなどと関わらせて気付くこと。<br>㋐　いろいろな音の響きの特徴<br>㋑　リズム・パターンや短い旋律のつなげ方の特徴 | (イ) 次の㋐及び㋑について，それらが生み出す面白さなどと関わらせて理解すること。<br>㋐　いろいろな音の響きやその組み合わせの特徴<br>㋑　リズム・パターンや短い旋律のつなぎ方や重ね方の特徴 |

| 学部 | 小学部 | | |
|---|---|---|---|
| 内容 | 1段階 | 2段階 | 3段階 |
| A　表現 | ― | (ｳ) 気付きを生かした表現や思いに合った表現をするために必要な次の㋐及び㋑の技能を身に付けること。<br>㋐ 音を選んだりつなげたりして，表現する技能<br>㋑ 教師や友達と一緒に簡単な音や音楽をつくる技能 | (ｳ) 気付きや発想を生かした表現や，思いに合った表現をするために必要な次の㋐及び㋑の技能を身に付けること。<br>㋐ 音を選んだりつなげたりして表現する技能<br>㋑ 教師や友達と一緒に音楽の仕組みを用いて，簡単な音楽をつくる技能 |
| A　表現 | ― | エ　身体表現の活動を通して，次の事項を身に付けることができるよう指導する。 | エ　身体表現の活動を通して，次の事項を身に付けることができるよう指導する。 |
| A　表現 | ― | (ｱ) 身体表現についての知識や技能を得たり生かしたりしながら，簡単なリズムの特徴を感じ取り，体を動かすことについて思いをもつこと。 | (ｱ) 身体表現についての知識や技能を得たり生かしたりしながら，簡単なリズムや旋律の特徴，歌詞を感じ取り，体を動かすことについて思いをもつこと。 |
| A　表現 | ― | (ｲ) 次の㋐及び㋑について気付くこと。<br>㋐ 拍や曲の特徴的なリズム<br>㋑ 曲名と動きとの関わり | (ｲ) 次の㋐及び㋑の関わりについて気付くこと。<br>㋐ 曲のリズム，速度，旋律<br>㋑ 曲名，拍やリズムを表す言葉やかけ声，歌詞の一部 |
| A　表現 | ― | (ｳ) 思いに合った動きで表現するために必要な次の㋐から㋒までの技能を身に付けること。<br>㋐ 示範を見て模倣したり，拍や特徴的なリズムを意識したりして手足や身体全体を動かす技能<br>㋑ 音や音楽を聴いて，手足や身体全体を自然に動かす技能<br>㋒ 教師や友達と一緒に体を動かす技能 | (ｳ) 思いに合った体の動きで表現するために必要な次の㋐から㋒までの技能を身に付けること。<br>㋐ 示範を見たり，拍やリズム，旋律を意識したりして，身体表現をする技能<br>㋑ 音や音楽を聴いて，様々な体の動きで表現する技能<br>㋒ 教師や友達と一緒に体を使って表現する技能 |
| B　鑑賞 | ア　音楽遊びの活動を通して，次の事項を身に付けることができるよう指導する。 | ア　鑑賞の活動を通して，次の事項を身に付けることができるよう指導する。 | ア　鑑賞の活動を通して，次の事項を身に付けることができるよう指導する。 |
| B　鑑賞 | (ｱ) 音や音楽遊びについての知識や技能を得たり生かしたりしながら，音や音楽を聴いて，自分なりの楽しさを見付けようとすること。 | (ｱ) 鑑賞についての知識を得たり生かしたりしながら，身近な人の演奏を見たり，体の動きで表したりしながら聴くこと。 | (ｱ) 鑑賞についての知識を得たり生かしたりしながら，曲や演奏の楽しさを見いだして聴くこと。 |
| B　鑑賞 | (ｲ) 聴こえてくる音や音楽に気付くこと。 | (ｲ) 身近な人の演奏に触れて，好きな音色や楽器の音を見付けること。 | (ｲ) 曲想や楽器の音色，リズムや速度，旋律の特徴に気付くこと。 |
| 〔共通事項〕 | (1)「A表現」及び「B鑑賞」の指導を通して，次の事項を身に付けることができるよう指導する。 | | |
| 〔共通事項〕 | ア　音楽を形づくっている要素を聴き取り，それらの働きが生み出すよさや面白さ，美しさを感じ取りながら，聴き取ったことと感じとったこととの関わりについて考えること。 | | |
| 〔共通事項〕 | イ　絵譜や色を用いた音符，休符，記号や用語について，音楽における働きと関わらせて，その意味に触れること。 | | |

| 学部 | 中学部 | |
|---|---|---|
| 内容 | 1段階 | 2段階 |
| A　表現 | (ｳ) 発想を生かした表現，思いや意図に合った表現をするために必要な次の㋐及び㋑の技能を身に付けること。<br>㋐　設定した条件に基づいて，音を選択したり組み合わせたりして表現する技能<br>㋑　音楽の仕組みを生かして，簡単な音楽をつくる技能<br><br>エ　身体表現の活動を通して，次の事項を身に付けることができるよう指導する。<br><br>(ｱ) 身体表現についての知識や技能を得たり生かしたりしながら，リズムの特徴や曲の雰囲気を感じ取り，体を動かすことについての思いや意図をもつこと。<br><br>(ｲ) 次の㋐及び㋑の関わりについて気付くこと。<br>㋐　曲の雰囲気と音楽の構造との関わり<br>㋑　曲名や歌詞と体の動きとの関わり<br><br>(ｳ) 思いや意図にふさわしい動きで表現するために必要な次の㋐から㋒までの技能を身に付けること。<br>㋐　示範を見て体を動かしたり，曲の速度やリズム，曲の雰囲気に合わせて身体表現したりする技能<br>㋑　音や音楽を聴いて，様々な動きを組み合わせて身体表現をする技能<br>㋒　友達と動きを合わせて表現する技能 | (ｳ) 発想を生かした表現，思いや意図に合った表現をするために必要な次の㋐及び㋑の技能を身に付けること。<br>㋐　設定した条件に基づいて，即興的に音を選択したり組み合わせたりして表現する技能<br>㋑　音楽の仕組みを生かして，音楽をつくる技能<br><br>エ　身体表現の活動を通して，次の事項を身に付けることができるよう指導する。<br><br>(ｱ) 身体表現についての知識や技能を得たり生かしたりしながら，リズムの特徴や曲想を感じ取り，体を動かすことについて思いや意図をもつこと。<br><br>(ｲ) 次の㋐及び㋑の関わりについて理解すること。<br>㋐　曲想と音楽の構造との関わり<br>㋑　曲名や歌詞と体の動きとの関わり<br><br>(ｳ) 思いや意図にふさわしい動きで表現するために必要な次の㋐から㋒までの技能を身に付けること。<br>㋐　示範を見て表現したり，曲の速度やリズム，曲想に合わせて表現したりする技能<br>㋑　音や音楽を聴いて，様々な動きを組み合わせてまとまりのある表現をする技能<br>㋒　友達と動きを相談して，合わせて表現する技能 |
| B　鑑賞 | ア　鑑賞の活動を通して，次の事項を身に付けることができるよう指導する。<br><br>(ｱ) 鑑賞についての知識を得たり生かしたりしながら，曲や演奏のよさなどを見いだして聴くこと。<br><br>(ｲ) 曲想とリズムや速度，旋律の特徴との関わりについて分かること。 | ア　鑑賞の活動を通して，次の事項を身に付けることができるよう指導する。<br><br>(ｱ) 鑑賞についての知識を得たり生かしたりしながら，曲や演奏のよさなどを見いだし，曲全体を味わって聴くこと。<br><br>(ｲ) 曲想と音楽の構造等との関わりについて理解すること。 |
| 〔共通事項〕 | (1) 1段階と2段階の「A表現」及び「B鑑賞」の指導を通して，次の事項を身に付けることができるよう指導する。<br>ア　音楽を形づくっている要素を聴き取り，それらの働きが生み出すよさや面白さ，美しさを感じ取りながら，聴き取ったことと感じ取ったこととの関わりについて考えること。<br>イ　音楽を形づくっている要素及びそれらに関わる音符，休符，記号や用語について，音楽における働きと関わらせて理解すること。 | |

# 目標・内容の一覧〔図画工作〕〔美術〕

| 学部 | 小学部〔図画工作〕 | | |
|---|---|---|---|
| 教科の目標 | | | |
| 表現及び鑑賞の活動を通して，造形的な見方・考え方を働かせ，生活や社会の中の形や色などと豊かに関わる資質・能力を次のとおり育成することを目指す。 | | | |
| 知識及び技能 | (1) 形や色などの造形的な視点に気付き，表したいことに合わせて材料や用具を使い，表し方を工夫してつくることができるようにする。 | | |
| 思考力，判断力，表現力等 | (2) 造形的なよさや美しさ，表したいことや表し方などについて考え，発想や構想をしたり，身の回りの作品などから自分の見方や感じ方を広げたりすることができるようにする。 | | |
| 学びに向かう力，人間性等 | (3) つくりだす喜びを味わうとともに，感性を育み，楽しく豊かな生活を創造しようとする態度を養い，豊かな情操を培う。 | | |
| 段階の目標 | 1段階 | 2段階 | 3段階 |
| 知識及び技能 | ア 形や色などに気付き，材料や用具を使おうとするようにする。 | ア 形や色などの違いに気付き，表したいことを基に材料や用具を使い，表し方を工夫してつくるようにする。 | ア 形や色などの造形的な視点に気付き，表したいことに合わせて材料や用具を使い，表し方を工夫してつくるようにする。 |
| 思考力，判断力，表現力等 | イ 表したいことを思い付いたり，作品を見たりできるようにする。 | イ 表したいことを思い付いたり，作品などの面白さや楽しさを感じ取ったりすることができるようにする。 | イ 造形的なよさや美しさ，表したいことや表し方などについて考え，発想や構想をしたり，身の回りの作品などから自分の見方や感じ方を広げたりすることができるようにする。 |
| 学びに向かう力，人間性等 | ウ 進んで表したり見たりする活動に取り組み，つくりだすことの楽しさに気付くとともに，形や色などに関わることにより楽しい生活を創造しようとする態度を養う。 | ウ 進んで表現や鑑賞の活動に取り組み，つくりだす喜びを感じるとともに，形や色などに関わることにより楽しく豊かな生活を創造しようとする態度を養う。 | ウ 進んで表現や鑑賞の活動に取り組み，つくりだす喜びを味わうとともに，感性を育み，形や色などに関わることにより楽しく豊かな生活を創造しようとする態度を養う。 |
| 内容 | 1段階 | 2段階 | 3段階 |
| A 表現 | ア 線を引く，絵をかくなどの活動を通して，次の事項を身に付けることができるよう指導する。 | ア 身近な出来事や思ったことを基に絵をかく，粘土で形をつくるなどの活動を通して，次の事項を身に付けることができるよう指導する。 | ア 日常生活の出来事や思ったことを基に絵をかいたり，作品をつくったりする活動を通して，次の事項を身に付けることができるよう指導する。 |
| A 表現 | (ア) 材料などから，表したいことを思い付くこと。 | (ア) 材料や，感じたこと，想像したこと，見たことから表したいことを思い付くこと。 | (ア) 材料や，感じたこと，想像したこと，見たこと，思ったことから表したいことを思い付くこと。 |
| A 表現 | (イ) 身の回りの自然物などに触れながらかく，切る，ぬる，はるなどすること。 | (イ) 身近な材料や用具を使い，かいたり，形をつくったりすること。 | (イ) 様々な材料や用具を使い，工夫して絵をかいたり，作品をつくったりすること。 |
| B 鑑賞 | ア 身の回りにあるものや自分たちの作品などを鑑賞する活動を通して，次の事項を身に付けることができるよう指導する。 | ア 身の回りにあるものや自分たちの作品などを鑑賞する活動を通して，次の事項を身に付けることができるよう指導する。 | ア 自分たちの作品や身の回りにある作品などを鑑賞する活動を通して，次の事項を身に付けることができるよう指導する。 |

| 学部 | 中学部〔美術〕 | |
|---|---|---|
| 教科の目標 | | |
| 表現及び鑑賞の活動を通して，造形的な見方・考え方を働かせ，生活や社会の中の美術や美術文化と豊かに関わる資質・能力を次のとおり育成することを目指す。 | | |
| 知識及び技能 | (1) 造形的な視点について理解し，表したいことに合わせて材料や用具を使い，表し方を工夫する技能を身に付けるようにする。 | |
| 思考力，判断力，表現力等 | (2) 造形的なよさや面白さ，美しさ，表したいことや表し方などについて考え，経験したことや材料などを基に，発想し構想するとともに，造形や作品などを鑑賞し，自分の見方や感じ方を深めることができるようにする。 | |
| 学びに向かう力，人間性等 | (3) 創造活動の喜びを味わい，美術を愛好する心情を育み，感性を豊かにし，心豊かな生活を営む態度を養い，豊かな情操を培う。 | |
| 段階の目標 | 1段階 | 2段階 |
| 知識及び技能 | ア 造形的な視点について気付き，材料や用具の扱い方に親しむとともに，表し方を工夫する技能を身に付けるようにする。 | ア 造形的な視点について理解し，材料や用具の扱い方などを身に付けるとともに，多様な表し方を工夫する技能を身に付けるようにする。 |
| 思考力，判断力，表現力等 | イ 造形的なよさや面白さ，表したいことや表し方などについて考え，経験したことや思ったこと，材料などを基に，発想し構想するとともに，身近にある造形や作品などから，自分の見方や感じ方を広げることができるようにする。 | イ 造形的なよさや面白さ，美しさ，表したいことや表し方などについて考え，経験したことや想像したこと，材料などを基に，発想し構想するとともに，自分たちの作品や美術作品などに親しみ自分の見方や感じ方を深めることができるようにする。 |
| 学びに向かう力，人間性等 | ウ 楽しく美術の活動に取り組み，創造活動の喜びを味わい，美術を愛好する心情を培い，心豊かな生活を営む態度を養う。 | ウ 主体的に美術の活動に取り組み，創造活動の喜びを味わい，美術を愛好する心情を高め，心豊かな生活を営む態度を養う。 |
| 内容 | 1段階 | 2段階 |
| A 表現 | ア 日常生活の中で経験したことや思ったこと，材料などを基に，表したいことや表し方を考えて，描いたり，つくったり，それらを飾ったりする活動を通して，次の事項を身に付けることができるよう指導する。 | ア 経験したことや想像したこと，材料などを基に，表したいことや表し方を考えて，描いたり，つくったり，それらを飾ったりする活動を通して，次の事項を身に付けることができるよう指導する。 |
| | (ア) 経験したことや思ったこと，材料などを基に，表したいことや表し方を考えて，発想や構想をすること。 | (ア) 経験したことや想像したこと，材料などを基に，表したいことや表し方を考えて，発想や構想をすること。 |
| | (イ) 材料や用具の扱いに親しみ，表したいことに合わせて，表し方を工夫し，材料や用具を選んで使い表すこと。 | (イ) 材料や用具の扱い方を身に付け，表したいことに合わせて，材料や用具の特徴を生かしたり，それらを組み合わせたりして計画的に表すこと。 |
| B 鑑賞 | ア 自分たちの作品や身近な造形品の鑑賞の活動を通して，次の事項を身に付けることができるよう指導する。 | ア 自分たちの作品や美術作品などの鑑賞の活動を通して，次の事項を身に付けることができるよう指導する。 |

| 学部 | 小学部（図画工作） | | |
|---|---|---|---|
| 内容 | 1段階 | 2段階 | 3段階 |
| B　鑑賞 | (ｱ) 身の回りにあるものなどを見ること。 | (ｱ) 身近にあるものなどの形や色の面白さについて感じ取り，自分の見方や感じ方を広げること。 | (ｱ) 自分たちの作品や，日常生活の中にあるものなどの形や色，表し方の面白さなどについて，感じ取り，自分の見方や感じ方を広げること。 |
| | ― | ― | ― |
| 〔共通事項〕 | ア「A 表現」及び「B 鑑賞」の指導を通して，次の事項を身に付けることができるよう指導する。 | ア「A 表現」及び「B 鑑賞」の指導を通して，次の事項を身に付けることができるよう指導する。 | ア「A 表現」及び「B 鑑賞」の指導を通して，次の事項を身に付けることができるよう指導する。 |
| | (ｱ) 自分が感じたことや行ったことを通して，形や色などについて気付くこと。 | (ｱ) 自分が感じたことや行ったことを通して，形や色などの違いに気付くこと。 | (ｱ) 自分の感覚や行為を通して，形や色などの感じに気付くこと。 |
| | (ｲ) 形や色などを基に，自分のイメージをもつこと。 | (ｲ) 形や色などを基に，自分のイメージをもつこと。 | (ｲ) 形や色などの感じを基に，自分のイメージをもつこと。 |

| 学部 | 中学部〔美術〕 | |
|---|---|---|
| 内容 | 1段階 | 2段階 |
| B 鑑賞 | (ア) 自分たちの作品や身近な造形品の制作の過程などの鑑賞を通して,よさや面白さに気付き,自分の見方や感じ方を広げること。 | (ア) 自分たちの作品や美術作品などを鑑賞して,よさや面白さ,美しさを感じ取り,自分の見方や感じ方を深めること。 |
| | (イ) 表し方や材料による印象の違いなどに気付き,自分の見方や感じ方を広げること。 | (イ) 表し方や材料による特徴の違いなどを捉え,自分の見方や感じ方を深めること。 |
| 〔共通事項〕 | ア「A 表現」及び「B 鑑賞」の指導を通して,次の事項を身に付けることができるよう指導する。 | ア「A 表現」及び「B 鑑賞」の指導を通して,次の事項を身に付けることができるよう指導する。 |
| | (ア) 形や色彩,材料や光などの特徴について知ること。 | (ア) 形や色彩,材料や光などの特徴について理解すること。 |
| | (イ) 造形的な特徴などからイメージをもつこと。 | (イ) 造形的な特徴などからイメージを捉えること。 |

# 目標・内容の一覧〔体育〕〔保健体育〕

| 学部 | 小学部〔体育〕 | | |
|---|---|---|---|
| 教科の目標 | | | |
| 体育や保健の見方・考え方を働かせ，課題に気付き，その解決に向けた学習過程を通して，心と体を一体として捉え，生涯にわたって心身の健康を保持増進し，豊かなスポーツライフを実現するための資質・能力を次のとおり育成することを目指す。 | | | |
| 知識及び技能 | (1) 遊びや基本的な運動の行い方及び身近な生活における健康について知るとともに，基本的な動きや健康な生活に必要な事柄を身に付けるようにする。 | | |
| 思考力，判断力，表現力等 | (2) 遊びや基本的な運動及び健康についての自分の課題に気付き，その解決に向けて自ら考え行動し，他者に伝える力を養う。 | | |
| 学びに向かう力，人間性等 | (3) 遊びや基本的な運動に親しむことや健康の保持増進と体力の向上を目指し，楽しく明るい生活を営む態度を養う。 | | |
| 段階の目標 | 1段階 | 2段階 | 3段階 |
| 知識及び技能 | ア 教師と一緒に，楽しく体を動かすことができるようにするとともに，健康な生活に必要な事柄ができるようにする。 | ア 教師の支援を受けながら，楽しく基本的な運動ができるようにするとともに，健康な生活に必要な事柄ができるようにする。 | ア 基本的な運動の楽しさを感じ，その行い方を知り，基本的な動きを身に付けるとともに，健康や身体の変化について知り，健康な生活ができるようにする。 |
| 思考力，判断力，表現力等 | イ 体を動かすことの楽しさや心地よさを表現できるようにするとともに，健康な生活を営むために必要な事柄について教師に伝えることができるようにする。 | イ 基本的な運動に慣れ，その楽しさや感じたことを表現できるようにするとともに，健康な生活に向け，感じたことを他者に伝える力を養う。 | イ 基本的な運動の楽しみ方や健康な生活の仕方について工夫するとともに，考えたことや気付いたことなどを他者に伝える力を養う。 |
| 学びに向かう力，人間性等 | ウ 簡単な合図や指示に従って，楽しく運動をしようとしたり，健康に必要な事柄をしようとしたりする態度を養う。 | ウ 簡単なきまりを守り，友達とともに安全に楽しく運動をしようとしたり，健康に必要な事柄をしようとしたりする態度を養う。 | ウ きまりを守り，自分から友達と仲よく楽しく運動をしたり，場や用具の安全に気を付けたりしようとするとともに，自分から健康に必要な事柄をしようとする態度を養う。 |
| 内容 | 1段階 | 2段階 | 3段階 |
| A 体つくり運動遊び(1段階)体つくり運動(小2,3段階) | 体つくり運動遊びについて，次の事項を身に付けることができるよう指導する。 | 体つくり運動について，次の事項を身に付けることができるよう指導する。 | 体つくり運動について，次の事項を身に付けることができるよう指導する。 |
|  | ア 教師と一緒に，手足を動かしたり，歩いたりして楽しく体を動かすこと。 | ア 教師の支援を受けながら，楽しく基本的な体つくり運動をすること。 | ア 基本的な体つくり運動の楽しさを感じ，その行い方を知り，基本的な動きを身に付けること。 |
|  | イ 手足を動かしたり，歩いたりして体を動かすことの楽しさや心地よさを表現すること。 | イ 基本的な体つくり運動に慣れ，その楽しさや感じたことを表現すること。 | イ 基本的な体つくり運動の楽しみ方を工夫するとともに，考えたことや気付いたことなどを他者に伝えること。 |
|  | ウ 簡単な合図や指示に従って，体つくり運動遊びをしようとすること。 | ウ 簡単なきまりを守り，友達とともに安全に楽しく，基本的な体つくり運動をしようとすること。 | ウ きまりを守り，自分から友達と仲よく楽しく基本的な体つくり運動をしたり，場や用具の安全に気を付けたりしようとすること。 |
| B 器械・器具を使っての遊び(1段階)器械・器具を使っての運動(2,3段階) | 器械・器具を使っての遊びについて，次の事項を身に付けることができるよう指導する。 | 器械・器具を使っての運動について，次の事項を身に付けることができるよう指導する。 | 器械・器具を使っての運動について，次の事項を身に付けることができるよう指導する。 |

| 学部 | 中学部(保健体育) | |
|---|---|---|
| 教科の目標 | | |
| 体育や保健の見方・考え方を働かせ,課題を見付け,その解決に向けた学習過程を通して,心と体を一体として捉え,生涯にわたって心身の健康を保持増進し,豊かなスポーツライフを実現するための資質・能力を次のとおり育成することを目指す。 | | |
| 知識及び技能 | (1) 各種の運動の特性に応じた技能等及び自分の生活における健康・安全について理解するとともに,基本的な技能を身に付けるようにする。 | |
| 思考力,判断力,表現力等 | (2) 各種の運動や健康・安全についての自分の課題を見付け,その解決に向けて自ら思考し判断するとともに,他者に伝える力を養う。 | |
| 学びに向かう力,人間性等 | (3) 生涯にわたって運動に親しむことや健康の保持増進と体力の向上を目指し,明るく豊かな生活を営む態度を養う。 | |
| 段階の目標 | 1段階 | 2段階 |
| 知識及び技能 | ア 各種の運動の楽しさや喜びに触れ,その特性に応じた行い方及び体の発育・発達やけがの防止,病気の予防などの仕方が分かり,基本的な動きや技能を身に付けるようにする。 | ア 各種の運動の楽しさや喜びを味わい,その特性に応じた行い方及び体の発育・発達やけがの防止,病気の予防などの仕方について理解し,基本的な技能を身に付けるようにする。 |
| 思考力,判断力,表現力等 | イ 各種の運動や健康な生活における自分の課題を見付け,その解決のための活動を考えたり,工夫したりしたことを他者に伝える力を養う。 | イ 各種の運動や健康な生活における自分やグループの課題を見付け,その解決のために友達と考えたり,工夫したりしたことを他者に伝える力を養う。 |
| 学びに向かう力,人間性等 | ウ 各種の運動に進んで取り組み,きまりや簡単なスポーツのルールなどを守り,友達と協力したり,場や用具の安全に留意したりし,最後まで楽しく運動をする態度を養う。また,健康・安全の大切さに気付き,自己の健康の保持増進に進んで取り組む態度を養う。 | ウ 各種の運動に積極的に取り組み,きまりや簡単なスポーツのルールなどを守り,友達と助け合ったり,場や用具の安全に留意したりし,自己の最善を尽くして運動をする態度を養う。また,健康・安全の大切さに気付き,自己の健康の保持増進と回復に進んで取り組む態度を養う。 |
| 内容 | 1段階 | 2段階 |
| A 体つくり運動 | 体つくり運動について,次の事項を身に付けることができるよう指導する。 | 体つくり運動について,次の事項を身に付けることができるよう指導する。 |
| | ア 体ほぐしの運動や体の動きを高める運動を通して,体を動かす楽しさや心地よさに触れるとともに,その行い方が分かり,友達と関わったり,動きを持続する能力などを高めたりすること。 | ア 体ほぐしの運動や体の動きを高める運動を通して,体を動かす楽しさや心地よさを味わうとともに,その行い方を理解し,友達と関わったり,動きを持続する能力などを高めたりすること。 |
| | イ 体ほぐしの運動や体の動きを高める運動についての自分の課題を見付け,その解決のための活動を考えたり,工夫したりしたことを他者に伝えること。 | イ 体ほぐしの運動や体の動きを高める運動についての自分やグループの課題を見付け,その解決のために友達と考えたり,工夫したりしたことを他者に伝えること。 |
| | ウ 体ほぐしの運動や体の動きを高める運動に進んで取り組み,きまりを守り,友達と協力したり,場や用具の安全に留意したりし,最後まで楽しく運動をすること。 | ウ 体ほぐしの運動や体の動きを高める運動に積極的に取り組み,きまりを守り,友達と助け合ったり,場や用具の安全に留意したりし,自己の力を発揮して運動をすること。 |
| B 器械運動 | 器械運動について,次の事項を身に付けることができるよう指導する。 | 器械運動について,次の事項を身に付けることができるよう指導する。 |

| 学部 | 小学部（体育） | | |
|---|---|---|---|
| 内容 | 1段階 | 2段階 | 3段階 |
| B 器械・器具を使っての遊び（1段階）<br>B 器械・器具を使っての運動（2, 3段階） | ア 教師と一緒に，器械・器具を使って楽しく体を動かすこと。<br><br>イ 器械・器具を使って体を動かすことの楽しさや心地よさを表現すること。<br><br>ウ 簡単な合図や指示に従って，器械・器具を使っての遊びをしようとすること。 | ア 教師の支援を受けながら，楽しく器械・器具を使っての基本的な運動をすること。<br><br>イ 器械・器具を使っての基本的な運動に慣れ，その楽しさや感じたことを表現すること。<br><br>ウ 簡単なきまりを守り，友達とともに安全に楽しく，器械・器具を使っての基本的な運動をしようとすること。 | ア 器械・器具を使っての基本的な運動の楽しさを感じ，その行い方を知り，基本的な動きを身に付けること。<br><br>イ 器械・器具を使っての基本的な運動の行い方を工夫するとともに，考えたことや気付いたことなどを他者に伝えること。<br><br>ウ きまりを守り，自分から友達と仲よく楽しく器械・器具を使っての基本的な運動をしたり，場や器械・器具の安全に気を付けたりしようとすること。 |
| C 走・跳の運動遊び（1段階）<br>C 走・跳の運動（2, 3段階） | 走・跳の運動遊びについて，次の事項を身に付けることができるよう指導する。<br><br>ア 教師と一緒に，走ったり，跳んだりして楽しく体を動かすこと。<br><br>イ 走ったり，跳んだりして体を動かすことの楽しさや心地よさを表現すること。<br><br>ウ 簡単な合図や指示に従って，走・跳の運動遊びをしようとすること。 | 走・跳の運動について，次の事項を身に付けることができるよう指導する。<br><br>ア 教師の支援を受けながら，楽しく走・跳の基本的な運動をすること。<br><br>イ 走・跳の基本的な運動に慣れ，その楽しさや感じたことを表現すること。<br><br>ウ 簡単なきまりを守り，友達とともに安全に楽しく，走・跳の基本的な運動をしようとすること。 | 走・跳の運動について，次の事項を身に付けることができるよう指導する。<br><br>ア 走・跳の基本的な運動の楽しさを感じ，その行い方を知り，基本的な動きを身に付けること。<br><br>イ 走・跳の基本的な運動の楽しみ方を工夫するとともに，考えたことや気付いたことなどを他者に伝えること。<br><br>ウ きまりを守り，自分から友達と仲よく楽しく走・跳の基本的な運動をしたり，場や用具の安全に気を付けたりしようとすること。 |
| D 水遊び（1段階）<br>D 水の中での運動（2, 3段階） | 水遊びについて，次の事項を身に付けることができるよう指導する。<br><br>ア 教師と一緒に，水の特性を生かした簡単な水遊びを楽しくすること。<br><br>イ 水の中で体を動かすことの楽しさや心地よさを表現すること。<br><br>ウ 簡単な合図や指示に従って，水遊びをしようとすること。 | 水の中での運動について，次の事項を身に付けることができるよう指導する。<br><br>ア 教師の支援を受けながら，楽しく水の中での基本的な運動をすること。<br><br>イ 水の中での基本的な運動に慣れ，その楽しさや感じたことを表現すること。<br><br>ウ 簡単なきまりを守り，友達とともに安全に楽しく，水の中での基本的な運動をしようとすること。 | 水の中での運動について，次の事項を身に付けることができるよう指導する。<br><br>ア 水の中での基本的な運動の楽しさを感じ，その行い方を知り，基本的な動きを身に付けること。<br><br>イ 水の中での基本的な運動の楽しみ方を工夫するとともに，考えたことや気付いたことなどを他者に伝えること。<br><br>ウ きまりを守り，自分から友達と仲よく楽しく水の中での基本的な運動をしたり，場や用具の安全に気を付けたりしようとすること。 |
| E ボール遊び（1段階）<br>E ボールを使った運動やゲーム（2, 3段階） | ボール遊びについて，次の事項を身に付けることができるよう指導する。<br><br>ア 教師と一緒に，ボールを使って楽しく体を動かすこと。 | ボールを使った運動やゲームについて，次の事項を身に付けることができるよう指導する。<br><br>ア 教師の支援を受けながら，楽しくボールを使った基本的な運動やゲームをすること。 | ボールを使った運動やゲームについて，次の事項を身に付けることができるよう指導する。<br><br>ア ボールを使った基本的な運動やゲームの楽しさを感じ，その行い方を知り，基本的な動きを身に付けること。 |

| 学部 | | 中学部(保健体育) | |
|---|---|---|---|
| 内容 | | 1段階 | 2段階 |
| B 器械運動 | | ア 器械・器具を使った運動の楽しさや喜びに触れ,その行い方が分かり,基本的な動きや技を身に付けること。 | ア 器械運動の楽しさや喜びを味わい,その行い方を理解し,基本的な技を身に付けること。 |
| | | イ 器械・器具を使った運動についての自分の課題を見付け,その解決のための活動を考えたり,工夫したりしたことを他者に伝えること。 | イ 器械運動についての自分やグループの課題を見付け,その解決のために友達と考えたり,工夫したりしたことを他者に伝えること。 |
| | | ウ 器械・器具を使った運動に進んで取り組み,きまりを守り,友達と協力したり,場や器械・器具の安全に留意したりし,最後まで楽しく運動をすること。 | ウ 器械運動に積極的に取り組み,きまりを守り,友達と助け合ったり,場や器械・器具の安全に留意したりし,自己の力を発揮して運動をすること。 |
| C 陸上運動 | | 陸上運動について,次の事項を身に付けることができるよう指導する。 | 陸上運動について,次の事項を身に付けることができるよう指導する。 |
| | | ア 陸上運動の楽しさや喜びに触れ,その行い方が分かり,基本的な動きや技能を身に付けること。 | ア 陸上運動の楽しさや喜びを味わい,その行い方を理解し,基本的な技能を身に付けること。 |
| | | イ 陸上運動についての自分の課題を見付け,その解決のための活動を考えたり,工夫したりしたことを他者に伝えること。 | イ 陸上運動についての自分やグループの課題を見付け,その解決のために友達と考えたり,工夫したりしたことを他者に伝えること。 |
| | | ウ 陸上運動に進んで取り組み,きまりを守り,友達と協力したり,場や用具の安全に留意したりし,最後まで楽しく運動をすること。 | ウ 陸上運動に積極的に取り組み,きまりを守り,友達と助け合ったり,場や用具の安全に留意したりし,自己の力を発揮して運動をすること。 |
| D 水泳運動 | | 水泳運動について,次の事項を身に付けることができるよう指導する。 | 水泳運動について,次の事項を身に付けることができるよう指導する。 |
| | | ア 初歩的な泳ぎの楽しさや喜びに触れ,その行い方が分かり,基本的な動きや技能を身に付けること。 | ア 水泳運動の楽しさや喜びを味わい,その行い方を理解し,基本的な技能を身に付けること。 |
| | | イ 初歩的な泳ぎについての自分の課題を見付け,その解決のための活動を考えたり,工夫したりしたことを他者に伝えること。 | イ 水泳運動についての自分やグループの課題を見付け,その解決のために友達と考えたり,工夫したりしたことを他者に伝えること。 |
| | | ウ 初歩的な泳ぎに進んで取り組み,きまりなどを守り,友達と協力したり,場や用具の安全に留意したりし,最後まで楽しく運動をすること。 | ウ 水泳運動に積極的に取り組み,きまりなどを守り,友達と助け合ったり,場や用具の安全に留意したりし,自己の力を発揮して運動をすること。 |
| E 球技 | | 球技について,次の事項を身に付けることができるよう指導する。 | 球技について,次の事項を身に付けることができるよう指導する。 |
| | | ア 球技の楽しさや喜びに触れ,その行い方が分かり,基本的な動きや技能を身に付け,簡易化されたゲームを行うこと。 | ア 球技の楽しさや喜びを味わい,その行い方を理解し,基本的な技能を身に付け,簡易化されたゲームを行うこと。 |

| 学部 | 小学部（体育） | | |
|---|---|---|---|
| 内容 | 1段階 | 2段階 | 3段階 |
| E ボール遊び（1段階）ボールを使った運動やゲーム（2，3段階） | イ ボールを使って体を動かすことの楽しさや心地よさを表現すること。 | イ ボールを使った基本的な運動やゲームに慣れ，その楽しさや感じたことを表現すること。 | イ ボールを使った基本的な運動やゲームの楽しみ方を工夫するとともに，考えたことや気付いたことなどを他者に伝えること。 |
| | ウ 簡単な合図や指示に従って，ボール遊びをしようとすること。 | ウ 簡単なきまりを守り，友達とともに安全に楽しく，ボールを使った基本的な運動やゲームをしようとすること。 | ウ きまりを守り，自分から友達と仲よく楽しくボールを使った基本的な運動やゲームをしたり，場や用具の安全に気を付けたりしようとすること。 |
| | － | － | － |
| | － | － | － |
| | － | － | － |
| | － | － | － |
| F 表現遊び（1段階）表現運動（2，3段階） | 表現遊びについて，次の事項を身に付けることができるよう指導する。 | 表現運動について，次の事項を身に付けることができるよう指導する。 | 表現運動について，次の事項を身に付けることができるよう指導する。 |
| | ア 教師と一緒に，音楽の流れている場所で楽しく体を動かすこと。 | ア 教師の支援を受けながら，音楽に合わせて楽しく表現運動をすること。 | ア 基本的な表現運動の楽しさを感じ，その行い方を知り，基本的な動きを身に付け，表現したり踊ったりすること。 |
| | イ 音楽の流れている場所で体を動かすことの楽しさや心地よさを表現すること。 | イ 基本的な表現運動に慣れ，その楽しさや感じたことを表現すること。 | イ 基本的な表現運動の楽しみ方を工夫するとともに，考えたことや気付いたことなどを他者に伝えること。 |
| | ウ 簡単な合図や指示に従って，表現遊びをしようとすること。 | ウ 簡単なきまりを守り，友達とともに安全に楽しく，基本的な表現運動をしようとすること。 | ウ きまりを守り，自分から友達と仲よく楽しく表現運動をしたり，場や用具の安全に気を付けたりしようとすること。 |
| G 保健 | 健康な生活に必要な事柄について，次の事項を身に付けることができるよう指導する。 | 健康な生活に必要な事柄について，次の事項を身に付けることができるよう指導する。 | 健康な生活に必要な事柄について，次の事項を身に付けることができるよう指導する。 |
| | ア 教師と一緒に，うがいなどの健康な生活に必要な事柄をすること。 | ア 教師の支援を受けながら，健康な生活に必要な事柄をすること。 | ア 健康や身体の変化について知り，健康な生活に必要な事柄に関する基本的な知識や技能を身に付けること。 |
| | イ 健康な生活に必要な事柄に気付き，教師に伝えること。 | イ 健康な生活に必要な事柄に慣れ，感じたことを他者に伝えること。 | イ 健康な生活に必要な事柄について工夫するとともに，考えたことや気付いたことなどを他者に伝えること。 |

| 学部 | | 中学部（保健体育） | |
|---|---|---|---|
| 内容 | | 1段階 | 2段階 |
| E 球技 | | イ 球技についての自分の課題を見付け，その解決のための活動を考えたり，工夫したりしたことを他者に伝えること。 | イ 球技についての自分やチームの課題を見付け，その解決のために友達と考えたり，工夫したりしたことを他者に伝えること。 |
| | | ウ 球技に進んで取り組み，きまりや簡単なルールを守り，友達と協力したり，場や用具の安全に留意したりし，最後まで楽しく運動をすること。 | ウ 球技に積極的に取り組み，きまりや簡単なルールを守り，友達と助け合ったり，場や用具の安全に留意したりし，自己の力を発揮して運動をすること。 |
| F 武道 | | 武道について，次の事項を身に付けることができるよう指導する。 | 武道について，次の事項を身に付けることができるよう指導する。 |
| | | ア 武道の楽しさを感じ，その行い方や伝統的な考え方が分かり，基本動作や基本となる技を用いて，簡易な攻防を展開すること。 | ア 武道の楽しさや喜びに触れ，その行い方や伝統的な考え方を理解し，基本動作や基本となる技を用いて，簡易な攻防を展開すること。 |
| | | イ 武道についての自分の課題を見付け，その解決のための活動を考えたり，工夫したりしたことを他者に伝えること。 | イ 武道についての自分やグループの課題を見付け，その解決のために友達と考えたり，工夫したりしたことを他者に伝えること。 |
| | | ウ 武道に進んで取り組み，きまりや伝統的な行動の仕方を守り，友達と協力したり，場や用具の安全に留意したりし，最後まで楽しく運動をすること。 | ウ 武道に積極的に取り組み，きまりや伝統的な行動の仕方を守り，友達と助け合ったり，場や用具の安全に留意したりし，自己の力を発揮して運動をすること。 |
| G ダンス | | ダンスについて，次の事項を身に付けることができるよう指導する。 | ダンスについて，次の事項を身に付けることができるよう指導する。 |
| | | ア ダンスの楽しさや喜びに触れ，その行い方が分かり，基本的な動きや技能を身に付け，表現したり踊ったりすること。 | ア ダンスの楽しさや喜びを味わい，その行い方を理解し，基本的な技能を身に付け，表現したり踊ったりすること。 |
| | | イ ダンスについての自分の課題を見付け，その解決のための活動を考えたり，工夫したりしたことを他者に伝えること。 | イ ダンスについての自分やグループの課題を見付け，その解決のために友達と考えたり，工夫したりしたことを他者に伝えること。 |
| | | ウ ダンスに進んで取り組み，友達の動きを認め協力したり，場や用具の安全に留意したりし，最後まで楽しく運動をすること。 | ウ ダンスに積極的に取り組み，友達のよさを認め助け合ったり，場や用具の安全に留意したりし，自己の力を発揮して運動をすること。 |
| H 保健 | | 健康・安全に関する事項について，次の事項を身に付けることができるよう指導する。 | 健康・安全に関する事項について，次の事項を身に付けることができるよう指導する。 |
| | | ア 体の発育・発達やけがの防止，病気の予防などの仕方が分かり，基本的な知識及び技能を身に付けること。 | ア 体の発育・発達やけがの防止，病気の予防などの仕方について理解し，基本的な技能を身に付けること。 |
| | | イ 自分の健康・安全についての課題を見付け，その解決のための活動を考えたり，工夫したりしたことを他者に伝えること。 | イ 自分やグループの健康・安全についての課題を見付け，その解決のために友達と考えたり，工夫したりしたことを他者に伝えること。 |

# 目標・内容の一覧〔職業・家庭〕

| 学部 | 中学部 |
|---|---|
| \multicolumn{2}{c}{教科の目標} |

| | 教科の目標 |
|---|---|
| \multicolumn{2}{l}{生活の営みに係る見方・考え方や職業の見方・考え方を働かせ，生活や職業に関する実践的・体験的な学習活動を通して，よりよい生活の実現に向けて工夫する資質・能力を次のとおり育成することを目指す。} |
| 知識及び技能 | (1) 生活や職業に対する関心を高め，将来の家庭生活や職業生活に係る基礎的な知識や技能を身に付けるようにする。 |
| 思考力，判断力，表現力等 | (2) 将来の家庭生活や職業生活に必要な事柄を見いだして課題を設定し，解決策を考え，実践を評価・改善し，自分の考えを表現するなどして，課題を解決する力を養う。 |
| 学びに向かう力，人間性等 | (3) よりよい家庭生活や将来の職業生活の実現に向けて，生活を工夫し考えようとする実践的な態度を養う。 |

## 職業分野

| 段階の目標 | 1段階 | 2段階 |
|---|---|---|
| | 職業に係る見方・考え方を働かせ，作業や実習に関する実践的・体験的な学習活動を通して，よりよい生活の実現に向けて工夫する資質・能力を次のとおり育成することを目指す。 | 職業に係る見方・考え方を働かせ，作業や実習に関する実践的・体験的な学習活動を通して，よりよい生活の実現に向けて工夫する資質・能力を次のとおり育成することを目指す。 |
| 知識及び技能 | ア 職業について関心をもち，将来の職業生活に係る基礎的な知識や技能を身に付けるようにする。 | ア 働くことに対する関心を高め，将来の職業生活に係る基礎的な知識や技能を身に付けるようにする。 |
| 思考力，判断力，表現力等 | イ 将来の職業生活に必要な事柄について触れ，課題や解決策に気付き，実践し，学習したことを伝えるなど，課題を解決する力の基礎を養う。 | イ 将来の職業生活に必要な事柄を見いだして課題を設定し，解決策を考え，実践し，学習したことを振り返り，考えたことを表現するなど，課題を解決する力を養う。 |
| 学びに向かう力，人間性等 | ウ 将来の職業生活の実現に向けて，生活を工夫しようとする態度を養う。 | ウ 将来の職業生活の実現に向けて，生活を工夫し考えようとする実践的な態度を養う。 |
| 内容 | 1段階 | 2段階 |
| A 職業生活 | ア 働くことの意義<br>働くことに関心をもち，作業や実習等に関わる学習活動を通して，次の事項を身に付けることができるよう指導する。 | ア 働くことの意義<br>働くことに対する意欲や関心を高め，他者と協力して取り組む作業や実習等に関わる学習活動を通して，次の事項を身に付けることができるよう指導する。 |
| | (ア) 働くことの目的などを知ること。 | (ア) 働くことの目的などを理解すること。 |
| | (イ) 意欲や見通しをもって取り組み，自分の役割について気付くこと。 | (イ) 意欲や見通しをもって取り組み，自分と他者との関係や役割について考えること。 |
| | (ウ) 作業や実習等で達成感を得ること。 | (ウ) 作業や実習等に達成感を得て，進んで取り組むこと。 |
| | イ 職業<br>職業に関わる事柄について，考えたり，体験したりする学習活動を通して，次の事項を身に付けることができるよう指導する。 | イ 職業<br>職業に関わる事柄について，考えを深めたり，体験したりする学習活動を通して，次の事項を身に付けることができるよう指導する。 |

| 職業分野 | | |
|---|---|---|
| 内容 | 1段階 | 2段階 |
| A　職業生活 | (ア) 職業に関わる知識や技能について，次のとおりとする。<br>㋐　職業生活に必要な知識や技能について知ること。<br>㋑　職業生活を支える社会の仕組み等があることを知ること。<br>㋒　材料や育成する生物等の扱い方及び生産や生育活動等に関わる基礎的な技術について知ること。<br>㋓　作業課題が分かり，使用する道具等の扱い方に慣れること。<br>㋔　作業の持続性や巧緻性などを身に付けること。 | (ア) 職業に関わる知識や技能について，次のとおりとする。<br>㋐　職業生活に必要な知識や技能を理解すること。<br>㋑　職業生活を支える社会の仕組み等があることを理解すること。<br>㋒　材料や育成する生物等の特性や扱い方及び生産や生育活動等に関わる基礎的な技術について理解すること。<br>㋓　作業課題が分かり，使用する道具や機械等の扱い方を理解すること。<br>㋔　作業の確実性や持続性，巧緻性等を身に付けること。 |
| | (イ) 職業生活に必要な思考力，判断力，表現力等について，次のとおりとする。<br>㋐　職業に関わる事柄と作業や実習で取り組む内容との関連について気付くこと。<br>㋑　作業に当たり安全や衛生について気付き，工夫すること。<br>㋒　職業生活に必要な健康管理について気付くこと。 | (イ) 職業生活に必要な思考力，判断力，表現力等について，次のとおりとする。<br>㋐　職業に関わる事柄と作業や実習で取り組む内容との関連について，考えて，発表すること。<br>㋑　作業上の安全や衛生及び作業の効率について考えて，工夫すること。<br>㋒　職業生活に必要な健康管理について考えること。 |
| B　情報機器の活用 | 職業生活で使われるコンピュータ等の情報機器に触れることなどに関わる学習活動を通して，次の事項を身に付けることができるよう指導する。 | 職業生活や社会生活で使われるコンピュータ等の情報機器を扱うことに関わる学習活動を通して，次の事項を身に付けることができるよう指導する。 |
| | ア　コンピュータ等の情報機器の初歩的な操作の仕方を知ること。 | ア　コンピュータ等の情報機器の基礎的な操作の仕方を知り，扱いに慣れること。 |
| | イ　コンピュータ等の情報機器に触れ，体験したことなどを他者に伝えること。 | イ　コンピュータ等の情報機器を扱い，体験したことや自分の考えを表現すること。 |
| C　産業現場等における実習 | 実際的な学習活動を通して，次の事項を身に付けることができるよう指導する。 | 実際的な学習活動を通して，次の事項を身に付けることができるよう指導する。 |
| | ア　職業や進路に関わることについて関心をもったり，調べたりすること。 | ア　職業や進路に関わることについて調べて，理解すること。 |
| | イ　職業や職業生活，進路に関わることについて，気付き，他者に伝えること。 | イ　職業や職業生活，進路に関わることと自己の成長などについて考えて，発表すること。 |

| 家庭分野 | | |
|---|---|---|
| 段階の目標 | 1段階 | 2段階 |
| | 生活の営みに係る見方・考え方を働かせ，衣食住などに関する実践的・体験的な学習活動を通して，よりよい生活の実現に向けて工夫する資質・能力を次のとおり育成することを目指す。 | 生活の営みに係る見方・考え方を働かせ，衣食住などに関する実践的・体験的な学習活動を通して，よりよい生活の実現に向けて工夫する資質・能力を次のとおり育成することを目指す。 |
| 知識及び技能 | ア　家庭の中の自分の役割に気付き，生活の自立に必要な家族・家庭，衣食住，消費や環境等についての基礎的な理解を図るとともに，それらに係る技能を身に付けるようにする。 | ア　家族や自分の役割について理解し，生活の自立に必要な家族・家庭，衣食住，消費や環境等についての基礎的な理解を図るとともに，それらに係る技能を身に付けるようにする。 |
| 思考力，判断力，表現力等 | イ　家庭生活に必要な事柄について触れ，課題や解決策に気付き，実践し，学習したことを伝えるなど，日常生活において課題を解決する力の基礎を養う。 | イ　家庭生活に必要な事柄について考え，課題を設定し，解決策を考え，実践し，学習したことを振り返り，考えたことを表現するなど，日常生活において課題を解決する力を養う。 |
| 学びに向かう力，人間性等 | ウ　家族や地域の人々とのやりとりを通して，よりよい生活の実現に向けて，生活を工夫しようとする態度を養う。 | ウ　家族や地域の人々とのやりとりを通して，よりよい生活の実現に向けて，生活を工夫し考えようとする実践的な態度を養う。 |

| 家庭分野 | | |
|---|---|---|
| 内容 | 1段階 | 2段階 |
| A　家族・家庭生活 | ア　自分の成長と家族<br>自分の成長に気付くことや家族のことなどに関わる学習活動を通して，次の事項を身に付けることができるよう指導する。<br>(ｱ) 自分の成長を振り返りながら，家庭生活の大切さを知ること。<br>(ｲ) 家族とのやりとりを通して，家族を大切にする気持ちを育み，よりよい関わり方について気付き，それらを他者に伝えること。<br>イ　家庭生活と役割<br>家庭の中での役割などに関わる学習活動を通して，次の事項を身に付けることができるよう指導する。<br>(ｱ) 家庭における役割や地域との関わりについて関心をもち，知ること。<br>(ｲ) 家庭生活に必要なことや自分の果たす役割に気付き，それらを他者に伝えること。<br>ウ　家庭生活における余暇<br>家庭における余暇の過ごし方などに関わる学習活動を通して，次の事項を身に付けることができるよう指導する。<br>(ｱ) 健康や様々な余暇の過ごし方について知り，実践しようとすること。<br>(ｲ) 望ましい生活環境や健康及び様々な余暇の過ごし方について気付き，工夫すること。<br>エ　幼児の生活と家族<br>幼児と接することなどに関わる学習活動を通して，次の事項を身に付けることができるよう指導する。<br>(ｱ) 幼児の特徴や過ごし方について知ること。<br>(ｲ) 幼児への適切な関わり方について気付き，それらを他者に伝えること。 | ア　自分の成長と家族<br>自分の成長と家族や家庭生活などに関わる学習活動を通して，次の事項を身に付けることができるよう指導する。<br>(ｱ) 自分の成長を振り返り，家庭生活の大切さを理解すること。<br>(ｲ) 家族とのやりとりを通して，家族を大切にする気持ちを育み，よりよい関わり方について考え，表現すること。<br>イ　家庭生活と役割<br>家庭生活での役割などに関わる学習活動を通して，次の事項を身に付けることができるよう指導する。<br>(ｱ) 家庭における役割や地域との関わりについて調べて，理解すること。<br>(ｲ) 家庭生活に必要なことに関して，家族の一員として，自分の果たす役割を考え，表現すること。<br>ウ　家庭生活における余暇<br>家庭生活における健康や余暇に関わる学習活動を通して，次の事項を身に付けることができるよう指導する。<br>(ｱ) 健康管理や余暇の過ごし方について理解し，実践すること。<br>(ｲ) 望ましい生活環境や健康管理及び自分に合った余暇の過ごし方について考え，表現すること。<br>エ　家族や地域の人々との関わり<br>家族との触れ合いや地域の人々と接することなどに関わる学習活動を通して，次の事項を身に付けることができるよう指導する。<br>(ｱ) 地域生活や地域の活動について調べて，理解すること。<br>(ｲ) 家族との触れ合いや地域生活に関心をもち，家族や地域の人々と地域活動への関わりについて気付き，表現すること。 |
| B　衣食住の生活 | ア　食事の役割<br>食事の仕方や食事の大切さに気付くことなどに関わる学習活動を通して，次の事項を身に付けることができるよう指導する。<br>(ｱ) 健康な生活と食事の役割について知ること。<br>(ｲ) 適切な量の食事を楽しくとることの大切さに気付き，それらを他者に伝えること。<br>―<br>― | ア　食事の役割<br>楽しく食事をするための工夫などに関わる学習活動を通して，次の事項を身に付けることができるよう指導する。<br>(ｱ) 健康な生活と食事の役割や日常の食事の大切さを理解すること。<br>(ｲ) 日常の食事の大切さや規則正しい食事の必要性を考え，表現すること。<br>イ　栄養を考えた食事<br>バランスのとれた食事について考えることに関わる学習活動を通して，次の事項を身に付けることができるよう指導する。<br>(ｱ) 身体に必要な栄養について関心をもち，理解し，実践すること。 |

| 内容 | 1段階 | 2段階 |
|---|---|---|
| B 衣食住の生活 | ― | (イ) バランスのとれた食事について気付き，献立などを工夫すること。 |
| | イ 調理の基礎<br>必要な材料を使って食事の準備をすることなどに関わる学習活動を通して，次の事項を身に付けることができるよう指導する。 | ウ 調理の基礎<br>食事の準備や調理の仕方などに関わる学習活動を通して，次の事項を身に付けることができるよう指導する。 |
| | (ア) 簡単な調理の仕方や手順について知り，できるようにすること。 | (ア) 調理に必要な材料の分量や手順などについて理解し，適切にできること。 |
| | (イ) 簡単な調理計画について考えること。 | (イ) 調理計画に沿って，調理の手順や仕方を工夫すること。 |
| | ウ 衣服の着用と手入れ<br>衣服の着方や手入れの仕方などに関わる学習活動を通して，次の事項を身に付けることができるよう指導する。 | エ 衣服の着用と手入れ<br>衣服の手入れや洗濯の仕方などに関わる学習活動を通して，次の事項を身に付けることができるよう指導する。 |
| | (ア) 場面に応じた日常着の着方や手入れの仕方などについて知り，実践しようとすること。 | (ア) 日常着の使い分けや手入れの仕方などについて理解し，実践すること。 |
| | (イ) 日常着の着方や手入れの仕方に気付き，工夫すること。 | (イ) 日常着の快適な着方や手入れの仕方を考え，工夫すること。 |
| | エ 快適な住まい方<br>持ち物の整理や住まいの清掃などに関わる学習活動を通して，次の事項を身に付けることができるよう指導する。 | オ 快適で安全な住まい方<br>住まいの整理・整頓や清掃などに関わる学習活動を通して，次の事項を身に付けることができるよう指導する。 |
| | (ア) 住まいの主な働きや，整理・整頓や清掃の仕方について知り，実践しようとすること。 | (ア) 快適な住まい方や，安全について理解し，実践すること。 |
| | (イ) 季節の変化に合わせた住まい方，整理・整頓や清掃の仕方に気付き，工夫すること。 | (イ) 季節の変化に合わせた快適な住まい方に気付き，工夫すること。 |
| C 消費生活・環境 | ア 身近な消費生活<br>買物の仕組みや必要な物の選び方などに関わる学習活動を通して，次の事項を身に付けることができるよう指導する。 | ア 身近な消費生活<br>身近な消費生活について考えることなどに関わる学習活動を通して，次の事項を身に付けることができるよう指導する。 |
| | (ア) 生活に必要な物の選び方，買い方，計画的な使い方などについて知り，実践しようとすること。 | (ア) 生活に必要な物の選択や扱い方について理解し，実践すること。 |
| | (イ) 生活に必要な物を選んだり，物を大切に使おうとしたりすること。 | (イ) 生活に必要な物について考えて選ぶことや，物を大切に使う工夫をすること。 |
| | イ 環境に配慮した生活<br>身近な生活の中で環境に配慮することに関わる学習活動を通して，次の事項を身に付けることができるよう指導する。 | イ 環境に配慮した生活<br>自分の生活と環境との関連などに関わる学習活動を通して，次の事項を身に付けることができるよう指導する。 |
| | (ア) 身近な生活の中で，環境に配慮した物の使い方などについて知り，実践しようとすること。 | (ア) 身近な生活の中での環境との関わりや環境に配慮した物の使い方などについて理解し，実践すること。 |
| | (イ) 身近な生活の中で，環境に配慮した物の使い方などについて考え，工夫すること。 | (イ) 身近な生活の中で，環境との関わりや環境に配慮した生活について考えて，物の使い方などを工夫すること。 |

# 目標・内容の一覧〔外国語活動〕〔外国語〕

| 学部 | 小学部〔外国語活動〕 | 中学部〔外国語〕 |
|---|---|---|
| 目標 | 外国語によるコミュニケーションにおける見方・考え方を働かせ，外国語や外国の文化に触れることを通して，コミュニケーションを図る素地となる資質・能力を次のとおり育成することを目指す。 | 外国語によるコミュニケーションにおける見方・考え方を働かせ，外国語の音声や基本的な表現に触れる活動を通して，コミュニケーションを図る素地となる資質・能力を次のとおり育成することを目指す。 |
| 知識及び技能 | (1) 外国語を用いた体験的な活動を通して，日本語と外国語の音声の違いなどに気付き，外国語の音声に慣れ親しむようにする。 | (1) 外国語を用いた体験的な活動を通して，身近な生活で見聞きする外国語に興味や関心をもち，外国語の音声や基本的な表現に慣れ親しむようにする。 |
| 思考力，判断力，表現力等 | (2) 身近で簡単な事柄について，外国語に触れ，自分の気持ちを伝え合う力の素地を養う。 | (2) 身近で簡単な事柄について，外国語で聞いたり話したりして自分の考えや気持ちなどを伝え合う力の素地を養う。 |
| 学びに向かう力，人間性等 | (3) 外国語を通して，外国の文化などに触れながら，言語への関心を高め，進んでコミュニケーションを図ろうとする態度を養う。 | (3) 外国語を通して，外国語やその背景にある文化の多様性を知り，相手に配慮しながらコミュニケーションを図ろうとする態度を養う。 |
| 内容〔英語〕 | 小学部〔外国語活動〕 | 中学部〔外国語〕 |
| | (1) 英語の特徴等に関する事項 | (1) 英語の特徴等に関する事項 |
| | 具体的な言語の使用場面や具体的な状況における言語活動を通して，次の事項を身に付けることができるよう指導する。 | 実際に英語を用いた場面や状況等における言語活動を通して，次の事項を身に付けることができるよう指導する。 |
| 知識及び技能 | ア 言語を用いてコミュニケーションを図ることの楽しさを知ること。 | ア 英語の音声や基本的な表現に慣れ親しむこと |
| | ― | (ア) 英語の音声を聞き，真似て声を出したり，話したりしようとすること。 |
| | ― | (イ) 英語の音声や文字も，事物の内容を表したり，要件を伝えたりなどの働きがあることを感じ取ること。 |
| | ― | (ウ) 基本的な表現や語句が表す内容を知り，それらを使うことで相手に伝わることを感じ取ること。 |
| | イ 日本と外国の言語や文化について，以下の体験を通して慣れ親しむこと。 | イ 日本と外国の言語や文化に慣れ親しむこと。 |
| | (ア) 英語の歌や日常生活になじみのある語などを聞き，音声やリズムに親しむこと。 | (ア) 体験的な活動を通して，日本と外国との生活，習慣，行事などの違いを知ること。 |
| | (イ) 外国の生活や行事などに触れ，日本と外国の生活や違いを知ること。 | (イ) 対話的な活動を通して，相手の発言をよく聞こうとしたり，相づちや表情，ジェスチャーなどで応じようとしたりすること。 |
| 思考力・判断力，表現力等 | (2) 自分の考えや気持ちなどを表現したり，伝えたりする力の素地に関する事項 | (2) 情報を整理し，表現したり，伝え合ったりすることに関する事項 |
| | 具体的な課題等を設定し，コミュニケーションを行う目的や場面などに応じて表現することを通して，次の事項を身に付けることができるよう指導する。 | 具体的な課題等を設定し，コミュニケーションを行う目的や場面，状況などに応じて情報や考えなどを表現することを通して，次の事項を身に付けることができるよう指導する。 |
| | ア 身近で簡単な事柄について，注目して見聞きしようとすること。 | ア 日常生活に関する簡単な事柄について，伝えたいことを考え，簡単な語などや基本的な表現を使って伝え合うこと。 |
| | イ 身近で簡単な事柄について，相手の働きかけに応じようとすること。 | イ 日常生活に関する簡単な事柄について，自分の考えや気持ちや考えなどが伝わるよう，工夫して質問をしたり，質問に答えたりすること。 |
| | (3) 言語活動及び言語の働きに関する事項 | (3) 言語活動及び言語の働きに関する事項 |

| 内容 | 小学部〔外国語活動〕 | 中学部〔外国語〕 |
|---|---|---|
| 思考力・判断力,表現力等 | ① 言語活動に関する事項<br>(2)に示す事項については，(1)に示す事項を活用して，例えば，次のような言語活動を取り上げるようにする。 | ① 言語活動に関する事項<br>(2)に示す事項については，(1)に示す事項を活用して，例えば，次のような言語活動を通して指導する。 |
| | ア 聞くこと<br>(ｱ) 既に経験している活動や場面で，英語の挨拶や語などを聞き取る活動。 | ア 聞くこと<br>(ｱ) 文字の発音を聞いて文字と結び付ける活動。 |
| | (ｲ) 既に知っている物や事柄に関する語などを聞き，それが表す内容を実物や写真などと結び付ける活動。 | (ｲ) 身近で具体的な事物に関する簡単な英語を聞き，それが表す内容をイラストや写真と結び付ける活動。 |
| | ― | (ｳ) 挨拶や簡単な指示に応じる活動。 |
| | イ 話すこと<br>(ｱ) 既に経験している活動や場面で，実物や写真などを示しながら自分の名前や好きなものなどを簡単な語などを用いて伝える活動。 | イ 話すこと[発表]<br>(ｱ) 自分の名前，年齢，好みなどを簡単な語などや基本的な表現を用いて表現する活動。 |
| | (ｲ) 既に知っている歌やダンス，ゲームで，簡単な語や身振りなどを使って表現する活動。 | (ｲ) 身近で具体的な事物の様子や状態を簡単な語などや基本的な表現，ジェスチャーを用いて表現する活動。 |
| | ― | ウ 話すこと[やり取り]<br>(ｱ) 簡単な挨拶をし合う活動。 |
| | ― | (ｲ) 自分のことについて，具体物などを相手に見せながら，好みや要求などの自分の考えや気持ちを伝え合う活動。 |
| | ― | (ｳ) ゆっくり話される簡単な質問に，英語の語など又は身振りや動作などで応じる活動。 |
| | ― | エ 書くこと<br>(ｱ) 身近な事物を表す文字を書く活動。 |
| | ― | (ｲ) 例示を見ながら自分の名前を書き写す活動。 |
| | ― | オ 読むこと<br>(ｱ) 身の回りで使われている文字や単語を見付ける活動。 |
| | ― | (ｲ) 日本の人の名前や地名の英語表記に使われている文字を読む活動。 |
| 思考力・判断力,表現力等 | ② 言語の働きに関する事項<br>言語活動を行うに当たり，主として次に示すような言語の使用場面や言語の働きを取り上げるようにする。 | ② 言語の働きに関する事項<br>言語活動を行うに当たり，主として次に示すような言語の使用場面や言語の働きを取り上げるようにする。 |
| | ア 言語の使用場面の例<br>(ｱ) 児童の遊びや身近な暮らしに関わる場面<br>㋐ 歌やダンスを含む遊び<br>㋑ 家庭での生活<br>㋒ 学校での学習や活動　など | ア 言語の使用場面の例<br>(ｱ) 特有の表現がよく使われる場面<br>㋐ 挨拶をする<br>㋑ 自己紹介をする<br>㋒ 買物をする<br>㋓ 食事をする　など |
| | (ｲ) 特有の表現がよく使われる場面<br>㋐ 挨拶<br>㋑ 自己紹介　など | (ｲ) 生徒の身近な暮らしに関わる場面<br>㋐ ゲーム<br>㋑ 歌やダンス<br>㋒ 学校での学習や活動<br>㋓ 家庭での生活　など |

| 内容 | 小学部〔外国語活動〕 | 中学部〔外国語〕 |
|---|---|---|
| 思考力・判断力,表現力等 | イ 言語の働きの例<br>(ア) コミュニケーションを円滑にする<br>㋐ 挨拶をする<br><br>(イ) 気持ちを伝える<br>㋐ 礼を言う　など<br><br>― | イ 言語の働きの例<br>(ア) コミュニケーションを円滑にする<br>㋐ 挨拶をする<br>㋑ 相づちを打つ<br>(イ) 気持ちを伝える<br>㋐ 礼を言う<br>㋑ 褒める<br>(ウ) 相手の行動を促す<br>㋐ 質問する |
| 〔その他の外国語〕 | ― | その他の外国語については，外国語の2の内容の〔英語〕に準じて指導を行うものとする。 |

# 付録

## 目次

- 付録1：参考法令
  - 教育基本法
  - 学校教育法（抄）
  - 学校教育法施行規則（抄）
  - 学校教育法施行規則の一部を改正する省令
  - 学校教育法施行規則の一部を改正する省令の一部を改正する省令
- 付録2：地方教育行政の組織及び運営に関する法律（抄）
- 付録3：特別支援学校小学部・中学部学習指導要領（総則）
- 付録4：小学校学習指導要領，中学校学習指導要領における障害のある幼児児童生徒の指導に関する規定（抜粋）

# 教育基本法

平成十八年十二月二十二日法律第百二十号

　我々日本国民は，たゆまぬ努力によって築いてきた民主的で文化的な国家を更に発展させるとともに，世界の平和と人類の福祉の向上に貢献することを願うものである。

　我々は，この理想を実現するため，個人の尊厳を重んじ，真理と正義を希求し，公共の精神を尊び，豊かな人間性と創造性を備えた人間の育成を期するとともに，伝統を継承し，新しい文化の創造を目指す教育を推進する。

　ここに，我々は，日本国憲法の精神にのっとり，我が国の未来を切り拓く教育の基本を確立し，その振興を図るため，この法律を制定する。

## 第一章　教育の目的及び理念

（教育の目的）

第一条　教育は，人格の完成を目指し，平和で民主的な国家及び社会の形成者として必要な資質を備えた心身ともに健康な国民の育成を期して行われなければならない。

（教育の目標）

第二条　教育は，その目的を実現するため，学問の自由を尊重しつつ，次に掲げる目標を達成するよう行われるものとする。

　一　幅広い知識と教養を身に付け，真理を求める態度を養い，豊かな情操と道徳心を培うとともに，健やかな身体を養うこと。

　二　個人の価値を尊重して，その能力を伸ばし，創造性を培い，自主及び自律の精神を養うとともに，職業及び生活との関連を重視し，勤労を重んずる態度を養うこと。

　三　正義と責任，男女の平等，自他の敬愛と協力を重んずるとともに，公共の精神に基づき，主体的に社会の形成に参画し，その発展に寄与する態度を養うこと。

　四　生命を尊び，自然を大切にし，環境の保全に寄与する態度を養うこと。

　五　伝統と文化を尊重し，それらをはぐくんできた我が国と郷土を愛するとともに，他国を尊重し，国際社会の平和と発展に寄与する態度を養うこと。

（生涯学習の理念）

第三条　国民一人一人が，自己の人格を磨き，豊かな人生を送ることができるよう，その生涯にわたって，あらゆる機会に，あらゆる場所において学習することができ，その成果を適切に生かすことのできる社会の実現が図られなければならない。

（教育の機会均等）

第四条　すべて国民は，ひとしく，その能力に応じた教育を受ける機会を与えられなければならず，人種，信条，性別，社会的身分，経済的地位又は門地によって，教育上差別されない。

2　国及び地方公共団体は，障害のある者が，その障害の状態に応じ，十分な教育を受けられるよう，教育上必要な支援を講じなければならない。

3　国及び地方公共団体は，能力があるにもかかわらず，経済的理由によって修学が困難な者に対して，奨学の措置を講じなければならない。

## 第二章　教育の実施に関する基本

（義務教育）

第五条　国民は，その保護する子に，別に法律で定めるところにより，普通教育を受けさせる義務を負う。

2　義務教育として行われる普通教育は，各個人の有する能力を伸ばしつつ社会において自立的に生きる基礎を培い，また，国家及び社会の形成者として必要とされる基本的な資質を養うことを目的として行われるものとする。

3　国及び地方公共団体は，義務教育の機会を保障し，その水準を確保するため，適切な役割分担及び相互の協力の下，その実施に責任を負う。

4　国又は地方公共団体の設置する学校における義務教育については，授業料を徴収しない。

（学校教育）

第六条　法律に定める学校は，公の性質を有するものであって，国，地方公共団体及び法律に定める法人のみが，これを設置することができる。

2　前項の学校においては，教育の目標が達成されるよう，教育を受ける者の心身の発達に応じて，体系的な教育が組織的に行われなければならない。この場合において，教育を受ける者が，学校生活を営む上で必要な規律を重んずるとともに，自ら進んで学習に取り組む意欲を高めることを重視して行われなければならない。

（大学）

第七条　大学は，学術の中心として，高い教養と専門的能力を培うとともに，深く真理を探究して新たな知見を創造し，これらの成果を広く社会に提供することにより，社会の発展に寄与するものとする。

2　大学については，自主性，自律性その他の大学における教育及び研究の特性が尊重されなければならない。

（私立学校）

第八条　私立学校の有する公の性質及び学校教育において果たす重要な役割にかんがみ，国及び地方公共団体は，その自主性を尊重しつつ，助成その他の適当な方法によって私立学校教育の振興に努めなければならない。

（教員）

第九条　法律に定める学校の教員は，自己の崇高な使命を深く自覚し，絶えず研究と修養に励み，その職責の遂行に努めなければならない。

2　前項の教員については，その使命と職責の重要性にかんがみ，その身分は尊重され，待遇の適正が期せられるとともに，養成と研修の充実が図られなければならない。

（家庭教育）

第十条　父母その他の保護者は，子の教育について第一義的責任を有するものであって，生活のために必要な習慣を身に付けさせるとともに，自立心を育成し，心身の調和のとれた発達を図るよう努めるものとする。

2　国及び地方公共団体は，家庭教育の自主性を尊重しつつ，保護者に対する学習の機会及び情報の提供その他の家庭教育を支援するために必要な施策を講ずるよう努めなければならない。

（幼児期の教育）

第十一条　幼児期の教育は，生涯にわたる人格形成の基礎を培う重要なものであることにかんがみ，国及び地方公共団体は，幼児の健やかな成長に資する良好な環境の整備その他適当な方法によって，その振興に努めなければならない。

（社会教育）
第十二条　個人の要望や社会の要請にこたえ，社会において行われる教育は，国及び地方公共団体によって奨励されなければならない。
2　国及び地方公共団体は，図書館，博物館，公民館その他の社会教育施設の設置，学校の施設の利用，学習の機会及び情報の提供その他の適当な方法によって社会教育の振興に努めなければならない。
（学校，家庭及び地域住民等の相互の連携協力）
第十三条　学校，家庭及び地域住民その他の関係者は，教育におけるそれぞれの役割と責任を自覚するとともに，相互の連携及び協力に努めるものとする。
（政治教育）
第十四条　良識ある公民として必要な政治的教養は，教育上尊重されなければならない。
2　法律に定める学校は，特定の政党を支持し，又はこれに反対するための政治教育その他政治的活動をしてはならない。
（宗教教育）
第十五条　宗教に関する寛容の態度，宗教に関する一般的な教養及び宗教の社会生活における地位は，教育上尊重されなければならない。
2　国及び地方公共団体が設置する学校は，特定の宗教のための宗教教育その他宗教的活動をしてはならない。

## 第三章　教育行政

（教育行政）
第十六条　教育は，不当な支配に服することなく，この法律及び他の法律の定めるところにより行われるべきものであり，教育行政は，国と地方公共団体との適切な役割分担及び相互の協力の下，公正かつ適正に行われなければならない。
2　国は，全国的な教育の機会均等と教育水準の維持向上を図るため，教育に関する施策を総合的に策定し，実施しなければならない。
3　地方公共団体は，その地域における教育の振興を図るため，その実情に応じた教育に関する施策を策定し，実施しなければならない。
4　国及び地方公共団体は，教育が円滑かつ継続的に実施されるよう，必要な財政上の措置を講じなければならない。
（教育振興基本計画）
第十七条　政府は，教育の振興に関する施策の総合的かつ計画的な推進を図るため，教育の振興に関する施策についての基本的な方針及び講ずべき施策その他必要な事項について，基本的な計画を定め，これを国会に報告するとともに，公表しなければならない。
2　地方公共団体は，前項の計画を参酌し，その地域の実情に応じ，当該地方公共団体における教育の振興のための施策に関する基本的な計画を定めるよう努めなければならない。

## 第四章　法令の制定

第十八条　この法律に規定する諸条項を実施するため，必要な法令が制定されなければならない。

# 学校教育法（抄）

昭和二十二年三月三十一日法律第二十六号

## 第二章　義務教育

第二十一条　義務教育として行われる普通教育は，教育基本法（平成十八年法律第百二十号）第五条第二項に規定する目的を実現するため，次に掲げる目標を達成するよう行われるものとする。
一　学校内外における社会的活動を促進し，自主，自律及び協同の精神，規範意識，公正な判断力並びに公共の精神に基づき主体的に社会の形成に参画し，その発展に寄与する態度を養うこと。
二　学校内外における自然体験活動を促進し，生命及び自然を尊重する精神並びに環境の保全に寄与する態度を養うこと。
三　我が国と郷土の現状と歴史について，正しい理解に導き，伝統と文化を尊重し，それらをはぐくんできた我が国と郷土を愛する態度を養うとともに，進んで外国の文化の理解を通じて，他国を尊重し，国際社会の平和と発展に寄与する態度を養うこと。
四　家族と家庭の役割，生活に必要な衣，食，住，情報，産業その他の事項について基礎的な理解と技能を養うこと。
五　読書に親しませ，生活に必要な国語を正しく理解し，使用する基礎的な能力を養うこと。
六　生活に必要な数量的な関係を正しく理解し，処理する基礎的な能力を養うこと。
七　生活にかかわる自然現象について，観察及び実験を通じて，科学的に理解し，処理する基礎的な能力を養うこと。
八　健康，安全で幸福な生活のために必要な習慣を養うとともに，運動を通じて体力を養い，心身の調和的発達を図ること。
九　生活を明るく豊かにする音楽，美術，文芸その他の芸術について基礎的な理解と技能を養うこと。
十　職業についての基礎的な知識と技能，勤労を重んずる態度及び個性に応じて将来の進路を選択する能力を養うこと。

## 第四章　小学校

第二十九条　小学校は，心身の発達に応じて，義務教育として行われる普通教育のうち基礎的なものを施すことを目的とする。
第三十条　小学校における教育は，前条に規定する目的を実現するために必要な程度において第二十一条各号に掲げる目標を達成するよう行われるものとする。
②　前項の場合においては，生涯にわたり学習する基盤が培われるよう，基礎的な知識及び技能を習得させるとともに，これらを活用して課題を解決するために必要な思考力，判断力，表現力その他の能力をはぐくみ，主体的に学習に取り組む態度を養うことに，特に意を用いなければならない。
第三十一条　小学校においては，前条第一項の規定による目標の達成に資するよう，教育指導を行うに当たり，児童の体験的な学習活動，特にボランティア活動など社会奉仕体験活動，自然体験活動その他の体験活動の充実に努めるものとする。この場合において，社会教育関係団体その他の関係団体及び関係機関との連携に十分配慮しなければならない。

付録1

## 第五章　中学校

第四十五条　中学校は，小学校における教育の基礎の上に，心身の発達に応じて，義務教育として行われる普通教育を施すことを目的とする。

第四十六条　中学校における教育は，前条に規定する目的を実現するため，第二十一条各号に掲げる目標を達成するよう行われるものとする。

## 第八章　特別支援教育

第七十二条　特別支援学校は，視覚障害者，聴覚障害者，知的障害者，肢体不自由者又は病弱者（身体虚弱者を含む。以下同じ。）に対して，幼稚園，小学校，中学校又は高等学校に準ずる教育を施すとともに，障害による学習上又は生活上の困難を克服し自立を図るために必要な知識技能を授けることを目的とする。

第七十四条　特別支援学校においては，第七十二条に規定する目的を実現するための教育を行うほか，幼稚園，小学校，中学校，義務教育学校，高等学校又は中等教育学校の要請に応じて，第八十一条第一項に規定する幼児，児童又は生徒の教育に関し必要な助言又は援助を行うよう努めるものとする。

第七十七条　特別支援学校の幼稚部の教育課程その他の保育内容，小学部及び中学部の教育課程又は高等部の学科及び教育課程に関する事項は，幼稚園，小学校，中学校又は高等学校に準じて，文部科学大臣が定める。

第八十一条　幼稚園，小学校，中学校，義務教育学校，高等学校及び中等教育学校においては，次項各号のいずれかに該当する幼児，児童及び生徒その他教育上特別の支援を必要とする幼児，児童及び生徒に対し，文部科学大臣の定めるところにより，障害による学習上又は生活上の困難を克服するための教育を行うものとする。

② 　小学校，中学校，義務教育学校，高等学校及び中等教育学校には，次の各号のいずれかに該当する児童及び生徒のために，特別支援学級を置くことができる。
　一　知的障害者
　二　肢体不自由者
　三　身体虚弱者
　四　弱視者
　五　難聴者
　六　その他障害のある者で，特別支援学級において教育を行うことが適当なもの

③ 　前項に規定する学校においては，疾病により療養中の児童及び生徒に対して，特別支援学級を設け，又は教員を派遣して，教育を行うことができる。

# 学校教育法施行規則（抄） 昭和二十二年五月二十三日文部省令第十一号

## 第四章　小学校

### 第二節　教育課程

第五十条　小学校の教育課程は，国語，社会，算数，理科，生活，音楽，図画工作，家庭及び体育の各教科（以下この節において「各教科」という。），道徳，外国語活動，総合的な学習の時間並びに特別活動によつて編成するものとする。

2　私立の小学校の教育課程を編成する場合は，前項の規定にかかわらず，宗教を加えることができる。この場合においては，宗教をもつて前項の道徳に代えることができる。

第五十一条　小学校（第五十二条の二第二項に規定する中学校連携型小学校及び第七十九条の九第二項に規定する中学校併設型小学校を除く。）の各学年における各教科，道徳，外国語活動，総合的な学習の時間及び特別活動のそれぞれの授業時数並びに各学年におけるこれらの総授業時数は，別表第一に定める授業時数を標準とする。

第五十二条　小学校の教育課程については，この節に定めるもののほか，教育課程の基準として文部科学大臣が別に公示する小学校学習指導要領によるものとする。

第五十三条　小学校においては，必要がある場合には，一部の各教科について，これらを合わせて授業を行うことができる。

第五十四条　児童が心身の状況によつて履修することが困難な各教科は，その児童の心身の状況に適合するように課さなければならない。

第五十五条　小学校の教育課程に関し，その改善に資する研究を行うため特に必要があり，かつ，児童の教育上適切な配慮がなされていると文部科学大臣が認める場合においては，文部科学大臣が別に定めるところにより，第五十条第一項，第五十一条（中学校連携型小学校にあつては第五十二条の三，第七十九条の九第二項に規定する中学校併設型小学校にあつては第七十九条の十二において準用する第七十九条の五第一項）又は第五十二条の規定によらないことができる。

第五十五条の二　文部科学大臣が，小学校において，当該小学校又は当該小学校が設置されている地域の実態に照らし，より効果的な教育を実施するため，当該小学校又は当該地域の特色を生かした特別の教育課程を編成して教育を実施する必要があり，かつ，当該特別の教育課程について，教育基本法（平成十八年法律第百二十号）及び学校教育法第三十条第一項の規定等に照らして適切であり，児童の教育上適切な配慮がなされているものとして文部科学大臣が定める基準を満たしていると認める場合においては，文部科学大臣が別に定めるところにより，第五十条第一項，第五十一条（中学校連携型小学校にあつては第五十二条の三，第七十九条の九第二項に規定する中学校併設型小学校にあつては第七十九条の十二において準用する第七十九条の五第一項）又は第五十二条の規定の全部又は一部によらないことができる。

第五十六条　小学校において，学校生活への適応が困難であるため相当の期間小学校を欠席し引き続き欠席すると認められる児童を対象として，その実態に配慮した特別の教育課程を編成して教育を実施する必要があると文部科学大臣が認める場合においては，文部科学大臣が別に定めるところにより，第五十条第一項，第五十一条（中学校連携型小学校にあつては第五十二条の三，第七十九条の九第二項に規定する中学校併設型小学校にあつては第七十九条の十二において準用する第七十九条の五第一項）又は第五十二条の規定によらないことができる。

第五十六条の二　小学校において，日本語に通じない児童のうち，当該児童の日本語を理解し，使用

する能力に応じた特別の指導を行う必要があるものを教育する場合には，文部科学大臣が別に定めるところにより，第五十条第一項，第五十一条（中学校連携型小学校にあつては第五十二条の三，第七十九条の九第二項に規定する中学校併設型小学校にあつては第七十九条の十二において準用する第七十九条の五第一項）及び第五十二条の規定にかかわらず，特別の教育課程によることができる。

第五十六条の三　前条の規定により特別の教育課程による場合においては，校長は，児童が設置者の定めるところにより他の小学校，義務教育学校の前期課程又は特別支援学校の小学部において受けた授業を，当該児童の在学する小学校において受けた当該特別の教育課程に係る授業とみなすことができる。

## 第五章　中学校

第七十二条　中学校の教育課程は，国語，社会，数学，理科，音楽，美術，保健体育，技術・家庭及び外国語の各教科（以下本章及び第七章中「各教科」という。），道徳，総合的な学習の時間並びに特別活動によつて編成するものとする。

第七十三条　中学校（併設型中学校，第七十四条の二第二項に規定する小学校連携型中学校，第七十五条第二項に規定する連携型中学校及び第七十九条の九第二項に規定する小学校併設型中学校を除く。）の各学年における各教科，道徳，総合的な学習の時間及び特別活動のそれぞれの授業時数並びに各学年におけるこれらの総授業時数は，別表第二に定める授業時数を標準とする。

第七十四条　中学校の教育課程については，この章に定めるもののほか，教育課程の基準として文部科学大臣が別に公示する中学校学習指導要領によるものとする。

第七十九条　第四十一条から第四十九条まで，第五十条第二項，第五十四条から第六十八条までの規定は，中学校に準用する。この場合において，第四十二条中「五学級」とあるのは「二学級」と，第五十五条から第五十六条の二まで及び第五十六条の四の規定中「第五十条第一項」とあるのは「第七十二条」と，「第五十一条（中学校連携型小学校にあつては第五十二条の三，第七十九条の九第二項に規定する中学校併設型小学校にあつては第七十九条の十二において準用する第七十九条の五第一項）」とあるのは「第七十三条（併設型中学校にあつては第百十七条において準用する第百七条，小学校連携型中学校にあつては第七十四条の三，連携型中学校にあつては第七十六条，第七十九条の九第二項に規定する小学校併設型中学校にあつては第七十九条の十二において準用する第七十九条の五第二項）」と，「第五十二条」とあるのは「第七十四条」と，第五十五条の二中「第三十条第一項」とあるのは「第四十六条」と，第五十六条の三中「他の小学校，義務教育学校の前期課程又は特別支援学校の小学部」とあるのは「他の中学校，義務教育学校の後期課程，中等教育学校の前期課程又は特別支援学校の中学部」と読み替えるものとする。

## 第八章　特別支援学校

第百二十六条　特別支援学校の小学部の教育課程は，国語，社会，算数，理科，生活，音楽，図画工作，家庭及び体育の各教科，道徳，外国語活動，総合的な学習の時間，特別活動並びに自立活動によつて編成するものとする。

2　前項の規定にかかわらず，知的障害者である児童を教育する場合は，生活，国語，算数，音楽，図画工作及び体育の各教科，道徳，特別活動並びに自立活動によつて教育課程を編成するものとする。

第百二十七条　特別支援学校の中学部の教育課程は，国語，社会，数学，理科，音楽，美術，保健体育，技術・家庭及び外国語の各教科，道徳，総合的な学習の時間，特別活動並びに自立活動によつ

て編成するものとする。
2 前項の規定にかかわらず，知的障害者である生徒を教育する場合は，国語，社会，数学，理科，音楽，美術，保健体育及び職業・家庭の各教科，道徳，総合的な学習の時間，特別活動並びに自立活動によつて教育課程を編成するものとする。ただし，必要がある場合には，外国語科を加えて教育課程を編成することができる。

第百二十九条 特別支援学校の幼稚部の教育課程その他の保育内容並びに小学部，中学部及び高等部の教育課程については，この章に定めるもののほか，教育課程その他の保育内容又は教育課程の基準として文部科学大臣が別に公示する特別支援学校幼稚部教育要領，特別支援学校小学部・中学部学習指導要領及び特別支援学校高等部学習指導要領によるものとする。

第百三十条 特別支援学校の小学部，中学部又は高等部においては，特に必要がある場合は，第百二十六条から第百二十八条までに規定する各教科（次項において「各教科」という。）又は別表第三及び別表第五に定める各教科に属する科目の全部又は一部について，合わせて授業を行うことができる。
2 特別支援学校の小学部，中学部又は高等部においては，知的障害者である児童若しくは生徒又は複数の種類の障害を併せ有する児童若しくは生徒を教育する場合において特に必要があるときは，各教科，道徳，外国語活動，特別活動及び自立活動の全部又は一部について，合わせて授業を行うことができる。

第百三十一条 特別支援学校の小学部，中学部又は高等部において，複数の種類の障害を併せ有する児童若しくは生徒を教育する場合又は教員を派遣して教育を行う場合において，特に必要があるときは，第百二十六条から第百二十九条までの規定にかかわらず，特別の教育課程によることができる。
2 前項の規定により特別の教育課程による場合において，文部科学大臣の検定を経た教科用図書又は文部科学省が著作の名義を有する教科用図書を使用することが適当でないときは，当該学校の設置者の定めるところにより，他の適切な教科用図書を使用することができる。

第百三十二条 特別支援学校の小学部，中学部又は高等部の教育課程に関し，その改善に資する研究を行うため特に必要があり，かつ，児童又は生徒の教育上適切な配慮がなされていると文部科学大臣が認める場合においては，文部科学大臣が別に定めるところにより，第百二十六条から第百二十九条までの規定によらないことができる。

第百三十二条の二 文部科学大臣が，特別支援学校の小学部，中学部又は高等部において，当該特別支援学校又は当該特別支援学校が設置されている地域の実態に照らし，より効果的な教育を実施するため，当該特別支援学校又は当該地域の特色を生かした特別の教育課程を編成して教育を実施する必要があり，かつ，当該特別の教育課程について，教育基本法及び学校教育法第七十二条の規定等に照らして適切であり，児童又は生徒の教育上適切な配慮がなされているものとして文部科学大臣が定める基準を満たしていると認める場合においては，文部科学大臣が別に定めるところにより，第百二十六条から第百二十九条までの規定の一部又は全部によらないことができる。

第百三十二条の三 特別支援学校の小学部又は中学部において，日本語に通じない児童又は生徒のうち，当該児童又は生徒の日本語を理解し，使用する能力に応じた特別の指導を行う必要があるものを教育する場合には，文部科学大臣が別に定めるところにより，第百二十六条，第百二十七条及び第百二十九条の規定にかかわらず，特別の教育課程によることができる。

第百三十二条の四 前条の規定により特別の教育課程による場合においては，校長は，児童又は生徒が設置者の定めるところにより他の小学校，中学校，義務教育学校，中等教育学校の前期課程又は特別支援学校の小学部若しくは中学部において受けた授業を，当該児童又は生徒の在学する特別支援学校の小学部又は中学部において受けた当該特別の教育課程に係る授業とみなすことができる。

第百三十八条 小学校，中学校若しくは義務教育学校又は中等教育学校の前期課程における特別支援

学級に係る教育課程については，特に必要がある場合は，第五十条第一項（第七十九条の六第一項において準用する場合を含む。），第五十一条，第五十二条（第七十九条の六第一項において準用する場合を含む。），第五十二条の三，第七十二条（第七十九条の六第二項及び第百八条第一項において準用する場合を含む。），第七十三条，第七十四条（第七十九条の六第二項及び第百八条第一項において準用する場合を含む。），第七十四条の三，第七十六条，第七十九条の五（第七十九条の十二において準用する場合を含む。）及び第百七条（第百十七条において準用する場合を含む。）の規定にかかわらず，特別の教育課程によることができる。

第百四十条　小学校，中学校若しくは義務教育学校又は中等教育学校の前期課程において，次の各号のいずれかに該当する児童又は生徒（特別支援学級の児童及び生徒を除く。）のうち当該障害に応じた特別の指導を行う必要があるものを教育する場合には，文部科学大臣が別に定めるところにより，第五十条第一項（第七十九条の六第一項において準用する場合を含む。），第五十一条，第五十二条（第七十九条の六第一項において準用する場合を含む。），第五十二条の三，第七十二条（第七十九条の六第二項及び第百八条第一項において準用する場合を含む。），第七十三条，第七十四条（第七十九条の六第二項及び第百八条第一項において準用する場合を含む。），第七十四条の三，第七十六条，第七十九条の五（第七十九条の十二において準用する場合を含む。）及び第百七条（第百十七条において準用する場合を含む。）の規定にかかわらず，特別の教育課程によることができる。

　一　言語障害者
　二　自閉症者
　三　情緒障害者
　四　弱視者
　五　難聴者
　六　学習障害者
　七　注意欠陥多動性障害者
　八　その他障害のある者で，この条の規定により特別の教育課程による教育を行うことが適当なもの

第百四十一条　前条の規定により特別の教育課程による場合においては，校長は，児童又は生徒が，当該小学校，中学校，義務教育学校又は中等教育学校の設置者の定めるところにより他の小学校，中学校，義務教育学校，中等教育学校の前期課程又は特別支援学校の小学部若しくは中学部において受けた授業を，当該小学校，中学校若しくは義務教育学校又は中等教育学校の前期課程において受けた当該特別の教育課程に係る授業とみなすことができる。

# 学校教育法施行規則の一部を改正する省令

平成二十七年三月二十七日
文部科学省令第十一号

学校教育法施行規則（昭和二十二年文部省令第十一号）の一部を次のように改正する。

第五十条，第五十一条，第七十二条，第七十三条，第七十六条，第百七条，第百二十六条及び第百二十七条中「道徳」を「特別の教科である道徳」に改める。

第百二十八条第二項中「，道徳」を「及び道徳」に改める。

第百三十条第二項中「道徳」を「特別の教科である道徳（特別支援学校の高等部にあつては，前条に規定する特別支援学校高等部学習指導要領で定める道徳）」に改める。

別表第一，別表第二及び別表第四中「道徳」を「特別の教科である道徳」に改める。

## 附　則

（施行期日）

1　この省令の規定は，次の各号に掲げる区分に応じ，それぞれ当該各号に定める日から施行する。
　一　第五十条，第五十一条，第百二十六条及び別表第一の改正規定並びに次項の規定平成三十年四月一日
　二　第七十二条，第七十三条，第七十六条，第百七条，第百二十七条，第百二十八条第二項，第百三十条第二項，別表第二及び別表第四の改正規定　平成三十一年四月一日

（経過措置）

2　平成三十年四月一日から平成三十一年三月三十一日までの間における学校教育法施行規則第百三十条第二項の適用については，同項中「道徳」とあるのは「道徳（特別支援学校の小学部にあつては，特別の教科である道徳）」とする。

付録1

# 学校教育法施行規則の一部を改正する省令(抄)

平成二十九年三月三十一日
文部科学省令第二十号

学校教育法施行規則（昭和二十二年文部省令第十一号）の一部を次のように改正する。

第五十条第一項中「及び体育」を「，体育及び外国語」に改める。

別表第一を次のように改める。

別表第一（第五十一条関係）

| 区分 | | 第1学年 | 第2学年 | 第3学年 | 第4学年 | 第5学年 | 第6学年 |
|---|---|---|---|---|---|---|---|
| 各教科の授業時数 | 国語 | 306 | 315 | 245 | 245 | 175 | 175 |
| | 社会 | | | 70 | 90 | 100 | 105 |
| | 算数 | 136 | 175 | 175 | 175 | 175 | 175 |
| | 理科 | | | 90 | 105 | 105 | 105 |
| | 生活 | 102 | 105 | | | | |
| | 音楽 | 68 | 70 | 60 | 60 | 50 | 50 |
| | 図画工作 | 68 | 70 | 60 | 60 | 50 | 50 |
| | 家庭 | | | | | 60 | 55 |
| | 体育 | 102 | 105 | 105 | 105 | 90 | 90 |
| | 外国語 | | | | | 70 | 70 |
| 特別の教科である道徳の授業時数 | | 34 | 35 | 35 | 35 | 35 | 35 |
| 外国語活動の授業時数 | | | | 35 | 35 | | |
| 総合的な学習の時間の授業時数 | | | | 70 | 70 | 70 | 70 |
| 特別活動の授業時数 | | 34 | 35 | 35 | 35 | 35 | 35 |
| 総授業時数 | | 850 | 910 | 980 | 1015 | 1015 | 1015 |

備考
一　この表の授業時数の一単位時間は，四十五分とする。

二　特別活動の授業時数は，小学校学習指導要領で定める学級活動（学校給食に係るものを除く。）に充てるものとする。

三　第五十条第二項の場合において，特別の教科である道徳のほかに宗教を加えるときは，宗教の授業時数をもってこの表の特別の教科である道徳の授業時数の一部に代えることができる。（別表第二から別表第二の三まで及び別表第四の場合においても同様とする。）

附　則

この省令は，平成三十二年四月一日から施行する。

# 学校教育法施行規則の一部を改正する省令

平成二十九年四月二十八日
文部科学省令第二十七号

　学校教育法施行規則（昭和二十二年文部省令第十一号）の一部を次のように改正する。
　第百二十六条第一項中「及び体育」を「，体育及び外国語」に改め，同条第二項に次のただし書を加える。
　ただし，必要がある場合には，外国語活動を加えて教育課程を編成することができる。

## 附　則

　この省令は，平成三十二年四月一日から施行する。

# 学校教育法施行規則の一部を改正する省令の一部を改正する省令

平成二十九年七月七日文部科学省令第二十九号

　学校教育法施行規則の一部を改正する省令（平成二十九年文部科学省令第二十号）の一部を次のように改正する。

　附則に次のただし書を加える。

　ただし，次項及び附則第三項の規定は平成三十年四月一日から施行する。

　附則を附則第一項とし，附則に次の二項を加える。

2　平成三十年四月一日から平成三十二年三月三十一日までの間，小学校の各学年における外国語活動の授業時数及び総授業時数は，学校教育法施行規則別表第一の規定にかかわらず，附則別表第一に定める外国語活動の授業時数及び総授業時数を標準とする。ただし，同表に定める外国語活動の授業時数の授業の実施のために特に必要がある場合には，総合的な学習の時間の授業時数及び総授業時数から十五を超えない範囲内の授業時数を減じることができることとする。

3　（略）

## 附　則

　この省令は，公布の日から施行する。

附則別表第一（附則第二項関係）

| 区分 | 第1学年 | 第2学年 | 第3学年 | 第4学年 | 第5学年 | 第6学年 |
|---|---|---|---|---|---|---|
| 外国語活動の授業時数 | | | 15 | 15 | 50 | 50 |
| 総授業時数 | 850 | 910 | 960 | 995 | 995 | 995 |

　備考　この表の授業時数の一単位時間は，四十五分とする。

附則別表第二（附則第三項関係）

　（略）

　備考

　　一　この表の授業時数の一単位時間は，四十五分とする。

　　二　（略）

# 学校教育法施行規則の一部を改正する省令の一部を改正する省令

平成二十九年十二月二十七日文部科学省令第四十二号

　学校教育法施行規則の一部を改正する省令（平成二十九年文部科学省令第二十七号）の一部を次のように改める。
　附則に次のただし書を加える。
　ただし，第百二十六条第二項の改正規定については，平成三十年四月一日から施行する。

## 附　則

　この省令は，公布の日から施行する。

# 地方教育行政の組織及び運営に関する法律（抄）

地方教育行政の組織及び運営に関する法律（抄）
昭和三十一年六月三十日法律第百六十二号

## 第三章　教育委員会及び地方公共団体の長の職務権限

（教育委員会の職務権限）

第二十一条　教育委員会は，当該地方公共団体が処理する教育に関する事務で，次に掲げるものを管理し，及び執行する。

一　教育委員会の所管に属する第三十条に規定する学校その他の教育機関（以下「学校その他の教育機関」という。）の設置，管理及び廃止に関すること。

二　教育委員会の所管に属する学校その他の教育機関の用に供する財産（以下「教育財産」という。）の管理に関すること。

三　教育委員会及び教育委員会の所管に属する学校その他の教育機関の職員の任免その他の人事に関すること。

四　学齢生徒及び学齢児童の就学並びに生徒，児童及び幼児の入学，転学及び退学に関すること。

五　教育委員会の所管に属する学校の組織編制，教育課程，学習指導，生徒指導及び職業指導に関すること。

六　教科書その他の教材の取扱いに関すること。

七　校舎その他の施設及び教具その他の設備の整備に関すること。

八　校長，教員その他の教育関係職員の研修に関すること。

九　校長，教員その他の教育関係職員並びに生徒，児童及び幼児の保健，安全，厚生及び福利に関すること。

十　教育委員会の所管に属する学校その他の教育機関の環境衛生に関すること。

十一　学校給食に関すること。

十二　青少年教育，女性教育及び公民館の事業その他社会教育に関すること。

十三　スポーツに関すること。

十四　文化財の保護に関すること。

十五　ユネスコ活動に関すること。

十六　教育に関する法人に関すること。

十七　教育に係る調査及び基幹統計その他の統計に関すること。

十八　所掌事務に係る広報及び所掌事務に係る教育行政に関する相談に関すること。

十九　前各号に掲げるもののほか，当該地方公共団体の区域内における教育に関する事務に関すること。

（私立学校に関する事務に係る都道府県委員会の助言又は援助）

第二十七条の五　都道府県知事は，第二十二条第三号に掲げる私立学校に関する事務を管理し，及び執行するに当たり，必要と認めるときは，当該都道府県委員会に対し，学校教育に関する専門的事項について助言又は援助を求めることができる。

# 第四章　教育機関

## 第一節　通則

（学校等の管理）

第三十三条　教育委員会は，法令又は条例に違反しない限度において，その所管に属する学校その他の教育機関の施設，設備，組織編制，教育課程，教材の取扱その他学校その他の教育機関の管理運営の基本的事項について，必要な教育委員会規則を定めるものとする。この場合において，当該教育委員会規則で定めようとする事項のうち，その実施のためには新たに予算を伴うこととなるものについては，教育委員会は，あらかじめ当該地方公共団体の長に協議しなければならない。

2　前項の場合において，教育委員会は，学校における教科書以外の教材の使用について，あらかじめ，教育委員会に届け出させ，又は教育委員会の承認を受けさせることとする定を設けるものとする。

## 第四節　学校運営協議会

第四十七条の六　教育委員会は，教育委員会規則で定めるところにより，その所管に属する学校ごとに，当該学校の運営及び当該運営への必要な支援に関して協議する機関として，学校運営協議会を置くように努めなければならない。ただし，二以上の学校の運営に関し相互に密接な連携を図る必要がある場合として文部科学省令で定める場合には，二以上の学校について一の学校運営協議会を置くことができる。

2　学校運営協議会の委員は，次に掲げる者について，教育委員会が任命する。
　一　対象学校（当該学校運営協議会が，その運営及び当該運営への必要な支援に関して協議する学校をいう。以下この条において同じ。）の所在する地域の住民
　二　対象学校に在籍する生徒，児童又は幼児の保護者
　三　社会教育法（昭和二十四年法律第二百七号）第九条の七第一項に規定する地域学校協働活動推進員その他の対象学校の運営に資する活動を行う者
　四　その他当該教育委員会が必要と認める者

3　対象学校の校長は，前項の委員の任命に関する意見を教育委員会に申し出ることができる。

4　対象学校の校長は，当該対象学校の運営に関して，教育課程の編成その他教育委員会規則で定める事項について基本的な方針を作成し，当該対象学校の学校運営協議会の承認を得なければならない。

5　学校運営協議会は，前項に規定する基本的な方針に基づく対象学校の運営及び当該運営への必要な支援に関し，対象学校の所在する地域の住民，対象学校に在籍する生徒，児童又は幼児の保護者その他の関係者の理解を深めるとともに，対象学校とこれらの者との連携及び協力の推進に資するため，対象学校の運営及び当該運営への必要な支援に関する協議の結果に関する情報を積極的に提供するよう努めるものとする。

6　学校運営協議会は，対象学校の運営に関する事項（次項に規定する事項を除く。）について，教育委員会又は校長に対して，意見を述べることができる。

7　学校運営協議会は，対象学校の職員の採用その他の任用に関して教育委員会規則で定める事項について，当該職員の任命権者に対して意見を述べることができる。この場合において，当該職員が県費負担教職員（第五十五条第一項又は第六十一条第一項の規定により市町村委員会がその任用に関する事務を行う職員を除く。）であるときは，市町村委員会を経由するものとする。

8　対象学校の職員の任命権者は，当該職員の任用に当たっては，前項の規定により述べられた意見

を尊重するものとする。
9 　教育委員会は，学校運営協議会の運営が適正を欠くことにより，対象学校の運営に現に支障が生じ，又は生ずるおそれがあると認められる場合においては，当該学校運営協議会の適正な運営を確保するために必要な措置を講じなければならない。
10 　学校運営協議会の委員の任免の手続及び任期，学校運営協議会の議事の手続その他学校運営協議会の運営に関し必要な事項については，教育委員会規則で定める。

## 第五章　文部科学大臣及び教育委員会相互間の関係等

（文部科学大臣又は都道府県委員会の指導，助言及び援助）
第四十八条　地方自治法第二百四十五条の四第一項の規定によるほか，文部科学大臣は都道府県又は市町村に対し，都道府県委員会は市町村に対し，都道府県又は市町村の教育に関する事務の適正な処理を図るため，必要な指導，助言又は援助を行うことができる。
2 　前項の指導，助言又は援助を例示すると，おおむね次のとおりである。
　一　学校その他の教育機関の設置及び管理並びに整備に関し，指導及び助言を与えること。
　二　学校の組織編制，教育課程，学習指導，生徒指導，職業指導，教科書その他の教材の取扱いその他学校運営に関し，指導及び助言を与えること。
　三　学校における保健及び安全並びに学校給食に関し，指導及び助言を与えること。
　四　教育委員会の委員及び校長，教員その他の教育関係職員の研究集会，講習会その他研修に関し，指導及び助言を与え，又はこれらを主催すること。
　五　生徒及び児童の就学に関する事務に関し，指導及び助言を与えること。
　六　青少年教育，女性教育及び公民館の事業その他社会教育の振興並びに芸術の普及及び向上に関し，指導及び助言を与えること。
　七　スポーツの振興に関し，指導及び助言を与えること。
　八　指導主事，社会教育主事その他の職員を派遣すること。
　九　教育及び教育行政に関する資料，手引書等を作成し，利用に供すること。
　十　教育に係る調査及び統計並びに広報及び教育行政に関する相談に関し，指導及び助言を与えること。
　十一　教育委員会の組織及び運営に関し，指導及び助言を与えること。
3 　文部科学大臣は，都道府県委員会に対し，第一項の規定による市町村に対する指導，助言又は援助に関し，必要な指示をすることができる。
4 　地方自治法第二百四十五条の四第三項の規定によるほか，都道府県知事又は都道府県委員会は文部科学大臣に対し，市町村長又は市町村委員会は文部科学大臣又は都道府県委員会に対し，教育に関する事務の処理について必要な指導，助言又は援助を求めることができる。
（是正の要求の方式）
第四十九条　文部科学大臣は，都道府県委員会又は市町村委員会の教育に関する事務の管理及び執行が法令の規定に違反するものがある場合又は当該事務の管理及び執行を怠るものがある場合において，児童，生徒等の教育を受ける機会が妨げられていることその他の教育を受ける権利が侵害されていることが明らかであるとして地方自治法第二百四十五条の五第一項若しくは第四項の規定による求め又は同条第二項の指示を行うときは，当該教育委員会が講ずべき措置の内容を示して行うものとする。

# 特別支援学校小学部・中学部学習指導要領　第1章　総則

## 第1節　教育目標

　小学部及び中学部における教育については，学校教育法第72条に定める目的を実現するために，児童及び生徒の障害の状態や特性及び心身の発達の段階等を十分考慮して，次に掲げる目標の達成に努めなければならない。
1　小学部においては，学校教育法第30条第1項に規定する小学校教育の目標
2　中学部においては，学校教育法第46条に規定する中学校教育の目標
3　小学部及び中学部を通じ，児童及び生徒の障害による学習上又は生活上の困難を改善・克服し自立を図るために必要な知識，技能，態度及び習慣を養うこと。

## 第2節　小学部及び中学部における教育の基本と教育課程の役割

1　各学校においては，教育基本法及び学校教育法その他の法令並びにこの章以下に示すところに従い，児童又は生徒の人間として調和のとれた育成を目指し，児童又は生徒の障害の状態や特性及び心身の発達の段階等並びに学校や地域の実態を十分考慮して，適切な教育課程を編成するものとし，これらに掲げる目標を達成するよう教育を行うものとする。
2　学校の教育活動を進めるに当たっては，各学校において，第4節の1に示す主体的・対話的で深い学びの実現に向けた授業改善を通して，創意工夫を生かした特色ある教育活動を展開する中で，次の(1)から(4)までに掲げる事項の実現を図り，児童又は生徒に生きる力を育むことを目指すものとする。
(1) 基礎的・基本的な知識及び技能を確実に習得させ，これらを活用して課題を解決するために必要な思考力，判断力，表現力等を育むとともに，主体的に学習に取り組む態度を養い，個性を生かし多様な人々との協働を促す教育の充実に努めること。その際，児童又は生徒の発達の段階を考慮して，児童又は生徒の言語活動など，学習の基盤をつくる活動を充実するとともに，家庭との連携を図りながら，児童又は生徒の学習習慣が確立するよう配慮すること。
(2) 道徳教育や体験活動，多様な表現や鑑賞の活動等を通して，豊かな心や創造性の涵養を目指した教育の充実に努めること。
　　学校における道徳教育は，特別の教科である道徳（以下「道徳科」という。）を要として学校の教育活動全体を通じて行うものであり，道徳科はもとより，各教科，外国語活動，総合的な学習の時間，特別活動及び自立活動のそれぞれの特質に応じて，児童又は生徒の発達の段階を考慮して，適切な指導を行うこと。
　　道徳教育は，教育基本法及び学校教育法に定められた教育の根本精神に基づき，小学部においては，自己の生き方を考え，中学部においては，人間としての生き方を考え，主体的な判断の下に行動し，自立した人間として他者と共によりよく生きるための基盤となる道徳性を養うことを目標とすること。
　　道徳教育を進めるに当たっては，人間尊重の精神と生命に対する畏敬の念を家庭，学校，その他社会における具体的な生活の中に生かし，豊かな心をもち，伝統と文化を尊重し，それらを育んできた我が国と郷土を愛し，個性豊かな文化の創造を図るとともに，平和で民主的な国家及び社会の形成者として，公共の精神を尊び，社会及び国家の発展に努め，他国を

尊重し，国際社会の平和と発展や環境の保全に貢献し未来を拓く主体性のある日本人の育成に資することとなるよう特に留意すること。

(3) 学校における体育・健康に関する指導を，児童又は生徒の発達の段階を考慮して，学校の教育活動全体を通じて適切に行うことにより，健康で安全な生活と豊かなスポーツライフの実現を目指した教育の充実に努めること。特に，学校における食育の推進並びに体力の向上に関する指導，安全に関する指導及び心身の健康の保持増進に関する指導については，小学部の体育科や家庭科（知的障害者である児童に対する教育を行う特別支援学校においては生活科），中学部の保健体育科や技術・家庭科（知的障害者である生徒に対する教育を行う特別支援学校においては職業・家庭科）及び特別活動の時間はもとより，各教科，道徳科，外国語活動，総合的な学習の時間及び自立活動などにおいてもそれぞれの特質に応じて適切に行うよう努めること。また，それらの指導を通して，家庭や地域社会との連携を図りながら，日常生活において適切な体育・健康に関する活動の実践を促し，生涯を通じて健康・安全で活力ある生活を送るための基礎が培われるよう配慮すること。

(4) 学校における自立活動の指導は，障害による学習上又は生活上の困難を改善・克服し，自立し社会参加する資質を養うため，自立活動の時間はもとより，学校の教育活動全体を通じて適切に行うものとする。特に，自立活動の時間における指導は，各教科，道徳科，外国語活動，総合的な学習の時間及び特別活動と密接な関連を保ち，個々の児童又は生徒の障害の状態や特性及び心身の発達の段階等を的確に把握して，適切な指導計画の下に行うよう配慮すること。

3　2の(1)から(4)までに掲げる事項の実現を図り，豊かな創造性を備え持続可能な社会の創り手となることが期待される児童又は生徒に，生きる力を育むことを目指すに当たっては，学校教育全体並びに各教科，道徳科，外国語活動，総合的な学習の時間，特別活動（ただし，第3節の3の(2)のイ及びカにおいて，特別活動については学級活動（学校給食に係るものを除く。）に限る。）及び自立活動の指導を通してどのような資質・能力の育成を目指すのかを明確にしながら，教育活動の充実を図るものとする。その際，児童又は生徒の障害の状態や特性及び心身の発達の段階等を踏まえつつ，次に掲げることが偏りなく実現できるようにするものとする。
(1) 知識及び技能が習得されるようにすること。
(2) 思考力，判断力，表現力等を育成すること。
(3) 学びに向かう力，人間性等を涵養すること。

4　各学校においては，児童又は生徒や学校，地域の実態を適切に把握し，教育の目的や目標の実現に必要な教育の内容等を教科等横断的な視点で組み立てていくこと，教育課程の実施状況を評価してその改善を図っていくこと，教育課程の実施に必要な人的又は物的な体制を確保するとともにその改善を図っていくことなどを通して，教育課程に基づき組織的かつ計画的に各学校の教育活動の質の向上を図っていくこと（以下「カリキュラム・マネジメント」という。）に努めるものとする。その際，児童又は生徒に何が身に付いたかという学習の成果を的確に捉え，第3節の3の(3)のイに示す個別の指導計画の実施状況の評価と改善を，教育課程の評価と改善につなげていくよう工夫すること。

## 第3節　教育課程の編成

1　各学校の教育目標と教育課程の編成
　　教育課程の編成に当たっては，学校教育全体や各教科等における指導を通して育成を目指す資質・能力を踏まえつつ，各学校の教育目標を明確にするとともに，教育課程の編成について

の基本的な方針が家庭や地域とも共有されるよう努めるものとする。その際，小学部は小学校学習指導要領の第5章総合的な学習の時間の第2の1，中学部は中学校学習指導要領の第4章総合的な学習の時間の第2の1に基づき定められる目標との関連を図るものとする。

2 教科等横断的な視点に立った資質・能力の育成
 (1) 各学校においては，児童又は生徒の障害の状態や特性及び心身の発達の段階等を考慮し，言語能力，情報活用能力（情報モラルを含む。），問題発見・解決能力等の学習の基盤となる資質・能力を育成していくことができるよう，各教科等の特質を生かし，教科等横断的な視点から教育課程の編成を図るものとする。
 (2) 各学校においては，児童又は生徒や学校，地域の実態並びに児童又は生徒の障害の状態や特性及び心身の発達の段階等を考慮し，豊かな人生の実現や災害等を乗り越えて次代の社会を形成することに向けた現代的な諸課題に対応して求められる資質・能力を，教科等横断的な視点で育成していくことができるよう，各学校の特色を生かした教育課程の編成を図るものとする。

3 教育課程の編成における共通的事項
 (1) 内容等の取扱い
  ア 第2章以下に示す各教科，道徳科，外国語活動，特別活動及び自立活動の内容に関する事項は，特に示す場合を除き，いずれの学校においても取り扱わなければならない。
  イ 学校において特に必要がある場合には，第2章以下に示していない内容を加えて指導することができる。また，第2章以下に示す内容の取扱いのうち内容の範囲や程度等を示す事項は，全ての児童又は生徒に対して指導するものとする内容の範囲や程度等を示したものであり，学校において特に必要がある場合には，この事項にかかわらず加えて指導することができる。ただし，これらの場合には，第2章以下に示す各教科，道徳科，外国語活動，特別活動及び自立活動の目標や内容並びに各学年や各段階，各分野又は各言語の目標や内容（知的障害者である児童又は生徒に対する教育を行う特別支援学校においては，外国語科及び外国語活動の各言語の内容）の趣旨を逸脱したり，児童又は生徒の負担過重となったりすることのないようにしなければならない。
  ウ 第2章以下に示す各教科，道徳科，外国語活動，特別活動及び自立活動の内容並びに各学年，各段階，各分野又は各言語の内容に掲げる事項の順序は，特に示す場合を除き，指導の順序を示すものではないので，学校においては，その取扱いについて適切な工夫を加えるものとする。
  エ 視覚障害者，聴覚障害者，肢体不自由者又は病弱者である児童に対する教育を行う特別支援学校の小学部において，学年の内容を2学年まとめて示した教科及び外国語活動の内容は，2学年間かけて指導する事項を示したものである。各学校においては，これらの事項を児童や学校，地域の実態に応じ，2学年間を見通して計画的に指導することとし，特に示す場合を除き，いずれかの学年に分けて，又はいずれの学年においても指導するものとする。
  オ 視覚障害者，聴覚障害者，肢体不自由者又は病弱者である生徒に対する教育を行う特別支援学校の中学部においては，生徒や学校，地域の実態を考慮して，生徒の特性等に応じた多様な学習活動が行えるよう，第2章に示す各教科や，特に必要な教科を，選択教科として開設し生徒に履修させることができる。その場合にあっては，全ての生徒に指導すべき内容との関連を図りつつ，選択教科の授業時数及び内容を適切に定め選択教科の指導計画を作成し，生徒の負担過重となることのないようにしなければならない。また，特に必要な教科の名称，目標，内容などについては，各学校が適切に定めるものとする。
  カ 知的障害者である児童に対する教育を行う特別支援学校の小学部においては，生活，国

語，算数，音楽，図画工作及び体育の各教科，道徳科，特別活動並びに自立活動については，特に示す場合を除き，全ての児童に履修させるものとする。また，外国語活動については，児童や学校の実態を考慮し，必要に応じて設けることができる。

キ　知的障害者である生徒に対する教育を行う特別支援学校の中学部においては，国語，社会，数学，理科，音楽，美術，保健体育及び職業・家庭の各教科，道徳科，総合的な学習の時間，特別活動並びに自立活動については，特に示す場合を除き，全ての生徒に履修させるものとする。また，外国語科については，生徒や学校の実態を考慮し，必要に応じて設けることができる。

ク　知的障害者である児童又は生徒に対する教育を行う特別支援学校において，各教科の指導に当たっては，各教科の段階に示す内容を基に，児童又は生徒の知的障害の状態や経験等に応じて，具体的に指導内容を設定するものとする。その際，小学部は6年間，中学部は3年間を見通して計画的に指導するものとする。

ケ　知的障害者である生徒に対する教育を行う特別支援学校の中学部においては，生徒や学校，地域の実態を考慮して，特に必要がある場合には，その他特に必要な教科を選択教科として設けることができる。その他特に必要な教科の名称，目標，内容などについては，各学校が適切に定めるものとする。その際，第2章第2節第2款の第2に示す事項に配慮するとともに，生徒の負担過重となることのないようにしなければならない。

コ　道徳科を要として学校の教育活動全体を通じて行う道徳教育の内容は，小学部においては第3章特別の教科道徳において準ずるものとしている小学校学習指導要領第3章特別の教科道徳の第2に示す内容，中学部においては第3章特別の教科道徳において準ずるものとしている中学校学習指導要領第3章特別の教科道徳の第2に示す内容とし，その実施に当たっては，第7節に示す道徳教育に関する配慮事項を踏まえるものとする。

(2) 授業時数等の取扱い

ア　小学部又は中学部の各学年における第2章以下に示す各教科（知的障害者である生徒に対する教育を行う特別支援学校の中学部において，外国語科を設ける場合を含む。以下同じ。），道徳科，外国語活動（知的障害者である児童に対する教育を行う特別支援学校の小学部において，外国語活動を設ける場合を含む。以下同じ。），総合的な学習の時間，特別活動（学級活動（学校給食に係る時間を除く。）に限る。以下，この項，イ及びカにおいて同じ。）及び自立活動（以下「各教科等」という。）の総授業時数は，小学校又は中学校の各学年における総授業時数に準ずるものとする。この場合，各教科等の目標及び内容を考慮し，それぞれの年間の授業時数を適切に定めるものとする。

イ　小学部又は中学部の各教科等の授業は，年間35週（小学部第1学年については34週）以上にわたって行うよう計画し，週当たりの授業時数が児童又は生徒の負担過重にならないようにするものとする。ただし，各教科等（中学部においては，特別活動を除く。）や学習活動の特質に応じ効果的な場合には，夏季，冬季，学年末等の休業日の期間に授業日を設定する場合を含め，これらの授業を特定の期間に行うことができる。

ウ　小学部又は中学部の各学年の総合的な学習の時間に充てる授業時数は，児童又は生徒の障害の状態や特性及び心身の発達の段階等を考慮して，視覚障害者，聴覚障害者，肢体不自由者又は病弱者である児童又は生徒に対する教育を行う特別支援学校については，小学部第3学年以上及び中学部の各学年において，知的障害者である生徒に対する教育を行う特別支援学校については，中学部の各学年において，それぞれ適切に定めるものとする。

エ　特別活動の授業のうち，小学部の児童会活動，クラブ活動及び学校行事並びに中学部の生徒会活動及び学校行事については，それらの内容に応じ，年間，学期ごと，月ごとなどに適切な授業時数を充てるものとする。

オ 小学部又は中学部の各学年の自立活動の時間に充てる授業時数は，児童又は生徒の障害の状態や特性及び心身の発達の段階等に応じて，適切に定めるものとする。

カ 各学校の時間割については，次の事項を踏まえ適切に編成するものとする。

(ｱ) 小学部又は中学部の各教科等のそれぞれの授業の1単位時間は，各学校において，各教科等の年間授業時数を確保しつつ，児童又は生徒の障害の状態や特性及び心身の発達の段階等並びに各教科等や学習活動の特質を考慮して適切に定めること。

(ｲ) 各教科等の特質に応じ，10分から15分程度の短い時間を活用して特定の教科等の指導を行う場合において，当該教科等を担当する教師が，単元や題材など内容や時間のまとまりを見通した中で，その指導内容の決定や指導の成果の把握と活用等を責任をもって行う体制が整備されているときは，その時間を当該教科等の年間授業時数に含めることができること。

(ｳ) 給食，休憩などの時間については，各学校において工夫を加え，適切に定めること。

(ｴ) 各学校において，児童又は生徒や学校，地域の実態及び各教科等や学習活動の特質等に応じて，創意工夫を生かした時間割を弾力的に編成できること。

キ 総合的な学習の時間における学習活動により，特別活動の学校行事に掲げる各行事の実施と同様の成果が期待できる場合においては，総合的な学習の時間における学習活動をもって相当する特別活動の学校行事に掲げる各行事の実施に替えることができる。

(3) 指導計画の作成等に当たっての配慮事項

ア 各学校においては，次の事項に配慮しながら，学校の創意工夫を生かし，全体として，調和のとれた具体的な指導計画を作成するものとする。

(ｱ) 各教科等の各学年，各段階，各分野又は各言語の指導内容については，(1)のアを踏まえつつ，単元や題材など内容や時間のまとまりを見通しながら，そのまとめ方や重点の置き方に適切な工夫を加え，第4節の1に示す主体的・対話的で深い学びの実現に向けた授業改善を通して資質・能力を育む効果的な指導ができるようにすること。

(ｲ) 各教科等及び各学年相互間の関連を図り，系統的，発展的な指導ができるようにすること。

(ｳ) 視覚障害者，聴覚障害者，肢体不自由者又は病弱者である児童に対する教育を行う特別支援学校の小学部において，学年の内容を2学年まとめて示した教科及び外国語活動については，当該学年間を見通して，児童や学校，地域の実態に応じ，児童の障害の状態や特性及び心身の発達の段階等を考慮しつつ，効果的，段階的に指導するようにすること。

(ｴ) 小学部においては，児童の実態等を考慮し，指導の効果を高めるため，児童の障害の状態や特性及び心身の発達の段階等並びに指導内容の関連性等を踏まえつつ，合科的・関連的な指導を進めること。

(ｵ) 知的障害者である児童又は生徒に対する教育を行う特別支援学校において，各教科，道徳科，外国語活動，特別活動及び自立活動の一部又は全部を合わせて指導を行う場合，各教科，道徳科，外国語活動，特別活動及び自立活動に示す内容を基に，児童又は生徒の知的障害の状態や経験等に応じて，具体的に指導内容を設定するものとする。また，各教科等の内容の一部又は全部を合わせて指導を行う場合には，授業時数を適切に定めること。

イ 各教科等の指導に当たっては，個々の児童又は生徒の実態を的確に把握し，次の事項に配慮しながら，個別の指導計画を作成すること。

(ｱ) 児童又は生徒の障害の状態や特性及び心身の発達の段階等並びに学習の進度等を考慮して，基礎的・基本的な事項に重点を置くこと。

(イ) 児童又は生徒が，基礎的・基本的な知識及び技能の習得も含め，学習内容を確実に身に付けることができるよう，それぞれの児童又は生徒に作成した個別の指導計画や学校の実態に応じて，指導方法や指導体制の工夫改善に努めること。その際，児童又は生徒の障害の状態や特性及び心身の発達の段階等並びに学習の進度等を考慮して，個別指導を重視するとともに，グループ別指導，繰り返し指導，学習内容の習熟の程度に応じた学習，児童又は生徒の興味・関心等に応じた課題学習，補充的な学習や発展的な学習などの学習活動を取り入れることや，教師間の協力による指導体制を確保することなど，指導方法や指導体制の工夫改善により，個に応じた指導の充実を図ること。その際，第4節の1の(3)に示す情報手段や教材・教具の活用を図ること。

4 学部段階間及び学校段階等間の接続

教育課程の編成に当たっては，次の事項に配慮しながら，学部段階間及び学校段階等間の接続を図るものとする。

(1) 小学部においては，幼児期の終わりまでに育ってほしい姿を踏まえた指導を工夫することにより，特別支援学校幼稚部教育要領及び幼稚園教育要領等に基づく幼児期の教育を通して育まれた資質・能力を踏まえて教育活動を実施し，児童が主体的に自己を発揮しながら学びに向かうことが可能となるようにすること。

また，低学年における教育全体において，例えば生活科において育成する自立し生活を豊かにしていくための資質・能力が，他教科等の学習においても生かされるようにするなど，教科等間の関連を積極的に図り，幼児期の教育及び中学年以降の教育との円滑な接続が図られるよう工夫すること。特に，小学部入学当初においては，幼児期において自発的な活動としての遊びを通して育まれてきたことが，各教科等における学習に円滑に接続されるよう，生活科を中心に，合科的・関連的な指導や弾力的な時間割の設定など，指導の工夫や指導計画の作成を行うこと。

(2) 小学部においては，特別支援学校小学部・中学部学習指導要領又は中学校学習指導要領及び特別支援学校高等部学習指導要領又は高等学校学習指導要領を踏まえ，中学部における教育又は中学校教育及びその後の教育との円滑な接続が図られるよう工夫すること。

(3) 中学部においては，特別支援学校小学部・中学部学習指導要領又は小学校学習指導要領を踏まえ，小学部における教育又は小学校教育までの学習の成果が中学部における教育に円滑に接続され，義務教育段階の終わりまでに育成することを目指す資質・能力を，生徒が確実に身に付けることができるよう工夫すること。

(4) 中学部においては，特別支援学校高等部学習指導要領又は高等学校学習指導要領を踏まえ，高等部における教育又は高等学校教育及びその後の教育との円滑な接続が図られるよう工夫すること。

## 第4節 教育課程の実施と学習評価

1 主体的・対話的で深い学びの実現に向けた授業改善

各教科等の指導に当たっては，次の事項に配慮するものとする。

(1) 第2節の3の(1)から(3)までに示すことが偏りなく実現されるよう，単元や題材など内容や時間のまとまりを見通しながら，児童又は生徒の主体的・対話的で深い学びの実現に向けた授業改善を行うこと。

特に，各教科等において身に付けた知識及び技能を活用したり，思考力，判断力，表現力等や学びに向かう力，人間性等を発揮させたりして，学習の対象となる物事を捉え思考する

ことにより，各教科等の特質に応じた物事を捉える視点や考え方（以下「見方・考え方」という。）が鍛えられていくことに留意し，児童又は生徒が各教科等の特質に応じた見方・考え方を働かせながら，知識を相互に関連付けてより深く理解したり，情報を精査して考えを形成したり，問題を見いだして解決策を考えたり，思いや考えを基に創造したりすることに向かう過程を重視した学習の充実を図ること。

(2) 第3節の2の(1)に示す言語能力の育成を図るため，各学校において必要な言語環境を整えるとともに，国語科を要としつつ各教科等の特質に応じて，児童又は生徒の言語活動を充実すること。あわせて，(7)に示すとおり読書活動を充実すること。

(3) 第3節の2の(1)に示す情報活用能力の育成を図るため，各学校において，コンピュータや情報通信ネットワークなどの情報手段を活用するために必要な環境を整え，これらを適切に活用した学習活動の充実を図ること。また，各種の統計資料や新聞，視聴覚教材や教育機器などの教材・教具の適切な活用を図ること。

あわせて，小学部においては，各教科等の特質に応じて，次の学習活動を計画的に実施すること。

　ア　児童がコンピュータで文字を入力するなどの学習の基盤として必要となる情報手段の基本的な操作を習得するための学習活動

　イ　児童がプログラミングを体験しながら，コンピュータに意図した処理を行わせるために必要な論理的思考力を身に付けるための学習活動

(4) 児童又は生徒が学習の見通しを立てたり学習したことを振り返ったりする活動を，計画的に取り入れるよう工夫すること。

(5) 児童又は生徒が生命の有限性や自然の大切さ，主体的に挑戦してみることや多様な他者と協働することの重要性などを実感しながら理解することができるよう，各教科等の特質に応じた体験活動を重視し，家庭や地域社会と連携しつつ体系的・継続的に実施できるよう工夫すること。

(6) 児童又は生徒が自ら学習課題や学習活動を選択する機会を設けるなど，児童又は生徒の興味・関心を生かした自主的，自発的な学習が促されるよう工夫すること。

(7) 学校図書館を計画的に利用しその機能の活用を図り，児童又は生徒の主体的・対話的で深い学びの実現に向けた授業改善に生かすとともに，児童又は生徒の自主的，自発的な学習活動や読書活動を充実すること。また，地域の図書館や博物館，美術館，劇場，音楽堂等の施設の活用を積極的に図り，資料を活用した情報の収集や鑑賞等の学習活動を充実すること。

2　障害のため通学して教育を受けることが困難な児童又は生徒に対して，教員を派遣して教育を行う場合については，障害の状態や学習環境等に応じて，指導方法や指導体制を工夫し，学習活動が効果的に行われるようにすること。

3　学習評価の充実

学習評価の実施に当たっては，次の事項に配慮するものとする。

(1) 児童又は生徒のよい点や可能性，進歩の状況などを積極的に評価し，学習したことの意義や価値を実感できるようにすること。また，各教科等の目標の実現に向けた学習状況を把握する観点から，単元や題材など内容や時間のまとまりを見通しながら評価の場面や方法を工夫して，学習の過程や成果を評価し，指導の改善や学習意欲の向上を図り，資質・能力の育成に生かすようにすること。

(2) 各教科等の指導に当たっては，個別の指導計画に基づいて行われた学習状況や結果を適切に評価し，指導目標や指導内容，指導方法の改善に努め，より効果的な指導ができるようにすること。

(3) 創意工夫の中で学習評価の妥当性や信頼性が高められるよう，組織的かつ計画的な取組を

推進するとともに，学年や学校段階を越えて児童又は生徒の学習の成果が円滑に接続されるよう工夫すること。

## 第5節　児童又は生徒の調和的な発達の支援

1　児童又は生徒の調和的な発達を支える指導の充実
　教育課程の編成及び実施に当たっては，次の事項に配慮するものとする。
(1) 学習や生活の基盤として，教師と児童又は生徒との信頼関係及び児童又は生徒相互のよりよい人間関係を育てるため，日頃から学級経営の充実を図ること。また，主に集団の場面で必要な指導や援助を行うガイダンスと，個々の児童又は生徒の多様な実態を踏まえ，一人一人が抱える課題に個別に対応した指導を行うカウンセリングの双方により，児童又は生徒の発達を支援すること。
　　あわせて，小学部の低学年，中学年，高学年の学年の時期の特長を生かした指導の工夫を行うこと。
(2) 児童又は生徒が，自己の存在感を実感しながら，よりよい人間関係を形成し，有意義で充実した学校生活を送る中で，現在及び将来における自己実現を図っていくことができるよう，児童理解又は生徒理解を深め，学習指導と関連付けながら，生徒指導の充実を図ること。
(3) 児童又は生徒が，学ぶことと自己の将来とのつながりを見通しながら，社会的・職業的自立に向けて必要な基盤となる資質・能力を身に付けていくことができるよう，特別活動を要としつつ各教科等の特質に応じて，キャリア教育の充実を図ること。その中で，中学部においては，生徒が自らの生き方を考え主体的に進路を選択することができるよう，学校の教育活動全体を通じ，組織的かつ計画的な進路指導を行うこと。
(4) 児童又は生徒が，学校教育を通じて身に付けた知識及び技能を活用し，もてる能力を最大限伸ばすことができるよう，生涯学習への意欲を高めるとともに，社会教育その他様々な学習機会に関する情報の提供に努めること。また，生涯を通じてスポーツや芸術文化活動に親しみ，豊かな生活を営むことができるよう，地域のスポーツ団体，文化芸術団体及び障害者福祉団体等と連携し，多様なスポーツや文化芸術活動を体験することができるよう配慮すること。
(5) 家庭及び地域並びに医療，福祉，保健，労働等の業務を行う関係機関との連携を図り，長期的な視点で児童又は生徒への教育的支援を行うために，個別の教育支援計画を作成すること。
(6) 複数の種類の障害を併せ有する児童又は生徒（以下「重複障害者」という。）については，専門的な知識，技能を有する教師や特別支援学校間の協力の下に指導を行ったり，必要に応じて専門の医師やその他の専門家の指導・助言を求めたりするなどして，学習効果を一層高めるようにすること。
(7) 学校医等との連絡を密にし，児童又は生徒の障害の状態等に応じた保健及び安全に十分留意すること。
2　海外から帰国した児童又は生徒などの学校生活への適応や，日本語の習得に困難のある児童又は生徒に対する日本語指導
(1) 海外から帰国した児童又は生徒などについては，学校生活への適応を図るとともに，外国における生活経験を生かすなどの適切な指導を行うものとする。
(2) 日本語の習得に困難のある児童又は生徒については，個々の児童又は生徒の実態に応じた指導内容や指導方法の工夫を組織的かつ計画的に行うものとする。特に，通級による日本語

指導については，教師間の連携に努め，指導についての計画を個別に作成することなどにより，効果的な指導に努めるものとする。
3 学齢を経過した者への配慮
(1) 中学部において，夜間その他の特別の時間に授業を行う課程において学齢を経過した者を対象として特別の教育課程を編成する場合には，学齢を経過した者の年齢，経験又は勤労状況その他の実情を踏まえ，中学部における教育の目的及び目標並びに第2章第2節以下に示す各教科等の目標に照らして，中学部における教育を通じて育成を目指す資質・能力を身に付けることができるようにするものとする。
(2) 学齢を経過した者を教育する場合には，個別学習やグループ別学習など指導方法や指導体制の工夫改善に努めるものとする。

# 第6節 学校運営上の留意事項

1 教育課程の改善と学校評価等，教育課程外の活動との連携等
(1) 各学校においては，校長の方針の下に，校務分掌に基づき教職員が適切に役割を分担しつつ，相互に連携しながら，各学校の特色を生かしたカリキュラム・マネジメントを行うよう努めるものとする。また，各学校が行う学校評価については，教育課程の編成，実施，改善が教育活動や学校運営の中核となることを踏まえ，カリキュラム・マネジメントと関連付けながら実施するよう留意するものとする。
(2) 教育課程の編成及び実施に当たっては，学校保健計画，学校安全計画，食に関する指導の全体計画，いじめの防止等のための対策に関する基本的な方針など，各分野における学校の全体計画等と関連付けながら，効果的な指導が行われるよう留意するものとする。
(3) 中学部において，教育課程外の学校教育活動と教育課程との関連が図られるよう留意するものとする。特に，生徒の自主的，自発的な参加により行われる部活動については，スポーツや文化，科学等に親しませ，学習意欲の向上や責任感，連帯感の涵養等，学校教育が目指す資質・能力の育成に資するものであり，学校教育の一環として，教育課程との関連が図られるよう留意すること。その際，学校や地域の実態に応じ，地域の人々の協力，社会教育施設や社会教育関係団体等の各種団体との連携などの運営上の工夫を行い，持続可能な運営体制が整えられるようにするものとする。
2 家庭や地域社会との連携及び協働と学校間の連携
教育課程の編成及び実施に当たっては，次の事項に配慮するものとする。
(1) 学校がその目的を達成するため，学校や地域の実態等に応じ，教育活動の実施に必要な人的又は物的な体制を家庭や地域の人々の協力を得ながら整えるなど，家庭や地域社会との連携及び協働を深めること。また，高齢者や異年齢の子供など，地域における世代を越えた交流の機会を設けること。
(2) 他の特別支援学校や，幼稚園，認定こども園，保育所，小学校，中学校，高等学校などとの間の連携や交流を図るとともに，障害のない幼児児童生徒との交流及び共同学習の機会を設け，共に尊重し合いながら協働して生活していく態度を育むようにすること。
 特に，小学部の児童又は中学部の生徒の経験を広げて積極的な態度を養い，社会性や豊かな人間性を育むために，学校の教育活動全体を通じて，小学校の児童又は中学校の生徒などと交流及び共同学習を計画的，組織的に行うとともに，地域の人々などと活動を共にする機会を積極的に設けること。
3 小学校又は中学校等の要請により，障害のある児童若しくは生徒又は当該児童若しくは生

徒の教育を担当する教師等に対して必要な助言又は援助を行ったり，地域の実態や家庭の要請等により保護者等に対して教育相談を行ったりするなど，各学校の教師の専門性や施設・設備を生かした地域における特別支援教育のセンターとしての役割を果たすよう努めること。その際，学校として組織的に取り組むことができるよう校内体制を整備するとともに，他の特別支援学校や地域の小学校又は中学校等との連携を図ること。

## 第7節　道徳教育に関する配慮事項

　道徳教育を進めるに当たっては，道徳教育の特質を踏まえ，前項までに示す事項に加え，次の事項に配慮するものとする。

1　各学校においては，第2節の2の(2)に示す道徳教育の目標を踏まえ，道徳教育の全体計画を作成し，校長の方針の下に，道徳教育の推進を主に担当する教師（以下「道徳教育推進教師」という。）を中心に，全教師が協力して道徳教育を展開すること。なお，道徳教育の全体計画の作成に当たっては，児童又は生徒や学校，地域の実態を考慮して，学校の道徳教育の重点目標を設定するとともに，道徳科の指導方針，第3章特別の教科道徳に示す内容との関連を踏まえた各教科，外国語活動，総合的な学習の時間，特別活動及び自立活動における指導の内容及び時期並びに家庭や地域社会との連携の方法を示すこと。

2　小学部においては，児童の障害の状態や特性及び心身の発達の段階等を踏まえ，指導内容の重点化を図ること。その際，各学年を通じて，自立心や自律性，生命を尊重する心や他者を思いやる心を育てることに留意すること。また，各学年段階においては，次の事項に留意すること。

(1)　第1学年及び第2学年においては，挨拶などの基本的な生活習慣を身に付けること，善悪を判断し，してはならないことをしないこと，社会生活上のきまりを守ること。

(2)　第3学年及び第4学年においては，善悪を判断し，正しいと判断したことを行うこと，身近な人々と協力し助け合うこと，集団や社会のきまりを守ること。

(3)　第5学年及び第6学年においては，相手の考え方や立場を理解して支え合うこと，法やきまりの意義を理解して進んで守ること，集団生活の充実に努めること，伝統と文化を尊重し，それらを育んできた我が国と郷土を愛するとともに，他国を尊重すること。

3　小学部においては，学校や学級内の人間関係や環境を整えるとともに，集団宿泊活動やボランティア活動，自然体験活動，地域の行事への参加などの豊かな体験を充実すること。また，道徳教育の指導内容が，児童の日常生活に生かされるようにすること。その際，いじめの防止や安全の確保等にも資することとなるよう留意すること。

4　中学部においては，生徒の障害の状態や特性及び心身の発達の段階等を踏まえ，指導内容の重点化を図ること。その際，小学部における道徳教育の指導内容を更に発展させ，自立心や自律性を高め，規律ある生活をすること，生命を尊重する心や自らの弱さを克服して気高く生きようとする心を育てること，法やきまりの意義に関する理解を深めること，自らの将来の生き方を考え主体的に社会の形成に参画する意欲と態度を養うこと，伝統と文化を尊重し，それらを育んできた我が国と郷土を愛するとともに，他国を尊重すること，国際社会に生きる日本人としての自覚を身に付けることに留意すること。

5　中学部においては，学校や学級内の人間関係や環境を整えるとともに，職場体験活動やボランティア活動，自然体験活動，地域の行事への参加などの豊かな体験を充実すること。また，道徳教育の指導内容が，生徒の日常生活に生かされるようにすること。その際，いじめの防止や安全の確保等にも資することとなるよう留意すること。

6 学校の道徳教育の全体計画や道徳教育に関する諸活動などの情報を積極的に公表したり，道徳教育の充実のために家庭や地域の人々の積極的な参加や協力を得たりするなど，家庭や地域社会との共通理解を深め，相互の連携を図ること。

## 第8節　重複障害者等に関する教育課程の取扱い

1　児童又は生徒の障害の状態により特に必要がある場合には，次に示すところによるものとする。その際，各教科，道徳科，外国語活動及び特別活動の当該各学年より後の各学年（知的障害者である児童又は生徒に対する教育を行う特別支援学校においては，各教科の当該各段階より後の各段階）又は当該各学部より後の各学部の目標の系統性や内容の関連に留意しなければならない。

(1) 各教科及び外国語活動の目標及び内容に関する事項の一部を取り扱わないことができること。

(2) 各教科の各学年の目標及び内容の一部又は全部を，当該各学年より前の各学年の目標及び内容の一部又は全部によって，替えることができること。また，道徳科の各学年の内容の一部又は全部を，当該各学年より前の学年の内容の一部又は全部によって，替えることができること。

(3) 視覚障害者，聴覚障害者，肢体不自由者又は病弱者である児童に対する教育を行う特別支援学校の小学部の外国語科については，外国語活動の目標及び内容の一部を取り入れることができること。

(4) 中学部の各教科及び道徳科の目標及び内容に関する事項の一部又は全部を，当該各教科に相当する小学部の各教科及び道徳科の目標及び内容に関する事項の一部又は全部によって，替えることができること。

(5) 中学部の外国語科については，小学部の外国語活動の目標及び内容の一部を取り入れることができること。

(6) 幼稚部教育要領に示す各領域のねらい及び内容の一部を取り入れることができること。

2　知的障害者である児童に対する教育を行う特別支援学校の小学部に就学する児童のうち，小学部の3段階に示す各教科又は外国語活動の内容を習得し目標を達成している者については，小学校学習指導要領第2章に示す各教科及び第4章に示す外国語活動の目標及び内容の一部を取り入れることができるものとする。

また，知的障害者である生徒に対する教育を行う特別支援学校の中学部の2段階に示す各教科の内容を習得し目標を達成している者については，中学校学習指導要領第2章に示す各教科の目標及び内容並びに小学校学習指導要領第2章に示す各教科及び第4章に示す外国語活動の目標及び内容の一部を取り入れることができるものとする。

3　視覚障害者，聴覚障害者，肢体不自由者又は病弱者である児童又は生徒に対する教育を行う特別支援学校に就学する児童又は生徒のうち，知的障害を併せ有する者については，各教科の目標及び内容に関する事項の一部又は全部を，当該各教科に相当する第2章第1節第2款若しくは第2節第2款に示す知的障害者である児童又は生徒に対する教育を行う特別支援学校の各教科の目標及び内容の一部又は全部によって，替えることができるものとする。また，小学部の児童については，外国語活動の目標及び内容の一部又は全部を第4章第2款に示す知的障害者である児童に対する教育を行う特別支援学校の外国語活動の目標及び内容の一部又は全部によって，替えることができるものとする。したがって，この場合，小学部の児童については，外国語科及び総合的な学習の時間を，中学部の生徒については，外国語科を設けないことがで

付録3

きるものとする。
4 重複障害者のうち，障害の状態により特に必要がある場合には，各教科，道徳科，外国語活動若しくは特別活動の目標及び内容に関する事項の一部又は各教科，外国語活動若しくは総合的な学習の時間に替えて，自立活動を主として指導を行うことができるものとする。
5 障害のため通学して教育を受けることが困難な児童又は生徒に対して，教員を派遣して教育を行う場合については，上記1から4に示すところによることができるものとする。
6 重複障害者，療養中の児童若しくは生徒又は障害のため通学して教育を受けることが困難な児童若しくは生徒に対して教員を派遣して教育を行う場合について，特に必要があるときは，実情に応じた授業時数を適切に定めるものとする。

付録3

# 小学校学習指導要領，中学校学習指導要領における障害のある幼児児童生徒の指導に関する規定（抜粋）

## ●小学校学習指導要領解説総則編の抜粋

第３章　教育課程の編成及び実施
第４節　児童の発達の支援
　２　特別な配慮を必要とする児童への指導
　　(1) 障害のある児童などへの指導
　　　① 児童の障害の状態等に応じた指導の工夫（第１章第４の２の(1)のア）

> ア　障害のある児童などについては，特別支援学校等の助言又は援助を活用しつつ，個々の児童の障害の状態等に応じた指導内容や指導方法の工夫を組織的かつ計画的に行うものとする。

　学校教育法第81条第１項では，幼稚園，小学校，中学校，高等学校等において，障害のある児童生徒等に対し，障害による学習上又は生活上の困難を克服するための教育を行うことが規定されている。

　また，我が国においては，「障害者の権利に関する条約」に掲げられている教育の理念の実現に向けて，障害のある児童の就学先決定の仕組みの改正なども踏まえ，通常の学級にも，障害のある児童のみならず，教育上特別の支援を必要とする児童が在籍している可能性があることを前提に，全ての教職員が特別支援教育の目的や意義について十分に理解することが不可欠である。

　そこで，今回の改訂では，特別支援教育に関する教育課程編成の基本的な考え方や個に応じた指導を充実させるための教育課程実施上の留意事項などが一体的に分かるよう，学習指導要領の示し方について充実を図ることとした。

　障害のある児童などには，視覚障害，聴覚障害，知的障害，肢体不自由，病弱・身体虚弱，言語障害，情緒障害，自閉症，ＬＤ（学習障害），ＡＤＨＤ（注意欠陥多動性障害）などのほか，学習面又は行動面において困難のある児童で発達障害の可能性のある者も含まれている。このような障害の種類や程度を的確に把握した上で，障害のある児童などの「困難さ」に対する「指導上の工夫の意図」を理解し，個に応じた様々な「手立て」を検討し，指導に当たっていく必要がある。また，このような考え方は学習状況の評価に当たって児童一人一人の状況をきめ細かに見取っていく際にも参考となる。その際に，小学校学習指導要領解説の各教科等編のほか，文部科学省が作成する「教育支援資料」などを参考にしながら，全ての教師が障害に関する知識や配慮等についての正しい理解と認識を深め，障害のある児童などに対する組織的な対応ができるようにしていくことが重要である。

　例えば，弱視の児童についての体育科におけるボール運動の指導や理科における観察・実験の指導，難聴や言語障害の児童についての国語科における音読の指導や音楽科における歌唱の指導，肢体不自由の児童についての体育科における実技の指導や家庭科における実習の指導，病弱・身体虚弱の児童についての図画工作科や体育科におけるアレルギー等に配慮した指導など，児童の障害の状態や特性及び心身の発達の段階等（以下，「障害の状態等」という。）に応じて個別的に特別な配慮が必要である。また，読み書きや計算などに困難があるＬＤ（学習障害）の児童についての国語科における書き取りや，算数科における筆算や暗算の指導などの際に，活動の手順を示したシートを手元に配付するなどの配慮により対応することが必要である。さらに，ＡＤＨＤ（注意欠陥多動性障害）や自閉症の児童に対して，話して伝えるだけでなく，メモや絵などを付加する指導などの配慮も必要である。

　このように障害の種類や程度を十分に理解して指導方法の工夫を行うことが大切である。

　一方，障害の種類や程度によって一律に指導内容や指導方法が決まるわけではない。特別支援教育において大切な視点は，児童一人一人の障害の状態や特性及び心身の発達の段階等（以下，「障害の状態等」という。）により，学習上又は生活上の困難が異なることに十分留意し，個々の児童の障害

の状態等に応じた指導内容や指導方法の工夫を検討し，適切な指導を行うことであると言える。

そこで，校長は，特別支援教育実施の責任者として，校内委員会を設置して，特別支援教育コーディネーターを指名し，校務分掌に明確に位置付けるなど，学校全体の特別支援教育の体制を充実させ，効果的な学校運営に努める必要がある。その際，各学校において，児童の障害の状態等に応じた指導を充実させるためには，特別支援学校等に対し専門的な助言又は援助を要請するなどして，計画的，組織的に取り組むことが重要である。

こうした点を踏まえ，各教科等の指導計画に基づく内容や方法を見通した上で，個に応じた指導内容や指導方法を計画的に検討し実施することが大切である。

さらに，障害のある児童などの指導に当たっては，担任を含む全ての教師間において，個々の児童に対する配慮等の必要性を共通理解するとともに，教師間の連携に努める必要がある。また，集団指導において，障害のある児童など一人一人の特性等に応じた必要な配慮等を行う際は，教師の理解の在り方や指導の姿勢が，学級内の児童に大きく影響することに十分留意し，学級内において温かい人間関係づくりに努めながら，「特別な支援の必要性」の理解を進め，互いの特徴を認め合い，支え合う関係を築いていくことが大切である。

なお，今回の改訂では，総則のほか，各教科等においても，「第3 指導計画の作成と内容の取扱い」に当該教科等の指導における障害のある児童などに対する学習活動を行う場合に生じる困難さに応じた指導内容や指導方法の工夫を計画的，組織的に行うことが規定されたことに留意する必要がある。

② 特別支援学級における特別の教育課程（第1章第4の2の(1)のイ）

> イ 特別支援学級において実施する特別の教育課程については，次のとおり編成するものとする。
> (ｱ) 障害による学習上又は生活上の困難を克服し自立を図るため，特別支援学校小学部・中学部学習指導要領第7章に示す自立活動を取り入れること。
> (ｲ) 児童の障害の程度や学級の実態等を考慮の上，各教科の目標や内容を下学年の教科の目標や内容に替えたり，各教科を，知的障害者である児童に対する教育を行う特別支援学校の各教科に替えたりするなどして，実態に応じた教育課程を編成すること。

特別支援学級は，学校教育法第81条第2項の規定による，知的障害者，肢体不自由者，身体虚弱者，弱視者，難聴者，その他障害のある者で，特別支援学級において教育を行うことが適当なものである児童を対象とする学級であるとともに，小学校の学級の一つであり，学校教育法に定める小学校の目的及び目標を達成するものでなければならない。

ただし，対象となる児童の障害の種類や程度等によっては，障害のない児童に対する教育課程をそのまま適用することが必ずしも適当でない場合があることから，学校教育法施行規則第138条では，「小学校，中学校若しくは義務教育学校又は中等教育学校の前期課程における特別支援学級に係る教育課程については，特に必要がある場合は，第50条第1項，第51条，第52条，第52条の3，第72条，第73条，第74条，第74条の3，第76条，第79条の5及び第107条の規定にかかわらず，特別の教育課程によることができる。」と規定している。

今回の改訂では，特別支援学級において実施する特別の教育課程の編成に係る基本的な考え方について新たに示した。

(ｱ)では，児童が自立を目指し，障害による学習上又は生活上の困難を主体的に改善・克服するために必要な知識及び技能，態度及び習慣を養い，もって心身の調和的発達の基盤を培うことをねらいとした，特別支援学校小学部・中学部学習指導要領第7章に示す自立活動を取り入れることを規定している。特別支援学校小学部・中学部学習指導要領では，自立活動の内容として，「健康の保持」，「心理的な安定」，「人間関係の形成」，「環境の把握」，「身体の動き」及び「コミュニケーション」の六つの区分の下に27項目を設けている。自立活動の内容は，各教科等のようにその全てを取り扱うもの

ではなく，個々の児童の障害の状態等の的確な把握に基づき，障害による学習上又は生活上の困難を主体的に改善・克服するために必要な項目を選定して取り扱うものである。よって，児童一人一人に個別の指導計画を作成し，それに基づいて指導を展開する必要がある。

個別の指導計画の作成の手順や様式は，それぞれの学校が児童の障害の状態，発達や経験の程度，興味・関心，生活や学習環境などの実態を的確に把握し，自立活動の指導の効果が最もあがるように考えるべきものである。したがって，ここでは，手順の一例を示すこととする。

(手順の一例)
a 個々の児童の実態を的確に把握する。
b 実態把握に基づいて得られた指導すべき課題や課題相互の関連を整理する。
c 個々の実態に即した指導目標を設定する。
d 特別支援学校小学部・中学部学習指導要領第7章第2の内容から，個々の児童の指導目標を達成させるために必要な項目を選定する。
e 選定した項目を相互に関連付けて具体的な指導内容を設定する。

今回の改訂を踏まえ，自立活動における個別の指導計画の作成について更に理解を促すため，「特別支援学校学習指導要領解説　自立活動編」においては，上記の各過程において，どのような観点で整理していくか，発達障害を含む多様な障害に対する児童等の例を充実し解説しているので参照することも大切である。

(イ)では，学級の実態や児童の障害の状態等を考慮の上，特別支援学校小学部・中学部学習指導要領第1章の第8節「重複障害者等に関する教育課程の取扱い」を参考にし，各教科の目標や内容を下学年の教科の目標に替えたり，学校教育法施行規則第126条の2を参考にし，各教科を，知的障害者である児童に対する教育を行う特別支援学校の各教科に替えたりするなどして，実態に応じた教育課程を編成することを規定した。

これらの特別の教育課程に関する規定を参考にする際には，特別支援学級は，小学校の学級の一つであり，通常の学級と同様，第1章総則第1の1の目標を達成するために，第2章以下に示す各教科，道徳科，外国語活動及び特別活動の内容に関する事項は，特に示す場合を除き，いずれの学校においても取り扱うことが前提となっていることを踏まえる必要がある。その上で，なぜ，その規定を参考にするということを選択したのか，保護者等に対する説明責任を果たしたり，指導の継続性を担保したりする観点から，理由を明らかにしながら教育課程の編成を工夫することが大切であり，教育課程を評価し改善する上でも重要である。ここでは，知的障害者である児童の実態に応じた各教科の目標を設定するための手続きの例を示すこととする。

(各教科の目標設定に至る手続きの例)
a 小学校学習指導要領の第2章各教科に示されている目標及び内容について，次の手順で児童の習得状況や既習事項を確認する。
　・当該学年の各教科の目標及び内容について
　・当該学年より前の各学年の各教科の目標及び内容について
b aの学習が困難又は不可能な場合，特別支援学校小学部・中学部学習指導要領の第2章第2款第1に示されている知的障害者である児童を教育する特別支援学校小学部の各教科の目標及び内容についての取扱いを検討する。
c 児童の習得状況や既習事項を踏まえ，小学校卒業までに育成を目指す資質・能力を検討し，在学期間に提供すべき教育内容を十分見極める。
d 各教科の目標及び内容の系統性を踏まえ，教育課程を編成する。

なお，特別支援学級について，特別の教育課程を編成する場合であって，文部科学大臣の検定を経

た教科用図書を使用することが適当でない場合には，当該特別支援学級を置く学校の設置者の定めるところにより，他の適切な教科用図書を使用することができるようになっている（学校教育法施行規則第139条）。

③ 通級による指導における特別の教育課程（第1章第4の2の(1)のウ）

> ウ 障害のある児童に対して，通級による指導を行い，特別の教育課程を編成する場合には，特別支援学校小学部・中学部学習指導要領第7章に示す自立活動の内容を参考とし，具体的な目標や内容を定め，指導を行うものとする。その際，効果的な指導が行われるよう，各教科等と通級による指導との関連を図るなど，教師間の連携に努めるものとする。

通級による指導は，小学校の通常の学級に在籍している障害のある児童に対して，各教科等の大部分の授業を通常の学級で行いながら，一部の授業について当該児童の障害に応じた特別の指導を特別の指導の場（通級指導教室）で行う教育形態である。

通級による指導の対象となる者は，学校教育法施行規則第140条各号の一に該当する児童（特別支援学級の児童を除く。）で，具体的には，言語障害者，自閉症者，情緒障害者，弱視者，難聴者，学習障害者，注意欠陥多動性障害者，肢体不自由者，病弱者及び身体虚弱者である。

通級による指導を行う場合には，学校教育法施行規則第50条第1項（第79条の6第1項において準用する場合を含む。），第51条，第52条（第79条の6第1項において準用する場合を含む。），第52条の3，第72条（第79条の6第2項及び第108条第1項において準用する場合を含む。），第73条，第74条（第79条の6第2項及び第108条第1項において準用する場合を含む。），第74条の3，第76条，第79条の5（第79条の12において準用する場合を含む。），第83条及び第84条（第108条第2項において準用する場合を含む。）並びに第107条（第117条において準用する場合を含む。）の規定にかかわらず，特別の教育課程によることができ，障害による特別の指導を，小学校の教育課程に加え，又は，その一部に替えることができる（学校教育法施行規則第140条，平成5年文部省告示第7号，平成18年文部科学省告示第54号，平成19年文部科学省告示第146号，平成28年文部科学省告示第176号）。

今回の改訂では，通級による指導を行い，特別の教育課程を編成する場合について，「特別支援学校小学部・中学部学習指導要領第7章に示す自立活動の内容を参考とし，具体的な目標や内容を定め，指導を行うものとする。」という規定が新たに加わった。したがって，指導に当たっては，特別支援学校小学部・中学部学習指導要領第7章に示す自立活動の6区分27項目の内容を参考とし，上記本解説第3章第4節の2(1)②で述べたとおり，児童一人一人に，障害の状態等の的確な把握に基づいた自立活動における個別の指導計画を作成し，具体的な指導目標や指導内容を定め，それに基づいて指導を展開する必要がある。

なお，「学校教育法施行規則第140条の規定による特別の教育課程について定める件の一部を改正する告示」（平成28年文部科学省告示第176条）において，それまで「特に必要があるときは，障害の状態に応じて各教科の内容を補充するための特別の指導を含むものとする。」と規定されていた趣旨が，単に各教科の学習の遅れを取り戻すための指導など，通級による指導とは異なる目的で指導を行うことができると解釈されることのないよう「特に必要があるときは，障害の状態に応じて各教科の内容を取り扱いながら行うことができる」と改正された。つまり，通級による指導の内容について，各教科の内容を取り扱う場合であっても，障害による学習上又は生活上の困難の改善又は克服を目的とする指導であるとの位置付けが明確化されたところである。

通級による指導に係る授業時数は，年間35単位時間から280単位時間までを標準としているほか，学習障害者及び注意欠陥多動性障害者については，年間10単位時間から280単位時間までを標準としている。

また,「その際,効果的な指導が行われるよう,各教科等と通級による指導との関連を図るなど,教師間の連携に努めるものとする。」とは,児童が在籍する通常の学級の担任と通級による指導の担当教師とが随時,学習の進捗状況等について情報交換を行うとともに,通級による指導の効果が,通常の学級においても波及することを目指していくことが重要である。

　児童が在籍校以外の小学校又は特別支援学校の小学部において特別の指導を受ける場合には,当該児童が在籍する小学校の校長は,これら他校で受けた指導を,特別の教育課程に係る授業とみなすことができる(学校教育法施行規則第141条)。このように児童が他校において指導を受ける場合には,当該児童が在籍する小学校の校長は,当該特別の指導を行う学校の校長と十分協議の上で,教育課程を編成するとともに,定期的に情報交換を行うなど,学校間及び担当教師間の連携を密に教育課程の編成,実施,評価,改善を行っていく必要がある。

　なお,公立義務教育諸学校の学級編制及び教職員定数の標準に関する法律の一部改正(平成29年3月)により,通級による指導のための基礎定数が新設され,指導体制の充実が図られている。

④　個別の教育支援計画や個別の指導計画の作成と活用(第1章第4の2の(1)のエ)

> エ　障害のある児童などについては,家庭,地域及び医療や福祉,保健,労働等の業務を行う関係機関との連携を図り,長期的な視点で児童への教育的支援を行うために,個別の教育支援計画を作成し活用することに努めるとともに,各教科等の指導に当たって,個々の児童の実態を的確に把握し,個別の指導計画を作成し活用することに努めるものとする。特に,特別支援学級に在籍する児童や通級による指導を受ける児童については,個々の児童の実態を的確に把握し,個別の教育支援計画や個別の指導計画を作成し,効果的に活用するものとする。

　個別の教育支援計画及び個別の指導計画は,障害のある児童など一人一人に対するきめ細やかな指導や支援を組織的・継続的かつ計画的に行うために重要な役割を担っている。

　今回の改訂では,特別支援学級に在籍する児童や通級による指導を受ける児童に対する二つの計画の作成と活用について,これまでの実績を踏まえ,全員について作成することとした。

　また,通常の学級においては障害のある児童などが在籍している。このため,通級による指導を受けていない障害のある児童などの指導に当たっては,個別の教育支援計画及び個別の指導計画を作成し,活用に努めることとした。

　そこで,個別の教育支援計画及び個別の指導計画について,それぞれの意義,位置付け及び作成や活用上の留意点などについて示す。

① 個別の教育支援計画

　平成15年度から実施された障害者基本計画においては,教育,医療,福祉,労働等の関係機関が連携・協力を図り,障害のある児童の生涯にわたる継続的な支援体制を整え,それぞれの年代における児童の望ましい成長を促すため,個別の支援計画を作成することが示された。この個別の支援計画のうち,幼児児童生徒に対して,教育機関が中心となって作成するものを,個別の教育支援計画という。

　障害のある児童などは,学校生活だけでなく家庭生活や地域での生活を含め,長期的な視点で幼児期から学校卒業後までの一貫した支援を行うことが重要である。このため,教育関係者のみならず,家庭や医療,福祉などの関係機関と連携するため,それぞれの側面からの取組を示した個別の教育支援計画を作成し活用していくことが考えられる。具体的には,障害のある児童などが生活の中で遭遇する制約や困難を改善・克服するために,本人及び保護者の意向や将来の希望などを踏まえ,在籍校のみならず,例えば,家庭,医療機関における療育事業及び福祉機関における児童発達支援事業において,実際にどのような支援が必要で可能であるか,支援の目標を立て,それぞれが

提供する支援の内容を具体的に記述し，支援の内容を整理したり，関連付けたりするなど関係機関の役割を明確にすることとなる。

このように，個別の教育支援計画の作成を通して，児童に対する支援の目標を長期的な視点から設定することは，学校が教育課程の編成の基本的な方針を明らかにする際，全教職員が共通理解をすべき大切な情報となる。また，在籍校において提供される教育的支援の内容については，教科等横断的な視点から個々の児童の障害の状態等に応じた指導内容や指導方法の工夫を検討する際の情報として個別の指導計画に生かしていくことが重要である。

個別の教育支援計画の活用に当たっては，例えば，就学前に作成される個別の支援計画を引き継ぎ，適切な支援の目的や教育的支援の内容を設定したり，進路先に在学中の支援の目的や教育的支援の内容を伝えたりするなど，就学前から就学時，そして進学先まで，切れ目ない支援に生かすことが大切である。その際，個別の教育支援計画には，多くの関係者が関与することから，保護者の同意を事前に得るなど個人情報の適切な取扱いに十分留意することが必要である。

② 個別の指導計画

個別の指導計画は，個々の児童の実態に応じて適切な指導を行うために学校で作成されるものである。個別の指導計画は，教育課程を具体化し，障害のある児童など一人一人の指導目標，指導内容及び指導方法を明確にして，きめ細やかに指導するために作成するものである。

今回の改訂では，総則のほか，各教科等の指導において，「第3　指導計画の作成と内容の取扱い」として，当該教科等の指導における障害のある児童などに対する学習活動を行う場合に生じる困難さに応じた指導内容や指導方法の工夫を計画的，組織的に行うことが規定された。このことを踏まえ，通常の学級に在籍する障害のある児童等の各教科等の指導に当たっては，適切かつ具体的な個別の指導計画の作成に努める必要がある。

特別支援学級における各教科等の指導に当たっては，適切かつ具体的な個別の指導計画を作成するものとする。また，各教科の一部又は全部を，知的障害者である児童に対する教育を行う特別支援学校の各教科に替えた場合，知的障害者である児童に対する教育を行う特別支援学校の各教科の各段階の目標及び内容を基にして，個別の指導計画に基づき，一人一人の実態等に応じた具体的な指導目標及び指導内容を設定することが必要である。

なお，通級による指導において，特に，他校において通級による指導を受ける場合には，学校間及び担当教師間の連携の在り方を工夫し，個別の指導計画に基づく評価や情報交換等が円滑に行われるよう配慮する必要がある。

各学校においては，個別の教育支援計画と個別の指導計画を作成する目的や活用の仕方に違いがあることに留意し，二つの計画の位置付けや作成の手続きなどを整理し，共通理解を図ることが必要である。また，個別の教育支援計画及び個別の指導計画については，実施状況を適宜評価し改善を図っていくことも不可欠である。

こうした個別の教育支援計画と個別の指導計画の作成・活用システムを校内で構築していくためには，障害のある児童などを担任する教師や特別支援教育コーディネーターだけに任せるのではなく，全ての教師の理解と協力が必要である。学校運営上の特別支援教育の位置付けを明確にし，学校組織の中で担任する教師が孤立することのないよう留意する必要がある。このためには，校長のリーダーシップのもと，学校全体の協力体制づくりを進めたり，全ての教師が二つの計画についての正しい理解と認識を深めたりして，教師間の連携に努めていく必要がある。

● 中学校学習指導要領解説総則編の抜粋

第3章　教育課程の編成及び実施
第4節　生徒の発達の支援
 2　特別な配慮を必要とする生徒への指導
　(1)　障害のある生徒などへの指導
　　①　生徒の障害の状態等に応じた指導の工夫（第1章第4の2の(1)のア）

> ア　障害のある生徒などについては，特別支援学校等の助言又は援助を活用しつつ，個々の生徒の障害の状態等に応じた指導内容や指導方法の工夫を組織的かつ計画的に行うものとする。

　学校教育法第81条第1項では，幼稚園，小学校，中学校，高等学校等において，障害のある生徒等に対し，障害による学習上又は生活上の困難を克服するための教育を行うことが規定されている。
　また，我が国においては，「障害者の権利に関する条約」に掲げられている教育の理念の実現に向けて，障害のある生徒の就学先決定の仕組みの改正なども踏まえ，通常の学級にも，障害のある生徒のみならず，教育上特別の支援を必要とする生徒が在籍している可能性があることを前提に，全ての教職員が特別支援教育の目的や意義について十分に理解することが不可欠である。
　そこで，今回の改訂では，特別支援教育に関する教育課程編成の基本的な考え方や個に応じた指導を充実させるための教育課程実施上の留意事項などが一体的に分かるよう，学習指導要領の示し方について充実を図ることとした。
　障害のある生徒などには，視覚障害，聴覚障害，知的障害，肢体不自由，病弱・身体虚弱，言語障害，情緒障害，自閉症，ＬＤ（学習障害），ＡＤＨＤ（注意欠陥多動性障害）などのほか，学習面又は行動面において困難のある生徒で発達障害の可能性のある者も含まれている。このような障害の種類や程度を的確に把握した上で，障害のある生徒などの「困難さ」に対する「指導上の工夫の意図」を理解し，個に応じた様々な「手立て」を検討し，指導に当たっていく必要がある。また，このような考え方は学習状況の評価に当たって生徒一人一人の状況をきめ細かに見取っていく際にも参考となる。その際に，中学校学習指導要領解説の各教科等編のほか，文部科学省が作成する「教育支援資料」などを参考にしながら，全ての教師が障害に関する知識や配慮等についての正しい理解と認識を深め，障害のある生徒などに対する組織的な対応ができるようにしていくことが重要である。
　例えば，弱視の生徒についての保健体育科におけるボール運動の指導や理科における観察・実験の指導，難聴や言語障害の生徒についての国語科における音読の指導や音楽科における歌唱の指導，肢体不自由の生徒についての保健体育科における実技の指導や家庭科における実習の指導，病弱・身体虚弱の生徒についての美術科や保健体育科におけるアレルギー等に配慮した指導など，生徒の障害の状態や特性及び心身の発達の段階等（以下「障害の状態等」という。）に応じて個別的に特別な配慮が必要である。また，読み書きや計算などに困難があるＬＤ（学習障害）の生徒についての国語科における書くことに関する指導や，数学科における計算の指導など，教師の適切な配慮により対応することが必要である。さらに，ＡＤＨＤ（注意欠陥多動性障害）や自閉症の生徒に対して，話して伝えるだけでなく，メモや絵などを付加する指導などの配慮も必要である。
　このように障害の種類や程度を十分に理解して指導方法の工夫を行うことが大切である。
　一方，障害の種類や程度によって一律に指導内容や指導方法が決まるわけではない。特別支援教育において大切な視点は，生徒一人一人の障害の状態等により，学習上又は生活上の困難が異なることに十分留意し，個々の生徒の障害の状態等に応じた指導内容や指導方法の工夫を検討し，適切な指導を行うことであると言える。
　そこで，校長は，特別支援教育実施の責任者として，校内委員会を設置して，特別支援教育コーディ

付録4

ネーターを指名し，校務分掌に明確に位置付けるなど，学校全体の特別支援教育の体制を充実させ，効果的な学校運営に努める必要がある。その際，各学校において，生徒の障害の状態等に応じた指導を充実させるためには，特別支援学校等に対し専門的な助言又は援助を要請するなどして，計画的，組織的に取り組むことが重要である。

こうした点を踏まえ，各教科等の指導計画に基づく内容や方法を見通した上で，個に応じた指導内容や指導方法を計画的に検討し実施することが大切である。

さらに，障害のある生徒などの指導に当たっては，担任を含む全ての教師間において，個々の生徒に対する配慮等の必要性を共通理解するとともに，教師間の連携に努める必要がある。また，集団指導において，障害のある生徒など一人一人の特性等に応じた必要な配慮等を行う際は，教師の理解の在り方や指導の姿勢が，学級内の生徒に大きく影響することに十分留意し，学級内において温かい人間関係づくりに努めながら，全ての生徒に「特別な支援の必要性」の理解を進め，互いの特徴を認め合い，支え合う関係を築いていくことが大切である。

なお，今回の改訂では，総則のほか，各教科等においても，「第3 指導計画の作成と内容の取扱い」に当該教科等の指導における障害のある生徒などに対する学習活動を行う場合に生じる困難さに応じた指導内容や指導方法の工夫を計画的，組織的に行うことが規定されたことに留意する必要がある。

② 特別支援学級における特別の教育課程（第1章第4の2の(1)のイ）

> イ 特別支援学級において実施する特別の教育課程については，次のとおり編成するものとする。
> (ｱ) 障害による学習上又は生活上の困難を克服し自立を図るため，特別支援学校小学部・中学部学習指導要領第7章に示す自立活動を取り入れること。
> (ｲ) 生徒の障害の程度や学級の実態等を考慮の上，各教科の目標や内容を下学年の教科の目標や内容に替えたり，各教科を，知的障害者である生徒に対する教育を行う特別支援学校の各教科に替えたりするなどして，実態に応じた教育課程を編成すること。

特別支援学級は，学校教育法第81条第2項の規定による，知的障害者，肢体不自由者，身体虚弱者，弱視者，難聴者，その他障害のある者で，特別支援学級において教育を行うことが適当なものである生徒を対象とする学級であるとともに，中学校の学級の一つであり，学校教育法に定める中学校の目的及び目標を達成するものでなければならない。

ただし，対象となる生徒の障害の種類や程度等によっては，障害のない生徒に対する教育課程をそのまま適用することが必ずしも適当でない場合があることから，学校教育法施行規則第138条では，「小学校，中学校若しくは義務教育学校又は中等教育学校の前期課程における特別支援学級に係る教育課程については，特に必要がある場合は，第50条第1項，第51条，第52条，第52条の3，第72条，第73条，第74条，第74条の3，第76条，第79条の5及び第107条の規定にかかわらず，特別の教育課程によることができる。」と規定している。

今回の改訂では，特別支援学級において実施する特別の教育課程の編成に係る基本的な考え方について新たに示した。

(ｱ)では，生徒が自立を目指し，障害による学習上又は生活上の困難を主体的に改善・克服するために必要な知識及び技能，態度及び習慣を養い，もって心身の調和的発達の基盤を培うことをねらいとした，特別支援学校小学部・中学部学習指導要領第7章に示す自立活動を取り入れることを規定している。特別支援学校小学部・中学部学習指導要領では，自立活動の内容として，「健康の保持」，「心理的な安定」，「人間関係の形成」，「環境の把握」，「身体の動き」及び「コミュニケーション」の六つの区分の下に27項目を設けている。自立活動の内容は，各教科等のようにその全てを取り扱うものではなく，個々の生徒の障害の状態等の的確な把握に基づき，障害による学習上又は生活上の困難を

主体的に改善・克服するために必要な項目を選定して取り扱うものである。よって，生徒一人一人に個別の指導計画を作成し，それに基づいて指導を展開する必要がある。

　個別の指導計画の作成の手順や様式は，それぞれの学校が生徒の障害の状態，発達や経験の程度，興味・関心，生活や学習環境などの実態を的確に把握し，自立活動の指導の効果が最もあがるように考えるべきものである。したがって，ここでは，手順の一例を示すこととする。

> （手順の一例）
> a 個々の生徒の実態を的確に把握する。
> b 実態把握に基づいて得られた指導すべき課題や課題相互の関連を整理する。
> c 個々の実態に即した指導目標を設定する。
> d 特別支援学校小学部・中学部学習指導要領第7章第2の内容から，個々の生徒の指導目標を達成させるために必要な項目を選定する。
> e 選定した項目を相互に関連付けて具体的な指導内容を設定する。

　今回の改訂を踏まえ，自立活動における個別の指導計画の作成について更に理解を促すため，「特別支援学校学習指導要領解説　自立活動編」においては，上記の各過程において，どのような観点で整理していくか，発達障害を含む多様な障害に対する生徒等の例を充実し解説しているので参照することも大切である。

　(イ)では，学級の実態や生徒の障害の状態等を考慮の上，特別支援学校小学部・中学部学習指導要領第1章の第8節「重複障害者等に関する教育課程の取扱い」を参考にし，各教科の目標や内容を下学年の教科の目標に替えたり，学校教育法施行規則第126条の2を参考にし，各教科を，知的障害者である生徒に対する教育を行う特別支援学校の各教科に替えたりするなどして，実態に応じた教育課程を編成することを規定した。

　これらの特別の教育課程に関する規定を参考にする際には，特別支援学級は，中学校の学級の一つであり，通常の学級と同様，第1章総則第1の1の目標を達成するために，第2章以下に示す各教科，道徳科及び特別活動の内容に関する事項は，特に示す場合を除き，いずれの学校においても取り扱うことが前提となっていることを踏まえる必要がある。その上で，なぜ，その規定を参考にするということを選択したのか，保護者等に対する説明責任を果たしたり，指導の継続性を担保したりする観点から，理由を明らかにしながら教育課程の編成を工夫することが大切であり，教育課程を評価し改善する上でも重要である。ここでは，知的障害者である生徒の実態に応じた各教科の目標を設定するための手続きの例を示すこととする。

> （各教科の目標設定に至る手続きの例）
> a 中学校学習指導要領の第2章各教科に示されている目標及び内容について，次の手順で生徒の習得状況や既習事項を確認する。
> ・当該学年の各教科の目標及び内容について
> ・当該学年より前の各学年の各教科の目標及び内容について
> b aの学習が困難又は不可能な場合，特別支援学校小学部・中学部学習指導要領の第2章第2節第2款第1に示されている知的障害者である生徒を教育する特別支援学校中学部の各教科の目標及び内容についての取扱いを検討する。
> c 生徒の習得状況や既習事項を踏まえ，中学校卒業までに育成を目指す資質・能力を検討し，在学期間に提供すべき教育内容を十分見極める。
> d 各教科の目標及び内容の系統性を踏まえ，教育課程を編成する。

　なお，特別支援学級について，特別の教育課程を編成する場合であって，文部科学大臣の検定を経た教科用図書を使用することが適当でない場合には，当該特別支援学級を置く学校の設置者の定める

付録4

ところにより，他の適切な教科用図書を使用することができるようになっている（学校教育法施行規則第139条）。

③ 通級による指導における特別の教育課程（第1章第4の2の(1)のウ）

> ウ 障害のある生徒に対して，通級による指導を行い，特別の教育課程を編成する場合には，特別支援学校小学部・中学部学習指導要領第7章に示す自立活動の内容を参考とし，具体的な目標や内容を定め，指導を行うものとする。その際，効果的な指導が行われるよう，各教科等と通級による指導との関連を図るなど，教師間の連携に努めるものとする。

通級による指導は，中学校の通常の学級に在籍している障害のある生徒に対して，各教科等の大部分の授業を通常の学級で行いながら，一部の授業について当該生徒の障害に応じた特別の指導を特別の指導の場（通級指導教室）で行う教育形態である。

通級による指導の対象となる者は，学校教育法施行規則第140条各号の一に該当する生徒（特別支援学級の生徒を除く。）で，具体的には，言語障害者，自閉症者，情緒障害者，弱視者，難聴者，学習障害者，注意欠陥多動性障害者，肢体不自由者，病弱者及び身体虚弱者である。

通級による指導を行う場合には，学校教育法施行規則第50条第1項（第79条の6第1項において準用する場合を含む。），第51条，第52条（第79条の6第1項において準用する場合を含む。），第52条の3，第72条（第79条の6第2項及び第108条第1項において準用する場合を含む。），第73条，第74条（第79条の6第2項及び第108条第1項において準用する場合を含む。），第74条の3，第76条，第79条の5（第79条の12において準用する場合を含む。），第83条及び第84条（第108条第2項において準用する場合を含む。）並びに第107条（第117条において準用する場合を含む。）の規定にかかわらず，特別の教育課程によることができ，障害による特別の指導を，中学校の教育課程に加え，又は，その一部に替えることができる（学校教育法施行規則第140条，平成5年文部省告示第7号，平成18年文部科学省告示第54号，平成19年文部科学省告示第146号，平成28年文部科学省告示第176号）。

今回の改訂では，通級による指導を行い，特別の教育課程を編成する場合について，「特別支援学校小学部・中学部学習指導要領第7章に示す自立活動の内容を参考とし，具体的な目標や内容を定め，指導を行うものとする。」という規定が新たに加わった。したがって，指導に当たっては，特別支援学校小学部・中学部学習指導要領第7章に示す自立活動の6区分27項目の内容を参考とし，本解説第3章第4節の2(1)②で述べたとおり，生徒一人一人に，障害の状態等の的確な把握に基づいた自立活動における個別の指導計画を作成し，具体的な指導目標や指導内容を定め，それに基づいて指導を展開する必要がある。

なお，「学校教育法施行規則第140条の規定による特別の教育課程について定める件の一部を改正する告示」（平成28年文部科学省告示第176号）において，それまで「特に必要があるときは，障害の状態に応じて各教科の内容を補充するための特別の指導を含むものとする。」と規定されていた趣旨が，障害による学習上又は生活上の困難の克服とは直接関係のない単なる各教科の補充指導が行えるとの誤解を招いているという指摘がなされていたことから，当該規定を削除した。そして，「特に必要があるときは，障害の状態に応じて各教科の内容を取り扱いながら行うことができる」と改正された。つまり，通級による指導の内容について，各教科の内容を取り扱う場合であっても，障害による学習上又は生活上の困難の改善又は克服を目的とする指導であるとの位置付けが明確化されたところである。

通級による指導に係る授業時数は，年間35単位時間から280単位時間までを標準としているほか，学習障害者及び注意欠陥多動性障害者については，年間10単位時間から280単位時間までを標準としている。

また,「その際,効果的な指導が行われるよう,各教科等と通級による指導との関連を図るなど,教師間の連携に努めるものとする。」とは,生徒が在籍する通常の学級の担任と通級による指導の担当教師とが随時,学習の進捗状況等について情報交換を行うとともに,通級による指導の効果が,通常の学級においても波及することを目指していくことが重要である。

生徒が在籍校以外の中学校又は特別支援学校の中学部において特別の指導を受ける場合には,当該生徒が在籍する中学校の校長は,これら他校で受けた指導を,特別の教育課程に係る授業とみなすことができる(学校教育法施行規則第141条)。このように生徒が他校において指導を受ける場合には,当該生徒が在籍する中学校の校長は,当該特別の指導を行う学校の校長と十分協議の上で,教育課程を編成するとともに,定期的に情報交換を行うなど,学校間及び担当教師間の連携を密に教育課程の編成,実施,評価,改善を行っていく必要がある。

なお,公立義務教育諸学校の学級編制及び教職員定数の標準に関する法律の一部改正(平成29年3月)により,通級による指導のための基礎定数が新設され,指導体制の充実が図られている。

④ 個別の教育支援計画や個別の指導計画の作成と活用(第1章第4の2の(1)のエ)

> エ 障害のある生徒などについては,家庭,地域及び医療や福祉,保健,労働等の業務を行う関係機関との連携を図り,長期的な視点で生徒への教育的支援を行うために,個別の教育支援計画を作成し活用することに努めるとともに,各教科等の指導に当たって,個々の生徒の実態を的確に把握し,個別の指導計画を作成し活用することに努めるものとする。特に,特別支援学級に在籍する生徒や通級による指導を受ける生徒については,個々の生徒の実態を的確に把握し,個別の教育支援計画や個別の指導計画を作成し,効果的に活用するものとする。

個別の教育支援計画及び個別の指導計画は,障害のある生徒など一人一人に対するきめ細やかな指導や支援を組織的・継続的かつ計画的に行うために重要な役割を担っている。

今回の改訂では,特別支援学級に在籍する生徒や通級による指導を受ける生徒に対する二つの計画の作成と活用について,これまでの実績を踏まえ,全員作成することとした。

また,通常の学級においては障害のある生徒などが在籍している。このため,通級による指導を受けていない障害のある生徒などの指導に当たっては,個別の教育支援計画及び個別の指導計画を作成し,活用に努めることとした。

そこで,個別の教育支援計画及び個別の指導計画について,それぞれの意義,位置付け及び作成や活用上の留意点などについて示す。

① 個別の教育支援計画

平成15年度から実施された障害者基本計画においては,教育,医療,福祉,労働等の関係機関が連携・協力を図り,障害のある生徒の生涯にわたる継続的な支援体制を整え,それぞれの年代における生徒の望ましい成長を促すため,個別の支援計画を作成することが示された。この個別の支援計画のうち,幼児児童生徒に対して,教育機関が中心となって作成するものを,個別の教育支援計画という。

障害のある生徒などは,学校生活だけでなく家庭生活や地域での生活を含め,長期的な視点で幼児期から学校卒業後までの一貫した支援を行うことが重要である。このため,教育関係者のみならず,家庭や医療,福祉などの関係機関と連携するため,それぞれの側面からの取組を示した個別の教育支援計画を作成し活用していくことが考えられる。具体的には,障害のある生徒などが生活の中で遭遇する制約や困難を改善・克服するために,本人及び保護者の願いや将来の希望などを踏まえ,在籍校のみならず,例えば,家庭,医療機関における療育事業及び福祉機関における生徒発達支援事業において,実際にどのような支援が必要で可能であるか,支援の目標を立て,それぞれが提供する支援の

付録4

内容を具体的に記述し，支援の内容を整理したり，関連付けたりするなど関係機関の役割を明確にすることとなる。

このように，個別の教育支援計画の作成を通して，生徒に対する支援の目標を長期的な視点から設定することは，学校が教育課程の編成の基本的な方針を明らかにする際，全教職員が共通理解をすべき大切な情報となる。また，在籍校において提供される教育的支援の内容については，教科等横断的な視点から個々の生徒の障害の状態等に応じた指導内容や指導方法の工夫を検討する際の情報として個別の指導計画に生かしていくことが重要である。

個別の教育支援計画の活用に当たっては，例えば，就学前に作成される個別の支援計画を引き継ぎ，適切な支援の目的や教育的支援の内容を設定したり，進路先に在学中の支援の目的や教育的支援の内容を伝えたりするなど，就学前から就学時，そして進学先まで，切れ目ない支援に生かすことが大切である。その際，個別の教育支援計画には，多くの関係者が関与することから，保護者の同意を事前に得るなど個人情報の適切な取扱いと保護に十分留意することが必要である。

② 個別の指導計画

個別の指導計画は，個々の生徒の実態に応じて適切な指導を行うために学校で作成されるものである。個別の指導計画は，教育課程を具体化し，障害のある生徒など一人一人の指導目標，指導内容及び指導方法を明確にして，きめ細やかに指導するために作成するものである。

今回の改訂では，総則のほか，各教科等の指導において，「第3 指導計画の作成と内容の取扱い」として，当該教科等の指導における障害のある生徒などに対する学習活動を行う場合に生じる困難さに応じた指導内容や指導方法の工夫を計画的，組織的に行うことが規定された。このことを踏まえ，通常の学級に在籍する障害のある生徒等の各教科等の指導に当たっては，適切かつ具体的な個別の指導計画の作成に努める必要がある。

特別支援学級における各教科等の指導に当たっては，適切かつ具体的な個別の指導計画を作成するものとする。また，各教科の一部又は全部を，知的障害者である生徒に対する教育を行う特別支援学校の各教科に替えた場合，知的障害者である生徒に対する教育を行う特別支援学校の各教科の各段階の目標及び内容を基にして，個別の指導計画に基づき，一人一人の実態等に応じた具体的な指導目標及び指導内容を設定することが必要である。

なお，通級による指導において，特に，他校において通級による指導を受ける場合には，学校間及び担当教師間の連携の在り方を工夫し，個別の指導計画に基づく評価や情報交換等が円滑に行われるよう配慮する必要がある。

各学校においては，個別の教育支援計画と個別の指導計画を作成する目的や活用の仕方に違いがあることに留意し，二つの計画の位置付けや作成の手続きなどを整理し，共通理解を図ることが必要である。また，個別の教育支援計画及び個別の指導計画については，実施状況を適宜評価し改善を図っていくことも不可欠である。

こうした個別の教育支援計画と個別の指導計画の作成・活用システムを校内で構築していくためには，障害のある生徒などを担任する教師や特別支援教育コーディネーターだけに任せるのではなく，全ての教師の理解と協力が必要である。学校運営上の特別支援教育の位置付けを明確にし，学校組織の中で担任する教師が孤立することのないよう留意する必要がある。このためには，校長のリーダーシップのもと，学校全体の協力体制づくりを進めたり，全ての教師が二つの計画についての正しい理解と認識を深めたりして，教師間の連携に努めていく必要がある。

学習指導要領等の改善に係る検討に必要な専門的作業等協力者
(敬称略・五十音順)

※職名は平成30年1月現在

(総括)
宍戸　和成　　独立行政法人国立特別支援教育総合研究所理事長
古川　勝也　　西九州大学教授

(幼稚部教育要領)
安部　博志　　筑波大学附属大塚特別支援学校主幹教諭
藤岡　久美　　兵庫県立神戸聴覚特別支援学校主幹教諭

(小学部・中学部学習指導要領の総則等)
飯野　　明　　山形県教育庁企画専門員
一木　　薫　　福岡教育大学教授
松見　和樹　　千葉県教育庁指導主事

(知的障害者である児童生徒に対する教育を行う特別支援学校の各教科)
(生活)
北井　美智代　奈良県立教育研究所指導主事
田中　秀明　　鳥取県立白兎養護学校教諭
福永　　顕　　東京都立青山特別支援学校主幹教諭
村上　直也　　岡山県教育庁指導主事
(国語)
上仮屋　祐介　鹿児島大学教育学部附属特別支援学校教諭
田丸　秋穂　　筑波大学附属桐が丘特別支援学校教諭
林　麻佐美　　神奈川県立足柄高等学校教頭
樋口　普美子　埼玉県和光市教育委員会学校教育課課長補佐
(算数・数学)
相坂　　潤　　青森県総合学校教育センター指導主事
有澤　直人　　東京都江戸川区立本一色小学校指導教諭
髙橋　　玲　　群馬県教育委員会特別支援教育課補佐
堀内　厚子　　千葉県総合教育センター研究指導主事
(社会)
尾高　邦生　　東京学芸大学附属特別支援学校教諭
黒川　利香　　仙台市教育センター指導主事
増田　謙太郎　東京都北区教育委員会指導主事
(理科)
齋藤　　豊　　筑波大学附属桐が丘特別支援学校中学部主事
原島　広樹　　東京都教育庁統括指導主事
茂原　伸也　　千葉県立桜が丘特別支援学校教諭
(音楽)
尾﨑　美惠子　千葉県総合教育センター研究指導主事
工藤　傑史　　筑波大学附属大塚特別支援学校教諭
永島　崇子　　東京都立光明学園副校長

（図画工作・美術）

大磯　美保　　神奈川県立津久井養護学校教頭
小倉　京子　　千葉県教育庁指導主事
三上　宗佑　　東京都立城東特別支援学校主任教諭

（体育・保健体育）

鈴木　英資　　神奈川県立高津養護学校副校長
増田　知洋　　東京都立江東特別支援学校指導教諭
松浦　孝明　　筑波大学附属桐が丘特別支援学校主幹教諭

（職業・家庭）

伊丹　由紀　　京都市立呉竹総合支援学校教頭
大澤　和俊　　静岡県立浜名特別支援学校教諭
佐藤　圭吾　　秋田県教育庁指導主事
畠山　和也　　埼玉県立所沢おおぞら特別支援学校教諭

（外国語活動・外国語）

日下　奈緒美　千葉県立松戸特別支援学校教頭
中野　嘉樹　　横浜市立若葉台特別支援学校主幹教諭
渡邉　万里　　福島県立郡山支援学校教諭

（発達段階等）

徳永　豊　　　福岡大学教授
米田　宏樹　　筑波大学准教授

（自立活動）

飯田　幸雄　　三重県立かがやき特別支援学校校長
井上　昌士　　千葉県立船橋夏見特別支援学校教頭
内田　俊行　　広島県教育委員会指導主事
小林　秀之　　筑波大学准教授
櫻澤　浩人　　東京都稲城市立向陽台小学校主任教諭
谷本　忠明　　広島大学准教授
樋口　一宗　　東北福祉大学教授
宮尾　尚樹　　長崎県立諫早特別支援学校主幹教諭

（視覚障害）

小林　秀之　　筑波大学准教授
山田　秀代　　岐阜県立岐阜盲学校小学部主事
吉田　道広　　熊本県教育庁審議員

（聴覚障害）

武居　渡　　　金沢大学教授
谷本　忠明　　広島大学准教授
山崎　友吏子　静岡県立静岡聴覚特別支援学校教諭

（知的障害）

井上　昌士　　千葉県立船橋夏見特別支援学校教頭
菊地　一文　　植草学園大学准教授

（肢体不自由）

菅野　和彦　　福島県教育庁いわき教育事務所指導主事
西垣　昌欣　　筑波大学附属桐が丘特別支援学校副校長
宮尾　尚樹　　長崎県立諫早特別支援学校主幹教諭

（病弱・身体虚弱）
- 飯田　幸雄　　三重県立かがやき特別支援学校校長
- 丹羽　　登　　関西学院大学教授
- 古野　芳毅　　新潟県立柏崎特別支援学校教諭

（言語障害）
- 今井　昭子　　神奈川県葉山町立葉山小学校総括教諭
- 櫻澤　浩人　　東京都稲城市立向陽台小学校主任教諭

（情緒障害・自閉症等）
- 内田　俊行　　広島県教育委員会指導主事
- 中村　大介　　東京都立志村学園副校長
- 宮本　　剛　　やまぐち総合教育支援センター研究指導主事

（LD・ADHD 等）
- 板倉　伸夫　　埼玉県熊谷市教育委員会指導主事
- 樋口　一宗　　東北福祉大学教授
- 吉成　千夏　　東京都豊島区立池袋本町小学校主幹教諭

なお、文部科学省においては、次の者が本書の編集に当たった。
- 中村　信一　　初等中等教育局特別支援教育課長
- 丸山　洋司　　高等教育局私学部私学助成課長
  　　　　　　　（前初等中等教育局特別支援教育課長）
- 森下　　平　　初等中等教育局特別支援教育課特別支援教育企画官
- 丹野　哲也　　初等中等教育局視学官（併）特別支援教育課特別支援教育調査官
- 青木　隆一　　初等中等教育局特別支援教育課特別支援教育調査官
- 庄司　美千代　初等中等教育局特別支援教育課特別支援教育調査官
- 分藤　賢之　　初等中等教育局特別支援教育課特別支援教育調査官（命）
  　　　　　　　インクルーシブ教育システム連絡調整担当
- 萩庭　圭子　　初等中等教育局特別支援教育課特別支援教育調査官
- 田中　裕一　　初等中等教育局特別支援教育課特別支援教育調査官
- 山下　直也　　初等中等教育局特別支援教育課課長補佐
- 太田　知啓　　愛知教育大学学務部長
  　　　　　　　（前初等中等教育局特別支援教育課課長補佐）

特別支援学校学習指導要領解説
　　　各教科等編（小学部・中学部）

MEXT 1-1732

| | |
|---|---|
| 平成30年3月30日 | 初版発行 |
| 令和7年6月1日 | 3版2刷発行 |

著作権所有　　文部科学省

発　行　者
東京都文京区向丘1-13-1
開隆堂出版株式会社
代表者　岩塚太郎

印　刷　者
東京都千代田区西神田3-2-1
住友不動産千代田ファーストビル南館14階
三松堂印刷株式会社

発　行　所
東京都文京区向丘1-13-1
開隆堂出版株式会社
電　話　　03-5684-6118

定価　647円（本体588円）